中国共产党历史（地方卷）集成　社会主义革命和建设时期

中国共产党云南历史

第二卷（1950—1978）

中共云南省委党史研究室 著

中共党史出版社

图书在版编目（CIP）数据

中国共产党云南历史．第二卷，1950—1978 / 中共云南省委党史研究室著．-- 北京：中共党史出版社，2024.1

（中国共产党历史（地方卷）集成．社会主义革命和建设时期）

ISBN 978-7-5098-6449-4

Ⅰ．①中… Ⅱ．①中… Ⅲ．①中国共产党—地方组织—党史—云南— 1950-1978 Ⅳ．① D235.74

中国国家版本馆 CIP 数据核字（2023）第 220753 号

书　　名：中国共产党云南历史 第二卷（1950—1978）
作　　者：中共云南省委党史研究室

出版发行：中共党史出版社
责任编辑：赵雨
责任校对：申宁
责任印制：段文超
社　　址：北京市海淀区芙蓉里南街 6 号院 1 号楼　邮编：100080
网　　址：www.dscbs.com
经　　销：新华书店
印　　刷：保定市中画美凯印刷有限公司
开　　本：710mm×1000mm　1/16
字　　数：600 千字
印　　张：40.25　　18 面插页
版　　次：2024 年 1 月第 1 版
印　　次：2024 年 1 月第 1 次印刷
书　　号：ISBN 978-7-5098-6449-4
定　　价：100.00 元

1950年2月22日，云南各界在昆明举行隆重的迎军盛会。图为中国人民解放军第二野战军第四兵团司令员陈赓（左）、政治委员宋任穷（右）接受少年儿童献花。

1950年2月，为保障军需民用，全省开始组织征收公粮。图为人民群众踊跃交粮。

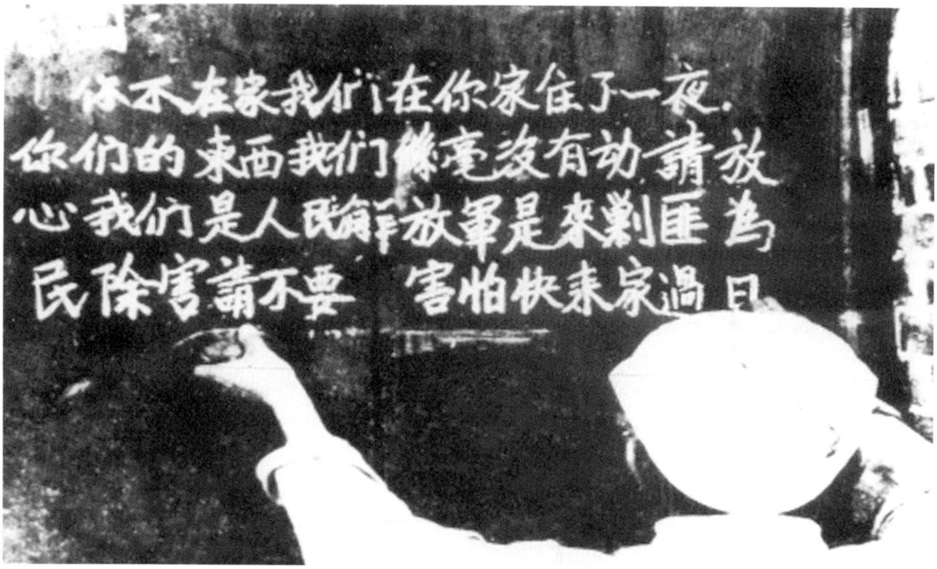

1950 年 3 月，为巩固新生人民政权，云南开始进行剿匪斗争。图为解放军给群众书写留言。

1950 年 6 月，云南省禁烟委员会成立，全面推动全省的禁毒工作。图为盐津县焚毒大会现场。

新中国成立后，党中央重视和关心云南民族工作，毛泽东多次在北京接见云南省少数民族代表。图为1952年10月毛泽东亲切接见刀京版等代表。

1950年8月至1951年6月，中央西南访问团第二分团到云南对少数民族开展访问活动。图为保山专区欢迎访问团大会会场。

1950 年 10 月 13 日，中共中央作出“抗美援朝，保家卫国”的决策后，全省人民迅速响应党中央号召开展抗美援朝运动。图为昆明市举行声援游行。

1950 年 10 月 30 日，云南省人民政府在昆明举行就职典礼。图为典礼后全体委员的合影。

1950 年 11 月 22 日至 30 日，中共云南省委召开第一次少数民族工作会议，贯彻中央关于少数民族工作的方针。图为会议结束时的合影。

1951 年元旦，宁洱专区第一届兄弟民族代表会议的各族代表“会盟立誓、刻石铭碑”，表达团结到底、永远跟党走的决心。图为民族团结誓词碑。

1951年9月，全省开始进行内地坝区的土地改革工作。图为大姚县给农民发土地房屋所有权证。

1952年开始，云南在边疆民族地区采取缓冲区土地改革、和平协商土地改革和“直接过渡”等方式，完成以土地改革为中心的民主改革。图为盈江县曼撒农业合作社的少数民族妇女学会了犁田。

新中国成立后，云南积极贯彻党的民族区域自治政策，稳步推行民族区域自治。图为1953年1月新成立的西双版纳傣族自治区人民政府委员宣誓就职会场。

1956年10月1日，贡山独龙族怒族自治县成立。图为自治县成立大会会场。

1956年，全省基本完成三大改造任务。图为1月25日昆明市手工业者齐聚昆明人民胜利堂广场庆祝场景。

1956年4月11日，昆明—缅甸曼德勒—仰光民用航空线开通。图为在昆明机场举行的通航典礼。

1956年12月15日至17日，中缅两国政府在德宏傣族景颇族自治州芒市举行边民大联欢活动。图为周恩来、贺龙与缅甸吴巴瑞总理（右）出席联欢大会。

1957年2月13日至25日，朱德回到阔别多年的昆明视察工作。图为朱德携夫人康克清（右二）与云南民族学院部分师生合影。

1957年底，经过五年大规模的经济社会建设，全省提前或超额完成国民经济发展第一个五年计划指标，取得辉煌成就。图为当时昆明纺织厂的生产车间。

1957年冬，全省掀起了兴修水利高潮，1958年春又掀起了大办工业热潮。左图为昆明松华坝水库修筑工程会战场面，右图为昆明街道大炼钢铁现场。

1958 年 8 月，中共云南省委决定在一些地方试办人民公社。图为昆明群众游行庆祝人民公社成立。

1958 年 12 月，蔡希陶率队在西双版纳葫芦岛筹建了热带植物园，创建了中国第一个热带植物研究基地。图为蔡希陶（左二）带领科研人员在热带雨林考察。

1959年，以大理白族生产生活为题材拍摄的电影《五朵金花》，作为中华人民共和国建国十周年的献礼片之一，上映即引起巨大轰动。图为电影《五朵金花》剧照。

1963年4月26日，刘少奇、陈毅结束对印度尼西亚等国的访问回到昆明。图为各族群众热烈欢迎场景。

1965年12月，邓小平深入云南三线建设第一线实地调研。图为5日邓小平视察昆明机床厂。

1965年12月20日至1966年1月13日，中共云南省委和昆明军区党委召开边疆工作会议，提出必须加强边疆建设，大力巩固边防。图为驻迪庆藏区部队访问农户时受到热情欢迎。

1966 年 2 月，阎红彦深入全省各地开展调研和检查指导工作。图为阎红彦在田间与基层干部交流。

国家实施三线建设，促进了西南铁路交通建设。图为 1966 年 7 月 1 日贵昆铁路通车庆典。

1966年底，云南的各项社会事业取得了长足发展。左图为农村扫盲识字班，右图为医务人员下乡为边疆各族儿童种牛痘。

1968年8月云南省革命委员会成立后，全省各级革命委员会相继成立。图为庆祝红河州革命委员会成立的游行活动。

1969 年 1 月，全省掀起了城市知识青年上山下乡的高潮。图为在昆明东风广场隆重欢送知识青年上山下乡。

1976 年 10 月 23 日，云南省、昆明市和驻昆部队举行庆祝党中央粉碎“四人帮”大会。图为庆祝活动中的解放军游行方队。

1977年1月，中共云南省委贯彻第二次全国农业学大寨会议精神，全省掀起新的农田改造热潮。图为武定县环州公社平地生产队的“铁姑娘队”在开山造地。

1977年5月，中共云南省委传达全国工业学大庆会议精神，提出年内要建成300个以上的大庆式企业。图为易门县代表乘坐彩车出席工业学大庆先进代表会议。

雲南日報

YUNNAN RIBAO

省委召开全省县书会议传达贯彻三中全会精神

巩固安定团结政治局面按客观经济规律办事
及时实现全省工作着重点转移把农业搞上去

会议解放思想，发扬民主，畅所欲言，开得生动活泼，省委集中会议讨论的意见，处理了一批重大的历史遗留问题，安平生同志作了重要讲话

1979年1月11日至24日，中共云南省委召开全省县委书记会议，贯彻中共十一届三中全会精神。图为报道会议内容的《云南日报》影印件。

深入贯彻党的十一届三中全会精神，开启云南建设新篇章。图为1979年12月云南省五届人大二次会议会场。

第二卷

目录

第一编
人民政权的建立和向社会主义过渡的实现

（1950年2月—1956年9月）

第三编
“文化大革命”的十年

（1966年5月—1976年10月）

第四编
从徘徊前进到历史性转折

（1976年10月—1978年12月）

第 一 编

人民政权的建立
和向社会主义过渡的实现

（1950 年 2 月—1956 年 9 月）

在中国共产党的领导下，经过24年艰苦卓绝的斗争，云南各族人民终于迎来了全省解放。1950年2月24日，以召开云南省地师以上领导干部会议为标志，云南历史翻开了新的一页，云南的革命和建设事业开始了一个新的伟大征程，云南各族人民进入了翻身解放、当家作主的新时代。

中共云南省委领导全省各族人民，从云南实际出发，认真贯彻中共中央“团结第一，工作第二”的工作方针，进行军事接管，巩固和扩大人民民主统一战线，通过剿匪斗争、镇压反革命、抗美援朝、支援西藏和平解放，建立并巩固了新生的人民政权；通过接收和改造官僚资本、征收公粮、统一财经工作，建立了新的经济秩序；完成了反封建的土地改革，消灭了农村土地剥削制度；深化全社会的民主改革，初步恢复和发展了国民经济和社会事业。

从1953年开始，中共云南省委贯彻党在过渡时期的总路线，编制和实施第一个五年计划，实行有计划的经济建设和对生产资料私有制的社会主义改造；加强民主政治建设，在全省建立并实行人民代表大会制度；推进社会事业发展。根据边疆民族地区的实际，贯彻“慎重稳进”的民族工作方针，通过疏通民族关系、实行民族区域自治、大力教育和培养少数民族干部、采取特殊政策措施促进民族地区发展，建立了新型的民族关系，开创了全省民族工作的良好局面；通过加强边境管理，畅通边境贸易、援越抗法、发展中缅“胞波”关系，形成了与周边国家的睦邻友好关系，有力地维护了边疆地区的稳定；围绕公开建党、整风整党和审干肃反，开展了执政党建设的初步探索。

1956年，全省社会主义改造基本完成，社会主义制度在云南初步确立。这是云南发展史上一个新的里程碑，为当代云南的发展进步奠定了根本政治前提和制度基础。

第一章

人民政权的建立和巩固

云南的解放标志着云南的历史翻开了新的篇章。中共云南省委认真贯彻中共中央为云南制定的“团结第一，工作第二”的工作方针，面对百废待兴的局面，领导全省各族人民，实行军事接管，建立人民政权，巩固统一战线，开展剿匪斗争和镇压反革命运动，支援西藏和平解放，开展抗美援朝运动，稳定了社会秩序，开创了团结进步的良好局面。通过接收和改造官僚资本、征收公粮、统一财经工作，建立起新的经济秩序，为全面开展经济建设奠定了基础。

一　云南工作方针的确定

解放初期云南的形势和任务

1950 年 2 月，中国人民解放军第二野战军第四兵团、西南服务团云南支队和中国人民解放军滇桂黔边纵队（以下简称边纵）、云南地下党、原国民党云南省政府主席卢汉的起义部队以及云南社会各界人士，胜利实现了团结会师。2 月 24 日，云南省地师以上领导干部会议在昆明市庾园召开，二野四兵团司令员陈赓宣布云南解放、中国共产党云南省委员会成立。

云南解放，宣告了国民党蒋介石集团企图割据西南、负隅顽抗的阴谋彻底破产，云南各族人民饱受屈辱和痛苦的历史彻底结束，一个充满光明与希望的新云南从此诞生。

中共云南省委正式成立，担负起领导云南各族人民建设新云南的重任。从此，在中国共产党的领导下，云南各族人民踏上了团结建设新云南的伟大征程。

1950 年 2 月 28 日，中共中央西南局向中共中央报告中共云南省委的组成人员及干部分工意见：以宋任穷①、陈赓②、周保中③、郭天明、林李明、郑伯克、庄田、刘林元、牛树才 9 人为省委委员，宋任穷任省委第一书记，陈赓任省委第二书记，牛树才任省委秘书长（未到职），郑伯克任省委组织部部长，周保中兼任省委统战部部长，陈赓兼任省委社会部部长，刘林元兼任省工会委员会书记，宋任穷兼任省财经委员会书记，郭天明兼任云南军区第一副司令员，庄田任云南军区第二副司令员。3 月 6 日，中共中央批准同意。

中共云南省委成立前后，全省相继成立了 1 个市委和 12 个地委，即昆明市委和昭通、曲靖、宜良（1954 年 6 月并入曲靖地委）、武定（1953 年并入楚雄地委）、楚雄、玉溪、蒙自、文山、宁耳（1951 年 4 月改称普洱，1953 年 3 月改称思茅）、大理、保山、丽江地委，任命了各地、市委主要领导成员。随着军事接管，全省县、区、乡各级党委相继建立，中国共产党的领导在全省确立起来。

中国共产党作为执政党，面临执政、建设等繁重任务的考验，面临着严峻的形势和诸多困难。

从执政党自身来看，对经济、社会等各项管理工作缺乏经验，只能在探索中前进。除了一些老根据地外，党在云南部分地区的执政基础较为薄弱，少数地区农村的群众组织和基层政权仍然掌握在封建势力手中，难以成为贯彻中共云南省委各项政策的领导力量。在边疆民族地

① 宋任穷：1950 年 2 月至 1952 年 7 月任中共云南省委第一书记。
② 陈赓：1950 年 3 月至 1952 年 9 月任云南省人民政府主席。
③ 周保中：白族，1950 年 3 月至 1952 年 8 月任云南省人民政府副主席。

区,党的基层组织和人民政权还没有全面建立起来。各族群众对新政权缺乏了解和信任,需要进行大量艰苦细致的工作。云南的干部来自各个方面和不同地区,有中国人民解放军野战部队的干部,有西南服务团从老区抽调的和新区招收的干部,有边纵和地下党的干部,还有卢汉部队起义人员,干部结构较为复杂。建立和巩固党的执政基础,提高党的执政能力任务艰巨。

云南解放初期,国民经济体系千疮百孔、濒临崩溃。全省市场萧条,粮食短缺,金融混乱,物价飞涨,生产萎缩,交通不畅,人民生活困苦不堪,社会上有大量的失业人员和无业游民,亟待建立经济新秩序。经济文化不发达,社会发育程度不平衡,工业基础薄弱,农村封建土地所有制严重束缚生产力的发展,山区和边疆民族地区生产力低下,有的地区还存在刀耕火种的生产方式,经济社会发展不平衡的矛盾十分突出。

更为突出的是,云南地处边疆,民族众多,敌我矛盾、民族矛盾、阶级矛盾相互交织,形势错综复杂。从敌我矛盾来看,云南是中国解放较晚的地方,国民党溃逃时留下大批残余,各特务系统潜伏了大量特务,军警、宪兵等残部流窜骚扰,他们伺机与土匪、恶霸势力相互勾结发动武装暴乱,进行烧杀抢掠,给新生的人民政权和社会秩序造成严重危害。云南地处祖国的西南边疆,有着数千公里的边境线,边境地区有多个民族跨境而居。云南解放以后,帝国主义和逃亡境外盘踞在中缅边境地区的国民党残余军队频繁进行武装窜扰,并通过各种方式拉拢境内少数民族上层人士,挑拨各族群众同共产党、人民政府之间的关系,敌我斗争形势严峻。因此,边境地区既是少数民族聚居地区,又是敌我斗争的焦点地区,维护边境稳定与促进边疆地区发展的任务十分繁重。从民族矛盾来看,云南民族众多,各民族之间隔阂较深。历史上汉族统治阶级对少数民族的压迫和歧视,造成了汉族与各少数民族之间严重的隔阂和矛盾。各少数民族之间也存在着严重的隔阂,统治民族与被统治民族、大民族与小民族之间的矛盾较为突出,造成各民族之间经常发生纠纷、械斗。从阶级矛盾来看,各少数民族内部存在着剥削和压迫,各民族内部封建领主、奴隶主和各民族群众之间的矛盾也很尖锐。

中共云南省委在正确分析面临的形势任务基础上，抓住云南发展的主要矛盾，认真贯彻中共中央的方针政策，制定符合云南实际的战略决策，推动云南解放初期的各项工作取得了显著成效。

贯彻“团结第一，工作第二”的工作方针

针对云南错综复杂的形势，中共中央高瞻远瞩，制定了“团结第一，工作第二”的工作方针。1949 年 8 月，在开国大典之前，中共中央安排时任吉林省人民政府主席的云南籍白族干部周保中回云南工作。周保中在北京出席政治协商会议和开国大典期间，刘少奇、周恩来、朱德、陈云等中央领导先后接见了他，就云南解放后如何更好地开展工作，分别同周保中进行了谈话。刘少奇在谈话中指出，云南环境复杂，地位重要，民族关系复杂，团结问题在云南尤为重要，如不能团结更多的群众、朋友，工作是很困难的，明确提出云南的工作必须坚持“团结第一，工作第二”的方针。其他中央领导与周保中谈话时，也着重强调了团结的重要性。中共中央在给第二野战军、边纵的会师指示中明确指出：云南工作“要掌握团结方针，一切以团结合作、共任艰巨为前提”。中共中央西南局第一书记邓小平多次强调，云南解放后的任务很繁重，关键在于内部的团结，如果不能很好地团结，就不可能担负这样重的担子。“团结第一，工作第二”的工作方针为云南解放后的工作指明了方向。

云南认真贯彻“团结第一，工作第二”的工作方针，较好地实现了团结会师，实现了党内的团结统一。在进入云南接管政权之前，野战军、西南服务团和边纵、滇桂黔边区党委的负责人先后在广西南宁、贵州盘县和安龙等地多次会晤，互通情况，传达学习中共中央对云南工作的指示，统一思想。大家一致拥护中共中央的会师指示和“团结第一，工作第二”的工作方针，决心首先搞好团结会师，加强党内团结。随后，相继召开云南省地师以上领导干部会议、党员干部会议等一系列以会师为主要内容的会议。滇桂黔边区党委专门作出“迎军会师指示”，号召学习南下干部的宝贵经验，以弥补自己的不足，改造与提高自己，同时尽一切可能，动员一切人力物力，给野战军行军和作战提供帮助。南下干部也高度评价云南地下党和边纵的功绩，虚心向地方干部学习。双

方都以团结为重，几次会晤的气氛都很融洽，会师取得了圆满成功。邓小平充分肯定了云南的会师工作，认为云南“团结会师，基本上是成功的”，这为后来全省其他工作的顺利展开奠定了基础。

干部的团结是实现全省大团结的关键。中共云南省委从成立之初就坚决贯彻“团结第一，工作第二”的工作方针，把外来干部、本地干部和起义人员团结在一起，推动实现全省各族人民的大团结，共同建设新云南。在全省各级党政机构组成人员的安排上，就充分体现了团结的精神。从中共云南省委组成人员来看，9 名省委委员包括野战军和西南服务团干部 4 人，中共中央选调回云南工作的滇籍干部 2 人，边纵、地下党干部 3 人，实现了各类干部的合理搭配。在其他各级党政机构组成人员的安排上，外来干部和边纵、地下党干部也总体平衡。各级领导都坚持以身作则，贯彻“团结第一，工作第二”的工作方针，促进了各方面干部的团结。

做好与卢汉及起义人员的团结，实现党外民主团结，是顺利开展军事接管和民主建政等工作的重要条件。中共中央和西南局指示：在云南解决一切问题，均应和卢汉商量处理，经双方协议，作出决定。中共云南省委为贯彻中共中央指示精神，首先解决党内干部思想问题，在党内反复进行思想教育和说服工作，以保证党的政策正确执行。在工作中，对卢汉及起义人员充分尊重，民主协商，待之以礼，相见以诚。通过宣传党的政策，提高党外人士的觉悟，充分发挥他们在云南各项工作中的作用。

1950 年 3 月 4 日，陈赓在昆明市军管会成立大会上，号召负责政权移交和接管两方面工作的干部都要贯彻“团结第一，工作第二”的工作方针。同日创刊的《云南日报》发表题为《加强团结建设新云南》的发刊词，宣传“团结第一，工作第二”的工作方针，强调做好云南的工作，首要的是抓好团结。在政权移交和接管工作中，中共云南省委遵照“团结第一，工作第二”的工作方针，坚持“态度诚恳，遇事商量，困难公开”的原则，实行协商接管，合理安排起义人员，团结一切可以团结的力量，孤立和打击匪特、恶霸等反动势力，使整个接管工作进展顺利。在征粮剿匪、镇反肃特中，明确提出“团结起来，共同对敌，联防自卫，防匪保家”的号召，把军事进剿、清匪反霸、减租退押、征粮征税以及统战、群众工作等结合起来，统一指挥，形成人民战争的合力，最终圆满完成征粮剿匪、镇反肃特的艰巨任务。在民族工作中，制定“民族和睦，加强民族团结，消除历史造成的民族隔阂，工作稳步前进”“通过上层，联系群众；依靠群众，团结上层”“联合封建反封建”“讲团结不讲斗争”等工作原则和方法，加强对各少数民族特别是民族上层人士的团结工作。遵循“民族团结，双方满意，大家欢迎”的要求，调解民族纠纷。通过“做好事，交朋友”疏通民族关系。在民族团结的基础上，在民族地区慎重稳进地进行了各项民主改革。

在“团结第一，工作第二”的工作方针指导下，云南的接管建政、征粮剿匪、镇反肃特、生产建设、财经贸易、文教卫生、统一战线和民族工作，以及对起义部队的改造工作、工会工作、青年工作、妇女工作等都取得了很大的成绩。“团结第一，工作第二”的工作方针，成为中共云南省委长期遵守的指导原则。通过贯彻这一工作方针，中共云南省委加强自身建设，团结一切可以团结的力量，把云南的各项事业不断推向前进。

二　各级人民政权的建立

开展军事接管工作

开展军事接管和民主建政，是云南解放后中共云南省委面临的首要任务。军事接管是新旧政权交替的重要步骤，是把国民党统治的云南变为人民当家作主的新云南的主要方式。

中共中央总结解放战争开始后各地城市接收管理的方法和经验，要求在新解放的城市中进行军事管制，时间不宜太短。军事管制完成的目标是：完全肃清一切残余敌人和散兵游勇以及任何进行武装抵抗的分子；接收一切公共机关、产业和物资，并加以管制和监督；恢复并维持正常秩序，消灭一切混乱现象；收缴一切隐藏在民间的反动分子的武装及其他违禁物品；解散国民党、三青团、民社党、青年党及南京政府系统下的一切反动党派和团体；逮捕应该逮捕的战犯及罪大恶极的反动分子，没收应该没收的官僚资本；建立系统的革命政权机关；在工人、职员和青年学生中，进行切实的宣传组织工作，建立工会、学生会及青年团等；整理共产党的秘密组织，并建立党组织等①。当这些工作和其他若干工作做好之后，才能依靠城市中党和人民政府及群众团体进行管理，取消军事管制委员会。

根据中共中央指示精神，1950 年 1 月，宋任穷主持制定了《进入云南接管工作纲要》，并于 1 月 24 日得到中共中央西南局批准。该纲要针对云南的复杂情况，明确了云南接管工作的基本方针、工作步骤和方式方法，为接管工作提供了政策依据。规定接管的基本方针是"团结接管，和平接管"。在接管的步骤上，要求首先与卢汉进行充分协商，在与卢汉协商之前，不开展接管工作，即使卢汉要求接管，也要婉辞谢绝。在与卢汉正式达成协议并经中共中央批准后，才开始正式接管。在接管的方式上，要求注重调查研究，结合地下党组织、结合群众，自上而下全面系统地接管。在工作方法上，按照高度集中统一原则，坚持民主协商的态度，爱惜国家和人民的财产；同时发扬干部的工作积极性和创造性，发扬艰苦朴素、吃苦耐劳的精神，注重团结群众、团结改造旧人员，扩大团结面，做好接管工作。《进入云南接管工作纲要》是指导云南各级党组织开展接管工作的纲领性文件。

1950 年 3 月 4 日，中国人民解放军西南军区昆明市军事管制委员会（简称昆明市军管会）成立，标志着云南的军事接管工作正式开始。陈赓任昆明市军管会主任，周保中任副主任，郭天明、郑伯克、安恩溥、潘朔端、谷景生、谢崇文、曾恕怀、胡荣贵等任委员，后又增补陈盛年、万保邦、孙天霖为委员。昆明市军管会是实行军事管制的权力机关，统一全市军事、政治、经济、文化等管制事宜，对全省实行军事接管。昆

---

① 《中共中央关于军事管制问题的指示》，中央文献研究室、中央档案馆编：《建党以来重要文献选编（1921—1949）》第二十五册，中央文献出版社 2011 年版，第 644 页。

明市军管会下设10个部委4个处，即工业接管部、文教接管部、卫生接管部、交通接管部、政务接管部、财经接管部、公安接管部、军事接管部、警备司令部和房产物资管理委员会以及行政处、秘书处、交际处、外侨事务处，对全省政治、经济、文化等各方面进行全面接管。在省人民政府各委、厅、会、局、处等机构正式成立前，昆明市军管会各部门代行省政府各部门职权。

1950年3月，军事接管工作全面展开。3月至5月间，根据《进入云南接管工作纲要》精神，结合云南实际，昆明市军管会先后发布一系列公告、条例、命令，颁布了接管命令和接管规章，规定了军事代表制，明确了交接双方的责任。接管的具体程序是：首先向被接管部门说明接管方针及步骤，征求被接管单位意见，然后派出军事代表进行接管。全省共派出军事代表105人，助理44人。在接管过程中，注意依靠原有机关和企业中的共产党员和群众，组成协助接管小组，团结进步分子，保护公共财产，减少漏报和瞒报现象，保证了接管工作顺利进行。

接管工作从省级机关和昆明市级机关及有关单位开始，全面接管了包括政府、工业、文教、卫生、财经、政务、公安、军事等各部门的旧政权体系。至4月上旬，省级机关和昆明市的接管工作顺利结束，共接收国民党原云南省地方政权机关和国民党中央系统驻滇的军、政、警、财经、工矿企业等单位139个（小学和附属单位未计算在内），其中包括工矿企业20个、银行11家、大学2所、中学9所、卫生机关和医院14个，以及铁路、公路、农业、水利、新闻出版等单位80余个，接收各类军、政、公教人员5.5万多人①。

3月15日，昆明市军管会发布公告，接管全省各行政督察专员公署和各县、市、设治局②政权。各地在政权接管过程中，采取“有步骤地自上而下按系统实行接管与自下而上依靠群众相结合”的办法，接管工作比较顺利。除解放前中共云南地方组织已建立人民政权的不再接管

① 中共昆明市委党史研究室编：《城市的接管与社会改造》（昆明卷），云南人民出版社1998年版，第40—41页。

② 设治局：国民党统治时期在少数民族聚居的边远地区设立了县级行政区域设治区，其政权机关称设治局。

外，至5月中旬，接管工作基本完成。对乡村基层政权，除边纵建立的革命根据地外，一律有控制地利用原有的保甲制度，有土司制度的民族地区继续维持土司制度。

经过3个多月的工作，昆明市军管会顺利完成了全省的接管任务，接管了原国民党的旧政权体系、产业和物资，接管过程中做到了厂矿不停产，学校不停课，设备不毁坏，社会无动乱。通过军事管制，在较短的时间内建立起过渡性的管理体制，稳定了社会秩序，组织并恢复了生产，从根本上保证了全省各项事业步入正轨，为巩固新生人民政权，建立新民主主义制度，并最终确立社会主义制度奠定了基础。

建立各级人民政权

经过军事管制，社会秩序初步稳定，云南开始建立各级人民政权，并对城乡基层政权进行改造。这是一项铲除国民党反动统治根基的重要工作，也是贯彻《中国人民政治协商会议共同纲领》（以下简称《共同纲领》），建立社会主义民主制度的必要途径。

1950年3月10日，中央人民政府政务院①任命卢汉为云南省军政委员会主任，宋任穷、周保中为副主任。3月24日，云南人民临时军政委员会宣布撤销，云南省军政委员会正式开始工作，作为云南解放初期的政权机关，担负了实施《共同纲领》、建立和恢复革命秩序、镇压反动势力、建设新云南的历史任务。云南省军政委员会及地方工作委员会是解放初期为适应形势需要而建立的一种政权组织形式和人民政府过渡形式，随着云南省各级人民政权的相继建立和健全，经中央人民政府批准，云南省军政委员会于1952年9月10日撤销。

建立人民政权的重点是建立各级人民政府。1950年3月10日，经中央人民政府政务院第23次会议通过，提请中央人民政府批准，正式成立云南省人民政府。3月24日，中央人民政府政务院任命陈赓为云

① 1949年10月21日，中华人民共和国中央人民政府政务院正式成立，是国家政务的最高执行机关。1954年9月，按照宪法规定，确立了国务院为最高国家行政机关，改变了原来中央人民政府下辖政务院的两级政府的过渡状态。

南省人民政府主席，周保中、张冲、杨文清为副主席。6月8日，中央人民政府内务部发布任命书，增补龚自知为省人民政府副主席。同月，省人民政府各部门机构开始筹建，共设行政职能部门45个。6月16日，昆明市军管会停止处理政府事务，改由省人民政府主席、副主席召开政府工作会议处理政府日常工作。10月30日，省军政委员会和省人民政府委员会召开第一次全体委员会议，举行就职典礼。

随着云南省人民政府的建立，1950年6月底，全省县级以上人民政府相继建立。为了统一行政区划的设置和名称，又将设治区和对汛督办区[①]改为县、市建制。蒙自专区所辖龙武设治区在接管前已改为县制，因达不到设县的标准，又于1951年改为设治区。1952年11月21日，中央人民政府政务院批准撤销龙武设治区，设立龙武县，于1955年12月30日正式成立，这是云南省最后一个撤销的设治区。1950年6月10日，蒙自专署所辖河口对汛督办区及文山专署所辖麻栗坡对汛督办区改为专辖市，设立河口市和麻栗坡市。截至1952年底，云南省共设立13个专区、2个地级市、3个县级市、121个县、7个民族自治区（县级）、1个设治区、5个市辖区[②]。

随着县级以上人民政权的建立，县级以下基层政权相应建立，在县乡之间建立了区级基层政权。中华人民共和国成立以前，全省的基层政权管理体制是县乡保甲制，乡的规模都比较大。如紧靠昆明市的武定专区，辖区为昆明、安宁、富民、罗次[③]、武定、禄劝、元谋7个县，共计13309平方公里，人口69.5万，只设了69个乡，平均每个乡面积193平方公里，人口1万人[④]。1950年6月后，按照中共中央和中央人民政府政务院的统一部署，中共云南省委开始建立区人民政权。按照各县的自然地理和交通条件，在原来国民党时期设置的乡、镇的基础上，把县划分为若干个区，成立区人民政府，行使基层政权职能，区的干部由

① 对汛督办区：对汛督办区是国民党统治时期在中越边境口岸设置的一种行政区域，相当于县，政权机关称督办公署，其任务是处理涉外事务，同时兼办行政。

② 王元辅主编：《云南行政区划体制沿革》，云南民族出版社2005年版，第45页。

③ 1960年9月13日，国务院决定撤销罗次县，其所属行政区域并归禄丰县。

④ 王元辅主编：《云南行政区划体制沿革》，云南民族出版社2005年版，第33页。

县委委派。1950 年 12 月 8 日，中央人民政府从组织及制度上规范了区人民政府的行政职权和管理职能，规定凡作为一级政权的区，由县人民政府呈请省人民政府批准设区人民政府；凡不作为一级政权的区，设区公所，为县人民政府的派出机关。截至 1951 年 6 月，云南省共设立 708 个区。以后又进行了局部调整，到 1953 年，调整为 770 个区[①]。

乡政权的建立经历了较长时间。少数地区在 1950 年建立区政权的同时就已经开始建立，大多数地区是在 1951 年和 1952 年之间，即在当地完成清匪反霸、减租退押任务以后，在土地改革运动中逐步建立的，还有部分边疆民族地区建立时间较晚。1950 年 10 月 14 日，云南省人民政府发出训令，要求从速建立乡人民政府。1951 年 1 月 27 日，云南省制定《云南省建立乡村政权试行方案》，着重明确三点：一是云南省全境解放后，通过接管虽已初步摧毁了反动政权，建立了人民民主专政的政权，但由于缺少干部，广大群众还没有发动起来，封建势力还控制着农村，为此，各地应在 1951 年内结合减租退押运动，以农民协会为基础逐步巩固乡村政权。二是在开展减租退押运动时，不论已经建立或正在建立的乡，均以农民代表会代行乡各界代表会的职权，暂不召开乡各界代表会。三是凡已建立乡政权的地区，同时即行废除保甲制度。试行方案要求，从 1951 年下半年起，开始有计划、有步骤地开展建乡工作。1951 年 11 月，云南省人民政府颁发《云南省划乡建政及城关和场（镇）政权建设试行办法（草案）》。至 1953 年底，全省共设立 10067 个乡[②]。至此，全省确立了省、专区（市）、县、区、乡五级人民政权组织体系。

在建立人民政权组织体系的同时，中共云南省委成立了省委工人运动委员会、省委青年工作委员会和省委妇女工作委员会，领导和筹建云南省工会、青年团、妇联群众团体组织。

人民政权体系在云南的确立，是影响广泛且极为深刻的社会变革，是从旧政权转变为人民政权的核心内容。至此，云南完成了新旧政权

① 云南省民政厅编：《云南民政志》，云南人民出版社 1991 年版，第 104 页。

② 王元辅主编：《云南行政区划体制沿革》，云南民族出版社 2005 年版，第 39 页。

体系的更替，为继续完成新民主主义革命，进行社会主义革命和建设准备了条件。

部队分片包干兼做地方工作

中国人民解放军驻云南部队是建设新云南的重要力量。早在1949年3月，毛泽东在党的七届二中全会上指出："现在准备随军南下的五万三千个干部，对于不久将要被我们占领的极其广大的新地区来说，是很不够用的，我们必须准备把二百一十万野战军全部地化为工作队。这样，干部就够用了，广大地区的工作就可以展开了。"①1950年1月4日，陈赓率领的第四兵团在南宁市召开常委扩大会议，再次学习党的七届二中全会决议，传达了毛泽东的指示，决定对全体指战员进行"进军云南，建设国防"的政治动员，坚决担负起既是战斗队又是工作队的重担。

滇南战役胜利后，第四兵团机关于1950年2月20日入驻昆明市。随后，中共云南省委召开云南省地师以上领导干部会议，部署了云南解放初期的各项主要任务。会议提出，云南及第四兵团当前的主要任务是立即进行城市接管，改造起义部队，征收公粮，剿灭土匪，支援进军西藏，挺进边疆，巩固国防。尔后，准备在清匪反霸减租退押的基础上，实行土地改革，完成彻底消灭封建土地制度的战略任务。并指出，完成以上任务的主要力量是军队。同时，对部队的工作进行了安排：第四兵团负责昆明市军事管制工作；派两个军事代表团担负教育改造起义人员工作；所属各部向防区开进，与云南地下党组织、边纵的干部团结协作，以军队干部为主，分片包干解放初期的地方工作。1950年4月1日，云南军区成立，即作出部队分片包干兼作地方工作的决议。为加强党的统一领导，1950年11月，成立了滇南、滇西工作委员会，滇南工委由第十三军政委刘有光（后为金如柏）、军长周希汉兼任书记、副书记；滇

① 毛泽东：《在中国共产党第七届中央委员会第二次全体会议上的报告》（1949年3月5日），《毛泽东选集》第4卷，人民出版社1991年版，第1426页。

西工委由第十四军军长李成芳[①]兼任书记（后由查玉昇、侯良辅任书记、副书记）。

按照中共云南省委的部署，四兵团各部迅速向防区开进，执行包干地方工作任务。第十三军军部驻开远县，负责蒙自、宁洱（含今宁洱、西双版纳州及沧源县）、文山3个地区。三十七师负责昆明市警备工作。三十八师负责蒙自地区，师政委张丕绪兼任中共蒙自地委书记。三十九师负责宁洱地区，师政委侯德才（10月由张钧接任）兼任中共宁洱地委书记。第十四军军部驻大理县，负责大理（含今大理州及临翔区、凤庆县、云县）、保山（含今保山市、德宏州及泸水县、耿马县、双江县、镇康县、永德县）、丽江（含今丽江市、迪庆州、怒江州及剑川县、鹤庆县）。其中，四十师负责大理地区，师政委侯良辅兼任中共大理地委书记。四十一师负责保山地区，师政委郑刚兼任中共保山地委书记。四十二师负责丽江地区，师政委张子明兼任中共丽江地委书记（后由郭庆基接任）。第十五军军部率四十四、四十五师赴川、滇、黔交界地区执行作战任务，军政委谷景生留昆明市兼任中共昆明市委书记、昆明警备区政委。四十三师负责昭通地区，师政委薛韬兼任中共昭通地委书记。

各部队到达防区后，随即加强地方党委和政权建设。1952年底以前共派出团、营干部374人做地方工作。其中，1人担任专区专员公署专员，7人担任地委派出的工委书记，68人担任县委书记、县长，还有一部分担任公安局局长。除抽调干部做地方工作、组织工作队协助地方政府外，部队在地方党委一元化领导下，把工作队分散到农村，分片包干，由团分包1—2个县，营分包1—2个区，连分包1—2个乡，排分包1—2个村，帮助这些地区完成清匪反霸、减租退押、建立政权、民主改革、组训民兵和联防武装、团结各民族群众、发展生产等各项任务。

第四兵团广大指战员把在云南的各项工作当作一项战略任务，提出了“热爱云南边疆，热爱各族人民”的口号，坚决贯彻党的政策，满腔热情且积极慎重地解决所遇到的问题，涌现出许多感人的事迹，赢得了云南各族人民的信任。在云南边疆民族地区，长期传扬着“我们村第一个

① 李成芳：1967年3月至1967年8月任中国人民解放军云南省军事管制委员会主任。

共产党员是解放军发展的”“阿佤山第一所学校是解放军开办的”“独龙江第一块稻田是解放军开垦的”“傈僳山寨第一座发电站，是解放军带领修建的”等赞誉。这许许多多的“第一”，体现了解放军对各族群众的热爱和奉献，形成了军民团结共同建设新云南的生动局面。

三　人民民主统一战线的巩固和扩大

确定“把统战作为中心工作”的指导思想

统一战线是中国共产党领导人民夺取新民主主义革命胜利的三大法宝之一，为实现民族独立和人民解放发挥了重要作用。中华人民共和国成立后，统一战线的任务发生了历史性变化。

解放初期，中共云南省委从云南复杂的形势出发，清醒地认识到统一战线工作对于解放后云南各项建设的重要意义，根据中共中央“团结第一，工作第二”的工作方针，确定“云南今后相当一个时期内，要把统战作为中心工作”[①]的指导思想，明确了统一战线的地位和作用。

1950年3月，中共云南省委统战部成立，省委委员、省人民政府副主席周保中兼任省委统战部部长，陈方、张子斋任副部长。同时，蒙自、宁洱、昭通、大理、丽江、保山、玉溪等地委先后建立统战部，部长由地委书记、副书记或任专员的地委委员兼任。至1953年，全省有44个县建立了县委统战部。各级统战机构的建立，有力地保障了统战工作的有序开展。

为了明确中华人民共和国成立之后统战工作的方针任务和基本政策，1950年3月，中共中央统战部召开第一次全国统战工作会议，强调统一战线的重要性，并指明新中国成立后统一战线的主要任务是争取团结尽可能多的力量，为实现《共同纲领》和中国共产党在新时期的历史

① 宋任穷：《在云南省地师级以上干部会议上的讲话》，中共云南省委党史研究室编：《宋任穷云南工作文集》，中央文献出版社2006年版，第78页。

任务而奋斗。为贯彻中共中央精神和中共云南省委"把统战作为中心工作"的指示，1950 年 10 月，中共云南省委统战部召开全省第一次统战工作会议，传达第一次全国统战工作会议精神，明确统战工作的重要政策界限和主要问题。周保中在总结讲话时，强调了统一战线工作的重要性，结合云南统一战线工作面临的形势和任务，要求全省各级党委加强统战政策的宣传教育，克服关门主义、敷衍主义和迁就主义倾向。

中共云南省委注重运用统一战线工作的政策和方法，把握政策界限，发挥统一战线在各项工作中的作用。为了发挥统一战线在推动土地改革、抗美援朝、镇压反革命运动中的作用，1951 年 9 月 18 日至 19 日，中共云南省委统战部召开全省第二次统战工作会议。会议结合土地改革等中心工作，强调了反封建统一战线工作的重要性，要求把各方面的工作与加强统一战线工作相结合。

在政权建设中，中共云南省委要求在 1951 年以前，县机关科长级以上干部中，必须安置三分之一的党外人士，并坚持民主集中制，保持民主作风，各级政权都注意安排统战对象担任职务。在各项工作中虚心听取和尊重党外人士的意见，进行民主协商。

在土地改革中，统战工作重点是帮助民主人士过好"土改关"。通过召开各级各界代表会议，组织各界人士学习土地改革政策，争取一定数量的开明士绅带头实行减租退押和土地改革。组织和运用土改委员会的组织形式和力量，广泛组织各级政府中的工作人员、各民主党派、各阶层民主人士以及知识分子等，定期有计划地下乡参加减租退押和土地改革，使他们从实际工作中受到教育和提高。

在工商工作中，统战工作重点是团结和教育工商业者贯彻公私兼顾、劳资两利的政策，做好税收和增产捐献。1950 年 3 月 7 日，在昆明市的工人代表座谈会上，宋任穷就公开阐明了"公私兼顾、劳资两利、城乡互助、内外交流"的方针政策。6 月 23 日，中共云南省委统战部又召开有 20 位工商界代表人士参加的座谈会，让他们打消顾虑。其后，中共云南省委组织了有工商界代表人士参加的参观团到省外参观学习，历时 3 个多月。同时，中共云南省委重视工商界代表人士的政治安排，在 1950 年 12 月召开全省第一次各界人民代表会议时，总数 895 名代表中，就安排了工商界人士 93 人。由于中共云南省委认真细致地做了工商界人士的政治思想工作，正确贯彻执行工商业政策，逐步化解了他们的各种疑虑，调动了他们发展生产、繁荣经济，支援抗美援朝、保家卫国的极大热忱。著名的工商业者、万通企业公司经理伍体贤写信到香港给他哥哥伍集成，介绍国内情况，建议调回资金扩大经营。解放前云南外出的一些工商业知名人士也相继回来参加新云南的建设。云茂纺织厂董事长王少岩、恒盛公商号总经理张相时先后从香港回来，南屏电影院经理、董事长刘淑清（女）也从美国回昆。许多工商业者表示，要跟着共产党，建设新中国。他们在抗美援朝中捐献飞机大炮，在经济建设中积极购买公债，有的还用自己领的定息发展公益事业。根据中共中央指示，省工商业联合会和县工商业联合会相继成立。在反封建斗争中，云南坚决贯彻保护工商业政策，明确对民族资产阶级采取不是消灭而是发展与限制的方针。

在知识分子工作中，统战工作要求对知识分子坚持争取、团结、教育、改造的方针，积极吸收他们参加抗美援朝、土地改革和镇压反革命运动。特别是在减租退押和土地改革中，一律不能把知识分子当成一个阶级成分看待。照顾各级中小学校教师的生活，救济失业知识分子，土地改革前后大批吸收工农子女入学，将他们逐渐培养成骨干力量。

在少数民族工作中，总的原则是贯彻从民族团结出发，加强民族团结的方针。团结各民族及各民族中一切可能团结的上层人士，争取教育一切可能争取教育的中下层群众，加强民族民主统一战线工作。

在宗教工作中，结合实行“三自”（自治、自传、自养）革新运动，对外来的天主教、基督教，团结爱国教友反对帝国主义，培养积极分子，团结中间分子，重视发动信教群众。

中共云南省委坚持贯彻“把统战作为中心工作”的指导思想，创造性地贯彻落实了中共中央统一战线工作的理论和政策，充分发挥了统一战线的作用，调动一切积极因素，团结一切可以团结的力量，推动了解放初期云南各项建设顺利有序地开展。

团结改造起义人员

在人民解放军向全国进军过程中，大批国民党军队投诚、起义和接受改编，加速了国民党政权在大陆的覆灭，也为人民解放战争的最后胜利作出了贡献。毛泽东在1949年3月召开的七届二中全会上论述“绥远方式”时指出，有意地保存一部分国民党军队，让它原封不动，或者大体上不动，争取这部分军队在政治上站在新政权方面，或者保持中立，以使人民政权集中力量首先解决国民党残余力量的主要部分，再去按照人民解放军建制将这部分军队改编为人民解放军。

西南地区解放较晚，是国民党投诚和起义部队较多、情况较复杂的地区。新政权建立后，中共中央西南局和西南军区把改造起义投诚部队作为1950年上半年的中心工作，并根据西南地区起义投诚部队情况，提出了“宜集不宜散，宜养不宜赶，集中整理，认真改造，分别对象，逐步处理，使之各得其所”的改造处理原则。

按照中共中央和西南局的相关指示精神，在新政权建立之后，团结改造起义人员成为中共云南省委的一项重要工作。尽管面临着严重的财经困难，但中共云南省委坚决做好对卢汉起义部队的统一战线工作，按照中共中央对起义投诚人员“爱国一家，既往不咎，一视同仁，量才录用，妥善安置”的方针，对旧军、政、警等10万余随卢汉起义人员，除极个别极端反动分子外，均给予留用和妥善安排。

云南起义部队主要是卢汉在起义前以4个保安旅为基础扩编的九十三军和七十四军，起义后改称人民解放军暂编十二军、十三军。1950年4月1日，云南省军区政治部作出《关于改造云南起义部队的工作指示（草案）》，指出：“改造起义部队是当前云南工作中的一个重要环节，因为这一部队的顺利改造，不仅能够加强和巩固云南的统一战线，并且对于安定社会秩序，进行征粮均有极大好处。”[①] 对改造工作作出了具体安排。改造工作分步骤开展：第一步，以工作团名义进驻，营以下暂不派军事代表，主要在团部工作，宣传政策，联络感情，了解情况，稳

① 云南省地方志编纂委员会编：《云南省志・中共云南省委志》，云南人民出版社2000年版，第742页。

定情绪。第二步，向营、连部派遣军事代表，建立政治工作制度，培养积极分子，轮训军官，同时清理少数特务及反动分子。第三步，进行深入的政治教育，使广大官兵真正彻底转变思想。第四步，调整干部，在士兵中进行建立共产党和青年团的组织工作，以达成改造目的。

1950 年 4 月 9 日，云南军区向起义部队派出了两个军事代表团，派往暂编十二军的军事代表团由第十五军政治部副主任许志奋担任总代表，派往暂编十三军的军事代表团由第十三军副政委廖冠贤担任总代表，正式开始团结改造起义人员的工作。

在改造起义部队过程中，中共云南省委重视宣传中国共产党对起义投诚人员的政策，建立新的领导制度。军代表进入起义部队后，开展了艰苦细致的工作。他们在起义部队中原有的中共地下党员、党的外围组织“军盟”[①]和进步组织“学联”[②]派到部队工作的人员配合下，宣传中国共产党对起义投诚人员的政策。在宣传政策、消除顾虑的基础上，在起义部队中建立了由军代表与部队主官共同组成的各级军政委员会。对于工作计划和重大问题，事先征得主官的同意，经过集体讨论，以军政委员会名义公布实施。同时，以召开会议的形式，发扬民主，讨论工作，解决问题，体现了人民解放军民主集中制和集体领导的原则。

在改造起义部队过程中，中共云南省委把团结教育改造起义军官作为重点。根据中共云南省委和云南军区党委指示，改造起义部队的工作方针是团结、巩固和有政策地、稳步地进行改造。军事代表团本着团结的精神，分别集训各级军官。暂编十二军将营以上军官集中到师，连、排军官集中到团进行集训，参加集训的军官共 1631 人。暂编十三军集训军官及部分班长共 2289 人[③]。同时，军事代表团把充分发动士兵，作为改造起义部队工作的基本环节，通过发扬民主，开展诉苦，提

---

① 军盟：1948 年 8 月，为争取国民党军队中的中下级进步人员，中共云南省委工委决定建立党的秘密外围组织新民主主义军人同盟，简称“军盟”。

② 学联：1945 年 6 月，在党组织领导下，召开了昆明学生联合会成立大会，简称“学联”。1949 年 12 月 14 日，恢复“九九整肃”中被解散的昆明学生联合会。

③ 中共昆明市委党史研究室编：《城市的接管与社会改造》（昆明卷），云南人民出版社 1997 年版，第 221 页。

高广大士兵的觉悟，使他们从思想上靠拢中国共产党，接受共产党的领导。而对于极少数顽固坚持反动立场，发动叛乱的反动武装，人民解放军及时派出部队，坚决予以歼灭。

在团结教育的基础上，调整组织，进行整编。经过半年的全面学习教育活动，起义部队的面貌逐渐发生了变化，士兵普遍要求正式编入人民解放军，军官也提出和人民解放军合编的请求。1950 年 10 月，根据中国共产党对起义部队的政策，在自愿的基础上，报经西南军区批准，对起义部队从组织上进行整编。起义士兵中有 5000 余人编入人民解放军继续服役，其余按复员待遇还乡参加生产建设。起义军官大部分集中到西南军政大学云南分校进行学习，然后按其思想改造程度和在起义中的作用影响，以及身体条件、个人专长等，分别给予妥善安排。

中共云南省委坚持以统一战线为中心，贯彻中共中央和西南局的方针政策，完成了对国民党起义人员的团结、教育、改造工作。加强和巩固了云南的统一战线，对于安定社会秩序、征粮等工作起到积极促进作用。

各族各界人民代表会议协商委员会的成立

《共同纲领》规定了新中国的政党制度是中国共产党领导的多党合作和政治协商制度。1949 年 7 月，中共中央指示，各新解放的城市应迅速召开各界代表会议，并具体规定 30 万以上人口的城市在解放 2 个月至迟 3 个月后，即应召开各界代表会议，作为共产党和人民政府密切联系群众的重要方法之一。

根据中共中央的指示，同时为建立各级人民政权做准备，中共云南省委决定筹备召开各族各界人民代表会议协商会议，成立协商委员会。1950 年 4 月下旬，经过中共云南省委批准，昆明市召开了第一届第一次各界人民代表会议，选举产生了昆明市各界人民代表会议协商委员会。此后，中共云南省委高度重视，不断推动此项工作的进展。5 月下旬，中共云南省委召开地委书记会议，提出“普遍召开各界代表会，加强统战工作”的要求。10 月，省人民政府召开云南省第一届第一次全体委员会议，决定“放手发动群众，加强团结，巩固革命统一战线，应当依照西南军政委员会的指示，认真建立各级人民代表会议制度，以扩大团结，巩固人民政权”。1950年11月13日，报请西南军政委员会批准，省人民政府发布了《关于召开全省人民代表会议的决定》。省人民政府组织了以周保中为主任委员的云南省第一届第一次各界人民代表会议筹备委员会，进行会议的准备工作。

1950年12月25日至1951年1月2日，云南省第一届第一次各界人民代表会议在昆明召开。会议经过民主协商、充分讨论，选出委员69人，正式组成云南省各界人民代表会议协商委员会（简称省协商会），选举周保中为主席，张冲、由云龙、白小松为副主席，并推选出19人组成的常务委员会。协商委员会是统一战线的政治组织，职权是负责进行本级民主统一战线工作。在以后的工作中，云南省又逐步健全了政治协商的机制。省、市地方协商委员会的工作由党委统战部负责管理。

1951年，在中共云南省委统战部倡导下，建立了由省委统战部、省协商会、各民主党派地方组织负责人定期参加的“双周座谈会”，就国内外重大政治时事、中共中央和中央人民政府的重要文件、统一战线内部共同性的问题进行学习座谈。此外，省协商会围绕国家和地方重要方针政策的制定及贯彻执行，云南省政府工作、财政预算、经济与社会发展规划、群众生活的重大问题和统一战线发展的重要事项，认真进行政治协商和民主监督。

鉴于云南省民族众多的实际，1951年11月，经中共云南省委研究并报经中共中央同意，在召开省第一届第二次各界人民代表会议期间，改称各族各界人民代表会议，协商会也改称云南省各族各界人民代表会议协商委员会。这次会上经过补选，协商委员增至89人，常务委员增至23人。蒙自、丽江、保山、个旧、西双版纳、德宏、红河、怒江等，也相继召开了各族各界人民代表会议，并选举产生了专区、市各族各界人民代表会议协商委员会。

在云南解放初期不具备召开全省人民代表大会条件的情况下，云南省各族各界人民代表会议协商委员会在一定时期内行使人民代表大会的职权。至1954年初，由中共云南省委与省协商会联系各民主党派、各人民团体的代表人物进行协商，并取得一致意见后选举产生了省人民代表大会代表候选人和省人民委员会组成人选。1954年8月6日，云南省第一届人民代表大会第一次会议召开，云南省各族各界人民代表会议代行云南省人民代表大会职权的任务圆满结束。

云南省各族各界人民代表会议协商委员会成立后，在中共云南省委领导下，积极工作，努力巩固和扩大人民民主统一战线，动员全省各族各界人民发展新民主主义的政治、经济、文化，进行社会主义革命和建设，加强人民民主专政，反对国内外敌人，发挥了统一战线组织的积极作用。

帮助民主党派整理地方组织

中国各民主党派是中国共产党领导的多党合作的重要组成部分，民主党派工作是党的统一战线工作的重要方面。中华人民共和国成立后，中国共产党同民主党派的关系进入了一个新阶段。中共中央在第一次全国统战工作会议上阐明了民主党派的性质、作用和中国共产党对民主党派的基本方针政策。明确指出，各民主党派都是实行阶级联盟、接受中国共产党领导、拥护《共同纲领》、参与国家政治生活和社会主义建设、与中国共产党真诚合作的政党，不是单一阶级的政党。中国共产党同各民主党派关系的基本原则是：既要在政治上和思想上以《共同纲领》为准则，团结他们共同奋斗，同时又必须在组织上尊重他们的独立性，与他们诚恳地协商、建议和说理，必要时进行适当的批评，而不是从组织上去控制他们。

中华人民共和国成立初期，由于历史原因，民主党派存在着组织涣散、成分复杂等现象。为了帮助民主党派团结、进步和发展，早在1949年2月，中共中央就发出《关于对待各民主党派的指示》，规定："对于1948年5月1日以前，即我党中央发出'五一'口号以前即已成立，并在反对帝国主义、封建主义、官僚资本主义和国民党反动统治的共同斗争上多少尽了点力的民主党派……在被我人民解放军解放了的地方并经过各该党派总部的证明，应一律承认他们的合法地位，加以保护。但这些民主党派的地方组织，在我军到达时，如尚无其总部经过我党中央的正式介绍，则须令其向军管会或人民政府登记，并开列负责人简历，呈报其总部(应经我中央代转),经其总部审查承认,并经我党中央通知当地军管会或人民政府后,始能取得正式合法地位,以免被坏分子所利用,甚至假冒。至于成立于去年(指1948年——引者注)'五一'以后的任何其他名义的党派组织,在我人民解放军解放了的地区,一律不予承认,并应根据军事管制时期的要求,令其宣布解散,向军管会切实呈报一切。"

云南的民主党派和爱国民主人士与中共云南地方组织有着长期合作、并肩战斗的历史。在大革命时期,中国共产党通过建立发展反对唐继尧地方军阀统治的统一战线,争取各界民主人士,支持了北伐战争。抗日战争时期,按照中共中央抗日民族统一战线的方针政策,中共中央南方局和云南地方党组织积极帮助中国民主同盟(简称民盟)在云南建立地方组织,发展龙云等人秘密加入民盟;中国共产党积极推动滇军出省抗日,对以龙云为首的云南地方实力派、少数民族上层人士、民族资产阶级、民主人士、地方士绅等广泛开展统战工作,建立了各族各界、全社会民主力量参加的抗日民族统一战线,为云南团结抗战局面的形成和巩固作出了积极的贡献。解放战争时期,中共云南地方组织团结争取广大民主人士,建立广泛的爱国民主统一战线,组织领导了"一二·一"爱国民主运动,揭开了国民党统治区人民配合解放区自卫战争、反对美军暴行和国民党反动统治的第二条战线的序幕,随后开展了反对国民党反动派暗杀民主人士李公朴、闻一多的群众斗争和反对美帝国主义扶植日本军国主义的"七一五"爱国民主运动。其中,中国民主同盟在中共云南地方组织的支持和帮助下,团结进步知识分子和爱国青年学生,积极参加抗日民主运动和反对国民党内战独裁政策、争取和平民主的爱国斗争。

根据中共中央指示精神,云南解放后,中共云南省委即以统战工作为中心,协助民主党派清理整顿组织,充分发挥各民主党派参政议政的职能。1950年3月,云南省在军事接管工作中开始登记民主党派,前来登记的有中国民主同盟云南省支部,中国国民党革命委员会的3个组织:国民党革命委员会云南省分会、三民主义同志联合会西南执行部、滇黔人民自卫军总部(民革组织的反蒋武装)。

中共云南省委根据中共中央政策，区别情况，对各民主党派分别进行登记和清理整顿，帮助其恢复发展组织。对于1948年“五一”之前成立的民主党派，历史上积极赞同和支持中国共产党关于建立抗日民族统一战线和反蒋人民民主统一战线的主张，同中共云南地方组织长期合作的民主党派及时给予登记并帮助其发展。在中共云南省委统战部的协助下，民盟云南省支部采取“全面清查，分别联系”的方法，审查了全省290余名盟员的盟籍，清除了不纯分子，完成了清理审查工作，巩固了组织。中国民主建国会（简称民建）云南地方组织是在中国共产党的引导、支持、帮助下诞生的，于1950年底开始在昆明发展会员。经中共云南省委同意和民建总会批准，1951年6月7日正式成立民建昆明分会筹备委员会，成立初期有会员45人。1952年，按照中共中央《关于民主建国会工作的要点》规定，省委统战部协助民建云南地方组织发展会员，主要发展对全省经济有重大作用的工商业资本家、中小工商业资本家代表、资本家的代理人和私营企业中的高级职员、一部分与财经有关的革命知识分子及在国家财经机关或国营企业中的工作人员。至1956年私营工商业全行业公私合营时，会员发展到155人，其中143人是工商业者。

对于1948年“五一”后建立的民主党派组织，进行重新审查和整理，整理后再行发展。民革登记的3个地方组织都是1948年“五一”后建立的，3个组织互不相属，成分复杂，并掌握一部分武装力量，内部纠纷较多，均没有民革中央的正式介绍。省委统战部报经中央统战部向民革中央建议，对云南解放前夕建立的几个民革组织，重新进行审查登记，暂不发展成员，待整理就绪再行发展。1950年11月12日，中国国民党革命委员会成立民革云南省分部筹备委员会，以张天放、陈复光、龚自知为筹备委员，张天放为召集人。根据中共中央精神，在中共云南省委统战部协助下，本着“登记从宽、审查从严”的原则，民革云南省分部筹备委员会于1950年11月15日登报公告，对解放前夕建立的民革组织和发展的民革成员进行登记审查。此项工作于1951年3月结束，清除了部分不纯分子，吸收了符合条件的30人为正式党员，10余人为学习员（相当于预备党员），为以后发展组织创造了条件。

1951 年 7 月 28 日，民革云南省分部筹委会、民盟云南省支部临工委、民建昆明分会筹委会等民主党派组织，在胜利堂举行招待会，向社会正式公开组织。云南省党、政、军领导宋任穷、卢汉、周保中，无党派民主人士白小松等参加招待会，并在会上讲了话。3 个民主党派地方组织的负责人分别介绍了各自党派的历史、性质和任务。此后，按照中共中央批转中央统战部《1951 年协助各民主党派发展党员的建议》，民革、民盟、民建云南地方组织逐步发展党员，建立健全基层组织。

通过统一战线工作，中共云南省委帮助民主党派实现了团结、进步和发展的目标，各民主党派积极参加到全省社会民主改革和重要政治活动中，发挥了参政议政的作用。1951 年民盟云南省支部临时工作委员会发表了《坚决拥护镇压反革命措施》的声明，并组织成员下乡参加减租退押运动。在抗美援朝中，各民主党派积极发动各界增产爱国、捐款捐物。中国共产党对民主党派的工作，对于团结各方力量、推动云南各项建设，起到了积极作用。

四　为巩固新生的人民政权而斗争

剿匪斗争

新中国成立之初，国民党潜伏和残留在大陆的大批匪特妄图颠覆人民政权，许多地方的匪患极为严重。据统计，1950 年 1 月至 10 月，全国共发生妄图颠覆新生政权的武装暴动 816 起。西南地区曾被匪特攻打、攻陷的县城有 100 座以上 [①]。因此，剿灭土匪成为全国革命斗争的一项重要任务，是建立和巩固各级地方人民政权，以及开展其他一切工作的必要前提，是迅速建立革命新秩序的保证，实际上是解放战争的继续。

① 中共中央党史研究室：《中国共产党历史》第二卷（1949—1978），中共党史出版社 2011 年版，第 45 页。

1950年3月16日，中共中央、中央军委发布《剿灭土匪，建立革命新秩序》的指示，在全国开展了剿匪斗争。鉴于西南地区匪患严重，1950年2月底，中共中央西南局即召开西南区的剿匪工作会议，制定了剿匪工作的5项措施：组织一元化的剿匪斗争，集中兵力重点进剿，军事进剿、政治攻势、发动群众三者密切协同，开展捕捉匪首工作，争取少数民族参加剿匪。这5项措施成为云南剿匪的基本方针。

云南匪患十分严重。在解放战争胜利前夕，蒋介石为在云南建立反共的最后基地，派遣大批特务潜入云南；内地其他省的许多土匪、特务和散兵游勇纷纷溃集云南，他们暗中勾结土匪、恶霸、反动党团骨干、反动会道门等，建立各种反共组织；国民党第八军、第二十六军残部除溃逃出境、扰乱边境外，另有少部分人分散为匪；起义部队中少数坚持反动立场的中下级军官策动、胁迫士兵哗变，沦为土匪；农村封建势力强大，不少地主和少数民族上层都拥有少则几人，多则几十人、上百人的武装，其中一部分人也成为土匪[①]。1950年2月下旬，在云南刚刚解放，地方工作尚未完全开展的时候，土匪就公开以抗粮抗税为名，欺骗胁迫群众武装暴乱，大肆破坏。1950年4月，峨山县和新平县4个区的土匪同时暴动。在近一个月的时间里，富源、通海、华宁、易门、新平、楚雄、盐兴、广通、宣威、会泽等地相继发生大规模土匪暴乱。随后，暴乱扩大到昭通、大理、丽江等地的部分县区。到1950年5月底，全省内地约有土匪170余股，匪众4.3万余人，先后杀害征粮干部600多人，抢劫粮食260多万公斤，袭击县城10余座，并一度攻占新平、牟定、盐兴、易门、广通、西畴、威信、绥江8座县城。匪患最严重时，全省通往省外的公路交通一度中断，工农业生产和征粮征税等工作难以正常进行，据当时的新闻报道："匪祸所及，商旅裹足，市场萧条，居民夜不枕席，一夕数惊。"[②]匪患不仅危害到人民的生命财产安全，而且对新生的人民政权构成严重威胁。

匪患发生后，中共云南省委极为重视，很快派部队到玉溪、楚雄等

① 高治国主编：《当代中国的云南》(上)，当代中国出版社1991年版，第87页。

② 当代云南编辑部著：《当代云南简史》，当代中国出版社2004年版，第63页。

地区清剿，并制定了军事清剿与政治瓦解相结合的方针。由于云南刚刚解放，政权组织不健全，军事力量不足，加上部队缺乏对付零星土匪的经验，在剿匪开始阶段虽然取得了一些胜利，消灭了几千匪众，但是没有从根本上遏制住土匪的嚣张气焰。

为了扭转这一被动局面，1950 年 5 月 6 日，云南军区召开了第一次剿匪会议。会议由云南军区政委、中共云南省委第一书记宋任穷，云南军区司令员、云南省人民政府主席陈赓主持，军队和地方近 200 人参加。会议学习了中共中央、西南局、西南军区有关剿匪斗争的指示，听取了边纵指战员介绍斗争经验，对全省剿匪被动的原因进行分析，统一了特定条件下剿匪政策和作战指导思想，是云南剿匪斗争中的一次关键性会议。

其后，各级党委根据会议的部署，初步完成了由打大仗到剿匪斗争战略思想的转变。在组织领导上，根据匪患情况，云南军区将全省划分为滇南、滇西、滇东北三大剿匪区域，由解放军分片包干负责剿匪。10 月 12 日，云南军区召开剿匪工作会议，总结了剿匪工作，确定了下一步剿匪的主要地区和要求，成立了云南省剿匪委员会，陈赓任主任委员，宋任穷、郭天民、庄田、张冲任副主任委员。全省在土匪叛乱地区的区以上政府普遍成立剿匪委员会，加强对剿匪斗争的领导。各地相继成立专区级剿匪委员会 10 个、县级 68 个、区级 183 个。在乡保一级，则成立剿匪小组，作为动员群众的公开组织形式。这样，在组织指挥上改变了军队和地方“各管一行”的做法，统一指挥，并将剿匪斗争与征粮征税、减租退押和统一战线工作、群众工作、民族工作等结合起来，形成党委一元化领导下的剿匪斗争格局。

在军事进剿上，制定了先腹地、后边沿的剿匪作战部署，在战术上改变过去的大兵团正规作战方式，确立以集中对集中、以分散对分散和敌变我变的灵活机动战术思想；包围与搜捕、奔袭与伏击、大分队与武工队、军装与便衣等多种多样的作战手段，以及游击战、运动战和阵地战的各种打法，分片包干，一切以消灭匪特为最终目标。

对待战俘、投诚土匪，执行镇压与宽大相结合的政策。对那些罪大恶极、不杀不足以平民愤的匪首，坚决及时镇压；对投诚自首的匪众，先集中进行教育改造，再逐步释放。

在群众工作、统战工作方面，强调必须尊重各族群众的风俗习惯，宣传工作要照顾到少数民族群众的接受能力，做好事要根据少数民族群众的实际需要，对于一时有附匪行为的民族上层要努力团结争取，不简单当作匪首处理。

从 1950 年 6 月开始，全省即展开以腹地为主的大规模剿匪行动。通过最大限度地发动和组织群众参加剿匪，云南剿匪发展成为一场轰轰烈烈的人民战争。全省普遍举办干部训练班，进行清匪反霸和减租退押政策的教育，在广大群众和各阶层人士中广泛宣传政策法令；普遍举办农民训练班，召开农民代表会议或农民大会，开展诉苦运动，提高广大民众的阶级觉悟；建立和健全各级农会组织，纯洁农会的领导骨干，树立以贫雇农为核心的领导；不断建立和完善农村基层政权，逐步把地主掌握的枪支转入农民手中，建立剿匪自卫队，负责维持农村治安，管制投降自新匪特，深入开展捕捉匪首、肃清小股土匪的斗争；逐步建立起大众情报网，让群众主动向部队报告匪情；吸收民主人士加入剿匪委员会，充分发挥他们的社会影响，用多种形式劝降土匪，形成了党、政、军、民团结战斗的剿匪局面。

在歼灭滇东北最大的匪首龙绳曾部时，政策上做到仁至义尽，军事上采取后发制人、速战速决战术，彻底干净地消灭匪特。驻防滇南的第十三军在歼灭盘踞华宁、江川一带的匪特金绍云部时，采取了湖外奔袭、湖内围困和渡湖强攻的办法，使敌大部分被俘获或击毙。滇西南的匪特与逃往缅甸的李弥残部结合，跨界活动，难以就地围歼。驻防滇西的第十四军采取诱匪深入，断其外逃退路，以优势兵力围歼的战术，歼灭残匪 400 多人。由于战略部署得当，加之各部队采取灵活机动的战略战术，很快打开了剿匪斗争的新局面。

至 1950 年底，昆明、滇南、滇西及滇东北四大区域的大股土匪已经被歼灭，腹心区域基本净化。从昆明到滇南、滇西、滇东的主要交通干线畅通无阻，人民群众得以安居乐业。对云南及西南区剿匪的显著成效，毛泽东于 1951 年 1 月 28 日作出“路线正确，方法适当”“成绩极大”的评价。

经过全面清剿，云南的残余匪特逐步向国境沿线和边远山区流窜，并采取化整为零、公开与隐蔽相结合的手段，继续与人民为敌。由于边沿地区股匪尚未受到大的打击，匪众大多数是不明真相的少数民族群众，活动在国境一线的土匪，又与流窜境外的国民党军残部相勾结，因此剿匪斗争较内地更为复杂。

面对这种情况，1951 年 2 月，云南军区及时召开了剿匪会议。会后，全省及时调整剿匪战略部署，对内地残存下来的零星散匪，通过清匪反霸、减租退押和土地改革，建立和整顿农会、民兵、大众情报网、捕捉队等组织，形成群众性揭发和捕捉匪特之势，使其无处藏身，达到净化目的；对潜藏在边境的股匪进行会剿，先合围而后穷追细搜，务求将其消灭在国境内；对边疆民族地区的土匪，采取军事打击和民族工作相结合的办法，力争首先歼灭几股气焰最嚣张、危害最大的土匪，以威慑匪众，促其瓦解，树立少数民族群众的剿匪信心。

1951 年 3 月底，滇南部队集中 17 个连的兵力，与越南北部的武装力量配合，进剿盘踞在中越边境的土匪，历时 70 天，消灭土匪 560 余人。4 月初，滇南部队又集中 8 个营的兵力，协同广西和贵州部队，对盘踞在西隆、西林一带的匪部 3000 多人进行会剿。经远程奔袭，在中越边界的文山回蓬、董干一线歼敌 1240 余人。6 月初，云南军区指挥滇西、滇南两个卫戍区的两个整团和 5 个团的各一部，进剿窜犯耿马、双江、沧源、孟连等县的李弥残匪，历经一个月，消灭土匪 700 余人。

在 1951 年的剿匪斗争中，全省军民共进行大小战斗 1279 次，毙、伤、俘土匪近 2 万人，投诚 2.7 万多人，土匪基本被肃清。1951 年以后，云南剿匪斗争的主要目标转向流窜在境外的国民党军残部，剿匪的方针、政策和重点、方式方法等也作了一系列调整，由野战军的运动进剿变为边防部队的驻守防卫，由军事打击为主变为群众性的政治攻势为主，将剿匪斗争的重点由境内清剿转向防范和打击境外国民党残部的窜扰，云南的剿匪斗争从此纳入边防建设的工作。

云南边疆民族地区的剿匪斗争从一开始就和民族工作结合在一起，在剿匪政策的制定和执行中，特别重视与民族地区的实际相结合。1951 年 7 月 20 日，云南军区和云南省人民政府联合发布文告，就加强民族团结、巩固国防作出十项规定，号召各民族各阶层人民团结起来，积极帮助人民解放军和人民公安部队剿灭土匪，特别强调因受骗而实行武装对抗的土司头人，只要诚心悔过，回到祖国怀抱，人民政府不收缴武器，剿匪有功的论功给奖等。1952 年 7 月 7 日，云南军区发布《1952 年下半年剿匪指示（草案）》，分析了少数民族中对剿匪存在误解和对抗的原因，区别内地和边疆民族地区不同的敌匪特点，制定了不同的对敌措施。由于较好地处理了民族关系，促进了云南剿匪斗争的顺利进行。在中甸（今香格里拉市）地区的剿匪斗争中，处理好民族关系对推动剿匪斗争的作用表现尤为明显。中甸是一个藏区，解放前还处于封建农奴制社会，政教合一，寺院僧侣、头人享有特权。1951 年，中甸千总汪学鼎等部分民族上层人士，在国民党特务的挑唆下，发动武装叛乱。根据叛匪情况，中共云南省委作出“对汪学鼎不放弃团结争取，对杨正华以政治争取为主与军事打击相结合，有计划、有步骤地平息叛乱”的指示，第十四军四十二师师长廖运周率一百二十六团三营和分区基干团一部执行平叛任务。廖运周到达中甸后，召开民族上层和宗教人士座谈会，争取团结了没有参加叛乱的上层人士和各族群众，孤立了叛首。为争取汪学鼎，廖运周多次只身进入山洞同汪学鼎谈判。在他的诚恳开导下，汪学鼎表示愿意改邪归正，这场叛乱很快得到平息。1952 年 3 月，汪学鼎等再次发动叛乱。他们纠集 500 余众，以武力占据小中甸政府，造成中甸地区社会动荡，并波及康藏地区。为巩固新生人民政权，四十二师再次进入中甸地区执行平叛剿匪任务。在军事打击震慑敌人的基础上，剿匪部队大力开展政治攻势，廖运周亲自对汪学鼎作争取工作。6 月，汪学鼎投降，叛乱再次平息。廖运周 3 年里多次到藏族、回族、彝族民族地区做民族团结工作，被藏族人民称为真正的“活佛”。

在人民解放军全面进驻云南边疆民族地区后，在“团结起来，共同对敌，联防自卫，防匪保家”的号召下，边疆民族地区普遍建立起联防武装。到 1953 年，联防武装发展到 5.5 万人，在剿匪斗争中发挥了不可替代的作用。

由于云南边疆民族地区的特殊性，云南的剿匪斗争持续了较长时间，直到 20 世纪 50 年代末，才肃清了全省的土匪。此后，云南的剿匪斗争主要是针对逃到境外的国民党军残匪的小股袭扰和潜入破坏，开展反袭扰和反潜入破坏的斗争。

在云南剿匪斗争中，广大干部和解放军指战员表现出英勇战斗、临危不惧的大无畏革命精神。中共通海县委书记张盾、易门县县长王启勋、楚雄县县长陈海等近千名优秀干部和解放军指战员献出了宝贵的生命。剿匪斗争的胜利是无数革命先烈用生命和鲜血换来的，人民永远怀念那些为捍卫新生人民政权而壮烈牺牲的革命先烈。

彻底剿灭土匪，对刚解放的云南具有十分重要的意义，它充分显示了党的正确领导和人民群众对中国共产党的衷心拥护和爱戴，显示了人民民主专政的强大力量，保卫了新生的人民政权，维护了全省各族人民的大团结，稳定了祖国的西南边疆，为云南进行社会主义改造和建设创造了和平安定的社会环境。

镇压反革命运动

新中国成立初期，云南是反革命势力较强的省份。国民党政府计划把云南作为大陆最后的“反共基地”，云南解放初期仍有大批的散兵游勇、土匪特务、社会渣滓、反动会道门四处破坏捣乱，各地还暗藏着许多地方武装恶霸。按照中共中央的部署，中共云南省委、省人民政府大张旗鼓地组织开展了一场镇压反革命运动，以巩固新生的人民政权。

当解放军完成渡江战役开始进军西南时，国民党政府就在西南地区有计划地派遣了大批特务。1949 年 8 月，蒋介石积极准备将其陆军总部等军事机构迁入云南，还计划将从湘、桂、黔等省溃退进入云南的 5 个宪兵团和云南宪兵团组建为宪兵独立师。同时，国民党又将三大特务系统从华东、华中、华南及川、黔等省退下来的特务站、处、局单位 50 多个、1600 多名职业特务撤到昆明，还有零散逃亡来云南的职业特务上千名。此外还有秘密特务分子潜伏在各个领域中。1949 年 10 月，中共中央发出进军西南的指示后，军统头目毛人凤又秘密派遣特务分子潜伏云南，由其直接掌握，伺机进行破坏活动。

云南的反动会道门势力也很强大，活动猖獗。其中以“一贯道”传播面最广、危害性最大。“一贯道”于 1941 年传入昆明，设有“道基坛”“纯一坛”“同德坛”等总坛，并以昆明为中心向专县扩展。1947年后其组织发展达到高潮。至1950年，仅“纯一坛”就在全省97个市县发展道徒50.4万人，连同其他派系，全省约发展道徒百万余人，并渗透到机关、工厂、企业中。据1950年对53个市县调查统计，共有“点传师”及相当于“点传师”以上的道首5300多人。一些特务、恶霸、地主、反动党团骨干分子、逃亡国民党军官、军政要员也加入其中，充当道首。云南人民政权建立初期，一些顽固的反动会道门道首及骨干分子除装神弄鬼、妖言惑众、诈骗钱财、奸污妇女外，还与其他反革命残余势力沆瀣一气，煽动道徒阻挠抵制人民政府的各项工作，大肆进行反革命活动。

仅1950年4月至7月，全省即发生较大规模的反革命暴乱事件92起，其中，在城市发生的很多暴乱都与反动会道门有关。与此同时，在中越、中缅边境地区，集结了国民党军队残部及其裹胁外逃的群众共1.8万余人。国民党反动派与帝国主义间谍机关相互勾结，在云南边境空投特务，配备武器、电台，搜集情报，煽动暴乱。这些反革命势力对人民政权斗争的策略是“长期潜伏，等待时机，重点破坏与暗害活动”，他们先后在云南制造了一系列暴行。反革命分子烧杀抢掠、断绝交通、扰乱社会秩序，一度攻陷8座县城，袭击攻打100多个区政府，残杀大批干部，抢劫、烧毁粮食数百万斤。云南新生的人民政权面临着严峻的考验。

中共中央非常重视云南的镇压反革命运动。早在1949年8月，在争取卢汉起义时就强调，要加强对特务的管制，必要时一网打尽。卢汉起义后，毛泽东、朱德在电复卢汉的指示中又强调：“逮捕重要反革命分子，镇压反革命活动”①。根据中共中央指示，中共昆明市委及时成立保卫部，通过云南临时军政委员会公安处掌握的反革命活动基本情况和线索，搜捕了部分国民党特务头子和重要的反革命分子，留待接管政权后审处。1950年3月，昆明市军事管制委员会、云南省人民政府成立后，在中共云南省委的领导下，遵照《共同纲领》关于“镇压一切反革命活

① 中共昆明市委党史研究室编：《城市的接管与社会改造》（昆明卷），云南人民出版社1998年版，第85页。

动”的规定，逮捕了一部分暗藏的反革命分子，其中有国民党省级以上特务分子 22 人，削弱了国民党的反动残余势力。

1950 年 10 月 10 日，中共中央发出《关于镇压反革命活动的指示》，指出：为了保证土地改革和经济建设的顺利进行，必须镇压一切反革命活动，必须坚决地肃清一切危害人民的土匪、特务、恶霸及其他方面的反革命分子。同时要求各级党委坚决纠正在一段时间和一些地方曾经存在的对反革命分子“宽大无边”的偏向，全面贯彻“镇压与宽大相结合”的政策，即“首恶者必办，胁从者不问，立功者受奖”，对罪大恶极、怙恶不悛的反革命首要分子，实行坚决镇压。1951 年 2 月，中央人民政府颁布《中华人民共和国惩治反革命条例》，使镇压反革命斗争有了法律武器和量刑标准。

根据中共中央指示精神，1950 年冬，中共云南省委统一部署，全省各级党委和人民政府充分发动群众，吸收各民主党派和各界人士参加，结合中心工作，在内地 96 个县和部分“缓冲区”[①] 大张旗鼓地开展镇压反革命运动，集中力量打击土匪、特务、恶霸、反动党团骨干分子及反动会道门头子 5 个方面的反革命分子，镇压反革命运动在全省有序推开。1951 年，主要结合减租退押、清匪反霸进行，重点打击作恶多端、血债累累、民愤极大的匪首、恶霸和特务骨干分子。1952 年，主要结合农村的土地改革和城市的民主改革，在政治上摧毁封建势力，进行清匪反霸、镇压反革命活动。1953 年初至 1954 年 3 月，主要是取缔反动会道门的破坏活动，打击“点传师”以上的反动骨干道首，教育受骗上当的道徒群众认清其反动面目，彻底取缔其组织和活动。同时清理、解决镇压反革命不彻底的地区、单位的问题和运动中的遗留问题。

全省各地在镇压反革命运动中进行了革命警惕性的教育，并采取群众路线的方法，不断加强对镇压反革命运动的领导，保证镇反工作稳、准、狠的进行。为了加强对镇压反革命运动的领导，做到不枉不纵，根据中共云南省委指示，全省先后在 106 个市、县成立了反革命案件审

① 缓冲区：云南土地改革中在边疆和内地之间划出缓冲地区，在该地区采取特殊土地改革政策，简称缓冲区。

查委员会，由各阶层、各民族推选的委员，行使人民赋予的权力，对反革命案件进行逐案审查，提出意见后交政法机关依法审理。1951 年 9 月，中共云南省委决定在省、地、县三级成立清理案犯委员会，区成立材料收集小组，由党委书记挂帅，政府主要领导、有关部门负责人和非党人士参加，慎重处理反革命案犯，既不能重罪轻判，也不能轻罪重判，更不能冤枉好人。1953 年 6 月，中共云南省委又发出清理积案的指示，从公安等相关部门派出干部，组成清案工作队，分赴各地协助检查清理。

所有依法批捕的反革命分子，都由人民审判机关或军事法庭根据《中华人民共和国惩治反革命条例》及“镇压与宽大相结合”的政策，分别按罪恶轻重、民愤大小予以惩处。对于那些血债累累，对人民和国家犯有严重罪行，不杀不足以平民愤的首恶分子，坚决处以死刑。1951 年 4 月 15 日，昆明市军管会在人民胜利堂召开省、市各界人民代表扩大会议，讨论惩治反革命罪犯问题，对“杀害杨虎城将军案”“李公朴、闻一多惨案”“一二·一血案”“七一五惨案”及“九九整肃案”的首要罪犯提起公诉，并接受人民审判的要求，宣布判处 36 名反革命分子死刑，执行枪决。对于解放前因生活所迫为匪的，只要放下武器便不以土匪论处。对一切投诚、自首、放下武器真诚悔改的反革命分子，均依法从宽处理。

为了加强民族团结，保卫边疆安全，中共云南省委决定在边疆民族地区不开展群众性的镇压反革命运动，但坚决打击国民党残部和特务、间谍的策反、暗害、爆炸等袭扰、破坏活动。对潜逃隐藏在边疆民族地区的汉族特务等反革命分子，联合各族人民共同审理。对边疆少数民族中个别罪恶、民愤很大，本民族群众要求惩办的土匪、恶霸，征得民族上层人士的同意，并报经省执法部门批准后逮捕法办。在内地少数民族聚居区，逮捕、判处少数民族中的特务、土匪、恶霸，均通过本民族群众同意，并征求民族上层人士的意见后处理。

从 1950 年冬至 1952 年秋，在全省镇压反革命运动中，共歼灭和依法惩处了匪首、特务、反动党团骨干等反革命分子数万名。1952 年冬至 1954 年春，全省又开展了取缔反动会道门、打击反动会道门头子的斗争。经过宣传教育，受骗群众纷纷揭发、检举反动道首的罪行，仅保山、曲靖等 36 个市、县就有 26.5 万多名道徒公开宣布退出反动会道门，捕获反动会道门的道首近 2000 名。

经过 1950 年至 1954 年的镇压反革命运动，公开暴露的反革命分子遭到沉重打击，但仍有一批漏网的反革命分子伪装隐蔽了下来，伺机继续进行破坏活动。1955 年春，当全省社会主义改造进入高潮时，潜伏的反革命分子又纷纷起来进行破坏。1955 年下半年，按照中共中央的部署，中共云南省委批准在全省开展第二次镇压反革命运动。这次运动是社会镇反和内部肃反同时进行，至 1959 年 12 月结束。根据云南的具体情况，中共云南省委提出“镇反上山”的口号，结合正在进行的农业合作化运动，重点打击隐蔽在落后乡村、边远集镇、城乡接合部及交通要道上的反革命分子。

20 世纪 50 年代两次大规模的镇压反革命运动，在全省范围内基本上肃清了反革命残余势力，粉碎了国民党反动派妄图以云南作为大陆最后“反共基地”的幻想，巩固了人民政权，维护了边疆的安定，促进了各族人民的团结，有力地支持、配合了土地改革和抗美援朝运动，保障了全省恢复国民经济和第一个五年计划的顺利实施。正如当时昆明群众盛赞的：“镇反运动真正好，百废待兴大改观。坏人坏事有人管，安居乐业赛天堂。”当然，由于当时错综复杂的社会历史原因和严峻的形势，各级党委、政府的工作人员缺乏在执政条件下开展镇反工作的经验，掌握落实政策的能力水平有限，加之当时司法体制和审判程序不够健全，一些地方在镇反工作中出现过错捕、错杀等偏差，但中共中央和中共云南省委发现问题后及时予以纠正，避免了偏差的扩大。

抗美援朝运动

1950 年 6 月，朝鲜内战爆发，美国随即派兵进行武装干涉，发动对朝鲜的全面战争，同时派遣第七舰队入侵台湾海峡。新中国的国家安全受到严重威胁。应朝鲜民主主义人民共和国政府的请求，1950 年 10 月 5 日，中共中央作出“抗美援朝，保家卫国”的决策，派遣中国人民志愿军赴朝作战。

云南人民响应中共中央的号召，与全国人民一道，投入抗美援朝的各项工作。在历时 2 年零 9 个月的抗美援朝战争中，云南各族人民积极参军奔赴战场，为战争的胜利作出了重要贡献。1950 年 10 月底，以云南各族儿女为主体的中国人民解放军第五十军的 3 万多名将士在军长曾泽生、政委徐文烈的率领下，编入中国人民志愿军序列作为第一批入朝部队参战。1951 年 3 月，云南军区所属第十五军编入中国人民志愿军序列入朝作战，其中，由云南军区所属第十三军警卫团及另抽调其他部队的干部战士 1 万余名组成补训师。同月，云南军区司令员兼云南省人民政府主席陈赓奉中央军委之命，调任中国人民志愿军副司令员兼第三兵团司令员、政治委员，率 6000 余名驻云南的官兵赴朝作战。后云南驻军又有大批官兵分批赴朝参加战斗。其中，第五十军先后参加抗美援朝第一、第二、第三、第四次战役；第十五军先后参加第五次战役和平（康）、金（化）、淮（阳）地区防御作战，以及著名的上甘岭战役，涌现出一大批战斗英雄和英雄团队，为战争的胜利谱写了可歌可泣的英雄乐章。

在各级党组织的领导下，云南各地广泛深入地开展了大规模的“抗美援朝、保家卫国”宣传教育活动，坚定斗争意志和必胜信心。1951 年 4 月 18 日，宜良、曲靖、武定 3 个专区及昆明市 1400 多人参加了在昆明市举行的抗美援朝代表大会。会上，全体代表签名拥护世界和平理事会关于缔结和平公约的宣言，并投票一致反对美国单独对日媾和及重新武装日本作为其在亚洲侵略扩张基地的企图。“五一”节前后，抗美援朝总会和各级分会组织了全国性的抗美援朝、反对武装日本、保卫世界和平的示威游行。云南全省有 290 多万人参加了这场声势浩大的爱国行动，声讨以美国为首的联合国军出兵朝鲜和侵略中国领土台湾的罪行。同时，中国人民志愿军代表和战斗英雄多次来到云南，赴各地宣传志愿军与朝鲜军民并肩战斗、痛击美帝国主义侵略者的英雄事迹，向广大干部群众通报志愿军入朝作战的战况，对云南军民进行生动的国际主义、爱国主义和革命英雄主义教育。通过多种形式的宣传教育，全省各族人民认清了美帝国主义的侵略本质，以及组织中国人民志愿军入朝作战的正义性和必要性。抗美援朝使保卫新中国、保障和巩固中国人民革命胜利成果的观念深入人心。

为支援抗美援朝运动，按照中共中央的统一部署，全省各地开展了订立爱国公约、捐献武器的活动。1951 年 6 月 22 日，中共云南省委发出《关于执行〈中央、西南局开展捐献武器运动指示〉的指示》，提出坚持自觉自愿和增加生产的基本捐献原则，强调要在鼓励生产、增加收入的同时，把增产节约的一部分或全部用于捐献，不准强迫命令或变相摊派。对少数民族地区则只作宣传，不提倡捐献。全省各专区、县以各级抗美援朝分会为主，协同各级人民协商委员会和人民团体，组织成立了捐献飞机、大炮运动委员会，统一领导这项工作。随之，全省上下踊跃投入这一运动。至 1951 年底，捐款活动结束时，全省捐款入库数已达 489 亿元（旧币），超额完成认捐飞机 20 架、大炮 2 门、高射炮 1 门的捐献任务，以实际行动有力地支援了抗美援朝战争。

为了加速国民经济的恢复和发展，保证朝鲜前线的物资供给，云南各族各界积极响应“增加生产，厉行节约，以支持中国人民志愿军”的号召，掀起了热火朝天的爱国增产节约运动。1951 年 12 月 25 日，云南省军政委员会、云南省人民政府、云南省协商委员会举行联席会议，成立云南省爱国增产节约委员会，全省范围的爱国增产节约运动迅即展开。各工矿企业提出了“工厂即战场、机器即枪炮”的战斗口号，开展爱国主义劳动竞赛。全省农民在“劳动光荣，爱国增产”“多打粮食，支援抗美援朝”的口号下，掀起了农业增产运动。工商界人士增加生产，改善经营，注意节约并减少浪费，表现出极高的爱国热情。宗教界也纷纷举行自立革新座谈会，表示要割断与帝国主义的联系，以实际行动参加抗美援朝、保家卫国运动。

在抗美援朝运动中，云南人民按照“边打、边稳、边建”的方针，一面进行国民经济恢复工作，一面支援前线作战，不仅有力地支援了抗美援朝战争，而且极大地提高了全省人民的政治觉悟，增强了民族自尊心和自信心，激发了全省各族群众建设新云南的热情，为云南经济的恢复及各项社会改革事业的顺利进行注入了强大的精神动力。1953 年 7 月，抗美援朝战争以中朝军队和人民胜利而告结束。

支援西藏和平解放

西藏是中国大陆最后一个解放的地区。1949 年 7 月，西藏地方政府上层少数分裂分子在帝国主义势力的挑唆、煽动下，制造“驱汉事件”①，乘国民党政权覆亡之机，企图将西藏从中国分离出去。为了粉碎帝国主义制造“西藏独立”的阴谋，完成对全国大陆的解放，1950 年 1 月初，中共中央作出进军西藏的决策，确定由中共中央西南局和西南军区担负进军及经营西藏的主要任务。西南局、西南军区随即组建进藏部队，积极准备进军西藏。

向西藏进军，涉及政治、宗教、民族、物资保障等一系列复杂问题。对此，中共中央采取了十分慎重的态度，强调要靠政策走路，靠政策吃饭；一切要从西藏的历史、社会情况和民族宗教特点的实际出发，要调查研究清楚了再办事②。1950 年 9 月，西南局、西南军区发出《对进藏部队政策问题指示（草案）》，制定了解决复杂的政治和民族问题的方针原则。

在争取和平解放西藏的既定方针下，中共中央多次催促西藏地方政府派代表到北京谈判，但西藏地方当局一再拖延。为促使谈判早日进行，争取西藏和平解放，1950 年 10 月 6 日，中央军委部署进藏部队发起昌都战役，云南部队受命参战。

根据中共中央“进军西藏不吃地方”“政治重于军事，补给重于战斗”的指示，云南援藏部队所需大量粮秣、装备、弹药和日用品等物资，都由云南地方政府组织运输供应。1950 年 9 月，经中共云南省委批准，云南省人民政府发出《关于“支援解放西藏民工动员”的训令》，号召全省人民，特别是毗邻康藏各地人民，发扬爱国主义精神，踊跃参加服役，完成这一伟大历史任务。同时，以云南省人民政府布告发布《支援解放西藏民工动员暂行办法》。1950 年 8 月 30 日，滇西卫戍区援藏委员会

---

① 驱汉事件：1949 年 7 月，西藏地方当局勾结帝国主义势力，把国民党政府驻藏办事处人员及所谓的嫌疑人员 100 多人，分三批武装押送到中印边境，经印度海路遣返内地，企图断绝西藏地方政府与中央政府的关系。

② 中共中央文献研究室编：《邓小平西南工作文集》，中央文献出版社 2006 年版，第 57 页。

成立，下设公路、电信、民工运输、物资供应 4 个局，负责组织运输进军西藏所需物资。从滇西至察隅，需穿越金沙江、澜沧江、怒江三大峡谷，翻越白马雪山和梅里雪山。漫漫 3000 里的补给线，没有公路运输，只有羊肠小道，主要靠人力马帮运输。先后动用 1.9 万民工和组织 4500 匹马抢运粮秣。为完成后勤保障任务，云南各族人民付出了艰苦的努力。后勤运输分两条线进行，西线为云南保山至西藏门工线，东线为云南丽江至德钦线。除东西两路外，居于运输最前线的是辎重团。1950 年 4 月，第十四军从所属各师抽调 1000 余人、615 匹马，担负运粮任务。经过 4 个月的艰苦奋斗，连同保山专区运到门工、碧土的粮食共达 58 万余斤，保证了驻守该地的云南部队一年的粮食供给。

为了从根本上解决进藏部队后勤供应问题，遵照毛泽东"一面进军，一面修路"的指示，1950 年 9 月初，动员了 2 万民工抽调 2000 军工，抢修下关至芒康的滇藏公路。1950 年，滇西工委援藏委员会下设的滇藏公路局，采取"边测设、边上人、边施工"的办法，在不到 1 年时间里，就完成了下关至丽江、丽江至巨甸的公路共 301 公里，又从巨甸修马车路 130 公里，到达维西县城。与此同时，架设了大理—丽江—巨甸 284 公里的电线。这些设施的建成，为边疆经济建设和作战运输提供了条件。

准备工作基本就绪后，云南进藏部队开始千里行军参加昌都战役和进军察隅的军事行动。云南的进藏部队于 1950 年 8 月由驻地鹤庆出发，向预定集结地德钦、贡山进发，尔后向察隅进军。10 月 6 日，昌都战役打响，云南进藏部队采取迂回、包围、穿插的战术，消灭敌人，解放了门工、碧土、盐井等地区，圆满完成了昌都战役中所承担的作战任务。作为藏东政治、经济中心的昌都的解放，给西藏上层反动分裂势力以沉重打击，为和平解放西藏打下了基础。昌都战役后，西藏政治形势发生了很大变化。1951 年 5 月 23 日，《中央人民政府和西藏地方政府关于和平解放西藏办法的协议》在北京签订，标志着西藏实现和平解放。进藏部队陆续进驻拉萨，胜利完成了进军西藏的任务。

1956 年以后，云南部队又按照中共中央和西南局的指示，两次入藏参加平叛作战，并抽调干部战士进入藏区农村进行民主改革。

从1950年到1962年13年间，为支援西藏和平解放和建设，驻云南部队3次受命援藏，参与平定康南和西藏昌都地区武装叛乱。云南省各族群众节衣缩食，艰苦奋斗，顺利完成了艰巨的运粮和修路任务。云南援藏支前任务的圆满完成，平叛斗争的胜利，促进了藏区民主改革的进行，为藏区与全国实现共同进步和共同发展创造了基本前提，为人民政权的巩固及边疆的安定团结作出了不可磨灭的贡献。

五　建立新的经济秩序

没收官僚资本

没收官僚资本是新民主主义革命的三大经济纲领之一。在新生人民政权建立后，通过没收官僚资本，组建社会主义性质的国营经济体系，使之成为整个国民经济的领导成分，是建立新民主主义经济体系，乃至社会主义经济体系的重要步骤和关键所在。1949年上半年，中共中央先后发出《关于接收官僚资本企业的指示》《对华东局关于接管江南城市指示草案的批示》《关于接收平津企业经验介绍》等文件，在总结东北、华北等地接管城市经验的基础上，详细规定了接收官僚资本企业的方针和政策。中共中央提出，接收官僚企业采取与接管旧政权不同的办法，不仅不打破他们的组织机构，还保持原来生产系统，先完整接收下来，实行监督生产，然后逐步地进行民主改革和生产改革，把官僚资本主义企业改造为社会主义性质的国营企业。

中共云南省委贯彻中共中央指示精神，坚持“原封不动，系统接收，坚定立场，逐步改造”的接收方针，在军事接管过程中按照各系统分工负责，有步骤地、原封不动地全面接收了原国民党政府在云南的官僚资本主义企业。接收的对象是原国民党各级政府和国民党大官僚经营的工业、农业、交通、邮电、市政等所有企业，小官僚、城市工商业者和地主所办的工商业不在接收范围。其中，以工业接管为核心，接收了旧政权的公营厂矿企业共31个单位，职工18734人。经过企业整编合并，有23个单位开工恢复生产，职工16663人[①]。此外，以财政接管为核心，完整地接收了国民政府的金融体系，包括原国民党省政府财政厅、会计处、统计处、审计部驻云南审计处及昆明市财政局等财政机构。对34家银行及其设于各县办事处的账目进行清查封库，先后接管了13家金融机构。在接收过程中，中共云南省委派军代表、联络员分别进驻接管单位，深入调查了解情况，组织召开厂长及工程技术员座谈会、资产移交大会等会议，宣布接收政策，明确接收的目的意义，保证了接收工作的顺利开展。

在原封不动接收这些官僚资本以后，开始进行民主改革和生产改革，将其改造成社会主义国营经济。改革的中心环节是建立工厂管理委员会和召开职工代表大会，实行民主管理，充分发挥工人的主体作用。在国营工矿企业中，对原来官僚资本统治时期遗留下来的各种不合理制度进行一系列改革。有领导地放手发动群众，依靠工人揭露和控诉企业中尚存的封建把头压制工人的旧制度，把一批在群众中有威信的工人和职员提拔到行政和生产管理的领导岗位，纳入工厂管理委员会，吸收工人参加企业管理，通过召开职工代表大会，实现企业管理民主化，使工人阶级成为国营企业的领导力量，在企业中发挥当家作主的作用。

以发展生产为核心，依靠工人进行企业改革和整顿。新中国成立前由于国民党政府与云南地方当局在政治上的矛盾和经济上控制与反控制的斗争，因而在企业管理上机构重叠臃肿，冗员充斥，人浮于事的现象非常严重，各工矿企业大多处于赔钱、减产、衰落状态。昆明市军管会工业接管部接管厂矿企业后，于1950年5月至6月，进行了企业整编，对性质相同、可以合并的厂矿加以合并，对其他厂矿进行精简机构，淘汰冗员，减少非生产人员与间接生产人员。对于编余人员分别不同情况，采取具体措施进行妥善处理：帮助转业；自愿还乡者资遣还乡；合乎退休条件而又自愿退休者，发给退休金；非生产人员，生产上需要的转入

---

① 云南省档案馆编：《云南档案史料》1994年第1期，第57页。

生产；厂矿附属机构改为企业，自供自给；在西南人民革命大学[①]云南分校附设一个职工大队，调训编余职工千余人，经培训后分配工作。

建立生产管理和技术管理科学制度，制定合理的生产定额，实行计划管理，使之与社会主义生产关系相适应。接收前大多数厂矿企业经营无成本计算，生产无计划，浪费大，工厂的发展不靠生产而靠商业投机。接收后为了加强生产的计划性，克服盲目性，昆明市军管会工业接管部于 1950 年 4 月召开生产计划会议，初步纠正了盲目生产的状态。之后，实行计划管理，制定合理的生产定额，指导企业按计划生产。通过一系列改革，充分发挥了工人的生产积极性和创造性，克服了困难，使大部分厂矿与解放前相比，生产逐月上升，成本逐渐下降。

中共云南省委通过接收官僚资本及依靠工人对官僚资本体系进行整顿和改革，在全省逐步建立了社会主义性质的国营经济体系，并在各种成分中处于领导地位，这决定着全社会经济的性质和发展方向。新生人民政权由此掌握了全省国民经济中大部分社会化的生产力，为云南国民经济的恢复、发展和改造奠定了基础。

征收公粮

新中国成立后，新成立的人民政权承受着新旧社会秩序更迭带来的经济震荡。不法资本家乘机囤积粮食，哄抬粮价，掀起了全国物价暴涨风潮，各大城市粮食供应紧张，经济秩序极其混乱。为此，中共中央提出，国家掌握足够的粮食和纱布，是稳定市场、控制物价的主要手段。从 1949 年 11 月起，中央财委在全国范围内组织了粮食、棉花等物资的集中调运。此时，老区农村粮食征收任务已经过重，一些沿江沿海地区又受灾减产，中央政府所需粮食缺口很大。1950 年 3 月，西南战事硝烟未散，中央财委要求西南局紧急调运 20 万吨大米支援上海、华东等地，并自己解决支援进藏部队的粮秣。而此时的西南区也面临着同样严重

---

① 为适应西南解放后培养国家建设人才而建立的党校性质的学校。1950 年 3 月学校在重庆筹办，刘伯承为校长，并设四川成都、川北、川南、西康、云南、贵州贵阳分校。1953 年以西南人民革命大学为基础，合并一些院校的法律（院）系成立西南政法学院，1995 年更名为西南政法大学。

的缺粮问题，各省区库存粮食对于军需民用来说，如同杯水车薪，有200多万部队及公职人员需要人民政府供应粮食，还要承担进藏主力部队所需粮草及中共中央调运粮食的任务。

云南省的情况也同样严重。1950年2月，西南地区的四川、贵州等地已经开始征粮时，云南1949年的公粮还未完全征收，昆明市的粮食储备很少，昆明市军管会从原云南省田粮处接收的粮食只有240多万斤，连同昆明市私营粮商的存粮60多万斤，不够昆明市1个月的粮食消费。进入云南的人民解放军、起义部队及公教人员等共40万人的供给每天都是一个庞大的数目，还要完成对进藏部队的粮食供应任务。一时间，市场粮价暴涨，投机粮商囤积居奇，匪特造谣破坏，人心浮功。能否顺利解决粮食问题成为新政权能否立足的关键。

为此，云南省积极响应中共中央及西南局的号召，一边进行接管建政，一边开始征收公粮。1950年2月，中共云南省委召开各地区党政主要领导参加的征粮工作会议指出，征粮是全省当前的中心任务，并详细讨论了补征1949年公粮的政策和任务，布置了总数7.32亿斤的征粮征税任务（后调整为6亿斤）。3月，各地委、县委相继召开干部会、各界代表会、农民代表会以及士绅座谈会，传达中共中央关于财经问题决议和中共云南省委补征1949年公粮的决定，统一了对征粮工作的认识。昆明市军管会发布《关于征收1949年公粮工作的指示》，规定合理负担的征粮原则，采取田多多出、田少少出、无田不出、累进征收的办法。

为了加强对征粮工作的领导，各专区、县党委成立了征粮指挥部，组成由军、政、民共同参加的征粮委员会，领导征粮工作。为了解决缺乏征粮干部的问题，中共云南省委培训了3.5万人的征粮工作队，各征粮委员会抽调干部进行培训，分赴全省各地协助开展征粮工作。同时，通过抓紧重点村的工作，创造经验，推动全盘。这些措施，为做好征粮工作提供了有力的组织保障。

充分依靠和发动群众，是完成征粮任务的前提。各级党委政府开展了多种形式的宣传发动工作。各县先后召开农代会、士绅地主座谈会、保甲长会、各界代表会、知识分子座谈会等各种会议，各级领导在会上亲自动员讲话，宋任穷在昆明县农民代表会议上作报告，宣传征粮工作的政策和重要意义。通过讲解政策、讨论方法，提高群众认识，广大农民群众纷纷自觉缴纳公粮。

在征粮政策的制定中，强调民族地区征粮必须尊重群众的习惯和意见，切忌性急，并针对民族地区具体情况采取不同的征粮方法。在土匪及反动土司武装骚乱的地区，不进行征粮，而是进行瓦解争取工作，为以后开展工作减少阻力；在无工作基础地区及边沿地区，首先是联络感情，视工作开展程度决定是否征粮，可以征粮时负担多少，根据民族上层的意见而定；在有工作基础的地区，采取两种途径，一种是通过民族上层原有的行政组织来执行征粮任务，另一种是通过县各界代表会议和农民代表会议宣传民族政策和征粮政策，动员号召群众征粮，负担原则要取得少数民族代表的同意。

在广泛的宣传动员下，征粮工作在全省各地迅速展开。按照《云南省 1949 年公粮征收办法》的规定，各地区把公粮最低控制数逐级下发，各征粮点根据各区、乡、村的总田赋额度、土地肥瘦和地主占有土地的集中程度，以及人口情况，逐层分配公粮征收任务到村，以户为单位，实行累进税率征收，将负担计算到户，张榜公布，实行三榜定案。在征粮任务的分配上，各县都比较慎重，再三调整任务数量。至 3 月底，除滇西、滇南与滇东北个别县外，征粮任务都已分配到村。进入 4 月初，多数地区已把征粮任务落实到户，开始重点征收，中旬实行普遍征收。合理负担政策得到广大群众的积极拥护，群众成群结队缴粮，征粮工作取得了一定成效。

由于西南区特有的地理和社会环境因素影响，在征粮工作中存在不少问题。从征粮政策上看，征粮负担较重，执行征粮政策时存在偏差，造成征粮中一些地区产生畸轻畸重现象；从组织工作上看，人民政权基层组织尚不健全，缺乏征粮的群众基础；从方法上看，征收方法不够完善，部分地区征粮方式过急或过激。在新旧政权交替不可避免的对抗和冲突等原因的交织下，1950 年春节过后，各地土匪以征粮过重为借口，公开策动武装暴乱。整个西南区陆续出现全区性的大规模匪乱，各地的征粮工作难以进行，至 5 月底，西南地区公粮只征到计划数的 40% 左右。此时，云南匪乱四起，大批的征粮干部遭到杀害。4 月，粮食只征到原计划的20%。全省停征公粮，征粮工作陷入僵局。

针对这种严峻的形势，西南局领导对征粮工作进行认真总结、反思和调整。在中共中央的领导下，云南坚决进行剿匪，保障征粮工作的顺利进行。同时连续发出5个指示，调整征粮政策和不合理的负担，纠正征粮过程中的政策偏差。宋任穷还就粮食问题给宜良、玉溪、曲靖、楚雄和武定5个地委书记写信，以确保粮食能准时运抵昆明。各地认真执行省委指示，坚持放手发动群众，正确执行政策，尤其是在发生匪乱的地区，军队和地方政府共同组成征粮工作队，把剿匪和征粮很好地结合起来。随着剿匪斗争的顺利进行，征粮政策环境的改善，云南的征粮工作也有了新的进展。

此间，全国范围内1949年度征粮工作进展顺利，完成了90%的任务量。内地的大城市储备了足够的粮食，全国的物价已经回落。中共中央考虑到西南自身粮食困难和长途运输不便等因素，1950年6月，政务院电令停止西南区向中共中央调运粮食，对西南区的征粮任务进行了调减，同时规定1950年夏季不另增派公粮。

至1950年12月底，全省共征收入库1949年公粮3.89亿斤（大米）[①]，完成了征粮任务。云南粮食征收任务的圆满完成，保障了全省的军需民用。征粮工作使新政权在经济上取得财政工作胜利的同时，也在政治上取得了初步发动群众的胜利。在征粮工作中，一批农民特别是贫雇农的骨干和积极分子，成为农村社会中的一股新兴力量，积极参与国家和社会事务管理，确立了新政权在广大农村的社会基础，也为党在全省范围内各种政策的有效推行奠定了群众基础。

统一财经工作

云南解放初期与全国一样，面临着极为严峻的财政困难，市场上通货膨胀、物价飞涨，人民生活十分困难。

为解决财政困难问题，1950年2月，中央财委在北京召开新中国成

① 中共重庆市委党史研究室等编:《邓小平与大西南》，中央文献出版社2000年版，第204页。

立后的第一次全国财经会议，决定节约支出，整顿收入，统一管理全国财政经济工作。1950年3月，中央人民政府政务院颁布《关于统一国家财政经济工作的决定》，其主要内容是实行“三个统一”：统一全国财政收入，国家收入主要部分集中于中央，用于国家的必要开支；统一全国物资调度；统一全国现金管理。

按照中共中央决定精神，1950年2月，中共云南省委发出《关于财经问题的指示》，指出云南当前有40万脱离生产的军政人员要吃饭、穿衣，恢复生产需要资金。为了克服财政困难，必须立即开辟财源，增加收入。全省各级党组织必须保证财经工作的集中统一，结合云南实际搞好“五个统一”：财政工作方针政策的统一，收支统一，制度统一，编制统一，预决算统一。要求各单位接收粮食资财一律上缴，任何人不得擅自处理，任何机关不准挪用为本单位的经费。1950年9月18日，省人民政府发出《关于克服目前财政困难的指示》，要求各地把切实整顿财政收入作为全省的紧急任务和财政工作的中心环节。

为加强对财经工作的领导，1950年3月，成立省财政经济委员会，由宋任穷兼任主任。省人民政府直接领导财经工作，负责研究全省财政经济方面的方针、政策、措施及管理财政、金融、税收、贸易、工农业生产计划、统计、物资分配、劳动工资等工作。省财政经济委员会直接掌管省级的18个厅局单位。

在中共云南省委、省人民政府的统一领导下，全省各级党委、政府多管齐下，节约支出，整顿收入，统一财经工作。同时，加强税务管理，统一税制。除批准征收的地方税收外，所有关税、盐税、货物税、工商税等一切收入，均归中央人民政府财政部统一调度使用。云南各地加强税收领导，依靠群众加强缉私，严防漏税，清理欠税，保证各项税款及时入库。

统一财政收支，争取收支平衡。解放初期，云南实行以“统收统支”为主的财政制度，全省财政支出预算由西南大区核定。省内对专区、市、县财政实行收支两条线，收入全部上交，支出由省财政按季度核定下拨。针对全省不同地区的情况，省财政经济委员会对财政收支实行三种不同的管理办法：第一种是在大部分地区实行收支两条线，按单位预算管理。第二种是对瑞丽、福贡、中甸、德钦、宁蒗等边疆民族县实行包干。包干办法根据收支情况决定，收支基本平衡的，省财政不收不补，全部自行解决；对收入大于支出的，多余部分交省财政。收不抵支的，由省财政核定补助额。第三种是对车里（现景洪）、佛海（现勐海）、富宁、盐津、威信等交通、电讯都不方便的边远地区实行以领代报，专署由省代报，县由专署代报。

统一金融，统一货币，遏制通货膨胀。统一金融首先是建立银行体系。1950年2月，中国人民银行随人民解放军进入云南。3月8日，正式成立中国人民银行云南省分行，此后在较短时间内完成了全省人民银行分支机构的组建工作。银行系统通过实行现金管理，组织货币回笼，坚决查禁外币，收兑银圆券①和半开②，强化金银管理等措施，加强金融管理，统一金融工作。统一货币是统一金融的核心内容。1950年3月，昆明市军管会发布一系列公告，宣布人民币为唯一合法货币；明令禁止非法银贩活动，对扰乱金融者一经查获定予严惩；严禁外币在市场上流通，加强外汇管理。统一货币工作以国家经济力量为后盾，分别不同地区，采取由点到线、由线到面的方法步骤在全省逐步铺开。首先在昆明等主要城市进行，然后扩展到交通沿线，最后扩展到全省城乡；先在汉族地区，然后在民族地区进行。在边疆民族地区，为照顾少数民族的习俗和利益，对银圆、半开银圆实行限期、部分兑换。为促进人民币的流通，省人民政府规定，全省党政军各单位一切经济活动都必须使用人民币。在征粮工作中附征一定数额的人民币，收税只收人民币，国营贸易部门和交通邮电等部门物价计算、款项收付和账目登记，均以人民币为计算和清算单位。同时由人民银行发放人民币贷款，实行人民币下乡，支持国营贸易部门开展农副产品收购工作，并积极组织工业品下乡，扩展物资交流。这样，既活跃了市场，又扩大了人民币交换范围。各地加大对使用人民币的宣传。到1951年底，全省90%以上的地区都已经使用人民币，建立起了统一的货币制度。

---

① “银圆兑换券”的简称。国民政府1949年迁到广州时取代金圆券发行的货币。

② 民国时期云南本地发行流通的半开银圆，一度成为云南货币流通的主币。

统一城乡贸易，稳定物价。云南解放初期，由于供求关系紧张和大量的投机行为，物价飞涨。1950 年 3 月以后的半年时间内，发生了 3 次物价大涨。1950 年 5 月下旬，昆明市场大米价格由每石 14 万元（旧币）[①] 一跃上涨到 26 万元（旧币），上涨了 85%。为了平抑物价，省政府一方面加强市场管理，加大打击投机行为的力度；另一方面组建云南省贸易公司和粮食公司，大力组织调拨粮食、棉布、棉纱等主要物资，统一售价，以低于市场水平的价格在昆明等城市集中抛售。经过努力，昆明市等主要城市物价暴涨、市场混乱的现象逐步得到扭转，到 1950 年第四季度全省物价趋于平稳，同时确立了国营贸易体系在城乡贸易中的核心地位。

经过艰苦的工作，云南财政状况逐渐好转。1952 年实现财政盈余，结束了国民党统治时期长期的恶性通货膨胀和物价飞涨的局面，全省财政收支平衡，人民生活安定，为恢复和发展工农业生产创造了必要条件。

① 旧币指 1948 年中国人民银行在石家庄成立时开始发行的人民币。1955 年 3 月 1 日，中国人民银行发行新人民币。新旧币的折合比率定为新币 1 元等于旧币 1 万元。

第二章

民族工作的良好开端

新中国成立前夕，以中国人民政治协商会议的召开为标志，中国共产党确立了民族平等、民族团结、各民族共同繁荣和民族区域自治的基本原则和基本政策，致力于开辟中国特色的解决民族问题的正确道路。云南解放后，中共云南省委从民族地区的实际出发，认真贯彻中共中央“慎重稳进”的民族工作方针，采取一系列积极措施，团结改造民族上层人士，疏通民族关系，稳步推行民族区域自治，积极培养和大力使用少数民族干部，采取特殊扶持政策，努力促进民族地区的发展进步，初步形成各民族平等团结共同繁荣的良好局面。

一　贯彻“慎重稳进”方针

中国是一个多民族国家，民族问题历来是关系国家稳定发展的重要问题。在云南整个社会发展过程中，民族问题具有长期性、重要性、复杂性、普遍性和敏感性的特点，决定了民族工作必然是一个长期而艰巨的历史进程。

民族工作指导方针的制定经历了一个精心酝酿的过程。1950 年 5 月，中央人民政府政务院召开政务会议，提出民族工作要“慎重缓进”[1]。在同年6月召开的中共七届三中全会上，毛泽东就民族关系问题指出，“团结少数民族很重要。全国少数民族大约有三千万人。民族地区的社会改革，是一件重大的事情，必须谨慎对待。我们无论如何不能急躁，急了会出毛病。条件不成熟，不能进行改革。一个条件成熟了，其他条件不成熟，也不要进行重大的改革”[2]。7月，中共中央西南局第一书记邓小平在欢迎赴西南地区的中央民族访问团大会上提出：西南的民族问题复杂，要采取非常稳当的态度，从一开始就把民族关系搞好。后来他又多次指出，做民族工作，不能患急性病，来一点“慢性病”没有关系。“慢性病”不会犯错误，急性病就要犯错误[3]。10月1日，周恩来在设宴欢迎参加国庆观礼的各民族代表和文工团时强调指出：对于各民族的内部改革，要按照各民族大多数人民的觉悟和志愿，采取“慎重稳进”的方针[4]。至此，中共中央正式提出关于民族工作“慎重稳进”的方针。

云南是祖国多民族的边疆省份，民族问题非常突出。据1951年的《云南省兄弟民族人口分布初步统计》，全省少数民族人口共有483.35万人，占云南总人口的33.82%。各地上报的民族名称多达数百个，其中彝族支系达60多个，哈尼族和壮族支系各有10多个。同时，在漫长的国境线上，有多个少数民族跨境而居。新中国成立初期，云南民族工作面临着复杂的形势：一是境外敌对势力妄图利用民族、宗教等问题制造事端，挑拨新中国与邻国的关系。二是境外国民党军残部挑拨和骚扰，伺隙利用民族矛盾与新生的人民政权对抗，敌我斗争尖锐。三是历史上遗留下来的民族隔阂、民族矛盾极为突出，部分少数民族群众对党和政府不了解而缺乏信任感，民族间、地区间和民族内部的矛盾冲突时有发生。四是边疆民族地区生产力发展水平低下，发展不平衡，不同民族及同一民族内部存在着多种社会发育阶段及经济形态。五是党在边

① 《当代中国的民族工作》编辑部编：《当代中国民族工作大事记（1949—1988）》，民族出版社1989年版，第8页。

② 《不要四面出击》（1950年6月6日），中央档案馆、中共中央文献研究室编：《中共中央文件选集1949年10月—1966年5月》第3册，人民出版社2013年版，第147页。

③ 《邓小平文选》第1卷，人民出版社1994年版，第164页。

④ 《周总理在宴会上的致词》，《人民日报》1950年9月30日。

疆民族地区的工作基础、群众基础薄弱，加之对边疆民族地区缺乏系统深入的了解，少数民族干部奇缺，执政经验不足。敌我关系、民族关系、阶级关系相互交织，矛盾错综复杂。在这种情况下开展工作，稍有不慎就会引起民族关系的波动，甚至可能引发事端，造成严重后果。

新中国成立之初，云南的民族工作承受着来自国际国内的多方面压力，形势十分严峻。1950 年 6 月上旬，毛泽东在北京中南海住地约见卢汉、宋任穷时指示说，云南地处西南边陲，位置很重要，你们双方要搞好团结，密切合作，有事多商量，共同把云南建设好；云南是我国少数民族最多的一个省，上层知名人士不少，在云南一定要注意掌握好民族政策和统战政策，团结一切可以团结的人，把云南的工作搞好[①]。1950 年 8 月，中共中央西南局在对云南边界工作方针问题作出的指示中指出：云南面临着三个重大问题，即国防问题、民族问题和土匪问题，这三个问题密切联系，互相交错，但“核心是民族问题，只有解决了民族问题，才能解决国防问题和土匪问题”。

中共中央“慎重稳进”的民族工作总方针，为云南制定切合实际的民族政策，有序开展民族工作，巩固和扩大党在边疆民族地区的工作基础和群众基础指明了方向。1950 年 5 月，中共云南省委提出民族工作必须遵循“首先是联络感情，搞好关系，十分谨慎稳重，长期工作，切忌性急”的基本原则。7 月召开的云南省第一次党代表会议提出，对少数民族工作，要坚持“民族和睦，加强民族团结，消除历史造成的民族隔阂，稳步前进”的方针。8 月，中共云南省委就云南边界地区工作方针问题报告西南局，再次强调各边区要采取稳重方针处理边界和民族问题。针对一些干部急于用斗争和照搬内地的做法来解决边疆民族问题的思想，11 月，中共云南省委召开全省少数民族工作会议，在传达贯彻中共中央和西南局对少数民族工作问题的指示时指出，少数民族工作中发生的许多错误，都是大民族主义以及急躁的工作作风造成的，要求民

---

① 云南省民族事务委员会编：《云南民族工作大事记（1949—2007）》，云南人民出版社 2008 年版，第 2 页。

族工作必须“宜缓不宜急，讲团结不讲斗争，反‘左’不反右”[①]。

按照中共中央的统一部署，中共云南省委建立了民族工作领导体制和工作机制，加强组织领导。1950 年 7 月，省民族事务委员会成立，由周保中兼任主任委员；1952 年 10 月，省委边疆工作委员会成立（简称省委边委），委员会由党政军各有关部门负责同志组成，省委书记谢富治[②]兼任书记，边疆地区县以上党委中也相应建立党的边疆工作委员会。省委边委作为中共云南省委领导边疆工作的具体工作机构，研究边疆政策，指导和检查省级各有关部门涉及边疆的工作，全省凡是有关边疆工作的计划、决定、训令等，必须事先交省委边委审核，经同意后才能颁发执行。在工作机制上，每月召开一次省委边委会议，听取有关部门的工作汇报并研究方针政策问题[③]。同时，按照中共中央的规定，边疆民族工作在各级党委统一领导下进行，严格执行各地在处理民族问题时必须向上级和中共中央请示报告的制度。这样，从组织制度、工作制度等方面规范了党的民族政策在全省的贯彻执行，保证了当时特定环境下党在边疆民族地区工作的稳步开展。

为“慎重稳进”地开展民族工作，省委组织从事民族工作的干部学习理解中共中央“慎重稳进”的方针和一系列具体政策，从思想认识上警惕和克服各种形式的急躁冒进。同时，对实际工作中发生的各种急躁冒进错误，及时、认真地进行总结和整顿，先后严肃查处和纠正了一些地区严重违反民族政策的错误。1950 年初进入红河和文山的部队和干部，由于不了解当地情况，照搬汉族地区的工作方法，急于废除民族地区的土司制度，引起了土司暴乱。中共云南省委及时作出暂时保留土司制度的决定，并纠正了不当的工作方式，保证了进驻工作的顺利进

① 《边防的中心工作是少数民族工作》（1950 年 12 月 13 日），云南省委党史研究室编：《宋任穷云南工作文集》，中央文献出版社 2006 年版，第 332 页。

② 谢富治：1952 年 7 月至 1954 年 10 月任中共云南省委书记（省委设第一书记），1954 年 10 月至 1955 年 8 月任中共云南省委书记，1955 年 8 月至 1956 年 6 月任省委书记处书记（省委设书记处），1956 年 7 月至 1959 年 8 月任中共云南省委第一书记。

③ 中共云南省委：《关于加强党对边疆工作统一领导的决定》（1953 年 3 月），原件存云南省档案馆。

行。保山专区景颇族上层司拉山在当地基督教信徒中有较大影响，解放后当选为陇川县副县长、协商委员会主席。1952年，司拉山在得知芒市民族工作会议作出政府人员不能传教的决定后携家人外迁缅甸。后经有关方面的耐心说服和劝解，司拉山迁返回国，并继续担任原职。经过这一事件，省委专门召开会议研究和总结其中的经验教训，作出《关于边疆宗教工作的意见》，决定边疆暂不进行基督教、天主教“三自”革新运动。这些工作的开展，对于防止民族工作中的急躁冒进情绪，保证“慎重稳进”方针的贯彻执行，发挥了很大的作用。

在民族工作中较好地坚持了分类指导的原则。中共云南省委在分析研究全省各地少数民族的主要情况后，在民族地区开展政权建设时，把全省分为“内地民族杂居区”和“有土司制度的边沿区”。民族杂居的专区、县、区、乡均组织民族民主联合政府；有土司的边沿区，仍保留土司制度，并在指导方针、实施政策和工作步骤上严格区别，保证了民族地区政权建设的稳步推进。在征粮工作中，注意区别各民族地区不同情况采取不同的政策，在土匪及反动土司武装骚乱的地区，不进行征粮；在无工作基础地区及边沿地区，视工作开展程度决定是否征粮；在有工作基础的地区，则采取适当方式动员征粮，从而推动了全省征粮任务的圆满完成。在以土地改革为中心的民主改革中，面对云南复杂的社会形态，省委经过深入调研，有针对性地分类制定多种政策，区别内地坝区和山区、缓冲区、和平协商地区和“直接过渡”地区，采取不同的方式顺利完成了全省的民主改革。在引导各族人民走社会主义道路中，中共云南省委针对民族地区实际，照顾少数民族特殊需要，强调合作社规模不宜过大，建社节奏不宜过快，妥善处理宗教场所的房产土地等问题，坚持稳步推进的方针，保证了社会主义改造的健康发展。

由于较好地贯彻执行了“慎重稳进”的民族工作方针，云南边疆民族地区在新旧政权的交替中基本保持了团结稳定的局面，有力地推动了各项工作的顺利进行。

二　疏通民族关系

中央访问团到云南

中共中央把加强与各少数民族的团结作为一项重要任务。为了消除旧中国民族歧视政策的影响，了解各民族的生活状况，加强与各民族人民的联系，从1950年开始，中央人民政府先后组织中央访问团，邀请著名民主人士参加，分别赴西北、西南、中南及东北、内蒙古等各民族地区访问。中共云南省委也派遣民族访问团，到滇西民族地区慰问。派遣民族访问团深入基层，面对面地解决民族团结问题，是在中国共产党的领导下中国民族关系史上的一个创举。

1950年6月，中央西南访问团率先组建，准备到川、滇、康、黔民族地区开展慰问活动。中共中央对访问西南各兄弟民族极为重视，组织全体团员于6月集中在北京学习一个多月。毛泽东接见了西南访问团的全体成员，与大家合影留念，并亲笔写下了“中华人民共和国各民族团结起来”的题词。刘少奇、周恩来、朱德等党和国家领导人也亲笔题写条幅，作为礼物送给各兄弟民族。出发前，周恩来专门召集访问团负责人到中南海勤政殿总理办公室开会。他说：“这次访问，是毛主席亲自提议和决定的。由于历代统治阶级和国民党长期实行民族压迫政策，民族隔阂很深，加上各民族社会发展水平各不相同，在访问中少数民族对你们可能不理解，不欢迎。因此，在工作中应掌握四条原则：一是要‘准备受冷淡’，二是要‘决心赔不是’，三是‘一切听人家’，四是工作中万一和兄弟民族发生矛盾和误解，要‘先做自我检讨’。”①

7月2日，中央西南访问团120余人，在刘格平团长的率领下，离京

① 王连芳：《王连芳云南民族工作回忆》，云南人民出版社1999年版，第2页。

前往西康[1]、四川、云南、贵州等民族地区。西南访问团下设3个分团，其中第二分团赴云南，由西南访问团副团长夏康农兼任分团长，王连芳任副分团长。民族访问团到达重庆后，全体团员听取了邓小平和刘伯承[2]的指示，听取了云南、西康、贵州三省人民政府领导人周保中、廖志高、杨勇作的有关民族情况的报告。邓小平发表了《关于西南少数民族问题》的讲话。

中共云南省委十分重视访问团的到访。1950年8月6日，中央访问团第二分团来到云南，受到云南省党政军机关和各民族代表的热烈欢迎。中共云南省委随即决定派省人民政府副主席张冲参加分团领导工作，并从省级机关抽调干部参与到访问团中，使分团的总人数达到70余人。访问团从昆明出发，先后访问了9个专区、42个县，向各族人民群众和民族上层人士传达了党中央、中央人民政府和毛泽东的关怀，宣传了民族政策，对各民族上层和群众做了深入细致的工作。每到一地，访问团通过举办民族上层人士参加的座谈会、召开各民族群众大会和民族代表会议等，向各族各界人士了解该地区的具体情况，听取意见。运用文工队歌舞表演、放映电影、举办展览等多种形式，宣传党的民族政策、展示新中国的风貌。向少数民族同胞赠送毛泽东、周恩来、朱德等党和国家领导人亲笔题写的条幅、锦旗，以及药品、绸缎、布匹、食盐、茶叶、针线等少数民族特需物品，把党的关怀送到了边疆民族地区。

访问期间，访问团积极配合当地党委开展民主建政工作。1951年3月，访问团来到宁洱专区（今普洱市），协助宁洱地委召开民族代表会议，组成专区民族联合政府。在宁洱专区民族代表会议第二次会议上，访问团举办图片展览，进行文艺演出，放映了反映中华人民共和国各民族大团结的电影，增强了与会代表对新中国民族政策的了解。3月24日，宁洱专区各族代表、各机关团体代表和宁洱城区各族群众共5000余人，在“团结到底，在中国共产党的领导下，誓为建设平等自由幸福的大家庭而奋斗”的誓词下，举行了欢迎中央访问团暨宁洱专区民族民

---

① 1955年7月，第一届全国人民代表大会第二次会议批准撤销西康省，其行政区域划归四川省。

② 时任中共中央西南局第二书记、西南军政委员会主席。

主联合政府成立大会典礼。在张冲和王连芳的监督下，选举出的联合政府专员、副专员以及全体委员庄严宣誓就职。云南历史上第一个专区级的民族民主联合政府成立。在其示范作用的带动下，其他地区的民主建政工作也相继推开。4月，蒙自专区成立了民族民主联合政府。中央访问团在西双版纳期间，在佛海召开了车里、佛海、南峤（今勐海县勐遮镇）3县各界人民代表大会，会上作了《关于区域自治和民族团结的报告》，并指导会议选出了53名成员组成的车佛南区域自治筹备委员会。

在中央访问团第二分团访问之前，云南尚未对全省民族进行过系统的社会调查，仅有少部分学者对部分民族地区进行过考察。访问团在云南期间，结合民族识别和民族区域自治工作，对云南少数民族进行了第一次大规模的民族调查，系统调查了民族分布、民族历史、民族关系、社会制度、风俗习惯、经济文化等情况，共进行了20个村、10余个专题的典型调查，整理了近百万字的调查材料。在访问中，访问团接触了51个称谓的少数民族，访问各民族代表6250人，初步掌握了云南民族分布及政治经济特点，记下了少数民族的愿望要求。这些调研，为中共中央和中共云南省委深入了解云南各民族的情况，根据民族实际制定民族政策提供了切实的依据，为民族识别和民族区域自治工作的开展奠定了基础，为加快云南民族地区发展起到了积极的作用，也为后来的民族研究留下了宝贵的第一手田野调查资料。

访问团起初是抱着“准备受冷淡”的心理来到少数民族村寨的，但是，每到一地迎接他们的都是鲜花和歌舞的海洋。人们如同过节一样，穿上节日盛装，采来大把的鲜花送给访问团。在丽江、保山、大理等地，访问团走到哪里，群众就在村口扎彩门、地上铺松毛迎接，欢迎的队伍长达数公里；在中甸，藏族同胞以骑马、射箭等民族传统活动的形式热烈欢迎访问团的到来。

当访问团第一站来到路南县（今石林县）圭山区维则村时，当地4万多各族群众身着节日盛装前来欢迎，奔走相告：毛主席派亲人来看我们了！许多人从百里之外赶来，风餐露宿几天，要亲眼看看毛主席派来的代表，听听毛主席的代表说些什么。访问团向各民族代表赠送了礼品。有位彝族老人说，自从盘古开天地，只有彝家下山给官家服役缴粮，哪有官家上山给彝家送礼的，世道真是变了！访问活动使少数民族认识到共产党不仅是“自家人”，而且是可以推心置腹、托以厚望的“当家人”，真切感受到共产党领导的人民政府是真正为人民服务的。中央访问团疏通了民族关系，增进了各民族对党和政府的了解及信任，为中国共产党在边疆民族地区的执政奠定了坚实的群众基础。

中央访问团第二分团历时 10 个月，于 1951 年 6 月 11 日，圆满结束了在云南的访问。返程时，昆明 2 万余人怀着依依惜别之情，列队夹道欢送。这一天的《云南日报》发表社论《欢送中央访问团》，评述了访问团“其政治影响的广阔，是难以估量的”。

组织民族参观团

除了通过“派下去”，中共中央和中共云南省委还通过“请上来”的形式，组织民族参观团到首都北京和其他内地城市参观访问，加深各民族上层人士及群众对党的民族政策和新政权的了解，增进信任。

为了能让全国各族人民感受到中华人民共和国这一民族大家庭的温暖，共同庆祝新中国的第一个国庆节，1950 年 6 月，中央人民政府决定从分散居住在祖国各地的各兄弟民族中选派代表组成参观团，赴北京参加国庆 1 周年观礼盛典活动。当时全国组织了 7 个参观团，由 43 个民族（含支系）的 158 位代表组成。西南各民族国庆参观团经各级政府积极动员做工作，最终推选出 64 位代表，其中云南代表 53 人，占全国代表总数的 29%，而宁洱区的代表又最多，达 35 人。云南代表中有土司、头人等民族上层人士及传教士、农民、学生、干部等，共涉及 17 个民族，具有广泛的代表性。

最初，部分民族上层人士对人民政府的盛情邀请举棋不定，对共产党和人民政府存有恐惧和戒备心理，半信半疑，欲去又惧，心情矛盾。有的怕到了内地被扣押，去了回不来，甚至担心遇害；有的民族头人不愿意去，出钱请人代替，或叫子女顶替；有的干脆要求扣下解放军在寨子里作人质，自己才愿意去。

各级党组织克服重重困难，开展了深入细致的动员说服工作。在动员德宏芒市傣族土司代办方克光参加参观团时，谣言四起，他十分彷徨。对能否把方克光这样一位在德宏有影响的土司代办动员参加参观团，中共中央西南局和中共云南省委都极为重视。为了表示共产党的诚意，决定让他女儿方鹤琴、方韵琴和侄儿方伯龙也作为代表同行。同时派驻保山的解放军四十一师师长查玉昇专程赴芒市做方克光的工作。经再三劝导，他勉强同意赴京。当时，滇西匪患甚为严重。为了保证方克光等代表的安全，查玉昇率警卫班沿途护送，途中遭遇百余名土匪伏击。在敌众我寡的危急时刻，查师长命令警卫员背着方克光转移到安全地点，自己率领警卫人员击溃土匪。经历了这次事件的方克光受到极大的震动和教育。国庆观礼回来后，方克光立即派人把留居境外的亲属全部接回国，然后召集芒市土司署全体属官和村寨头人，讲述途中的危险经过，并结合自己亲身感受宣传新中国的伟大，特别是中国共产党对少数民族的关怀，对当地民族工作的顺利开展起到了积极的推动作用。

中共中央对全国各民族国庆参观团高度重视。9 月 29 日，周恩来专门在北京饭店设欢迎晚宴。10 月 1 日，中央人民政府在北京天安门广场举行 40 万人参加的盛会，庆祝新中国第一个国庆节。云南代表和其他兄弟民族参观团一起，登上天安门城楼东侧观礼台观礼。10 月 3 日晚，各民族代表在怀仁堂向中央领导献礼，毛泽东、刘少奇、周恩来、朱德、宋庆龄等领导人及各界人士 500 余人出席了献礼大会。云南参观团成员、佤族头人拉勐等受到毛泽东的亲切接见。西双版纳的代表召存信、刀世勋、刀承宗、刀卉芳等代表西双版纳各族人民，把象征宣慰世袭权力的金伞献给了毛泽东。

毛泽东对赴京参观的各民族代表十分关怀，得知云南的一位佤族代表生病住院后，亲自到医院探望，让这位代表激动得热泪盈眶。后来，毛泽东安排各参观团到天津、南京、上海、武汉等大城市去参观学习，以使他们对祖国有一个更直观、真切的认识和了解。当代表们离开北京时，毛泽东了解到西南地区缺医少药，便给每位代表送了一个药包，里面除装有 20 余种常用药外，还有当时十分稀缺的青霉素等药品。

中共中央组织国庆观礼的活动收到了良好效果。参观团回到重庆，在邓小平举行的欢迎宴会上，云南代表李保端起酒碗激动地说：“我回去一定要把亲身经历告诉家乡的人，要永远跟党走，把家乡建设好。”后来，李保被国民党残部绑架到境外，面对敌人的种种引诱和威逼，他坚定地说：“我这一辈子都跟共产党走，绝不背叛祖国！”随后惨遭杀害。他用热血和生命实践了自己的庄严承诺。

中共中央和中共云南省委持续组织少数民族参观团到内地进行观礼活动。参观团成员最初多为民族上层人士和宗教界知名人士，后来农民积极分子、各条战线少数民族职工、边疆民族干部、云南民族学院的学员也成为参观团的成员。通过参观学习，少数民族代表开阔了眼界，看到了新中国的强大，受到了深刻的民族平等、民族团结的教育。参观活动极大地促进了云南各族代表对中国共产党的衷心拥护和真诚爱戴，增进了云南各族人民的团结意识。1950 年 12 月 27 日，中共宁洱地委召开的宁洱区第一次兄弟民族代表会议，让观礼代表介绍国庆盛况，共商搞好民族团结、建设边疆的大计。会上，观礼代表李保建议，要用佤族习俗“喝咒水”和“剽牛”的祭典仪式，来表示宁洱专区各民族的大团结。拉勐补充说还要用大石头把“咒语”刻在上面，代表们一致赞同。1951 年 1 月 1 日，3000 多名群众参加了在宁洱红场上举行的民族团结盟誓大会。按照佤族重大祭典习俗，喝鸡血、剽牛，各族代表共 48 人在“民族团结誓词碑”上用汉文、傣文、拉祜文签上自己的名字。碑文写道：“我们廿六种民族的代表，代表全普洱区各族同胞，慎重地于此举行了剽牛，喝了咒水，从此我们一心一德，团结到底，在中国共产党的领导下，誓为建设平等自由幸福的大家庭而奋斗！此誓！”这块“民族团结誓词碑”被誉为“新中国民族团结第一碑”。

组建民族工作队

解放初期，中共云南省委根据边疆民族地区基层党组织和人民政权尚未完全建立的实际，决定组织民族工作队，全面开展边疆民族工作，宣传党的方针政策，帮助群众发展生产，密切党和政府与各族人民的联系，以打开民族地区的工作局面。

1950 年 11 月，在中共云南省委召开的第一次少数民族工作会议上，中共云南省委、省人民政府作出向边疆民族地区派驻民族工作队的决定。经过一年多的筹备，1952 年 5 月，中共云南省委、省人民政府以云南民族学院部分学员为主，从省民委、云南民族学院及省级机关中抽调干部，组成了以王连芳任总队长的云南省人民政府民族工作队第一队（包含医疗队和电影队）。临行前，宋任穷对工作队全体干部作动员讲话，强调民族工作队开展民族工作的重要性和中心任务，要求工作队要围绕“反对帝国主义，搞好民族团结，加强边疆地区民族工作”的方针，开展对敌斗争，做好生产、贸易和文教卫生工作，大力培养民族干部，搞好民族区域自治。5 月中旬，工作队到保山专区傣族、景颇族地区开展以生产为中心的“做好事、交朋友”的群众工作，帮助少数民族发展生产和推行民族区域自治。工作队到保山专区后，吸收部分转业军人和当地干部加入工作队，合编成两个大队，第一大队到潞西县，第二大队到陇川县开展工作。

1952 年 10 月，中共云南省委再次抽调人员组建以普洱地委副书记、专署专员唐登岷为总队长的省民族工作队第二队，加上西南防疫队共 300 多人，于 11 月奔赴西双版纳开展工作。1953 年初，由省委边疆工作委员会派出干部先后组成缅宁（今临沧）、红河等地区工作队。随后，中共云南省委将去缅宁的 335 人和保山地委的 202 人，共 537 人组成省民族工作队第三队。与此同时，驻云南边防的各部队也相继组建了各自的民族工作队（组）。1952 年至 1953 年组织起来的民族工作队共 3000 多人，到边境一线开展工作。

民族工作队奔赴边疆后，以帮助发展生产为中心任务，开展以“做好事、交朋友”为基本形式的民族工作。工作队深入边疆村寨，与群众同吃、同住、同劳动，帮助群众薅秧、舂米、砍柴、修房子、挑水，教给群众农业生产技术。他们走村串寨，哪里有生产和生活困难，就赶往哪里，送医送药、治病救人、发放口粮、调运籽种，以实际行动启发和影响群众。在中甸藏区，民族工作队积极推广种植马铃薯并获成功，之后开始大面积种植，使马铃薯这个新品种在云南藏区高原扎根落户，为解决当地群众的生活困难作出了贡献。由于民族工作队真诚地为各族人民做好事、做实事，成为党委、政府、军队与各族人民联系的桥梁和纽带，得到了各族群众的拥护和爱戴，推动了当地各项工作的开展。

民族工作队边实践，边锻炼培养干部，在工作中把当地少数民族骨干和积极分子吸收到工作队中来。在西双版纳地区，少数民族群众对参加工作队尚存顾虑。民族工作队根据实际情况规定，年龄在 18 岁至 30 岁的少数民族青年，只要愿意参加工作队，不分阶层，不分男女，一律欢迎。大力宣传党的民族政策，以民族工作队员严守纪律、年轻有为、热心为群众办事为榜样，一家一户地做说服工作。经过一段时间的耐心工作，越来越多的少数民族青年参加到民族工作队中来。工作队不仅在生活上照顾好这些新队员，而且注重对他们的培养教育，强化他们的政治文化学习，采取新老队员结对子的形式，把学习和工作实践结合起来，让他们在实际工作中尽快锻炼成长。一批又一批的民族青年参加工作队，在少数民族群众中影响很大，极大地推动了当地的民族工作和群众工作。

在此基础上，工作队着力培养当地少数民族干部。他们采取先提拔一批当地民族干部到民族工作队担任领导的方式，把工作队作为锻炼培养民族干部的基地，放手让他们独立工作，锻炼其组织管理能力。工作队的同志以甘当配角的襟怀，热心帮助少数民族干部成长，直至他们中的一大批优秀干部担任当地主要的领导职务。这种办法，外来干部称为“培养自己的上级”。同时，工作队还注意选送一部分比较优秀、有培养前途的民族干部到自治区机关去任职，一部分送到中央民族学院、西南民族学院、云南民族学院学习深造，经过全面系统的学习提高后再回到当地工作。在德宏民族直接过渡区，有很多少数民族干部就是当年民族工作队队员背着到山下读书而培养出来的。在解放以后 6 年的时间内，民族工作队培养了许多当地民族干部，他们分别在州、县、乡担任不同的领导职务，成为各级政权各条战线的领导和业务技术骨干，对当地的民族团结、边疆稳定和经济发展起到了重要作用。民族工作队工作结束时，一部分工作队员留了下来，跟他们自己培养出来的当地少数民族干部携手并肩工作。民族工作队用他们辛勤的努力，培养了一批决心跟党走、忠诚党的事业、认真贯彻执行党的方针政策的各民族优秀干部，为党和政府在边疆民族地区开展工作提供了生根开花的“有源之水”。

作为一个边疆多民族省份，云南民族工作成功的原因之一，就是能够根据民族地区的实际情况，创造性地制定各种适合当地发展的政策措施，实事求是而慎重稳进地加以实行和推广运用。民族工作队的组建及其在民族地区开展的工作，为新中国成立初期基层民族工作的开展积累了丰富的经验。这种组织形式一直延续至今，成为边疆民族地区组织开展民族工作的一个重要形式。

三　开展民族统战工作

团结改造民族上层人士

民族上层人士是指少数民族中的上层统治者和上层知识分子，包括土司、山官、头人、王子、王公、贵族、活佛、大喇嘛、大阿訇、教主、毛拉及其他有影响的人物。一方面，他们多数是民族内部的统治者，与广大劳动人民存在着矛盾；另一方面，他们和本民族劳动人民有着共同的宗教信仰，在本地区和本民族中有着较大的影响，和本民族劳动人民一起遭受帝国主义和国民党反动统治的民族压迫，他们的向背往往可以左右本民族群众。新中国成立以前，不少民族上层人士就和中国共产党建立了联系，参加了民族民主统一战线，为中国革命的胜利作出了贡献。

团结民族上层人士，是解决民族问题的关键。云南解放初期，全省共有少数民族上层人士和宗教上层人士 1.3 万多人，其中 1.28 万人分布在边疆地区[①]。人民政权建立后，他们中的一部分人拥护中国共产党的领导，拥护人民政府；大部分人对国民党不满，但对中国共产党又不甚了解，持疑惧和观望态度；极少数人则公开投靠帝国主义和境外国民党军残部，与人民政府武装对抗。积极争取团结少数民族上层人士，进

① 马曜主编:《云南民族工作 40 年》，云南民族出版社 1994 年版，第 354 页。

而通过他们团结各族人民，才能孤立和打击国内外敌人，稳定民族地区的社会秩序，顺利开展民族工作。

做好民族政策的宣传教育工作，才能奠定团结改造民族上层人士的思想基础。在中共中央“团结、教育、改造”方针的指导下，中共云南省委提出了“团结对敌”的口号，教育干部群众充分认识团结民族上层人士的重要意义，充分认识与少数民族上层爱国人士结成广泛的统一战线，是中国共产党在革命和建设中的一个重要法宝。同时，反复耐心地向民族上层人士宣传，暂不变动民族地区原有社会政治制度，积极吸收热爱祖国的土司头人参与到各级人民政府工作中来，对因受骗而实行武装对抗的土司头人既往不咎。

中共云南省委在边疆民族地区采取和实施重大政策及措施，都事先与民族上层人士协商，取得同意再去实施，不同意就不实施或暂时不实施，以消除民族上层人士的思想顾虑。新中国成立后，帝国主义和国民党不甘心失败，企图颠覆新生的人民政权，极力拉拢民族上层人士，而有的民族上层还对新政权不了解和不信任，加之有的地区在执行民族政策中工作过激，出现了急于消灭土司制度的不当方式，对民族上层人士震动极大。在德宏地区，土司统治长达五六百年，其实力和影响很大。许多民族上层人士担心中国共产党取消土司制度，消灭土司头人，因而惶恐不安，加之境内外敌人的挑唆，许多少数民族群众也顾虑重重。因此，一些少数民族头人和群众或出走境外，或避居深山大箐，大多数人则退居边境村寨，伺机外迁。中国人民解放军进驻昆明后，芒市土司代办方克胜就曾致电陈赓司令员，请求解放军不进驻芒市境内，芒市土司愿守中立，否则“边民无知，大军若进入夷地，无法保障解放军的安全”。面对这种严峻形势，处理稍有不慎，土司就有可能联合起来与解放军对抗，或裹胁辖区群众出境投靠国民党军残部。保山地委和当地驻军党委经过认真研究，分两路去做土司的争取工作。经过耐心工作，消除了民族上层人士的疑虑，使部队能够顺利进驻。

妥善安置民族上层人士是团结改造民族上层人士的一个重要内容。按照中共中央在政治上适当安排、生活上予以照顾的政策，各级组织在实行民族区域自治、建立民族民主联合政府和以土地改革为中心的民主改革中，注意妥善安排和任用民族上层人士。1950年，在西双版纳解放前，原宣慰司署中的一部分民族上层人士被国民党军残部裹胁，随头领刀栋庭出境，留在国内的民族上层人士在西双版纳第一届各族各界代表大会协商选举自治区政府委员时，原议事庭庭长召存信当选为自治区人民政府主席，病重的宣慰司四大卡真①之一的刀学林也被选为副主席，并在政府委员中为民族上层人士预留了两个名额。中共西双版纳工委领导还亲自到医院看望刀学林，这些举措极大地震动了西双版纳地区的民族上层人士，也让少数民族群众了解到中国共产党的民族团结政策是真实可信的。人民政府对在中国共产党的民族团结政策感召下于1954年3月回国的刀栋庭不咎既往，安排其先后担任西双版纳自治区副主席、自治州副州长和省政协副主席、全国政协委员。迪庆地区的藏族活佛松谋，在迪庆藏族自治州第一次各族各界代表会议上，当选为州长。1952年前后，全省约有1.3万民族上层人士参加了各级政权工作，其中担任县级以上自治机关和民族联合政府领导职务的有115人，任乡（区）级职务的有2700多人②。至1957年，全省共安排了1087名民族宗教上层人士到各级政权组织任职。1955年，省财政厅拨出专款90万元，对4790名民族上层人士、1040名家属、204名佣人实行统一供养，对500余名年长丧失劳动力的乡以上头人给予临时生活补助③。对于政治上影响较大，原生活水平较高的少数民族上层人士，除担任职务并领取相应的薪金外，对其家庭成员还长期给予生活补助。这种补助费“生不增、死不减”，以使其生活水平不致因民主改革而降低。通过妥善安排和适当照顾，消除了民族上层人士的思想顾虑，解除了他们的后顾之忧，使更多的民族上层人士投身祖国的社会主义建设事业中，并作出了积极贡献。

加强教育培养是团结改造民族上层人士的特殊途径。通过保送民

① 原西双版纳宣慰使司最高统治者为召片领，辖30多个勐，分别由四大卡真、八卡真等官员管辖。

② 王连芳主编：《云南民族工作的实践与理论探讨》，云南人民出版社1995年版，第273页。

③ 云南省民族事务委员会、云南省民族理论学会：《新中国成立以来云南民族团结工作历程之一》，中国民族宗教网2009年11月19日发布。

族上层人士或他们的子女到云南民族学院、中央民族学院或其他大学学习和深造，提高他们的文化水平和政治觉悟，增强参政议政和投身国家建设的能力素质。1951 年 8 月，云南民族学院创办，开始有计划地培养少数民族干部和各类专业人才，其中包括少数民族上层人士及其子女。

由于采取了正确的民族团结政策，最终消除了民族上层人士的对立情绪、疑惧心理和观望态度，促使他们向党和政府靠拢，积极支持各项社会改革。1953 年 6 月 4 日，沧源县班洪佤王胡玉堂等 4 人给毛泽东写信，表示永远跟着中国共产党和人民政府。中央人民政府办公厅代毛泽东回信，希望他们团结佤族人民，为巩固国防和发展佤族政治、经济、文化事业而努力。

云南对少数民族上层人士的团结改造，更广泛地团结了各民族群众，扩大了民族统一战线，保证了边疆的繁荣稳定。

开展民族识别

中国是一个多民族国家，各民族不断迁徙和融合，历史上长期存在的民族歧视压迫，使民族族称和民族成分纷繁多样，少数民族应有的政治地位和社会地位得不到认可，有的少数民族甚至不敢公开承认自己的民族成分。1953 年，在新中国开展的第一次人口普查中，登记的民族族称多达 400 余种。其中民族名称最多的是云南省，有 260 多种①。在普查中，许多少数民族向当地政府上报自己的民族族称，要求承认自己为新中国多民族大家庭中的一员。而此时，落实中国共产党的民族政策和推行民族区域自治制度也需要对复杂的民族称谓和成分进行甄别和认定。民族识别就成为一个涉及民族平等、民族团结的现实问题，并直接关系到民族区域自治实施的成效。从 1950 年开始，中央政府和有关地方政府组织包括专家、学者和民族工作者在内的科研队伍，进行了大规模的民族考察识别工作②。1953 年，全国人大民族委员会和中央民

① 国家民族事务委员会研究室：《正确的道路 光辉的实践——新中国民族工作 60 年》，民族出版社 2009 年版，第 25 页。

② 《中国为什么要进行民族识别》，载《人民日报·海外版》2002 年 7 月 11 日，第四版。

族事务委员会组织进行了全国性的民族识别调查，摸清少数民族社会历史状况，抢救行将消失的宝贵历史文化资料，认定各民族的族属，确定其民族成分和族称。

省委认真贯彻中共中央关于开展民族识别的指示精神，把民族识别工作作为维护民族团结、做好民族统战工作的重要内容，积极推动相关工作有序开展。1951年初，经省委批准，省民族事务委员会设立调查研究室，由兼任省民委主任的周保中具体负责领导民族识别工作的开展。

民族是在一定的历史发展阶段形成的相对稳定的人们共同体。一般来说，民族在历史渊源、生产方式、语言、文化、风俗习惯以及心理认同等方面具有共同的特征。中共中央以马克思主义民族理论为指导，组织开展全国民族识别工作。云南的民族识别工作结合实际，在全面调查了解民族情况的基础上，实事求是地提出，依据当地民族的基本特征和尊重群众意愿这两个具体原则，按照其历史源流、语言、风俗习惯，区别民族自称和他称，确定民族族属。

首先开展的是各民族人口及分布区域调查工作。1951年7月，省民委调研室根据各地上报的材料，参考有关历史资料，及中央民族访问团对云南少数民族情况的初步调查，汇集整理出《云南省兄弟民族人口分布初步统计》，少数民族人口占全省总人口的三分之一。经过初步的民族识别研究，并同各民族代表人物充分协商后，至1953年，全省确定了彝族、白族、傣族、苗族、瑶族、回族、藏族、纳西族、哈尼族、傈僳族、拉祜族、景颇族、佤族13个民族为单一民族。省民委在此基础上根据各少数民族聚居情况，初步拟定实行民族区域自治的规划，提供中共云南省委和省人民政府作为决策参考。

进行广泛深入的民族识别研究，是民族认定的基本科学依据。1954年5月，根据全国统战工作会议精神和中共云南省委指示，省委统战部和省委边委组织在昆明的7个单位的专家、学者、教学和科研人员共46人，组成云南民族识别研究组，继续对原来混乱的称谓和族属进行判定。经过艰苦细致的工作，全省初步确定了彝族、白族、哈尼族、傣族、壮族、苗族、傈僳族、回族、拉祜族、佤族、纳西族、景颇族、瑶族、藏族、布朗族、阿昌族、怒族、普米族、德昂族、独龙族、蒙古族21个少数民族。1954年底,国家民委正式对这些少数民族进行了认定。1979年6月,经国务院批准,基诺族被确认为单一民族,是全国55个少数民族中最后确认的一个。1982年7月1日,全国第三次人口普查,云南世居少数民族增加了满族、水族、布依族,最终确定了云南全省有25个世居少数民族。

民族识别工作从新中国成立之初开始,直到20世纪70年代末期正式确认中国有56个民族,前后历时20多年。它不但丰富和发展了马克思主义民族理论,也为民族工作的顺利推进提供了基本依据,特别是为民族学科发展积累了宝贵财富。在中共中央的统一部署下,云南的民族识别工作梳理了错综复杂的民族源流,科学地鉴别了云南的民族成分,为中共云南省委、省人民政府制定和贯彻民族政策提供了科学依据。更为重要的是,通过开展这项工作,使广大少数民族真正提高了民族自豪感,树立了民族自信心,加深了对中国共产党的民族平等与民族团结政策的了解和认识,增强了对新中国的认同感和归属感,为以后云南的民族团结进步和繁荣发展打下了坚实的基础。

解决历史遗留问题

由于历史原因,新中国成立前,侮辱和歧视少数民族的做法普遍存在,在各民族之间和民族内部造成许多矛盾和纠纷,严重影响了社会主义民族关系的建立。1949年颁布的《中国人民政治协商会议共同纲领》明确规定,各民族一律平等,禁止民族间的歧视、压迫和分裂民族团结的行为。根据这一规定,1951年5月16日,中央人民政府政务院发出《关于处理带有歧视或侮辱少数民族性质的称谓、地名、碑碣、匾联的指示》,要求对历史上遗留下来的少数民族称谓及有关少数民族的地名、碑碣、匾联中带有歧视和侮辱少数民族含义者,分别予以禁止、更改、封存或收管。

中共云南省委经过充分的调查研究,并经与各民族代表充分协商,对有歧视或侮辱少数民族性质的称谓、地名等进行了处理。在民族识别过程中,根据本民族的意愿,报经中共中央批准,重新确定了一些民族的称谓。彝族曾有"倮倮""夷人""夷族"等称谓,根据毛泽东的建议，把“夷”字改为“彝”字，表示有吃有穿，代表日子富裕。独龙族自称“独龙”，他称“曲子”“俅人”，1952 年，根据周恩来的指示和本民族代表的意见，将其定名为独龙族。景颇族自称“景颇”，他称“山头”，根据本民族的意愿，统称为景颇族。佤族他称“卡瓦”，1963 年 4 月 2 日，经国务院批准，“卡佤族”改称佤族。云南还对带有歧视、侮辱少数民族性质的地名进行了认真处理。1954 年 8 月召开的云南省第一届人民代表大会第一次会议，讨论通过了《关于更改歧视、侮辱少数民族的地方名称的决议》。此后，报经中央人民政府批准，云南将缅宁改为临沧，蒙化改为巍山，顺宁改为凤庆，镇南改为南华，平彝改为富源，宣威改为榕峰（1959 年，恢复宣威原名）。后又将镇越县改为勐腊县，“卡佤山”改为阿佤山。对这些有侮辱性、歧视性的族名和地名的更改，很好地贯彻了中国共产党的民族平等政策，有利于消除民族间的歧视，促进了各民族的团结。

认真调解和处理历史上遗留下来的民族纠纷，也是云南解决历史遗留问题的一个重要内容。由于历代反动统治阶级实行民族压迫和歧视政策，挑拨民族关系，制造民族隔阂，致使各民族之间和民族内部纷争不断。在宁蒗小凉山彝族地区，历史上民族间械斗极为频繁。云南解放后，党和政府做了大量工作，经过耐心细致的说服和调解，逐步消除了彝族和其他民族之间的宿怨。仅 1951 年至 1953 年间，宁蒗各级组织共调解民族纠纷和冤家械斗 100 多起，延续了几百年的民族仇恨和隔阂得以逐步消解。云南解放前，德宏地区的民族纠纷较为突出。德宏地区党委在进行民族团结教育的基础上，派出民族工作队耐心疏导，召集民族头人协商，并由政府拨款补助过去因械斗造成的损失。经过调解，停止了械斗，订立了“团结爱国公约”。在 1952 年至 1953 年间，德宏地区就调解民族纠纷 150 多起。

这些问题的解决，逐步消除了历史遗留的民族问题和民族矛盾的有形痕迹，培养和树立了少数民族群众对中国共产党的亲切感与信任感，赢得了少数民族群众对中国共产党的衷心拥戴，培养了边疆少数民族的爱国主义情感，增进了各民族间的相互谅解，并在广大边疆民族地区产生了广泛而深远的影响，为社会主义民族关系的建立创造了条件。

四　民族区域自治的推行

建立民族民主联合政府

民族区域自治是中国共产党解决民族问题最基本、最核心的政策，也是党长期坚持的一项基本政治制度。民族民主联合政府是推行民族区域自治的一种过渡形式。在解放初期尚不具备推行民族区域自治条件的民族地区，先行召开各族各界人民代表会议，建立民族民主联合政府，为推行民族区域自治做准备。

云南解放后，各族人民渴望民主、平等、团结，把平等地参与政治活动和政权建设看作是否得到真正解放的标志。因此，中共云南省委在民族地区的政权建设过程中，首先认真建立各族各界代表会议制度，讨论协商民族中的重大问题。通过各族各界人民代表会议，各族代表充分协商，兼顾民族区域、民族人口、民族种类和各民族内部阶层关系，在充分发扬民主而又强调代表互相谦让的原则下，选举产生了人民政府委员会，广泛吸收少数民族代表人士参加人民代表会议和人民政府，使他们真正当家作主，参与到国家建设中来。1950 年，全省共有 97 个县市召开了这类会议，有的县召开了二至三次。

随着形势发展和各族群众对民族区域自治要求渐趋迫切，按照西南民委《关于西南少数民族地区实行区域自治及建立民族联合政权的意见》精神，在 1950 年 11 月召开的全省民族工作会议上，中共云南省委决定，在条件具备的民族杂居区的专区、县、区、乡，均应成立民族民主联合政府。以后进一步明确，在民族地区，只要革命秩序安定，群众有初步的觉悟和要求，并且有一定数量的民族干部，就可以采取先建立、后充实的原则，有领导、有步骤地开展民族民主建政工作。在各级党组织的领导下，建立民族民主联合政府的工作在全省全面展开。

1951 年 2 月，全省第一个县级各族人民政权——昆明县各族人民政府委员会正式成立，该县人民政府委员会的委员包括 8 个民族。3 月，第一个专区级民族联合政府——宁洱专区民族联合政府成立，选举民族联合政府委员 83 名，其中少数民族 58 名，原则上区内每个民族都有 1 名以上委员。此后，中共云南省委在条件具备的民族聚居区推行民族区域自治，而在民族杂居地区继续建立民族民主联合政府。至 1954 年 8 月，全省共建立各级民族民主联合政府 524 个，其中，市级 1 个，专区级 6 个，县级 22 个，区级 23 个，乡级 477 个。1955 年 12 月，国务院颁布《关于改变地方民族民主联合政府的指示》，据此，中共云南省委对已建立的各级民族民主联合政府进行了更改和调整，民族聚居区开始实行民族区域自治，不适合建立自治政权的则改建为一般的行政机构。

民族民主联合政府的建立，初步实现了各族人民当家作主的愿望，激发了各族人民热爱祖国，拥护中国共产党，支持新建人民政权的热情，为民族区域自治奠定了基础。

民族区域自治的起步

中国共产党民族区域自治的实践，起步于新民主主义革命时期，在部分根据地开始试行民族区域自治。中华人民共和国成立后，帮助各少数民族聚居区实行区域自治成为党中央建立社会主义政权的一项主要工作内容。1949 年颁布的《共同纲领》及 1952 年 8 月公布施行的《中华人民共和国民族区域自治实施纲要》，对自治机关的领导原则、组成形式、自治权利及自治区内的民族关系作了明确规定。1954 年 9 月通过的《中华人民共和国宪法》，从法律上保证了民族区域自治制度的全面实施。

云南从实际出发，稳步推行民族区域自治。根据人口数量和区域面积这两个划设民族自治区的重要指标，对推行民族区域自治的实际情况进行了调查研究。据 1953 年人口普查资料统计，全省少数民族人口总数为 563 万人，占全省总人口的 31.59%；人口在 10 万人以上的少数民族有 13 个；少数民族人口在全省呈现大杂居、小聚居及交错分布的状况。因而，云南不具备以某一民族为主体成立省级民族自治区的条件，只能实行自治州、自治县和相应的民族乡 3 种民族区域自治的形式。同时，经过解放初期一系列准备工作，云南已具备实行民族区域自治的基本条件，即大规模的民族识别工作的顺利进行，为中共云南省委推行民族区域自治提供了重要的参考依据；各级民族民主联合政府的普遍建立，为实行民族区域自治提供了坚实的组织保障；随着政权建设和土地改革的推进，培养了一定数量的民族干部，大量民族上层人士参与到各级政权之中，初步具备了推行社会主义民主制度的社会环境和人才基础。在这种情况下，实行民族区域自治，建立自治政权，成为团结各族人民，争取民族上层人士的客观需要，也是巩固民主改革成果，维护边疆稳定，加强国防建设的政治需要。

在充分准备的基础上，云南开始了建立民族区域自治的探索。1951 年 5 月 12 日，经报中央人民政府政务院批准，云南第一个县级民族区域自治地方——峨山民族自治县正式成立①。次日，《云南日报》发表《论少数民族建政问题》的社论。社论指出，这是民族解放的标志，是解决民族问题和在政治上实现民族平等最适当和合理的政策。

与此同时，云南把成立西双版纳自治区作为建立专区级的民族自治区的试点。中共云南省委、省人民政府委托中央民族访问团协助普洱地委进行建立西双版纳傣族自治区的筹备工作，成立了车佛南区域自治筹备委员会。在筹备中，西双版纳的干部、民族上层人士和群众对自治地方的称谓、行政区划、政府组成、自治权的行使等问题，提出了不同的意见和要求，争论十分激烈。最后本着“各族自愿、上层满意、下层喜欢”的原则，在互相尊重、团结协商的基础上，达成共识。1953 年 1 月 23 日，经报请中央人民政府政务院批准，云南第一个相当于专区级的少数民族自治地方——西双版纳傣族自治区宣告成立。中国共产党在云南边疆民族地区建立民族自治地方的尝试取得了成功，但是，建立民族区域自治制度并不是一帆风顺的。党的民族政策的宣传，民族工作的开展，引起了境内外敌对势力的恐慌。他们极力破坏民族区域自治，恐吓群众和民族上层人士代表说：“谁参加自治区成立大会就杀谁的

① 1954 年 6 月，改为峨山县彝族自治区；1956 年 6 月，正式改为峨山彝族自治县。中共玉溪地委组织部等编：《中国共产党云南省玉溪地区组织史资料（1927.1—1987.10）》，云南民族出版社 1992 年版，第 276 页。

头！”[1] 在庆祝西双版纳自治区成立的各族各界群众代表大会召开前夕，他们煽动部分民族宗教上层人士逃往国外，打伤和抓走代表多人，制造威胁和恐怖气氛，企图破坏祖国统一和民族区域自治。但是，各民族的代表没有被敌人的威胁吓退，踊跃到会，履行代表职责。

西双版纳傣族自治区的成立，探索出了一条行之有效的民主建政途径，为云南全面推行民族区域自治提供了经验借鉴。这对中国共产党在云南边疆民族地区民主建政的推进有着重大的政治意义，特别是对边境地区各族人民的人心向背产生了巨大而深远的影响，标志着云南边疆民族地区民族团结、民族平等的新时代已经到来。1953 年 9 月，西双版纳自治区政府主席召存信在给毛泽东的报告中宣称："我们已经从民族压迫时代走到民族平等的时代了！"自治区成立的当年，仅西双版纳、德宏等傣族地区就有 3 万多外迁群众闻讯回归祖国。

在推行民族区域自治过程中，除继续以某一民族为主体成立自治地方外，中共云南省委还根据杂、散居民族的意愿，探索出一条多民族联合自治的方式，如德宏傣族景颇族自治州、红河哈尼族彝族自治州和孟连傣族拉祜族佤族自治县、耿马傣族佤族自治县等都采取了这种建政方式。同时，为使各少数民族根据各自的不同情况，充分享受自治权，还分类型、分层次推行民族区域自治。如彝族自治地方，既建立了楚雄彝族自治州，又在其他地州所辖彝族聚居地方建立峨山、宁蒗、路南等彝族自治县。

1954 年 9 月《中华人民共和国宪法》的颁布，大大加快了云南民族区域自治的步伐。根据宪法关于民族自治地方分为自治区、自治州、自治县三级的相关规定，中共云南省委对初期自治地方统称为"自治区"的称谓进行了更改，统一为自治州和自治县两级，新建、改建了一批自治州、自治县。之后，根据国务院《关于建立民族乡若干问题的指示》，各地依照当地民族关系和方便生产两个原则，因地制宜地在县属少数民族聚居区建立民族乡，作为自治地方的重要补充。

---

① 王连芳：《王连芳云南民族工作回忆》，云南人民出版社 1999 年版，第 214 页。

依法行使自治权

云南民族区域自治的实施，为全省各民族平等参与政事，充分行使民主权利提供了基本前提和基础。根据宪法和民族区域自治实施纲要的规定，各自治地方除行使一般地方国家机关的职权外，还依法行使自治权。

自治机关是行使自治权的基本载体，实现自治机关的民族化，是民族区域自治的应有之义。云南在推行民族区域自治的过程中，依照实行区域自治民族的大多数人及其领袖人物的意愿，建立本民族的自治机关。各自治地方人民政府的组成，以实行民族区域自治的少数民族为主；各自治地方的州长、县长均由实行区域自治的主体民族人士担任。在西双版纳自治区筹备过程中，当时傣族人口占全区总人口的一半，哈尼族人口约占20%，其他少数民族和汉族约占30%。按照一般情况，应该建立民族联合自治区。但依据各民族的历史状况和对外影响，成立了西双版纳傣族自治区，同时按照民族意愿，在自治区内分别建立相当于区一级的民族自治区。这种方式获得了各民族的一致认同。在怒江傈僳族自治区人民委员会委员中，就有傈僳族 11 人，怒族 3 人，独龙族 1 人，汉族 8 人。民族自治权力机构的组成，体现了以实行区域自治的主体民族为主，涵盖区内各个民族，同时照顾到人口较少民族，并有适当数量的汉族干部的原则。

根据宪法和法律规定，结合当地的政治、经济和文化特点制定单行条例和法规，是行使自治权的一个重要体现。根据本地实际和工作需要，云南一些民族自治州、自治县制定了《各族各界人民代表会议组织条例》《社会治安条例》《税收条例》，以及保护自然资源和变通执行《婚姻法》的规定等。西双版纳、德宏和红河 3 个州于 1956 年根据国家的土地改革法，结合本地民族特点，分别制定了《和平协商土地改革条例》。这些单行条例和法规的制定和实施，充分反映和体现了各族人民的愿望，对于促进民族自治地方的社会改革和各项事业的发展起到了重要作用。民族立法的良好开局，为形成有云南特色的民族政策法规体系打下了基础。此后，云南民族自治地方单行法规的制定一直走在全国前列，为其他地区制定单行民族法规提供了经验。

民族自治地方在财政上拥有一定范围的自主权。表现在除关税、盐税和中央直属国营企业外，自治地方的一切收入均由其统收，一切支出也由其统支，不足部分由中央补助。云南各民族自治地方建立以后，在国家统一财政制度下，实行一级预算，划定财政收支，由自治机关管理本地方的财政。凡是财政入不敷出的民族自治地方，国家都给予财政补助。各民族自治地方上年结余资金和当年预算外的超额收入，均由自治机关自主安排使用。为适应自治地方经济和文教事业发展需要，国家还按上年的经济建设事业费、社会文化事业费、行政管理费及其他事业费的支出决算数，另加5%的机动资金予以补助。同时，国家对少数民族坚持实行“多予少取”的原则，对民族自治地方的税收，根据不同情况分别实行减税、免税和调低税率等优惠政策，扶持民族地区加快经济发展步伐。

尊重和保障少数民族使用和发展本民族语言文字，是民族区域自治的一项基本内容。根据宪法，全省自治地区在执行公务时，根据各自情况灵活处置，可使用当地民族通用的一种或几种语言文字。如怒江傈僳语为全州多数群众所通用，自治州各级机关就同时以汉语和傈僳语作为行使职务的通用语言，州内的报纸和机关匾额及许多重要的文件、宣传品及重大会议上的报告和讲话，都翻译成傈僳文进行发布。德宏傣族景颇族自治州使用汉、傣、景颇和傈僳4种语言文字，并于1955年创办《团结报》，用以上4种文字出版。该州广播电台用汉、傣、景颇语广播自办节目，深受当地各族群众的欢迎。

这一时期，云南的民族区域自治工作既注重当地民族的历史和生活习俗特点，又结合党的民族政策和路线方针，在民族区域自治地方的称谓、行政区域和领导班子的设立等问题上都体现出实事求是、统筹兼顾的思想方法和工作作风，较好地体现了各民族无论人口多少一律平等的原则，推动了行政体制的不断完善，丰富了党的执政内涵和管理方式；各民族实现了真正的民族平等，并切实行使当家作主的权利。这与历代封建王朝对云南各民族长期实行“羁縻”和“以夷治夷”的统治形成了鲜明的对比，彻底结束了各民族在政治上被历代统治阶级压迫歧视的历史，在边疆民族地区开创了各民族共享民主改革成果的政治局面。

五 培养选拔少数民族干部

大力培养选拔少数民族干部，是中国共产党的民族政策的重要内容，是民族工作的重要任务，也是中国共产党一以贯之的民族工作方针。早在 1949 年 11 月，毛泽东就强调指出，要彻底解决民族问题，完全孤立民族反动派，没有大批从少数民族出身的共产主义干部，是不可能的[①]。1950 年 11 月，中共中央《培养少数民族干部试行方案》指出，从中央到地方，都应普遍而大量地培养各少数民族干部，并把训练少数民族干部，作为党在少数民族中进行的两项中心工作之一。

解放初期，云南新政权建设的各项工作如火如荼地推进，而各地少数民族干部的数量极少，远远不能满足需要。除了内地几个少数民族中有地下党的知识分子干部外，大多数少数民族，尤其是边疆地区的少数民族，基本上没有自己民族的干部，没有自己民族的共产党员。开辟民族地区工作局面，完成全面建设新云南的艰巨任务，迫切需要大批少数民族干部。

按照中共中央的指示，中共云南省委加强了对少数民族干部培养工作的组织领导，把培养锻炼少数民族干部作为全省民族工作的重要任务，采取了多种方式和途径。随着建设形势好转，中共云南省委不断加大培养力度，大力破格提拔和放手使用少数民族干部，使一批劳动人民出身的少数民族干部走上领导岗位。1956 年，中共云南省委对少数民族干部选拔、使用作出明确规划，要求在两年时间内，内地少数民族人口占总人口 35%的县，民族干部至少占干部总数的 20%，并应有少数民族的主要领导干部；在少数民族人口占 60%以上的县，民族干部应占干部总数的 50%；边疆已完成民主改革的地区，当地民族领导干部应达到同级干部的 40%—50%，力图从根本上改变民族干部与边疆工作任

① 毛泽东：《关于大量吸收和培养少数民族干部的指示》，载中共中央文献研究室编：《建国以来重要文献选编》（第一册），中央文献出版社 1992 年版，第 139 页。

务不相适应的状况。新华社报道了云南的这项新举措。由于把加强少数民族干部队伍建设作为全省干部培养工作中的一个重要内容，并从培养、选拔、使用等各个环节上作出了全面部署和规划，云南少数民族干部培养工作有序推进。

少数民族干部培养工作起步异常艰难，边疆尤甚。少数民族干部出来参加工作，一般都会遭到境内外敌人的阻挠破坏，甚至会受到一些民族上层人士的威胁，还有民族间的隔阂，以及家庭、婚姻、语言、生活习惯等方面的困难。针对这些情况，中共云南省委经常教育汉族干部尤其是领导干部，要充分认识培养少数民族干部的目的在于使少数民族"用自己的脚走路"，如果"没有少数民族干部，一切工作总是不易落地生根"。在工作中，必须妥善处理汉族干部和少数民族干部合作共事的关系。汉族干部要真诚地对待少数民族干部，充分信任，放心大胆使用；教育少数民族干部要支持外来干部的工作，学习外来干部的长处，不断增长才干。汉族干部要克服和防止同少数民族干部比资格、比能力，不愿提拔少数民族干部的错误思想，树立从少数民族干部中培养出自己的领导和上级的胸襟；坚持"多鼓励、少批评"的原则，通过"传、帮、带"，谦虚谨慎、热情诚恳地帮助少数民族干部健康成长。

中共云南省委对培养少数民族干部的工作情况，经常进行检查和调研，及时整改工作中出现的问题。1953 年 4 月，在边疆地区的干部中普遍开展了一次有领导、有计划的整训工作，系统学习了"慎重稳进"方及长期团结民族上层人士的民族政策，批判了急躁冒进和大民族主义的不良倾向。通过全面整训，加强了在边疆工作干部的组织观念和纪律观念，树立了一切工作都要从边疆实际出发的思想作风和工作作风，克服了忽视边疆民族工作特点的思想倾向。1955 年 4 月，各地再次认真总结和检查几年来培养少数民族干部的工作情况，使各级干部进一步认识到，培养各民族干部是解决民族问题的重要措施，从而增进了培养使用少数民族干部的自觉性。

中共云南省委注意拓宽培养途径，多渠道选拔培养少数民族干部，工作中注重在实际工作中锻炼培养，倡导实践出真知的方针，围绕中心工作，通过"压担子""带徒弟"的办法，让少数民族干部在实践中逐步锻炼成长。提出只要拥护中国共产党的政策,历史清楚,和少数民族有密切联系,积极为群众办实事的,来者一律欢迎。各级党委积极贯彻落实中共云南省委的指示精神,结合征粮、土地改革等中心工作,吸收大批少数民族人士参加工作。在征粮工作中,各县从农村吸收青年,进行短期培训后,组成征粮工作队,通过讲解政策,传授方法,在实际工作中具体帮助指导等方式下乡开展工作。土地改革中,又选拔了一批在土地改革工作中涌现出来的少数民族积极分子参加工作,迅速地扩大了少数民族干部队伍。

1951 年 8 月,中共云南省委创建了专门培养少数民族干部的最高学府——云南民族学院,组建了强有力的领导班子,大力培养少数民族干部和各类专业人才。学院采取开设民族政策研究班和政治训练班的形式,运用灵活实用的教学方法,轮训少数民族干部,为建设一支德才兼备、全心全意为各族群众服务、受各族群众欢迎的少数民族干部队伍,起到了至关重要的作用。

举办干部训练班和干部学校,既是党的优良传统,也是培养干部的有效措施。全省各专区相继开办了民族干部训练班。西双版纳于 1955 年 5 月成立了自治区民族干部学校,培训各民族中涌现出来的积极分子,轮训在职干部,逐步实现自治机关民族化。到 9 月,集中了傣族、哈尼族等 14 个民族的在职干部和农村积极分子 760 人进行学习培训。怒江边工委也于 1953 年 3 月开办了怒江区民族干部训练班,从农村中选拔各族优秀青年农民进行 3 个月的短期培训后,吸收参加工作。省委还特意选拔大批民族干部到中央民族学院、西南民族学院等地进行教育培养。1956 年 8 月,从各县选择了 11 位副县级领导干部保送到中央民族学院进行为期两年的学习,其中就有彝族、傣族、苗族、瑶族、佤族、哈尼族、傈僳族等民族。

军队是培养少数民族干部的重要基地。云南解放后,军队一大批干部战士转业或复员到地方工作,成为民族地区的领导干部和骨干力量。另外,军队十分重视从各少数民族中吸收优秀青年参军,对他们进行培养教育。1952 年 7 月,云南军区在保山和丽江军分区,从当地傣族、景颇族、傈僳族、藏族、阿昌族、德昂族等少数民族青年中动员自愿参军,组建了14个少数民族基干连(队)。这些战士除了参加军事训练,学习军事知识和军事技术外,还增加了学习科学文化知识和党的民族政策,结合连队的农副业生产和助民劳动,学习实用生产技术。由于他们熟悉当地情况,通晓少数民族语言,能密切联系群众,在开展民族工作和保卫边防的斗争中,发挥了独特的作用。1955年,中国人民解放军总政治部副主任萧华来云南边疆检查工作,调查了几个少数民族基干连(队)的情况后,对云南边防部队培养少数民族干部的做法给予肯定,并指示边防部队要大力吸收培养当地少数民族的干部、战士,发展当地少数民族武装。1956年,这种民族部队扩大为2个营及13个连,分属5个军分区。

由于认真贯彻培养少数民族干部的政策,采取切实措施,云南少数民族干部队伍由少到多,逐步壮大。截至1956年底,全省少数民族干部发展到36135人,占全省干部总数的19.72%①。依靠少数民族干部与各族人民群众的血肉联系,党的路线、方针、政策,在边疆民族地区得到全面的贯彻落实,民族团结进步事业得到健康发展。

六　促进民族地区经济社会发展

不断解放和发展生产力,实现各民族共同繁荣发展,是中国共产党民族工作的根本宗旨和民族政策的根本出发点。由于历史原因,少数民族大都地处边疆,生产力水平低下,经济社会发展滞后。努力促进民族地区经济社会发展,成为中国共产党领导各民族实现共同繁荣发展的一个重要任务。毛泽东指出:“帮助各少数民族,让各少数民族得到发展和进步,是整个国家的利益。”②“我们要诚心诚意地积极帮助少数民

① 中共云南省委组织部等编:《云南省党政军群组织史资料(1926.11—1987.10)》,中共党史出版社1994年版,第205页表四。

② 毛泽东:《接见西藏国庆观礼团、参观团代表的讲话》,《毛泽东文集》(第六卷),人民出版社1999年版,第312页。

族发展经济建设和文化建设。”①

中共云南省委认真贯彻党中央的指示精神，高度重视民族地区的经济社会发展。1950年7月，中共云南省委提出，要从生产、救济、文化、卫生和物资交流方面多给少数民族必需的与可能的帮助。同年12月，云南省第一届各界人民代表会议通过的《政府工作报告》提出，要在少数民族聚居区，特别是在边疆地区，发展生产，做好贸易、文教、卫生等工作，使兄弟民族在政治上、经济上、文化上逐步得到改善和提高。

中共云南省委采取一系列特殊扶持政策，帮助少数民族群众解决生产生活困难。针对边疆民族地区人民生活极端困苦，尤其是广大山区的少数民族，几乎每年都有几个月断粮的情况，广泛发放救济粮款，解决各族群众的基本生活问题。为解决少数民族生产力低下的问题，各级党委、政府无偿发放农具，1952年底，西南军政委员会召开少数民族经济工作会议，拨款400余万元用于无偿发放农具。积极引入内地先进农业生产技术，逐步改善边疆民族地区落后的生产方式。同时，各级党组织还通过无偿补助和全力扶持，加强边疆民族地区基础设施建设，帮助群众修建房屋、兴修水利、修筑公路和人马驿站。通过这些特殊扶持措施，切实解决边疆民族地区群众的生产生活困难。

中共云南省委按照“多予少取”甚至“只予不取”的政策，对民族地区采取轻税政策，有的减收、有的免收，税目较少、税率较低。在财政上增加投入，民族自治地方实行统收统支，对入不敷出的，国家给予财政补贴。1955年，国家设立“民族地区补助费”，重点用于少数民族发展生产、文化教育、医疗卫生等方面的困难补助开支。

发展民族贸易，是中共云南省委贯彻党的民族政策的一项富有特色的重要工作。民族贸易在推动云南民族地区经济发展中起到了“先行官”的作用，被称作民族地区经济工作的“敲门砖”。1952年，中共云南省委规定，少数民族贸易由政府投资，保证少数民族生活必需品的供应及农副土特产品的组织收购。对供应少数民族地区的商品，遵循“不赚不赔、有赚有赔、以赚补赔”的原则，采取优惠和照顾的商品贸易政策，

① 毛泽东：《论十大关系》，《毛泽东文集》（第七卷），人民出版社1999年版，第34页。

对部分商品实行价格补贴。1957年以前，对食盐、棉布等生活用品实行最高限价，对民族“直过区”的农副产品实行最低保护价。

在许多民族地区人民政权尚未建立的情况下，民族贸易起初是随军开展起来的。进入边疆民族地区的财贸工作人员，在保证完成随军支前任务的同时，积极开展民族贸易活动。流动贸易小组赶着马帮深入少数民族居住的边远山区村寨开展购销活动，收购农副土特产品，销售生产工具和生活日用品。由于价格公道合理，少数民族群众在购销活动中得到的利益，比旧中国时期提高了几倍甚至十几倍。同时，民族贸易工作者还指导少数民族使用新式铁制农具，帮助各族群众发展农业生产，把发展生产和开展贸易这两项民族工作有机地结合起来，赢得了少数民族对新中国民族贸易活动的拥护和信任，纷纷称赞民族贸易工作者是“毛主席派来的人”。在流动贸易不断扩展的基础上，各地逐步建立了“一揽子”的国营贸易机构，到1957年，全省共建立民族贸易机构669个。民族地区的商业网络初步形成，采取优惠和照顾的商品贸易政策，组织物资交流会，沟通城乡和内外物资交流，“露水街”“羊皮街”的状况有了改变，市场开始活跃，少数民族群众摆脱了过去在市场交易中遭受重重盘剥之苦，方便了人民生活，赢得了各族群众的信赖。

为改变边疆民族地区市场基本被“洋货”占领的情况，中共云南省委指示，一方面要根据需要，优先分配货源，按照优质廉价的原则，积极开拓国货市场；另一方面，积极组织试制和生产民族特需商品，对一时难以解决的商品，则利用边境小额贸易，由国营商业部门有计划地组织进口。这些举措逐步改变了外国货充斥边疆民族地区市场的状况，为后来云南边境贸易的繁荣打下了基础。

在社会事业方面，注重大力发展少数民族教育事业。根据中共云南省委、省人民政府的要求，省文教厅于1950年12月制定了《改进少数民族教育的意见》，决定在民族地区，首先恢复一批省立小学，恢复省立缅宁（今临沧）、鹤庆、泸西、思茅4所师范学校，培养少数民族教师；创办必要的职业学校，在昆明开办民族干部学校或短训班，在师范学院设民族教育系、民族社会学系、民族语文系；扶持少数民族自办中小学，奖励私人在民族地区办学；奖励少数民族学生，提高民族教师待遇。1951年6月，经中共云南省委研究决定，以省文教厅的名义，颁发《云南省兄弟民族小学教育计划（草案）》，规定：凡少数民族聚居的县均应设省立小学1所，少数民族学生所有的教材文具免费发放，协助少数民族发展自己的语言文字；确定在专署开办师训班，学员要普及每个民族。为了支持边疆民族地区教育发展，1952年，中共云南省委明确把民族教育作为教育事业发展重点，从内地派遣一大批干部和教师到边疆民族地区开展教育工作，恢复了解放前在民族地区设立的全部小学，增建了一批食宿包干的省立中小学和民族师范学校。至1954年，全省恢复和建立民族小学94所。

从云南多民族的实际出发，帮助少数民族创制文字，出版少数民族语言读物，繁荣少数民族文化。从1952年起，在中国科学院语言研究所专家的帮助下，组织民族语文工作者对全省少数民族的语言文字情况进行了系统调查。1956年至1957年，成立云南省少数民族语文指导工作委员会，通过了7个民族9种文字的改进方案。成立云南民族出版社，建立民族文字印刷厂，出版一批少数民族文字读物。先后创办《团结报》《西双版纳报》等少数民族文字报刊，云南人民广播电台开办了少数民族语广播。1956年8月，成立了云南省少数民族社会历史研究所，重点研究云南民族地区经济社会发展的历史。1953年，有组织有计划地开展了对云南民族民间文化资源的调查与发掘。省委宣传部首次组织由云南人民文艺工作团部分文学、音乐、舞蹈研究人员组成的100余人的调查组，深入路南县圭山地区，发掘搜集了大量彝族支系撒尼人的民间文艺资料，其中关于《阿诗玛》的歌谣和传说就有20余种。公刘、黄铁、杨知勇、刘绮在对这些资料进行研究和整理后，形成了民间叙事长诗《阿诗玛》，由《云南日报》首次发表。之后，《光明日报》和《人民文学》全文转载。《阿诗玛》的发表在全国文化界引起强烈反响，它以鲜明的主题、浓郁的民族特色和强烈的艺术感染力受到全国各族人民的喜爱和赞扬。各出版社相继出版《阿诗玛》全诗和资料集，以后又被译成17种文字在世界各地出版，推动了云南民族民间文艺的发掘整理工作。除发掘整理出版了彝族叙事长诗《阿诗玛》等一批少数民族文化遗产外，还创作了电影《山间铃响马帮来》《摩雅傣》《勐龙沙》等一批优秀文艺作品。云南优秀民歌歌手黄虹演唱的《小河淌水》《赶马调》《猜调》等风格独特的云南民歌传遍中国大江南北和世界许多国家;《远方的客人请你留下来》《有一个美丽的地方》等歌曲也以优美的旋律在国内外广泛传唱;彝族歌手白秀珍在世界青年联欢会上演唱彝族"海菜腔",引起轰动。傣族民间舞蹈家毛相和回族演员白文芬表演的《双人孔雀舞》也在莫斯科第六届青年联欢节上获奖。

按照中共中央提出的"面向工农兵、预防为主、团结中西医,卫生工作与群众运动相结合"的卫生工作方针,省委着重加强边疆民族地区的医疗卫生工作。云南民族地区,特别是边疆地区,解放前被称为"瘴疠之地",疟疾、天花、霍乱、伤寒、血吸虫病、鼠疫等疾病肆虐,威胁着各族人民的生命安全。在中共中央、西南局的关怀和支持下,在北京、天津、上海等市的支援帮助下,云南在广大农村,特别是边疆民族地区的农村,对严重危害各族人民健康的地方病、多发病,开展了大规模调查和防治。1950 年 4 月至 5 月,滇西大理一带发生鼠疫,云南省委迅速组织防疫队伍前往防治,彻底扑灭了鼠疫。疟疾是云南边疆民族地区长期存在对人民健康威胁极大的传染病,俗称"瘴气",又称"打摆子"。从 1950 年起,中共中央和云南省委及人民解放军驻滇部队投入大量人力物力,先后组织了数百批上万人的防疟抗疟工作队,到恶性症疾流行地区开展防病治病,使许多地方的症疾流行状况基本得到控制。各专区也相继派出医疗队深入边疆民族地区,与民族工作队和西南军政委员会防疫队一起开展防疫治病工作。1950 年至 1952 年,全省先后组织了 13 个巡回医疗队和民族卫生工作队,分赴丽江、保山、宁洱、蒙自、文山、宜良等专区的民族地区进行巡回医疗、预防接种,宣传妇幼卫生知识和培养民族卫生人员。许多地方和部队医疗卫生人员,深入边疆农村和边防哨所送医送药,为各族人民和边防部队防病治病,引导各族群众改变不利于健康的陈规陋习。为培养"不走的医疗队",在边疆开办少数民族医士班。至 1952 年,在基层恢复和建立了 37 个卫生院、25 个卫生所、6 个防疫站、33 个妇幼保健站、408 个接生站。在中共云南省委的高度重视下,经过广大医疗卫生工作人员的艰辛努力,云南边疆民族地区在较短时期遏制了各种传染疾病的蔓延。

通过采取特殊措施，云南边疆民族地区经济社会得到长足发展，人民生活不断改善，各族群众感受到新制度的优越性，从而真心拥护中国共产党的领导，对于增强民族团结、稳定社会秩序、巩固西南边防，起到了巨大的推动作用。

第三章
土地改革运动

变封建剥削的土地所有制为农民的土地所有制，是中国共产党新民主主义革命的历史任务和基本纲领之一。由于解放初期云南多种社会经济形态并存，阶级关系与民族关系错综交织，土地改革面临复杂形势。中共云南省委坚持"慎重稳进"的方针和分类指导的原则，针对内地和边疆民族地区的实际，从 1951 年至 1958 年，历时 7 年多时间，在内地坝区和多民族杂居的山区进行了土地改革，在边疆民族地区则采取缓冲区土改、和平协商土改和"直接过渡"等方式，完成以土地改革为中心的民主改革，取得反封建反剥削斗争的初步胜利，废除各种封建剥削赖以存在的制度基础，为全省经济恢复和社会进步扫清了障碍。

一　减租退押

减租退押是进行土地改革的必要准备和重要步骤。在土地改革开始之前，中共中央组织领导在全国新解放区普遍进行了减租、减息和退押工作。通过减租退押，广泛深入地发动群众，废除地主阶级的部分经济特权，减轻农民的经济负担，提高农民积极性，建立农民协会，整顿基层组织，为土地改革奠定基础。

鉴于西南各省刚刚解放，社会秩序尚待进一步建立，土地改革的准备工作还不完备等实际情况，中共中央决定，在1951年秋收以前这类地区不进行土地改革，只开展减租。在退押过程中，中共中央在检查湖南等省的情况时，发现实践中有许多地主，特别是小地主，因无法退还押金，遭到农民逼索，导致退押中出现无计划地没收地主浮财，甚至乱打乱杀的现象。中共中央于1950年4月发出《关于在退租运动中地主退还押金问题给中南局的指示》，要求各地必须停止退押。根据中共中央指示，西南各省暂不进行土地改革，不进行退押，只研究减租的问题，因此，云南的减租退押运动是围绕减租开展的。

为结合云南实际制定减租退押政策，中共云南省委于1950年五六月间派出调查组到砚山、宜良、昆明、宣威、泸西、罗平等县调查租押情况。在调查研究的基础上，1950年7月29日，云南省人民政府颁布了《关于实施西南区减租暂行条例几个补充说明（草案）》，明确了云南的减租范围、对象及方法。规定凡是地主、旧式富农及机关、学校、祠堂、庙宇、教会所出租的土地，租额一律按照原租额降低25%，减租后的租额不得超过土地产量的35%；如果超出的，再减低至35%；减租退押运用说理说法的方式，禁止乱打乱杀，通过放手发动群众，把农民组织起来成立农民协会，领导、组织、教育农民依法向地主进行减租。

中共云南省委从云南地处边疆、民族众多的实际出发，决定只在内地农村进行减租退押。在内地民族杂居区，坚持“慎重稳进”的方针，不急于进行清匪反霸和减租退押运动；如果要进行，也必须团结被压迫的各族群众，原则上不先反少数民族的恶霸，首先反汉族恶霸；在反汉族恶霸容易引起少数民族土司头人疑惧的地区，一概不反霸。在边疆民族地区和内地少数民族聚居地区，一律不实行减租退押，而是争取民族上层，团结整个少数民族，达到团结互助、友爱合作的目的。

中共云南省委制定的这一系列方针政策，为全省减租退押运动的深入开展指明了方向。在1950年7月下旬召开的中共云南省第一次代表会议上，通过了开展减租退押运动的决定。这次会议后，减租退押运动正式开始。

1950年8月3日至19日，云南省第一次农民代表大会召开，通过了《云南农民协会组织章程》，发出《为实行减租退押告农民书》，宣布成立省农民协会筹备委员会。会后，各地分别召开或举办党代会、干部扩大会、农代会、负担训练班、农民干部训练班等，宣传减租退押政策，提高农民觉悟。通过学习培训，农民代表的思想发生了明显变化，他们积极拥护减租退押运动，组织发动农民群众，整顿旧农会，建立新农协。从省到县、区，农民协会普遍建立，农民迅速发动起来，踊跃开展反封建斗争。

减租退押运动不可避免地触及封建土地制度和地主阶级利益，各地农民的斗争遭到地主恶霸的抵制和破坏。1950 年 9 月，各地地主、恶霸公开进行破坏活动，散布“变天”谣言，勾结土匪特务暗杀农民代表，进行夺佃、抢租、逼债等，农民运动一度受到影响。针对这些现象，中共云南省委于 10 月 5 日颁布《关于减租退押的五项禁令的布告》，严令禁止地主在减租前强收地租，非法夺佃；禁止采取出典、出租、赠送、假分家等方式转移、分散、隐匿土地及房屋；禁止破坏农具、房屋以及荒废土地等行为。同时，要求各地加强对运动的领导，明确群众运动不能仅局限于宣传，而是要有统一组织，发动群众，把农民的反封建斗争与清匪反霸、减租退押的政策联系起来，避免盲目斗争，推动运动的进一步深入。为提高干部素质，推动减租退押运动向纵深发展，1950 年省委党校开办两期培训班，总结减租退押中存在的问题，加强工作中的群众观点和群众路线教育，参加培训的人员为县级干部，每期约 200 人。同时，省委从军队和机关抽调万余名干部参加减租退押运动，加强了减租退押运动的组织领导力量。

为总结典型经验指导全局，1951 年初，全省减租试验在宜良县第四区及昆明、玉溪、晋宁、富民、宁洱、保山等地进行。在试点过程中暴露出部分地方存在对群众运动领导不力、发动群众不深入，农村封建势力未受到应有打击；部分地方农村基层组织不纯，部分农村基层组织仍被封建势力掌控等问题。针对这些问题，中共云南省委明确提出，完成减租退押的关键在于充分发动群众，重点在于切实发动和依靠贫农、雇农，培养贫雇农骨干，团结中农；坚决整顿农村基层组织，为减租退押运动扫除障碍。

1951 年 2 月，中共云南省委分片召开地委书记联席会议，决定

1951年上半年全力推进减租退押运动；已经完成减租退押但不彻底的地方，不急于进行土地改革，必须进行复查，重点做好发动群众和整顿基层组织的工作。会后，减租退押运动在全省内地85个县、200万人口的地区全面铺开。至1951年9月，减租退押运动基本结束。

经过一年多的减租退押运动，广大群众被发动起来参与到反封建斗争中，初步清理和建立了农村基层政权组织和各种群众组织，削弱了地主在经济上和政治上的特权，打击了封建势力，为土地改革奠定了组织基础和群众基础。

二　内地的土地改革

内地土地改革政策的制定

1950年6月，中央人民政府委员会颁布《中华人民共和国土地改革法》，决定在全国占绝大多数的新解放区开展土地改革运动。从1950年冬季开始，全国分三批进行了土地改革。到1952年底为止，除部分民族地区及台湾省外，基本完成了土地改革任务。在大约3500万人口的民族地区，中共中央决定区分不同情况，用更长的时间，采取适合各少数民族特点和有利于民族团结的政策措施来完成以土地改革为中心的民主改革任务。

云南经过剿匪和镇压反革命运动，内地匪患基本肃清。通过减租退押运动，党在群众中普遍开展了反封建斗争，农村封建势力受到一定打击，农民初步组织发动起来。云南内地进行土地改革的条件基本成熟。

1951年1月，中共云南省委召开干部扩大会议正式提出，今后的工作应以发动群众完成土地改革为中心。会议深入分析土地改革的艰巨性和复杂性，认为：国内外的敌对势力并未彻底消灭，阶级矛盾与民族矛盾交织的情况依然存在；农村虽然经过了镇压反革命、减租退押等运动，但大部分地区的封建势力尚未受到彻底打击，仍在直接或间接地统治农村；干部数量不足，很多地区工作基础薄弱等困难依然存在；全省经济社会发展极不平衡，不仅地区之间、民族之间发展不平衡，同一民族内部的经济发展水平也不平衡，同一个行政区域中多种经济成分并存；各民族社会发展水平差别很大，有封建地主经济，有政教合一和土司统治的农奴制经济，有奴隶制经济，甚至有处于原始民族社会末期的经济形态。针对这些特殊情况，省委提出土地改革工作必须稳步前进，宁可做得慢一些，不能急于求成。为避免偏差和混乱，把全省分为内地和边疆民族地区，决定首先在内地坝区和多民族杂居的山区进行土地改革。边疆民族地区待条件成熟、广大民族群众和上层人士都要求改革时再进行改革。

为深入了解内地的土地关系，1951 年初，中共云南省委办公厅对全省经济较为发达的内地坝区 15 个县、22 个乡的土地占有情况进行了系统调查研究。调研结果显示，在这一类地区，土地高度集中的县，如宜良、禄丰、弥渡等，占农村人口 10%左右的地主、富农，占有 70%左右的土地，而且多是好田好地；在土地较为分散的县，如沾益、武定、弥勒等县，地主、富农一般占有 40%左右的土地，农民占有 60%左右的土地，地主、富农人均占有土地数是农民的 3 倍以上。内地坝区地主剥削农民的方式主要有租佃、高利贷、雇佣剥削等。其中租佃剥削形式多样，包括地租、押金、房屋租和其他额外剥削等。而在多数民族杂居的内地山区，土地集中程度不如坝区，地主、富农占有土地比例远远低于坝区。大多数少数民族农民全部或部分失去土地后，受雇于当地的汉族地主，在不少山区，汉族地主占当地各族地主总数的 80%左右，民族矛盾和阶级矛盾交织在一起。

在充分调研的基础上，遵照《中华人民共和国土地改革法》基本精神，1951 年 3 月，中共云南省委开始着手研究制定《云南省土地改革实施办法》，经过 3 次修改并上报西南局批准，于 11 月 12 日在《云南日报》全文刊登，作为全省土地改革的政策依据。1951 年 8 月 21 日至 9 月 13 日，中共云南省委召开干部扩大会议，总结减租退押经验，正式讨论部署全省的土地改革，审议通过了《关于全省实施土地改革的计划

（草案）》，决定分 4 批于 1952 年完成内地土地改革。

内地坝区土地改革

根据土地改革工作计划，1951 年 9 月至 1952 年 7 月，中共云南省委在内地坝区采取先试点后铺开的方法，分两批进行内地坝区的土地改革。

云南内地坝区土地改革与全国新区土地改革的政策步骤基本一致，运动始终坚持中共中央“依靠贫农、雇农，团结中农，中立富农，有步骤地有分别地消灭封建剥削制度，发展农业生产”的新解放区土地改革总路线，采取“先轰开、后深入”的方式。从省到县、区、乡分别召开各种代表会，大张旗鼓宣传土地改革政策，号召农民积极投入土地改革斗争，土地改革工作队深入乡村广泛发动群众。在此基础上，划分阶级，没收地主财产，重新分配土地。

1951 年 9 月至年底，在经过减租退押运动，群众有了一定发动和组织的昆明、呈贡、晋宁、宜良、曲靖、澄江 6 个县的 243 个乡进行土地改革试点工作。试点地区按照宣传土地改革政策、划分阶级、没收征收、评产查田、分配土地 5 个步骤，有计划地推进。在试点过程中，坚持放手发动群众，注重检查指导，把握每个阶段的重点，保证土地改革的顺利进行。

在试点中，有的地方对解放前富农出租的土地一律征收，有的地方则对 1950 年后出租的土地征收，标准不一致，造成部分不公平和混乱现象。对此，中共云南省委规定：必须给富农保留相当于当地中农水平的土地。对小土地出租者的土地，一般以当地人均拥有土地数量为标准，其家庭人均拥有土地超过当地人均数两倍的部分征收，不超过的不征收，不足的也不补。如果某些小土地出租者有其他的职业，有足够维持生活的收入，其土地可在取得本人同意的基础上多征。如果是缺乏劳动力的革命军人、烈士家庭，超出部分不多，征求当地群众同意，不予征收。对工商业者坚决保护，土地改革中可征收其在农村出租的与工商业无关的土地；但有部分小工商业者，家庭人口多，单靠工商业不足以解决生活问题，自己可以耕种并出租极少量的土地，经过群众同意，也可保留一部分。回族清真寺所属土地一般保留不动。通过总结土地改革试点中的经验教训，进一步明确了相关政策界限。

1951年11月，全省内地坝区土地改革陆续在澄江、昆明、丽江、蒙自、思茅等27个县约600个乡的范围内全面展开。在《云南省土地改革实施办法》的基础上，中共云南省委又制定颁布《云南实施土地改革补充办法》，对土地改革的相关政策进行了详细规定。为加强组织领导，1951年12月底，成立土地改革委员会，负责指导和处理全省有关土地改革的各项事宜。省委先后从各地选调1.3万余名积极分子组成土地改革工作队，集训后分赴各地参加土地改革，以保证运动的顺利进行。

土地改革全面铺开后，大部分地区的减租退押并不彻底，有的地方没有实行减租退押，群众没有充分发动，基层政权尚掌握在封建势力手中；有的地区在土地改革开始时，贫农、雇农不敢和工作队见面。针对这些问题，中共云南省委强调，各地在土地改革准备阶段要补上减租退押这一课，在土地改革中必须结合而且首先结合镇压反革命工作，在准备阶段，深入发动贫农、雇农，发动面要达到其人口的50%，在此基础上扩大和整顿基层组织。

按照中共云南省委部署，各地先试点后铺开，有组织有步骤地全面推进土地改革运动深入开展。由于坚持放手发动群众，依靠贫雇农，团结中农，有步骤、有区别地消灭封建剥削制度，发展农业生产，注意保存富农经济，保护民族工商业，内地坝区土地改革进行得比较顺利。1952年7月，内地坝区土地改革结束，涉及44个整县和22个县的一部分地区，共约4000多个乡，700多万人口。

为巩固土地改革成果，稳妥解决土地改革中的遗留问题，1952年8月1日，中共云南省委作出《关于土地改革复查工作的指示》，决定在全省内地已经完成土地改革的地区进行复查工作。各地用了两三个月时间进行土地改革复查，进一步发动群众，提高干部和群众的觉悟，认真处理土地改革的遗留问题，检查和解决贫农、雇农的生产困难，团结农民转入生产建设。

通过土地改革，内地坝区的广大农村废除了封建土地制度，实现了“耕者有其田”的美好愿望。农民分到了土地，以及房屋、耕畜、农具等生产资料，基本满足了生产生活需要，生产积极性大大提高，以贫农、雇农为主体的农村基层组织也随之建立起来。

多民族杂居的内地山区土地改革

与内地坝区相比，多民族杂居的内地山区情况更为复杂。这些地区生产力水平低下，群众生活更为艰苦；封建势力更为强大，绝大部分乡村没有经过减租退押，地主阶级为抵抗和破坏土地改革作了充分准备；民族关系更为复杂，少数民族与汉族之间、各少数民族之间存在着错综复杂的矛盾。这些情况，决定了内地山区土地改革必须采取更加慎重的政策和方法，既要通过土地改革废除封建统治，又要通过土地改革加强政权建设，促进民族团结，发展生产。

为了指导好多民族杂居的内地山区土地改革，中共云南省委选取内地坝区土地改革中的 16 个民族杂居乡进行重点分析，总结在民族杂居地区进行土地改革的经验与教训。在贯彻中共中央精神的前提下，云南从内地山区的实际出发，制定了较为灵活的土地改革政策，以保证民族杂居内地山区的土地改革顺利进行。1951 年 8 月，中共云南省委制定《关于民族杂居区实行土地改革的若干规定（草案）》，对多民族杂居的内地山区土地改革的条件、政策措施等作出了具体规定。

中共云南省委重视内地山区土地改革的准备工作，提出多民族杂居的内地山区实行土地改革必须具备以下条件：土匪已经彻底肃清；成立了联合政府或民族区域自治政府；建立了农民组织；少数民族中已经有能够联系群众的干部；地区民族代表会议和人民代表会议通过实行土地改革的决议。在内地坝区进行土地改革的同时，在多民族杂居的内地山区结合剿匪斗争、清匪反霸等工作，肃清土匪，大力发动群众，建立农民组织，争取少数民族内部绝大多数群众自觉行动起来实行土地改革。

在各种条件具备后，1952 年 5 月，中共云南省委召开地委书记联席会议，重点研究内地山区土地改革问题。会议通过了《关于山区土地改革若干问题的决议》《关于边疆地区土地改革问题的决议》和《关于整训土地改革工作队的决议》。中共中央 8 月 10 日批复同意这 3 个决议。从民族团结和有利于生产出发，中共云南省委对民族杂居的山区制定了较宽松的土地改革政策，规定没收少数民族地主土地等生产资料时，必须取得该民族农民的一致同意；对少数民族富农和小土地出租者出租的少量土地，原则上保留不动；清真寺和祭祀用的族田、社田，在本民族同意下，酌予保留等。

1952 年 7 月，云南开始在多民族杂居的内地山区进行土地改革。各地先试点取得经验后，于 9 月下旬全面铺开。山区土地改革与内地坝区的工作方法有所区别。从组织群众生产、解决群众生产资料困难出发来宣传发动群众；以打倒政治上的封建压迫，实行土地改革；从有利于山区生产出发，没收地主的土地、山林，征收公田、学田、族田、庙田和山林，按照产量进行分配。征收后仍解决不了生产问题的，或从山上迁移农民到坝区分田，或动员坝区农民将斗争果实或生产资料调剂一部分到山区。

在土地改革工作中，中共云南省委充分认识到民族杂居地区土地改革的特殊性，采取相应方法加以解决。针对山区封建势力基本上未被触动的情况，结合清匪反霸、镇压反革命工作，首先建立政权、发动群众。在土地改革准备阶段，从访贫问苦、个别串连入手，召开贫雇农代表会，培养领导骨干，整顿和建立党的基层组织。在发动群众阶段，针对山区土匪和群众难以区分的问题，提出区别匪首和胁从非常重要，要求各地普遍开展变土匪恶霸武装为人民武装的“枪换肩”活动，将一些山区群众从敌人的营垒中分化争取过来，把分散的山区群众动员组织起来。在充分发动群众的基础上，注重把土地改革与发展山区生产紧密结合起来。各地在山区土地改革过程中，积极扶持发展山区生产，固定轮歇地，重视山林分配，除大森林归国有外，一般仍归私有。同时通过发放救济粮、农业贷款、调配果实等办法，帮助山区发展生产。

中共云南省委从山区土地改革的客观实际出发，采取了符合多民族山区特点的政策措施，重大问题尽量通过各民族大多数群众协商解决；有计划地培养少数民族干部；对少数民族地主、富农执行较宽松的政策。保证了云南内地多民族杂居山区土地改革的顺利进行。1952 年 7 月至 12 月，全省 25 个整县和 25 个县的一部分，共 3800 多个乡、约 500

万人口的内地多民族杂居山区完成了土地改革[①]。

三　边疆民族地区的土地改革

缓冲区土地改革

1951年8月，中共云南省委部署全省土地改革工作时，明确了处于内地和边疆之间，已经具备土地改革条件的这一部分民族地区实行比内地更为缓和的方式进行土地改革。并从云南实际出发，创造性地提出：各地可考虑在改革与不改革的交错地区划出一个缓冲地带，尽量采取比内地温和、以说理说法的方式进行土地改革，以缓和边疆民族地区上层人士的顾虑和戒备。10月3日，中共云南省委向中共中央和西南局正式提出建立土地改革缓冲区的意见。中共中央批准了中共云南省委的意见，并责成中央民委党组对云南缓冲区土地改革问题提出指导意见。

1952年5月，中共云南省委召开全省地委书记会议，讨论制定了《关于边疆缓冲地区土地改革问题的决议（草案）》。6月26日，中共云南省委向中共中央和西南局提交《关于山区及缓冲区土改问题的报告》，明确提出：处于国境线上的26个县不考虑土地改革，其余接近国境线而又处于内地的县市及一部分内地县中靠近这些县份的部分边界地区划为缓冲区，用缓冲区政策进行土地改革。中共中央和西南局批复同意了该报告。

处于内地和边疆之间靠近边境一线的地区，直接受境外敌对势力的影响，土地改革的阻力比内地大，每项措施的制定和实施对内外关系都有显著影响。中共云南省委明确提出了缓冲区土地改革的指导思想：一切工作必须有利于对敌斗争；土地改革应着重考虑如何更有效地减少

① 中共云南省委党史研究室编：《云南土地改革》，云南大学出版社2011年版，第16页。

阻力，发动群众；在完成土地改革前提下，力求减少对边疆民族地区和境外的震动。根据这一指导思想，制定了缓冲区土地改革八项特殊政策：一是土地改革时，只没收地主的土地、房屋、耕畜、农具以及多余粮食，不追底财，不分浮财。二是剿匪追赃只追现存赃物，反恶霸赔偿只按实际的霸占数目，酌情合理赔偿，不节外生枝，不算细账。三是镇压反革命中，严惩现行破坏分子，从宽处理自动坦白的有历史罪恶分子，不得牵连家属。四是逃亡地主回家认真悔过，遵守政府法令者，除与农民同样分得一份土地及其他生产资料外，对过去违法行为免予治罪。五是欢迎被反动派胁迫逃亡在外的各阶层劳动人民和其他人士回家分田和从事生产。六是对华侨地主和少数民族地主待遇从宽，坚决不动少数民族富农出租的土地和小土地出租者的土地。七是国民党残余军队之流散人员自动来归者，在土地改革中加以照顾，给予生活出路，主动立功者，予以奖励。八是严格执行说理说法斗争，不许非法肉刑或变相肉刑。

1952 年 12 月，经过中共云南省委批准，中共文山地委率先在苗族、瑶族、壮族、回族等民族聚居的麻栗坡市（今麻栗坡县）天保等 5 个乡开始进行土地改革试点。通过总结试点经验，缓冲区土地改革全面展开。实行缓冲区土地改革的各县都成立了土地改革委员会、土地改革办公室和城乡联络委员会等领导机构。鉴于缓冲区原有工作基础薄弱，各级组织都选派了政策水平和工作能力强的干部去缓冲区帮助土地改革。各地在缓冲区土地改革中按照宣传政策、划分阶级、没收征收、分配与建政四个阶段进行。

在工作中，部分工作队员对于缓冲区土地改革政策认识模糊，出现了一些偏差。1953 年 2 月，中共云南省委作出指示，要求在土地改革中必须严格掌握政策和执行政策，加强对工作队的教育与审查，对尚未开始土地改革、准备不足的地区做必要的收缩缓行。3 月，中共云南省委对全省缓冲区土地改革情况进行检查，发现部分不具备条件的地区也在进行土地改革，及时纠正出现的偏差，对缓冲区土地改革进行收缩和整改。缓冲区土地改革完成时间也从原计划的 1953 年上半年推迟到 1954 年完成。

根据形势发展变化，中共云南省委对缓冲区的范围进行了多次调整。在1952年通过的《关于边疆缓冲地区土地改革问题的决议（草案）》，初步划定缓冲区涉及19个县、市，包括元江、屏边、河口县全部，建水县南部8个乡，石屏县第四区，麻栗坡市全部，马关县1个区，墨江县坝溜、龙潭、龙坝3个区，景谷县永平、碧安2个区，六顺县（今思茅区六顺乡）竹林、振糯2个区，普洱县（今宁洱县）黎明、普义2个区，镇康、龙陵、腾冲3个整县及保山县第六、第十2个区，云龙县2个区和临沧县的3个区，维西县及丽江县北部地区。6月26日，中共云南省委在向西南局和中共中央提交《关于山区及缓冲区土改问题的报告》中对"缓冲区"的范围作了小的调整，除增加了怒江兰坪县外，考虑到对大、小凉山的影响，将处于内地的武定、禄劝县北部沿金沙江的地区，及永善、巧家靠近大、小凉山的地区也纳入缓冲区范围。在缓冲区土地改革中，一些地方照搬内地土地改革经验，出现了违反缓冲区土地改革政策的做法，引起内外震动。中共云南省委又于1953年3月13日对缓冲区的范围再次作了调整，将原划为缓冲区的维西、河口、镇康3个县改为暂不进行土地改革的边疆民族地区，指示未开始土地改革的地区暂不进行。1954年下半年，保山地委在研究德宏土地改革工作时，把汉族聚居的梁河县14个乡、潞西县（今芒市）9个乡划为缓冲区，中共云南省委于12月予以批准。经过3次调整，全省实际实行缓冲区土地改革涉及23个县、134万人口的地区①。

在缓冲区土地改革过程中，各地除认真贯彻中共云南省委关于缓冲区土地改革八项政策外，还从实际出发，采取了一系列切合实际的特殊措施。如保山地委在梁河县、潞西县汉族聚居区采取了自上而下的"和平协商"方式土地改革；丽江等地在土地改革中对少数民族上层人士一般不斗争，对一般地主只进行缺席斗争；对靠近大、小凉山地区的彝族上层，不划阶级，不动其财产等。这些政策得到了广大群众和民族上层人士的支持，缓冲区土地改革进行得比较顺利。

1956年底，以梁河县、潞西县缓冲区土地改革完成为标志，历时4

① 中共云南省委党史研究室编：《云南土地改革》，云南大学出版社2011年版，第39页。

年的全省缓冲区土地改革胜利结束。通过缓冲区土地改革，团结各族人民进行反封建斗争，从政治上、经济上打垮了封建势力，废除了封建土地剥削制度，贫雇农分到了土地，激发了农民群众的生产积极性，解放了生产力，缓冲区生产普遍发展。

和平协商土地改革

解放初期，在云南边疆及省际边沿仍处于封建社会的民族地区，各民族的政治、经济发展水平极不平衡。红河、江城等县的哈尼族和澜沧、临沧的拉祜族，有的在政治上虽然还保持着土司制度，但经济上已逐渐形成地主经济，土司、头人出租土地，参与地租剥削；德宏、西双版纳等地的傣族，基本上保持着封建领主经济和政治上的土司制度，德宏部分地区已经开始向地主经济发展，西双版纳仍保留份地制[①]，尚未发生土地买卖；中甸、德钦、维西藏族地区属于封建领主制，在政治上由僧侣贵族专政，藏区和小凉山彝族地区还存在相当数量的奴隶。这类地区阶级分化明显，土地十分集中，完全无田农民占总数的30%—50%；阻碍生产力发展的主要是官租、地租和高利贷的剥削，地租剥削平均占佃农产量的50%，最高达80%。总体上看，这些地区经济上属于封建领主经济和地主经济，必须实行土地改革和民主建政，以农民土地所有制代替土司、地主土地所有制，以人民民主制度代替封建土司统治制度，解放和发展生产力，实现这些民族与全国、全省人民共同进入社会主义。

在广大群众要求和民族上层人士能够接受的情况下，在内地进行土地改革的同时，在这类地区引导群众进行了减轻官租、劳役、杂派等改革，逐步削弱旧制度，增加社会主义因素，为民主改革创造条件。经过3年多艰苦细致的工作，至1954年，从各族群众的觉悟、干部的成长和对民族上层人士的团结改造来看，进行土地改革的条件已经基本具备，

① 西双版纳封建领主制度的经济制度是以份地制为基础的劳役地租，土地所有者封建领主把自己的土地分为两部分，一部分是为自己直接生产的土地，一部分是维持劳动力生产必需的土地，两份土地都由生活在领主土地上的农奴耕种。

进行民主改革已成为边疆各族人民的迫切要求。1954 年上半年，德宏自治区的部分群众自发掀起反官租斗争。德宏傣族上层、已担任德宏自治区副主席的龚绶宣布，自动放弃官租、杂派的剥削。

按照中共中央“慎重稳进”方针和民族地区社会改革的指示精神，中共云南省委从边疆民族地区实际出发，深入研究改革的具体方式。1953 年 11 月和 1954 年 6 月，省委两次发出指示，要求各边疆地、县委加强对民族地区的调查研究，制订出本地区民主改革的方案。同时组织联合调查组到德宏、西双版纳进行调查研究。通过调研，认为经过几年艰苦细致的工作，在边疆民族地区进行土地改革的条件已经成熟，如果再不进行土地改革，不仅对发展生产不利，且对民族团结、对敌斗争以至边疆局势的稳定都有不利影响。制定符合边疆民族地区实际的民主改革方案，提到了重要议程。

1954 年 3 月，在深入调研的基础上，结合中共中央和西南局的相关指示精神，中共云南省委边疆工作委员会起草了《关于边疆民族工作情况和今后工作意见》，提出将边疆民族地区未进行土地改革将近 220 多万人口的地区，分为两类进行改革：第一类是居住在德宏、西双版纳、红河、耿马等地区的傣族、哈尼族、拉祜族等民族，占边疆人口 50%左右。这一类地区大部分属于封建土地所有制，各民族内部阶级分化明显，可以“采取比较和平的方法，逐步地有分别地由削弱到最后废除封建的剥削制度”。第二类地区包括景颇族、傈僳族及其他人口较少的民族，约占边疆人口 20%左右。这些民族已经进入私有制社会，但还保持着不同程度的原始经济残余，大部分地区土地占有不集中，阶级分化不明显。在这类地区，基本上不进行土地改革，实行直接过渡到社会主义的政策。《意见》以中共云南省委的名义报西南局后，西南局于 8 月 9 日批复同意并转发西南各省委。

1954 年 4 月，中共云南省第二次代表会议作出决议，在继续进行准备工作的同时，先在部分条件较好的地区进行和平协商土地改革试点。经中共中央批准，1955 年初，省委确定河口、江城、澜沧、镇康、双江和大雪山区（今永德县）6 个县（区）为试点。为保证试点工作顺利进行，省委批转《对边缘六县执行和平协商土地改革中具体问题的规定的报告》,明确了“联合封建反封建”基本方针,对各项政策的具体执行作了详细的解释和说明。试点大致经过五个步骤:广泛交代政策,发动群众;划分阶级;没收、征收土地;分配土地;改造和建立政权。

在总结试点经验基础上,进一步完善了和平协商土地改革的政策。1954 年 10 月 25 日,中共云南省委召开了为期 3 天的边疆工作会议,重点研究边疆进入封建土地所有制地区的民主改革问题。会议提出,这类地区的民主改革应坚决抛开斗争地主和主要从下而上发动群众的方法,而采取自上而下解决土地问题的改革办法。11 月 16 日,中共云南省委拟定《目前边疆改革问题向中央的报告》,提出在边疆阶级分化明显的地区“采取自上而下和平协商解决土地问题的改革方法”。1955 年 1 月 11 日,中共中央批复同意该报告,指示中央民委组建工作组,到云南配合开展工作。

1955 年 2 月 22 日,中共云南省委转发《省委边委、省委农村工作部关于和平协商土改若干问题的意见》,进一步细化了和平协商土地改革的具体政策。在分配土地上,对少数民族地主,除土地、高利贷外,其余不动,并允许其土地“先留后分”;对富农及寺院教会的土地、债务坚决不征收;涉及民族之间的土地问题,按民族习惯逐步处理,避免民族纠纷;对境内外民族之间的租佃关系,根据历史习惯予以维持;对逃亡人员的土地问题,在有利于分化瓦解敌人的原则下,从宽处理。在方式方法上,为了适应边疆特点,避免阶级关系过分紧张,强调发动群众正面教育,不采取内地诉苦的办法,划分阶级也采取多方协商、政府仲裁的方式。在团结民族上层人士方面,做艰苦细致的工作,尽力争取更多的民族上层人士拥护甚至参加改革。

在中共云南省委“联合封建反封建”的基本方针指导下,和平协商土地改革顺利展开。各地在改革前普遍召开人民代表大会,通过土地改革决议,制定具体的实施办法,妥善安排民族上层人士,然后开始土地改革。在组织形式上,普遍建立了两个平行的机构:一个是从县到乡的土地改革协商委员会,是改革过程中农民与地主的协商机关,由地主、农民和政府人员或工作队组成。凡是改革事项涉及民族上层人士利益的,都要通过改革协商委员会进行协商,取得一致协议,然后执行。

另一个是农民代表会议，是农民自己的组织，是和平协商土地改革的权力机关，职责是组织农民，执行土地分配。

在改革过程中，一方面，坚持发动和依靠群众，各地通过人代会、农代会、妇女会、青年会、村民会等形式发动群众，发动面占成年人口的80%以上，引导群众用协商的方式与封建地主和领主进行说理斗争。另一方面，认真做好民族上层人士的团结工作。政治上给予安排，6个自治州州级行政职务大部分由各地土司、头人及宗教领袖担任；在生活上给予照顾，不急于取消特权而是采取政府“养起来”的措施，对放弃剥削的民族上层人士采取“赎买”政策。这些符合边疆实际的措施有力地保障了和平协商土地改革的顺利进行。1955年9月，中共云南省委将试点工作的初步总结向中共中央报告。中共中央肯定了云南和平协商土地改革的效果及所取得的经验，并转发给四川、青海、甘肃等省作为参考。1956年国庆前夕，新华社报道了云南边疆民族地区胜利完成和平协商土地改革的消息。

对情况更为特殊的处于奴隶社会的小凉山彝族地区和迪庆藏族地区，中共云南省委最初决定采取和平协商土地改革的方式，与西藏、四川的藏族、彝族地区改革同步进行。1956年，小凉山部分奴隶主发动武装叛乱。中共云南省委根据中共中央“以政治瓦解为主，军事打击为辅”和“坚决改革”的平叛方针，发动和组织群众，平息叛乱，建立民族区域自治，之后在这一地区进行改革。至1958年9月，该地区和平协商土地改革全部结束。

云南和平协商土地改革地区包括9个专区、州中的3个整县、1个县级镇、11个版纳、1个办事处，21个县和1个办事处的部分地区，共约154.5万人①。涉及傣族、拉祜族、阿昌族、德昂族、佤族、白族、哈尼族、藏族、纳西族、瑶族、苗族、傈僳族、彝族、汉族等民族。通过和平协商土地改革，废除了该地区的封建领主、地主土地所有制。

---

① 中共云南省委党史研究室编：《云南土地改革》，云南大学出版社2011年版，第231页。

“直接过渡”政策的制定及实施

解放初期，在云南边疆除已经进入阶级社会的民族地区外，还有一部分如景颇族、傈僳族、独龙族、怒族等民族居住的地区，阶级分化不明显，仍保留着不同程度原始社会残余。中共云南省委在有区别地对边疆民族地区进行土地改革的同时，对这类尚未进入阶级社会的地区的社会改革问题提上了议事日程。

从1950年到1952年，此类地区同和平协商土地改革的地区一样，同时进行以团结民族的氏族、部落头人为主的疏通民族关系，并从发展生产和开展与生产有联系的贸易、卫生、文教工作入手，先后派遣民族工作队深入农村，做更谨慎稳妥、更深入细致、更耐心艰苦的群众工作。中共云南省委认为，对这类地区的社会改革，必须从各民族社会发展水平和生产力水平出发，并考虑到内外关系，采取不同于进入封建领主制和奴隶制的民族地区的政策。在中共中央的指导下，1952年，中共云南省委根据这类地区的特殊情况，提出“团结、生产、进步”的改革方针。

1953年9月13日，由中央统战部拟制的《关于过去几年内党在少数民族中进行工作的主要经验总结（修正稿）》印发有关省、区征求意见。其中对尚未进行民主改革的民族地区提出两种改革方式，其中一种提出：“至于还没有进入阶级社会的民族地区，它们也将直接地、但却是逐渐地和我们共同过渡到社会主义。”中共云南省委接到文件后，即组织省委边委、省委统战部、省民委等部门分别进行学习，并派出3个工作组分别到边疆民族地区开展调研。

中共云南省委边委副秘书长马曜率领一个工作组，到中央民委干部刘冠英、王可正在搞调研的德宏州开展工作。在德宏州潞西县遮放区西山景颇族聚居区进行调研后，结合1952年中共云南省委民族工作队第二大队在瑞丽、陇川景颇族地区的工作实践，马曜给保山地委边委写了题为《从遮放西山区的情况看景颇族地区的生产问题》的报告。报告中第一次提出：“景颇族地区土地不集中，阶级分化不明显，阻碍生产力发展的主要不是山官、头人的剥削，而是生产力水平十分低下和停滞，社会分工和商品经济不发达以及拉事祭鬼等原始因素和落后因素。”为进一步论证问题、充实内容、提供依据，工作组和地、县两级调查组配合，在西山景颇族地区进行了历时40天的调研后，工作组为潞西县工委起草了《关于在遮放西山景颇族地区团结生产的初步意见》。

中共云南省委对此意见反复研究后，向西南局和中共中央提出，对尚处于原始社会末期、阶级分化不明显的景颇族、傈僳族等民族地区，无须经过一般的土地改革，可以通过政府长期有效的帮助，使他们直接地、但却是逐步地过渡到社会主义。1953年六七月间召开的全国统战工作会议通过《关于过去几年内党在少数民族中进行工作的主要经验总结》，提出"还没有形成阶级社会或阶级分化极不明显的少数民族地区，在经过必要的工作之后，它们也将直接地，但却是逐渐地和我们共同过渡到社会主义"。这个文件经毛泽东、刘少奇批阅后正式下发，成为实行"直接过渡"的指导性文件。1954年初，受中共云南省委指派，省委边委副书记王连芳到北京向中共中央汇报了实行"直接过渡"的方案，得到刘少奇、邓小平及李维汉的肯定。刘少奇说，这是"毕其功于一役"，李维汉则形象地将其比喻为"一步走"和"千百步走"的关系。同年8月，西南局批转了云南省委边委《关于边疆民族工作情况和今后工作意见》，指出在这类民族地区，不进行内部的土地改革，应以"团结、生产、进步"作为长期的方针，保证他们直接地但却是逐步地过渡到社会主义。9月28日，中央云南边疆工作组与中共云南省委联合向中共中央提出《关于加强云南边疆工作的意见》，明确了云南边疆阶级分化不明显的民族地区，可以不经过土地改革运动这一阶段，而是在国家大力扶持和帮助下，通过互助合作，逐步过渡到社会主义。至此，中共云南省委比较完整地形成了对云南部分社会经济形态发展比较落后的边疆民族地区实行"直接过渡"的特殊政策。

"直接过渡"政策确定后，中共云南省委划定了直接过渡地区的范围，从德宏景颇族、德昂族聚居区扩大到其他民族和地区，最终包括8个专区、州中的5个整县，19个县的一部分，323个乡，共计66.39万人口的地区。涉及景颇族、傈僳族、阿昌族、独龙族、怒族、德昂族、佤族、布朗族、基诺族等族聚居地区和部分拉祜族、哈尼族、藏族、纳西族、瑶族、白族、苗族、彝族、傣族、汉族 19 个民族和克木人[①]。

“直接过渡”政策的确定，并不意味着中国共产党在这类地区的工作进行得更快更容易，而是一个更加艰苦复杂的长期过程，需要长期坚持“团结、生产、进步”的方针，帮助这些地区实现生产发展和社会跨越。在这类地区，不进行土地改革，不分田地，不斗地主、土司、头人、山官等，而是以发展生产为中心任务，在国家大力扶持的基础上，团结上层，发动群众，将发展生产与开展互助合作运动结合起来，逐步废除剥削制度和消除原始落后因素。对发展生产阻碍较大的山官、头人的特权剥削，如官烟、保头税等，通过协商和说服教育，采取“赎买”政策，有区别地、逐步地废除。对于妨碍互助合作的特权剥削在建合作社前协商解决，对互助合作影响不大的剥削在合作化运动中逐步解决。允许没有脱离劳动的山官、头人入社，较大的山官、头人在各级政府和政协中给予安置。采取说服教育的方式，依靠民众，团结民族上层参与，逐步由限制特权到消灭一切特权分配。由于这些政策的实施，村寨的事务管理逐渐转移到合作社，废除了建立在原来土地所有制基础上的官工、官谷、官腿等旧的生产关系，逐步确立了社会主义的分配制度，提高了群众的劳动积极性。最终通过互助合作运动，使“直过”民族从原始社会末期一步跨进社会主义社会，实现了历史性的跨越。

对于直接过渡地区少数民族社会中依然存在的阻碍生产发展的原始落后因素，如原始平均主义思想、原始宗教中杀牲祭鬼等落后习俗，则随着群众生产发展、生活改善、观念更新，采取逐步引导的方法，用新的观念和习俗改进、替代落后的风俗习惯，逐步废止不适应社会主义发展要求的陈规陋习。

在财政十分困难的情况下，各级党委和政府制定实施了一系列具体政策，对直接过渡地区进行特殊扶持。政治上，团结民族宗教上层人士；长期派驻民族工作组进村入户进行帮助；重视培养任用少数民族干部等。经济上，设专项经费帮助发展生产。从 1956 年至 1964 年，国家专设直接过渡经费 4450 万元，对“直过区”的生产生活无偿补助和

---

① 中共云南省委党史研究室编：《云南土地改革》，云南大学出版社 2011 年版，第 252 页。

全力扶持;加强直接过渡地区基础设施建设,帮助群众兴修水利、建房、修筑公路和人马驿站;无偿提供农具、籽种、粮食、食盐、衣服等物资援助,有效地帮助各族人民发展生产,改善生活。减免各项税收,1958年以前,对边疆民族地区基层供销社、手工业社等免征所得税;1958年,规定对生产落后、生活困难的民族地区减免农业税。加强贸易,组织信贷合作。教育方面,国家设立民族教育专项补助经费,用于解决少数民族学校的设备、教师待遇、学生生活等方面的困难。制定"直过区"扫盲规划,发展中小学教育,提供初、高中学生助学金,保送培养大中专学生,举办各种培训班及试办工读学校等,大力发展教育和科学文化事业。医疗方面,实行免费医疗,拨出专款,送去大批药品和医疗设备,医务人员深入疟疾流行区逐村逐户了解病情,发动群众破除迷信,动员病人吃药打针,并专门配置医务人员,为群众巡回治病。这一系列特殊政策的施行,有力地推动了"直过区"经济社会发展。

通过"直接过渡"的政策,这类地区实现了生产关系的历史性跨越,从原始社会末期进入社会主义社会。在土地所有制上,通过团结山官、头人等民族上层人士,建立互助合作,逐步废除了他们对土地的控制权,确立了社会主义集体所有制。在分配制度上,废除了山官、头人的特权,建立起按劳分配的社会主义分配制度。

从1951年内地坝区土地改革开始,到1958年和平协商土地改革结束,云南以土地改革为中心的民主改革经历了7年时间。这期间,中共云南省委在"慎重稳进"方针的指引下,坚持分类指导,按地区、分阶段,针对不同对象采取不同的改革方式,制定不同的改革政策,保证了改革任务的胜利完成。土地改革是云南历史上最大规模、最为深刻的社会变革之一,从根本上铲除了封建制度的根基,提高了各族群众生产积极性,解放了农村生产力,促进了农村经济的大发展,为全省社会主义建设创造了条件,奠定了基础。

第四章

国民经济的恢复与社会生活的深刻变革

在慎重稳进地进行土地改革和各项民主改革的同时，中共云南省委贯彻党的新民主主义社会经济建设方针，领导全省各族人民围绕恢复和发展生产这一中心任务，进行经济、政治、文化、社会等各方面的改革和建设。调整城市工商业，扩大城乡交流，在农村初步开展互助合作运动；在全社会进行民主改革和移风易俗的社会变革，扫除旧社会的痼疾，宣传贯彻《婚姻法》，谨慎地推行宗教制度改革；坚持以马克思列宁主义、毛泽东思想为指导，对教育文化卫生等社会事业进行全面改革；加强民主政治建设，开展“三反”“五反”运动。通过一系列建设和改革，全省经济恢复，社会进步，文化发展，边疆稳定，呈现出崭新的面貌。

一　贯彻新民主主义经济方针

公私兼顾调整城市工商业

云南的资本主义工商业，是在 19 世纪 60 年代到 20 世纪 40 年代的近百年期间，从军用工业开始逐步发展起来的，是云南城市工商业的主要组成部分。1874 年开办云南军火局、云南矿务招商局。近代民用工业企业相继开办，如昆明轮船公司、昆明耀龙电力公司、云丰机器制造公司、六合兴明烟草公司等。云南的大型资本主义商号，在1890年前后有“天顺祥”，其分号遍及15个省市区；到20世纪初，“永昌祥”“茂恒”“恒盛公”等大批商号接踵出现。特别是在中国人民抗日战争爆发后，中国东南沿海和中部地区的部分工商业及资金、技术转移迁入云南，云南工商业迅猛发展。抗战胜利后，由于省外的一些工商企业陆续回迁，加之国民政府和四大家族对民族工商业的排斥、打击和战争等原因，致使云南私营工商业大量减少。

中华人民共和国成立后，通过打击投机资本、稳定物价、统一财经等一系列措施，将半殖民地半封建经济逐步转变为各种经济成分在国营经济领导下分工合作、各得其所的新民主主义经济。在社会经济重新改造过程中，不可避免地带来一定的阵痛，特别是私营工商业的生产经营出现严重困难。党的七届三中全会明确了党在国民经济恢复时期的主要任务是为争取国家财政经济状况的基本好转而斗争，把对工商业的合理调整作为争取国家财政经济状况基本好转的一个重要条件，提出了“公私兼顾、劳资两利、城乡互助、内外交流”的新民主主义基本经济方针。

1950年3月7日，昆明市军管会副主任、省委统战部部长周保中主持昆明市1500余人参加的工人代表座谈会，宋任穷代表中共云南省委、陈赓代表解放军部队分别讲话，公开阐明了新民主主义经济方针。在贯彻新民主主义基本经济方针中，云南的首要任务是按照公私兼顾、劳资两利的要求，对问题突出的城市工商业进行调整。云南的私营工商业长期在金融混乱、投机盛行的环境中求生存，发展畸形，主要表现为：殖民地化，城市工商业受制于国外市场，与农村市场联系不紧密；投机性，在金融和物价都不稳定的经济环境中，工商业依靠投机获利，与生产的联系不紧密；生产机构官僚化，生产不计算成本，机构臃肿庞大，从属于金融商业投机。中共云南省委成立之初，通过建立国营经济、统一财经等措施，打击了市场投机，初步稳定了物价。但城市工商业依然沿袭旧的经营方式和管理办法，存在一定的投机性和盲目性，盲从外国市场，造成了商品滞销、资金周转不灵，流通不畅，以致减产、停工、歇业、关门。资本家解雇工人非常多，又造成劳资关系紧张。这种情况到

1950年6月最为严重，仅昆明市一个月歇业的工商企业就有241家。

私营工商业在云南零售市场上具有重要地位。1950年，全省私营商业（不包括饮食、服务业）80141户，从业人员114010人，资本额3223万元，商品销售额30679万元（旧币）[①]。私营工商业在为社会提供产品、实现商品流通、增加就业、促进云南经济恢复和发展等方面都起着重要作用。在对城市工商业进行调整的过程中，中共云南省委高度重视私营工商业的发展进步，根据实际调整公私关系。1950年6月，省委提出全省经济发展的主要任务是调整城市工商业，要求按照新民主主义经济方针，坚持公私兼顾进行调整，发展社会主义性质的国营工商业，使之成为国民经济的支柱，同时对一切正当的私营工商业加以扶持。之后，省委分别从调整公私关系、劳资关系和产销关系入手，引导各种经济成分有计划按比例地发展生产，实现在国营经济领导下，各种社会经济成分分工合作，协调发展，从而促进整个国民经济的发展。

按照"公私兼顾、劳资两利"的方针调整公私关系。中共云南省委采取各种措施，大力扶持私营工商业的发展。通过国营公司加工订货、收购贷款、介绍销路、组织联营等方法，帮助私营工商业渡过难关。国营企业的加工订货，支持了被服、皮革、染织、针织、毛巾、酒精、面粉、碾米等行业的发展，带动产业规模不断扩大。金融部门积极开展贷款和押汇业务，支持国营贸易部门扩大对私营工业的加工订货、统购包销，从资金、原材料及产品销售方面全面扶持私营工业的正当生产。云南省贸易总公司在1950年6月一个月内就投放资金781亿元（旧币），用于收购、订货、委托加工等方式，扶助有益于国计民生的私营工商业走向正常发展。其中，用于收购的资金占75.3%，用于订货的资金占1.6%，委托加工的资金占23.1%[②]。1952年，国营贸易部门向私营工业加工订货实现的产值，已占全省私营工业总产值的65%以上。

调整公私商业的经营范围和价格。在经营范围上，国营公司在逐步扩大批发范围的前提下，设置零售网点，主要经营有关国计民生的重

① 云南省地方志编纂委员会编:《云南省志·商业志》，云南人民出版社1993年版，第101页。

② 《云南日报》1950年7月9日。

要商品，如粮食、煤炭、棉纱、棉布、食油、食盐、煤油等，其他零售业务让给私营商业经营。在价格上，国营商业主要经营批发业务，把一部分零售市场让给私营商业。1952 年 6 月，中央财政经济委员会作出国营和合作社零售商业比重不超过 25% 的规定。云南国营商业坚持批发为主的方针，1952 年云南省国营和合作社零售商业比重占 24.7%，私营占 75.3%。国营公司还采取经销、代销等措施扶持发展私营商业，鼓励他们经营除粮食、纱布、食油、食盐等重要物资以外的其他商品，活跃市场，拓展城乡贸易。

帮助私营工商业进行自我改造，提高其适应市场的能力。解放初期，云南私营工商业普遍存在生产成本较高，产品质量较差，市场销路不广等问题。政府帮助私营工商业进行自我改造，包括精简机构、降低生产成本、提高生产质量、制订生产计划等措施，改革私营工商业存在的弊端，使其适应新民主主义经济要求。在私营企业发生困难后，资本家停产欠薪，而工人则要求不减薪或发放遣散费，造成较严重的劳资冲突时，中共云南省委坚持以《工会法》为基本原则，调整企业内部的劳资关系。在确认工人阶级民主权利的同时，强调要有利于发展生产，用协商的办法解决劳资纠纷。为了更好地调整劳资关系，保障双方权益，在一些较大的私营企业中采取订立集体合同的办法，劳资双方代表在民主、平等、自愿的原则下签订劳资集体合同，保障双方权益。签订集体合同后，劳资双方的思想发生转变，分清了权利义务，减少了纠纷，建立起正常的劳资关系，为开展增产爱国运动、发展生产创造了积极条件。

对产销关系的调整，重点是帮助私营工业根据市场的需要进行生产，克服盲目性。各地工商管理部门进行营业登记，了解沟通产销情况，指导生产经营方向，克服产销失调。在行业内制订生产计划，对生产过剩的行业，组织公私之间和大小厂之间，协商分配生产任务，实行以销定产，避免盲目竞争。同时教育改造私营工商业，面向农村，转向生产，运销土产。

通过调整城市工商业，带动了工业生产的恢复和发展，商业销售量迅速增加，私营工商业得到较大发展。1952 年全省私营工商业发展到

126153户，从业人员173036人[①]，扩大了就业，活跃了市场。通过调整，改变了私营工商业在历史上形成的畸形发展状况，有利于国计民生的私营工商业得到了较快发展，不利于国计民生的私营工商业受到限制。通过加工订货、经营代销等手段，把部分私营工商业生产经营活动纳入了国家计划轨道。通过调整，国营经济的领导地位和调整经济的力量进一步得到了加强。

活跃市场扩大城乡交流

“城乡互助、内外交流”是新民主主义经济基本方针的一项重要内容。朝鲜战争爆发后，面对以美国为首的西方国家对新中国实行的经济封锁和物资禁运，必须挖掘内部的生产潜力，促进工农业生产的恢复和发展。中共中央批准中财委制定的1951年财经工作要点，明确把扩大城乡物资交流摆在首位。

云南传统的农村市场物资交流广泛，除了每年收获季节进行粮食等大宗农产品交易外，还广泛进行土特产品交易，一年交易的土特产品价值约8000亿元（旧币）。但云南解放初期，由于战争以及土匪扰乱等原因，交通不畅，内外隔绝，旧的贸易关系大部分中断，新的贸易关系尚未建立起来，加上历史上城市工商业缺乏与农村的联系，城乡物流不畅的情况严重。一方面，城市中工业品滞销，农副产品供应严重不足；另一方面，农村土特产品销售不畅，导致土特产品生产减少，有的甚至停产。农民收入减少，购买力低下，食盐和工业品匮乏，山区80%的群众穿不起衣服，一些边疆少数民族群众甚至吃不起盐。因此，打破城乡之间的阻隔，帮助农民把土特产品销售出去，增加农民购买力，把城市的工业品推销到农村，是恢复发展经济的主要环节，也是贯彻新民主主义经济方针的必然要求。

为了活跃市场，促进城乡物资交流，中共云南省委不断加强全省的国营商业贸易组织机构建设，构建贸易网络体系。1950年3月17日，

① 云南省地方志编纂委员会编：《云南省志·商业志》，云南人民出版社1993年版，第102页。

省委批准成立云南省贸易公司，下设纱布、百货、粮食、土产、矿产 5 个经营部，直属省人民政府直接领导，作为统筹全省城乡物资交流的组织领导机构。同时还筹建各个专业公司，促进城乡贸易。1950 年 8 月成立了云南省百货公司，11 月成立了粮食、土产、茶叶、花纱布、矿产、猪鬃、进出口 7 个省公司。1951 年 4 月 1 日，把百货、土产两个公司并入云南省贸易公司，下设 13 个分公司、市公司，对全省城乡的百货、花纱布、土产、药材、茶叶等物资实行一揽子经营。各级党委、政府也积极组建相关的贸易公司。1950 年 3 月至 5 月，全省 12 个专区和昆明、个旧市先后建立了贸易分公司，县级建立支公司，在有条件的区、乡建立贸易小组，在边疆民族地区建立民族贸易公司，各地根据需要成立了专业公司。国营商业网点在全省不断壮大，1950 年底有机构网点 126 个，至 1952 年底发展到 547 个，组织全省城乡物资交流的网络体系基本形成。

国营贸易体系在活跃市场、扩大城乡交流中发挥了主导作用。国营公司调运大量物资下乡，供应农民必需的日用消费品。仅 1950 年省贸易部门调运下乡的物资就达到 18 万吨。同时，积极组织农村土特产品进城，促进城市市场繁荣。中共云南省委在 1951 年召开的第三届全省贸易会议上提出，要把加强农村土特产品外销，打开和扩大土特产品销路作为活跃城乡市场，促进城乡物资交流的重要内容。商业部门在扩大贸易的同时，投入了大量资金收购运销土特产品，所有的贸易分、支公司以及深入乡村的贸易小组，都经营农副产品采购。1951 年后，农村供销社陆续建立，积极拓展农村土特产品收购业务。为加强省内外物资交流，云南省贸易公司与上海、重庆、广州、汉口、天津等地建立和恢复了商业网，拓展了省外土特产品市场，扩大了云南土特产品在省外的知名度。1951 年，云南的国营贸易公司向省外运销火腿、黄连、大头菜等 47 种土特产品，总价值 84 亿元（旧币）。通过大力收购农村的土特产品，不仅使政府很快掌握了粮食、矿产、茶叶、猪鬃、花纱布、百货等物资，活跃了市场，促进了城乡交流，并且有力地支持了统一货币、稳定物价等财经工作。

在扩大城乡交流中，中共云南省委还从边疆民族地区的实际出发，坚持以国营商业为核心，把私营商业、民族工商业的力量整合起来。从当时全省情况来看，虽然各地初步建立了国营贸易体系，但一个县城一般只有一个百货公司，在乡镇和初级市场，国营商业的力量依然很薄弱。至1952年，全省初级市场70%尚没有国营商业，私营商业依然是主要力量。在发挥国营商业领导地位的同时，各地将私营商业组织起来，建立联营组，为活跃城乡经济起到了积极作用。1950年至1952年，楚雄、牟定、镇南（今南华）、姚安、大姚、禄丰等县组织私营商业308户，组成土产、纱布、百货、木炭、铁锅等20个合资联营组，采取联购联销、联购分销等方式，除了在县城设点经营外，还组织流动下乡，赶街购销。根据各地土特产品特点组织专业联销社，如江川县组织烟丝联销社；丽江大研镇组织山货药材联营社，一年收购麝香350公斤，虫草2500公斤，知母、贝母10吨。各地联营组织的发展，弥补了国营商业的不足，加强了边疆和内地、城市和乡村以及各民族之间的经济交流，联营组织的灵活性使其可兼顾不同地域特产和民族特色，推动城乡之间流通渠道的进一步疏通和拓展。

举办物资交流会，发展农村集市贸易，在扩大城乡交流中起到重要作用。1950年至1952年12月，云南先后举办了两届全省性的土特产品展览交流大会和一次全省物资交流会，成交总值达到3472亿元（旧币）。国营贸易机构也注重团结私营工商业，组织工业品下乡，组织物资交流会。仅1952年9月至1953年6月，国营商业部门在民族贸易地区就组织了286次物资交流会，成交总额达712万元。各地积极恢复和发展农村的集市、街子、骡马会等，如1952年大理专区12个县共有195个街子，大大繁荣了城乡贸易。

通过扩大城乡交流，稳定了物价，出现了城乡购销两旺的局面，繁荣和发展了城市经济，推动了农村生产，增加了税收，对改善人民生活起到了重要作用。

农业互助合作初步开展

由于封建土地制度的束缚和长期战乱影响，云南农村经济凋敝，大量土地撂荒，山区多民族杂居地区和边疆民族地区的农业生产力尤为低下，农民生活贫困，发展生产的任务十分紧迫。在稳步实行土地改革的同时，中共云南省委采取一系列措施，鼓励生产，发展农业，促进农村经济全面恢复。在土地改革结束的地区，针对农村出现的新情况，省委有计划、有步骤地初步开展了互助合作。

在土地改革之初，为了鼓励恢复农业生产，针对地主、富农和农民思想顾虑大、土地荒芜多的情况，省人民政府于1950年4月3日发出《关于春耕及农业生产的指示》，要求农村各阶层打消顾虑，勤劳生产，规定开垦荒地不增加公粮。接着，中共云南省委组织大批干部和解放军官兵深入农村，结合征粮剿匪，充分发动群众，组织和帮助农民兴修水利，调剂农具、籽种和耕畜，防虫除害，解决恢复和发展生产中的各种实际问题。组织春耕检查组和夏锄检查组，分赴各地区检查督促。在确保粮食不减产的前提下，全省各地恢复发展轻工业生产急需的甘蔗、棉花、烤烟等经济作物。省委及时制定了保护、扶持和奖励农业生产的政策措施，号召农民开展爱国增产运动。

在土地改革完成后，为保护农民利益，扶持农业发展，中共云南省委制定了一系列发展农业的优惠政策。实施查田评产政策，按照不同田地产量计征农业税。坚持依法减免税收，增产不增税，合理负担，鼓励增产，农业税的实征数占当年实际产量的比重逐年降低，由1951年的13.93%逐步下降到1957年的6.25%。制定扶持农村经济发展的工商政策，对农村集体单位和农民个人生产的农产品，以及从事商业、交通运输业与其他行业的收入，少列征税项目。同一核算单位内的交易一般不征税，出售自产的农、林、牧、渔产品，不直接向出售者征税，而由收购单位或个人纳税。对生产经营直接为农业生产和生活服务的某些项目，实行免税。1953年，省委制定《云南农业税减免实施办法》，规定：交通不便，山高土瘠，工业品与农产品差价特大，农民生活贫困的地区和生产落后、生活困苦的少数民族聚居或杂居地区，可减免应纳农业税的10%至40%，特殊困难的可全部免征。在边疆民族地区，长期实行“少要多给”的低负担政策，农业税不强制征收。对于全省农村，除税收上给予扶持、照顾外，还在贷款上给予优惠。支持农田水利建设、新式农具及病虫害防治技术的推广。通过一系列政策措施的扶持，全省农村经济迅速得到恢复发展。1952 年全省粮食产量达到 450.7 万吨，比 1949 年增长 14.7%，基本缓解了粮食供应不足的问题。

随着土地改革完成，出现一些新情况新问题。从全国来看，随着农业生产的恢复和初步发展，一方面，广大农民在分得土地和生产资料后，经济地位普遍有所上升；另一方面，农村阶层中新的两极分化倾向开始出现。根据这些情况，中共中央十分重视在土地改革完成后的农村开展各种形式的互助合作，避免产生新的两极分化，以推动农村生产力进一步发展。1951 年 9 月，中共中央召开全国第一次农业互助合作会议，制定《关于农业生产互助合作的决议（草案）》，明确提出发展农业互助合作的基本方针、政策和指导原则，提出农业生产上的互助合作大体有三种主要形式：第一种是季节性互助组，第二种是常年互助组，第三种是以土地入股为特点的农业生产合作社。

1952 年初，为了解云南土地改革结束地区的实际情况，中共云南省委组织力量对第一批土地改革结束的各县农村进行了深入的调查研究。调查表明，土地改革后虽然广大农民生产积极性空前高涨，但仍有三分之一的贫雇农生产生活存在很多困难。贫雇农缺粮现象较为普遍，特别缺乏耕牛、肥料，缺乏农具水车、犁耙等生产资料，无法抵御自然灾害，难以提高生产力。为此，中共云南省委强调，在完成土地改革地区，要把农民组织起来，实行劳动互助，通过互助换工等办法解决贫雇农的耕牛、农具等生产资料缺乏的问题；同时通过发放贷款、救济粮等方法解决缺乏籽种和口粮等困难。互助合作成为土地改革结束地区克服困难、发展农业生产的重要途径。

由于云南土地改革开始较晚，进行的时间较长，农业互助合作是与土地改革交叉进行的。土地改革结束的地方，就号召农民组织起来，爱国增产，走农业互助合作和农业集体化的道路。1952 年 4 月，中共云南省委召开已结束土地改革的 10 个县的县委书记生产座谈会，提出在已经完成土地改革的约 600 万人口的地区，在个体经济基础上把农业劳动力组织起来，实行生产互助合作，发展农业生产。同时，注意保护单干农民的生产积极性。这次会议决定先在已经结束土地改革的试点县发展农业生产互助组。1952 年，省人民政府先后发出《关于 1952 年春耕生产的指示》和《发展农业生产十大政策》，对全省互助合作的组织方式、领导方法作了进一步明确，农业互助合作开始在全省实行。

在互助合作过程中，中共云南省委坚持分类指导原则。对于土地改革尚未完成的地区，尊重群众原有的互助形式，加以改进和引导，组织多样的劳动互助形式；在已经完成土地改革的地区，依照自愿两利、等价交换和民主管理的基本原则，在当地群众原有互助习惯的基础上加以调整，建立农业互助合作组织。在各地具体实施过程中，中共云南省委注意纠正包办代替、强迫编组退组等偏向。在组织互助合作的过程中，注意保护农民的土地、房屋、财产私有权及经营自主权，提倡合理负担，通过奖励生产互助的方式推动互助合作的广泛深入开展。

为了加强对农村工作的领导，推动互助合作，促进农业发展，1952 年 10 月下旬，中共云南省委成立农村工作委员会，由省委副书记于一川①兼任书记，梁浩担任专职副书记。在省委农村工作委员会的直接领导下，全省在已经完成土地改革地区普遍开展了爱国增产运动，广泛宣传自愿互利原则，运用典型示范、以点带面的方法，在小春收割和大春栽种等生产活动中，按照历史上换工互助的习惯，普遍建立了临时互助组。有的地区临时互助组发展成为常年固定互助组，除农业生产上的互助外还兴办了农副产业，并有一定的公共积累和公共财产，实行评工记分，建立了一定的民主制度。效果好的常年互助组在农民中产生了一定的吸引力。通过互助合作，解决了农民特别是贫雇农生产中缺乏耕牛、农具、肥料、籽种、口粮等困难，促进了生产。与此同时，在农村组织供销合作社和信用社，让互助组与供销社、信用社挂钩，解决农业生产和发展副业的原料、销售、资金、设备等问题，发展加工粮食、饲养家禽、驮马运输等副业生产，增加了收入。

1952 年底至 1953 年春，全省内地土地改革基本结束，农村工作中心转入农业生产和互助合作。1953 年 1 月 1 日，《云南日报》发表题为《进一步团结起来，迎接祖国新任务》的社论，要求 1953 年全省农业生产增长 10%，把农村全部劳动力的 40% 组织起来，其中要有 10% 提高到

---

① 1958 年 3 月至 1965 年 2 月任云南省人民委员会省长。

常年固定互助组；每个县创造 1 个丰产模范村、10 户生产模范户、5 个模范互助组。

在互助合作运动中，中共云南省委坚持积极稳进的方针，贯彻自愿、互利、民主管理三大原则，按照由小到大、由低级到高级的发展步骤，把一般号召与典型示范相结合，领导农民组织起来，经过互助组、合作社，逐步走向集体化的道路。1953 年春统计，全省各种互助组发展到 22.2 万个，入组户数占农户总数的 67.8%。至 1954 年底，全省建立互助组 24.01 万个，参加互助组的农户为 221.53 万户，占农户总数的 69.2%。其中，常年互助组有 72281 个，季节性临时互助组有 167824 个[①]。

发展不同形式的互助合作，符合云南农村生产力发展水平和广大农民的愿望，与一些少数民族历史上的互助传统相适应，推动了农业生产的恢复和发展，在一定程度上解决了农村劳动力不足、生产资料缺乏的困难，促进了生产发展，为农业社会主义改造奠定了基础。

二　全社会的民主改革运动

工矿企业的民主改革

工矿企业的民主改革是伴随着土地改革进行的一项重要社会改革。解放初期，云南全省有工业企业 1400 多家，工矿企业主要分布在昆明、个旧等城市，绝大多数是小型企业，设备简陋、技术落后、生产效率低。在军事接管中接收了官僚资本的工矿企业，改为国营企业，向部分企业派出军事代表，进行初步整顿。国营企业采取镇压反革命、登记反动党团员、调整人事等措施，清除了隐藏在企业内部的反革命分子，改革了企业中的不合理制度和封建把头制度。但是，在大部分国营企业和私

① 云南省地方志编纂委员会编：《云南省志·农业志》，云南人民出版社 1996 年版，第 122 页。

营企业中，还没有进行系统的清理整顿，旧的管理制度基本未动，党的基层组织严重不纯，其中还混进一批反动党团、反动会道门分子和少数逃亡地主、土匪、恶霸、特务、封建把头，有些反革命分子甚至混入中国共产党和青年团内，或者把持了工会，欺压群众，破坏生产，制造混乱。工矿企业的民主改革势在必行。

1951 年 11 月 5 日，中共中央发出《关于清理厂矿交通等企业中的反革命分子和在这些企业中开展民主改革的指示》，要求各地发动和依靠工人群众，有领导、有计划、有步骤地对工厂、矿山和交通等企业进行民主改革，重点是对国营工矿交通等企业内的残余反革命势力进行系统清理，对国营企业内所遗留的旧制度进行必要的改革。根据中共中央指示精神，中共云南省委确定了“放手发动群众，完成民主改革，搞好生产”的工作方针，发动和依靠工人群众，对工矿企业进行系统清理，对国营企业内遗留的旧制度进行民主改革。

废除封建把头制度是工矿企业民主改革的核心内容。对此，中共云南省委制定的政策是：反封建不反资本，反把头不反技术，斗首恶不斗一般，在经济上重点清算。而各地民主改革从何入手，视各厂矿具体情况及广大群众的要求决定。在中共云南省委领导下，各地党委迅速组成工作组深入各工厂企业和各行业，在国营和私营企业分别召开职工群众大会、职工代表大会和劳资协商会议，充分发动群众，废除封建管理制度。对封建把头按照罪恶大小、民愤大小、参加劳动与不参加劳动加以区别对待。

在封建把头制度废除后，重点是加强工人阶级内部的团结，开展爱国生产和增产节约运动。各工厂分别举行民主团结大会，通过开展批评与自我批评，在职工中进行政治教育，提高工人阶级觉悟，消除封建行帮影响和历史隔阂，增强工人之间、工人同管理人员、技术人员之间的团结，建立起社会主义新型人际关系，使工人真正成为企业的主人。在民主建设阶段，进一步整顿工人队伍，整顿工会组织，把优秀工人、职员选拔到领导岗位参加企业管理，召开职工代表会议，建立民主管理制度，开展生产运动，各厂矿、车间、班组、个人普遍订立了爱国公约和生产计划。

工矿企业进行生产改革，建立民主管理制度，建立适应计划经济管理体制的生产制度，促进生产发展。各厂矿主要进行了四项工作：一是建立企业清产核资制度。清查企业的固定资产、流动资金、生产设备及库存物资，制定企业的平均生产定额。二是建立责任制度。主要是建立企业的质量检验与劳动保护制度，审定技术操作规程、安全操作规程、生产设备检修及各级保安负责制度，严格要求各岗位操作人员必须认真履行责任，实行岗位责任制。三是建立成本核算制度。明确计划、会计、供销机构的职责，做到责权分明，赏罚分明。建立企业成本管理制度，根据原材料消耗定额合理储备原材料，及时处理积压材料，保证产品质量，严格信守合同，积极组织产品推销，及时清理债权债务，定期清查会计账目。四是改革工资制度。按照技术标准进行考工定级，实行八级工资制。

1952 年下半年，全省工矿企业的民主改革运动基本结束。工矿企业的民主改革，是把官僚资本企业改变为社会主义性质的国营企业，把半殖民地半封建社会的私营企业改变为新民主主义的私营企业的重要步骤。经过民主改革，在全省工矿企业中废除了旧的官僚管理机构和压迫工人的剥削制度，与生产改革相结合建立了民主管理制度，调动了广大工人群众当家作主、生产的积极性，有力地促进了工业的恢复和发展，为恢复和发展经济创造了必要条件。

扫除旧社会痼疾

由于半殖民地半封建社会的长期影响，解放初期，在云南遗留下来的旧社会痼疾很多，其中尤为突出的是吸毒、赌博和卖淫嫖娼。在中共中央的领导下，中共云南省委带领全省各族人民，经过艰苦工作和复杂斗争，在较短时间内，彻底清除了这些社会丑恶现象。

云南开展了声势浩大的禁绝鸦片烟毒的斗争。在中国近代历史上，西方帝国主义国家把鸦片烟毒作为对中国进行侵略的重要手段，鸦片烟毒曾经使中国人民蒙受了深重灾难和屈辱。云南地处中国西南边疆，鸦片烟毒的危害首当其冲。据统计，1949 年全省 1595 万人，约有 200 万吸食鸦片烟毒成瘾的人；3300 多万亩耕地约有五分之一种植罂粟[①]，云南是鸦片烟毒危害最严重的省份之一。云南解放后，遵照中央人民政府政务院发布的《关于严禁鸦片烟毒的通令》和西南军政委员会通过的《关于禁绝鸦片烟毒的实施办法》，1950 年 6 月，云南省人民政府发出《关于严禁鸦片烟毒的指示》和《布告》，明确提出：自布告之日起，严禁种植罂粟，禁止贩运鸦片和制造烟毒，取缔烟馆，限期转业，对吸食者采取说服教育，使其自动戒除。此后，云南省人民政府又相继发布禁绝鸦片烟毒的通告，确定了“首先是严禁种植、贩运、售卖烟毒，再有分别、有步骤的禁吸”的禁毒指导方针，厉行禁毒。

中共云南省委高度重视禁毒的组织领导工作。1950 年 9 月 1 日，成立云南省禁烟委员会筹备委员会，负责检查督促落实中共中央、西南军政委员会和中共云南省委、省人民政府有关禁毒工作的指示和安排部署。同年 12 月 9 日，成立云南省禁烟委员会，由省人民政府委员兼秘书长马继孔任主任委员，省人民政府委员安恩溥、昆明市军事管制委员会委员谢崇文任副主任委员，民政、公安、海关、财经等部门及昆明市人民政府的负责人为委员，负责组织和推动全省禁毒工作。此后，全省各专区、县也相继成立禁毒领导机构，全面推动全省的禁毒工作。

根据当时的社会情况和工作条件，中共云南省委、省人民政府本着“慎重稳进，区别对待”的原则，按照先城市后农村、先内地后边疆的步骤，开展禁毒工作。

在内地，坚决禁止种植罂粟，贩卖、吸食鸦片。严禁种植罂粟是断绝毒源、铲除毒害的重要环节。云南在禁毒工作之初就反复重申“严禁种植罂粟”。在禁毒过程中，始终注重发动群众，强化禁毒宣传，使禁毒斗争获得人民群众的广泛参与和支持。各地先后召开禁毒大会，并结合征粮、剿匪、减租退押等工作，组织大批干部、文艺工作者，深入城市、工矿和乡村进行广泛的禁毒宣传，做到家喻户晓。农民群众普遍拥护政府禁种罂粟的法令。1950 年，内地大多数专区和县基本实现了“无烟苗出土”的要求。

针对鸦片贩卖网络庞大的情况，坚决关闭和取缔烟馆，严禁贩运鸦

① 高治国主编：《当代中国的云南》，当代中国出版社 1991 年版，第 90 页。

片，断绝毒品销售渠道。各级人民政府颁布公告，勒令大小烟馆关闭或转业，对烟馆老板进行耐心细致的说服教育，并限期转业。仅据昆明市和玉溪、武定、保山3个专区及个旧、蒙自、建水、石屏4个县的不完全统计，1950年下半年即强制关闭或转业烟馆3700多家。到1950年底，内地公开的烟馆已基本消失。同时加强贩毒查缉，严厉打击毒品贩卖。1950年4月至1951年底，内地公安机关查获贩毒案件5400余起，没收鸦片175.5万余两，人民法院依法判处了毒品案犯1049名。各地分别召开有各界人民群众参加的大会公开宣判，并焚烧大批鸦片和制毒、吸毒用具，造成严禁毒品贩卖的强大声势，使贩毒由公开转入隐蔽。1951年，对贩运毒品的查禁进一步强化，对贩毒大犯、惯犯的打击进一步从严。在昆明市和已经开始进行民主改革的乡镇，查封、关闭了数千家烟馆。经过1950年至1951年的查禁，在内地专区、县初步改变了云南历史上形成的贩毒分子无惧于法、公开贩卖，把毒品作为商品进行交易的局面，制止了鸦片烟毒的公开、半公开流行。

与此同时，大力抓好戒毒工作。采取先城镇后农村，先青壮年后老年，分散戒吸与集中戒吸相结合的办法，帮助瘾民戒除毒瘾。对吸食鸦片烟毒的人进行登记，自戒为主，并由居民戒烟小组帮助戒除。农村由区、乡政府领导农民协会进行规劝感化，并动员亲属配合戒断。发动村民订阅公约，自我约束、互相监督。在吸毒严重的地方，则以村或乡为单位成立戒烟所，帮助自戒困难、累戒累吸者戒除毒瘾。到1952年底，城镇和内地农村的瘾民除年老病弱者外，大都戒除了毒瘾。

1952年4月15日，中共中央发出《关于肃清毒品流行的指示》，要求在“三反”“五反”运动末期有重点地、大张旗鼓地发动一次群众性的禁毒运动，集中解决贩毒问题，根绝制造、贩卖或包庇掩护毒贩的问题。中共云南省委、省人民政府作出具体部署，调整了省禁烟禁毒委员会组成人员，由省人民政府副主席张冲担任主任委员，昆明市军事管制委员会公安部部长、公安厅副厅长刘子毅担任副主任委员，公安、法院、民政、监察、海关、外贸等部门及军队有关负责人为委员，下设办公室，在内地进行土地改革的78个市县的主要城镇，采取调查摸底、发动群众、分期分批、集中搜捕的办法打击贩毒分子。

肃毒运动从 1952 年 8 月中旬开始至 1953 年初结束，共查出贩毒人犯 2.44 万余名，缴获鸦片 150.2 万余两。对查获的毒犯，本着严惩少数、教育改造多数，坦白从宽、抗拒从严，初犯、从犯从宽，大犯、惯犯从严等原则，召开大会公判处理。为发动各族人民同贩毒活动作斗争，各地共召开各种会议 8 万多次，受教育人数约 400 万余人次，收到举报贩毒材料 16.4 万多份。结合“三反”“五反”运动，全省对机关、国营企业和私营工商业中的贩毒人员也进行了清查处理。肃毒运动结束后，全省继续查处零星贩毒活动，从严惩治贩毒罪犯，并收缴解放前遗留下来的民间保存的鸦片，进一步根绝毒源。1958 年在全省城乡发动群众收缴了数十万两私人积存的鸦片，全省基本禁绝了贩毒活动。

边疆民族地区的禁毒工作更加困难复杂。在禁毒初期，开展禁毒宣传以后，边疆一度出现不稳定现象。为维护边疆稳定、民族团结和对敌斗争的需要，中共云南省委于 1952 年 10 月请示西南局，拟在边疆地区停止禁毒宣传。西南局同意了云南省的决定并作出专门指示。1954 年前重点限制、查禁鸦片流入内地，截断毒品销路，同时采取“正面引导、逐步替代”的方法禁种罂粟。1954 年后，随着边疆民族地区社会秩序日益安定，少数民族干部成长，民主改革逐步进行，爱国民族上层人士和多数少数民族群众有了禁种罂粟的要求。在此基础上，各级人民政府因势利导，进一步宣传动员，一些少数民族上层人士和群众对烟毒的危害有了深刻认识，主动要求政府帮助禁毒，铲除毒患。

在边疆铲除毒患的条件基本成熟的前提下，中共云南省委按照“正面代替、逐步削弱”的既定方针，进行分类指导，结合民主改革，开展了边疆民族地区的禁毒工作，除地处滇川交界、执行边疆政策的小凉山彝族地区是结合平叛斗争开展的以外，其余地区的禁毒工作，基本上都是随着民主改革进行的。首先是废除“官烟”等封建剥削制度，群众不再向土司头人缴纳烟租和官烟。紧接着在农业合作化中，入社的土地一律不准种罂粟。以发展农业生产进行“正面代替”。省委以互助组、合作社为重点扶持对象，以无偿援助或贷款方式，从农具、籽种、耕畜等方面给予大力扶持，有步骤地进行改种粮食和经济作物，逐步实现禁种罂粟。到 1958 年底，边疆地区实现了彻底禁种罂粟，断绝了国内毒品的来源。经过多年努力，全省坚决而稳妥地解决了历史遗留的鸦片泛滥的严重社会问题。

禁赌是扫除旧社会痼疾的另一项重要任务。1950年，全省各级人民政权建立后，内地多数专区专员公署和市、县人民政府先后发布公告，明令禁止一切赌博活动，对开设在娱乐场所的赌场给予取缔，专以赌博为主的场所限期转业或关闭，发现赌具一律收缴销毁。1951年9月，昆明市公安局报经市政府批准，颁布了对赌博者的处罚办法。内地各专区、县在进行民主改革中，依法惩治了一些兼有土匪、恶霸及其他反革命身份的赌头、赌徒。1955年，有部分市县在重点开展搜捕刑事犯罪分子的同时，把赌头、赌徒列为搜捕对象。随着社会风气的转变及相关教育管理的加强，在省内基本制止了公开的赌博活动。1957年后，公安机关依据《中华人民共和国治安管理处罚条例》，对零星出现的赌博活动进行查处，给予治安处罚。国家商业部和手工业合作总社也联合发布关于禁止销售赌具的通知，麻将、牌九、骰子等赌具逐步退出人们的视线，赌博在云南基本杜绝。

卖淫嫖娼有着深刻的社会历史根源。云南解放后，旧社会遗留的娼妓仍在交通要道和商贸发达的城市、集镇活动。1950年下半年，中共云南省委决定采取措施，查禁卖淫嫖娼活动，把禁娼作为荡涤旧社会污泥浊水的重要内容来抓。云南以昆明、曲靖、个旧等地区为重点，公安、民政、卫生等多部门共同行动，收容全市游民乞丐及妓女，进行集中教育改造。公安局负责收容管教，民政局负责伙食衣被供应，卫生局负责医药治疗。通过收容取缔，娼妓活动基本杜绝。在收容改造的同时，结合城市民主改革和贯彻《婚姻法》等工作，对强迫妇女从事卖淫活动、顽固不悔改、罪行累累的鸨母依法进行打击处理。

各地公安机关在收容改造娼妓的工作中，十分注意掌握政策。各收容所根据不同情况，组织妓女学习文化和时事政策，同时组织劳动生产，学习缝纫、养殖、加工、种植等技术，组织参加城市建设和修筑公路等。经过半年左右时间的教育改造，根据她们的改造表现和个人特长，有的安置到工厂企业或生产单位就业，有的发给救济费遣返回乡从事农业生产，有的择夫从良建立家庭。完成收容任务后，各地收容所于

1953年至1959年相继撤销。

禁毒、禁赌、禁娼斗争的伟大胜利，清除了旧社会遗留下来的各种丑恶现象、污泥浊水，使社会风气焕然一新，为倡导健康文明科学的生活方式，打下了良好的社会基础。

宣传贯彻《婚姻法》

旧中国的婚姻制度，包办强迫、男尊女卑、漠视妇女权利，不但摧残人性、束缚人权，还和社会观念、伦理道德、宗法习俗等方面的问题相关，对整个社会的影响根深蒂固。1950年5月1日，新中国成立后制定的第一部法律《中华人民共和国婚姻法》公布施行，规定废除封建主义婚姻制度，实行男女婚姻自由、一夫一妻、男女权利平等、保护妇女和子女合法利益的新民主主义婚姻制度；禁止重婚、纳妾，禁止童养媳，禁止干涉寡妇婚姻自由，禁止任何人借婚姻关系问题索取财物。《婚姻法》以调整家庭婚姻关系为主，贴近人民群众的生活。

《婚姻法》公布施行后，中共云南省委、省人民政府立即发出指示，要求全省各级党委政府必须认真负责地有系统地组织学习。在土地改革地区贯彻《婚姻法》，应结合民主改革工作进行，坚持男女一起发动，加强对广大群众的宣传教育；在民族地区暂不贯彻《婚姻法》，慎重地宣传教育。

从1951年起开始实行婚姻登记制度。通过各级党委政府对《婚姻法》的宣传与重点推行，新的婚姻关系与家庭关系在一些地区开始建立。但是，由于各地工作的不平衡以及长期的封建婚姻制度与封建婚姻思想的影响，虐待妇女、干涉婚姻自由、包办、买卖、早婚、童养媳等现象仍然存在；在少数干部中也有违反《婚姻法》的问题。1951年11月，省人民法院、民政厅、公安厅和省妇联共同召开会议，贯彻司法部与最高人民法院关于认真执行政务院关于检查《婚姻法》执行情况的指示，组成3个小组分赴滇东、滇南、滇西检查《婚姻法》的宣传及执行情况。根据调查研究的情况，1952年7月，省人民政府发出《关于纠正在贯彻执行婚姻法中的几个错误问题的指示》，要求全省各界结合内务部《关于继续贯彻婚姻法的指示》精神，深入宣传和认真贯彻执行《婚姻法》。接着，省人民法院和省妇联联合在省广播电台举办《婚姻法通俗广播讲座》，并编印出版《婚姻法学习资料》，发至全省各地组织学习。

为了加强领导，推动贯彻落实《婚姻法》，1953 年 2 月 3 日，省人民政府成立贯彻《婚姻法》运动委员会。同时，按照中央人民政府政务院的部署，把当年的 3 月定为"婚姻法宣传月"，决定从 1953 年 3 月下旬至 5 月初，在已经完成土地改革的 17 个县、3 个市、527 个乡先后开展宣传贯彻《婚姻法》的运动。在少数民族聚居区或杂居地区则一律不进行宣传，土地改革未完成地区及土地改革复查区只进行一般宣传。

1953 年 2 月 19 日，中共云南省委、省人民政府发出了《关于贯彻〈婚姻法〉的指示》，要求在全省范围内，有领导有秩序地开展贯彻《婚姻法》的运动。省妇联在全省妇联系统开展宣传贯彻《婚姻法》运动。省妇联以集中和层层培训相结合的方法，培训参加宣传《婚姻法》的妇女干部和积极分子。在完成土地改革的 17 个县、3 个市、527 个乡，共培训妇女干部 4194 人、报告员和宣传员 2349 人。全省各级机关干部也都先后学习了《婚姻法》，据 8 个专区和 3 个市的统计，参加学习的干部有 36060 人。各级干部深入农村、工厂、机关、学校，运用戏剧、广播、宣传会、座谈会、讨论会等形式，许多地方还通过丈夫会、媳妇会、公婆会、寡妇会、童养媳会等形式，宣讲封建婚姻的危害，大力宣传废除父母包办、男尊女卑的封建礼教，建立男女平等、一夫一妻的新民主主义婚姻制度的基本原则及有关结婚、离婚的规定。同时，依法惩处了少数干涉婚姻自由，虐待以至伤害、残杀妇女的犯罪分子。这次宣传针对性强，持续时间长，基本上达到家喻户晓。许多深受封建婚姻之苦的妇女，纷纷起来控诉封建婚姻制度的罪恶，提出离婚并请求政府采取有力措施，制止虐待妇女、干涉婚姻自由的行为。随着土地改革和民主改革的逐步完成，宣传贯彻《婚姻法》运动范围更加广泛，全省共有 43 个县、市在不同范围内实行了婚姻登记制度。1955 年至 1958 年，在云南汉族地区的城乡，已先后贯彻执行《婚姻法》，并建立健全了婚姻登记制度。

边疆民族地区各民族的经济发展不平衡，风俗习惯和婚姻习俗也各有特点，在贯彻执行《婚姻法》和实行《婚姻登记办法》中，中共云南省委要求注意少数民族的特殊性。1954 年，省民政厅发出《关于建立婚姻登记机构的通知》，规定在民族地区进行婚姻登记工作时，要尊重各民族风俗习惯，按照自愿的原则办理，如果有与《婚姻法》相违背的重婚或强迫包办等情况，给予说服，不办理登记。随着民族地区土地改革的完成，省委决定在一些经济、文化发展与汉族相近并已实行土地改革的少数民族中，开始试行婚姻登记，之后逐步在内地具备相似条件的其他少数民族杂居区进行婚姻登记试点。按照分类指导的原则，1956 年 6 月开始，对完成土地改革的民族地区实行婚姻登记；对虽已完成土地改革，但仍然落后或囿于民族风俗习惯不愿登记的民族地区不强求登记。1958 年后，在建立人民公社的地区中，大部分少数民族杂居区、聚居区先后贯彻执行《婚姻法》。到 1962 年底，全省除边疆 27 个民族聚居县以外，其他少数民族聚居区和杂居区都实行了婚姻登记制度。

落实党的宗教政策

宗教信仰自由是《共同纲领》中关于宗教问题的基本原则。正确贯彻党的宗教工作方针政策，做好宗教工作，关系全省民族团结、社会稳定、经济发展、边防巩固。

在云南，佛教、基督教、天主教、伊斯兰教等几大宗教皆有信教群众，解放初期全省信教群众约 150 万余人，神职人员约 5980 余人，寺观教堂等宗教活动场所 4410 余处①。宗教的社会影响在云南边疆民族地区尤为深远。

天主教、基督教在近代伴随西方帝国主义列强侵略，由西方广泛传入中国，带有鲜明的殖民色彩。中华人民共和国成立后，帝国主义不甘心在中国的失败，采取各种手段企图继续控制教会，散布谣言，蛊惑人心，诬蔑共产党，诋毁新中国。为了团结广大爱国教徒，打击宗教反动势力，把这两个教派改变为中国自己办的宗教事业，1950 年 8 月 19 日，中共中央发出《关于天主教、基督教问题的指示》，阐明了中国共产党对宗教问题的基本方针和政策。指出：对待目前中国的天主教、基督教，

---

① 云南省地方志编纂委员会编：《云南省志·中共云南省委志》，云南人民出版社 2000 年版，第 757 页。

应当不帮助他们发展，并反对其中的帝国主义影响，使天主教、基督教由帝国主义的工具变为中国人民自己的宗教事业；领导和支持其中的爱国分子，团结虔信教徒的大多数，反对仍与帝国主义勾结的反动分子，有步骤地使教会摆脱帝国主义影响和经济关系，把教会变为由中国人自治、自传、自养（简称“三自”）的宗教事业。1951 年 3 月 5 日，中共中央又发出《关于积极推进宗教革新运动的指示》，指出：基督教、天主教的自立革新运动，是一个有重要政治意义的群众运动，各地应予积极领导。

根据中共中央的指示精神，1951 年 7 月 10 日，中共云南省委发出《关于处理边疆民族问题的指示及公告》，规定：实行宗教信仰自由，尊重各族人民的宗教信仰及风俗习惯，并帮助各民族内天主教徒、基督教徒“三自”革新运动。1952 年 11 月 12 日，中共中央在批复《云南省委关于宗教工作的意见》中指示：要坚决保护其风俗习惯及宗教信仰自由，不干涉其一般合法的宗教活动，包括其纯宗教性质的对外联系。各级党委和政府及时向广大信教群众宣传宗教信仰自由政策，坚决贯彻执行支持基督教、天主教独立自主、自办教会和实现“三自”的方针。

云南内地广泛开展了“三自”革新运动。1950 年 11 月 21 日，昆明基督教徒在《云南日报》上发表有 556 人签名的拥护开展“三自”反帝爱国革新宣言。1951 年初，组织了由 11 个团体参加的“昆明基督教团体联合会”，发表革新宣言。1 月 19 日，昆明市基督教、天主教人士举行自立革新运动座谈会，表示要割断与帝国主义的联系，以实际行动参加抗美援朝、保家卫国运动。1 月 27 日，昆明天主教人士 243 人在《云南日报》上发表联合签名的《三自革新宣言》。9 月 9 日，昆明天主教革新会成立。随后，全省内地其他天主教地区也相继开展“三自”革新运动，成立了革新组织。

中共云南省委、省人民政府对全省内地基督教、天主教的“三自”革新运动给予大力支持和保护。于 1952 年 4 月前，将在云南传教的 22 个国家的一批外国传教人员依法遣送或驱逐出境。1953 年 10 月前，又先后接管了外国教会在云南创办的全部“慈善”“文化”“救济”事业机构。明确宣布原教会财产属云南教会所有，用以解决自养问题。在教务工作上，逐步确立了爱国神职人员对教会的民主管理。通过“三自”革新运动，中国共产党的宗教信仰自由政策得到贯彻落实，爱国神职人员的政治生活待遇得到保障和提高，广大天主教、基督教人士和信教群众的政治态度和精神面貌发生了根本性的变化，云南的天主教、基督教摆脱了国外教会组织的控制，丢掉了“洋教”的帽子，真正成为中国教徒独立自主、自己办理的教会。1957年11月，昆明正式成立天主教爱国会，选举孔令忠为昆明教区总主教，孔和平为副主教，标志着云南天主教摆脱了国外教会的控制，走上独立自主、自办教会的道路。

随着内地基督教、天主教“三自”革新运动的开展，帝国主义加强了对云南边疆基督教、天主教的控制。1951年7月间，基督教在昆明召开灵修会，决定把传教重点转入边疆民族地区。一些从内地驱逐出境的美、英、法等非法传教士，纷纷集中到毗邻云南的缅甸沿边地带及未定界地区。他们指使代理人散布谣言，搜集情报，布置特务，制造民族纠纷，鼓动云南边疆少数民族群众教徒迁移缅甸境内，甚至组织武装暴动。他们利诱拉拢民族上层人士，大量发展教徒，派遣或利用各族传教士及信教民族上层人士，打入政府机关，进行非法活动。

针对这种情况，当地党委和政府在一些边疆民族地区掀起“三自”革新运动。但因工作不深入，广大教徒群众发动不够充分，运动未得到积极引导，加上基层干部在执行政策上有些偏差，引起部分少数民族宗教上层人士对“三自”革新运动的疑惧。1952年曾先后发生泸水县傈僳族传教士祝路求和保山专区景颇族上层人士司拉山外逃事件。中共云南省委发现上述情况后，及时给予纠正，并将事件处理意见报告西南局和中共中央。西南局批示：在争取民族上层人士工作上，必须谨慎，应注意采取适当的政策，使其一步一步地向我靠拢，特别是应当估计到对方的处境和可能，逐步开展民族上层人士统战工作。如果对方真正有困难和条件不成熟，就不应勉强生硬进行。中共中央对这一事件也很重视，于9月14日给西南局和云南省委发出《关于边疆少数民族地区须停止宗教改革运动的指示》。对云南省委执行宗教政策提出五点要求：第一，芒市会议所决定的“政府人员不得传教”是错误的，应公开宣布取消这个决定。第二，靠近边疆的民族地区除必须停止“三反”运动外，还必须采取适当的步骤，将天主教和基督教的“三自”革新运动停止下来。第三，民族地区的寺庙教堂必须坚决予以保护，严禁以政治力量干涉群众烧香拜佛，严禁逼迫僧尼还俗及其他违反宗教信仰自由的行为。第四，在民族地区，深入群众工作，开展生产、贸易、卫生、训练干部、办小学教育及必要的救济事业等是完全必要的。在这类地区，进行上述群众工作必须首先做好团结宗教上层人士的工作，而不能抛开和群众有联系的宗教上层人士，直接去进行群众工作。第五，凡涉及少数民族有关政策性的问题，事无大小必须事先请示，并严格执行这一制度。按照中共中央和西南局的指示，云南省委于10月召开省委边疆工作会议，作出《关于边疆宗教工作的意见》，决定边疆暂不进行基督教、天主教“三自”革新运动。在有利于团结群众孤立敌人的前提下，对基督教、天主教采取坚决保护和适当控制的原则，坚决保护其风俗习惯及宗教信仰自由，不干涉其一般合法的宗教活动，包括其纯宗教性质的对外联系。

鉴于云南边疆民族地区受宗教文化影响较深，工作条件尚未完全成熟，中共云南省委在边疆采取了不同于内地的宗教政策，以反帝爱国教育为中心，团结宗教上层人士。各级党委和政府通过同当地民族、宗教上层人士广交朋友，提高他们的政治、生活待遇，组织宗教上层人士参观访问昆明、北京等地，加强时事政策教育，争取、团结宗教上层人士，通过他们又联系团结广大各族信教群众，使他们正确理解共产党和人民政府的有关政策，并积极投入民主改革运动。在此基础上，宣传贯彻宗教信仰自由政策，进行反帝爱国教育；帮助他们清除教会内的外国势力和封建势力，完成宗教同政治、经济制度的分离，使信教群众真正享有宗教信仰自由，逐步摆脱国外教会的控制和影响。省委还组织内地教会人员访问边疆地区基督教会，帮助解决宗教用品，改变了内地教会和边疆教会不相往来的局面，促进了边疆地区教徒的心理由向外到向内的转变，帮助边疆教会摆脱国外教会的控制，使边疆教会开始走上独立自主、自办教会的道路。

对边疆民族地区的佛教信仰，一方面，注意团结宗教上层人士，妥善安排其政治、生活待遇，组织他们到内地参观访问，提高爱国主义觉悟。另一方面，广泛深入地宣传和贯彻执行宗教信仰自由政策，切实保护佛寺和僧侣，尊重群众的宗教信仰和宗教生活。藏族活佛松谋当选为迪庆藏族自治州州长。著名傣族长老松留·阿嘎牟尼和伍古腊作为云南巴利语系佛教（南传上座部佛教）的代表，被推荐为中国佛教协会副会长。1956年7月，经国务院批准，在省委统战部和省宗教事务处的帮助下，佛教界在昆明、德宏组织了佛教徒迎奉和朝拜"佛牙"的活动，昆明、德宏、西双版纳、思茅、大理、丽江和缅甸、泰国的佛教信徒数十万人参加了朝拜，这是云南历史上规模最大的一次佛教朝拜活动。各民族佛教徒由此深切体会到中国共产党的宗教信仰自由政策，增进了民族团结和边疆稳定。同年，中国佛教协会西双版纳分会、德宏分会、临沧分会相继成立。

新中国成立前，云南信仰伊斯兰教的群众受统治阶级的压迫，同时又被本民族统治阶级控制，各种教税、摊派和无偿劳役十分严重。在土地改革中，党和人民政府采取了协商的办法，在尊重宗教上层人士和土地所有者意见的基础上，将多余的土地分给无地农民耕种。随着民主改革和社会主义改造的基本完成，1958年，在伊斯兰教爱国人士的要求下，按照中共中央统战部《关于在回族中改革宗教制度的意见》，云南对宗教制度进行了民主改革，废除了伊斯兰教内部各种封建特权和压迫制度。信教群众的宗教负担大大减轻，一些陈规陋习逐步破除，完成了宗教同政治、教育的分离。清真寺建立了民主管理的组织和制度，宗教上层人士参加了力所能及的生产劳动和社会性服务工作。

对少数民族信仰的原始宗教，各级党委政府采取尊重的态度。对那些有碍生产和生活的弊端，如停止生产、大量宰杀牲畜进行宗教活动等，则在启发本民族群众觉悟的基础上，逐步引导加以改革。

由于正确地贯彻执行了宗教信仰自由政策，云南的宗教工作取得了较大成绩。党对宗教界的各项工作，不仅为以后更好地贯彻党的宗教政策积累了宝贵经验，而且有力地保障了民族工作的顺利进行。

三　社会事业的发展

教育事业的改革

人民政权的建立和社会主义民主政治制度的逐步完善，带来了社会事业的深刻变革，其中教育事业改革是扫除旧的社会观念、思想文化，树立科学的世界观、人生观、价值观，提高人民文化水平和整体素质的重要举措。为贯彻《共同纲领》中关于发展科学文化教育事业的相关要求，通过接管旧政权的教育机构，有步骤地对旧政权的文化教育机构进行改革，发展人民教育事业。

云南教育事业十分落后，教育基础薄弱，文盲众多，新中国成立后，旧的学校教育远远不能适应新社会的需要，必须进行教育改革，大力发展人民教育事业。

云南教育制度的改革首先是通过温和的接管，使文化教育事业从过去少数人享有，转变为为广大劳动人民服务。接管过程中，昆明市军管会文教接管部本着“暂维现状，逐步改造和提高”的方针，对接管单位不派驻军事代表，依靠原有的教育行政机构和学生团体，动员教职员、学生与职工通力合作，进行系统指导和教育行政接管。针对昆明市三分之一的中等学校无校长，学校行政由师生员工组成“四联会”主持的情况，昆明市军管会委派在教育界有一定威望者担任各校校长，并组织以校长为领导的校务委员会，加强对学校的领导。为集中人力、物力办好学校，昆明市军管会文教接管部将昆明市12所公立中学合并为8所。全省共接管了中学156所，小学上万所。

为改变教育工作脱离实际、脱离生产的情况，使教育工作为国家经济建设和社会发展服务，省委从云南实际出发，提出“积极恢复，稳步前进”的教育工作方针。为恢复和整顿中小学校，首先解决教育工作者的思想革新和政治水平低、政策水平低的问题。省委积极团结爱国知识分子，组织全体教职工参加各项民主改革和思想改造运动。改革教学制度，废除旧的教材、教学内容，在课程上取消旧的训导制度，实行教导合一，取消童训、军训，取消公民党义课，增加马列主义政治思想教育课。本着既考虑国家财政困难，又把学校办好，使学生不致失学、教员不致失业的精神，昆明市军管会颁布了《人民助学金条例》，废除不合理的公费制度，改行人民助学金；重新制定学校收费标准，使负担得起的学生，负担其应该负担的部分，负担不起的学生，得到合理补助；对私立学校实行"公私兼顾，坚决维持，逐步改革"的办法，使私立学校在新民主主义教育方针指导下逐步获得改造；实行"向工农开门"的办学原则，创办了一批工农干部文化学校。

通过改革，全省教育事业得到新发展，学校教育制度基本适应了社会主义建设的新要求，特别是在广大边疆民族地区大力发展教育事业，为全省经济社会恢复发展和各民族团结进步事业提供了智力支持。

知识分子的思想改造

新中国成立前，云南知识分子数量不多，但普遍是爱国的，不少进步知识分子长期与中共云南地方组织合作，支持中国共产党的各项政策，为云南各族人民的解放事业作出了重要贡献。但在新旧社会交替的过程中，帝国主义、封建买办等旧思想在知识分子中还有很大影响，许多人对新的社会不了解、不熟悉，大都有重新学习的愿望和要求。要改变云南经济文化落后的面貌，必须把知识分子团结在党和政府周围，充分利用他们的科学文化知识为人民服务，为社会主义建设服务。

1951 年 11 月 30 日，中共中央发出指示，要求在所有大、中、小学校教职员和高中以上学生中，有领导、有步骤地普遍进行思想改造工作。按照中共中央对知识分子"争取、团结、教育、改造"的方针，中共云南省委在完成对文化教育机构的接管任务后，结合各项运动的开展对知识分子进行思想改造。思想改造工作的目的主要是分清革命与反革命、树立为人民服务的观点。

结合云南土地改革，加强对知识分子的教育。1951 年 10 月 13 日，云南省人民政府为响应人民政协全国委员会关于知识分子干部下乡参加土地改革的号召，决定组织所属单位的知识分子干部分批、分期下乡参加土地改革工作。1952 年 1 月 10 日，云南省文教厅发出《关于文教工作配合改革及组织文教干部和中小学教师参加土地改革工作的通知》，要求各地文化教育机关有计划地配合土地改革，各地职工、农民业余学校要进行土地改革教育。随后，昆明市大、中、小学教师及文艺工作者陆续下乡参加土地改革。通过参加土地改革，和群众同吃、同住、同劳动，知识分子的思想观念得到很大的转变。

创办培训班，加强学习教育。1952 年 8 月至 10 月，开办了中等学校教职员暑期学习班。参加学习的包括昆明、个旧等 9 个专州的 67 所完全中学教职员工 1700 多人。学习的内容是批判资产阶级思想，划清工人阶级思想与资产阶级思想界限，树立工人阶级思想，肃清封建买办及一切反动思想。经过教育学习，教职员工的思想觉悟普遍提高，逐步树立了为人民服务的思想。

在文艺界开展整风学习运动，改造文艺工作者的思想，使文艺工作向着健康方向发展。除了教育和文艺界外，还在其他各界知识分子中开展思想改造和学习运动。这样，对知识分子思想改造运动从教育界开始，逐步扩大到文艺界，又从文艺界不断扩展到科技、民主党派、政府机关、人民团体、工商业、宗教等各界的广大知识分子。通过思想改造，广大知识分子逐步树立起正确的世界观和人生观，增强了为人民服务，为新中国建设服务的积极性和主动性。

文化卫生事业的发展

文化事业的发展，核心是按照《共同纲领》关于发展民族的、科学的、大众的文化教育的要求，积极发展人民的文学、艺术、戏剧、电影等文化事业。其中文学艺术是一个发展重点。1951 年 11 月，中共云南省委在昆明召开了云南省第一次文艺工作会议，成立了云南省文联筹委会。文艺工作者在为工农兵服务的文艺方针指导下，演出话剧《李闯王》《红旗歌》《刘胡兰》等名剧 135 场，观众达 10 万余人。云南、昆明两个京剧院上演了《九件衣》《皇帝与妓女》《红娘子》《三打祝家庄》《逼上梁山》等新戏，受到观众的欢迎。

滇剧是云南的地方剧种，广泛流行于城乡，以生动活泼、贴近生活的表现形式为广大群众喜闻乐见。按照“百花齐放，推陈出新”的方针，中共云南省委决定对滇剧进行“改剧、改造人、改造制度”的改革，目的是净化滇剧舞台，整理传统剧目，剔除旧滇剧中的封建意识，推陈出新，创作演出适合新社会的好剧目。通过组织艺人学习，整顿滇剧旧戏班，改革陈规陋习，改变了滇剧旧戏班由少数把头控制的局面，激发了创作活力。1952 年 10 月，滇剧参加全国第一届戏剧会演，《雷神洞》等剧目获得好评。

近代昆明的电影事业较为发达，由于历史原因，电影市场长期受帝国主义的控制。根据中央文化部电影局《关于清理敌伪电影拷贝的决定》，昆明市军管会制定了《电影戏剧临时审查条例》，军管会文教接管部封存了昆明市各家电影院宣扬反动暴力及含有封建残余等类型的影片，放映西南区影片经营公司供给的影片。接管之后半年时间内，共上映国产影片 14 部，观众达 13.5 万多人；上映苏联影片 29 部，观众达 21.18 万多人。

为方便群众阅读书刊，昆明市军管会文教接管部将原省立志舟图书馆改为昆明图书馆，将原省教育图书馆划归昆明图书馆作为一个分馆。昆明图书馆、民众教育馆进行了初步整理，购进大批新书，交昆明图书馆和民众教育馆供大众阅读。有计划地扩充阅览室，认真规范出版工作。接管后全省登记的正式出版刊物有 10 种，出版适合云南地方需要的通俗读物 30 余万册。新华书店昆明分店下辖 12 个支店，销售书籍 100 余万册，其中教科书与革命书籍占一半以上。

医疗卫生工作的兴起发展是解放初期云南的一个工作重点。旧云南的医疗卫生事业非常落后。解放初期，中共云南省委在妥善接管旧政府和教会办的卫生医疗机构基础上，面向农村、边疆和民族地区，普遍建立基层卫生组织，大力发展人民医疗卫生事业。在军事接管中，对原省、市卫生机构和昆明市公立医院进行了接管。全省共接管 74 个卫生机构，569 张病床，有医务人员 2182 人，其中医师和医助 645 人，中医 951 人。鉴于医疗机构和医务人员较少与云南多瘟疫、多传染病的状况严重不相适应的情况，接管后，对卫生医疗行政事业机构进行改革。昆明市军管会卫生接管部将原省民政厅第三科改组为云南省卫生处，将原市警察局卫生科改组为昆明市卫生局；将原省立昆华医院改组为云南省第一人民医院，病床由155张扩大为200张。将省立仁民医院改组为省妇婴保健院，设病床40张；原中央防疫实验处、云南省卫生实验所，经过整顿迅速开展业务工作。同时，对城市私立医院进行整顿。对医疗机构收费进行改革，各公立医院的经费开支，政府根据实际情况制定统一的收费标准，尽量降低患者负担，以符合为人民服务的宗旨。到1952年底，全省卫生机构发展到268个、病床4086张、职工4808人。从1950年到1952年间，国家对云南卫生部门接收的城乡医院给予建设性补贴246万元，主要用于危房修缮。全省组织了8000多人参加预防接种，进行霍乱、伤寒、副伤寒疫苗接种79万人次。全省的医疗卫生建设得到极大的发展和提升。

四 “三反”“五反”运动

开展“三反”运动

1951年10月召开的全国政协一届三次会议，向全国各民族、各阶层人民发出开展增产节约运动的号召。随着增产节约运动的开展，暴露出各级党政机关内部存在着许多贪污、浪费现象和官僚主义问题。1951年11月30日，中共中央在转发华北局报告的批语中指出，刘青山、张子善①被揭露这件事，向全党提出了警告，必须重视干部被资产阶级腐蚀而发生贪污这一事实。12月1日，中共中央发出《关于实行精兵简政、增产节约、反对贪污、反对浪费和反对官僚主义的决定》，决定在党的领导下，分党、政、军3个系统成立各级增产节约检查委员会，采取自上而下和自下而上相结合的方法，检查贪污浪费现象，开展反对贪

① 刘青山、张子善案件是在新中国成立初期“三反”运动中查出的一起党的领导干部严重贪污国家资财案件。

污、反对浪费和反对官僚主义的斗争。1951 年 12 月 15 日，西南军政委员会根据中共中央指示精神，作出《关于开展爱国增产节约运动的规定》，要求西南地区各级政府立即行动起来，广泛开展反对贪污、反对浪费和反对官僚主义的“三反”运动。

云南的党政干部中也存在贪污、浪费和官僚主义现象。随着解放后战争结束，各项建设的开展，封建主义思想，居功自傲、贪图享乐、不思进取、脱离群众、以权谋私等不良倾向有滋长、蔓延之势。据云南省财政厅统计，1950 年 7 月至 1951 年 9 月，全省查处贪污案件 480 件，贪污人员 595 人，其中 300 多件贪污总额即达 12 亿元（旧币），贪污数额从数十万至数百万元，甚至达数千万元（旧币）。

根据中共中央关于开展“三反”运动的指示精神，1951 年 12 月 18 日，中共云南省委召开扩大会议，研究部署在全省范围内开展“三反”运动，决定将精兵简政、增产节约与反贪污、反浪费、反官僚主义的斗争结合进行，运动按照普遍检查、围攻“老虎”、定案追赃和思想建设 4 个阶段进行。12 月 19 日，省委将此次扩大会议精神以电报形式下发各地市委，云南的“三反”运动正式拉开序幕。

为动员全省党员群众积极投身“三反”运动，1951 年 12 月 22 日，中共云南省委召开省市党员大会，动员全体党员自觉投入反贪污、反浪费、反官僚主义的斗争之中，要求各单位领导带头，党员以身作则，发扬党内民主，推动各单位、各机关的反贪污、反浪费、反官僚主义的群众运动。12 月 25 日，云南省军政委员会、省人民政府、省协商委员会举行联席会议，会议通过了《关于贯彻执行〈西南军政委员会关于爱国增产节约运动的决定〉，并开展反贪污、反浪费、反官僚主义的决定》，对运动的组织领导、方法、步骤、措施、政策界限及汇报制度等问题作了明确规定，要求省级成立爱国增产节约委员会，省辖市、专署、省政府所属财经、文教、政法各系统成立节约检查委员会。鉴于云南正在开展减租退押和土地改革运动，“三反”运动首先在省级、昆明市及地专机关开展，县级机关的“三反”运动则着重在税收、贸易等部门进行。

为推动普遍检查工作，保证“三反”运动的稳步推进，1951 年 12 月下旬，中共云南省委成立云南省爱国增产节约检查委员会（简称省节检委），由省人民政府副主席周保中兼任主任。全省各地也成立了相应机构，组织若干检查组深入基层进行督促检查。为把运动引向深入，1952年1月11日，省节检委举行了省市机关爱国增产节约第二次代表大会，周保中作《深入"三反"运动为战胜资产阶级的进攻而斗争》的报告，对普遍检查工作提出具体要求。鉴于运动中仅靠发动机关群众还不能将贪污分子完全揭发出来，会议提出，必须发动社会力量、发动工商业者坦白向国家机关工作人员的行贿行为，发动店员揭发不法工商业者的行贿行为，切实做好普遍检查工作，彻底把问题搞清楚。

1952年1月下旬，各地、专、县机关的"三反"运动进入普遍检查阶段。其间，由于县以下机关结合土地改革工作进行，一些县土地改革工作与"三反"运动发生矛盾。据此，中共云南省委决定，凡土地改革尚未开展或已结束的县，继续进行"三反"运动；正在进行土地改革的县集中力量搞土地改革，待土地改革结束后再安排"三反"运动；边疆民族地区一律不开展"三反"运动。到1月底，全省有95个县和1个市（下关市）、1个镇（畹町镇）大张旗鼓地开展了"三反"运动。

在围攻"老虎"阶段，中共云南省委制定了"包查包打、穷追务获、除恶务尽"的方针。省、市机关从2月上旬至3月15日，先后组织了4次"战役"，围攻"老虎"。第一战役，各单位迅速传达省委扩大会议指示，并制订计划，研究对象，确定围攻对象；第二战役，主要是克服右倾思想，继续围攻"老虎"；第三战役，采取更灵活更有效的斗争方式，使运动不断深入。第四战役，主要是贯彻西南局关于继续加强"捉虎"的指示精神，重点深入"搜山"，攻打"虎穴""虎群"，并"查坐探、查政治问题"等，成批成群地俘获"老虎"

在围攻"老虎"后进行的定案追赃处理阶段，中共云南省委要求各单位各部门，必须遵照中共中央"坚持实事求是，不怕麻烦，是者定之，错者改之，应降者降之，应升者升之"的指示精神，按照政策做好定案追赃和处理工作。省委充分考虑到云南的特殊情况，采取思想教育从严，党内处分与行政处分酌情减轻的办法；对起义军官、民主人士、科技人员采取教育过关的办法，予以保护。

在追缴赃款的过程中，中共云南省委于1952年2月25日和29日先后出台《关于处理贪污千万元以下的贪污分子的办法》和《关于处理百万元以下的小贪污分子的办法》[①]。省委要求，在定案工作中，各地区、各单位坚持“斗争从严、处理从宽、应当严者严之、应当宽者宽之”的处理原则和“实事求是、不怕麻烦、坚持到底、不枉不纵”的定案方针。在处理过程中，采取惩治与改造相结合的方针，注意把经济问题同政治问题区别开来，经济问题重点放在军事接管以后发生的贪污、浪费或因官僚主义造成损失的问题上。坚持坦白从宽、抗拒从严、区别对待的政策。对只有一般贪污行为的，经过教育后，从宽处理；对贪污数额虽然较大，但认错态度好，退赃积极的，一般不予起诉；对极少数贪污金额大，态度坏的顽固分子，则坚决予以打击。为了严肃慎重地做好“三反”运动中贪污分子的判刑、免刑工作，办理好其他应该经过审判程序处理的案件，省人民政府于 4 月下旬在省级机关成立了 11 个人民法庭，在市级机关成立了 14 个人民法庭，设立了云南省机关人民法庭专门委员会，并在省级机关设立政法、文教、财经各系统检查组，市级机关设立工矿、机关等检查组。

在思想建设阶段，根据中共中央《关于“三反”运动和整党运动结合进行的指示》的精神，全省各级党委和部门按照党员标准，对党员进行登记、审查和处理，对所属干部普遍进行一次考察和了解，坚决清除贪污、蜕化分子，撤换那些严重的官僚主义分子和居功自傲、不求上进、不称职人员的领导职务，大胆地提拔一批德才兼备的优秀分子到领导岗位上来。与此同时，中共云南省委在省、市、专署机关进行了“清理中层”工作。针对“清理中层”工作中出现的问题，省委于 8 月 7 日制定了《关于在交代关系中对一般政治性问题与反革命问题的处理意见（草案）》，从十个方面对有关问题提出处理意见。在思想建设的基础上，省市机关和各地集中地解决组织建设和制度建设问题。组织建设的中心内容是整编，包括确立编制、精简机构、提高工作效率；制度建设的内容包括建立民主制度、新的财务制度、基本建设制度、人事制度和工作、生活、学习等制度及监察、检查制度。

---

① 其中的“千万元”“百万元”均为旧币。

1952年8月30日，周保中在省人民政府、省各界人民代表协商委员会举行的联席会议上代表中共云南省委、省人民政府正式宣布，云南“三反”运动胜利结束。“三反”运动是中国共产党在全国执政之后，为保持党政机关廉洁、反对贪污腐败在党内开展的一次群众性教育运动。总的来看，云南“三反”运动的发展是健康的。运动教育了大多数干部，挽救了犯错误的党员，清除了党和国家干部队伍中的贪污腐败分子。根据运动中发现的问题，中共云南省委不断加强制度建设，特别是建立健全财政、基建等各种制度，有效防止了贪污、浪费和官僚主义现象的发生。“三反”运动是一场社会改革运动，有力地抵制了旧社会遗留的恶习和资产阶级的腐蚀，树立了国家工作人员廉洁、朴素、为人民服务的工作作风，使厉行节约、艰苦奋斗、爱护国家财产等新的社会风气进一步形成。但运动中也暴露出一些问题，如打“老虎”下指标、大轰大嗡、逼供信等。对检举揭发材料，缺乏认真严肃的核实，存在定性不准确，许多地方和部门发生了斗争过火的情况，伤害了一些党员干部。

开展“五反”运动

“三反”运动在党和国家机关开展起来后，各地各部门清查出一些机关内部人员同社会上的不法资本家内外勾结、侵吞国家资产的案件。为打击不法资本家的违法活动，中共中央决定，在党政机关工作人员中开展“三反”斗争的同时，在工商业界开展一场反对行贿、偷税漏税、盗骗国家财产、偷工减料、盗窃国家经济情报（通称“五毒”）的“五反”运动。1952年1月5日，中共中央在转发北京市委关于“三反”运动报告的批语中，要求大力发动“五反”斗争，对资产阶级的猖狂进攻给予一个坚决的反攻和重大打击。

从云南“三反”运动揭露出来的问题看，不法资本家的“五毒”行为涉及面很广。一些不法资本家为了寻找在党内的代理人，不服从政府法令，以糖衣炮弹拉拢、腐蚀国家机关工作人员；一些人采取行贿、偷税漏税、偷工减料、盗骗国家财产、盗窃国家经济情报等非法手段追逐非法利润；一些人实行“打进来”“拉出去”的办法，向党、政、军机关内部，特别是向经济机关内部派遣和安置他们的耳目，贿赂、腐蚀干部，用回扣、佣金、赌博，甚至女色来诱惑党和政府机关工作人员；一些人采取伪造假账、单据、证件、少记收入多记开支等，大量偷税漏税；一些人在承揽国家机关、国营企业的委托加工订货时，偷工减料，使国家蒙受损失；一些人诈取贷款、套用外汇，破坏金融管制、经营地下钱庄。据 1951 年度不完全统计，全省非法经营存款、放款汇兑和买卖外汇的工商业地下钱庄达 30 余家，其经营资金在 100 亿（旧币）以上。

1952 年 1 月 8 日，省、市各族各界人民代表会议在讨论开展“三反”运动的同时，讨论组织开展“五反”运动，拉开了云南“五反”运动的序幕。在中共云南省委领导下，1952 年 1 月，“五反”运动首先从昆明市开始，之后在全省中小城市分类展开。运动的动员阶段，中共云南省委把反贪污与反不法资本家行贿结合起来，以便内外配合，彻底肃清贪污分子。省市机关爱国增产节约委员会召开多次会议，动员工商业者坦白行贿，检举贪污。1 月 14 日，云南省人民政府、云南军区司令部、云南省爱国增产节约检查委员会联合发出通告，号召“人人起来检举贪污行贿分子”，踊跃开展反贪污行贿和检举运动，扫除旧社会遗留下来的恶习，为保障与维护国家和人民的利益而斗争。各地也从 1952 年 1 月起，召开动员大会、工商业者代表大会，交代政策和进行反复动员，号召工人、店员检举揭发贪污行贿分子，分别举办了工会干部整风班、高级职员学习班、青工训练班，以及各种短期业余训练班，培养运动骨干。

运动开展起来以后，昆明市的一些不法私营工商业者，采取各种手段，企图破坏、阻挠“五反”运动的开展。面对不法工商业者的破坏，1952 年 1 月 22 日，昆明市召开全市店员代表大会，号召全市店员整顿好队伍，发挥工人阶级的优秀品质与战斗精神，对不肯坦白自新的不法商人进行坚决斗争。1 月 26 日，中共中央向全党发出了《关于首先在大中城市开展“五反”斗争的指示》，规定了“五反”的范围、斗争的方针和任务。根据中共中央的指示精神，中共云南省委从 2 月开始，相继在个旧、下关、开远、蒙自等城市启动了“五反”运动。

由于“五反”运动限期展开，且是在“三反”运动不断升温的情况下开展，导致部分地区未能妥善处理“三反”与“五反”的联系与区别，政策界限不清，一度出现打击面过宽等现象，对经济生活产生了不良影响。资产阶级惊恐不安，歇业、停工，工人失业增加，市场清淡，税收减少。针对这些情况，中共云南省委决定收缩和调整运动的部署，要求各地党组织在运动中注意掌握政策，不能对资产阶级打击过猛。2月6日，省委对“五反”运动作出指示，明确反击资产阶级进攻的重点在昆明、个旧两市。此后，各地委、专区的“五反”运动，基本处于收缩整顿的态势。

为推进“五反”运动的开展，中共云南省委决定将“五反”运动的领导重心由省级转到市级，省委只掌握政策指导和基本方针。随后，省委将原省节委的工商组、研究室、检查组、传问处等工作机构和人员全部移交给昆明市，成为昆明市运动主管机构的组成部分，并从省直属机关、军区及学校抽调1800余名干部、学生，分别组成工商、工会、轻工业工作大队及检查大队，深入基层参加到“五反”运动中去，全省“五反”运动陆续在各城市中展开。

1952年3月20日，中共云南省委召集滇西、滇南两工委和昆明、个旧两市委及5个地委书记开会，对“五反”运动重新作了部署。决定把全省城市依据大小不同情况分4类，提出不同的要求来开展运动。第一类为工商业集中的昆明、个旧两市，是“五反”的重点。在斗争方式上，尽量避免面对面的斗争，采取背靠背的斗争方式。第二类是工商业有相当发展的曲靖、昭通、下关、玉溪、蒙自、开远、保山、文山8个城市，采取“一般交代，重点突击”办法，政策放宽。第三类是工商业较少的宜良、武定、宁洱、大理、楚雄、丽江、罗平、泸西、腾冲、玉溪北城、通海、昆阳、澄江、盘溪、沾益、建水、富民、安宁、一平浪、元永井20个县城和街镇，采取“一般号召，个别突击”的做法，召开工商界群众会，宣布绝大多数工商户过关，只对个别行业1—2户违法严重的给予打击。其余的县城和街镇为第四类，只作一般的正面教育，不开展运动。

为了团结工商界的绝大多数，建立“五反”统一战线，集中力量打击极少数罪行严重的违法盗窃犯罪，从3月中旬开始，中共云南省委按照中共中央的指示精神和北京市的经验，对工商业户进行分类处理，把工商户划分为守法户、基本守法户、半守法半违法户、严重违法户和完全违法户五种类型，在处理违法工商户时坚持“过去从宽，今后从严；多数从宽，少数从严；坦白从宽，抗拒从严；工业从宽，商业从严；普通商业从宽，投机商业从严”五条基本原则。方法步骤方面，先让工商户（摊贩除外）自报、填表，经会计签名后，交同业公会讨论互助互查，随后劳资见面工人审查通过，最后由市节检委审查作出正式结论后给工商业户下发通知书，进行“三审定案”。

在定案处理过程中，中共云南省委要求对每户的定案处理，必须采取严肃慎重的态度，在定案处理中采取“必须物证确凿，方可依法起诉，酌情处理”的原则，对工商违法户反复进行核实，并成立评议委员会，对运动后期定案处理有异议的工商户进行复议。为了做到依法审判违法工商户，根据中央人民政府政务院令，4 月 19 日成立昆明市人民法庭，作为“五反”运动中依法定案的法庭之一。

在处理“五反”运动中违法的补、退、罚工作中，中共云南省委本着“斗争从严，处理从宽”“惩治与教育相结合，严肃与宽大相结合”的方针，规定对行贿一般只给予警告不罚款；偷工减料、偷税漏税只补退 1951 年度的；盗骗国家财产属于解放前的按现值在 10 亿元以上的违法户，只退补实际所得利益部分，退补的起点为 200 万元以上①。

云南“五反”运动与“三反”运动一样，在 1952 年 8 月 30 日召开的省人民政府、省各界人民代表协商委员会联席会议上宣布结束。历时半年的“五反”运动，打击了资产阶级的不法行为，确立了工人阶级在国家中的领导地位，在工商业者中普遍进行了一次守法经营的教育，推动了在私营企业中工人民主监督制度的建立和民主改革的深入。

① 以上亿元、万元均为旧币。

第五章

第一个五年计划的实施及过渡时期各项建设的展开

从 1953 年开始，在中共中央逐步实现国家的社会主义工业化，逐步实现国家对农业、手工业和资本主义工商业的社会主义改造的过渡时期总路线指引下，中共云南省委广泛深入地开展了贯彻落实过渡时期总路线的宣传学习和教育活动，组织领导全省各族人民群众顺利实施了第一个五年计划，经济、社会、文化等各项建设全面展开，云南与全国一道进入了有计划的经济建设新时期。

一　学习贯彻过渡时期总路线

新中国成立后，经过 3 年的经济恢复和发展，从全国来看，社会主义因素在政治和经济上已居于领导地位，原来设想的经过 10 年至 15 年的新民主主义建设，再进入社会主义社会的构想也随着实践发展而变化。1953 年 6 月，中共中央制定了中国共产党在过渡时期的总路线，提出从中华人民共和国成立到社会主义改造基本完成，是一个过渡时期，党在这个过渡时期的总路线和总任务，是要在一个相当长的时期内，逐步实现国家的社会主义工业化，实现国家对农业、手工业和资本主义工商业的社会主义改造。这是一条社会主义建设与改造并举的路线。1954年9月，过渡时期总路线被载入《中华人民共和国宪法》，以根本大法的形式，向全国人民提出了建设社会主义的伟大任务。

过渡时期总路线提出后，全党和全国人民开展了广泛深入的宣传学习和教育活动。中共云南省委高度重视总路线的学习教育，召开会议，专题研究，发出《关于省级机关干部学习过渡时期总路线的规定》，首先在省级机关掀起学习教育活动的热潮。1953年11月，省人民政府委员会举行第四次扩大会议，传达和讨论了党在过渡时期的总路线和总任务。省人民政府党组干事会书记、主持省政府工作的副主席郭影秋[①]向省级和市级机关干部作了深入学习总路线的动员报告。全省各级党委分别召开扩大会议或干部大会，成立中心学习组，在各级机关开展总路线的学习宣传活动。

在总路线的学习教育活动中，中共云南省委从全省干部队伍的实际情况出发，突出重点，务求实效。省委把全省干部分为3个层次开展学习：县以上党员干部为学习重点，通过深刻领会总路线有关精神，达到增强党性、改进工作、提高认识、团结全党的目的；一般党员干部通过学习，认识总路线的精神实质，划清社会主义和资本主义的思想界限，为逐步实现党在过渡时期总路线而奋斗；对一般非党干部，则是经过学习，认识和拥护党在过渡时期的总路线，拥护党，靠拢党，提高工作热情。通过分类学习，收到了较好效果。

为进一步把学习活动引向深入，1953年12月，中共中央批转中央宣传部《为动员一切力量把我国建设成为一个伟大的社会主义国家而斗争——关于党在过渡时期总路线的学习和宣传提纲》，指明了总路线的学习重点。此后，中共云南省委把学习教育活动由县级以上机关引向广大城乡和工矿企业。1954年1月13日，省委召开工矿工作会议，要求以宣传社会主义工业化为中心，进一步全面深入地进行总路线的宣传教育。根据省委的安排，各城市工矿企业大力宣传社会主义和国家工

---

① 1952年9月至1955年2月任云南省人民政府副主席，代行主席职务；1955年2月至1957年7月任云南省人民委员会省长。

业化的历史必然性和光辉前景，同时结合实际，组织职工学习鞍山钢铁厂的技术革新能手王崇伦的事迹，宣扬革新者的先进思想和首创精神，调动职工建设社会主义的积极性。在此基础上，各级党委围绕各厂矿的中心工作，加强管理，开展增产节约和劳动竞赛，进行技术革新，努力增加生产。

在农村，按照中共云南省委宣传部发出的《关于结合购粮大张旗鼓宣传总路线的基本总结与1954年结合互助合作、爱国增产运动深入细致宣传总路线的意见》，各级党组织派出干部分赴农村，采取回忆对比方式，具体生动地向广大农民群众宣讲党的总路线的基本内容、精神实质和实施步骤。通过学习宣传活动，对农民进行个人利益与国家利益相一致的教育，使农民懂得只有走互助合作道路，才能从根本上摆脱贫困，改善自己的生活。

过渡时期总路线公布后，全省工商界人士思想波动很大，部分思想进步的工商业者主动要求公私合营，希望早日摘掉资本家的帽子；多数工商业者感到疑虑、紧张和恐惧，认为向社会主义过渡要消灭资产阶级，要没收资本家的财产；少数工商业者则对总路线不满，或散布谣言，或曲解政策，有的威胁利诱和分化工人，抗拒改造，各地不同程度地出现了暗中转移资金、分散财产、消极经营、停产歇业等现象。根据这些情况，1954年1月，中共云南省委召开省工商业联合会会员代表大会，以推动在全省工商业者中的总路线宣传教育活动。2月17日，中共昆明市委专门召开省、市工商联委员和各同业公会委员、行业代表会议集中学习。各级组织也及时采取有效形式，对工商业者进行宣传教育，明确党对工商业者实行“利用、限制、改造”政策，通过“赎买”走公私合营的道路，并不是没收资本家的财产，消灭资产阶级不是消灭资本家个人。为了增强学习效果，昆明人民花灯剧团还排演了宣传总路线的花灯剧《人往高处走》，到各地巡回演出。

中共云南省委特别重视边疆民族地区总路线的宣传贯彻。1954年6月，根据全省土地改革进度不一、各民族发展程度不同的实际，省委发出指示，要求在边疆民族地区有区别、有计划地开展过渡时期总路线的宣传，将边疆民族地区划分为可以进行社会主义改造宣传及不可以进行宣传两类。可宣传的地区在党员及非党干部中全面地学习总路线，不可宣传的地区则只进行部分内容的学习。在民族地区宣传的步骤上掌握“先头人、后群众”的原则，争取民族上层人士首先赞成，以减少对群众宣传的阻力。在宣传中结合党的方针政策，以有利于加强民族团结及对敌斗争，有利于加快发展为目的。由于宣传方式方法得当，总路线逐渐在边疆民族地区家喻户晓。在民族地区工作的干部认识到社会主义的光明前途，认识到边疆民族工作在社会主义建设中的重要性，从而树立了坚持在边疆民族地区长期工作的思想。

过渡时期总路线的学习和宣传活动，是云南解放后党在全省各级组织和各族人民群众中进行的第一次大规模地系统地学习社会主义思想观念的教育活动。在党员干部、人民群众中产生了广泛影响，过渡时期总路线逐步深入人心，切实帮助人们解决了由新民主主义逐步过渡到社会主义的思想转变问题，明确了中国走社会主义道路是历史的必然选择，增强了云南各族人民走社会主义道路和建设社会主义的信心和决心，激发了人们投身社会主义工业化的积极性。在农村，成千上万的农民纷纷要求参加互助组、合作社，将大批余粮踊跃卖给国家，支援社会主义建设。在工矿企业，普遍掀起了以找窍门、挖潜力、提合理化建议为内容的增产节约和劳动竞赛活动，生产计划大都超额或提前完成。广大手工业者也纷纷要求组织起来，扩大生产。许多工商业者表示要爱国守法，走国家资本主义的道路。党在过渡时期的总路线成为团结全省各族人民为建设一个伟大的社会主义国家而共同奋斗的行动纲领，各阶层人民都为国家的社会主义光明前途而欢欣鼓舞。

二 第一个五年计划的编制和实施

“一五”计划的制定

随着国民经济的恢复，中共中央提出“三年准备，十年计划经济建设”的重大决策，决定从1953年开始执行发展国民经济的第一个五年计划（以下简称“一五”计划），同时要求各地从实际出发，制订本地区的“一五”计划。从1953年至1957年，全国各地一边编制一边实施，把建设重点转移到社会主义工业化上来，拉开了中国历史上第一次有计划的大规模经济建设的序幕。

通过3年艰苦建设和一系列改革，云南经济社会面貌发生了重大变化。至1952年底，全省工农业总产值（当年不变价）为14.34亿元，比1950年增长22.2%；财政收支平衡有余，为云南执行“一五”计划创造了基本条件。但是，经济发展的不平衡性和生产力落后的问题在全省仍然十分突出。

农业发展滞后。分散的自然农业经济在全省占据主要地位，约200万人口的地区尚未进行土地改革，全省性的互助合作运动尚未铺开；全省人均耕地面积2.44亩，耕地面积仅占全省总面积的5.8%，且耕地利用率低，荒地较多。全省约1300多个乡仍保留着刀耕火种的原始耕作方式，大部分地区农业生产技术落后，耕作粗放，约占全省耕地三分之一以上的地区群众耕作时不施肥，农业生产水平很低。

工业基础薄弱。1952年工业总产值只占全省工农业总产值的25.3%，其中现代工业仅占工农业总产值的11%。在仅有的工业中，相互之间存在着脱节现象，企业内部设备利用率和技术管理水平都很低。在地区分布上，工业大多集中在昆明、个旧等交通沿线，其余地区几乎没有工业。手工业发展不足，产品种类少，远远不能满足人民生产生活需要，从业人员仅占全省总人口的0.5%。

商业不发达。不少地区的商业网络还没有形成。边疆民族地区经济对外依附性强，多种货币混用，人民币还未形成主导地位，物价波动大，情况复杂。私人资本主义经济在国民经济中仍占很大比重，私营经济的买办性尚未完全改造过来。

交通、通信等基础设施差。云南长期依靠公路与国内中心地区联系，省内公路平均每千平方公里只有12.4公里，每万人中也只有3.11公里，且公路网集中于中部与东部，没有国防线路。全省还有57个县不通汽车，71个县不通电话。水运航路很少，已有航路也未充分利用，运载能力有限，运输成本高。

人民的物质文化生活水平低。1952 年全省人均原粮只有 273 公斤。主要日用消费品消费水平很低，人均年消费棉布仅为 10.11 市尺，菜油 0.6 公斤，肉类 3.39 公斤，食盐 3.89 公斤。教育落后，每万人中高中生不到 3 人，初中生有 25 人，小学生有 623 人，入学儿童只占学龄儿童的 47.9%。卫生事业发展不足，全省每万人病床为 2.04 张，全省性的教育网、文化网及保健网远未形成。少数民族人口占全省总人口的三分之一，均处于不同的社会发展阶段，民族经济极不发达，群众生活困难。

面对这种情况，为顺利制订和实施“一五”计划，中共云南省委积极进行思想准备和组织准备。从 1952 年起，省委通过各种会议、举办短期培训和加强宣传工作等方式，广泛深入地宣传过渡时期的总路线、总任务，进行深入的思想教育，把全省干部的思想从过去的集中力量进行革命斗争转移到集中力量进行大规模经济建设上来。全省各级领导干部纷纷深入生产第一线，向农民和工人学习，增强组织领导大规模经济建设的认识，发现和解决生产中的实际问题，为制订切实可行的“一五”计划做好思想准备。同时，为了更好地进行“一五”计划的编制和实施，省委不断加强领导，建立健全计划组织机构。1954 年 5 月 10 日，召开全省第一次计划工作会议，对做好计划工作提出具体要求。11 月，在省财政经济委员会计划办公室基础上，成立了直属省政府领导的省计划委员会。各专署、县政府和各国民经济部门以及各企业单位都设立和加强了计划机构，以便有效而全面地对全省国民经济活动进行有计划的组织领导。

中共云南省委在编制“一五”计划时，根据国家对地方生产力的总体部署安排，按照既能充分反映地区经济建设特点，又能统筹平衡全省生产力布局的原则，不断完善“一五”计划的编制。根据平坝、山区、边疆等各种不同类型区域的特点，省委对全省粮食、经济作物和畜牧业、林业、渔业、副业等生产情况及为保证农业增长的各项具体措施进行了排队摸底，着重研究了服务于农村经济的地方工业和手工业、商业、交通运输业等问题。先后召开各级干部会议，反复讨论“一五”计划草案的编制。为克服计划的盲目性，在编制中尽量优化国民经济各部门之间资源配置，充分利用现有生产能力并提高资金使用效率。在召开“一五”计划编制会议时，省委除要求各地（市）委书记、专署专员和计划科长、专管农业生产部门的干部参加外，每个地（市）委还要抽出能代表该地区不同类型地区特点的三四个县派人参加会议，以便充分反映各地区各行业的特点，保证“一五”计划的全面性和代表性。在充分讨论和研究之后，各专、县进一步将细化计划上报，最终由省计划委员会组织力量，详细核算，反复平衡，拟订方案。

云南“一五”计划编制工作从1953年7月开始，经过了近两年的反复修订。整个编制过程严格遵循认真、细致、谨慎、实事求是的原则，充分体现了注重宏观经济综合平衡和边制定边实施的特点。1955年4月，省第一届人民代表大会第三次会议通过了《云南省发展国民经济的第一个五年计划提要》；11月9日，国务院正式批准《云南省发展国民经济的第一个五年计划》。

从云南国民经济的基本情况和主要特点出发，按照中共中央、政务院制定的方针、政策，根据国家计划委员会颁发的主要指标，中共云南省委确定云南“一五”计划的基本任务是：在国家统一计划指导下，对农业、手工业和资本主义工商业进行社会主义改造，保证社会主义经济成分的比重稳步增长；发展以互助合作为中心的农业生产；大力支援国家重点建设特别是有色金属工业建设，支援国家社会主义工业化；相应发展地方工业和林业、水利、交通运输、邮电、商业、教育、卫生、文化等事业，保证人民物质文化生活水平逐步提高，为改变全省经济文化落后面貌奠定初步基础。整个计划分为16大类，明确了主要指标，即：以1952年为基数，到1957年，工农业总产值增长73.6%，平均每年递增11.5%；社会商品零售总额增长97.7%，平均每年递增约15%；地方汽车运输货运量增长8倍，平均每年递增56%；全省基本建设规模投资总额达1.69亿元。

为完成上述基本指标，中共云南省委确定了全面平衡、统筹安排、增产节约、重点建设的工作方针，对具体任务进行了分解，指出必须克服困难，挖掘潜力，努力进行工农业生产；加强对农业、手工业和资本主义工商业的社会主义改造；努力增加收入，厉行节约；在发展生产的同时逐步改善人民物质生活与文化生活。

云南省的第一个五年计划，是中国共产党领导全省人民为实现过渡时期总任务而奋斗的行动纲领，是引导云南沿着社会主义道路走向繁荣昌盛和人民幸福的宏伟计划。

大规模经济建设的开始

按照过渡时期总路线和“一五”计划，中共云南省委既要开始大规模的经济建设，又要进行以三大改造为主要内容的社会主义革命，继续巩固和发展全省的各项改革成果，还要努力推进边疆民族地区的社会改革，加强边疆民族工作和边防建设。这是一个极为深刻的历史转折时期，任务艰巨而繁重。

“一五”计划公布后，全省各级党组织很快组织培训了大批骨干，采取多种形式，大张旗鼓地在广大城乡开展集中学习和宣传活动。通过宣传，各地干部群众对国家和云南“一五”计划的主要内容及重要意义有了基本的认识和了解，激发了全省各族人民为社会主义的美好未来而奋斗的积极性和创造性。

“一五”计划时期，是中国共产党系统建立和完善国家管理体系的起步，是推行和加强高度集中统一的计划管理制度的开始。中共云南省委初步建立健全各类管理部门，完善管理体制，为经济建设提供组织保证。1950 年 3 月，中共云南省委决定成立省人民政府财政经济委员会，负责研究全省财政经济方针、政策、措施，管理财政、金融、税收、贸易、工农业生产计划、物资分配、劳动工资等工作。1955 年 2 月，省财政经济委员会撤销，其计划职能并入省计划委员会。此外，省工业办公室负责工业、基本建设、铁路运输、劳动工资、手工业等工作；省财粮贸办公室负责主管财贸工作及汽车运输等工作，第五办公室负责农村工作。1957 年，省人民委员会又将财粮贸办公室分管的交通厅及其所属运输、公路局和省运输计划委员会公路交通方面的工作，划归省人民委员会工业办公室管理，各地的管理机构得到逐步充实，加强了计划管理。同时，省委不断加强对计划执行情况的检查监督，防止和及时纠正只注重数量忽略质量和品种规格，只搞一时突击而不是全面科学地完成计划，以及做假报告、虚报成绩等片面和虚假的现象。

农业是云南的传统产业，也是“一五”时期进行大规模经济建设的重点，是保证工业发展和全部经济计划完成的基本条件。在全省人民共同努力下，云南各地以增加粮食生产为重点，发展多种经营，挖掘农业内部的生产潜力。

云南的粮食作物主要是稻谷、玉米、小麦和薯类。由于耕作技术落后，生产水平低，1952 年全省人均原粮只有 290 公斤，稻谷平均单产 190 公斤，玉米平均单产 81 公斤。在实施“一五”计划过程中，各地充分利用已耕土地，扩大复种指数，提高土地利用率；有计划地开垦荒地和兴修水利，推广行之有效的增产措施；因地制宜实行农业生产技术改革。这些措施，保证了农业特别是粮食作物的稳定增产，解决了长期困扰云南粮食不足的难题，人民生活得到切实改善。

在保证粮食持续增产的同时，全省各地因地制宜发展各种经济作物，茶叶、烟叶、甘蔗的种植面积大幅度增长。依托云南热区总面积达 7 万多平方公里，且高温高湿、土壤肥沃的资源优势，中共云南省委要求开发热带农业资源，发展以天然橡胶为主的热带经济作物种植，促进边疆地区的开发建设。

为改变云南闭塞落后的面貌，全省积极推进以交通为重点的基础设施建设。中共云南省委确定了“中央投资，专业队伍进行重点建设；地方投资，民工建勤，进行普遍恢复；改建与新建相结合”的公路建设方针，因地制宜，就地取材，发挥中央和地方的积极性，大规模新建、改建、修复从昆明到滇南、滇西等省内主要方向的干线公路和出省公路，积极修建县区公路和人马驿道；充分发挥已有车辆设备的营运效率，发展马车、马帮等民间运输。1953 年 8 月，成（都）昆（明）铁路开始勘测，中央铁道部西南设计分局派出 1000 多人组成 3 个勘测队，先后到沿线各段进行初测工作。航空运输方面，先后开通了昆明至北京、广州、重庆、成都的国内航线和昆明至缅甸仰光的国际航线。交通基础设施建设力度加大，初步改善了云南信息不畅、交通不便的落后面貌。

在贸易流通方面，中共云南省委不断理顺管理体制，建立工商、供销、税务分级领导的管理制度，加强对市场的管理。1955 年 5 月 12 日，云南省人民委员会发布《关于改善农村市场管理工作的命令》。根据这个文件，有关部门先后制定了改善农村市场管理的具体规定，区以上的各级市场统一由工商行政管理部门分级领导和管理；区以下的初级市场统一由区公所或县人民委员会指定的机构进行领导和管理。各级国营商业和供销合作社通过业务活动，积极组织领导私营商业调剂市场需求。各级税务部门依法征税，检查处理偷税漏税事件。在这个过程中，逐步建立起国营商品的牌价体系，统一市场物价管理，基本上做到同一市场、同一品名、同一规格质量的商品，统一按国营商业牌价销售，稳定了市场秩序。全省还根据国家的经济措施和市场的改组，有计划地调整国营、合作零售商业网；对零售商业不足的薄弱地区，国营、合作商业都建立零售业务。通过合理分布零售网，满足了当地人民的需要。同时，在各地组织了各种规模的物资交流会，互通有无，方便群众的生产生活，受到广大群众的欢迎。

工业化的起步

“一五”计划的重点是集中力量加强工业建设，努力实现国家工业化。为了切实加强对工业工作的领导，中共云南省委决定相继组建省委工业部等指导和管理工业的职能部门，在政府部门中建立党组。为了更有效地开展云南的工业建设，为初步实现工业化提供组织保证，早在 1952 年冬季，省委就作出“及时输送大批干部到工业生产和基本建设单位去”的决定。1954 年又商请中共中央和西南局从其他省市及云南各专州调集 4156 名干部[①]派往有色冶金、机械、军工、建筑建材等主要工业企业，并抽调大批工程技术人员充实到基层第一线。仅在 1953 年重工业部提出“全国支援东川”口号的号召下，各地就调集了大批干部、工程技术人员、退转军人、工人到东川，使东川矿务局职工从 2000 多人骤增至 1 万多人。同时注重培养各类专业技术和管理人才。据

① 包括 1953 年前调人数，其中有地师级和县团级干部 95 人。载云南省地方志编纂委员会编：《云南省志・中共云南省委志》，云南人民出版社 2000 年版，第 443 页。

1957 年统计，全省共有工业、农业、林业、卫生、财经五类中等专业学校 33 所，在校生 1.85 万人。大批学子一毕业就奔赴工业战线，成为全省工业建设的新兴力量。省委还号召机关、企事业单位职工通过在职学习、业余或脱产的文化技术培训班等形式，加强企业管理知识的学习，钻研工业建设的业务，以适应实现社会主义工业化新任务的要求。

为加快工业发展，中共云南省委注重改善和加强对工业的管理。首先加强对市县工业的组织领导与业务管理，逐级建立专门机构，积极地、有计划地发展市、县工业。其次是对工业企业普遍建立责任制度，改善劳动组织，编制生产计划，合理使用劳动力，采取可行措施，提高产品产量，改善经营管理。最后是提高计划性，通过推行与加强企业计划管理工作，实施地方工业产品的归口管理，逐步扩大计划产品，调整专县工业的隶属关系，使生产渐次纳入国民经济的计划轨道。

在工业要“为农村经济服务，并与农业相结合”方针的指导下，中共云南省委要求大力发展地方工业。在保证国家重点建设的前提下，积极安排了 350 多个大、中、小型地方工业建设项目，主要是建材、煤炭、电力、食品、纺织、化工、制盐、生产用金属品等行业，5 年共完成投资 5662 万元①，发挥了地方工业满足人民生产生活需要和支援国家经济建设的重要作用。1953 年 1 月，二〇三厂、二〇四厂、昆明电工器材厂先后改属中央第一机械工业部直管，改名为昆明机床厂、昆明电机厂、昆明电线厂。5 月，昆明机床厂试制出 T68 卧式镗床，为当时国内最大、最复杂的机床，曾被送到莱比锡展出。8 月，日处理 60 吨原矿的水套开顶式炼铅鼓风炉在会泽铅锌矿投入使用，结束了土炉炼铅的历史。1953 年 12 月，位于开远的小龙潭煤矿开工建设，后几经改建扩建，成为云南最大的露天煤矿。1954 年，华宁盘溪糖厂及玉溪、保山、红河等专州市一批机制糖厂相继开工建设，揭开了云南制糖工业的新篇章。1956 年 2 月，被列入国家“一五”计划重点建设项目的昆明水泥厂破土动工，工程总投资 3401 万元，设计生产能力为年产水泥 30 万吨。这是云南第一家机械化的大中型水泥生产企业，它的建成，结束了云南依靠

① 1953 年至 1957 年 8 月底统计数字。

国外、省外供应水泥的历史。与此同时，云南漂染厂、云南砖瓦厂、昆明普坪村电厂等一批包括制茶、机械、建材等在内的工业项目的新建，初步奠定了云南地方工业体系的基础。其中，1956 年由 13 家小烟厂合并成立的昆明市烟厂、1957 年 9 月成立的玉溪烟叶复烤厂等企业的建成，奠定了云南烟草产业的基础。经过不断开拓与发展，这些企业成为对云南甚至全国经济发展都具有重要影响的骨干企业。专、县和边疆少数民族工业也得到发展，边疆民族地区出现了近百个企业，过去从来没有工业的迪庆州及其他 11 个民族自治县有了工矿企业，全省工业企业集中于昆明、个旧两地的状况有所改变。

云南有着“有色金属王国”的美称，发展有色金属工业是云南“一五”计划中工业建设的重点。早在 20 世纪 50 年代初，周恩来、陈云等党和国家领导人就明确指出，云南一定要抓好个旧、东川等地的锡、铜采矿业，支援国家经济建设。根据中共中央指示，云南有色金属矿藏的勘探工作起步较早。从 1952 年开始，为了提供建设有色金属工业、铁路和水泥工业的地质情况，全省开始了大规模的地质和资源勘探工作。西南地质调查所、重工业部有色金属管理局西南有色分局、东川矿务局和云南锡业公司等单位都分别成立了地质处或勘探队，国家有关部门分别从东北地区及省内有关单位抽调大批技术人员和行政干部，充实到云南地质部门。到 1953 年底，全省从事有色金属矿业地质勘探人员达 5559 人，同时聘请了数十名苏联专家到东川和个旧矿区帮助工作，对全省地质地形及资源情况进行全面勘探。从 1953 年起，全省开展了大规模的有色金属工业建设，重点完成了云南锡业公司、东川矿务局、会泽铅锌矿配套的地质勘探、电力、建材和交通邮电项目建设。

这一期间，作为苏联援建中国 156 个重点建设项目之一的东川铜矿，在全国各地大力支援下，开展了声势浩大、工程艰巨的“万人探矿”，先后于 1955 年 10 月和 1957 年 7 月向国家矿产资源储量委员会提交了第一、二期《东川铜矿储量计算报告书》，为国家探明了一个大型铜矿工业基地。同时矿区开始着手进行建厂设计方案的前期工作。1956 年 8 月 10 日，周恩来签发《东川矿务局设计任务书》，拟投资 6.5 亿元，建成年产精矿含铜 5.5 万吨的大型采选铜矿山。1956 年，云南省组织 4 万多民工，经 1 年 10 个月，修通了云南省第一条矿山公路，为开发东川矿区打开了通道。到“一五”期末，全矿区工农业总产值为 964 万元，地方预算收入 91.6 万元，比 1954 年增长近 1 倍。

与有色金属矿产开发配套的电力、公路、建材工业的建设，也按计划逐步实施。相继扩建了昆明、个旧、东川三个地区电网，新建了以礼河梯级水电厂；开展了开远火力发电厂改扩建工程；修建了通达矿区的公路和铁路支线。全省工业投资 5 年累计 4.72 亿元，用于有色金属采矿业及直接相关的能源、交通、建材等建设的投资即达 3.86 亿元，占 81.9%。国家为云南有色金属工业发展也投入了大量资金和人力，1950 年至 1957 年总投资 2.96 亿元，占同期全国有色金属行业总投资的 14.26%，仅次于辽宁，居全国第二。

云南大规模的工业建设，特别是云南锡业公司、东川矿务局、会泽铅锌矿、开远电厂、个旧电站等苏联援建项目在云南的立项实施，形成了国家层面对云南的第一次大规模投资建设，极大地改变了云南地方工业基础薄弱的落后面貌，促进了云南经济发展和工业化进程。

“一五”计划的成效

在中共云南省委领导下，全省党员干部和各族人民坚持“重点建设，稳步前进”的方针，从 1953 年开始，经过艰苦奋斗，到 1957 年底，提前或超额完成了第一个五年计划各项计划指标，取得了辉煌成就。

农业生产持续协调全面发展，粮食生产稳步增长。1957 年，全省耕地面积达到 4253.96 万亩，比 1952 年扩大 611.68 万亩，增长 16.8%；农作物总播种面积达到 5577 万亩，比 1952 年扩大 1274 万亩，增长 29.6%；经济作物种植总面积达到 466 万亩，比 1952 年增加了 309 万亩，扩大近 2 倍。在农业生产持续发展的同时，林、牧、副、渔业也有很大发展，林业产值增长 23.3 倍；牧业产值增长 79.6%；副业产值增长 71.1%；渔业产值也增长了 1.3 倍[①]。

① 云南省地方志编纂委员会编：《云南省志・经济综合志》，云南人民出版社 1995 年版，第 296 页。

地方工业体系不断完善。1957 年全省工业企业达到 3866 个[①]，比 1952 年增加 78.9%。随着工业企业生产能力的扩大，工业产品的品种和产量大幅度增长。磷矿石、电石、农用化肥、大型金属切削机床、内燃机、汽车配件等产品，都是在第一个五年计划时期开始生产并形成社会生产力。主要工业产品钢、生铁、焦炭及铜、锡、铅等 10 种有色金属和原煤、水泥、卷烟、糖等的产量都成倍增长。

市场活跃，物价稳定。经过不断地调整商业网点和公私关系，改进经营管理，充实和加强商业队伍，全省商业有了长足发展。1957 年社会商品零售总额达到 10.19 亿元，比 1952 年增长 1.03 倍[②]。

交通运输条件有了很大改善，经营效益显著提高。到 1957 年，滇藏、昆洛等干线公路，以及碧色寨到河口、南涧至下关、个旧至金平、保山至腾冲等 8 条公路先后通车，全省公路通车里程为 1 万余公里，通达县市 101 个，每个专州首府和大部分县城都通了公路，形成了以省会昆明为中心的省内公路运输网络。铁路运输在没有增加营运里程的情况下，1957 年货物运输量达到 234 万吨，比 1952 年增长 3.3 倍，旅客发运量 380 万人，增长 1.4 倍[③]。多条航空线路的开发，为后来云南发展成为航空大省创造了条件。

通过"一五"期间的建设，云南与内地差距缩小，贫困和落后面貌发生了根本性变化，形成了一批优势产业，并初步建立了云南相对完整和独立的国民经济体系，奠定了云南社会主义工业化的基础，积累了社会主义计划经济建设的宝贵经验。

---

① 云南省地方志编纂委员会编：《云南省志・经济综合志》，云南人民出版社 1995 年版，第 296 页。

② 云南省地方志编纂委员会编：《云南省志・经济综合志》，云南人民出版社 1995 年版，第 297 页。

③ 云南省地方志编纂委员会编：《云南省志・经济综合志》，云南人民出版社 1995 年版，第 297 页。

三　人民代表大会制度的建立

人民代表会议及基层普选

人民代表会议制是新中国成立初期地方人民政权的组织形式。当时由于土地改革没有彻底完成，人民群众尚未充分组织发动起来，召开普选的人民代表大会的条件还不成熟，便采取了这个过渡方法。云南解放之初和全国一样，以人民代表会议或各族各界人民代表会议行使国家权力。从 1950 年 2 月至 1954 年 6 月建立人民代表大会制度，全省各地召开人民代表会议（含各界人民代表会议、各族各界人民代表会议）1349 次，这为探索建立更加完备的人民代表大会制度进行了有益的尝试和准备，也为推行基层人民代表普选奠定了广泛的群众基础。

随着"一五"计划的全面实施和大规模经济建设的开始，加强政治制度建设，实行普选的人民代表大会制度已势在必行。1953 年 4 月，中共中央要求全国所有基层单位必须于 10 月底以前完成全部人大代表选举工作。按照中共中央的统一安排，5 月，云南省人民代表大会选举委员会正式成立，各级成立了选举委员会及其办事机构。按照省选举委员会作出的《关于基层选举准备工作的指示》，各级进行了普选宣传和典型试选，并按做好人口普查、选民登记、讨论提出候选人、进行正式选举的程序进行全省范围内的普选。

宣传动员是促进普选工作向纵深发展的主要方式。1953 年 3 月 2 日，《云南日报》全文刊登了《中华人民共和国全国人民代表大会及地方各级人民代表大会选举法》。在中共云南省委的统一领导下，各级组织以党、团员骨干为核心，组成宣传队伍，在全省范围内开展了关于选举意义及选举法内容的宣传。各地都举办了报告会、讲演、小型座谈、逐户宣传、"选举宣传站"等形式多样的活动，营造了浓厚的宣传氛围，宣传队深入街头里巷、田间地头的宣传活动，唤起民众当家作主的豪情。

通过宣讲，广大干部群众普遍受到了一次深刻的民主教育，激发了对党和政府的拥戴热情。

为使年满18岁以上的公民都能依法参加选举，云南在全省进行解放后首次人口普查工作。各级党委成立了人口调查登记办公室，按照中共中央统一制定的简易可行的办法进行登记。到调查登记的标准时间1953年6月30日24时止，全省人口为1747万人。

乡是国家政权的基层组织，根据《选举法》的规定，进行基层选举应以乡为单位。全省首先开始了划乡调整工作。经1951年全省的划乡建政工作，到1953年，全省实有乡数为10658个，后几经调整，到1954年，全省的乡调整为8360个（不包括155个乡级镇），乡干部为26625人[①]。

按照《选举法》的精神，结合云南的实际情况，省选举委员会确定省一届人大代表名额为392人。代表候选人名单，由中共云南省委邀请各民主党派和人民团体协商后联合提名，经省选举委员会审查后，分配到全省126个选举单位，经会议酝酿、讨论同意，然后选举产生。选出的代表，经省一届人大一次会议代表资格审查委员会审定后提请大会审议。

到1954年5月底，除部分边疆民族地区暂不进行基层普选外，全省99个县市，7502个基层单位，总计1420万人口（占全省总人口81.3%）的地区进行了普选。参加投票的选民有636万余人，选出基层代表154100人，其中妇女代表26200人，占17%，少数民族代表45930人，占29%以上[②]。从选出的代表构成来看，基层人民代表大会的代表，在城市以工厂中有创造有贡献的劳动模范和先进生产者为主；在农村以农业劳动模范、生产合作社社长、互助组长和积极分子为主；其他各阶层的代表也都是各行各业有代表性有影响的人物。各级人民代表大会随着普选工作的开展，由下而上逐步建立，真正成为领导生产建设、组织人民行使权力的机关。此后，在基层代表的基础上选出市县人民代

① 王元辅主编：《云南行政区划体制沿革》，云南民族出版社2005年版，第50页。

② 王元辅主编：《云南行政区划体制沿革》，云南民族出版社2005年版，第54页。

表 19476 人，又由市县人民代表大会选出省人民代表 392 人。在选举过程中，各级组织将普选当作提升民众当家作主意识的民主普及运动，并且通过人口登记、选民资格的认定、选举大会的召集及对包括妇女、老人等在内的动员，展现了新成立的人民政权动员社会、组织民众的能力，民主下乡在实践中得以深入贯彻。

截至 1954 年 7 月，全省 126 个选举单位都在普选的基础上，召开了人民代表大会及各族各界人民代表会议，讨论《中华人民共和国宪法（草案）》，选举产生云南省第一届人民代表大会代表。经过普选活动的实践，增强了广大民众的民主权利意识，熟悉了民主选举的运作程序，激发了民众参与管理国家事务的热情。

云南省第一届人民代表大会的召开

1954 年 8 月 6 日至 12 日，在云南民主政治建设史上具有里程碑意义的云南省第一届人民代表大会第一次会议在昆明人民胜利堂举行。省一届人大应到会代表 392 人，出席代表 376 人，列席的有省人民政府各部门负责人和有关人士。

在开幕式上，会议主席团成员张冲致开幕词，中共云南省委副书记于一川致贺词，云南军区和各民主党派、各人民团体、各民族自治区以及劳动模范、战斗英雄代表先后发言。大会收到各单位、各地区以及各界群众的锦旗 54 面、贺信 166 封。

会议中心议题是审议省人民政府的工作报告，讨论《中华人民共和国宪法（草案）》，选举云南省出席第一届全国人民代表大会代表。在大会开始之前召开的预备会议上，审查并批准了大会筹备委员会副主任龚自知作的省第一届人民代表大会第一次会议筹备工作报告、省选举委员会秘书长陈方作的云南省选举工作报告，通过了会议主席团及秘书长、副秘书长名单、代表资格审查委员会名单、提案审查委员会名单、起草委员会名单以及会议议程、选举全国人大代表暂行规则等。

代表大会听取了省人民政府副主席郭影秋所作的云南省人民政府工作报告。报告对云南解放以来的工作作了总结，认为几年来云南胜利地进行了各项民主改革运动，建立和巩固了人民民主专政；工农业生产获得恢复和发展，社会主义经济成分正稳步增长；在生产发展的基础上，人民的物质和文化生活水平正逐步提高；全省各民族已团结在祖国大家庭中，各民族的政治经济和文化正逐步发展；加强团结，在中共中央统一领导下和现有工作基础上，全省各项工作将继续前进。会议还听取了省讨论宪法草案委员会秘书长张子斋《关于讨论〈中华人民共和国宪法（草案）〉的报告》。

大会在审议这两个报告时，除分组讨论外，有 39 位代表和 2 位列席人员在大会上发了言。大会作出《关于云南省人民政府工作报告的决议》和《拥护〈中华人民共和国宪法（草案）〉的决议》。在批准省人民政府工作报告的决议中指出：解放 4 年多以来，云南省人民政府在中共中央、中央人民政府和毛泽东的领导下，依靠全省各族人民的亲密团结和努力，在各项主要工作中已经取得了巨大胜利。并强调，摆在全省各族人民面前的任务是艰巨的、光荣的，今后任务是：切实按照国家过渡时期的总任务，在中共中央统一计划与领导下，为逐步实现国家的社会主义工业化，逐步实现国家对农业、手工业和资本主义工商业的社会主义改造而奋勇前进。在拥护宪法草案的决议中指出：代表们一致热烈地拥护宪法草案，决心以身作则，和全国人民一起，模范遵守宪法，正确行使自己的权力，忠诚履行自己的义务，为顺利完成社会主义工业化和社会主义改造的伟大事业，为建设繁荣富强的社会主义国家，创造幸福美满的生活而奋斗。

会上，陈方受主席团委托，代表省选举委员会向大会提出了云南省出席第一届全国人民代表大会 45 位代表候选人的名单。代表们经过讨论后进行投票选举，45 位代表候选人全部当选为第一届全国人大代表。大会还根据代表的提议，作出了《关于更改歧视、侮辱少数民族的地方名称的决议》。

大会在通过了向毛泽东、中国人民解放军和中国人民志愿军的致敬电文后，郭影秋代表会议主席团致闭幕词，会议圆满闭幕。

省第一届人民代表大会第一次会议的召开，标志着人民代表大会制度在云南的正式建立。此后，云南省第一届人民代表大会分别于 1955 年 2 月、1956 年 4 月召开第二次和第三次会议，审议和决定云南经济社会发展的重大方针政策。各级人民代表大会依照宪法规定充分行使各项职权，审议和批准政府工作报告，选举政府组成人员，对本行政区域内的重大事件作出相应决议、决定，围绕党和国家的中心任务，积极开展工作，推动了云南各项事业的健康发展，全省人大工作活跃而卓有成效。

通过普选和人民代表大会的召开，全省的政权建设工作进入了一个新的阶段。在省第一届人民代表大会第一次会议上，根据政务院“由于宪法尚未公布，普选后的地方各级政权组织形式尚待确定，因此，省、市、县本届人民代表大会，不在首次会议上选举本级人民政府”的决定，会议没有选举新的省人民委员会。在第一届全国人民代表大会召开之后，根据新的《选举法》和《中华人民共和国地方各级人民代表大会和地方各级人民委员会组织法》，1955 年 2 月 10 日，云南省第一届人民代表大会第二次会议上，将云南省人民政府改称云南省人民委员会（简称省人委）[①]，选举产生了云南省人民委员会组成人员及高级人民法院、中级人民法院院长。郭影秋当选为云南省人民委员会省长。2 月 11 日，云南省人民委员会举行第一次会议，讨论通过了《云南省人民委员会各工作部门和办公机构设置的意见》和工作人员名单，调整和健全了人民委员会的工作机构，加强了干部的配备工作。由于全省各级人大未设立人大常委会，由人民委员会代行同级人民政府和人大常委会的职能。各地在年内普遍选举成立了人民委员会，县、市政府机关逐步充实起来。

随着各级人民代表大会的召开，各级人民政权建设的推进，中共云南省委不断加强对政权机构的领导。通过调整省人委党组干事会组成人员，在改进集体领导的同时，实行对各部门分工管理，加强了党对政府的领导。1958 年 4 月，省委将省人委党组干事会改为党组，并在省人委系统设立政法、文教、工交、财经、农林水垦 5 个党组。

全省各级人民代表大会的成功召开，使广大群众对人民代表大会制度是国家的根本政治制度，人民代表大会是人民行使权力的机关，均有

① 1979 年 12 月，恢复设立云南省人民政府。

了不同程度的认识。人民民主的内容和实质有了新的发展和提高，对完善行政体制，特别是各级人民委员会提高行政效率和效能，起到了巨大的促进作用。

四　统一战线工作的新进展

政协云南省委一届一次会议的召开

1954年9月，第一届全国人民代表大会第一次会议通过了《中华人民共和国宪法》，以根本大法的形式，将新中国成立时建立在新民主主义政治基础上的人民民主统一战线，转变到建立在社会主义政治基础上来。指明在全面开展社会主义改造的形势下，在工农联盟的基础上，仍需保持同资产阶级的联盟关系，还需吸收一定数量的民主人士参加对国家事务的管理。中共云南省委把这个精神充分贯彻到云南省的政权机构建设中。省第一届人民代表大会第一次会议选举出的392名省人民代表大会代表中，非中共党员208人，占代表总数的53%；少数民族代表157人，占40%；妇女代表59人，占15%。这种政权组成，体现了人民民主统一战线的广泛性，便于动员组织社会力量，发挥统战组织为中国共产党领导的社会主义建设事业出谋划策的作用，以保证社会主义改造和社会主义建设任务的顺利进行。

随着云南省第一届人民代表大会第一次会议的召开，省各族各界人民代表会议协商委员会圆满完成了代行人民代表大会的职能，人民政协的性质、职能、任务及其内部关系等基本问题都发生了变化。根据1954年12月《中国人民政治协商会议章程》有关规定，经过充分的筹备，1955年2月21日至24日，政协云南省委员会第一届第一次全体会议在昆明召开。出席会议的委员155人，其中，中共党员33人，占21.3%；民主党派及无党派人士122人，占委员总数的78.7%；妇女委员4人，占委员总数的2.6%；少数民族44人，占委员总数的28.4%。列席代表 125 人。会议的中心任务是明确过渡时期统一战线的作用和任务，进一步增强团结，为实现国家的社会主义工业化和社会主义改造，做好对台湾的统战工作而奋斗。

中共云南省委书记谢富治主持会议并致开幕词。会议听取了全国政协委员张天放作的《关于中国人民政治协商会议第二届全国委员会第一次全体会议情况的传达报告》，省长郭影秋作的《周总理〈关于目前形势报告〉的传达报告》，讨论同意了省第一届第二次各族各界人民代表会议协商委员会副主席龚自知作的《关于云南省各族各界人民代表会议协商委员会工作报告》。38 位委员在会上发了言。会议通过了《提案审查报告》和《关于协商委员会工作报告的决议》，明确了人民代表大会召开后人民政协的性质、地位、作用和任务，指明了加强统一战线和人民政协工作的必要性，为长期坚持中国共产党领导的多党合作和政治协商制度奠定了思想、政治和组织基础。会议选举产生了由 41 人组成的政协云南省委第一届委员会常务委员会，其中中共党员 13 人，占 32%；民主党派及无党派民主人士 28 人，占 68%；少数民族 15 人，占 36.6%。选举谢富治为主席，于一川、张冲、白小松、郑敦、陈方、苏鸿纲、李琢庵、谢崇文，由云龙为副主席，李群杰为秘书长。

按照政协章程规定，每届政协委员任期 4 年。在 1956 年 4 月 3 日召开政协云南省委员会一届二次全体会议时，对政协委员进行了适当增补，共有委员 265 人。会议着重讨论了关于知识分子的问题，同时协商讨论了对农业、手工业和资本主义工商业的社会主义改造及边疆地区和平协商土地改革等问题。

政协云南省委员会成立后，认真履行政治协商和人民民主统一战线的职能，围绕国家和地方重要方针政策的制定及贯彻实施，针对全省政府工作、财政预算、经济与社会发展规划、群众生活的重大问题和统一战线发展的重要事项，认真进行政治协商和民主监督。政协云南省委多次组织委员到工厂、农村、学校进行视察调研，向有关部门提出意见、建议；坚持以自愿为前提，采取多种形式，积极组织委员和各界代表人士学习马克思主义、毛泽东思想，学习时事，提高委员和各界代表人士的参政议政水平；加强与各民主党派和民主人士的联系，发展和壮大人民民主统一战线，调动各界人士参加社会主义改造和社会主义建设的积极性，推动全省统一战线工作的开展。

民主党派云南地方组织的建立和发展

云南解放后，按照《共同纲领》和各民主党派中央的要求，各民主党派地方组织接受中共云南省委的领导，积极参加云南的各项建设。在这个过程中，各民主党派组织也得到了建立和发展。在1950年军事接管中，登记的民主党派仅有中国民主同盟云南省支部、中国国民党革命委员会的3个组织。1956年4月，毛泽东在中共中央政治局扩大会议上发表了《论十大关系》，提出了中国共产党与民主党派“长期共存，互相监督”的方针。这一方针提出后，中共云南省委统战部协助各民主党派云南组织召开各种会议，进行传达贯彻。1956年5月，在民建昆明市全体会员大会上，省委统战部部长陈方再次传达了这一方针。同月，在民革云南省第一次党员大会上，中共云南省委副书记马继孔到会祝贺，也强调了“长期共存，互相监督”的方针。7月，民盟云南省委第三次全委扩大会对这一方针进行了传达和座谈。九三学社、中国民主促进会、农工民主党等，先后派员来昆明发展和建立组织。在省委统战部协助下，1956年12月，九三学社昆明分社筹委会成立；1957年2月，中国民主促进会昆明筹备工作组成立；同时，农工民主党也在昆明筹建地方组织。到1957年春，8个民主党派中有5个党派在云南建立了组织。

民主党派组织在云南建立后，中共云南省委要求各民主党派加强学习改造，有计划地组织他们参加土地改革、抗美援朝、镇压反革命等运动，让他们在实践中受到教育，得到锻炼提高。1953年9月，过渡时期总路线公布后，各民主党派在中共云南省委的统一领导下，分别成立了学习总路线委员会，领导所属成员开展了学习和贯彻过渡时期总路线的活动。1953年12月3日，民盟云南省支部发出《积极参加国家过渡时期总路线学习的通知》，号召全省盟员学习贯彻过渡时期总路线。

1953年11月，民建总会号召全体会员“动员起来，在中国共产党的领导下，团结私营工商业者，为贯彻国家过渡时期总路线而奋斗！”12月，民建总会又函告地方组织，加强过渡时期总路线的学习，并作出具体指示。在省委统战部协助下，民建昆明市委筹委会通过传达总会的指示，一面布置各基层组织深入学习过渡时期总路线，一面着手总结“三反”“五反”以来的工作，统一领导思想，端正前进方向，更好地为贯彻国家对资本主义工商业的社会主义改造而贡献力量。在社会主义改造中，民建中的工商业者带头走上国家资本主义的道路。云茂纺织厂于1954年1月被批准为昆明第一家公私合营企业，大成实业公司也于同年10月正式宣布为公私合营企业。到1954年底，昆明市民建工商业户会员46户，其中工业17户，除2户缝纫业的小手工业户转入劳动者协会外，15户都纳入国家资本主义轨道；29户商业也分别被批准公私合营。个体劳动的小手工业者和小商、小贩走上了合作化道路。公私合营后，政府对私方人员进行了适当安排和照顾。绝大多数民建会员都安排担任了企业的各级领导职务。民建组织也要求会员守职尽责，主动搞好共事关系，为社会主义改造和建设事业作出贡献。

在学习贯彻中共中央“长期共存，互相监督”这一方针的过程中，各民主党派云南地方组织召开各种会议，或发表谈话和文章，积极表示拥护这一方针，民主党派工作出现了生动活泼的局面，组织上进一步得到了发展。全省各民主党派成员从1956年的761人发展到1957年初的1534人，增加了一倍多，开创了各民主党派、各界人士凝心聚力建设新云南的良好局面。

五　推动社会文化事业发展

加强对文化体育工作的领导

大规模经济建设开始后，为适应过渡时期总路线的需要，党加强了对文化工作的领导。根据1954年1月中共中央发出的《关于目前文化艺术工作状况和今后改进意见的报告》精神，云南各级党委宣传部和政府文化主管部门，抓紧组织文艺工作者学习马克思主义和毛泽东思想,开展文艺工作者的自我思想改造,引导作家按照文艺为工农兵服务的政治方向和社会主义现实主义的创作原则开展工作。为了适应人民群众不断增长的文化需求,中共云南省委要求组织作家深入基层,深入边疆,在创作题材和主题思想等方面予以指导,创作和传播反映新时代和新生活的文化成果,以逐步确立起以马克思主义为核心的主流意识形态。

1956 年 3 月,云南文学艺术工作者第一次代表大会在昆明召开,大会选举产生了以徐嘉瑞为主席,李广田、廖新学、黄铁、方国瑜为副主席的云南省文学艺术工作者联合会和以袁勃为主席,李广田、冯牧、刘澍德为副主席的中国作家协会云南分会。在文化艺术工作者共同努力下,云南文化艺术事业得到快速发展。省及专县组建的滇剧、花灯、京剧、话剧、曲剧、歌舞等艺术表演团体由 1952 年的 23 个发展到 1957 年的 63 个,电影放映单位由 14 个增加到 155 个,建立了 91 个农村电影放映队,电影放映人员达 300 多人。这些放映员巡回在全省农村和边疆民族地区,深入小凉山、阿佤山和德宏、西双版纳等边疆民族山村,自 1951 年至 1955 年末,放映电影 18000 多场,观众达 3200 多万人次。建立了 1028 个广播站,遍及全省 100 多个县,其中有 400 个建立在边远民族地区。1956 年,根据中共中央“建立和发展以俱乐部为中心的农村文化网”的指示精神,当年全省就建立了文化馆 132 个,农村俱乐部 4336 个,群众文化工作网络初步形成。文化馆以俱乐部为中心,开展文艺演唱、黑板报、放映幻灯、扫盲识字等活动,建立业余文艺宣传队、农村图书馆、阅览室。各种形式的文化活动日益丰富和活跃,在农村和工矿企业形成了一个前所未有的群众文化热潮。

为了宣传新思想新文化,从 1953 年 4 月起,中共云南省委组织由云南省和昆明市党政机关干部、民主党派、人民团体代表以及各族各界人士共 143 人参加的云南省各族各界边疆慰问团分赴边疆,慰问驻守在边疆的中国人民解放军、公安部队和地方干部以及各兄弟民族。在 4 个多月的时间里,慰问团通过座谈会、报告会、放映电影、幻灯、演出杂技等形式,生动地向各族群众宣传社会主义思想,宣扬社会主义建设的光明前途,充分发挥文化在培育新风尚、凝聚人心方面的作用。

在党的“百花齐放、百家争鸣”文艺方针指引下，根据云南地处边疆和民族众多的实际，中共云南省委十分重视民族文化建设，对民间原有的各种艺术和文化娱乐形式加以发掘、利用、改革和发展，把它作为贯彻中国共产党的民族政策和发展新中国文化艺术的重要组成部分，以提高少数民族自信心，加强民族团结，促进边疆稳定。

1956 年，中共云南省委组织了 6 个调查组，第二次分赴各地大规模调查搜集云南民族民间文艺资料。这些调查队翻山越岭、走村串寨，深入家家户户，认真听、仔细记，经过加工整理之后升华为脍炙人口的艺术精品，使许多民间艺术的精华得以保存了下来。傣族叙事长诗《召树屯》、撒尼人抒情长诗《逃到甜蜜的地方》等就是其中的代表作。

经过大规模的发掘整理工作，一大批具有云南地方民族特色的文艺作品走向了全国和世界。云南花灯《大茶山》改编的《春到茶山》、关肃霜主演的京剧《泗州城》《打焦赞》，分别在莫斯科第六届世界青年联欢节上获金奖和银奖。刘澍德的《桥》，李乔的《醒了的土地》和《欢笑的金沙江》（第一部）等文学作品以及廖新学的雕塑、袁晓岑的《孔雀》等美术作品，在国内受到好评。由军旅作家编剧、反映云南边疆少数民族的斗争和生活的电影《边寨烽火》《芦笙恋歌》等都获得观众的好评。1956 年 1 月，云南第一份具有浓郁民族特色的文学期刊《边疆文艺》创刊，在办刊过程中，推出了一大批在全国有影响的作品和优秀的民族作家，为繁荣云南少数民族文学创作，培养少数民族作家队伍，弘扬少数民族文学事业作出了重要贡献。云南民族文化开始展示出其独特魅力，丰富了中华民族的文化宝库。

云南文化事业的发展，始终得到党和国家领导人的关怀和支持。1956 年 12 月中旬，周恩来参加中缅两国边境人民联欢大会途经昆明期间，参观了云南民族文物展览馆、云南民族学院，观看了民族歌舞表演，到云南省图书馆视察工作，并嘱咐陪同的相关领导，对有关云南的历史、地理文献要给以足够的重视；图书馆要及时准备充分的“粮草”，为科研提供资料。经周恩来同意，在他和缅甸总理吴巴瑞参加的中缅边民联欢大会上，云南省文化局派出省歌舞团、省花灯团和汽车电影放映队参加联欢演出，受到中缅两国领导人和民众的好评。

云南文物考古工作有了可喜的收获。先后在开远小龙潭发掘出距今 1500 万年的森林古猿牙齿化石，在晋宁石寨山发掘出大批青铜器，特别是 1956 年 12 月发现的“滇王之印”，确证了汉代滇池区域古滇王国的存在。

云南体育工作在这个时期开始起步。1955 年，云南省体育运动委员会和中华全国运动总会云南分会成立。3 月，省第一次体育工作会议召开，会议根据中共中央精神，结合云南实际，提出要建立群众性的体育协会，建立“准备劳动与卫国体育”制度（简称“劳卫制”[①]），以增强国民体质；在不具备条件实行“劳卫制”的厂矿、机关和学校，则开展广播体操和其他多种多样的体育活动，重点开展国防体育活动。各专州、县也逐步设立了体育事业管理机构。1955 年 5 月，大理三月街期间举办了滇西各族人民体育表演大会，从此，一年一度的三月街开始成为全省最有影响的盛会之一。1957 年 2 月，举办了全省第一届农民运动会，有 16 个民族的 502 名运动员参加。在广泛开展的群众性体育运动中，涌现出一些优秀运动员，乒乓球运动员邱钟惠就是其中的杰出代表，她在 1955 年至 1962 年间 5 次获全国女子乒乓球单打冠军，并在 1961 年第二十六届世界乒乓球锦标赛中获得女子单打冠军，成为中国体育史上第一位女子世界冠军。

过渡时期文化艺术体育事业的繁荣发展，丰富了各族群众的文化生活和精神生活，通过摒弃旧思想旧观念，革除陈规陋习，广泛深入地宣扬和倡导社会主义文化方向，确立了马克思主义在文化艺术领域的指导地位。

统筹发展教育事业

随着社会主义工业化建设的推进，科学和教育的重要作用日益显现。1953 年，为贯彻中共中央提出的“整顿巩固，重点发展，提高质量，稳步前进”及“文教建设必须为经济建设服务”的文教方针，中共云南省委制定了《1953—1957 年云南省教育事业计划》，开始有计划、有重

① 1964 年，中央正式废除“劳卫制”，以《国家体育锻炼标准》代之。

点地发展教育事业，以提高全省人民素质，培养社会主义建设事业的人才，增强发展后劲。这一时期教育工作的重点是对各类学校进行整顿和改进。

1954 年，全省整顿小学工作全面铺开。重点是整顿城市和农村的公立小学，严格控制小学的发展，改变小学盲目发展的混乱现象。

调整中等技术学校。停办不具备办学条件的学校；把具备基本办学条件的私立职业学校改为公立学校；将多科性综合职业学校改为单科性学校；将技术学校改为中等专业学校；改春秋二季两次招生为一年一次的秋季招生，并一律规定中等技术学校只招收初中毕业生，学制 3—4 年。1956 年，国家高教部①召开全国中等专业教育工作会议，提出中等专业教育要加速发展，中等专业学校实行“谁用干部谁办学校”的原则。接着，中央冶金、电力、铁道等 10 个部门分别召开了本系统中等专业学校教育行政会议，开始了部门办学。1956 年地矿部在昆明开办昆明地质学校，省水利水电厅开办省水利水电学校，曲靖专署农牧局开办曲靖农业学校等。

发展中等师范教育。1953 年，在“加强巩固的基础上，适当发展高中、中师和技校，调整高中及师范学校的分布”思想的指导下，全省以独立设置师范学校为发展重点，将原有县立师范学校改由省办，统一开支经费；各专区中学附办的师范班，逐渐移至专署所在地或有条件的地区，以便集中人力物力，独立设置师范学校；有重点地发展中等师范学校，紧缩初级师范学校；适当发展民族初级师范学校；县办的中学停止招收师范班学生，独立设置昆明、普洱、佛海、昭通和建水 5 所师范学校，增设大理、楚雄两所师范学校。同年，根据中共中央的教育方针，省教育厅制定《师范学校暂行规程（草案）》，12 月又发出《核拨各中学师范学校设备费专款》的通知，规定师范学校每人按 140 元核拨教学经费。通过以上措施，全省师范教育有了一定的发展，但仍然存在着独立设置的中级师范学校数量少、师资质量差、教材针对性不强、不能很好

---

① 1952 年 11 月，中共中央决定，从中央人民政府教育部中分设成立中央人民政府高等教育部，1954 年 9 月更名为国家高教部，1966 年 7 月并入国家教育部。

地把握民族教育特点等问题。为此，全省开始有计划地停止发展初师班，扩充较小的师范学校，发展中级师范学校，同时针对全省小学教师文化程度低，小学毕业及以下文化程度的教师占教师总数22%的现状，选送小学教师参加轮训班或初师班进修学习，提高师资水平。各地区在经费较为紧张的情况下，通过开办师资训练班，吸收部分机关编余干部和复原转业军人充实教师队伍等措施，使大部分专区建有一所师范学校，促进了当地教育的发展。

调整充实高等教育。按照中共中央的部署，高等学校根据经济建设的需要继续进行院系调整工作。云南大学先后将法律、政治、土木工程、航空工程、铁道管理、畜牧、园艺、蚕桑等系分别并入四川大学、西南政法学院、西南农学院、北京铁道学院、中国土木工程建筑学院、北京航空学院等院校。先后创办了云南民族学院、昆明医学院、昆明工学院等一批大专院校，为经济建设培养急需的人才，奠定了云南高等教育体系的基础。

在调整的基础上，中共云南省委逐步推行教育制度改革，提高教学设备利用率，提倡走读，鼓励与提倡工矿企业办学与民间办学，逐步满足人民的需要。大力发展民族教育、职工业余文化教育和农民业余文化教育，开展扫盲工作，提高工农子女和少数民族学生入学的比例。

在学校教育中，注重加强政治思想、文化科学和体育卫生教育。1956年4月和9月，先后成立省委高教党委和文教部，加强对高教工作和学校政治思想工作、文化宣传工作的领导。全省189所中等学校，有144所配备了党员校长或副校长；全省1941所完小配备了党员校长或教导主任近千人。据统计，1956年在学校中发展中共党员2532人，团员9111人，已有约100所中等学校建立了党支部，所有中学都建立了团支部。同时，学校通过组织广大学生参加各种义务劳动，请劳动模范、战斗英雄作报告，到工厂、农场、农业生产合作社参观等多种形式，加强学生思想政治教育，消除轻视体力劳动，轻视工农的错误思想，逐步树立唯物主义的世界观与人生观，树立社会主义的思想观念。许多学生毕业后回家务农，成为新中国农村有文化的新农民，为当地的发展发挥了积极作用。

经过努力，到 1956 年，全省共有小学 1.38 万所、中学 157 所、中等专业学校 33 所、大学 4 所，学龄儿童入学率达到 47%，教学设备条件逐渐得到改善，云南教育体系初具雏形。

加强农村医疗卫生工作

“一五”期间，各级卫生组织贯彻“预防为主”的防疫方针，在中国人民解放军驻滇部队的支持下，进一步加强了边疆民族地区和内地广大农村的医疗卫生工作，下大力气防治对人民群众生命危害极大的疟疾、鼠疫、天花、霍乱、血吸虫病、麻风病等地方病和恶性传染病，免费为各族群众接种牛痘，推广新法接生。

疟疾在云南有长期流行的历史。1919 年至 1927 年，思茅疟疾大流行，死者十之六七。解放初期进入超高疟区的部队，发病率几乎在 90% 以上。1952 年，西南军区后勤部组织了一批医药专家，深入云南边疆民族地区进行了半年的实地调查研究，制定了“以部队防治为主，军民一齐动手，统一领导，统一计划，组织力量，重点配备，全面实施”的方针。1953 年 2 月，云南军区组织了一个包括医药专家、教授、技术人员共 327 人的抗疟总队，他们携带大批设备和药品分赴滇南、滇西，与当地驻军卫生人员一起，组成了 2000 多人的抗疟队伍，在广大边疆地区开展大规模的抗疟工作。抗疟队对干部战士和当地群众进行了普遍检查，确定了不同的防治措施，进行预防疟疾等卫生知识的宣传普及，提高边疆军民的抗疟能力。经过抗疟队两年的防治和研究工作，鉴定了各种防疟药品的效能，解剖了 8.8 万多只蚊虫，分析了多种蚊虫的习性，最终确定“按蚊”为疟疾的主要传媒，从而掌握了云南疟疾流行的规律。

各级党委也从部队和地方的医务人员中抽调人员组成医疗组，深入到高疟区开展工作。医务人员身背水壶和药箱，走村串寨，为群众检查身体，发放预防药物，进行防疫注射，开展防治工作。各族群众感激地说：“大军送来的药是苦的，我们吃了心里是甜的。”为了开展好群众性的除害灭病工作，当地驻军同广大干部群众一道，展开爱国卫生运动。有的部队利用营房建设的间隙和节假日，组织清除垃圾和杂草，填平污水坑，喷洒灭虫药水。有的帮助村寨组织卫生组，搞好卫生，预防疾病。

在各级党委、政府、部队和人民群众的共同努力下，疟疾在边疆的肆虐终于得到控制，深受“瘴疠”之害的人们不再谈疟色变。1956年，朱德题词：“以七年短短的文化卫生运动，扫除了千年可怕的山岚瘴气，带动了边疆人民的生产事业，巩固了祖国边防”，对云南的抗疟工作给予高度赞誉。

在大力消灭地方病和传染病的同时，中共云南省委积极贯彻中共中央“中西医结合”“卫生工作与群众运动相结合”的方针，发挥中医及民族传统医药在群众医疗保障中的作用，开展以“除害灭病”为中心的爱国卫生运动，普遍进行爱国卫生知识教育，发动群众改善环境卫生，清理病菌的孳生环境。同时，根据“整顿、巩固、重点发展、提高质量、稳步前进”的方针和省第一届人民代表大会“重点发展县以下卫生事业机构”的建议，实行卫生事业以国家办、工矿企业办、集体办为主的原则，对私人办的卫生机构进行社会主义改造。大力培养医疗卫生专业人才，发展医疗卫生基础设施，建立县级医疗卫生机构。在边疆民族地区实行医药费全免制度。“一五”期间，全省卫生事业费支出为4645万元，占全省财政支出的5.15%。卫生基建投资1358万元，占全省基建投资的1.33%，重点用于高、中等医学教育、专科医院、矿区、边疆、民族地区的医疗卫生机构建设。到1956年，全省拥有医疗卫生机构1837个，病床9986张，专业卫生技术人员2.2万人。所有的县都建立了卫生院，多数县建立了防疫站和妇幼保健站。国家公职人员、大学生和工矿企业职工享受公费医疗和劳动保护。城乡的卫生面貌有了很大改善，卫生水平得到提高，疾病发生率大大降低，全省性的地方卫生防疫医疗体系初步建立。

第六章

发展睦邻友好关系

云南省与越南、老挝、缅甸接壤,是祖国西南对外的重要门户之一。中共云南省委从巩固和维护边疆稳定大局出发,加强边境管理,巩固边防安全,维护边疆稳定,开展边境贸易,促进对外经济、文化交流,积极发展睦邻友好边境关系,为大规模的经济建设和社会主义改造创造了稳定的发展环境。

一　维护边疆稳定

建设巩固边防

云南地处祖国西南边疆,边境线占全国陆路边境线的五分之一。云南边防的巩固直接关系着国家的国防安全和社会安宁。1950 年 8 月,中共中央西南局对中共云南省委《关于边界地区工作方针问题》的批复指出,云南面临着国防、民族和土匪三个重大问题,这三个问题密切关联。一旦边界发生问题,将使工作非常被动和混乱。因此,西南局建议在云南西部和南部组织两个行政区,以加强对边疆工作的指导。

在中共中央统一部署下,1950 年 11 月,云南成立了滇南、滇西工作委员会,作为中共云南省委的派出机构,在省委的直接领导下,统一协调滇南、滇西地区党、政、军、民的组织和力量，开展对敌斗争和民族工作，搞好边疆建设，建立巩固的国防。云南军区组建了蒙自、宁洱、文山、缅宁、丽江、保山边防区，负责剿灭边境土匪，担任边境警卫任务。同时，成立 3 个边防公安团，分别进驻宁洱、保山、蒙自等边防区，执行保卫任务，后又根据情况变化，进行相应改编和调整。边防部队的组建和在边境地区开展工作，开始筑起守卫边境的钢铁防线，结束了云南边境长期有边无防的局面。

各部队陆续进驻边境地区后，相继进行了边境对敌斗争。经过 1951 年全面剿匪后，残余土匪流窜到国境沿线，与境外国民党军残部相勾结，加上边境一线又多为民族地区，民族问题、国防问题相互交织，剿匪成为边防部队驻守防卫的主要任务。各边防区先后组织部队对辖区内的股匪进行围剿，党、政、军、民协同配合，采取军事打击与政治攻势相结合的办法，歼灭了气焰最嚣张、危害最大的股匪，争取受蒙蔽群众回到祖国怀抱。到 1953 年，基本平息了盘踞边境一线的匪患，确保了国防巩固和边疆安宁。此后，边境对敌斗争转为反击逃到境外的国民党军残部时断时续的武装窜扰。

按照中共中央“充分发挥部队既是战斗队，又是工作队”的指示，及中共云南省委和云南军区提出的“以军队为骨干，以群众为基础，以政治斗争为主，建立一条人民防线”的边防工作方针，在 1954 年云南军区召开的边防工作会议上，提出了边防部队要长期保卫和建设边疆，民族工作是边防斗争和边防建设的基础的主张。并要求从根本上帮助兄弟民族发展政治、经济、文化等事业，摆脱贫穷落后，建立军民联防，把边疆建成巩固的国防。随后，按照会议部署，各边防团、营派出领导干部分别兼任边疆县党委书记和边沿一线区委书记，包干了 237 个边沿一线乡的民族工作。每个连队抽出 10 人，以工作组的形式，在当地党委直接领导下长期驻村进行工作。部队在剿匪、反击国民党军残部窜扰的间隙，积极参加边疆建设。他们兴修驿道，架设电线，改善交通通信条件；帮助各民族同胞发展生产，建寨定居，改善生活；为群众送医送药，防治疾病，提高各族群众的健康水平；帮助边疆少数民族村寨开办学校及扫盲班、文化夜校，促进边疆文化教育事业的发展。

边防部队驻守边境一线，以钢铁般的意志，克服重重困难，戍边卫国，坚定地维护国家主权。驻守瑞丽勐卯边境的云南军区边防公安某团一营三连以边疆为家，以艰苦为荣，创造了“边执勤、边训练、边做群众工作”的“三边”经验，在云南边防广泛推广，建立铜墙铁壁的人民防线。涌现了被傣族人民群众誉为“远方飞来的孔雀”杨庆锁等许多英模，被中央军委、国防部和昆明军区授予“边防红色堡垒三连”光荣称号。在被称为“冰雪的世界，云雾的故乡”的海拔3100米的高黎贡山片马风雪丫口，云南边防部队建起哨所，长期在冰天雪地里站岗、放哨、执勤、巡逻，被誉为“铁打哨所”，曾受到周恩来的电话慰问和上级的嘉奖。在边疆军民共同努力下，云南边疆筑起了一条坚固的西南边防线，建立和巩固了新生人民政权，捍卫了国家安全。

加强边境管理

云南边境线长，边境地区世代居住着16个跨境少数民族，他们与境外的跨境民族有着共同的起源、共同的传统文化和民族心理，相互交往频繁。云南解放后，虽受国家关系变化的影响，但云南边境地区边民交往从未间断，经济、宗教及通婚、迁移、探亲、访友等正常往来依旧如故。由此产生的边境管理和边民涉外问题，具有历史性、群众性和民族性特点，直接关系云南边境地区社会秩序的恢复和稳定，关系与周边国家睦邻友好关系的建立与发展。

中共云南省委非常重视边境管理和边境涉外问题。1950年6月25日，成立云南省人民政府外事处，由云南省人民政府副主席周保中直接领导，在清除帝国主义在云南势力的同时，对边境和边界问题进行管理。根据形势发展和工作需要，在50年代到60年代前期，全省边境一线的专区、州、县，都建立了外事机构，贯彻执行中共中央的对外方针政策，协调本地区的外事工作和涉外活动，处理本地区的涉外事务。

针对云南等西南省区边境管理问题，中共中央规定了一条基本原则：既要努力在中越、中老、中缅之间建立一条严明的国界线，保持双方正常关系，又要从云南边境地区涉外问题的特点和管理力量的实际出发，循序渐进，从宽到严，从不正规到正规；既要反对不顾实际，企图一下子建立严明国界，消除一切边境管理问题的急躁冒进思想，也要反对一味迁就，不努力建立严明国界的保守思想。

根据中共中央规定的基本原则，中共云南省委制定了严明的外事纪律，规定：凡有关邻国关系事宜，任何机关不得自行处理，必须立即将情况报告省委，听候指示；各级党委要将外事纪律作为党的一条重要纪律，予以严格执行；对未定国界的任何问题，以及一切人来人往均须事前请示、事后报告。

云南边境管理及边防工作的制度化也逐步推进。1954 年 10 月 12 日，中共云南省委发布《关于云南省本国人及边境居民出入境证件及管理暂行办法的意见》指出，采取切实可行的出入国境管理办法是必要的，但要防止限制边民自由出入国境的做法，要积极加强国境和边界教育。《意见》成为这一时期边境工作的指导性文件。各边境县积极采取措施，做好宣传工作，提高边民爱国主义思想和对祖国国界的认识。在此基础上，居民出入境管理由宽到严逐步得到加强，出入境办法在实施中不断得到完善，更加切合边疆实际。

针对边境涉外问题日渐增多的情况，1955 年 2 月 26 日，中共云南省委发出关于边疆涉外问题的指示，要求在有关部门、边境干部和部队中加强党的和平外交原则和处理涉外问题的政策教育，要求必须严格遵守请示和报告制度，规范了处理涉外问题的程序。同时改善和加强各系统之间的联系及明晰各自职责，规定省级各系统，凡下级请示涉外问题，必须报告省委统一研究后请示中共中央，不得各自按系统自行答复。通过一系列边境管理原则、外事纪律、边民出入境制度及涉外政策的确立和实施，云南的边境管理工作逐步走上正轨。

针对中越、中缅、中老边境的不同情况，在中共中央指导下，中共云南省委分别研究采取了不同的管理措施。

中越边界线云南段全长 1353 公里，与云南省接壤的是越南老街、河江、莱州 3 个省。云南解放前，设有对汛督办这一边境管理机构，即在中越边境沿线设立若干口岸，双方对应设置军营，就双方边民出入境和边境事务进行联系会商和管理。解放初期，中越边界云南段有股匪流窜，双方对边境控制较严，边民出入境较少。中越双方在边境管理上合作较好，越方还积极与云南省会商。1954 年以后，中越双方在边境管理上的联系配合更加广泛和密切。这一年，经中越两国政府协商，正式开放河口——老街国家级口岸。此后，中越边境沿线先后开放桥头、金水河、小坝子、都龙、天保、八布、董干、田蓬 8 个小额贸易口岸，这些口岸也是双方边民出入境往来的通道。同时，在各口岸建立边防检查站（或边境工作站）、海关、公安派出所和小额贸易联合办事处等口岸管理机构，对口岸和附近边境实施管理。每逢民族节日，双方还根据协商增开若干条临时便道，方便边民出入。

为了推进中越边境管理工作的正规化，1955 年 3 月 21 日，报经中共中央批准，以云南省人委的名义颁布《云南省中越边境居民出入国境管理暂行办法》，划定边境区，进行规范管理。

为防止敌特分子破坏和边境走私活动，中越边境地区加强边防部队巡逻检查和群众联防队站岗放哨，强化边境管理薄弱地区的边防工作，以配合出入境管理。由于边境管理工作不断完善，中越双方云南段边民出入境数量逐年递增。

中缅边界云南段长 1997 公里，与云南接壤的是缅甸掸邦和克钦邦。云南解放前，中缅设有会案制度，由中缅边境双方的地方官员就边境事务进行联系和会商以管理边境。新中国成立后，中缅未建立双方配合管理边境的制度。为对双方出入境人员进行管理，中方先后在腾冲的古永、盈江的蛮线、陇川的章凤、畹町、耿马的孟定、孟连和佛海的打洛设立过检查站，对边民出入境进行管理。1956 年底，一些检查站被撤销，仅保留古永、畹町、打洛 3 个检查站。无检查站的地区，通过驻军部队、民族工作组、公安派出所进行管理。这个时期，双方出入境的人数较多，各地在实践中形成了一些简便易行的管理办法，管理有序。

中老边界线全长 710 公里，与云南省接壤的是老挝的丰沙里、南塔和乌多姆赛 3 省。云南解放初期，中老边境双方边民仍按历史习惯探亲访友、赶街互市，自由出入国境。由于境外老挝形势复杂多变，双方边民往来人数较少。中国边防部队边境管理工作未设专门管理机构，没有制定明确的边境管理制度。

在进行边境出入境管理的同时，对长期存在的边民过境耕地、过境经济林木、边民通婚、迁居、避难、边境治安等系列涉外问题进行了妥善处置，为发展睦邻友好关系，促进边境贸易发展创造了有利条件。

二　开展边境贸易

云南由于特殊的地理位置，在中国对外交往关系的历史上，长期发挥着内陆门户的重要作用，为沟通中国与邻国的经济和文化交流作出了贡献。早在秦汉时期，中国西南就形成了一条通往境外的国际通道，即“古代南方丝绸之路”。在19世纪初，云南通往东南亚和南亚的商路上，经常有上万匹驮马往返穿梭。这种对外贸易规模，除了少数海运发达的沿海港口外，内陆省中没有哪个能与之相比。在第二次世界大战期间，云南既是抗日战争亚洲战场的战略后方，也是中缅印战场的前沿阵地，抗战物资源源输入，进出口商品来自四大洲30多个国家，云南对外交往达到鼎盛时期，河口、腾冲等地成为进出口贸易的重要口岸。

云南解放后，与越南、缅甸、老挝三国接壤的沿边一带，通商马帮往来频繁，边民互市的传统依然如故。由于云南省周边国家的经济状况各不相同，边境贸易各有区别：第一种是边民互市，即边境居民的传统贸易，基本上是自产自销、自购自用，在指定的地方和规定的金额以内，买卖允许交换的品种；第二种是边境小额贸易，即边境地区的商贩在政策规定的范围内，进行小数量的贸易，随国家关系的变化及贸易政策的变更而波动；第三种是两国地方政府之间，按照正常的对外贸易管理办法进行的地方贸易。

为加强对边境贸易的管理，中共云南省委和省人民政府从民族地区边境贸易的特点出发，于1950年11月颁发了《云南省缅越边沿地区对外小额贸易管理暂行办法》，划定进行边境贸易的地区，确定进出口商品目录。1952年10月，省人民政府颁发《云南省边区对外小额贸易管理及税收征免暂行办法》，增加进出口货物的品种，对边境小额贸易和边境居民自产自销、自购自用的商品，实行免税或减税，简化边民出入境和进出口商品申报手续。

在中缅边境地区，边民互市渐趋繁荣。1951 年 4 月，中央人民政府政务院决定在中缅边境开放边民互市。小额贸易主要集中在边境少数口岸，进口商品主要是当地生产生活所需要的物品，出口商品主要有丝绸及农特产品。1952 年，随着边民互市管理的放宽，征税范围缩小，边贸交易点逐渐移到中国境内。原来依靠进口的商品，逐步被国产商品替代并转而出口。国营商业部门定期或不定期地在西双版纳佛海勐满的关双、西定的曼玛、巴达的曼皮、布朗山的兴龙、车里大勐龙的勐宋及德宏举办物资交流会，逐步形成以中国互市为主体、中国工业品为主导的边民互市格局。1953 年仅德宏进口总额就达 311 万元，其中免税进口的生活用品占 95.62%。1956 年，随着中缅友好关系的发展，边民互市日益繁荣起来。

中越边境地区是解放初期云南开展边境贸易的重点。根据中越双方 1953 年 8 月签订的《关于开放两国边境小额贸易议定书》，为了促进两国边境人民间生产资料及生活必需品的交流，支持越南发展经济，巩固和发展两国经济合作，1954 年 1 月先后开放云南省与越南北方接壤的三省（区）边境小额贸易。1954 年 1 月至 1955 年 2 月，经双方同意，两国边境相继开放了 11 个相对应的小额贸易口岸，随着口岸的开通，边境小额贸易得以发展，但每人每天贸易限额为人民币 30 元或等值越币。越方出口以蔬菜、水果、米麦豆制食品等农林土特产品为主；中方出口以棉布、金属制品、农具等轻工业品、手工业品和生活日用品为主。这一时段是边境小额贸易的高峰时期，进出国境经营小额贸易的边民、商贩每月平均达 7594 人次，最多时达万余人次。越南遵循“大力组织出口，同时争取进口”的贸易方针。为支援越南恢复和发展经济，根据中共云南省委“只要我们不亏本、有销路，越方能出口多少，就收多少”的指示原则，云南省有关方面积极组织收购，以配合越方“大力出口”的需要；同时，加强出口，以配合越方“争取进口”。与此相适应，自 1954 年 7 月起，小额贸易限额由 30 元提高为 100 元。

1955 年初，越南的政治、经济形势日趋稳定和好转，开始对商贩进行改造，限制内地私商经营小额贸易。为配合越方管理，经双方协商，于1955年二三月间将小额贸易限额由人民币100元恢复为30元。小额贸易经营活动相继减少，贸易额逐步下降。经双方协商同意，1955年7月小额贸易限额降至人民币10元。同时，双方关闭了巴沙与巴剎、老卡与花龙2个相对应的小额贸易口岸，撤销勐喇与巴南孤口岸，开放金水河与马鹿塘口岸。

此后，随着中越政治形势的变化，双方边境贸易不断发生变化。1956年越南边境地区开始土地改革，普遍设立国营贸易机构，越方口岸停止了货币兑换，小额贸易经营活动锐减。1958年，经中越协商，双方取缔商贩经营小额贸易。自此，中越边境小额贸易基本纳入双方边民间自产、自销、自购、自用，互通有无的互市范围。双方于1960年相继关闭了5个相对应的小额贸易口岸。限额也由10元降为5元。1963年3月16日，云南省与越南老街、河江省和西北自治区举行会谈，明确6个双方边民互市的正式口岸，协议增开了12条常年便道，允许双方边民互市。

解放初期，由于帝国主义的封锁，云南对外贸易发展十分缓慢，但边民互市的初步活跃，边境贸易的零星开展，对外开放通道的开通，为国家实行对外开放政策进行了有益的探索。

三　援越抗法

改善同新兴民族独立国家，尤其是邻近的民族独立国家的关系，是新中国外交的重要方面。中越两国往来历史悠久，近百年来，两国人民都曾遭受帝国主义的侵略和压迫，在反对帝国主义、反对国内反动势力压迫的斗争中互相支援、并肩战斗。1945年9月，越南民主共和国成立后，领导人民开展了大规模的抗法斗争。中华人民共和国成立后，坚决支持越南人民的正义斗争。根据中共中央的指示，与越南山水相连的云南省担当起了支援越南革命和建设的重要任务，参与援越抗法的国际援助。

在越南的抗法战争中，中国向越南无偿提供大量援助，援助物资大到枪炮子弹，小至瓷杯毛巾。云南省因地理位置毗邻越南而始终处于援助工作的前沿。在云南南部边境集中了中国援助的大批粮食，为越军运送物资的卡车日夜不停地运输。与此同时，驻云南部队负责对部分越南人民军进行全面整训，同时负责帮助更新装备。在云南省创办越南陆军学校，为越军培训指挥人员。

应越方的要求，中国人民解放军驻云南部队积极帮助剿灭流窜在越南老街、河江境内的国民党军残部。1951 年 4 月初，中国人民解放军驻云南部队在越南人民军的配合下，分为中、西、东三路对窜扰在金平、河口、马关等县与越南接壤地区的土匪进行围剿。1952 年 4 月，法帝国主义策动越南边境地区的匪特在发隆地区组织暴动，云南军区抽调部队，与越南人民军组成了中越剿匪联军，对盘踞在越南发隆、孟康等地区的土匪进行清剿，取得境外剿匪的胜利。在这场复杂的斗争中，中国军队发扬了爱国主义、国际主义和革命英雄主义精神，为保卫祖国边疆的安宁，支援越南人民的革命斗争，英勇战斗、无私奉献。部队回撤时，没有带回越南的一草一木，缴获的战利品全部交给越南人民军。

为感谢中国军队的无私援助，1953 年 3 月，中国最后一批剿匪部队回国时，越南老街省和孟康县组织 500 多人的欢送会，老街省干部陈龙和孟康县县委书记何北发表了热情洋溢的讲话，盛赞中国军队帮助越南人民消灭了土匪，巩固了政权，保卫了人民群众的安全。次日，中国剿匪部队启程回国，近千名越南民众夹道欢送①。

四　中缅“胞波”关系的新发展

中缅国际航空线开通

中华人民共和国成立后，以美国为首的帝国主义为了实现对新中国

①　中共红河州委党史研究室编：《红河剿匪》，云南人民出版社 2010 年版，第 242 页。

军事包围、经济封锁和外交孤立的图谋,构筑了反华包围圈,妄图把新生的人民政权扼杀在摇篮里。中国政府沉着应对,发挥云南的地理优势,开辟国际航空线,开展卓有成效的“突围”工作,拓展新中国走向世界的道路,加强与周边国家乃至世界其他国家的往来。

1950 年 6 月 8 日,缅甸与中国正式建立外交关系和互派大使。缅甸是非社会主义国家中最先承认新生的中华人民共和国的国家之一。1954 年 12 月上旬,周恩来在与缅甸总理吴努访华会谈时提出:不同社会制度和不同思想体系的国家,不仅应该而且完全可以和平共处,任何国家都不例外。中缅两国之间没有大小之分,只有朋友之谊。两国总理在会谈公报中指出:有必要开辟中缅两国间的航空线,以促进两国的经济和文化交流。

1955 年 4 月初,国民党特务组织实施了“克什米尔公主号”飞机爆炸事件,妄图以“空难”谋害周恩来率领出席在印度尼西亚召开的亚非会议的中国代表团。这一事件在客观上加快了中国政府开辟国际航线的步伐。亚非会议结束不久,中国即派出代表团到缅甸商谈开辟航空运输线问题。在两国总理的高度关注下,经过不懈努力,1955 年 11 月,中缅两国政府正式签订了两国航空运输协定和办理两国航空业务的议定书。这是非社会主义国家中第一个与中国签订航空运输协定的国家。根据协定和议定书的规定,中国民用航空局经营昆明—曼德勒—仰光之间的往返航线;缅甸航空公司经营仰光—曼德勒—昆明—广州的往返航线。

两国政府以极大的热情投入航空线的通航工作。经过 4 个多月的筹备,中国民用航空局开辟的昆明—曼德勒—仰光民用航空线于 1956 年 4 月 11 日在昆明机场隆重举行开航典礼。缅甸驻中国大使吴拉茂和驻昆明总领事吴巴貌、越南民主共和国驻昆明领事高鸿岭以及中共云南省委、省人委领导和昆明市各界人士共 700 余人参加了开航典礼,云南省省长郭影秋、中国民用航空局局长邝任农和缅甸驻中国大使吴拉茂先后致辞。

中缅两国建立的民用航空线,缩短了两国之间的距离,增进了两国人民的了解和往来,标志着中缅两国之间传统的友好和合作关系,在新中国和平共处五项原则下得到新的发展，对发展两国平等互利的贸易和繁荣国家经济发挥了促进作用。

随着中缅航线的建立以及后来与印度等国家相继通航，途经昆明的航空线逐步扩展成为中国走向东南亚、南亚乃至世界的空中大通道。

中缅边界问题的初步协商

长期以来，云南省与东南亚、南亚国家有着密切往来。自 1950 年 6 月中国与缅甸正式建立外交关系后，两国领导人进行了多次互访，睦邻友好关系日益加强和发展。其间两国边界争议的解决，开创了新中国解决边境问题的先河。

解决中缅边界问题始于 1956 年从“1941 年线”以西撤军的问题。云南解放时，中缅两国边界大部分已经划定，但是仍有三段未决问题：一段是“永租”的勐卯三角地。该地位于南畹河与瑞丽江汇合处，面积 250 平方公里。1897 年，中英两国签订有关中缅边界条约时，英国以“永租”的名义取得了对中国这块领土的管辖权。缅甸独立后，继承了对这个地区的“永租”关系。第二段是北段尖高山一段。这一段历史上从未划定。1911 年，英国对片马地区进行武装侵占，借机扩大它的殖民地。在中国人民的抗议下，英国政府不得不在 1911 年 4 月 10 日给清朝政府的照会中正式承认，片马、岗房、古浪三处属于中国，但依旧继续侵占这个地区。第三段是阿佤山区的一段（简称南段未定界）。中英两国分别于 1894 年和 1897 年签订的两个关于中缅边界的条约中，对这段边界都有明文规定。但是，由于有关条文自相矛盾，这段边界长期没有划定。为了造成既成事实，英国在 1934 年初派遣军队进攻班洪和班老部落所辖地区，遭到当地佤族人民的有力抵抗，这就是有名的“班洪事件”。1941 年，英国乘当时中国在抗日战争中所面临的危急情况，以封闭滇缅公路作为威胁，同国民党政府于 6 月 18 日用换文方式订立了对英国有利的中缅边界南段未定界的边界协定，两国政府正式换文加以承认，这就是“1941 年线”。但在这条线上并没有实地划界和立界桩。

在这三段边界中，中缅双方争议最大的是阿佤山区一段，即“1941 年线”。1949 年底至 1950 年初，在滇南战役中，国民党第八军军长李弥率残部溃逃到中缅边境“1941 年线”靠缅方的西侧，盘踞在掸邦地区。此后两年间，他们不断向中国境内进行骚扰和破坏。1952 年，中国人民解放军驻云南部队对李弥残部进行了追歼。

1954 年 6 月，周恩来首次访缅时，缅甸总理吴努第一次提出“1941 年线”的问题，希望两国政府抓紧解决协商。周恩来同意以友好精神，经过和平协商来解决边界问题。12 月，周恩来与来访的吴努总理进行了 5 次会谈，双方就这一问题全面而认真地交换了意见。周恩来指出：世界上任何对立的国家，如果不霸占人家的领土，不侵犯人家的主权，不干涉人家的内政，都可以成为相互友好的国家。12 月 12 日，中缅两国总理发表会谈联合公报，指出：中缅两国边界尚未完全划定，两国总理认为，有必要根据友好精神，在适当时机，通过正常的外交途径，解决此问题。

为此，1955 年初，缅甸成立了一个委员会，在中缅边境调查和收集划界的资料及有关事宜。10 月，中共中央、国务院决定成立中缅未定界勘察委员会，指定由中共云南省委和昆明军区负责。随后，昆明军区与中共云南省委决定，从军队抽调干部、战士 1000 人和地方技术人员共同组成两个勘测团，对中缅边界南段进行全面勘测调查，为中缅两国政府解决边界问题提供资料。勘测工作于 1956 年 2 月开始，6 月中旬结束。中共云南省委还成立了边界办公室，进行历史档案资料和现实情况的收集整理研究，贯彻落实中共中央的指示工作。

1955 年 11 月，当中缅双方为解决边界问题积极准备的时候，在两国边境上，双方前哨部队由于误会发生了“黄果园”① 武装冲突事件。经过中缅双方的努力，冲突得到了妥善处理，同时也使中缅两国政府意识

① 1955 年 11 月中缅两国在边境地区发生的一次冲突事件。中缅边界的某些地段未划定界线。1941 年英国乘中国抗日战争时急于打通滇缅公路，迫使中国政府通过换文接受未定边界南段的一条界线，但该线未经勘界和树桩。中国人民解放军在解放初期到达“1941 年线”以后未再前进。1951 年退缩到中缅边境缅甸一侧的国民党李弥残部进入云南骚扰，解放军在 1952 年将其击溃，并追击进入“1941 年线”以西地区。当时缅甸军队尚未到达该地区，因此解放军未即撤回。1955 年缅军向前推进，在黄果园附近同中国军队遭遇，发生了武装冲突事件。经过调解后此事得到了适当处理。黄果园事件后，中缅两国加快了解决边界问题的步伐。

到及早解决边界问题的重要性。从1956年初起，中缅两国政府就边界问题开始了频繁的接触。

1956年2月，缅甸政府在其边境雷基召开边民大会，缅甸边民约8000人参加大会。受中共云南省委、省人民委员会委派，省人委秘书长张子斋一行4人应邀参加大会，中国驻缅大使姚仲明出席大会。大会由缅甸内政部长波庆貌格里和克钦邦主席杜瓦索主持。波庆貌格里在讲话中指出，这次大会的目的是进一步巩固已奠定的两国友好关系。只有在两国最接近的边境地区的中国人民和缅甸人民也同样地建立了友好关系时，两国上上下下才能都达到友好的境地。姚仲明和张子斋也分别发表了热情友好的讲话。这次边民大会加深了中缅两国的沟通和交流，有利于中缅边界问题的进一步解决。

中缅边界谈判的中心是"1941年线"。对中缅边界的现状，中国认为有南、北两段未定界和勐卯三角地三个问题。而缅甸政府却认为只有北段存在未定界问题，这与中国在认识上有一定的差异。1956年5月20日，周恩来致信缅甸总理吴努，就解决中缅边界问题提出了中方的原则意见："1941年线"是国民党政府和英国政府划出来的一条边界线，当时中国人民就有不同意见，今天让中国政府同意这一边界线是有困难的。因此，在两国边界尚未完全划定前，比较妥当的办法是暂时维持目前两国边界的现状，防止发生纠纷，至于中缅双方的不同意见，可以留待将来谈判时寻求解决。6月22日，周恩来与缅甸驻华大使吴拉茂就此事进行了商谈，并驳斥了一些媒体对双方边境问题的不实诬蔑和挑拨言论。8月25日，缅甸曼德勒《缅甸路线报》发表社论，对中缅边界问题从历史和现实的角度，进行了客观的评说，指出缅中边界的划界问题是英国统治缅甸期间经手交涉的。如果缅甸方面把英国政府所留下的工作不经审查，不管对错都一律认为合理，并且用强硬的、丝毫不让步的态度向中国交涉，那缅甸就会再犯英国政府所犯过的错误。社论认为，自1886年英国占领缅甸以后，在600英里长的中缅边界线上，中国政府与缅甸政府之间经常发生纠纷。1941年英国同当时的中国政府签订的边界协定并不是平等合理的。因此，中国政府所提出的举行会谈来重新决定边界的要求无可厚非。

为了缓和中缅边界的紧张局势，为了中缅友好，几经协商，中方同意中国军队可撤至“1941 年线”以东，但缅军不得进入中方军队撤退的地区；中方在中缅边界北段要求缅军后撤；要求缅方迅速成立边界委员会，协商解决中缅南北两段未定界问题。

随后，1956 年 10 月，中共云南省委和昆明军区向中共中央、中央军委提出初步撤军计划。为了统一对解决中缅边界问题的认识，10 月 31 日，中共中央发出《关于中缅边界问题的指示》，指出，两年来，中国已经对中缅边界问题进行了研究，目前解决这一问题的时机已经成熟。中共中央决定在中缅南段承认“1941 年线”，并将驻防该线以西的中方军队撤回到该线以东。

对撤出“1941 年线”这一重大决策，中共云南省委和驻军都极为重视。9 月，省委召开了有昆明军区、省级有关部门负责同志及涉及中缅未定界地区的思茅、临沧、丽江三地委书记和边防区司令员参加的会议，研究具体的贯彻执行措施。并根据会议精神向中共中央报送了《关于中缅未定界工作的请示》，建议为了照顾佤族各部落的情感，在划界时把“1941 年线”稍加调整，尽量避免把一个部落被国界划为两半的情况。10 月，中共中央正式批复同意。省委迅速传达中共中央指示及周恩来关于中缅边界问题的指示精神，以便及早考虑研究新的军事部署和开展地方工作。

几经协商，吴努向缅甸政府提出了解决中缅边界问题的原则性建议。1956 年 11 月，全国人大常委会第五十次会议批准了周恩来关于解决中缅边界问题的建议。至此，中缅双方从南北两段分别撤军的问题就完成了外交程序，转入到如何具体实施问题上①。

会后，中共云南省委和昆明军区将中国向缅甸提出的备忘录内容传达给中缅边界地区的思茅、临沧、德宏、丽江地委和边防分区。根据部署，中国人民解放军从“1941 年线”以西地区撤军的工作于 12 月 3 日前完成。到 1956 年底，缅甸也完成了从片马、古浪、岗房地区撤军的

① 周恩来：《关于中缅边界问题的报告》（1957 年 7 月 9 日），载《人民日报》1957 年 7 月 10 日。

行动。

“1941 年线”问题的顺利解决，为中缅边界问题的最终解决奠定了坚实基础，也开创了中国与邻国和平解决边界问题的先河。之后，伴随着中缅边界问题的解决，中国先后又与尼泊尔、蒙古、巴基斯坦、阿富汗、老挝等国经过和平谈判解决了边界问题，为新中国的和平发展创造了一个良好的周边环境。

第七章

全面加强党的建设

中华人民共和国成立后，中国共产党担当起领导全国人民建设新中国的历史责任，党的历史揭开了新篇章。面对新形势新任务，中共云南省委围绕党的思想建设、组织建设、作风建设、制度建设进行了初步探索。中国共产党云南省第一次代表大会的召开，标志着云南党的建设进入了一个新阶段。

一　在执政条件下党的建设初步推进

公开建党

中国共产党云南省各级组织和党员队伍，是在新民主主义革命斗争中逐步发展起来的。1948 年 7 月，云南省中共党员发展到 7000 人。1949 年 7 月，中共滇桂黔边区委员会成立后，中共党员人数又有增加。到 1950 年，全省拥有党员 4.17 万名，支部 2246 个。党组织的发展壮大，为顺利完成党的中心工作提供了保证。但由于是在未解放的状况下发展党员，少数新党员入党前没有经过培训，不懂得党的基本知识，入党动机不明确，思想不过硬；发展党员方式和审查程序不严格，缺乏严格的组织发展工作计划和实施步骤，将一些不够党员条件或不完全具备党员条件的人吸收到党内来。

针对党组织工作中存在的问题，1950 年 5 月 21 日，中共中央发出《关于发展和巩固党的组织的指示》，明确提出，在老区，建党的任务不是继续发展党员，而是加强对党员的教育和调整党的组织，逐渐把觉悟程度不够的党员提高到合格共产党员的水平，对不具备党员条件的，劝其退党或开除其党籍。在新区农村中，暂不发展党的组织，而是集中力量在各种斗争中组织和教育广大农民，发现与培养真正的积极分子，等土地改革完成后，再进行发展党的工作。按照这一指示，同年 7 月，中共云南省第一次代表会议强调，要保证党的高度统一，加强党的组织纪律性，结束过去独立分散、各自为政的游击状态，树立整体观念、全局观念，按照稳步前进的方法发展党的组织。此后，全省基本停止了发展新党员的工作，而是把工作重点放在整党上，集中力量审查轮训新党员，整顿党的作风，整顿党的基层组织。

随着各项建设事业的逐步推进，一方面，各条战线不断涌现和锻炼出大批积极分子，要求加入党的组织中来，同时各项建设事业也需要扩大党员队伍；另一方面，由于党员队伍不纯，需要进行整顿，党员发展工作必须谨慎严格。如何把两者有机结合起来，亟待中共中央作出统一部署。1951 年 3 月，中共中央召开第一次全国组织工作会议，通过了《关于发展新党员的决议》，对发展新党员作了具体规定。中共云南省委重新制定了云南党组织发展工作的重点和方针，对党员标准、入党手续、入党批准权限等问题作出明确规定。此后，省委通过整党，不断纯洁党员队伍；同时，根据工作需要，审慎地吸收了部分积极分子入党。

在建立党组织和发展党员队伍的过程中，鉴于云南边疆一些民族地区既没有建立基层政权，也没有开展土地改革的特殊情况，省委坚持慎重稳进的方针，许多工作采取革命战争时期地下的、秘密的方式进行。随着全省内地大部分地区正在进行并即将完成土地改革，省委提出“公开建党”的要求，即党在劳动人民中间公开地进行中国共产党党纲和党章的宣传教育，普遍提高人民群众的觉悟；在考察一切要求入党的人员时，不仅听取介绍人的报告、本人的意见及党内的反映，而且还要采取各种方式征求群众意见，使组织意见与群众意见相结合，较全面地认识了解被考察者，目的是密切党与群众的联系，把党放在群众的帮助与监督之下。1952年7月，在省委统一部署下，各级组织按照中共中央积极慎重的方针，采取“就地发展、集中教育”和“逐步发展、逐步巩固”的方式和步骤，逐步开始了公开建党工作。同年11月召开的中共云南省第一次组织工作会议通过了《关于贯彻中央方针、积极慎重发展新党员的决议》，明确了新党员的条件、建党重点和方法、组织领导等问题。各地委都制订了建党计划，开始了以有计划、分批发展党员和建立基层党组织为主要内容的党的组织建设工作。

由于各地发展情况不一，建党工作首先从内地开始，结合土地改革进行。在内地公开建党过程中，为了保证建党工作顺利开展，在干部少任务重的情况下，根据中共中央的有关决定，各级党委建立了组织员制度，选择和训练了一批可靠称职的专门从事组织工作的党务干部负责管理党员发展工作。他们的主要任务是审查党员是否符合条件；监督、帮助、检查支部建党工作；根据审查新党员的情况，代表组织进行谈话。在各级党委开展统一培训后，组织员奔赴各地农村和厂矿，协助当地党委进行建党工作。这一制度的实施，弥补了解放初期组织发展制度不健全、组织干部缺乏的问题。这一期间全省共培训建党干部1596人，其中组织员964人，能够独立负责一个乡的建党工作的骨干250—300人[①]。

为了取得建党工作的直接经验，从1952年7月起，各地首先选择了在机关、土改工作队及一些有工作基础的重点乡进行建党试点。按照公开建党的要求，各级组织认真选拔历史清楚、成分好、作风正派，能接受党的政策、有培养前途、有活动能力、有入党要求，在清匪反霸、减租、退押、镇压反革命、土地改革等运动中涌现出的积极分子，把他们确定为发展对象，对他们进行党的基本理论、基本知识和党员标准的教育，使入党对象初步树立共产主义信念，自觉接受党组织领导，服从党组织分工，并愿意为实现共产主义发挥先锋模范作用。在这一基础上，严格入党程序。由发展对象向党组织提出入党申请，团组织推荐优秀团员、组织员对其进行认真考察，经支部讨论通过，县委个别谈话批准，

① 《云南省委组织部关于进行检查建党工作的意见》，原件存云南省档案馆。

最后举行入党宣誓仪式。在试点工作中，各地都新吸收了一批各条战线上的积极分子加入党组织中来，进而建立了一批基层党组织。

在总结试点经验的基础上，从1953年起，大规模的建党工作开始在全省内地农村全面铺开，并区别情况，分3批开展。为了使建党工作稳重推进，中共云南省委进行了集中检查，纠正在建党过程中的三种倾向：一是草率粗糙、单纯重视成分而忽视觉悟。二是急于求成，将征求群众意见变为群众推荐和表决，放弃党在建党工作中的领导作用。三是只单纯注重发展党员，而不注意巩固提高工作。通过肯定成绩，纠正错误，加强督查，并结合清匪反霸、减租退押、土地改革等群众运动，全省的建党工作取得了很大成绩。所吸收的新党员绝大部分是各行各业的骨干和积极分子，大多数新党员都能起模范作用。到1954年底，党员数量从1952年的2.4万人增至9.9万人，建立支部6405个。全省内地农村除个别条件不成熟的乡外，都以乡为单位发展了党员，建立了支部，基本上消除了没有党员和党支部的空白乡。在公开建党的过程中，群众也受到了一次广泛的共产主义思想和党的基本理论的宣传教育，觉悟普遍提高，有力地推进了中心工作。到1955年，除边疆民族地区外，全省县级机关均建立了总支委员会，县级机关的财贸系统、工交系统、文卫系统都建立了党支部，实现了党对各个系统、各条战线直接的和全面的领导。在农村发展了大批党员，做到了乡乡有党的支部，实现从县到乡党的垂直领导。

边疆民族地区的建党工作是随着和平协商土地改革和“直接过渡”的实施逐步开展起来的。在1955年前，由于这些地区的乡村政权尚未建立，农村基层党组织的发展工作暂时没有进行，建党工作仅限于机关、部队、民族工作队等部门。随着各项建设的推进，边疆民族地区的建党工作提上了议事日程。1955年6月30日，中共云南省第三次代表会议决定，在进行和平协商土地改革的地区，由地、县委领导开展建党工作，取得经验后，再逐步开展，要求经过土地改革的乡都要建立起支部。省委组织部根据这一精神，于1956年8月19日发出《对边疆和平协商土改地区建党工作的意见》，要求边疆各级党委有计划地在土地改革已经结束的乡开展建党工作，要根据“集中教育、坚持标准、就地发展和先建立团组织,尔后建立党组织”的原则,将发展党员与选拔培养少数民族干部工作结合起来。关于发展党员的标准问题,《意见》重申了中共中央的规定:不能和汉族地区一样地去运用党员标准八项条件,而应根据少数民族的实际情况,适当地吸收那些历史清楚、政治可靠、衷心拥护共产党并愿意为党积极工作的积极分子入党,在党内帮助教育他们,使他们逐步达到党员标准。

各地认真贯彻中共中央和中共云南省委关于边疆农村基层建党工作的指示,按照“先建团组织、后建党组织”的原则,借鉴内地建党的经验,从 1955 年开始,在实行和平协商土地改革和实施“直接过渡”地区,先在重点乡开始发展团员,建立团支部,接着进行了试建党支部的工作。在建党工作中,把发展农村党员同选拔培养少数民族干部工作结合起来,把农村基层政权改造、建乡建政同建立党的农村基层组织结合起来,全面推进建党工作。

由于中共云南省委坚持从实际出发,坚决执行中共中央积极慎重的建党方针,在各条战线上都发展了一定数量的党员,逐步改变了云南基层党组织薄弱的状况。到 1956 年,云南党员总数达 24 万人,其中少数民族党员 5.87 万人,有基层党委 111 个,总支部 759 个,支部 12861 个。到 1958 年初,除少数沿边境一线的地区外,乡一级都成立了党支部,形成了党的坚强领导核心。

地方党委领导方式初步确立

新中国成立后,新执政的中国共产党面临革命和建设的双重任务。以坚持民主集中制为重点,建立健全党委制,是地方党委领导制度建设的一项重要任务。

早在 1948 年 9 月,在全国即将解放的形势下,中央政治局会议即指出,健全党委制是实现全党民主集中制的重要环节。会后,中共中央发出《关于健全党委制》的决定,明确规定,今后从中央局至地委,从前委至旅委以及军区、政府党组、民众团体党组、通讯社和报社党组,都必须建立健全党委会议制度,一切重要问题均须交委员会讨论。

在中华人民共和国成立前后,中共中央从各地的实际情况出发,仍沿用革命战争年代的大区领导体制，即在省一级党委和中共中央之间设立各中央局，代表中共中央领导地方党委工作。1949 年 7 月，中共中央西南局作为西南地区的领导机关成立。随着形势的发展，为适应国家的计划经济建设，加强中共中央的集中统一领导，1954 年 4 月，中共中央决定撤销大区一级领导体制，中共中央西南局随之撤销；1960 年 10 月恢复西南局，1966 年再次撤销，以后未再恢复。

中共云南省委隶属中共中央西南局领导。中共云南省委对各级党组织的管理采取“条块”结合，“条”即是按系统和部门管理，“块”即是按行政区划建制管理。1956 年以前，为适应党的一元化领导，党委工作机构设置比较多，并根据需要不断调整。省委下设办公厅、组织部、宣传部、统战部、社会部、云南日报社、纪委（监委）、外联部、党校、工业部、直属机关党委、边疆工委、农村部、财贸部、调查部、文教部、干教委及工人运动委员会、青年工作委员会、妇女工作委员会等工作机构。这些机构与政府部门对应，除对相关政府工作实行归口管理外，还对各系统干部进行分别管理。同时，按照党管武装的原则，历届省委书记都兼任云南省军区和昆明军区第一政治委员；地（州、市）委书记兼任当地军分区第一政治委员；县（市、区）委书记兼任当地人武部第一政治委员。根据 1953 年 11 月《中共中央关于加强干部管理工作的决定》，从 1954 年起，省委将全省干部划分为军队、文教、计划工业、财政贸易、交通运输、农林水利、统战、政法、党群九类，在中共中央及各级党委组织部的统一管理下，由各级党委的各部门分别进行管理。通过各部门分级管理干部，干部管理工作逐步规范，实现了党对干部的统一管理，使得党能够根据形势发展需要，统一调配干部力量，保证各个时期政治和建设任务的完成，党委制得到进一步加强。根据中心工作的需要，省委还先后设立过“三反”“五反”办公室、肃反五人领导小组、审干办公室等临时性工作机构，以推进各项工作顺利进行。

各地、州、县党委也随着全省行政区域的多次调整而不断建立健全。1950 年 2 月，中共云南省委成立之初下辖 1 个市委、12 个地委。1951 年 1 月成立个旧市委，1952 年 8 月成立缅宁地委（1954 年 6 月改称临沧地委），1953 年 11 月成立东川矿区党委。为实行民族区域自治，

1953年1月至1954年8月，先后成立中共西双版纳傣族自治区边工委、德宏傣族景颇族自治区工委、红河哈尼族自治区边工委、怒江傈僳族自治区边工委。其中，西双版纳、德宏、怒江自治区（边）工委分别由思茅、保山、丽江地委领导。至1954年10月，中共云南省委下辖2个市委、11个地委、1个矿区党委和4个自治州（边）工委。1950年下半年，曾设立过滇南、滇西两个工作委员会，为中共云南省委派出机构，分片实施领导（1955年4月撤销）。随着1954年划乡工作的推进，除了部分边疆民族地区外，全省县委领导班子逐步健全，乡政府也设专职党支部书记从事党务工作。到1956年6月，省委下辖昆明市委、个旧市委、昭通地委、曲靖地委、楚雄地委、玉溪地委、蒙自地委、文山地委、思茅地委、临沧地委、大理地委、德宏地委、丽江地委、东川矿区党委、红河自治州边工委和省委委托思茅、丽江地委领导的西双版纳州边工委、怒江自治州边工委。到1958年，除少数边沿一线外，全省每个乡均成立了党支部。至此，全省确立了省委—地（州、市）委—县委—乡党支部四级党委领导体制[①]。

在建立条块管理的同时，中共云南省委不断改进党委领导方式，加强自身建设。省委成立之初，有省委委员9人，实行全委会集体领导。1954年10月，经中共中央批准，省委设立常务委员会。1955年，按照中共中央《关于建立省、市委书记处的决定》，8月，经中共中央批准，省委设立书记处，作为省委处理日常工作的机构，执行省委决议和检查执行情况，对常委会负责。各级党委也先后设立常委会，作为日常决策机构。据1956年5月统计，全省128个县共有县委委员1900多人，平均每县配有15人。500人以上的59个厂矿中，1955年底共有党委委员176人，平均每个厂矿配有3名专职委员。其他各种工作机构也配有一套领导班子，党委制领导得到全面加强。

云南各级党委建立后，如何处理好党政关系，实现有效领导，既是确立党的执政地位，发挥党的核心领导作用的关键，也是地方党委在

① 1954年宪法规定农村的区级政府一律改为县人委的派出机构，乡（镇）为县以下统一的一级政权机关。

领导体制和领导方式上必须解决的一个重要课题。根据党章规定和中共中央指示，中共云南省委在政权系统、统一战线系统、群众团体系统各组织的领导机关中陆续建立党组（党委），实现党的集中统一领导。1952 年 11 月，经过省委批准，成立中共云南省人民政府党组干事会，由 13 人组成，设书记、副书记各 1 名；省政府直属各部门有党员干部负责人 3 人以上者均建立分党组。同月，设立了中共云南省检察署党组小组（1956 年 6 月改为党组）；1953 年 7 月，设立中共云南省人民法院党组。省委通过设立党组，对“一府两院”实施有效领导。随着政协云南省委员会机关党组、中共云南省总工会党组、中共云南省妇女联合会党组、中共云南省文学艺术界联合会党组的成立，中共中央关于健全党委制的决定在云南全面落实。

这一时期，云南地方党委的领导方式具有鲜明的时代特点和地方特色。针对解放初期匪患严重的形势，全省大部分地区实行军队包干地方工作，军队领导通常兼任地方党委书记；在干部使用上，普遍以野战军干部为主、本地干部为辅。各级领导干部在“团结第一，工作第二”的方针指引下，以大局为重，保证了各项工作顺利开展。1953 年 3 月 25 日，中共云南省委作出《关于加强党对边疆工作统一领导问题的决定》，加强边疆各级党委一元化领导，省委对边疆各项工作领导更为集中和统一。

解放初期，实行党的一元化领导体制，符合云南的客观实际，适应了全省政治、经济和社会发展的需要。1956 年 6 月，随着中共云南省第一次代表大会召开，党的建设进入一个新的历史阶段，党的领导体制和组织制度上有了新的变化。一是全省开始实行党员代表大会制度。在中共云南省第一次代表大会上，按照党章规定，选举产生了首届中共云南省委。由此开始，省委领导班子由上级任命制转变为代表大会选举制，辅以届期内领导班子调整的任命制。二是加强了省委工作部门建设。第一届中共云南省委由 5 名书记处书记（包括第一书记）、11 名常委、27 名委员、9 名候补委员组成，书记处书记分管各口业务，加强了对政府系统相对应的经济工作部门的指导和监督，并随着工作开展的需要进行适当的增减。三是加强了党的监察机关。中共云南省委首届监察委员会由中共云南省第三次代表会议选出，报经中共中央批准正式成立，向中央监委和中共云南省委负责并报告工作。

云南地方党委领导体制的确立和不断完善，有力地保证了云南新生人民政权的巩固和社会主义各项事业建设的推进。

二　整风整党

整顿党的作风

整顿党的作风，是中国共产党加强党的作风建设，提高党员队伍思想觉悟，保证党的路线、方针、政策能够贯彻执行而适时采取的有效教育方法。

新中国成立后，党的工作任务和工作方式都发生了变化，但是，相当一部分党员干部的思想作风还不能适应新形势新任务的需要。一方面，由于党员队伍发展过快，客观上存在着考察不严、组织不纯的情况，一些不符合党员标准的人被吸收入党，还有少数投机分子和阶级异己分子混入党内；另一方面，大量新党员均未经过革命战争和艰苦环境考验。此外，有的党员干部因为革命的胜利，骄傲自满、不求进步、贪图享受，官僚主义、命令主义作风也有所滋长。中国共产党为担负起领导人民进行社会主义革命和建设的历史重任，必须纯洁党的队伍，整顿党的作风，加强党的战斗力。对党员队伍进行全面系统的党性党风教育，已势在必行。

1950 年 5 月 1 日，中共中央发出《关于在全党全军开展整风运动的指示》，要求各级党组织结合具体工作，在全党尤其是领导干部中开展一次大规模的整风运动。6 月，党的七届三中全会对全党的整风运动作出了具体部署。这次整风的目的是让党的干部明确阶级立场与群众观点，端正思想，加强党性，密切与人民的联系；主要任务是通过整风，提高党员干部的思想水平和政治水平，克服以功臣自居的骄傲自满情绪，克服官僚主义和命令主义，改善党和人民群众的关系。

根据中共中央的安排，1950 年 7 月，云南省第一次党员代表会议决定在全省整训党的干部。全省各级党组织和党员积极响应中共中央和中共云南省委的号召，投入整风运动中。整风运动本着思想教育为主的精神，通过集中学习整风文件，总结报告工作情况，个人检讨反省，找出存在问题，以开展批评与自我批评的方式进行分批整训。整风的重点是担任领导的党员干部。为了加强整训效果，从 1950 年 9 月至 1951 年 6 月，中共云南省委在省委党校举办了 3 期整风学习班，轮训了 563 名县级党员干部，着重解决干部队伍中的地富思想、强迫命令作风和无组织无纪律现象，解决好阶级立场和群众观点，为完成清匪反霸、减租退押和土地改革做好思想准备。由于采取和风细雨式的教育方法，消除了广大党员干部的思想顾虑，党员干部都能坦诚地谈心交心，查找问题改进作风，达到了教育党员、提高思想、端正党风的目的。

虽然这次整风运动时间较短，只初步解决了工作作风方面的问题，尚未解决组织不纯和党员思想不纯的问题。但这是中国共产党执政后开展的第一次党内整风，使广大党员干部认识到人民政权的建立并不是革命任务的结束，而是新的更艰巨工作的开始，给全体党员和干部敲了警钟。

整党运动

随着国家政治形势和财经状况的好转及整风运动的不断深入，1951 年 2 月，中共中央发出《中共中央政治局扩大会议决议要点》，提出以三年的时间进行一次整党的任务，要求在中国革命胜利的新形势下，更加提高党员的条件，慎重进行城市及新区的建党工作，以更好地完成党的各项工作和任务。3 月 28 日至 4 月 9 日，中国共产党第一次全国组织工作会议在北京召开，会议通过了《关于整顿党的基层组织的决议》和《关于发展新党员的决议》，对整党建党工作作出了具体部署，规定了关于共产党员标准的若干基本条件。

出席这次会议的云南小组在对云南地下党、边纵的认识上出现了意见分歧。一种意见认为，云南地下党在 1949 年 7 月以后，大量发展党员，造成组织严重不纯，“党员中的绝大多数不具备或根本缺乏党员条件”；另一种意见认为，云南地下党发展党员是积极慎重的，大多数地区和县没有大量发展党员，发展的党员是好的或比较好的。这两种意见分歧，在云南小组中引起了争论。会后，刘少奇 4 月 19 日与云南小组座谈。在听取不同意见后，刘少奇指出：“云南党光荣伟大是第一，这是应肯定的，但是还有第二第三，应当承认他们作过好事，打了游击，建立了武装，培养了干部，做的正确，做的伟大，做的英勇，是有功劳，要承认，要肯定。但还有第二、第三，那就是有毛病、缺点错误。第一第二都要承认，只看缺点而抹杀优点、成绩不对，只看见成绩而忽略了毛病缺点也不对。”“缺点毛病到底有多大，要具体去研究，不是个争论的问题”，“应该具体分析每一个地区，每一个支部”，“实事求是地搞清楚，实事求是地解决问题”①。

根据中共中央批准的全国组织工作会议作出的各项决议，全党有步骤地开展了整党运动。1951 年 5 月 21 日，中共云南省委作出《关于初步整顿党组织的决定》。为了推进整党工作有序进行，省委先后 10 余次发出整党工作指示和对一些具体问题的处理意见，强调要严肃谨慎地、有领导有步骤地进行整党，以达到提高党员的思想觉悟，从组织上划清敌我界限的要求，全面展开整党工作。

调整县级以上主要领导干部。从 1951 年 5 月至 8 月，全省除个别地委书记外，凡是由地方干部担任地县两级主要领导干部的，都进行了调整，其职务由经过土地改革、整党锻炼和“三查”（查阶级、查思想、查作风）的外来干部担任，地方干部重新分配工作。中共云南省委还在各地实行干部回避制度，凡地富家庭出身或与地富关系密切的干部，都一律调离本地；凡出身地富的县以上干部在全省范围内统一回避，区级及区以下的干部在专区范围内统一回避。

培训教育干部。对党员普遍进行党员标准八项条件的学习教育，要求广大党员必须了解中国共产党是中国工人阶级的政党，党的最终目

---

① 中共云南省委党史研究室编：《春风又暖彩云南——平反冤假错案与落实政策》，中国文联出版社 2003 年版，第 124 页。

的是实现共产主义制度；必须下决心终身英勇地坚持革命斗争，在任何环境下不退缩，不叛党，不投降敌人；必须服从党的统一领导，同一切损害党的利益的现象进行坚决斗争；必须把人民群众的利益及党的利益摆在首位，个人利益必须服从人民利益；经常用批评与自我批评的方法检讨、纠正工作中的缺点错误；必须全心全意为人民服务，当人民的勤务员；必须努力学习马克思列宁主义、毛泽东思想。在此基础上，组织党员干部进一步学习党的任务与政策，并通过自我的思想总结与历史总结，使他们明确作为一名共产党员，只有加强党的组织观念与群众观点，才能更好地为党工作。

审查干部。根据党员的状况分为四类进行处理：具备党员条件的继续保留党籍；对不完全具备党员条件，或者有较严重问题的给予帮助，使其改正提高；对确实不够党员标准的消极落后分子，经教育改造无效或拒绝接受教育的，劝其退党；对混进党内的阶级异己分子、叛变分子、投机分子、蜕化变质分子，一律清除出党。

整顿党支部。按照党支部不同情况，分为三种类型来处理：领导成分纯洁，党员成分基本上纯洁，能执行党的决定、能联系群众的，准予继续活动；支部水平只是一般群众团体的水平，或其中是否有坏分子情况不明的，或支部大部分党员虽然成分纯洁，但暗地为坏分子所操纵，不能执行党的决定、不起作用、为群众所不满的，停止活动；由坏分子建立起来的，或支部领导骨干为坏分子或大部分为阶级异己分子的，为阶级敌人所操纵或把持的支部，必须解散。

在整党过程中，为了更好地进行党组织的整顿，全省集中了原云南地下党和边纵的党员干部，在各级党校党训班中进行整党。省委党校还集中了县以上的干部及一部分区级干部整党，各地、市委党训班则整训区级及区以下的一般干部。省委党校开办了三期整党训练班。在整党中，中共云南省委坚持严肃慎重、耐心教育和争取的方针，采取启发思想、提高觉悟的方法，分清思想问题与政治问题、一般党派问题与严重政治问题，同时明确规定思想问题思想解决，主要处理敌我问题。经过学习文件、交代政策、小组讨论、支部决定、本人同意、党委审查、省委批准几个程序进行组织处理。各地参照省委党校做法，采取组织学习党员标准的八项条件，进行党员登记，党组织对党员作审查鉴定、作出组织处理等步骤进行整党。

在全党有计划、有步骤地开展整党工作之际，1951 年 12 月，中共中央作出开展“三反”运动的决定。中共云南省委根据中共中央指示精神，把整党工作与“三反”运动结合起来进行，整顿了党内不良倾向，对全体党员进行了一次反对腐败、坚持廉洁的教育，为整党工作增添了新的内容和动力。

这次整党从 1951 年 5 月开始，到 1953 年春季基本结束，经历了两年时间。中共云南省委从边疆、多民族的特点出发，坚持“团结第一，工作第二”的方针，“严肃稳慎”地开展整党工作。通过整党，提高了干部的政策水平，增强了党性，加强了组织建设，对完成土地改革等各项任务发挥了积极作用。但是，由于云南解放初期错综复杂的情况，省委来不及每个地区、每个支部地进行调查研究就开始整党，不可避免地出现了一些问题。正如省委在 1952 年 10 月《关于云南初步整党工作报告》中所指出：“部分地区进行组织处理不够慎重，有的缺乏具体分析和分别对待的精神或处理面过宽。”从 1951 年 7 月到 1953 年 7 月在省委党校进行的三期整党，参加的党员共 1394 人，受开除党籍、不承认党籍、停止组织生活、劝退、取消候补党员资格和其他党纪处分的共 341 人，占 25.4%[①]。全省农村很多党支部被停止活动和解散，丽江地区的全部党支部宣布停止了农村基层组织的活动，相当一批党员被宣布停止活动后失去党籍。在思想总结和做鉴定时，有的定性不准，肯定成绩不够，片面强调个人的缺点和错误，影响了对干部的使用和提拔。受当时历史条件的制约，在整党中未能对云南地下党和边纵的历史作出客观公正的评价，对一些问题未经认真调查核实就草率作出处理决定，导致处理面过宽，一些同志受到错误处理；在后来的历次政治运动中，一些同志再次受到错误处理。党的十一届三中全会以后，这些受到错误处理的同志先后得到复查改正。

---

① 中共云南省委党史研究室编：《春风又暖彩云南——平反冤假错案与落实政策》，中国文联出版社 2003 年版，第 125 页。

三　加强党的宣传教育工作

加强宣传思想工作

在新的形势下，加强对党员干部和各族群众进行马克思列宁主义、毛泽东思想的宣传教育，是党的一项最基本的政治任务，是动员一切社会力量共同建设新中国的必然要求。

1951 年 5 月，中国共产党第一次全国宣传工作会议在北京召开，确定了党在实施新民主主义建国纲领时期思想宣传工作的方针和任务。6 月 25 日，中共云南省委召开第一次宣传工作会议，要求在党员、党外积极分子中间和在社会上进行马列主义基本理论的宣传，加强党对人民的思想领导，正确开展思想斗争。根据中共中央的要求，全省各级党组织把向党内外进行马列主义的宣传教育当作一项重要工作，结合全省的中心工作和各项建设事业来进行。

为加强对思想舆论的引导，按照中共中央的部署，1951 年 4 月，中共云南省委发出《关于执行中央〈关于在全党建立对人民群众的宣传网的决定〉》，在全省建立了宣传员和报告员工作制度。在党的每个支部设立宣传员，在党的各级领导机关设立报告员，并建立相应的工作制度。宣传员的任务是在党组织领导下，向人民群众宣传党和政府的政策、国内外时事、当前面临的生产工作任务及模范经验；批驳反动谣言和群众中流传的错误思想；将人民群众反映的情况向党组织报告，以便适时改进党的宣传内容和宣传方法。报告员既是高级宣传员，也是宣传员的领导者。他们的主要任务是直接地经常地向人民群众作关于时事、政策、工作任务、工作经验的报告。每个报告员每两个月必须至少作一次政治报告。

各级党组织对建立宣传员和报告员制度十分重视。1951 年，根据昆明市及宜良、大理、楚雄、丽江、昭通、武定、玉溪 7 个地委的初步统计，有宣传员 1774 人。全省有报告员 243 人，其中省级报告员 43 人，昆明市级报告员 20 人，各地委级报告员 86 人，县委级报告员 104 人。在中共云南省委批准的省一级报告员中，有于一川、刘林元、庄田等省级领导 29 人。宣传员深入农村，深入基层，宣传动员群众，群众生动地把宣传员称为“活的报纸和黑板报”。报告员给各级机关党员上党课，并轮流下乡，向基层党员讲解党的政策和当前的形势任务。据不完全统计，仅 43 个省级报告员，半年时间就向社会各界作报告 177 次，听众达 20 万人。宣传员和报告员工作制度的建立，对于从上至下系统地建立起遍及全省的经常性宣传网，广泛而深入地对人民群众进行社会主义思想教育，起到了积极的推动作用。

加强党对宣传思想工作的领导，一个重要内容是掌握新闻出版、报纸广播等舆论工具，建立起传播革命思想和民族的、科学的、大众的、新文化的媒体阵地。1950 年 3 月 4 日，毛泽东题写报头的《云南日报》创刊。作为中共云南省委的机关报，创刊当天就发表社论，向全省人民传达了省委关于“加强团结，建设新云南”的任务。1950 年 4 月，中共中央作出了《关于在报纸刊物上展开批评和自我批评的决定》，强调要在具有广泛公开性的报刊上开展批评与自我批评，监督党和政府，及时修正工作中的缺点和错误。各报刊积极地组织高质量的批评报道，批评报道开展得如何成为衡量一张报纸办得好坏的重要标准。以《云南日报》为主的报刊围绕党的中心工作，大力宣传党的各项方针政策，进行民主改革、恢复生产、抗美援朝等方面的报道，宣传农业、工业战线的劳动模范和其他先进人物的典型事迹，在群众中树立了劳动光荣、学习先进、勤奋向上的社会新风尚。同时对整党整风中发现的严重官僚主义、违反党纪的党员干部进行公开揭露，教育党员和人民群众，密切了党与人民群众的联系，对于反官僚主义、严肃党纪、端正党风起到了推动作用。

1951 年 3 月 23 日，昆明人民广播电台正式改名为云南人民广播电台，对全省播音。建立伊始，云南人民广播电台就作为党联系各族人民的桥梁和纽带，紧紧围绕全省的中心工作，宣传党的路线方针政策，报道全省各条战线的建设成就，为全省各项事业的发展营造了良好舆论环境。同年10月12日，省人民政府发布《关于建立广播收音网的指示》，各地开始普遍建立收音网。至1952年10月，全省已有134个县（市）建立了收音站。遍及全省的收音网为传达党的政策法令，提高群众的思想觉悟，推动各项政治运动的开展发挥了积极作用。

为了帮助群众正确了解中国革命的经验，掌握中国革命和建设的基本理论和方法，1951年10月12日，《毛泽东选集》第一卷正式出版，在全国发行，成为当时社会政治生活中的一件大事。10月27日，中共云南省委发出《关于认真宣传〈毛泽东选集〉出版的决定》，号召各级党委动员，全党重视，并认真地向广大人民群众宣传《毛泽东选集》的出版。10月28日，省级机关干部千余人集会，庆祝《毛泽东选集》出版，中共云南省委第一书记宋任穷作了讲话。11月7日，《毛泽东选集》在昆明市公开发行。随着1952年4月、1953年4月《毛泽东选集》第二、三卷的出版，毛泽东思想作为中国革命和建设的指导思想在全国得到广泛传播，在云南党员干部和各族各界群众中，掀起了广泛学习毛泽东著作的热潮。

党的过渡时期的总路线确定后，1953年至1954年，云南掀起了一场过渡时期总路线的学习和宣传活动，使全省各族群众积极参加到社会主义改造和社会主义建设的伟大事业中来。

1954年7月，中共中央发出《关于改进报纸工作的决议》后，中共云南省委强调要加强报纸的指导性，报纸必须开展批评，要求各级党委应协助、支持报纸开展批评与自我批评，并保证它的实际效果。云南各报加强了批评性的报道，对工作中的缺点错误敢于在报纸上公开批评。同时，把社会主义建设和改造的伟大实践，与干部群众的思想密切结合起来，加强报纸的理论宣传，宣传马克思列宁主义，宣传党的政策和决议。这些宣传报道起到了很好的舆论引导作用。

1954年11月，中共云南省委召开第二次全省宣传工作会议，传达贯彻第二次全国宣传工作会议精神。会议明确了党的思想工作的方针、职责和当前确实需要解决的问题，强调全省各级党组织必须进一步批判各种轻视思想工作的错误观点，真正把思想工作放在党的工作的首位。全省党的思想宣传工作得到进一步加强。

1954年到1955年，在中共中央统一领导下，中共云南省委开展了以马克思主义为指导、清理和批判唯心主义等非马克思主义观点的批判运动。这个运动最初是从批评俞平伯在《红楼梦》研究中的观点引起的，后来延伸到同胡适派资产阶级唯心论的斗争，并扩展到教育学、政治学、心理学多个领域。省、市先后组织了宣传唯物主义、批判资产阶级唯心主义的演讲会33次，听众达33000余人次。随着对胡适思想批判的展开，对左翼文化运动的进步文艺理论家、诗人胡风文艺思想的批判也上升到政治高度，把胡风文艺思想的讨论作为工人阶级与资产阶级之间的一个重要斗争来看待，并演变为一场揭露所谓“胡风反革命集团”的斗争。《云南日报》于1955年5月和6月分三批转载了《人民日报》刊登的《关于胡风反革命集团的材料》。在运动中，云南一些与“胡风集团”人员有过交往或与他们观点一致的文艺界人士和其他人员都不同程度地受到牵连和批判。这场运动违背了中共中央提出的正确的学术批评和讨论应该以研究工作为基础，实事求是，采取自由讨论的方法，分清政治上的反革命分子与学术思想上犯错误的人的原则。党的十一届三中全会后，中共中央对这桩错案进行彻底纠正，云南受到牵连的人得到了平反。历史证明，依靠行政命令，发动群众性的批判运动方式，不能解决学术争论问题；清除资产阶级错误思想的任务，不是一个短期的批判运动所能解决的，必须经过长期的努力，遵循其发展规律，经过耐心细致的工作，才能有效地确立马克思主义在意识形态领域的指导地位。

党员干部的培训教育

解放初期，党员干部文化程度普遍较低，理论素质不高的情况十分突出。1951年，全省党员文盲率高达31%。对党员干部进行系统的培训教育，提高其理论和政策水平，提升工作能力，关系到全省经济社会发展大局，关系到党的正确领导能否实现。为此，中共云南省委高度重视对党员干部的培训教育，坚持把这项工作作为长期工作抓紧抓好。

1950年5月，中共云南省委组建学习总会，各系统各部门分别建立学习分会，加强了对全省党员干部学习的统一领导。这一时期，党员干部的学习教育活动主要是结合整风、整党、恢复国民经济等中心工作进行，通过学习加强党内外团结，帮助干部正确执行政策，改进工作。

1951 年 3 月，中共中央发出《关于加强理论教育的决定的通知》，指出在学习问题上存在着忽视理论的经验主义的危险倾向。忽视理论学习，是一部分干部对于党的政策知其然而不知其所以然，产生官僚主义、命令主义、事务主义倾向乃至蜕化变质思想的根本原因。《通知》对干部理论学习的内容、时间与考试制度等作了具体规定。

为贯彻中共中央指示，1951 年 5 月，中共云南省委要求各级党组织自上而下建立政治理论学习制度，重点抓好领导干部的学习。1952 年 9 月，省委发出《关于干部政治理论学习的规定》，对具体的学习程序作出明确规定。根据由点到面逐步展开理论教育的指示，省委先后在省级机关及昆明、个旧、宜良、玉溪、曲靖等地开办了 41 所干部业余政治学校。各级党政领导干部大多被聘为理论教员、校长或教务主任，领导和指导学习。全省党员干部按文化程度及工作经验，分 3 级进行编组学习。通过学习，提高了党员干部的政治和文化素质，有力地促进了党的思想建设。

1953 年党的过渡时期总路线确定后，为了适应社会主义建设的需要，中共云南省委要求在全省党员干部中组织社会主义建设理论的学习。通过学习，从苏联共产党的历史中，汲取社会主义经济建设和政治斗争的经验教训，加深对社会主义建设的认识。1956 年 1 月，省委组织部制定《关于理论教育工作的初步规划》，高、中级组按中共中央规定的政治经济学、哲学、苏共党史、中共党史、党的建设 5 门课程的顺序，初级组则按党的基本知识、理论常识、政治常识的课程顺序学习 3 年。

为了加强干部培训教育，各级党委建立党校，作为培训各级领导干部的基地。1950 年 9 月 1 日，省委党校开学，开始培训党员的初、中级领导骨干。在整风和整党中，各级组织依托党校对干部进行党建理论的正规系统的培训。各级党校在办学条件比较艰苦的情况下，举办各种短训班，围绕党的中心工作对干部进行党的路线、方针、政策的教育，同时为基层干部补习文化，培养了一大批基层领导骨干。从 1954 年起，各级党校相继举办理论学习班，由配合党的中心工作培训干部向正规地对干部进行马克思主义理论教育转变,党员干部的理论学习逐步步入正轨。在一些地区,党组织还根据实际需要对干部进行专业培训。1954 年保山地委组织部就专门举办了农村支部书记训练班,以发挥农村党支部的核心领导作用,提高党支部的战斗力。

通过培训教育,全省党员干部的文化素质和思想政治理论素质均有一定程度的提高,但总体上看,干部的文化程度还不能满足形势发展的要求。截至 1956 年,云南省依然有 52.7% 的干部是小学文化程度;在领导骨干中,也有相当一部分工农干部由于文化水平低而影响到学习理论和钻研业务。为此,中共云南省委明确要求,县委正副书记、县长和相当这一级的干部,凡达不到初中文化程度的,全部送重庆中央第七中级党校学习文化。

这一时期通过正规化的培训教育,建立了全省党员干部政治理论学习制度,逐步把干部理论教育引向系统化和规范化,党员的培训教育成为一种常态化的机制。全省党员干部的思想素质和工作能力得到提升,促进了各项建设的开展。

四　审干肃反工作的开展

审查干部工作

随着国家各项建设事业的全面开展,党对干部进行审查,及时掌握干部情况,使干部更好地为国家建设服务,成为党的组织工作的一个重要方面。1953 年 11 月 24 日,中共中央作出《关于审查干部的决定》,指出新中国成立以后,干部队伍迅速扩大,干部成分较过去任何时期都复杂,在新干部中,历史不清、来历不明分子依然占有相当的数量,甚至还有少数反革命分子隐藏在内部;在老干部中,也还有少数未经过审查,或当时认为没有问题而以后又发现了某些问题的;必须在两三年内对全国干部进行一次细致的审查,更进一步了解干部,保证建设任务顺利进行。

按照这个指示及“慎重的审干方针，稳当的工作步骤”的精神，云南开展了干部审查工作。为加强对审干工作的领导，中共云南省委成立审查干部办公室，各级成立相应的机构，负责指导审查干部工作。审查的步骤是先党内，后党外；先领导干部，后一般干部；先审查地委、专署（州、市）以上的领导机关和重要的国营厂矿企业，后审查县、区级机关和次要的厂矿企业；先审查政治面目不清、来历不明的干部，后审查其他干部。审查内容主要是从政治上弄清每个干部的政治面目，清除混入党政机关的反革命分子、阶级异己分子和蜕化堕落分子，以保持干部队伍的纯洁；同时又多方面地了解和熟悉干部的思想品质和工作才能，以便更好地进行干部管理。经过准备工作、调查研究与启发本人交代等环节后，由审干机构作出审查结论。

在审干过程中，全省设立了 4 个专案组，涉及的被审查人员较多。一是“七一五”专案组。1948 年 7 月 15 日，在反对美国扶持日本侵略势力复活的学生运动中，昆明学生 800 余人被国民党政府抓捕，是为“七一五”事件。其中许多人后来参加了革命。专案组主要审查他们被捕期间的政治表现，有无损害党和革命的行为，并对审查结果作出结论。二是“播乐中学”专案组。1948 年 9 月 5 日，在地下党领导下，沾益县播乐中学师生和附近农民 600 余人起义参加云南人民武装，编入云南人民讨蒋自救军第一纵队，转战滇东北地区，后来很多人当了干部。三是“榕峰”专案组。1948 年 8 月 28 日，在地下党组织领导下，宣威宝山中学 100 多名师生举行起义，并参加了云南武装斗争，这批人员大部分成长为干部。四是不属专案的外来与地方专案组，主要审查外来干部与地方干部的政治历史问题①。

在审干过程中，1955 年 7 月，中共中央决定开展一场肃清暗藏的反革命分子运动。10 月 24 日，中共中央发出《关于审查干部工作同肃反斗争结合进行的指示》。按照中共中央的精神，云南的审干工作结合肃反进行，中共云南省委决定对四类干部不再列为审查对象：一是党组织

① 王镜如：《往事回顾》，云南民族出版社 2008 年版，第 95 页。

已经了解情况，没有政治历史问题的干部。二是历史上曾有问题，但过去已审查清楚并作出结论，后未发现新问题的干部。三是虽未经系统审查，但经过长期考验，没有任何可疑的干部。四是历史上虽有一些问题，但并非政治问题的干部。中共云南省委重点审查和处理的是那些已被揭露出来的反革命分子和反革命嫌疑分子，通过肃反斗争来解决审干中的突出问题。

经过几年的审干工作，中共云南省委基本查清了云南受审查人员的情况，对被审查干部作出了结论，撤销了四大专案组，省委审干办也改为组织部下设的审干办。审干工作纯洁了各级干部队伍，查清了全省各类干部的政治历史情况，使各级领导机关全面了解所属干部的情况，为有计划地培养干部，正确地使用干部创造了必要条件。但由于“左”的思想影响和历史的局限，伴随着肃反运动的扩大化，审干运动也出现了偏差，不少地方在确定审查对象时“宁多勿漏”，把审查干部的数量确定得过大。一些工作环节出现疏漏。如“榕峰”专案审查结论是，1946年敌人所开展的情报活动和1947年初派遣的干练团员，没有进到党内来，宣威县的“两面两重”政权，是滇东北党委为便于工作而建立的统战关系，经地下党同意并派有党的干部参加。但该结论没有下达到有关单位，使一些干部受到了伤害和错处。有的同志在以后的运动中，特别是“文化大革命”中，再次受到伤害，直到党的十一届三中全会以后拨乱反正、平反冤假错案时才得到平反和解决。

内部肃反运动

由于中共中央认为“随着我国社会主义事业的进展，阶级斗争必然日益尖锐化和复杂化”，并严重估计当时阶级斗争的状况，作出“在很多部门，在很多地方，大量的暗藏的反革命分子是还没有揭露和肃清的”判断，1955年7月1日，中共中央发出《关于展开斗争肃清暗藏的反革命分子的指示》，决定在全国范围开展一场肃清暗藏反革命分子的运动。7月6日，中共云南省委发出《关于开展肃清暗藏反革命分子的指示》，全省展开了肃反工作。为加强对全省肃反工作的领导，12月12日，中共云南省委成立了肃反五人领导小组，各地也成立了专门机构进行肃反。

肃反大体经过准备、小组斗争、专案小组和甄别定案四个环节。在工作中，中共云南省委明确指出肃反的重点对象是那些有明显或较明显反革命嫌疑的分子，并按照问题性质和情节轻重的不同制定了有区别的处理方法。斗争政策是“坦白从宽，抗拒从严，立功赎罪，立大功受奖”组织有关人员进行政治形势、肃反政策以及对党和政府要“忠诚老实”的教育，发动群众开展斗争，促使嫌疑分子主动坦白交代问题。依据中共中央提出的“提高警惕，肃清一切特务分子；防止偏差，不要冤枉一个好人”的方针，中共云南省委明确要求，要进行实事求是的调研，切实掌握有关的证据资料，防止草率结案。

按照中共中央部署，全国党政机关和群众团体机关，高等学校和干部学校，中小学校（不包括学生），军队，国营、合作社营和公私合营的企业均需进行肃反。因此，云南的肃反工作分 4 批进行：第一批为党政机关、群众团体机关，从 1955 年 7 月开始；第二批主要包括中小学教职员、县区机关干部及厂矿基建工地全部工人，1956 年 1 月开始；第三批为前两批未经肃反的人员，约 10 万余人，从 1957 年 1 月开始；第四批是按照中共中央指示，在所有单位和所有工薪人员及手工业生产合作社成员中进行，是在“大跃进”运动中开展的，共有 78.67 万人参加了肃反运动。

中共云南省委对边疆民族地区的肃反工作作出特殊要求。规定边沿民族地区 28 个县的民族干部不参加肃反运动，有反革命言行的民族干部，应经党委研究批准后交自治州人民委员会讨论并与上层人士协商处理；对边沿县区汉族干部的肃反工作采取训练班的方法，分批集中到内地进行；内地专县的民族干部，可以参加肃反运动，问题严重的可采取长期审查的办法把问题查清楚。

中共云南省委规定了肃反运动中对民主党派的政策。全国知名或在云南社会影响较大的民主人士，全国人民代表，省人委委员及其正副厅局长，各民主党派、人民团体的主要负责人，在自愿基础上交代和检举的问题，可采取书面形式送省长或政协主席。若需确定其政治问题时，需经中共云南省委批准，由省公安厅配合省委统战部进行，不放在小组和群众中斗争。省人民代表、政协委员、各民主党派的委员、省人委参事、文史馆员等，愿个别交代或小组交代的均听其自愿，确定为重点检举揭发的人员由各部门批准，重要者须经中共云南省委批准，一般人员需与省委统战部联系，方可开展斗争。应该说，这些政策的制定都考虑到了云南边疆民族地区的特殊性，坚持了严肃谨慎的方针。

随着运动逐渐深入，一些地方和部门由于对情况估计过于严重，加之有些政策界限不清，犯了“逼、供、信”的错误，出现了斗争面过宽和打击程度过重的偏向。1956年2月，省人委副省长刘明辉到蒙自专区和个旧市调查镇反、肃反情况，发现运动中既有错的，也有漏掉的。错的主要表现在对知识分子列为重点斗争对象的面过大。针对存在的问题，调查组在调查报告中提出应加强和完善五人小组的领导，从深入学习肃反政策入手，对照政策检查有无错漏现象。对确实斗错的，或者挨了打骂的，应当赔礼道歉；在职务上错处的要恢复原职，错扣了工资的要按规定补发；斗错的还应在其历史档案上证明正式平反的结论，让本人心服口服，消除其对立及抱怨情绪。中共云南省委五人小组同意这个调查报告，并批转发全省各地。批语中指出，报告中反映的问题不仅蒙自、个旧两地存在，其他各地也不同程度存在，要求各地认真检查，并研究执行。肃反中一度发生的偏差得到纠正。第一批肃反运动清查出占参加运动人数1.54%的反革命分子和其他坏分子，还查清了数百起破坏事故和反革命嫌疑案件，查清了1.3万多人的政治历史问题，并实事求是地作出结论，使他们放下了包袱，提高了工作热情。1956年10月6日，中共云南省委批准了五人小组《关于进一步做好第一批肃反运动复查的报告》，组织了工作组，先在玉溪、陆良、大理进行复查试点，取得经验后在全省铺开。各级组织对前一段工作进行了一次全面深入的检查，重点复查反革命和刑事案件，坚持按政策、法律规定，实事求是和有错必纠的原则，对查出的错案进行了纠正和平反；对久押未决的案犯，按照中共中央的规定进行了放、判、捕、留、保、关6种方式处理；对属于错捕、错判的坚决改正，迅速平反释放；因冤狱而造成生活和生产困难者，酌情予以社会救济；对量刑悬殊很大的，适当改判；对以嫌疑罪逮捕但一时难以查证清楚的，经教育释放或保释后继续调查。所有案件的改判处理均依法办事,并报经党委审查批准。通过检查,肃反中“左”的偏向逐渐得到控制和纠正。到 1958 年 7 月底,根据中共云南省委肃反五人小组向省委作出的《关于内部肃反进展情况报告》,全省肃反运动基本结束,也有的地区善后工作延续到 12 月底。

1958 年至 1959 年,各地进行了肃反甄别定案处理工作,根据中共中央的肃反政策进行复查,复查内容一是审查证据的来源,二是审查证人证据的可靠性,三是审查取证的方法和手段等。经复查对政策界限不清、执行政策偏差而错定的案件及错捕的人,进行了彻底纠正。1959 年 12 月,中共云南省委肃反五人小组作了《关于彻底肃清暗藏反革命分子运动的总结》,肃反工作结束。

这场肃清暗藏反革命分子的运动,从全国来看发动原因是多方面的,客观上,既有理论上对列宁、斯大林肃反理论的借鉴与吸收,也有针对现实反革命分子破坏活动的反击与惩戒;主观上,既有对阶级斗争形势判断上的过高估计,也有针对帝国主义颠覆破坏图谋的自我防范;继续执行中华人民共和国成立初期既定的镇反政策,深入打击反革命分子,也是此次肃反运动的重要原因。经过三年的肃反运动,云南全省肃清了一批反革命分子,打击了敌人的破坏活动;查清了一些干部的历史问题,纯洁了干部队伍,扩大了人民内部的团结,又堵住了敌人利用历史弱点进行破坏活动的漏洞;维护了社会秩序,为全面经济建设提供了稳定的社会环境。但由于对阶级斗争形势估计过于严重,运动过程中出现了一些偏差和失误,给当事者造成了伤害。

五　中共云南省第一次代表大会的召开

中国共产党的代表大会制度是党的一项带根本性的政治制度,是党内民主的重要体现形式。早在 1948 年 9 月,中共中央就发出《关于召开党的各级代表大会和代表会议的决议》,要求正常召开代表大会。云南解放后,由于土地改革没有彻底完成,各界群众尚未充分组织起来,召开普选的党的代表大会的条件还不成熟。

1950年7月20日至31日，中国共产党云南省第一次代表会议召开。会议传达了中共七届三中全会关于争取国家财政经济状况基本好转的精神。会议提出，云南工作的中心任务是剿匪、反霸、减租、退押，为土地改革准备条件。会议认为，根据云南地处边疆、多民族的特点，要坚持贯彻“民族和睦、加强民族团结，消灭历史造成的民族隔阂，工作稳步前进”的工作方针。会议强调要保证全党的高度统一，结束独立分散、各自为政的游击状态，加强全省的组织性、纪律性，加强各级党委制。

1954年3月16日至4月14日，中国共产党云南省第二次代表会议召开。会议通过了拥护党的七届四中全会《关于增强党的团结的决议》。省委副书记于一川代表中共云南省委作学习贯彻过渡时期总路线及1954年几项主要任务的报告。报告肯定了省委几年来坚决执行中央和西南局的决议，团结会师、整党、土地改革、“三反”“五反”、转入建设等项工作是做得好的，完成了援藏、援外、生产、抽调干部等上级交给的任务。同时，也指出云南省党内还存在一些不团结的因素。

1955年6月16日至30日，中国共产党云南省第三次代表会议召开。会议根据党的七届四中全会和党的全国人民代表大会决议精神，总结和肯定了工农业生产，特别是农业生产互助合作、民族工作、党的建设等方面的经验。为保证完成和超额完成第一个五年计划的各项任务，提出了加强党的领导、正确解决民族问题、坚决镇压反革命、巩固边防、加强党的思想和组织工作等任务，会议还肯定了针对云南边疆地区不同民族社会经济发展特点所采取不同的土地改革政策。

三次党的代表会议的召开，为党的代表大会的召开积累了经验。在全省社会主义改造基本完成，社会主义建设取得重大成就，全省由新民主主义向社会主义转变即将完成的新形势下，1956年6月25日至30日，中国共产党云南省第一次代表大会在昆明召开。

这次大会的正式代表819人，候补代表44人。其中，少数民族代表161人，占代表总数的19.7%；妇女代表109人，占代表总数的13.3%。出席会议的正式代表771人。大会的主要任务是检查总结云南过去 6 年的工作并确定今后的任务，选举出席党的第八次全国代表大会的代表，选举中国共产党云南省委员会成员。

会议讨论通过了中共云南省委书记处书记于一川代表省委作的《工作报告》，省委农村工作部部长梁浩作的《关于发展农业生产的报告》，省委边委书记孙雨亭作的《关于民族工作的报告》，通过了《中国共产党云南省第一次代表大会决议》。

会议回顾了过去 6 年的工作，认为由于执行了中共中央制定的路线、方针和政策，在党员和各族人民的共同努力下，全省胜利地完成了以土地改革为中心的民主改革任务，胜利地执行了国家在过渡时期的总路线和国民经济的第一个五年计划。

会议对今后的工作作出安排和部署，指出云南各级党组织在今后的主要任务是进一步团结各族人民，发挥云南党组织和全体人民群众的积极性和创造性，为巩固和发展社会主义革命的胜利而奋斗。在继续完成社会主义改造任务的同时，应加强党对经济工作的领导。注意从各方面调整和稳定新的社会主义生产关系，以保证工农业生产的迅速发展；加强对农业生产和全面发展农村经济工作的领导，积极支援大工业建设；积极发展地方工业和手工业，加强对国营厂矿的领导，加强各企业之间的协作；加强工商业工作，以促进工农业生产的发展，不断改善人民物质文化生活的需要；相应地加强交通运输、文教科学等工作，适应社会主义建设的需要；加强民族工作；加强人民民主专政和统战工作，巩固国防，打击和孤立敌人，保证社会主义事业的胜利。

会议对云南省党的自身建设提出新要求，强调继续加强党的统一和团结；提倡调查研究、独立思考的风气；提倡联系实际深入钻研理论，正确执行党的政策的风气；克服主观主义，密切联系群众，坚持走群众路线，树立雷厉风行的作风；克服官僚主义、命令主义等脱离群众的作风；加强党的集体领导与分工负责的制度，正确地开展批评与自我批评，在统一的纪律原则下，使党内民主生活更加活跃。

会议指出，云南面临着许多新任务和新问题，必须戒骄戒躁，谦虚谨慎，继续发扬各级党组织和全体党员的积极性和创造性，在党中央领导下，依靠云南全党的团结和广大群众的努力，争取社会主义事业的新胜利。

与会代表对拟在党的八大通过的《中国共产党章程》(修改稿)进行认真讨论,充分发表了意见。大会选出中共云南省委委员27人,候补委员9人。选出参加中国共产党第八次全国代表大会的代表19人。7月2日,选举产生的第一届中共云南省委召开了第一次全体会议,选出省委常委11人,谢富治为书记处第一书记,于一川、马继孔、郭影秋、刘明辉为书记处书记。

中共云南省第一次代表大会的召开,标志着党的代表大会制度在云南的确立。代表大会在全省由新民主主义过渡到社会主义的转折时刻,系统地总结了中共云南省委成立以来领导全省人民进行革命和建设的重大成就和经验教训,明确地提出了全面开展社会主义建设新时期,云南各级党组织的主要任务和工作重点,凝聚了全省党员的智慧,统一了全省党员的思想和行动,为云南社会主义事业的发展和党的建设指明了方向。会议期间,与会代表畅所欲言,各抒己见,充分行使党员代表的权力,呈现出生动活泼的政治局面和良好的精神风貌,使党的民主集中制原则得以贯彻,充分体现了集体领导的正确性和召开党的代表大会的及时性和重要性。这是云南省党的历史上一次具有重要意义的盛会。

第八章

社会主义改造的基本完成及社会主义制度的初步建立

遵照中国共产党在过渡时期的总路线，中共云南省委领导全省各族人民，在有计划地组织开展经济建设的同时，开展了对农业、手工业和资本主义工商业的社会主义改造。1956年，三大改造基本完成。这一生产关系的深刻变革，标志着社会主义制度在云南初步确立。

一　农业的社会主义改造

推行粮食统购统销

国民经济恢复时期，国家需要的粮食，除征收公粮外，其余要从粮食市场购买。1953年大规模经济建设开始后，带动了城市人口和就业人数大幅增加，一方面，工业、贸易、城市消费用粮数量大增；另一方面，经济作物种植面积扩大，粮食种植面积相应减少。为解决粮食供求紧张的矛盾，中共中央决定实行粮食统购统销政策，由国家严格控制粮食流通，在农村向余粮户实行粮食计划收购，对城市和农村缺粮户实行粮食计划供应，严禁私商自由经营粮食，实行中共中央统一管理之下，由中央和地方分工负责的粮食流通管理制度。通过推行粮食统购统销政策，妥善解决粮食供求矛盾，切实稳定物价和节约粮食，并把分散的小农经济纳入国家计划建设的轨道，引导农民走向互助合作的社会主义道路。

1953 年 10 月 10 日，全国粮食会议在北京召开，陈云作了《实行粮食统购统销》的重要讲话。10 月 16 日，中共中央发出《关于实行粮食的计划收购与计划供应的决议》，决定从当年 12 月起，全国农村开始进行粮食统购统销工作。

1953 年 10 月，中共云南省委批转《关于在本省执行〈中共中央关于实行粮食的计划收购与计划供应的决议〉的意见》，对云南的粮食征购形势进行了分析，认为云南没有粮食外调任务，因此当年收购任务不算太大，只要能够完成原定征收及收购计划，即可保证 1954 年本省粮食供应，并可稍有储备。

为了顺利地开展粮食计划收购工作，1953 年 10 月及 1954 年 1 月，中共云南省委召开了两次农村宣传工作会议。按照会议精神，全省进行了粮食收购的宣传工作。各地结合过渡时期总路线的学习宣传，特别宣传了收购粮食对于云南走社会主义道路的意义，帮助群众理解各项具体政策和具体工作同总路线的关系。省委宣传部编写了《走社会主义的路把余粮卖给国家》的宣传材料，印发各地，并在 1953 年 12 月 28 日的《云南日报》上全文刊登。

为了更好地组织开展粮食征购工作，中共云南省委把全省划分为三类地区，采取不同措施开展工作：第一类是计划供应地区，多为内地。此类地区按照“结合征粮进行收购，同时又不放弃市场收购”的方针，采取与中共中央一致的方式，取消粮食自由市场，由农民自愿自报售粮数字，在粮食够吃并稍有节余的情况下进行收购，并有步骤地实行计划供应。第二类为边疆未进行土地改革地区及一些接近边疆的工作落后乡。这类地区不取消粮食市场，着重采取市场收购并向群众广泛宣传稳定粮价的政策，加强这类地区国营粮食机构建设，除健全县以上粮食机构外，在每区及主要街镇均设一个粮店，加大收购，保证供应，指导监督私营粮商的活动。同时，注重教育发动边疆群众，减少与制止粮食向国外走私，禁止外国商人到中国购粮及买青。根据这类地区的具体实际，又采取相应的政策。如中甸、德钦被划为边疆非统购统销区，根据“有利发展生产、巩固各民族团结”的原则和“国家少购一点，群众多留一点”的精神，两县粮食收购执行多余多购、少余少购、不余不购的办法。第三类是除以上两类之外的地区，划为“缓冲”地带。对此类地区的粮食自由市场实行较严格的管理办法，如领有粮食营业证但未经工商行政机关核准登记者不准经营粮食，粮商买卖粮食必须服从国营粮食部门牌价，不准抬价、压价，必须现款交易，不准买空卖空，不准私自下乡采购粮食；不准私商到计划供应区买卖粮食等。

在推行粮食统购统销的过程中，由于粮食收购计划涉及农民保有和出售自己生产粮食的自主权利，而购销制度缺乏严密的调查统计基础，导致指标分配不平衡，一些地区存在该购没有购足，有的又购了过头粮的情况。且征购任务紧，一些地方发生强迫命令现象，不少人对粮食统购统销政策产生了怀疑和动摇。从 1955 年 3 月 3 日起，中共中央决定在全国范围内试行粮食定产、定购、定销的“三定”政策。8 月 25 日，国务院发布《农村粮食统购统销暂行办法》和《市镇粮食定量供应暂行办法》，以法令形式对“三定”政策作了明确规定。“定产”是指 1955 年核定的粮田单位面积常年产量，自该年起 3 年不变；“定购”是指根据每户所定产量，减去全家必需口粮、种子、饲料和应缴公粮，剩余部分由国家按 80%—90%的比例购买；“定销”是指缺粮户的不足部分由国家供应。“三定”政策打消了农民“购粮无底，增粮无益”的思想顾虑，得到了广大农民的拥护，是对统购统销政策的一大补充和完善。

粮食实行统购统销之后，按照中共中央的部署，到 1954 年 9 月，除保山地区和昭通部分县外，全省开始实行棉花、棉布、食用油的计划收购和凭票定量供应。这样，粮、棉、油等重要的农产品退出了自由市场，由国家垄断经营。从 1955 年 11 月起，全省城镇开始统一实行粮食及粮食制品凭票定量供应。由此，全省的粮食、食用油脂油料的统购统销形成制度。

粮食统购统销政策从 1953 年出台，1955 年经“三定”制度和市镇粮食定量供应制度的建立进一步强化，到 1957 年前后基本确立。其内容包括统购制度、统销制度、粮食市场管理制度、票证制度。在此后 20 余年的时间里，各项制度的具体内容虽然有一些调整，但没有本质上的更改，直到 1985 年粮食统购制度被合同定购制度所取代，这一政策前后共实行了 32 年。这一政策的实行，是计划经济体制在中国农业领域确立的决定性步骤。在当时物资相当缺乏的情况下，粮食统购统销政策缓和了粮食市场供不应求的矛盾，保证了国家需要和人民生活的供应，稳定了市场和社会秩序，推动了工业化的进程和计划经济体制的确立，促进了国民经济的发展。此后，粮食统购统销政策在实践中产生的影响远远超出了粮食流通领域，对社会生活和经济工作产生了深远而广泛的影响。

试办初级农业生产合作社

随着国家工业化目标的提出，分散落后的小农经济已难以满足城市和工业发展的需要。中共中央认为，只有依靠集体经济的力量，大幅提高粮食产量，并把单门独户的农民基本组织到合作社内，实现农业合作化，才能为大规模经济建设提供所需要的粮食和资金保障，才能引导占中国人口绝大部分的农民组织起来走社会主义道路。因此，中共中央明确指出对农业社会主义改造的道路和方法，是引导农民经过具有社会主义萌芽性质的互助组，到半社会主义性质的初级社，再到完全社会主义性质的高级社。

为了推动农业合作化的发展，1953 年春，中共中央下发《关于农业生产互助合作的决议》，要求在条件比较成熟的地区，有领导、有重点地发展初级农业生产合作社。初级农业生产合作社一方面是农民拥有土地和生产工具的私有权，按入股的土地和生产工具取得合理收益；另一方面又是建立在共同劳动基础上，实行计工取酬，按劳分红，有一定的公共财产，具有部分社会主义因素。中共中央认为，“这种走向社会主义的过渡的形式又正是富有生命的有前途的形式”。

此时，云南内地土地改革已基本结束，开展农村互助合作已有初步基础。为推动农业生产合作化运动，按照中共中央的部署，1953 年 1 月

19 日，中共云南省委召开昆明[1]、晋宁、宜良、呈贡、澄江、曲靖 6 个县的县委书记会议，结合各县重点互助组的情况，讨论试办农业生产合作社的计划，研究扶持农业生产合作社的问题。

会后，全省农村工作重点转入加强农业生产和对互助合作的领导。中共云南省委确定在上述 6 个县的 9 个互助组试点办合作社。1953 年 2 月 15 日，云南省第一个农村生产合作社在晋宁县李凤仪村建成。之后，省委农村工作部对这 9 个初级农业生产合作社的试点情况进行了总结。1954 年 1 月 8 日《云南日报》全文刊登了这个总结，介绍 9 个初级农业生产合作社的基本情况，认为它们充分体现了集体生产的优越性：统一使用土地，联合进行生产，可以因地制宜进行土地基本建设，更好地发挥土地潜力；统一组织劳动力，全劳动力半劳动力各尽所能，逐步贯彻按劳取酬原则，充分发挥群众生产积极性；统一安排生产，农业、副业适当结合，农忙时不争工，农闲时不浪费；可以进行一些单干农民和互助组办不到的生产技术改进；从集体劳动共同生产的过程中，逐步增长了社员的集体主义思想；财力集中，生产逐步扩大，公共财产逐步增加，社内公共福利与扩大再生产的可能性逐步增长；生产力水平得到提高，增加了社员收入，起到了吸引其他农民走上合作化道路的作用。

在试点成功的基础上，全省进入重点试办阶段。各地遵循先作出计划，经地委审查，再报中共云南省委批准的办社程序，坚持积极领导、严格控制、努力不出“废品”的方针。根据试点经验，具体建社工作分为三个步骤：第一步是充分酝酿，宣传农业生产合作社的性质、优越性、政策，解除群众的顾虑，启发其建社的要求，达到人人自愿。第二步是民主讨论，从实际出发，解决有关联合起来集体生产的一些具体问题，如评产入股、分配比例等与群众利益关系密切的问题。第三步是民主选举，成立社务管理委员会，制订各种制度和生产计划，建立农业生产合作社并做生产准备，以便直接转入生产。

在初级农业生产合作社试办过程中，全省先后培训了 2000 多名办社干部和积极分子，并认真培养合作社的领导骨干，为办社工作提供人

---

① 1953 年前昆明市辖昆明县，1953 年实行市、县合并，撤销昆明县建制。

才保障。各地县委坚持集体领导，对办社中出现的问题及时解决、及时指导，同时明确具体分工，专人负责，深入重点，总结经验，使县一级成为领导互助合作运动的主要环节。由于准备充分、领导有力，经过两个多月的重点试办，1954 年初，全省在内地 11 个专区的 65 个县市新建了 325 个农业生产合作社①。

初级合作社重点试办的顺利进行，为农业生产合作社的开展摸索了经验。此后，建社工作在全省全面推开，各专区、市、县先后开始有计划地试办初级农业生产合作社。

整顿农业生产合作社

在试办初级农业生产合作社的基础上，农业互助合作运动在云南已完成土地改革的地区全面展开，并不断发展。但随着办社运动的深入，出现了急于求成的现象。按照 1953 年 12 月中共云南省委《关于农业生产互助合作五年计划草案》，计划参加农业生产互助组和农业生产合作社的农户，1954 年占全省总农户的 60%，1955 年占 65%，1956 年占 70%，1957 年占 80%。农业生产合作社的发展计划是 1954 年春达到 230 个，1955 年春达到 1150 个，1956 年春达到 5000 个，1957 年春达到 2 万个。但因为发展势头过猛，到了 1954 年底，全省就办起了 5399 个农业生产合作社②。

面对这种急于发展的趋势，中共云南省委多次以各种形式指示各地，要认真宣传和贯彻执行有关发展农业生产互助合作的政策，解决急躁冒进、强迫命令等问题，保证互助合作运动的稳步发展，并切实采取措施，整顿和巩固农业生产合作社。1955 年 2 月，省委发出《关于立即转入春耕生产，并认真巩固农业生产合作社的指示》，要求各级领导必须全力考虑巩固农业社的工作，保证农业普遍增产，不应把领导重点放在继续发展农业社上。

---

① 当代云南编辑委员会主编：《当代云南简史》，当代中国出版社 2004 年版，第 150 页。

② 云南省地方志编纂委员会编：《云南省志·经济综合志》，云南人民出版社 1995 年版，第 281 页。

按照中共中央提出的“停、缩、发”的方针，中共云南省委加紧了对农业合作社的整顿巩固工作。1955 年 3 月，召开云南省互助合作代表会议，省委要求组织与会代表对各地农业生产合作社的土地和劳力分红，耕畜农具、资金和公有财产的处理，副业生产，及内地民族杂居区如何发展农业等问题进行了讨论。最后，对全省的建社工作作出了具体要求。根据农村工作基础不平衡，民族状况、交通条件、人口分布等不同的情况，省委在农业合作社发展布局上，不再简单地要求平衡发展，而是在适当兼顾的前提下，较集中地成片逐步发展，并区别四种情况，确定发展方向。一是大量发展的地区。主要是内地平坝粮食和经济作物的主产区，约有 35 个县，入社农户要达到 30% 以上，其中有 13 个县、市基本实现合作化。二是重点发展的地区。主要是工作发展比前一种较晚，人口分散、地区辽阔、民族关系较为复杂的山区，约有 46 个县，入社农户要达到 10%—20%。三是继续试办地区。主要是靠近边境地区的约 27 个县，入社农户在 10% 以下，一部分乡可以不试办农业社。四是特殊控制的地区。这类地区又分为两类，一类是落后乡，必须全力进行整顿，然后才能考虑试办农业社；另一类是处在国防边境或毗邻大小凉山和藏区等专区、州，无论土地改革完成与否，均暂时不考虑发展农业社。

在整顿合作社的工作中，也出现了一些偏差。有的地方压缩了一些不该压缩的社，有的地方把适当压缩搞成了解散，伤害了农民的积极性。为此，1955 年 7 月 27 日，中共云南省委发出了《关于农业生产合作社具体执行政策的一些规定》，要求在执行政策中必须坚持五项原则：一是半社会主义的原则。不取消社员的土地私有权，土地入股统一经营只限于耕地，不得取消土地报酬，零星作物和家庭副业一律归私人经营。二是贫农与中农自愿互利的原则。土地生产、分红、劳动报酬、耕畜农具的使用和投资等，既不能使贫农吃亏，也不能使中农吃亏。社员之间的问题要民主协商解决，不能多数强制少数，也不能少数垄断和压制多数。三是农业社的公共利益和社员个人利益相结合的原则。四是农业社与社外关系上的先进带动和帮助落后的原则。五是民族团结的原则。同时，省委对如何吸收社员、土地入社等有关问题都作了具体规定。

总体来看，巩固和整顿农业社的效果是好的。在广大群众中实行自愿互利的政策，纠正了侵犯中农利益的错误，恢复了农民生产积极性，提高了干部工作能力。如文山地委和西畴县委深入西畴县戈木乡，通过正确贯彻执行中国共产党在农村的政策，及时发现和解决政策方面的问题，使一度混乱的东升合作社在生产中得到了巩固，又从巩固中推动了生产发展。这一经验得到了毛泽东的肯定，总结该经验的文章《一个混乱的合作社整顿好了》，被收入毛泽东主编的《中国农村的社会主义高潮》一书。在毛泽东亲自题写的该书按语中指出：任何情况混乱的合作社，只要加强党的领导，向群众讲明自己的政策和方法，就算是落后村，都是可以建立合作社的[①]。到 1955 年 6 月，全省初级合作社发展到 7100 多个，入社农户占全省总农户的 5.1%，其中没有一个垮台和退出互助组的，90% 以上的合作社增产增收[②]。

农业社会主义改造的高潮

1955 年 7 月，中共中央召开省、市、自治区党委书记会议，对中国农业合作化的历史，指导合作化运动的基本方针等作了总结和系统的阐述。会上，毛泽东作了《关于农业合作化问题》的报告，集中论述了加快农业合作化的紧迫性，强调不解决农业合作化的问题，就不能解决国家工业化对商品粮和工业原料的需要与主要农作物一般产量很低之间的矛盾。报告强调，在全国农村中，新的社会主义群众运动高潮即将到来，着重批评了农业合作化中的“右倾保守思想”，批评中共中央主抓农业的领导像“小脚女人”走路，“有数不清的清规戒律”。

在这种形势下，1955 年 9 月，中共云南省委重新制定了全省发展农业生产合作社的规划，拟在 1955 年秋收前农业生产合作社由 7100 多个发展到 3 万个，1956 年春耕前再发展 5000 个至 1 万个，全省入社农户

---

① 中共西畴县委：《一个混乱的合作社整顿好了》，载云南农业合作史编辑室编：《云南农业合作制史料：历史资料选编（1952—1989）》，中共党史出版社 1993 年版，第 169 页。

② 当代云南编辑委员会主编：《当代云南简史》，当代中国出版社 2004 年版，第 150 页。

占总农户的23%左右，1956年秋冬季节再发展2.1万个，入社农户占全省总农户的40%左右，到1957年，农业生产合作社发展到7.3万多个，连同老社扩大、并社、入社农户占总农户的50%左右。在全省132个县中，1956年春有16个县、市要基本实现农业合作化，1956年冬基本实现农业合作化的县、市要达到50个，1957年87个县、市要实现农业合作化。9月30日，《云南日报》报道，各地已建成2.5万个农业合作社①，完成了全省秋季发展计划。

面对农业合作社急速发展的形势，1955年10月，中共七届六中全会（扩大）通过了《关于农业合作化问题的决议》。全会结束以后，关于发展社会主义或发展资本主义两条道路的斗争，成为农业合作化运动乃至农村工作的主题。各地在激烈批判“右倾机会主义”的政治氛围下，再次修订加快合作化步伐的规划，合作化运动迅猛发展。

10月22日至11月3日，中共云南省委召开了地县、区委书记会议，传达和学习了毛泽东《关于农业合作化问题》的报告及中共七届六中全会的决议，检查了“右倾问题”，修订了农业合作化规划。全省开始在50个县重点试办高级农业生产合作社。高级农业生产合作社是以土地和耕牛等主要生产资料公有化为特征，入社农户完全按劳取酬，生产资料不再参加分红。初级农业生产合作社称为半社会主义性质，高级农业生产合作社称为社会主义性质。这些社的规模一般是1个乡办1个社，都是以1个或数个老社为核心，合并周围的小社及少数互助组、单干农民所组成，同时吸收地主、富农参加，大的社有1200多户。

在试办过程中，针对云南的具体情况，1956年1月20日，中共云南省委批转了省委农村工作部《关于试办高级农业生产合作社的几个问题的报告》，认为，转入高级社的中心问题是更显优越的先进经营管理，必须抓住这一环，切忌离开生产去孤立地谈高级社，全省的工作重点仍是将初级合作化的农户从30%发展至75%，各地决不能因试办高级社而对发展完成初级合作化的任务有所疏忽。省委指出，办高级社的许多具

① 云南省地方志编纂委员会编：《云南省志·经济综合志》，云南人民出版社1995年版，第282页。

体问题还处于摸索阶段，1956 年春还不可能出现发展高级社的高潮。

此时，云南边疆已有近 60 余万人口的地区结束了土地改革，有 100 余万人口的地区正在进行或即将进行土地改革，还有 60 多万人口的地区正在采取“直接过渡”方式进行民主改革。如何指导已结束土地改革的地区进行农业合作化运动，事关全省的发展大局。1956 年 3 月 9 日，中共云南省委常委会议讨论通过了《关于在边疆已土改地区开展农业合作化运动的指示》，边疆结束土地改革的地区开始了农业合作化运动。由于边疆民族地区经济文化落后，在阶级关系和生产关系上和内地有不同的特点。因此，合作化进程与内地也不尽相同。在发展模式上，这些地区坚持“大量发展互助组，重点试办合作社，大力发展农业生产”的方针，采用“深入一点，取得经验，推动全盘”的领导方法。在办社过程中，坚决执行“依靠贫农，巩固地与中农联合，逐步由限制富农剥削到最后消灭富农剥削”的政策。基于边疆民族矛盾与敌我矛盾交织的复杂情况和国防斗争的需要，中共云南省委特别强调，要从边疆民族地区特点出发，在充分发动群众办社的同时，采取和平协商方式，通过代表会议、人民委员会和协商委员会等形式与民族上层人士酝酿讨论合作化的规则和具体措施，认真加强对民族上层人士的统战工作，消除不必要的顾虑和阻力。

各级党委积极探索适合本地实际的建社方法。文山地委对如何建立民族联合社进行了研究，因地制宜地建立和发展了大量的多种民族组成的民族联合社。文山县石洞乡红旗民族联合社具有代表性，这个社中各民族混合编队编组，共同生产，壮族社员耐心教苗族社员犁田、栽秧，并把比较好的稻田让给苗族社员耕种。通过互教互学，苗族群众的生产技术有了很大提高，逐步适应了坝区生产。同时，这个民族联合社尽量做到根据各民族生产生活方式、风俗习惯的不同，对不同民族给予适当照顾。如给苗族社员保留麻塘地，给瑶族社员保留蓝靛地，给壮族姑娘保留蔗草田，给回族社员保留生活用牛等。通过办社，历史上形成的民族隔阂逐步得到消除。1954 年文山遭受旱灾，社外互助组和个体农户的粮食普遍减产三至五成，而该社的粮食减产不到一成，在农作物总产量上，加上其他经济作物和杂粮收入，全社还得到增产。以往大旱之年要吃国家回销供应粮的群众，这年向国家交售了余粮。社员们都说："要不是办民族联合社，今年要饿饭了！"该社的办社经验，在中共第八次代表大会上作书面交流发言后，得到了中共中央和与会代表的肯定和赞扬。

在全国上下急于求成的氛围中，中共云南省委在合作化运动中仍然兼顾到了边疆民族地区的实际。针对办社过程中出现的具体问题，省委及时加以纠正。例如，在初级社转为高级社的试办过程中，有的干部有热情但缺乏经验，加上对转社的认识不全面，孤立静止地宣传"消灭私有制"，许多地方发生了侵犯农民利益和强迫命令的现象。针对这些问题，省委接连发出通报，对合作社建立、巩固、发展等具体问题作出指示，对过头现象进行整顿。

1956年1月23日，中共中央公布了《一九五六年到一九六七年全国农业发展纲要（草案）》，强调对于一切条件成熟的初级社，应当分批分期地转为高级社，不升级就妨碍生产力的发展。6月30日，毛泽东以国家主席名义签署《高级农业生产合作社示范章程》，规定高级农业社实行主要生产资料完全集体所有制，社员的土地必须转为合作社集体所有，取消土地报酬，耕畜和大型农具作价入社。全国农业合作化运动热潮的高涨，不可避免地对云南农业合作化运动产生较大影响。全省一大批刚刚建立的初级社立足未稳，社员入股的土地报酬、生产资料折价偿付、农民副业的经营等问题尚未解决，有的初级社成立还不到一个生产季度，甚至没有进行生产安排，就急速地卷入新一轮并社升级中。在《高级农业生产合作社示范章程》公布实施后很短时间内，各地都把成立不久的初级社成批地转为高级社，还有许多互助组、甚至单干农户被直接并入高级社。到1956年，全省共计建立了25101个农业生产合作社，入社农户302.65万户，占全省农户总数的85.1%。不包括昆明市在内的16个专区、自治州及个旧市，仅有52万多户农户没有参加农业生产合作社①。除了少数边疆民族地区外，全省基本实现了土地、耕畜、

① 云南省地方志编纂委员会编：《云南省志·经济综合志》，云南人民出版社1995年版，第283页。

大型农具等主要生产资料为农业生产合作社集体所有。

云南农业合作化是在初级社还没有完全巩固的情况下仓促实现的，出现了要求过急、工作过粗、形式过于简单划一的问题。有的地方违背了自愿原则，带有一定强制性。但是，农业合作化运动消灭了土地私有制，把小农个体经济改造成为社会主义集体经济，使农村经济制度发生了根本变化，有力地防止了土地兼并和贫富两极分化。在这一进程中，广大农民进一步组织起来走上了合作经济发展道路。特别是农业合作化后，全省农村开始了大规模农田水利基本建设，推广先进农业生产技术，培养了一批农村干部和农业建设人才，为农业的长期发展提供了物质基础和人才保障。

二　手工业的社会主义改造

实现对手工业的社会主义改造，是中国共产党在过渡时期总路线提出的三大改造任务之一。云南省的个体手工业主要分布在昆明、玉溪、个旧、下关、保山、曲靖、昭通、楚雄等城镇，特点是专业者少，兼业者多，多为根据地区性的市场需要，运用传统手工工艺进行小规模生产。尽管如此，1950 年个体手工业产值仍占全省工业总产值的 49.4%，手工业在全省国民经济中占有重要地位。

云南解放后，为了使个体手工业更好地为社会主义经济服务，中共云南省委从 1950 年开始着手进行改造试点，以探索经验。被称为全省手工业合作社“第一面旗帜”的昆明市汽车修造生产合作社，就是改造成功的企业之一。到 1952 年，全省组织起 7 个手工业合作社。

中国共产党在过渡时期的总路线公布后，对手工业的社会主义改造进入一个新阶段。1953 年 12 月，在全国第三次手工业生产合作会议上，朱德指出，手工业者一方面是劳动者，同时又是私有者……在生产上生活上仍有很多困难。个体手工业经济要经过合作化的道路，逐步改造为集体所有制。组织手工业生产合作社，是改造手工业者的个体经济，帮助他们过渡到社会主义的唯一的组织形式。

1954 年 1 月，云南省第一次手工业工作会议召开，会议明确了对手工业的社会主义改造是通过合作化道路，把手工业经济纳入国家计划的轨道，使落后的手工业经济成为先进的机器生产或半机器生产的社会主义集体经济。在这次会议上，中共云南省委确定对手工业进行社会主义改造的方针是“积极领导、稳步前进”；组织形式是由手工业生产小组、手工业供销生产合作社到手工业生产合作社；在方法上是从供销入手，实行生产改造；在步骤上是由小到大，由低级到高级逐步发展。1954 年 10 月 16 日至 11 月 4 日，云南省第二次手工业生产合作会议召开，强调手工业合作社的组织、政策和生产管理，都必须根据手工业行业特点来进行。

根据会议精神和安排，全省加快了对手工业的改造步伐。为加强对这项工作的领导，各级党委建立了手工业劳动者协会。通过吸收手工业者入会，加强党和政府与广大手工业劳动者的联系，加强劳动者之间的团结。为稳妥地执行，中共云南省委在对私改造中区别对待的政策，各地组织工作组，对五金、服装、竹木农具等 24 个主要手工业行业的资金、生产、原材料、产品销售、生产关系等进行了一次全面调研。随后依据西南手工业协会制定的标准，区分手工业者和手工业资本家。区分标准为：自己参加主要劳动，为手工业独立劳动者，不参加生产劳动或只做辅助生产劳动的为手工业资本家；雇工收入在总收入中不超过 35%，即雇工为 4 人以下者为手工业独立劳动者，超之则为手工业资本家；本人系老弱妇孺没有劳动能力而雇用工人不超过 5 人者不划为资本家。根据这一标准，工作组本着“宁宽勿严”的原则进行了区分，对手工业资本家采取进入公私合营企业的形式进行改造，而对手工业工人和手工业独立劳动者则引导其通过走合作化道路的形式进行社会主义改造。

引导个体手工业走合作化道路，也就是个体手工业者要从分散的个体生产组织起来集体生产，这是一个教育过程，一个思想斗争过程，同时也是一个提高生产的过程。个体手工业者在改造时顾虑重重，徘徊观望。全省各级党委根据“积极领导、稳步前进”的方针，结合各地实际情况进行思想发动，针对手工业劳动者的顾虑，反复宣讲政策，广泛召开手工业代表会、座谈会、徒弟会、师傅会、家属会、积极分子会，进行耐心细致的思想教育工作，坚持自愿入社的原则。同时，注重巩固已有的手工业生产合作社和生产小组，通过增产节约，改进操作方法，改善经营管理，改造劳动组织，改善生产设备，提高劳动生产率，发挥合作社的示范带动作用，充分显示合作化道路的优越性，使手工业者自觉自愿地申请入社或参加生产小组。

在思想发动的基础上，各地制定了手工业合作社发展计划，按照由小到大、由低级到高级的发展方针，主要采取三种形式对手工业进行改造：第一种是成立手工业生产小组，把手工业劳动者组织起来，有组织地购买原料、推销成品或接洽加工业务。第二种是把若干手工业劳动者或几个手工业生产小组组织起来，建立手工业供销生产合作社，统一购买原料、推销成品，统一承揽加工订货，并以业务经营中的积累来购置公有的生产工具，集中生产，逐渐增加社会主义集体所有的因素。第三种是成立手工业生产合作社，这是手工业社会主义改造的高级形式。其中一类是完全社会主义性质的生产合作社，合作社的主要生产资料归全体社员集体所有，完全实行按劳分配。还有一类是半社会主义性质的生产合作社，主要生产资料尚未完全成为集体所有，实行工具入股分红，统一经营，收益的一部分实行按劳分配。

1955 年 11 月中旬至 12 月，云南省第三次手工业工作会议召开。会议对手工业的改造进行了全面规划。1956 年，随着农业社会主义改造高潮的兴起，手工业的社会主义改造也形成高潮。近一年的时间内，在全省手工业从业人员中，参加手工业生产合作社的已占 79.1%，参加手工业生产合作小组的占 2.7%[①]。仅仅几个月，昆明市的手工业合作社从 1955 年的 102 个、从业人数 6859 人，到 1956 年春发展到 203 个、社员 19607 人，占全市个体手工业者的 92%。1956 年 1 月 25 日，昆明市手工业者 15000 多人在爆竹声中齐聚昆明人民胜利堂，庆祝昆明市手工

① 云南省地方志编纂委员会编：《云南省志・经济综合志》，云南人民出版社 1995 年版，第 284 页。

业社会主义改造的胜利①。

由于手工业合作化的进展过快、要求过急、集中过多，合作社的生产经营一度出现混乱。根据1956年3月全国城市手工业改造工作座谈会的精神，昆明市委从大中型国营企业中抽调60多名干部到手工业联社，并以此为骨干，组成整社工作组，对规模过大、行业混杂、撤点过多、过于集中等问题进行调整。经过整顿，合作社得到巩固发展。到1957年，全省手工业生产合作社达到2209个，从业人员占手工业总人数的78.1%；手工业生产合作小组达到339个，从业人员占手工业总人数的9.6%②。

总体说来，中共云南省委对手工业的社会主义改造是积极稳妥的。很多手工业合作社一方面靠党和国家加工订货、提供原材料、投放贷款扶持；另一方面依靠自身艰苦创业、勤俭办社，逐年积累，扩大生产，得以发展壮大。如昆明市电器生产合作社组社后，在国家计划的指导下，仅半年时间就生产出1200多台各种变压器，试制出仿苏CTH交流电焊机、大型配电屏等12种新产品。手工业劳动者的工资收入都有了一定提高。据有关部门对当时159个手工业合作社6086名社员调查统计表明，入社前每人月平均收入为25.64元，入社后每人月平均收入为32.36元，年终还按劳动量的大小，在盈余所留的20%以内得到劳动返还③。

手工业生产合作社还是手工业劳动者的社会主义学校。合作化之后，合作社通过集体生产和社会活动，加强对社员的社会主义教育，使社员逐渐树立热爱祖国、热爱中国共产党、热爱社会主义的思想，逐步明确了手工业在社会主义建设中的重要地位和作用。广大的手工业者认识到自己是新中国的主人，成为建设社会主义的积极力量。对手工

① 中共昆明市委党史研究室编：《昆明市手工业的社会主义改造》，德宏民族出版社1993年版，第15页。

② 云南省地方志编纂委员会编：《云南省志·经济综合志》，云南人民出版社1995年版，第284页。

③ 中共昆明市委党史研究室编：《昆明市手工业的社会主义改造》，德宏民族出版社1993年版，第23页。

业的社会主义改造,使手工业集体经济在全省经济建设中发挥了为工业生产、农业生产、基本建设和交通运输服务,为城乡人民生活服务,为国家积累建设资金的作用。同时,手工业集体经济生产经营灵活、劳动操作简便、容纳劳动力数量大,这在很大程度上缓解了社会劳动就业问题。在以后云南的社会主义现代化建设中,很多有影响的企业都是在手工业合作经济的基础上组建、改建、发展演变而来的。当然,对手工业的社会主义改造也存在着产供销不平衡,部门之间、地区之间不相衔接等问题,需要通过改革和发展来不断完善。

三　资本主义工商业的社会主义改造

单个私营工业的公私合营

对资本主义工商业的社会主义改造,是中国共产党过渡时期总路线总体布局中的重要一翼。根据中共中央的方针,对资本主义工商业的改造,就是要在一定的时期内,有步骤地把一切对国计民生有利而又为国家所需要的资本主义企业,基本上改造为国家资本主义企业,并使初级形式的国家资本主义向高级形式的国家资本主义发展。然后在条件成熟时,逐步地变国家资本主义经济为社会主义经济。

经过三年的国民经济恢复和建设,云南私营工商业中,以加工订货、统购包销为主的初级国家资本主义形式有了一定发展,从组织形式上看,私营工商业中占主要地位的仍是加工订货,实行公私合营的很少。随着国民经济有计划按比例发展的要求,特别是粮食、油料、棉花、棉布统购统销之后,对资本主义工商业实行有计划的改造提上了议事日程。

1954 年 1 月 9 日,私营云茂纺织厂宣布实现公私合营,这标志着云南资本主义工商业的改造迈开了步伐。根据国家经济建设的要求,遵照 1954 年 3 月中央财委《关于有步骤地将有十个工人以上的资本主义工业基本上改造为公私合营企业的意见》《关于一九五四年扩展公私合营工业计划会议的报告》，以及9月中央人民政府政务院公布的《公私合营工业企业暂行条例》，结合云南实际，中共云南省委全面展开对资本主义工业实行有计划、有步骤的社会主义改造工作。为提高工商业者对社会主义改造的认识，解除他们的思想顾虑，省委召开了省工商联代表大会，组织代表们学习讨论，提高他们对社会主义改造的认识，推动了全省资本主义工商业改造的步伐。

对资本主义工商业的改造，首先从单个私营工业的改造开始，而对单个私营工业的改造首先是扩展公私合营。根据中共中央确定的“巩固阵地，重点扩展，做出榜样，加强准备”的方针，中共云南省委开始对私营工厂实行逐户的公私合营，当时称为“吃苹果”的方式，目的在于稳步前进，做出榜样，带动其他未合营的企业接受公私合营。所谓公私合营，就是党和国家通过国营企业，采取向私营工业委托加工、计划订货，并向其提供必需的原材料乃至半成品，付给合理的加工费用，私营工业按照国营企业对产品的要求进行生产，产品由国营企业统购包销，将私营工业企业的产品生产与销售纳入国家计划，削弱或割断私营工业与自由市场的联系，限制或减少私营工业企业生产的盲目性与投机性，也在一定程度上限制了资本主义工业企业的剥削性。企业实行公私合营后，首先是改变企业的领导权。由各级党委派干部进驻企业，主持领导企业的生产和经营，按照国家计划组织生产。资本家也由企业的主管者变为在公方代表领导下参与经营管理的私方代表。其次，企业的生产资料，由资本家私人所有转变为国家与资本家共有，社会主义经济成分在企业内部处于领导地位，这种形式有利于推动私营工业企业发展计划生产，有利于恢复国民经济。

1954年，中共云南省委在全省有计划地扩展了9个私营工厂为公私合营企业。对于计划扩展为公私合营的每个企业来说，必须按照国家需要、企业的可能和资本家的自愿三个方面来考虑。第一批合营企业在原料、市场、贷款等方面得到国家支持，同时把企业的改造与人的改造相结合，人的思想改造促进企业改造，企业改造又反过来促进人的改造，工作效果显著。如云茂纺织厂1954年1月公私合营后，生产蒸蒸日上，以 1953 年 6 月为基点，1954 年同期产量提高了 29.4%，成本降低 42.85%，劳动生产率提高 138.39%。同时企业对资本家的职务作了妥善安排，使之各得其所，使他们看到了光明前景，坚定了接受社会主义改造的信心。在这批合营企业榜样作用带动下，不少未合营的私营企业开始主动要求国家支持，实行公私合营。

为了进一步推进公私合营工作的开展，1955 年 3 月，中共云南省委召开全省第一次工业公私合营干部会议。会后，全省清理整顿 1954 年以前就挂有公私合营牌子的 28 个企业，做好 1954 年已扩展的 9 个合营企业的巩固工作，并为完成下一步公私合营企业计划做好准备。

在中共云南省委的重视下，全省公私合营工作进展顺利。到 1955 年底，加工订货实现的工业产值已占全省私营工业总产值的 82.2%，私营工业户数从 1952 年的 1735 户减少到 1955 年的 727 户。随着国民经济的发展，云南社会主义经济的领导力量也在不断壮大。1955 年，地方国营工业总产值已占地方工业生产总值的 54.8%。经过公私合营，民族资本工业企业获得了从未有过的高额利润。据昆明市税务局 1953 年的统计资料，昆明市私营工业企业利润率平均达到 50.7%①。

随着公私合营的展开，生产经营中的一些问题暴露出来。有的工商户片面追求高额利润，在资金原料不足、销路有困难时，迫切希望政府向他们加工订货，对其产品实行统购包销；在销售旺季就企图摆脱国营的领导，自产自销。因此，常常出现不执行合同和破坏合同，延期交货或以次充好的现象。对此，各级党委采取强有力措施，加强市场管理，打击黑市经营，保证了加工订货任务的完成。单个私营工业公私合营的顺利完成，为资本主义工商业社会主义改造的全面推进奠定了基础。

私营商业的公私合营

对私营商业的社会主义改造，是按照先批发商后零售商的步骤区分

---

① 中共云南省委党史研究室编：《中国资本主义工商业的社会主义改造》（云南卷），中共党史出版社 1993 年版，第 12 页。

进行的。云南批发商主要集中在交通干线和商业较发达的昆明、个旧、下关、保山等地，掌握着商品流通的主要环节，对满足市场供求起着重要作用。按照过渡时期总路线的要求，中共云南省委要求对批发商采取逐步替代政策。一是通过扩大加工订货的收购、包销，把私营工业的产品更多地掌握在国营批发机构手中；二是对国家机关、企事业单位实行统一管理，使这些大宗交易脱离私商；三是扩大对国家统购包销的范围，使大批私营商业被替代。

为了推进私营商业的改造工作，1953 年 8 月至 10 月，在中共云南省委的领导下，省商业厅与工业厅、省合作社及有关专业公司成立了加工订货工作小组，在对企业的生产能力、生产量、市场销售等情况进行调研和摸底后，采取不同方式组织货源，扩大商品流通：对有关国计民生和市场需要，并有发展前景的产品，如火柴、纸烟、电石、牙刷等采取包销方式；对生产原料为国营商业直接控制而生产有潜力、市场也有需要，但生产又很分散的产品，如棉布、毛巾、水果糖、医药等采取加工形式；对质量差、成本高，销路有困难的，如肥皂、电灯泡等，采取订货收购。这些产品过去大部分由厂商直接在市场出售，国营商业难以掌控。通过这项工作，包销了昆明市全部或绝大部分的火柴、电石、机制纸、牙刷、纸烟，扩大了国营批发比重。同时，由于生产数量与产品是按需要来进行生产的，克服了生产上的盲目性和私商在市场的投机性，进一步把私营商业纳入了社会主义轨道。

1954 年 7 月，中共中央作出《关于加强市场管理和改造私营商业的指示》，指出对私营工商业改造要采取“一面前进，一面安排”和“前进一行，安排一行”的办法。根据这个指示，全省在替代了大批发商以后，对中、小批发商按照其不同的经营情况，采取了“留”“转”“包”三种方法进行社会主义改造。“留”是允许一部分私营批发商继续经营，但不是原封不动地保留其经营方式，而是由国营商业或合作社商业委托他们代理批发；“转”是对于有转业条件的批发商，引导他们把资金和人员转到其他有益的行业，然后进行改造；“包”是指私营批发商如无别的谋生出路，可以连同从业人员，在自愿的原则下，经过培训，由相关的国营商业和合作社商业吸收录用。

经过一年半的时间，全省于1955年上半年完成了对私营批发商的社会主义改造。经过改造，私营批发商占全省公私商业批发的经营比重已由1952年的57.73%，下降到1955年6月的2.1%[①]。

云南的私营零售商绝大部分是小商小贩，商业资本家不多。中共云南省委决定对资本主义零售商的改造，按照安排与改造相结合的政策，采取逐个行业进行改造的办法，通过国家资本主义的经销、代销和公私合营等形式来完成的。1953年11月，实行粮食、油料统购统销后，对私营粮、油零售商实行全行业代销；1954年9月，实行棉布计划供应以后，又对私营棉布零售商实行全行业的经销和代销。之后，相继对猪油、煤炭、茶叶、食盐、卷烟等行业，也实行全行业改造。

1955年，根据全国财经工作会议确定的"统筹兼顾，全面安排，逐步积极改造"的方针，云南省人委发出《关于进一步安排市场，改造私营商业》的文件。按照这一文件，各级组织调整了国营和合作社商业网，扩大批发业务，3个省辖市（昆明、个旧、东川）撤销了28个零售门市部。国营商业将部分次要零星商品让给私营商业经营，并动员了一部分私营商贩到农村或边远山区经营商业，取消了不利于物资交流的限制。到1955年8月底，全省改造为经销、代销、批购零销店有8031家，占全省私营商业总户数的20%。经过对私营零售商的社会主义改造，到1957年，全省参加合作商店、合作小组或委托代购代销的小商贩，共计2.17万人。

私营工商业全行业的公私合营

由单个企业的公私合营发展到全行业公私合营，是新中国成立以来党和国家对资本主义工商业采取利用、限制、改造政策的重要步骤。随着各地对资本主义工商业改造工作的发展，1955年10月29日，毛泽东接见工商界代表人士时，勉励民族资产阶级要认清社会发展规律，掌握自己的命运，走社会主义道路。谈话发表后，云南工商界和全国工商界

① 中共云南省委党史研究室编：《中国资本主义工商业的社会主义改造》（云南卷），中共党史出版社1993年版，第11页。

一样，震动很大，表示一定要响应毛泽东的号召，创造条件，争取早日实现公私合营。

1955 年 11 月，中央政治局召集各省、市、自治区党委代表会议，讨论对资本主义工商业的社会主义改造问题，通过了《中共中央关于资本主义工商业改造问题的决议（草案）》。《决议（草案）》阐明了中国共产党对资本主义工商业改造的政策：用赎买和国家资本主义的方法，有偿地而不是无偿地，逐步地而不是突然地改变资产阶级的所有制；在改造他们的同时，给予他们必要的工作安排；不剥夺资产阶级的选举权，并且对他们中积极拥护社会主义改造的代表人士以适当的政治安排。《决议（草案）》明确提出，现在已经有了充分有利的条件和完全的必要把私营工商业的社会主义改造从单个的公私合营推进到全行业公私合营，以“吃葡萄”的方式，将资本主义私有制过渡到社会主义公有制。根据中共中央的规划和部署，在 1955 年夏全国农业合作化热潮的推动下，当年底掀起了对资本主义工商业全行业改造的浪潮。

云南资本主义工商业改造的工作和全国一样来势迅猛，全行业公私合营轰轰烈烈在全省展开。为了加强对资本主义工商业改造工作的领导，1955 年 12 月，中共云南省委成立了对资改造五人领导小组。下旬，中共云南省委召开了有各专区（市）及部分县主要领导人参加的省委扩大会议。会议结合云南实际，检查了对资本主义工商业改造工作中的若干问题，提出对全省资本主义工商业改造规划的意见，要求除 1953 年才进行土地改革和尚未进行土地改革的边疆地区暂不进行改造外，1956 年上半年基本上完成对私营工商业的社会主义改造。省委、省人委设立对资改造五人领导小组办公室，各专区、州、县党委都成立对资改造五人小组，并从各部门抽调大批干部组成工作队，加强对这项工作的领导。

对资本主义工商业的改造实质上是改变所有制，消灭剥削制度，任务十分艰巨，由于各级党委和广大干部对完成这项任务的思想准备不足，又缺乏经验，工作开始时遇到了一些阻力和困难。为了确保对资本主义工商业改造任务的完成，全省各级党组织对党内外干部、工人、资本家、小商小贩及独立劳动者进行了宣传教育，使他们认识实行全行业公私合营的意义、方针和政策。在解决了思想认识问题后，中共云南省委根据“全面改造、统筹安排、经济改组、按业改造”的方针，要求对私营工业开展了全行业公私合营工作。根据企业的规模，10 人以上的私营工业企业，全部实行公私合营；4 人至 9 人的私营工业企业，除少数走合作化道路外，绝大多数实行公私合营；3 人以下的私营工业企业及个体手工业者，原则上走合作化道路，有条件的，如设备及人员条件较好，协作关系较强的机器修理业等，也吸收一部分实行公私合营。对昆明、个旧两市及私营工业企业较为集中的县（市），主要采取以大带小、以先进带落后的形式，在原来合并改组基础上，实行全行业公私合营；私营工业企业较少，或个别行业只有一家私营企业的县城，但产品有一定信誉的，实行个别公私合营；个体手工业，如食品工业中的豆腐坊、米线坊等行业，或条件较差、设备简陋、10 人以下的私营工业企业，采取合作化的办法；砖瓦厂、粮食加工工业及屠宰业等私营工业企业，直接并入国营企业。

在对私营商业实行全行业公私合营过程中，中共云南省委从云南实际出发，要求采取三个步骤开展工作。第一阶段是调查摸底、排队归口；第二阶段是宣传教育、动员申请批准；第三阶段是清产核资、人事安排、经济改组和调整商业网点。

随着形势的变化，全行业公私合营出现了急于求成的现象。1956 年元旦过后，北京率先出现全行业公私合营热潮。仅几天时间，35 个工业行业的 3990 家工厂和 42 个商业行业的 13973 户坐商全部被批准实行公私合营。1956 年 1 月 11 日至 24 日，云南省工商联召开执委扩大会议。在会议进行中，传来北京市宣布已经完成对资本主义工商业的社会主义改造，胜利地进入社会主义的消息。为赶上北京的步伐，1 月 21 日，昆明市工商界敲锣打鼓，宣布全市实现全行业公私合营，群众载歌载舞欢庆社会主义改造的伟大胜利。

鉴于上述情况，中共云南省委在 1956 年 1 月 23 日向中共中央的报告中提出：原定的各行业分批分期进行改造，1957 年实现全行业公私合营的规划已经不能适应新的形势，决定修改原来的计划，学习北京“先编组，后改组”的经验，运用群众运动的方式，采取先批准合营，再进行清产核资、安排人事、经济改组和调整商业网的办法进行，全部于一季度内完成整个改造工作。

根据中共云南省委的部署，全省成立由专业公司或合作社同业公会和职工代表参与的公私合营筹委会及合作化筹委会，以推动和组织各行业的改造工作。通过分清工业与手工业、手工业与商业、资本家与独立劳动者的界限，摸清其经营情况，确定不同办法，分别归口进行改造。昆明成立了 5 个工业专业公司、11 个商业专业公司及手工业生产合作社负责改造；各专署所在地和 27 个工商业较繁荣的县城则由原有百货、贸易公司、代销合作社和新成立的社会福利公司及运输、手工业生产合作社进行改造；一般县则由百货、贸易公司及供销、手工业生产合作社负责。

由于公私合营的迅速推开，到 1956 年一季度，全省除边疆 26 个县、1 个办事处、1 个镇外，其余 98 个县（区）市都实现了全行业公私合营，总计参加公私合营的私方及其从业人员为 27400 多人，清产核资的资金总额为 2697 万元①。

对遗留问题的处理

由于全行业公私合营仓促完成，清产核资、人事安排、经济改组和调整商业网等一些公私合营中还存在不少遗留问题。为解决这些问题，1956 年 3 月，中共云南省委对资改造五人小组召集专题会议，讨论和研究了进一步深入改造的有关问题，发出《中共云南省委对资改造五人小组关于对私营工商业改造工作情况和今后意见》，对改造面和改造形式、清产核资、经济改组和商业调整、人事安排和工资评定、经营管理等问题提出指导意见。

在对资改造过程中，由于对改造对象划分把握不当，很多地方把农户兼营工商业户划入农业改造范围，影响了商品流通、物资交流及手工业的生产安排和产品供应，造成小土杂、小百货和一些副食品供应不

① 中共云南省委党史研究室编：《中国资本主义工商业的社会主义改造》（云南卷），中共党史出版社 1993 年版，第 15 页。

足。小商品在全省私营商业中占很大比重，但在改造工作以城市资本主义工商业为主，对涉及民生的小商品改造问题研究不够，没有单独针对小商品的经营和分布特点进行改造，是采取单一公私合营的形式，将一些小商贩也组织为公私合营，造成工作被动，合营后人事安排、经营管理及工资问题都不好解决。为此，中共云南省委提出，必须保持原企业的经营特点和购销关系，采取适当制度和经营方式进行改造，以更好地刺激和发挥私营商业经营的积极性。

实行公私合营以后，资本家的股金是按清产核资认定的资金额确定的，并按确定股金付给5%的年息。在清产核资中，各方代表立场不同，意见不一。在资本家和小私有者一方，有的为得到一个好名声，自报资产时有意压低估价；有的故意抬高资本数额；还有极少数的资本家破坏生产设备或成品。在公方和工人代表一方，普遍存在着“不让社会主义吃亏”的想法，有的有意压低资产数额，如昆明市织染公司的600平方米厂房，只估价500元；有的追逼账外资财，把资本家个人使用的金银首饰、自行车、收音机等也划为企业资产；等等。针对在清产核资中出现的问题，按照中共中央确定的对私改造实行“宽”和“了”的政策，中共云南省委及时进行纠正，明确宣布生产资料划为企业所有，生活资料为个人所有；在难以明确是生产资料还是生活资料时，则宜宽不宜严，可作为生活资料留给个人；资本家所欠税款、贷款和私人债务，尽可能及时了结，确有困难无力偿还的，可由公私合营后的企业偿还，也可免予偿还，不能因为债务问题而影响生产资料所有制的转变。清产核资工作结束以后，政府宣布利润的分配从过去的“四马分肥”① 改为年利“定息”5厘，7年不变，后又延长到10年。各地认真执行中共云南省委制定的各项政策，全省顺利实现了对资产阶级的和平赎买。

实现全行业公私合营后，中共云南省委重视对私营工商企业中有技术专长和有影响的代表人士的安排使用，提出凡是能参加工作的资方实职人员，应根据“量才使用”的原则，参考工作能力、政治态度、企业大

① 公私合营企业内部的利润分配方式，即国家所得税占30%，企业公积金占30%，职工福利费占15%，资本家所得占25%。

小等妥善安排，充分发挥其专长，使用其技能。全省共安排原企业资方人员2009人担任领导职务，占资方人员总数的7%[①]。对所有参加公私合营的私方从业人员全部包下来分配工作，对于家、厂、店不分的企业的家属也予以适当安排和照顾。

公私合营后的一段时间，企业中公方领导人与私方领导人在合作共事关系方面，不同程度地存在着“相敬如宾、相对无言、相安无事”的“三相”，以及公方领导对私方领导人支持、信任、帮助、联系不够的“四不够”问题，一定程度上影响了企业的生产经营。中共云南省委、省人委对此十分重视。1956年8月，由省人委及有关部门联合召开合营企业公私双方400多人的代表会议，经过充分商讨，形成了《云南省关于公私合营企业公私方合作共事关系试行办法》，发全省各地试行，对改善和密切公私方共事关系发挥了积极作用。

中共云南省委对全行业实行公私合营以后的经济改组，按照两种类型进行重组。在私营企业和生产经营门类较多的地区，按企业性质、技术能力及设备情况，结合专业分工和长远规划进行生产改组。如昆明市将80家私营机器制造和修理企业，按产品类型和生产协作关系，合并为农具制造厂、矿山机械厂、交通工具厂、汽车修理厂、小五金制品厂5个厂，将72家私营纺纱、织布、印染厂合并为14个厂，还成立了机电、织染、化工、食品、企业5个专业公司，负责行业管理。在私营企业较少的地区，在专署和自治州所在地成立企业公司，负责管理本地区所有企业。少数私营企业较多的县，则先并厂合营，成立县的企业公司。

1957年，全省完成了对资本主义工商业的社会主义改造，把资本主义生产资料所有制变为社会主义所有制。资本主义工商业与农业、手工业改造协调发展，促进了全省经济的发展。1957年与1952年相比，社会总产值增长99.3%，工农业总产值增长91%，国民收入增长99.2%，几乎翻了一番[②]。

---

① 中共云南省委党史研究室编：《中国资本主义工商业的社会主义改造》（云南卷），中共党史出版社1993年版，第15页。

② 中共云南省委党史研究室编：《中国资本主义工商业的社会主义改造》（云南卷），中共党史出版社1993年版，第16页。

全行业公私合营的改造工作也存在不足。一是要求过急。全行业公私合营高潮一来，短短几个月的时间，除边疆地区外，都实现了全行业公私合营，以致在清产核资、企业的合并裁撤、商业网点的布局等方面遗留下一些问题。二是过分强调所有制形式的转变，组织公私合营的面过宽，从城乡到农村，把一大批小商、小贩、小手工业者及其他劳动者盲目地纳入公私合营企业，挫伤了他们的生产经营积极性。三是组织形式简单划一，把一些本来可以在较长时间内保留、作为社会主义经济补充的私营企业也纳入公私合营，使这些企业失去了原有的经营特点，导致市场商品种类减少，一些农村急需的货品购销脱节，不能满足人民群众的多种需求。

四　向社会主义过渡的基本实现

社会主义制度的初步确立

云南解放后，在中国共产党领导下，开始了由新民主主义向社会主义的过渡。经过 6 年的全面恢复和建设，特别是对农业、手工业和资本主义工商业的社会主义改造，取得了决定性胜利。到 1956 年，全省农业生产合作社入社农户占全省农户总数的 85.1%；手工业从业人员中参加手工业生产合作社的占 79.1%；全省 98 个县（区）市工商业实现了全行业公私合营。农民、手工业者、资本家所有的私有制，基本上转变成为劳动群众集体所有的公有制，农民、手工业者、资本家转变成为社会主义的集体劳动者。在边疆民族地区，通过采取多种方式进行以土地改革为中心的民主改革，实现了各民族各地区同步进入社会主义社会。全社会的阶级关系发生了根本变化，几千年来以生产资料私有制为基础的剥削制度被彻底消灭。通过教育和改造，逐步消除剥削阶级思想的影响，形成了平等、互助、友爱和团结的社会主义新风尚。在全省国民经济中，全民所有制和劳动群众集体所有制的社会主义公有制经济，已经居于统治地位，以生产资料公有制为基础的社会主义制度在云南初步确立。

经济上，随着社会主义改造的顺利完成，云南各项建设事业有了较大发展。全省提前和超额完成了国民经济第一个五年计划任务，在一穷二白的基础上建立起独立的比较完整的工业体系和国民经济体系，初步奠定了云南社会主义工业化的基础，也为社会主义政治制度的建立夯实了经济基础。特别是伴随着以生产资料公有制占绝对优势的新经济基础的建立，社会主义经济体制、政治体制、教育科学文化体制基本形成。

政治上，各级党组织充分发挥党的领导核心作用，团结和带领全省各族群众，建立和巩固人民民主专政。1954 年云南省第一届人民代表大会的召开，标志着人民代表大会这一社会主义的根本政治制度在云南正式实行。全省各级人民代表大会依照宪法充分行使各项职权，围绕党和国家中心任务积极开展工作，各族群众几千年来第一次当家作主，公开表达自己的意愿，充分体现了社会主义制度的优越性和社会主义民主的广泛性，推动了社会主义事业健康发展。中国共产党领导的多党合作和政治协商制度，成为联系全省各族人民、各民主党派、各人民团体和爱国民主人士共商国是和发展建设大业的人民民主统一战线组织，充分调动了全省广大人民群众当家作主的积极性，对完成解放初期的各项繁重任务发挥了重要作用。全省政治制度建设取得丰硕成果，为社会主义制度在云南初步建立打下了坚实的政治基础。

在思想文化和社会事业方面，在中共中央统一部署下，中共云南省委紧紧围绕中心工作，深入开展马克思列宁主义、毛泽东思想的宣传教育活动，宣传党的路线方针政策，大力发展教育、卫生、体育、科技等社会事业，提高全体人民的思想道德素质和科学文化水平，批判封建主义和资本主义腐朽思想，社会主义思想文化在意识形态领域逐步占据主导地位，为社会主义制度在云南初步确立奠定了坚实的思想基础和创造了良好的文化环境。

在民族工作方面，中共云南省委认真执行党的民族政策，实施民族区域自治制度，培养选拔少数民族干部，积极疏通民族关系，采取特殊措施加快民族地区经济社会发展，创造性地开展民族工作，不断巩固和发展平等、团结、互助的社会主义民族关系，促进各民族共同团结奋斗、共同繁荣发展。

1956年9月，中国共产党第八次全国代表大会庄严宣布：社会主义的社会制度在中国已经基本建立。云南与全国其他地区一起进入了全面建设社会主义的历史新时期。

六年建设的成就及经验

从新民主主义到社会主义，这是中国历史上最伟大最深刻的社会变革。这一变革在云南这样一个多种社会形态并存的边疆多民族省份，又显得更为复杂多样。中共云南省委结合实际，认真贯彻中国共产党在过渡时期的总路线，创新工作方法，取得了宝贵经验。

认真贯彻中央工作方针。云南解放后首要任务是建立和巩固人民政权，稳定社会、经济秩序，为国民经济恢复和发展提供安定的环境。面对新政权建立初期的复杂形势和种种困难，中共云南省委认真贯彻中央制定的“慎重稳进”和“团结第一，工作第二”的工作方针，制定符合云南实际的战略决策，一方面进行军事接管，开展剿匪斗争、镇压反革命运动、抗美援朝运动、支援西藏和平解放等，稳定了社会秩序，巩固和扩大人民民主统一战线，建立巩固了新生的人民政权。另一方面，通过征收公粮、没收官僚资本、统一货币和平抑物价、统一财经工作、进行民主改革，建立了新的经济秩序，并围绕恢复和发展这一主题，领导人民开展了经济、政治、文化、社会等多方面的建设。经过新民主主义的社会改革和全面恢复国民经济，到1952年底，全省社会和经济面貌都发生了深刻变化。政治上，以工人阶级为领导、以工农联盟为基础的人民民主专政得到巩固和加强；经济上，社会生产力获得前所未有的发展，为开展有计划的经济建设和社会主义改造准备了条件；社会关系方面，废除了半殖民地半封建的生产关系，开辟了人民翻身解放、当家作主的新时代。这一切，为全省从新民主主义社会转变到社会主义社会准备了条件。

坚持改革推动经济发展。在涉及全省各族人民最艰巨最复杂的社会大变革中，在中共中央统一领导下，中共云南省委采取了一系列正确的方针政策，促进了边疆稳定和社会生产力的大发展。全省民主改革、对生产资料私有制的社会主义改造，成为生产力发展和社会进步的直接动力。这一变革适应社会发展的客观要求，符合广大人民群众的根本利益和根本愿望，中国共产党领导全省各族人民走上了一条适合云南特点的社会主义道路。全省物价基本稳定，财政收支平衡，人民生活水平显著改善。

在向社会主义过渡中，围绕社会主义工业化建设这个中心任务，促进社会主义工业化的进程。在全省人民的努力下，工业建设战线捷报频传，一批大型建设项目陆续竣工。由于代表了先进社会生产力发展的要求，到 1956 年云南社会主义改造完成时，“一五”计划的主要指标提前完成。

对农业、手工业和资本主义工商业的社会主义改造，是由新民主主义过渡到社会主义的重要步骤和必要阶段。中共云南省委按照“积极发展，稳步前进”的指导方针，对农业的社会主义改造，由互助组到初级社再到高级社逐步过渡。对手工业进行社会主义改造，从手工业生产小组、手工业供销合作社到手工业生产合作社，由低级到高级逐步转变。对资本主义工商业的社会主义改造，采取由初级形式的国家资本主义到高级形式的国家资本主义逐步过渡的方式，从大城市到中小城市、从主要行业到一般行业逐步推开。实践证明，这种逐步过渡的方式是恰当和有效的。

积极引导，逐步过渡。为使全省不同社会发展形态的地区能够共同进入社会主义，中共云南省委采取“积极引导，逐步过渡”的方针，在以土地改革为中心的民主改革中，从云南边疆多民族的实际出发，坚持分类指导，采取了多种民主改革方式：云南内地坝区土地改革与全国新区土地改革的政策步骤基本一致；多民族杂居的内地山区土地改革采取更加慎重的政策和较为灵活的方法进行土地改革；为减少对边疆和境外的震动，在与边疆相邻的民族地区，采取比内地更为宽松的政策进行缓冲区土地改革；在保留着土司制度或处于封建领主制的民族地区，采取自上而下和平协商解决土地问题的改革方法；在处于原始社会末期或虽然已经进入阶级社会，但阶级分化不明显、土地占有不集中、生产力水平低下的涉及景颇族、傈僳族等民族的民族地区，采取“直接过渡”方式，从而成功地解决了处于不同社会发展阶段的民族如何共同进入社会主义的问题，这在社会主义过渡过程中具有创新意义的贡献。

坚持民族平等团结，共同繁荣发展。民族问题从来不是孤立存在的，它是社会发展总问题的一个部分。中共云南省委从云南边疆民族地区的特殊情况和复杂形势出发，创造性地贯彻中共中央“慎重稳进”的工作方针，实现了民族工作的良好开端。在民族工作中，中共云南省委始终坚持民族平等、民族团结、各民族共同繁荣的原则，争取民族上层人士，进行民族识别，解决历史遗留问题，建立了广泛的民族统一战线；通过派遣民族访问团、组织民族参观团、组建民族工作队，“做好事，交朋友”，认真疏通民族关系，为中国共产党在边疆民族地区的执政奠定了坚实的群众基础和工作基础。在此基础上，稳步推行民族区域自治，依法行使自治权，民族区域自治开局良好；积极培养和大力选用少数民族干部，少数民族干部队伍逐步壮大；采取特殊扶持政策，努力促进民族地区的发展进步。通过“慎重稳进”的工作，最终在全省确立了平等、团结、互助的新型民族关系，这段时期被称为云南民族工作的“黄金时期”，为以后云南民族团结进步良好局面的形成打下了坚实的基础。

保持边疆稳定，维护国防安全。稳定边疆，巩固国防，是地处边疆的云南各族人民一项特殊使命和光荣任务。中共云南省委积极贯彻中共中央的方针政策，致力于发展睦邻友好边疆关系。通过不断加强边境管理和边境贸易，进行国际援助，维护了边疆稳定，巩固了新生的人民政权。昆明至缅甸曼德勒中缅航线的开通，建立起中国走向东南亚、南亚乃至世界的第一条国际空中大通道。良好的周边关系，为刚刚开始的大规模经济建设创造了一个较长时期的和平环境。

围绕中心工作加强党的建设。中共云南省委采取一系列措施，在党的建设方面进行了卓有成效的实践和探索。根据边疆民族地区的实际，逐步开展公开建党工作，不断推动党员队伍的发展壮大，切实完善地方党委领导方式，为建设新云南提供组织保证。开展整风整党、肃反审干和“三反”“五反”运动，整顿党的组织，纯洁党员队伍，加强党的宣传教育工作，有力地抵制了资产阶级腐朽思想对广大党员干部群众的腐蚀，教育挽救了一批干部，惩治了党内腐败现象，密切了干群关系，增强了党组织的战斗力。全省党的各级组织围绕中心任务开展工作，表现出高度凝聚力和强大执行力，为云南社会主义现代化建设提供了坚实的政治保障。

从云南解放到社会主义改造基本完成的六年中，中共云南省委坚持以马克思列宁主义、毛泽东思想为指导，领导全省各族人民进行艰辛探索，创造性地开辟了一条适合云南发展的社会主义改造道路。社会主义制度在云南初步确立，是云南历史上最深刻、最伟大的社会变革，是云南各族人民前进道路上的历史性巨变，是中国共产党依据马克思列宁主义关于从资本主义到社会主义过渡时期学说，在云南边疆民族地区取得的伟大历史性胜利，为当代云南发展奠定了基础。这个探索过程中的成功与挫折、正确与失误，为社会主义新云南的建设提供了宝贵的经验教训。

由于建设社会主义是一项全新的工作，是一场生产关系、生产力的伟大革命，没有经验可以借鉴，没有现成模式可以仿效，云南在这一时期也出现了一些失误和偏差。主要表现在理论上片面地、教条地理解马克思主义关于社会主义所有制结构的理论，用革命的方式解决建设和发展的问题，导致实践中在社会主义建设速度上急于求成，生产关系变革上盲目求纯，在三大改造中存在过急、过快的问题，忽视了云南边疆多民族的特殊性，忽视甚至否认在一段时期内和一定条件下保存和发展私营经济和个体经济对于社会主义经济发展的必要性，单纯谋求建立单一的社会主义所有制。实践证明，这种“一大二公”、纯而又纯的生产关系变革，超越了社会发展阶段，脱离了生产力发展水平，最终阻碍和破坏了社会生产力发展，使社会主义公有制的优越性难以充分体现出来。向社会主义过渡的实践证明，经济变革和经济建设不适宜采用群众运动的方式，只有按照经济规律办事，一切从实际出发，才能避免急于求成、大起大落，保证经济的快速发展。同时，在整党、肃反和“三反”“五反”等运动中，也存在一些政策偏差和过激行为，伤害了部分干部群众，对党的事业造成了一定危害，这些都是必须吸取的教训。

第　二　编

社会主义建设在探索中推进

（1956 年 9 月—1966 年 5 月）

1956 年 9 月，中国共产党第八次全国代表大会召开，标志着党探索适合中国自己的建设社会主义道路取得初步成果，全党全国上下改变贫穷落后面貌的热情高涨。云南认真学习党的八大精神，把党员干部群众中迸发出来的革命热情和干劲引导到各项建设和工作中，掀起了全省社会主义建设的高潮。但由于忽视了客观经济规律，社会主义建设经验不足，1958 年，云南和全国一样，开始了“大跃进”和人民公社化运动，以高指标、瞎指挥、浮夸风和“共产风”为主要标志的“左”倾错误泛滥开来，造成了严重后果。觉察失误后，党作了纠“左”的努力，提出“调整、巩固、充实、提高”八字方针，对国民经济实行全面调整，顺利完成了调整任务。

在这 10 年间，虽然云南和全国一样，在社会主义建设过程中遭受严重挫折，但是，也取得了很大成就，建立了比较完整的国民经济体系，构筑起进行社会主义现代化建设所必需的物质技术基础，培养了经济文化建设和民族工作等方面的骨干力量，党的自身建设不断加强。尤其是政治和思想文化领域“左”倾错误仍在持续的情况下，中共云南省委从实际出发，提出“不需要以阶级斗争为纲”的正确观点，体现出了求真务实的精神，积累了领导云南干部群众建设社会主义的重要经验。

第九章

社会主义建设的良好开端

1956年，随着生产资料私有制的社会主义改造和以土地改革为中心的民主改革的基本完成，社会主义制度在云南基本确立，全省各族人民踏上了全面建设社会主义道路的征程。全省贯彻执行党的八大精神，掀起了全面建设社会主义的高潮。

一　全面建设社会主义的良好开端

学习贯彻党的八大精神

在社会主义改造基本完成、社会主义制度初步建立后，社会主义建设全面展开。面对新的形势和任务，经过广泛深入的调查研究，毛泽东发表了《论十大关系》，阐述了中国社会主义经济建设、政治建设的若干新方针，开始比较系统地探索中国建设社会主义的道路。

1956年9月15日至27日，中国共产党历史上具有重要意义的第八次全国代表大会在北京隆重召开。出席大会的云南代表团成员共21人。大会选举产生了以毛泽东为主席的中央领导集体。

党的八大作出社会主义基本制度初步建立、中国共产党已经成为执政党这两个重要的论断；对国内主要矛盾和主要任务有了新的认识，提出国内的主要矛盾，其实质是在我国社会主义制度已经建立的情况下，先进的社会主义制度同落后的社会生产力之间的矛盾，中国共产党和全国人民当前的主要任务，就是集中力量解决这个矛盾。大会还对经济、政治、文化和外交等方面作出重要决策。会议提出要坚持既反对保守又反对冒进，在综合平衡中稳步前进的经济建设方针；探索改进经济管理的方针政策，肯定了陈云提出的“三个主体，三个补充”思想，即国家经营和集体经营、计划生产、国家市场是主体，一定范围内国家领导的个体经营、自由生产、自由市场作为补充；强调扩大人民民主，建立健全社会主义法制，实行“长期共存，互相监督”的方针，坚持中国共产党领导的统一战线和多党合作；明确社会主义思想文化建设的方针任务，明确“百花齐放，百家争鸣”为发展科学和文化艺术的指导方针，努力创造社会主义的民族的新文化；坚持以互相尊重主权和领土完整、互不侵犯、互不干涉内政、平等互利、和平共处五项原则为基础的外交政策。大会还提出了党在全国执政的情况下加强党的建设。

党的八大对中国建设社会主义道路的探索，取得了初步的并且具有深远历史意义的成果，制定的路线方针和富有创造性的发展思路对云南的各项建设具有重要的指导意义，为云南社会主义事业发展和党的建设指明了方向。在大会上，谢富治代表云南省作了题为《根据民族特点分别引导少数民族走向社会主义》[①] 的书面发言，总结了全省探索社会主义建设事业的成就，特别是就云南边疆民族地区建设社会主义、搞好民族工作提出了一些建设性意见。

中共云南省委高度重视党的八大精神的学习贯彻。党的八大结束后，1956 年 11 月 8 日，省委发出《关于学习和宣传党的第八次全国代表大会文件的决定》，对党的八大精神的学习贯彻提出了具体要求。《决定》指出，党的八大精神是保证全党取得新的胜利，保证工作中少犯错误和不犯错误的有力武器，全省各级干部要把学习八大精神当作思想政治理论学习的一项重点；全体党员干部，特别是领导干部，应该用一段比较长的时间，认真学习八大精神，明确社会主义建设的目标和任务，

① 《人民日报》1956 年 9 月 28 日。

运用整风的精神联系工作和思想实际进行检查，开展批评与自我批评，提高思想觉悟，保证社会主义建设的胜利。省委决定，从1956年11月至1957年3月，用5个月的时间，集中学习党的八大精神，领会党的历史经验和党的路线、政策及思想作风，克服主观主义、官僚主义和宗派主义，进一步提高马克思列宁主义的理论水平，树立实事求是和谦虚谨慎的观点，调动一切积极因素，进行社会主义建设。为搞好这次学习，省委宣传部聘请了一批辅导员向省级机关科级以上干部作八大文件的学习报告。党的八大精神的学习活动在全省展开。

为了把八大精神的学习贯彻推向深入，中共云南省委于1956年11月28日至12月2日召开第三次扩大会议，重点研究了在干部和群众中传达贯彻党的八大精神的问题，要求结合工作实际，进一步在全省掀起学习贯彻八大精神的高潮。会议提出，要统一党内外思想，肯定社会主义制度的优越性，保护和发扬干部群众的积极性，为工农业生产进一步发展提供思想动力。此后，谢富治及省委书记处书记马继孔等到工厂、学校作报告，指导学习贯彻党的八大精神。各地党委负责人也亲自领导和组织了党的八大精神的学习。学习中，各级干部联系波匈事件，在保持艰苦朴素作风、与群众同甘共苦、密切联系群众、反对特殊化等问题上，有了新的、更深切的体会和认识。

在学习中，结合云南省发展国民经济第一个五年计划最后一年的实施，积极营造推进社会主义建设的舆论氛围。1957年1月1日，《云南日报》发表《满怀信心迎接新的胜利》的社论指出，1957年是第一个五年计划的最后一年，全面超额完成“一五”计划的主要指标，是摆在大家面前的光荣任务。为了胜利地完成1957年的新任务，全省人民要和全国人民一道，认真贯彻执行党的八大精神，加强党的领导，保护和发扬群众的社会主义积极性。社论要求把贯彻党的八大精神与推动“一五”计划的完成结合起来，把贯彻党的八大精神与社会主义建设的新任务结合起来。

通过学习贯彻八大精神，全省党员干部和人民群众进一步坚定了全面建设社会主义的信心，掀起了各项事业建设高潮。

掀起农业建设高潮

随着农业社会主义改造的完成和农业合作化进程的推进，中共云南省委高度重视加强农业合作社的建设，发挥社会主义制度的优越性。党的八大召开前后，中共云南省委转发省委农村工作部《关于今秋转高级社问题向省委的报告》《关于农业合作社分配工作的意见的报告》《关于转社中几个问题的报告》，就加强合作社建设提出了具体要求。省委在这3个文件中重点强调了两个问题：一是要严格控制合作社规模。要求从各地的自然条件、居住条件以及民族特点等实际出发，控制好合作社的规模，坚决克服合作社办得越大越好的思想，500户以上的社一般不办或少办，要办的需经地委批准，千户以上的社肯定不办，个别如果要试办必须经中共云南省委批准。二是要切实维护群众利益。在民族地区建立合作社，必须完全尊重各民族的意愿，充分照顾各民族的特点去考虑一切工作。特别是在分配中，要求坚持执行兼顾国家利益、集体利益和个人利益的分配政策，认真和群众商量决定，坚持“少留多分”的原则，保证90%以上的社员增加收入。文件还针对一些具体问题进行了纠正。如在生产资料入社上，存在入社的牲畜折价偏低且不讲清赔还时间；在处理山林果树上，存在幼林无代价归公等损害群众利益的问题。省委要求坚持自愿互利原则，通过群众选出正直公道的社员组成若干小组，分别进行酝酿、评议，提出处理方案，最后由社员代表大会审查通过执行。民族地区办社中杜绝不尊重民族特点，伤害民族感情，不考虑群众要求搬家等事情的发生。

云南合作化运动从1956年九十月开始部署转社工作，到1957年春基本结束。据1957年2月统计，全省高级社发展到1.78万个，入社农户309万户，占总农户的86.26%[①]。农业合作社的建立，在组织形式上为农业的更大发展创造了条件。

在农业合作化运动过程中，中共云南省委就进一步促进农业发展问题组织了深入的调查研究。1956年12月10日，省委发出《关于目前

① 云南省地方志编纂委员会编：《云南省志·中共云南省委志》，云南人民出版社2000年版，第575页。

农村工作几个问题的指示》,就发展农业生产作出具体部署,提出了农业发展必须坚持以粮食为主要基础,积极发展,努力增产;在保证粮食增产的基础上,为保证工业发展的需要,积极发展经济作物;应积极发展畜牧业,大力发展农村副业。强调继续争取 1957 年农业和农村的增产增收,是一项重大任务。要有计划地开垦荒地,改造沼泽地,积极扩大耕种面积;以小型和社队自办为主,兴修见效快的水利工程,扩大耕地灌溉面积;总结提高,推广传统的增产技术;积极发展夏收作物,提高夏收指数;推广新式步犁、双轮双铧犁等新式农具。这是省委从云南实际出发提出的指导农业发展的正确思路和措施。

随着形势的发展,在 1957 年 1 月举行的云南省农业先进生产者和先进工作者会议上,中共云南省委进一步提出,今后农村的主要任务是继续巩固合作社,大力发展农业生产,支援国家工业化建设,改善人民生活,并且随着国家工业化的发展,逐步地实现农业机械化。提出发展农业的方针是:以粮食为主,因地制宜地发展多种经营,全面发展农村经济。

为切实推动农业发展,中共云南省委不断采取措施,加强对农业的支持力度。从财政方面,下拨资金给农户添置和修改农具,购买肥料和种子等生产资料给予社员,特别是对高寒山区及边疆民族地区农民生产生活直接给予资金帮助。从贷款方面,要求银行和信用社把支持农业生产作为农村金融工作的中心任务,有计划地、及时地发放农副业生产贷款,解决农业和社员生产生活上的资金困难,保证农业社逐步增产增收。在管理上,加强合作社管理职能,调整社与队的关系,解决好定额管理和包工包产问题,以促进农业发展。

在多措并举下,全省上下围绕推进合作化,解放生产力,为农业生产发展创造更好条件的目标,掀起了以兴修水利和积肥为中心的农业生产高潮。当年,云南农业生产发展迅猛,实现农业总产值 16.56 亿元,比 1952 年增长 72.5%。全年生产粮食 583.2 万吨,比 1952 年增长 29.39%。

工业布局的初步形成

过渡时期国民经济的恢复和“一五”时期的快速发展，特别是社会主义工业化进程的推进和三大改造任务的完成，为云南工业布局的形成奠定了坚实基础。结合贯彻党的八大精神，中共云南省委提出工业要“为农村经济服务，并与农业相结合”的发展方针，积极发展地方工业和手工业，重点开发有色金属，配套发展相关建设，努力推进工业布局。

重点发展冶金工业。“一五”时期，冶金工业是云南工业建设的重点。“一五”计划提前完成后，中共云南省委、省人委决定继续加强冶金工业建设，重点是搞好地质勘探和有色矿山建设。全省继续抽调大量干部充实到有色金属部门，在全国各地的支援下，集中地质勘探人员和主要设备，对个旧锡矿、东川铜矿和部分煤矿进行普查详勘。截至1957年，云南共向国家提交了约占全国总储量80%的锡储量、40%的铜储量，焦煤、褐煤储量9亿多吨和磷矿储量9300多万吨等矿产资源勘探结果，为发展有色金属为主的采矿业提供了大量技术资料。与此同时，云南省集中力量对个旧锡矿进行改建、扩建，对东川铜矿、澜沧冶炼厂进行扩建。1957年2月，在云南视察工作的朱德对加快个旧、东川、易门等矿山资源的勘探以及地质勘探队伍建设等作了重要批示，要求省委、省人委重视冶金工业的队伍建设。在加强矿山建设的基础上，省委、省人委还积极推进冶炼厂和钢铁厂建设，全省先后建设了一批冶炼厂和钢铁厂。1957年6月，经国家批准，云南对始建于1939年、全省最大的钢铁生产企业昆明钢铁厂进行第一次扩建。11月，云南将昆明冶炼厂改建为电铅冶炼厂，主要生产电解铅；把东川铜矿的冶炼部分划出，独立建厂。为了加强对冶金工业建设的组织领导，1957年6月，撤销了云南铜业公司，成立云南有色金属工业管理局作为省人委的所属部门，归冶金部和云南省人委双重领导。1958年，经冶金部和省委、省人委批准，始建于1956年10月的楚雄禄丰炼铁厂改为钢铁厂。该厂的磷铜钛多金属低合金耐磨铸铁技术为国内首创。

围绕冶金工业建设，云南加强相关工业建设，其中电力工业是重点。“一五”时期，云南加快了电力工业发展步伐，并随着“一五”计划的提前完成而继续推进。“一五”时期国家重点工程、苏联援建的156项工程之一的开远火电厂，1958年10月竣工发电，总装机容量达2.2万千瓦；捷克斯洛伐克设计和提供设备的援建项目普坪村火电厂，1956年12月开工，1958年8月建成一期工程，4台机组装机容量达0.6万千瓦。引进国外设备的这两项工程，分别在苏联、捷克斯洛伐克专家帮助下按基建程序建设，设备和施工质量好，煤耗率在当时全国火电厂中也较低，为云南工业发展提供示范。同时，水电建设也取得了新进展，以礼河二级电站第一台机组建成并投入发电，为云南发展增加了新动力。配合电站建设，云南还加紧输电线路建设。这一时期，建成了石龙坝至安宁、普坪村至柳坝等35千伏及开远至个旧110千伏的输电线和变电站，使输电电压等级从此前的22千伏提高到35千伏和110千伏，输电效率有了很大提高。马街子、喷水洞、玉皇阁和石龙坝4个电厂并列运行成功，形成昆明电网；个旧、开远电网合并，形成个开电网。到1957年底，全省发电装机容量为6.2万千瓦，比1950年增加4.27倍；发电量2.41亿度，比1950年增加4.72倍。

加强建材工业和交通邮电建设。建材工业以昆明水泥厂的建设为代表。1957年在昆明西郊普坪村新建的昆明水泥厂1号窑点火试产，1959年该厂2号窑竣工投产后，形成了年产30万吨水泥的生产能力，有力地支援了全省的重点建设。交通、邮电建设不断得到加强，1957年，全省公路通车里程达到1万余公里，比1950年的2783公里增加了3倍多。新辟邮路9万多公里，新建长途电话线路5.2万多公里。

发挥比较资源优势，大力发展卷烟、制糖等地方特色工业。1956年12月10日，中共云南省委发出《关于目前农村工作几个问题的指示》，指出必须继续发展地方工业和手工业。其中卷烟是全省重点发展的优势产业。卷烟工业的发展，首先得益于云南的优质烤烟。云南卷烟质量得到国家和国际的充分认可①，其中江川、玉溪、弥勒的质量尤优，为云南卷烟工业发展奠定了资源基础。“一五”时期，云南依托烤烟

① 1953年，国家在河南许昌召开了全国烟草工作会议，包括苏联、联邦德国、日本、法国等国外厂商参加，其间对云南烤烟进行了鉴定，认为云南烟叶质量居全国前列。

资源优势，加大卷烟工业的建设力度，卷烟工业有了初步发展。“一五”计划提前完成后，云南继续加强卷烟工业建设，对私营卷烟厂进行接管改造，1957 年，将昆明市卷烟厂纳入云南纸烟厂，成为全省最大的卷烟企业。同时，加大投入，对原有的简陋设备进行更新改造，扩建了昆明的厂区；派人到上海学习卷烟工艺，创新生产技术。为了进行专业化管理，将原属于烟厂的复烤车间独立出来，成立了昆明复烤厂；在优质烟叶地玉溪建立玉溪烟叶复烤厂。通过这些工作，云南卷烟工业有了更大的发展，产量增加，产品质量提高。1957 年生产卷烟 7.5 万箱，比 1950 年增长 3.4 倍。除了供应省内 6 万箱外，其余调出供应省外。云南对卷烟工业制定了发展战略，要求以创造甲级卷烟为目标，大力进行生产技术攻关。通过努力，在原来乙级卷烟“大重九”的基础上，1957 年创制了以云南名花山茶花命名的“红山茶”牌卷烟；1958 年创制了名牌“云烟”。在后来的发展过程中，创立了“红塔山”“玉溪”“红河”等世界品牌。

除了卷烟工业外，制糖是云南工业布局中的另一个特色产业。为了加强组织领导，1956 年 6 月，经国家食品工业部批准，云南省制糖规划处成立，隶属国家食品工业部和云南省人委双重领导，由国家食品工业部主管，作为全省制糖工业的专门领导和规划机构。1957 年底，该处并入云南省工业厅。在此基础上，全省不断加大制糖企业建设。1956 年，云南第一个机制糖厂——华宁盘溪糖厂建成，开创了云南机制糖厂的先河。1957 年 6 月，机械化糖厂怒江糖厂建成投产，整个糖厂工程验收结果，达到国家技术验收规范的一级标准。同年，全省第一座日榨千吨机制糖厂——开远糖厂开工建设。

从 1956 年 9 月至 1957 年底，云南工业有了进一步发展。1957 年，全省工业总产值 11.19 亿元，比 1952 年增长 193.57%。具有云南特点的工业化布局初步形成，为工业发展奠定了基础。

社会事业取得新进展

在深入贯彻党的八大精神过程中，中共云南省委把加快教育、文化、卫生等社会事业的发展作为社会主义建设的重要任务，切实推进。

1956年底，响应中共中央“向科学进军”的号召，中共云南省委、省人委制定了《1956年—1967年云南省教育事业规划》，贯彻“使受教育者在德育、智育、体育等几方面都得到发展，成为有社会主义觉悟的有文化的劳动者”“教育必须为无产阶级服务，必须与生产劳动相结合”的教育方针，全省对各级各类学校进行大力整顿，增加学校数量，提高办学质量。按照“两条腿走路”的方针，积极推行“两种教育”制度，注意调动社会各方面办学的积极性，坚持全日制、半日制、业余制并举，采取多种形式办学。同时，在各级各类学校开展以教育与生产劳动相结合的教育革命，学校办工厂、农场，师生下厂下乡，将生产劳动列入教育计划，中小学开设农业常识课，强化学生的劳动教育，高等学校面向生产解决一批技术难题，以克服教育脱离实际的倾向，促进理论与实践的结合。这些措施在一定程度上促进了云南教育的发展。

云南在发展教育的过程中，由于学校增加过多，规模过大，相当一批学校缺乏办学条件，加之学校劳动过多、社会活动过多、政治运动过多，打乱了正常的教学秩序，影响了基础知识的教学，学校教育质量严重下降。同时，在1957年的反右派斗争扩大化中，很多著名教授、学者和骨干教师被错划为右派受到打击和处理，在“左”的错误思想指导下，在学生中开展“兴无灭资”思想政治运动，在教师中开展“红专”大辩论，批判“白专”道路，教师的教学积极性受到伤害，影响了教育事业的发展。

扫盲作为提高全社会文化素质的重要举措，成为这一时期教育的重点。新中国刚刚成立时，我国的文盲率高达80%，文盲成为新中国发展道路上的拦路虎。为解决这一问题，1950年，全国工农教育会议召开，确定在全国开展扫盲教育，并把扫盲工作作为新中国的一项重要工作和社会主义建设中的一项政治任务，用以促使广大工农群众摆脱愚昧，从而更好地实现政治上的当家作主。1952年，全国扫盲工作座谈会制定了扫盲教育规划，要求在今后5年至10年内基本扫除文盲，一场轰轰烈烈的扫盲运动在全国展开。云南作为边疆民族地区，教育文化素质较之内地有较大差距，因此，中共云南省委把扫盲作为提高全民素质的一项重要工作。各地办起了遍布工厂、农村、部队、街道的扫盲班，无论田间地头，还是生产间隙，人们以高涨的热情投入到文化学习中。1956 年，中共中央发出了“向现代科学进军”的号召，提出“为了实现我国的文化革命必须用极大的努力逐步扫除文盲”。1956 年 3 月 29 日，中共中央、国务院发布《关于扫除文盲的决定》，要求 2 年至 3 年扫除机关干部中的文盲，3 年或者 5 年扫除工厂、矿山、企业职工中 95% 左右的文盲，5 年或者 7 年基本上扫除农村和城市居民中的文盲。在第二个五年计划期间，即在 1962 年以前，基本上扫除全国青壮年文盲。在这一号召下，云南再次掀起扫盲运动的热潮。

1956 年 5 月 27 日，以省长郭影秋为会长，副省长龚自知、省教育厅副厅长刘鼎铭等 5 人为副会长的云南省扫盲协会成立。除了建立同中共中央对口的职工业余教育委员会、扫盲协会、职工教育管理委员会、扫盲协调小组等，一些地方还建立了极具特色的冬学运动委员会、农民业余教育委员会、冬学工作委员会、工农教育委员会等。扫盲学习以 14 岁至 50 岁的人为主要对象，分别由工会、文化部门和教育部门负责。各个部门设立专门学校，教育部门负责农民业余小学和中学，工会负责工人业余学校，文化部门负责工农干部基础教育补习学校等。在全省的扫盲运动中，煤矿的“坑口学习小组”、工厂的“车间学校”、农村的“地头学习小组”、妇女的“炕头学习小组”、解放军的“战地学习活动”等内容丰富、各具特色的扫盲学习形式应运而生。据统计，到 1959 年，全省青壮年文盲降低了 37 个百分点，以识字为主的文化技术扫盲教育取得了显著成绩。

虽然由于时代和环境的限制，扫盲运动过程中存在着急躁冒进、一些教学内容脱离实际、扫盲教学标准要求过高等问题，但是大规模的扫盲教育，使群众通过学习打开知识文化的大门，提高了文化水平和生产技能，为改变农村的落后面貌创造条件。

贯彻文艺“百花齐放、百家争鸣”的方针，中共云南省委不断加强对文化艺术工作的领导。1957 年 2 月 26 日至 3 月 4 日，省委、省人委召开全省第三次文化行政会议，提出要调动一切积极因素，加强农村和民族地区文化工作，努力建设社会主义的民族新文化。此后，全省不断采取措施，促进文化艺术的繁荣发展。一方面，整顿、新建和改建文化行政和国营企事业单位，成立省文联各协会及文化艺术群众团体，加强改编和文艺创作，兴建了一批影剧院、文化馆、图书馆、新华书店、广播站等事业单位，为群众提供文化活动场所，不断丰富群众精神生活。另一方面是加强文化工作者的思想政治工作，组织他们认真学习马列主义、毛泽东思想，接受思想教育，改造世界观，以饱满的热情投身于社会主义建设实践。同时，组织文艺工作者深入农村、工矿、群众，熟悉工人、农民的生活，激发创作灵感和积极性，发掘、搜集、整理民族民间文学艺术遗产，并加以创新，更好地为人民、为基层服务。这些措施，促进了云南文化艺术的发展，使文化领域涌现出不少人才和一批具有浓郁地方民族特色又赋予社会主义时代新内容的文学艺术作品。如在文学创作方面有白族作家杨苏的《没有织完的筒裙》等，在电影剧本创作方面有赵季康、王公浦的《五朵金花》等，在美术创作方面有廖新学的油画和雕刻等，在歌曲创作方面有《阿佤人民唱新歌》等，在舞蹈方面有彝族舞蹈《阿细跳月》等，在戏剧改编创作方面有京剧《阿黑与阿诗玛》等。除此之外，还在京剧艺术表演方面作了有益的探索，白族戏剧家杨明改编的《借亲配》公演后搬上了银幕。

从建立健全各级卫生机构入手，继续加强对卫生工作的领导。全省积极争取中共中央、西南局卫生部的支援，除培训医疗卫生人员外，各地从云南边疆民族地区的实际出发，建立各级人民医院，组建省巡回医疗队、民族卫生工作队、滇西鼠疫调查防治团、防疫队、妇幼卫生工作队，切实做好各族群众医疗、防疫工作。同时，加大投入，建立了卫生防疫站、妇幼保健站、药品检验所、卫生学校，以及防治鼠疫、疟疾、血吸虫病、麻风、性病、结核等一批专业研究机构。特别是在“大跃进”和人民公社化运动的推动下，进一步建立健全卫生医疗机构，到 1959 年，全省各类卫生医疗机构达 9557 个。在此基础上，省人委颁布了《云南省传染病管理办法实施细则》，对传染病进行了分类管理。到 1956 年，云南省消灭了鼠疫，1960 年消灭了天花，1962 年消灭了回归热，极大地防止了霍乱的传播，疟疾发病率也大为降低。曾被视为“瘴疠之区”的云南，有了基本消灭和控制传染性疾病的能力。

这一时期，以生物资源开发利用为标志，云南科学技术事业有了新发展。从 20 世纪 50 年代初开始，在运用橡胶垦殖技术，促进以橡胶垦殖业为龙头的生物科技产业发展中，以蔡希陶为代表的科学家逐渐成为云南科学技术事业的领军人物，推动云南科技事业迈出新步伐。1956 年，在西双版纳开始筹建中国第一个热带植物园，成为培养云南科技人才的基地。为响应中共中央“向科学进军”的号召，以 1957 年 5 月昆明市召开的“向科学进军”大会为标志，全省兴起了科技事业建设的热潮，各级干部职工、工程技术人员纷纷学习科学技术，对科学技术事业的发展起到了推动作用。但在此过程中也出现了急躁冒进的风头，一些地方急功近利，突击抢先。9 月 22 日，省委宣传部发出《关于职工“向科学进军”的情况报告》，对此问题进行了及时纠正，要求按照中共中央有关精神，加强干部的政治、文化或业务技术学习，根据工作需要和干部的具体情况，分先后缓急，统一部署；循序渐进，不得突击或齐头并进。1958 年开始，中国科学院云南分院、云南省科学技术委员会、省科学技术协会等科技机构相继成立，为推动科技事业的发展提供了组织保证。

开创农垦事业新局面

云南屯垦戍边历史悠久，源远流长。随着社会主义制度的确立，以橡胶垦殖为基础，云南农垦事业不断开创新的局面。

云南的农垦事业起步于橡胶种植。抗美援朝战争爆发后，美国和西方国家切断了新中国国防建设事业急需的橡胶等战略物资的运输，而当时国内橡胶种植面积不过 4.2 万亩，年产干胶仅 200 吨左右，远远不能满足实际需要。为了打破国际敌对势力的经济封锁，保证国防工业建设的迫切需要，中共中央作出建立橡胶基地的战略决策，自力更生发展橡胶事业。1951 年 8 月 31 日，政务院正式作出《关于扩大培植橡胶树的决定》，要求在 1952 年至 1957 年内以最大速度在广东、广西、云南、福建、四川 5 省区种植巴西橡胶及印度橡胶 770 万亩，其中云南种植 200 万亩，确立了云南橡胶种植业在国家战略物资产业中的重要地位。

根据中共中央的指示，中共云南省委高度重视以种植橡胶为主的农垦工作，不断加强组织领导。1951年9月，省农林厅成立林垦处，下设金平、普洱、潞西3个林垦工作站，重点负责对云南野生橡胶植物资源进行广泛调查。10月，经中共云南省委批准，成立了省有关领导和专家组成的林垦工作筹委会，负责领导全省的橡胶垦殖工作。从此，云南发展天然橡胶为主的垦殖业开始起步。1952年底，中共中央、政务院指示正式开辟云南植胶区，暂定5年内种植巴西橡胶100万亩。1953年2月，经中共中央批准，正式成立云南垦殖局，隶属中央西南局和云南省双重领导，下设蒙自分局、保山分局、普洱分局筹备处、垦殖局干部学校、重庆驻昆办事处、勘察队等机构，由此揭开了有组织领导云南农垦事业发展的序幕。1956年，中共云南省委正式决定布点建立国营农场，发展橡胶生产，建立中国天然橡胶基地，推动了云南农垦事业的有序发展。同时，决定组建云南省农业厅热带作物局，在河口的槟榔寨、洞坪、南溪、坝洒、蚂蝗堡，西双版纳的景洪、广龙和德宏的遮放，扩建新建了8个国营农场，进行橡胶、咖啡等树种的育苗、定植。1957年3月25日，经国务院批准，在原来热带作物局的基础上，成立省农垦局，实行国家农垦部和云南省人委双重领导，人事权归云南省，农垦部负责投资和物资供应等。此后，临沧、德宏、红河等相关地方也成立了农垦局。全省各级农垦局的成立，标志着云南农垦事业组织领导机构的健全完善，为农垦业的发展提供了有力的组织保证。

国外的植胶国都集中在赤道以南10度到赤道以北15度之间的热带地区，云南南部已进入北纬21—24度之间，海拔大多在600—1000米。在这种条件下种植橡胶尚无先例，被许多国外专家视为“植胶禁区”。在以橡胶垦殖业为主的农垦事业发展过程中，从最初的蔡希陶等大批科技工作者到无数的“农垦人”，他们以百折不挠的开拓精神和坚韧不拔的探索毅力，在不断加深对云南垦殖区复杂的植胶自然环境和气候条件调查研究的基础上，打破了所谓云南不适合种植天然橡胶的论断，摸索和总结出一套符合云南垦区特点和自然条件的综合植胶技术和天然橡胶种植方法，确立了云南橡胶种植在农垦事业中的主导地位。20世纪50年代后半期至60年代中期，随着大批转业复员官兵、支边青年、下放干部和职工进入云南垦区，云南农垦国营农场边生产边建设，推动了全省农垦事业的迅猛发展。经过多年的发展，橡胶生产成为云南农垦的主导产业，云南农垦拥有了中国最好的天然橡胶生产基地。

为了推动农垦事业的发展，1960 年 1 月，中共云南省委在昆明召开全省国营农场工作会议，制定农垦事业发展思路。省委第一书记阎红彦①发表讲话。会议通过分析国际国内形势，总结云南几年来国营农场工作的经验，明确了国营农场的性质和任务，制定了国营农场的发展思路、经营方针和建设规划。会议提出，办农场一定要从云南边疆民族地区的实际出发，既要办得有气魄，也要有长远打算；既要做好兴修水利、平整土地、开垦荒田、兴建畜厩、修筑道路等基本建设，也要根据国家分配给的任务制定自己正确的经营方针；既要千方百计提高劳动生产率，为国家生产更多的产品，也必须作出自己的长期发展规划；既要有当年的具体规划，还要有 3 年以至 8 年远景规划。会后，《云南日报》发表了题为《看清远大前途，执行正确方针，办好国营农场》的社论，为云南农垦事业不断开创新局面鼓劲。

这一时期，云南农垦系统同时担负着屯垦戍边的艰巨任务，把建设边疆、保卫边疆作为自己的神圣职责。由于云南农垦区主要处在边境地区，从业人员不但要艰苦垦殖，促进边疆民族地区发展，维护民族团结和边疆稳定，还要戍守祖国边疆、巩固祖国边防，任务艰巨，责任重大。1954 年 11 月，云南军区边防代表会议之后，各部队动员了 488 名外省籍复员干部和战士留在云南边疆，建立了 10 个军垦农场，完全按军队的组织编制，场部下设几个分队，10% 的人员配发武器，由供给制改为工薪制，由部队照常供给，接受军队和地方的双重领导。此后，中共云南省委、昆明军区不断加大对军垦农场的投入，继续动员转业干部和复员战士参加农场建设，不断扩大种植面积，还帮助当地少数民族群众修建水坝、改良籽种、种植经济作物，调解民族纠纷，团结当地民族群众发展生产，增加收入。1958 年 4 月 10 日，中共中央发出《关于发展军垦农场的意见》后，根据对敌斗争的需要，昆明军区动员复员军人新建

---

① 1959 年 9 月任中共云南省委第一书记，直至 1967 年 1 月在“文化大革命”中被迫害致死。

了14个小型军垦农场，每个小型军垦农场约有士兵50余人，由军队负责生产管理、军政训练和武器配备，由当地政府安排生产，作为将来转为国营农场或人民公社的基础。后来这些小型军垦农场全部交给了地方，共3万多名官兵相继转入农垦战线，成为此后农垦事业的开拓者。他们既是农垦者，又是戍边人。

随着形势任务的变化，其他方面的人员也相继参与到农垦事业中来。1957年12月，中共云南省委动员党员干部下乡上山，参加劳动锻炼。全省下放14万人，其中9万干部下乡上山，投入农垦事业。1960年以后，湖南省祁东、祁阳、醴陵县的3.7万名支边农民，带着先进的耕作技术，投身于云南农垦事业建设。之后来自北京、上海、重庆、成都和昆明等城市的十余万知识青年，给农垦事业的开拓和发展注入了新的活力。其间，还有大批省市下放干部、昆明垦荒队员、大中专毕业生、四川支边青年和本省内地农民相继投入云南农垦事业中。

农场以转业官兵、退伍军人为骨干的民兵队伍，在开荒生产的同时，站岗放哨、巡逻执勤，积极参加军民联防，配合部队搜山堵卡，为稳定边疆发挥了重要作用。在边境保卫作战中，地处边境一线的农场为保卫祖国领土完整，作出了巨大贡献和重大牺牲。与此同时，农垦系统也把带动边疆地区经济文化发展、建立良好的场群关系、推动社会进步作为自己的光荣任务，为推进云南民族团结进步、边疆繁荣稳定事业作出了贡献。

二　整风运动和反右派斗争

整风运动的开展

随着社会主义制度的初步建立，为正确处理人民内部矛盾，适应全面建设社会主义的需要，中共中央决定在全党开展整风运动。

这次整风实际上是在党的八大提出来的。在1956年9月召开的党的八大上，毛泽东致开幕词时联系延安整风指出，现在我们许多同志中间仍然存在主观主义、官僚主义、宗派主义的思想和作风，不利于党内团结和党同人民的团结，必须大力克服这些严重缺点。当年随着国际局势的变化，东欧发生了波匈事件，毛泽东认为，如何正确区分和处理敌我矛盾，关系到社会主义建设的成败，关系到人民政权的存亡。在1956年的秋冬，由于社会主义改造的迅速完成，加上经济建设中出现冒进的影响未能完全消除，一些新的社会矛盾凸显，全国发生罢工、请愿事件多起。同时，在“百花齐放、百家争鸣”方针提出后，知识界思想日趋活跃，对中国共产党和国家的建设发表各种意见，其中有不少尖锐批评，也有一些错误议论。

在这种形势下，需要立足中国实际，总结建设经验，正确认识和处理中国建设社会主义的各种矛盾。为此，1957年2月27日，毛泽东在最高国务会议第十一次（扩大）会议上，发表了《如何处理人民内部的矛盾》(《关于正确处理人民内部矛盾的问题》)的讲话，系统阐明了关于严格区分社会主义社会的敌我和人民内部两类矛盾以及正确处理人民内部矛盾的问题。同年3月，全国宣传工作会议提出了研究思想动向和认真贯彻“双百”方针等问题。会上，毛泽东发表讲话，对如何正确处理人民内部矛盾进行了更进一步的展开，提出并系统论述了社会主义社会矛盾问题，阐发通过开展整风造成一种新的政治局面的思想，把正确处理人民内部矛盾作为国家政治生活的主题，以解决中国共产党自身的思想作风问题。这两个讲话发表后，在全国引起强烈反响，为整风运动作了政治动员。

中共云南省委通过贯彻学习毛泽东《关于正确处理人民内部矛盾的问题》的讲话和中共中央的相关文件精神，为整风运动做准备。1957年3月底，省委召开省直机关干部会议，传达毛泽东《关于正确处理人民内部矛盾的问题》的讲话精神。4月10日至22日，省委根据中共中央《关于传达全国宣传工作会议的指示》，召开有党外人士参加的全省宣传工作会议，集中学习《关于正确处理人民内部矛盾的问题》，就新形势下提出正确处理两类矛盾问题的历史意义和现实意义、人民内部矛盾的主要表现、正确处理人民内部矛盾的基本方法、团结知识分子、中国共产党和知识分子的关系、知识分子的改造以及“百花齐放，百家争鸣”等问题，以批评与自我批评的精神，进行了热烈讨论，掀起了全省学习毛泽东讲话精神的热潮。4月27日，省委发出《关于认真传达和学习毛主席〈关于正确处理人民内部矛盾的问题〉的讲话及在全国宣传会议上的讲话的通知》，要求把认真学习毛泽东的讲话，学会正确处理人民内部矛盾作为一项迫切任务，切实加强党同人民群众的联系。通过学习理解正确处理人民内部矛盾的讲话精神，云南各级党组织为整风运动做了充分准备。

经过半年多的酝酿和准备，整风运动在全党正式展开。1957年4月27日，中共中央发出《关于整风运动的指示》，决定在全党进行一次以正确处理人民内部矛盾为主题，以反对主观主义、官僚主义和宗派主义为主要内容的整风运动，提高全党马克思主义的思想水平，改进作风，以适应社会主义改造和社会主义建设的需要。《指示》提出了整风的原因和主题、方法和原则、目的和要求，指出这次整风运动应当采取恰如其分的批评和自我批评的方法，不开批评大会或者斗争大会，坚持“知无不言，言无不尽；言者无罪，闻者足戒；有则改之，无则加勉”的原则，对于在整风运动中检查出来犯了错误的人，不论错误大小，除严重违法乱纪者外，一概不给予组织上的处分，并且要给以积极的、耐心的帮助，达到“惩前毖后、治病救人”的目的。欢迎非党人员自愿参加整风运动，并允许随时自由退出。《指示》强调，这次整风运动，应该首先从县级以上、军队团级以上以及大的厂矿和大专学校的党组织开始，并且应该首先从检查领导干部的思想作风开始①。以5月1日《人民日报》全文发布《指示》为标志，全党整风运动开始。

1957年5月11日，中共云南省委召开常委扩大会议，贯彻中共中央《关于整风运动的指示》精神，讨论和部署全省的整风运动。会议对整风的内容、要求、步骤和方法进行研究后提出，全省各级党组织在整风中应当特别注意以下几个方面的问题：一是对待知识分子、民主党

① 中共中央文献研究室编：《建国以来重要文献选编》第10册，中央文献出版社1994年版，第222—226页。

派、民主人士的宗派主义。二是经济工作中的主观主义和官僚主义。三是对待少数民族的大汉族主义。四是对待工人、农民、学生的严重官僚主义。为加强对整风运动的领导，省委成立了整风领导小组，由省委第一书记谢富治任组长，书记处书记于一川任副组长。根据省委常委会的决定，整风以县以上干部为重点，分批逐级进行，先在省委、市委、地委中展开，时间暂定3个月，然后再依次展开。要求整风必须坚持理论与实际结合，采取边学习、边检查、边改进的办法；必须贯彻“严肃认真而又和风细雨”的方针，使各个阶段取得实效。

1957年5月14日，整风运动在省级机关和昆明市级机关展开。谢富治在省级机关整风动员大会上作动员报告。他联系云南实际讲了5个问题，特别指出，这次整风的主要方面是解决人民内部矛盾的问题，不是阶级问题，要用正确处理人民内部矛盾的办法，划清思想界限，辩证地看问题。这次整风不仅在党内号召批评与自我批评，还要号召广大工人和农民帮助共产党整风，对共产党提意见，也要号召其他革命阶级、少数民族、民主党派帮助党员整风。整风与工作要两不误、两促进。通过整风，使党和工人、农民、学生、知识分子、民主党派、少数民族等方面的矛盾在一定时期内缓和下来，这是整风的迫切任务。

为了进一步听取各界的意见建议，把整风运动推向深入，5月16日，《云南日报》发表题为《把整风变成党员自觉的思想运动》的社论。社论肯定了整风运动的必要性，提出整风的性质是中国共产党进行自我教育和自我改造的运动，整风的目的是提高党员的思想水平，适应新形势和新任务，因此，整风必须采取以教育为主的原则，必须采取和风细雨的方法，采取任何粗暴的态度和方法都是不对的，不利于团结，会妨碍达到新的团结的目的。

随着地方党委整风的开展，驻滇部队的党内整风也相继开展。1957年5月15日，昆明军区副司令员、军区党委副书记陈康代表军区党委在驻昆明部队整风会议上作动员报告，陈康要求，通过整风，使部队党员干部的思想能适应客观形势的发展，并处理好军民、军政和官兵关系，上下级关系，汉族与其他民族官兵之间的关系。

在整风运动过程中，云南各级党组织按照正确处理人民内部矛盾的要求，采取批评与自我批评的方法，鼓励社会各界积极提出意见建议。1957 年 5 月 15 日至 25 日，云南大学、昆明工学院、昆明师范学院等高等院校的党组织，分别邀请部分教授、副教授座谈，听取他们对党组织和学校工作的意见。参加座谈的有关人员对学校领导工作上的宗派主义、党员的特权思想和学校工作中的其他问题提出了尖锐批评。5 月 15 日，谢富治到昆明工学院调研，召开教授座谈会听取意见。5 月 25 日，于一川参加云南大学召开的全校 70 多位教授、副教授参加的座谈会，听取他们的发言。5 月 18 日，中共云南省委邀请全省各民主党派和无党派著名人士 70 多人座谈整风。于一川对整风的意义、方针和具体步骤作了说明，希望各民主党派和无党派人士在“长期共存，互相监督”和“百花齐放，百家争鸣”方针下，本着“知无不言，言无不尽，言者无罪，闻者足戒”的精神，对党的各方面的工作提出批评和建议。5 月 22 日至 6 月 15 日，省委统战部连续邀请各民主党派负责人和无党派民主人士，就共产党与知识分子的关系、共产党和各民主党派的关系等问题先后召开 17 次座谈会，共有 122 人进行了发言。6 月 4 日，省委宣传部邀请文化艺术界人士座谈，征求对党领导文艺工作的意见。参加座谈会的文艺工作者对党领导文艺工作的思想作风、组织作风和贯彻“双百”方针、关心文艺工作者的生活等问题提出了一些直言不讳意见。

在整风过程中，无论是地方还是部队，从一开始就注意联系云南边疆民族地区的实际，注重处理好民族关系。这是云南整风运动的一个显著特点。

从整风运动向反右派斗争转变

从整风过程来看，大多数意见和建议是善意的，是为了改进和加强中国共产党的领导。但从全国范围来看，从新中国成立到社会主义改造基本完成，在短短 7 年里实现这样深刻的社会变革，引起社会各阶级、各阶层的不同反应。许多人感到不适应，极少数人则对共产党和社会主义抱有不满或敌对情绪。中国要不要走社会主义道路和坚持中国共产党领导的问题，在思想认识上还没有完全解决。否定中国共产党的领导，否定社会主义道路的右倾思潮在一定范围内存在。随着整风运动的深入，“极少数资产阶级右派分子乘机鼓吹所谓‘大鸣大放’向党和新生的社会主义制度放肆地发动进攻，妄图取代共产党的领导”[①]。这引起中共中央和毛泽东的警觉。1957 年 5 月 16 日，中共中央发出党内指示，决定对这些错误言论放手让他们发表，以暴露其反动面目。5 月中旬，毛泽东撰写了《事情正在起变化》一文，标志着整风运动的指导思想发生变化，主题由正确处理人民内部矛盾转向对敌斗争，由党内整风转向反击右派。1957 年 6 月 8 日，中共中央发出《关于组织力量准备反击右派分子进攻的指示》，《人民日报》发表《这是为什么？》的社论。此后，一场大规模的、群众性的、疾风暴雨式的反击右派斗争在全国开展起来。

从 1957 年 6 月 15 日开始，《云南日报》相继发表《昆明工人纷纷痛斥反党反社会主义谬论》的报道和《一切公正的人要坚持同右派分子划清思想界限》《掌握武器，坚决反击右派分子谬论》《参加到反右派斗争的行列中来》等社论，以及工人、农民、各族人民反击反党反社会主义谬论的消息，以大量篇幅点名批判右派分子的言行。云南整风运动转入反击右派分子的斗争。此时，正值各地农忙季节，除昆明市外大多数地州党委领导的主要精力都放在抓生产上，对于整风运动主要是进行准备，反右派斗争只是采取温和方式在一定范围内展开。八九月后，受到全国反右派斗争形势的影响，各地整风运动相继开展，并与反右派斗争相结合进行。

随着形势的发展，反右派斗争呈扩大化趋势。1957 年 7 月 17 日至 21 日，中共中央在青岛召开省市委书记会议期间，毛泽东写了《一九五七年夏季的形势》一文印发与会者参阅，提出了“资产阶级右派和人民的矛盾是敌我矛盾”[②]的观点。会议根据反右派斗争的需要，对整风运动的阶段重新进行了划分，提出了整风分“大鸣大放”“反击右派”“着重整改”“研究文件、批评反省、提高自己”四个阶段，突出了整

---

① 《中国共产党中央委员会关于建国以来党的若干历史问题的决议》，人民出版社 1981 年版，第 18 页。

② 中共中央文献研究室编：《建国以来重要文献选编》第 10 册，中央文献出版社 1994 年版，第 484 页。

风运动中反右派斗争的特点和分量。8 月 1 日，中共中央发出《关于继续深入反对右派分子的指示》，指出要增加报纸上批判的极右分子的人数，以利教育广大群众，争取中间派，分化右派。《指示》并列地使用了“极右派”“普通右派”“中间偏右分子”三个概念，要求准确地鉴定这三种人。随着反右派斗争的扩大化，斗争重点由党外发展到了党内，甚至一些有多年党龄的共产党员也被划为了右派。在反右派斗争呈日益扩大化的时候，中共中央试图纠正出现的问题。1957 年 10 月 15 日，中共中央发出《关于〈划分右派分子的标准〉的通知》，强调右派仅限于反对社会主义和反对共产党，要把历史上的老账、个别问题的意见和学术性的问题撇开。

从 1958 年开始，随着“大跃进”运动的兴起，反右派斗争进一步扩大化。按照中共中央要求，在党委和政府、人民团体党组的主持下，各地各单位分别召开二三十人的小型整风会议，以揭发和批判官僚主义、主观主义、宗派主义为主要内容。在农村则紧密结合生产，进行整党、整团、整社。其间，中共云南省委进行了“反右派补课”。

云南和全国其他地区一样，对反社会主义倾向进行反击和斗争是正确的和必要的。但是，由于对当时的阶级斗争形势作了过分严重的判断，把大量属于议论偏激或对中国共产党工作的批评意见都看成是向党进攻，导致了反右派斗争严重扩大化的错误。

在反右派斗争中，云南一批民主人士和民族上层人士被定为右派分子，包括 1 位副省长、2 位省政协副主席、10 位省政协常委和 27 位省政协委员，被免去了职务，直到党的十一届三中全会后才得到平反。

云南反右派斗争扩大化的一个具体表现是在少数民族中也进行整风改造。1957 年 9 月 26 日，中共云南省委在批转省委边委《关于边疆民族上层座谈会的报告》时指出，必须继续加强对民族上层人士的团结教育改造工作。在反右派斗争中，他们可不参加机关的鸣放和辩论，不把他们公开划成右派，但必须采取妥当的方式，对他们进行一次深刻教育。为贯彻 1957 年 10 月 15 日中共中央发出的《关于在少数民族中进行整风和社会主义教育的指示》精神，省委于 12 月中旬召开关于在民族地区进行整风和社会主义教育座谈会，内地、边疆各民族地区的地、县、区三级干部200余人参加会议。会后，各地开展了批判地方民族主义思想的教育。根据边疆民族地区工作发展的不平衡和民族主义表现的不同程度，全省区别三类不同地区采取三种不同做法：一是内地民族地区，在党和国家机关干部中进行包括四个阶段的整风及反右派斗争；农村中则要充分考虑民族心理特点而采取不同形式的斗争和批判；高寒山区的苗族、瑶族及彝族的若干支系，不划右派，不进行"大鸣""大放"，通过回忆对比、提意见、讨论的方式进行正面教育。二是边疆和平协商土改地区，通过教育树立社会主义思想，树立坚定的党的领导观念，更好地发挥各民族建设社会主义的积极性。对民族干部中的问题只进行思想批判，不戴右派帽子。农村一般不开展"大鸣""大放"。三是直接过渡地区，一般只进行正面教育。1957年12月召开的省第一届党代会第二次会议通过的《关于争取全民整风运动全面胜利的决议》中，再次强调应采取适合民族特点的方式方法进行社会主义教育运动，既要反对大汉族主义，也要反对地方民族主义。

此后，为了加强对民族地区整风反右派运动的指导，中共云南省委于1958年1月6日发出《关于执行〈中央关于在少数民族中进行整风和社会主义教育的指示〉的意见》，对内地民族地区、边疆和平协商改革区和直接过渡地区制定了不同的整风政策。《意见》强调，不论哪一类地区，整风中大汉族主义和地方民族主义都应受到批判；批判地方民族主义必须十分慎重；在批判地方民族主义时，民族干部和汉族干部要注意多批评自己，尊重对方，以推动对方觉悟；整风的同时，要坚持边整风边改正的方针，并随时防止可能出现的偏向。由此可见，这时云南虽然反右派斗争扩大化了，但中共云南省委还是充分考虑到边疆民族地区的实际，采取了慎重的方式方法。

"反右派补课"

反右派斗争不断扩大化，云南从1958年4月开始进行"反右派补课"重点进行反地方主义和地方民族主义。

中共中央在1958年4月2日发出的《关于整风问题的指示》中特别指出："在揭发和批判宗派主义的时候，应当联系到个人主义、本位主义、地方主义、大国主义、大民族主义、地方民族主义等错误思想，加以揭发和批判，以便提高全党共产主义的思想水平。”① 贯彻中共中央精神，中共云南省委组织开展了以反地方主义和地方民族主义为主的“反右派补课”。其中反地方主义的“郑、王反党集团”冤案和反地方民族主义的“黑林铺整风”事件成为云南反右派斗争严重扩大化的典型。

在反右派斗争之前，云南已经开展过反地方主义。1954 年批判过原中共云南省工委书记、滇桂黔边纵队副政委郑伯克所谓的“地方主义”，认为“首先是集中地表现在他从根本上破坏了党的根本原则的严重恶劣的地方主义方面”，“郑所领导的地区，实际上已经成为脱离了中央的独立王国”②。这次反地方主义虽然在组织上没有处理，但对云南地下党及边纵干部在政治上和使用上产生了负面影响。1958 年 2 月，中共云南省委召开地市委书记会议，研究“反右派补课”问题，把“补课”的重点放在县以上领导机关，指出云南的反右派斗争“补课”的中心是反“云南的地方主义”。此后，在反地方主义中，制造了“郑、王反党集团”冤案。“郑、王”即中共云南省委常委、省委组织部部长郑敦和省委组织部副部长王镜如。在全省各级领导班子中深挖这个“反党集团”的“钉子”“爪牙”和右派分子，一大批处级以上领导干部遭到打击迫害，其中包括被定为“郑、王反党集团”骨干的 10 名厅级干部，他们中的多数人直到党的十一届三中全会后才被平反。

云南在“反右派补课”中，还开展了反地方民族主义的“黑林铺整风”事件。1957 年底，在民族上层人士中开展整风，由于采取的方式方法比较温和，没有造成严重后果。但在“反右派补课”开始后，中共云南省委认为对民族上层人士的整风也有必要进行“补课”。1958 年 8 月 13 日，省委同意省委边委发出《关于集中边疆民族上层进行整风的意见》，对云南民族上层人士进行整风。省委把边疆县以上的民族上层人士 294 人集中到昆明黑林铺进行整风，错误地把 40 人定为所谓“美蒋

① 中共中央文献研究室编：《建国以来重要文献选编》第 11 册，中央文献出版社 1995 年版，第 232 页。

② 中共云南省委党史研究室编：《春风又暖彩云南——平反冤假错案与落实政策》，中国文联出版社 2003 年版，第 126 页。

特务”“叛乱首要分子”等。1959年3月23日整风结束后，185人返回原籍，47人被留在昆明继续学习，48人待边疆局势稍稳定后再返乡，14人留昆明居住。此次整风对云南解放后形成的民族团结进步良好局面产生了很大的负面影响。1962年6月9日，省委第一书记阎红彦主持召开民族上层人士座谈会，阐明中国共产党关于长期团结民族上层的方针政策，并就“黑林铺整风”中的失误向他们赔礼道歉。10月8日，省委向西南局、中共中央作了《关于加强边疆工作和民族工作的报告》，指出在此次集中民族上层人士整风学习中，对他们采取了粗暴的态度，是错误的。后来，省委对受错误处理的民族上层人士的问题进行了纠正。

1958年11月30日，在全国整风运动和反右派斗争结束4个多月后，中共云南省委发出《关于在各级领导干部中继续开展整风的指示》，对云南整风运动和反右派斗争进行初步总结。在肯定反右派斗争和全民整风运动以及“大跃进”所取得成绩的基础上，指出了存在的缺点和错误，认为在“大跃进”的形势下，强迫命令、简单粗暴的作风有所发展；谎报、浮夸的坏风气有所滋长；忽视思想工作，用压服代替说服，用斗争代替辩论，只管生产不管生活以及打人骂人等现象相当普遍，有的甚至发展到严重违法乱纪。尤其是在当年春夏之间，全省出现由于营养不良和疲劳过度导致肿病死人问题，是一个必须接受的沉痛教训。因此，有必要继续在各级领导干部中开展整风运动，开展批评与自我批评，教育全党和全体干部，纠正缺点错误，改进工作作风，认真吸取教训，使今后不再犯同类的错误，彻底做到“免疫”。在少数民族领导干部中，省委要求除在一般作风问题上划清界限，总结经验教训之外，还应结合整风，弄清共产主义与民族主义的界限，共同性与特殊性的关系，反对机械条件论与从实际出发的区别等。

由于当时对阶级斗争形势估计过于严重，在划定右派分子时，又不能严格按照中共中央规定的标准执行，甚至有的是按比例、凑数字，最终导致了严重扩大化。1958年9月中共云南省委一届三次会议后，各地各单位又继续划了一批右派分子，全省划出右派分子达到12514名。同时，还有被内定为“中右分子”的4445名。他们被认为是达不到右派分子的划定标准，但把材料装入档案进行处理。除此之外，云南还在工人、农民中划定了“反社会主义分子”1816名[1]。

遵照中共中央对右派分子采取教育改造的政策，自1959年9月24日开始，中共云南省委发出执行中共中央《关于摘掉确实悔改的右派分子的帽子的指示》的通知，到1962年，全省先后分3批摘掉右派分子帽子共计3016人。1962年10月下旬召开的全省第二次改造右派分子工作会议上，根据中共八届十中全会精神，以阶级斗争为纲，强调了右派同劳动人民的矛盾是敌我矛盾的一面，提出了要打击向中国共产党进攻的右派分子。1963年初，省委改造右派分子工作领导小组办公室向省委报送《关于全省改造右派分子工作情况和当前主要工作的报告》。报告中明确提出：“当前的主要任务是以阶级斗争为纲，大力加强对右派分子的改造和管理，打击向我进攻的坚决反党反社会主义的右派分子，巩固反右派斗争的伟大胜利。”这就使全省的摘帽工作不能继续进行，而且还要求对摘帽后“旧病复发”的，再把帽子戴上。1964年，农村“四清”运动全面展开，对右派摘帽和安置的工作完全停顿下来。

农村整风运动

农村基层整风运动作为全省整风运动的组成部分，是伴随着县级以上机关整风运动和反右派斗争开展而开始的，并延续了较长时间。早在1957年8月中共云南省委召开的地市委书记会议上对全省整风运动作部署安排时，就特别提出，农村整风分两步进行：第一步以政治斗争为主，主要打击地主富农的反动气焰，在秋季前进行。第二步以思想斗争为主，主要批判富裕农民的资本主义思想，整顿合作社，改进干部作风。此后，农村整风按阶段、分重点推进。

随着“大跃进”运动的开始，农村基层整风进入重点整顿合作社阶段。这一阶段的整风密切结合生产展开，一般都分三步进行：第一步动员鸣放和整改，重点是整改。第二步以讨论《全国农业发展纲要》为中心，结合解决社的管理和团结问题，进行长远规划。第三步是通过选举

① 中共云南省委党史研究室编：《春风又暖彩云南——平反冤假错案与落实政策》，中国文联出版社2003年版，第208页。

和制订计划、规章、制度，从组织上保证社的巩固和增产。1958年1月14日，中共云南省委对整社和冬季生产作出明确指示。按照指示，各地在整风中把整社作为继续推进生产运动的重要问题，主要进行了三方面的工作：一是以生产为中心，围绕生产进行整社，通过整社推动生产。二是在整社中解决大是大非问题，即两条道路的斗争和先进与保守落后的斗争问题。三是整顿干部作风，对干部进行处理。

人民公社建立后，云南农村整风运动的重点由整顿合作社变为整顿人民公社。1958年11月30日，中共云南省委发出《关于在各级领导干部中继续开展整风的指示》，要求把农村基层的整风和整顿人民公社结合起来，总结1958年生产，讨论和布置1958年冬及1959年生产，发动群众鸣放辩论，展开批评与自我批评，以达到改善干群关系，鼓舞群众生产积极性的目的。《指示》还特别提出农村社会主义教育的主题，要求把农村基层的整风和对群众进行社会主义和共产主义教育结合起来。

在县级以上机关整风运动结束后，按照1959年1月10日中共云南省委发出的《关于在农村基层组织中开展整风运动的决议》，全省农村整风运动的重点转为整顿基层党组织。在县以上领导干部整风取得一定成绩的基础上，在农村基层进一步开展整风运动，继续巩固与发扬干部、群众的革命干劲，保证1959年更大、更好、更全面的跃进。

随着整社整风运动的深入，农村基层整风的主题转到了农村社会主义教育上。1959年11月10日，中共云南省委发出《关于开展以两条道路斗争和社会主义教育为纲的整社整风运动的指示》，要求在年底之前，以进行两条道路的斗争和社会主义教育为纲，领导上一手抓政治，一手抓生产，有计划、有步骤地领导群众，用和风细雨的方式进行一次整社整风运动，并且结合着进行整党整团工作，对农村党和团的基层组织进行一次组织整顿，以进一步提高基层组织的战斗力，加强党对农村的领导。《指示》发出后，从11月中旬开始，全省农村以社会主义教育为主题的整社整风运动普遍开展，到12月底基本结束。运动着重解决60万农村基层领导骨干的思想问题，对当时认为是反对人民公社、反对集体生产、反对供给制和工资制相结合的分配制度，反对公共食堂和集体福利、反对统购统销、反对先进措施的反社会主义言行进行了批判。

重点批判了县及其以下领导骨干，对群众主要是进行社会主义教育，以正面教育为主，结合辩论、批判，提高思想觉悟。

云南农村基层整风运动涉及了边疆民族地区。1960 年 1 月 10 日，中共云南省委发出《关于边疆民族地区人民公社及有关若干问题的决定》，其中对边疆民族地区的整风运动进行了总结，认为边疆整风的最大特点是：在特殊背景下既肯定了批判地方民族主义，批判“特殊论”“机械条件论”“落后论”等，又强调工作中不能忽视民族特点、忽视边疆具体条件，不能有“急急忙忙往前闯”的急躁情绪，更不能把工作引导到一般化，发生强迫命令，引起群众的不满。

1960 年 1 月 16 日，中共云南省委向中共中央和西南局上报《关于农村整社整风运动的报告》，对云南农村开展的整社整风运动进行了总结汇报。《报告》指出，云南的整社整风运动是一次全党全民思想运动，在群众中进行社会主义教育，解决了 60 万农村基层领导骨干的思想问题。以此为标志，云南农村基层整风运动基本结束。

第十章
“大跃进”和人民公社化运动

经过社会主义改造，按照党中央、毛泽东的设想，党的工作重心应该转移到大规模的社会主义建设上来。根据这个思路，全党上下都在认真思考社会主义建设问题，希望“多快好省”地建设社会主义。在这样的背景下，党中央和毛泽东发动了“大跃进”运动。云南的“大跃进”运动与全国一样，从大规模的农田水利建设开始，在贯彻落实建设社会主义总路线的过程中全面展开，在实行人民公社化运动中不断升级。在此过程中，中共云南省委结合边疆民族地区的特点，组织开展了各项工作，在取得一些成绩的同时也付出了沉重代价。

一 “大跃进”运动兴起

“大跃进”运动的序幕

20世纪50年代中期以后，第二次世界大战中受损的西方资本主义国家的经济得到了迅速恢复与发展。朝鲜战争以后，美国为维护其霸主地位，强化了对社会主义阵营的冷战。特别是波兰、匈牙利发生骚乱事件以后，以美国为首的帝国主义阵营掀起了世界范围的反共、反社会主义浪潮。1957年11月在莫斯科召开的12个社会主义国家共产党、工人党代表会议和68个共产党、工人党代表会议发表宣言，强调在经济等方面赶上和超过资本主义阵营对于社会主义国家生存和发展的意义，指出“世界的发展取决于两个对立的社会制度竞赛的进程和结果”①。苏共领导人赫鲁晓夫提出，苏联要用15年时间，在工农业最重要产品的产量等方面赶上和超越美国。率团参加这次会议的毛泽东提出，中国在15年后可能赶上或超过英国。于是，超英赶美成为动员全国人民积极投身社会主义建设热潮、迅速改变中国落后面貌的一个响亮口号。

在国内，随着新中国的建立和社会主义制度的确立，一方面中国共产党力图探索出中国自己建设社会主义道路的新途径；另一方面曾长期遭受帝国主义列强欺凌的中国人民，站立起来之后充满了求强求富的强烈愿望，渴望以更快的发展速度改变贫穷落后面貌。面对以美国为首的帝国主义列强对新生社会主义中国经济封锁的艰难形势，中国共产党领导全国各族人民取得了辉煌的建设成就，党在人民群众中树立了崇高威望，人民群众热情高涨，信心倍增。在这种情况下，党中央认为，经济战线和思想战线上的社会主义革命已经取得伟大胜利，可以发动群众运动，把经济建设搞得更快一些。在良好愿望的支撑下，中共中央酝酿和制定了“多快好省”建设社会主义的总路线，并相继发动了“大跃进”和人民公社化运动。

在党内，由于对社会阶级关系的分析出现了错误，党的指导思想开始出现“左”的偏差，成为后来党在阶级斗争问题上屡犯错误的理论根源，对“大跃进”和人民公社化运动起到推波助澜的作用。对于“大跃进”和人民公社化运动的发动原因，《关于建国以来党的若干历史问题的决议》指出：“1958年，党的八大二次会议通过的社会主义建设总路线及其基本点，其正确的一面是反映了广大人民群众迫切要求改变我国经济文化落后状况的普遍愿望，其缺点是忽视了客观的经济规律。在这次会议前后，全党同志和全国各族人民在生产建设中发挥了高度的社

① 中共中央党史研究室：《中国共产党历史》第二卷（1949—1978），中共党史出版社2011年版，第471页。

会主义积极性和创造精神，并取得了一定的成果。但是，由于对社会主义建设经验不足，对经济发展规律和中国经济基本情况认识不足，更由于毛泽东同志、中央和地方不少领导同志在胜利面前滋长了骄傲自满情绪，急于求成，夸大了主观意志和主观努力的作用，没有经过认真的调查研究和试点，就在总路线提出后轻率地发动了‘大跃进’运动和农村人民公社化运动，使得以高指标、瞎指挥、浮夸风和‘共产风’为主要标志的‘左’倾错误严重地泛滥开来。”①

在批评反冒进和酝酿、制定“多快好省”的社会主义总路线的过程中，“大跃进”运动发动起来。批评反冒进，想多快好省建设社会主义，首先是反映在农业生产上。1957 年 9 月 20 日至 10 月 9 日召开的中共八届三中全会，除了对社会阶级关系进行错误分析外，还在经济建设上改变了八大一次会议确定的在经济建设上既反保守又反冒进的方针，决定要多快好省地发展农业生产。正是在“多快好省”方针的指引下，会议期间的 9 月 24 日，中共中央、国务院发出《关于今冬明春大规模地开展兴修农田水利和积肥运动的决定》。10 月 25 日，中共中央正式公布了全会通过的《一九五六年到一九六七年全国农业发展纲要（修正草案）》，并通知要求开展关于农业生产的大辩论，掀起一个生产高潮。10 月 27 日，《人民日报》为此发表题为《建设社会主义农村的伟大纲领》的社论，要求“有关农业和农村的各方面的工作在 12 年内都按照必要和可能，实现一个巨大的跃进”。11 月 13 日，《人民日报》发表社论指出：“有些人害了右倾保守的毛病，像蜗牛一样爬行得很慢，他们不了解在农业合作化以后，我们就有条件也有必要在生产战线上来一个大的跃进。”12 月 12 日，又发表《必须坚持多快好省的建设方针》的社论，进一步推动农业生产建设高潮。

这年冬季，各省、市、自治区纷纷召开党的代表大会，以“大鸣大放大辩论大字报”形式批判右倾保守思想，同时发动和组织广大农民日夜奋战，掀起了一个以兴修水利、养猪积肥和改良土壤为中心的冬季农业

① 《中国共产党中央委员会关于建国以来党的若干历史问题的决议》，人民出版社 1981 版，第 18—19 页。

生产高潮，拉开了全国“大跃进”运动的序幕。

开展大规模的农田水利建设

中共云南省委积极采取措施，大力发展农业生产。1957 年 10 月 23 日，省委转发省农业厅党组《关于今冬明春大规模地开展兴修农田水利运动的报告》。省委在批语中指出，兴修水利是云南农业实现增产的首要问题，冬季生产必须以此为中心。凡已定的工程，应抓紧时间在 12 月以前开工，不要拖延等待，贻误时机，要依靠群众勤俭办水利，除了由国家投资、地方经费投资之外，要求各地考虑合作社的公共积累中能够投入多少。省农业厅党组的报告提出了农田水利“积极稳步，大量兴修，小型为主，中型为辅，在必要和可能的条件下兴修大型水库”的建设方针，制订了 1958 年全省农田水利建设的计划指标，指出 1958 年全省增灌面积要由 1957 年省水利工作会议提出的 160 万亩增加为 200 万亩。同时，省委先后召开了地委合作部长会议和地市委书记会议，对开展大规模的农田水利运动提出了具体要求。为了加强对农田水利建设的领导，省委成立了以副省长张冲为总指挥、有关部门负责人组成的云南水利指挥部，专州一级均相应成立水利办公室，县成立水利委员会或办公室，乡成立水利委员会，技术指导主要依靠各地农民水利技术员。1957 年 12 月 10 日，云南省第一届代表大会第二次会议结束时通过了《关于推进 1958 年农业生产新高潮的决议》。此后，全省掀起兴修水利和积肥运动高潮，“大跃进”运动在云南农村逐步展开。

1958 年 1 月 13 日，中共云南省委提出农田水利“大跃进”的 4 个指标：原提出的 10 年实现全省水利化的计划 3 年完成；这 3 年要为蓄 80 亿至 100 亿立方米水奋斗；3 年内基本消灭平坝区和半山区旱田、旱地、荒地；改山区坡地为梯地 1000 万亩。1958 年 1 月上旬，全省兴修水利的出工人数每天达 240 万人，占农村总劳力的 30%，动工的大中型水库以及较大的引水工程有 21 项，其中坝高在 30 米以上的水库有 6 座。1 月 16 日，《人民日报》公布上半月全国农田水利及水土保持计划实现情况统计表，云南仅实现计划数 217 万亩的 11.9%（近 26 万亩），名列全国倒数第二，这极大地震动了省委。1 月 17 日，省委召开全省紧急电话会议，要求各地立即行动起来，在这场农业生产运动中，数日内男女老少出勤率达到 90% 以上，其中要把劳力 50% 投入水利和积肥方面，至少不能低于 30%；每天劳动时间要达到 9—10 个小时，甚至日夜赶工；必须逐级负责，专区、县、乡包干完成任务，限 3 月底完成任务总量的 70%—89%。肥料必须按质按量保证比上年增加三分之一。在省委督促下，各地纷纷加大农田水利建设指标。1 月下旬，各地上报省的水利计划总指标从原来的 540 万亩增加到 1025 万亩，投入水利的劳力每天也增加到 263 万人，占全省农村总劳动力的 35%，最多时达 330 万人，占全省农村总劳力的近一半，个别专区高达 60%。随着水利建设的跃进，1 月 23 日，省委发出通知指出，水利跃进了，肥料不跃进，农业也不能增产。要求各地打破保守思想，努力争取把全省积肥数量增长 1 倍，从 13 亿多挑，增加到 20 亿挑以上。

在 3 年农业“大跃进”中，云南取得了较大成就。这时期全党动手、全民动员、大办水利，云南省水利工程建设达到空前规模，除兴建众多的小型工程外，独木、毛家村两座大型水库和上百座中型水库，以及较大的一批引水工程同时投入建设，开工项目从内地到边疆都有分布。这个时期的水利建设项目以水源工程和骨干工程为主，建设成果不仅长期为农业生产发挥重要作用，也为后来云南水利全面发展打下了基础。如昆明市松华坝水库于 1958 年 2 月动工，1959 年 8 月竣工，当时设计总库容 6832 万立方米，设计灌溉面积 10 万亩。自水库建成后，昆明市就未受到大的洪水灾害。后来随着工农业生产发展，城市人口增加，昆明需水量上升，加之滇池水和地下水污染日重，昆明市用水矛盾日益突出，到 80 年代末，松华坝水库实际对城市年供水已达 8500 万立方米。水库供水任务已由农田灌溉为主变为城市用水为主。

“大跃进”期间云南农田水利建设积累了一些宝贵经验。云南联系实际提出“全面规划，综合利用，逐步施工”等切实可行的治水原则，既能因地制宜充分利用各种水源，解决插栽季节干旱缺水矛盾，又能很好地防止洪涝灾害。同时，建设中注重发扬党的优良传统，发挥各级党组织和党员干部的先锋模范作用，书记动手，委员分工负责，全党动员，各级党员干部投身于生产建设第一线。据统计，1958 年、1959 年两年间，全省亲自上阵的公社党委书记以上的各级党委主要领导就有2200多人。在建设中，干部群众把对中国共产党的忠诚和对社会主义建设的信心化作满腔热情，投入水利建设中，大力发扬不怕牺牲、艰苦奋斗精神，许多人献出了宝贵的生命。在“大跃进”的形势和要求下，全省打破了社、乡、区、县的界限，坝区帮山区，内地帮边疆，城市支援农村，厂矿、机关、部队、学校、报社、电台等部门和广大人民群众，实行全民大协作，促进了水利建设的大发展。各行各业群策群力支援水利建设，为农田水利建设提供物资器材和工具保障。科学技术在农田水利建设中发挥了重要作用。在农田水利建设中通过工具改革和技术革新运动提高工效，节约劳力，极大地支援了农业生产。

然而，云南农田水利建设中也暴露出指标高、摊子大的问题，造成极大浪费和损失。1958年春提出全省3年实现水利化，同年冬天又提出大干一冬春基本实现水利化，将原定200万亩的增灌计划一再提到800万亩，实际难以完成。同时，3年共开工905项大型工程，经过努力尚有470项没有完全建成。这些工程建设占用了过多劳力，严重影响了农业生产。

二 “大跃进”运动全面开展

“以粮为纲”的农业生产“大跃进”

在批评反冒进的过程中，为了更快更好地建设社会主义，在1958年5月5日至23日，党的八大二次会议正式制定了“鼓足干劲、力争上游、多快好省地建设社会主义”的总路线。

贯彻落实总路线，全面掀起“大跃进”运动高潮。反映在云南农业“大跃进”运动过程中，主要是农业生产任务连续加码，指标越来越高，要求越来越急，脱离实际越来越严重。在1958年2月4日至11日召开的全省地（市）委书记会议上，中共云南省委明确提出农业“大跃进”

的指标：3 年完成 10 年计划，全省基本实现水利化，7 年粮食亩产达到 800 斤。会议看到了云南农业比较落后的一面，但没有根据云南基本省情制定出切实可行的目标。2 月 15 日，《云南日报》发表《坚决地干，大胆地干，彻底地干》的社论，为云南的农业“大跃进”运动开展鼓劲加油。

随着总路线贯彻的深入，云南农业“大跃进”运动不断推进，提出了一些不可完成的指标。1958 年 4 月下旬结束的云南省小春生产会议提出“小春生产大跃进”的口号，要求 1959 年小春粮食种植面积由 1958 年的 1297 万亩增加到 2800 万亩，增长 1.16 倍；单位面积产量由 133 斤增加到 168 斤；总产量由 17.3 亿斤增加到 47 亿斤，增长 1.7 倍。6 月，中共云南省委要求 1959 年除高寒山区、“直过区”外，全省平均每人有粮要达到 800 斤。随后又提出当年“争取实现每人平均 1000 斤粮食”的目标，使来年的指标当年就超额 200 斤。七八月间，省委召开地（市）委书记会议，要求 3 年改变全省面貌，粮食当年翻一番，基本达到每人 1000 斤至 1300 斤，再次将指标加码。9 月，省委召开中共云南省一届三次代表会议，要求 1959 年全省粮食产量达到 300 亿斤以上，做到人均有粮 1500 斤至 1700 斤，将 6 月份提出的指标又提高了两倍。实际上，1958 年粮食总产量为 108.78 亿斤，不但没有增长，反而比上年降低 6.73%；1959 年粮食总产量仅为 101.43 亿斤，比上年再降 6.67%。

伴随着农业“大跃进”高指标的提出，中共云南省委认为要实现农业“大跃进”目标，必须大搞工具革新运动、大面积高产运动及采取深翻地、多施肥、大搞薅锄、大追三类苗、大购大销等措施加以保证。1958 年 4 月，省委召开地（市）委书记会议，传达中共中央成都会议精神，提出“全民‘大跃进’必须消灭贫困县”的口号，认为：为了实现农业“大跃进”的目标，农村需要的劳动力要比往年增加一两倍，解决劳动力紧张的根本出路在于技术革新，首先是开展千百万群众的改进工具运动，使土机械、半机械和机械三者结合。会议要求在平坝和半山区技术改革进展较缓迟地区，争取在 5 月底实现工具化，基本消灭人挑人背。为了实现这一目标，省委还成立了云南省技术革新指导委员会，加强技术革新运动的领导。为实现大面积高产，1958 年 5 月初，省委发出紧急通知，发动了以盲目追求过度密植为中心的“大面积高产运动”，不顾各地实际情况，要求每亩比往年多栽 5000—10000 丛秧。

在高指标的压力下，“浮夸风”盛行，具体表现为农业生产中的高估产，大放高产“卫星”。1958 年 6 月至 10 月，根据中共云南省委指示，省委农村工作部先后发出 4 个通知，要求各地必须创造大面积和单位面积的高产丰产纪录，放出高产“卫星”。报刊舆论大肆宣传“人有多大胆，地有多高产”，公开批判“粮食增产有限论”，批判从客观实际出发是所谓的“条件论”。一时间，虚报浮夸、竞放高产“卫星”成风。9 月 6 日，《云南日报》报道：大理白族自治州漾濞县平坡乡，1.09 亩的样板田亩产稻谷 33492 斤，放出云南省第一个水稻高产大“卫星”。《云南日报》为此发表题为《欢呼云南第一颗水稻“卫星”》的社论。9 月 9 日，《云南日报》报道了红河哈尼族彝族自治州金平县卫星人民公社，创造了亩产稻谷 60479 斤的奇迹，并发表社论《加倍努力创造奇迹》。同月，还放出大理州邓川东风公社稻谷亩产 10 万斤的最大“卫星”。从此，各地各种“卫星”频频上天，将农业“大跃进”推到了顶峰。

“以钢为纲”的工业生产“大跃进”

工业生产“大跃进”也是云南“大跃进”运动的一个重点领域。1958 年 2 月，中共云南省委在全省地（市）委书记会议上提出，“地方工业产值 5 年赶上农业总产值”的目标；3 月，省委分别召开了几个关于地方工业方面的会议，要求 1958 年做到地方工业总产值比 1957 年增长 1 倍，达到 5 亿元，力争在两年内使地方工业总产值赶上和超过农业总产值。1958 年，全省工矿企业数从上年的 3866 个增至 23110 个，增长 5 倍。其中，农村办的绝大多数所谓的厂矿，既无资金又无设备，只是在一哄而起的情况下勉强拼凑，将某些极简陋的小作坊、门铺等改称为厂矿而已。连一些过去根本没有工业厂矿的边疆民族地区，也办起了 3600 多个厂矿。盲目办厂导致全省大约 100 万劳动力脱离了农业生产第一线，仅全民所有制工业企业的职工总数就由 180.4 万人增至 210.2 万人，加剧了农村劳动力的紧张程度，增加了城市物资供应的压力。且一些项目凭领导主观决定，随意上马，边勘测、边设计、边开工，经济效益极差，造成社会财富的巨大损失和浪费。

云南工业“大跃进”是以“大战钢铁铜”为中心进行的。1958 年 6 月 6 日，中共云南省委为工业“大跃进”制定指标，决定当年产钢 5 万吨、铁 20 万吨；1959 年钢增加到 50 万吨，铁增加到 80 万吨。此后，又将指标大幅度提高，要求 1958 年底钢铁产量完成 40 万—50 万吨，1959 年完成 100 万—150 万吨，1962 年达到 200 万—300 万吨。云南是产铜的主要省份之一，省委除要求“大战钢铁”外，还增加了“大战铜”的内容。7 月，省委召开炼铜工业会议，确定采取“先土后洋、土洋结合、以土为主”的方针，加速发展炼铜工业。会议初步决定 1958 年产粗铜 1.5 万吨，1959 年产粗铜 8—10 万吨。

随着形势的发展，云南“大战钢铁铜”运动愈演愈烈。全省形成了各阶层参加的具有很大盲目性的全民“大炼钢铁铜”运动。许多大中学校都停课“大炼钢铁”“打砂砖”“探矿石”“放卫星”，从省到基层浮夸风蔓延。为了贯彻 8 月下旬在北戴河召开的中央政治局扩大会议提出的 1958 年全国钢产量达到 1070 万吨的要求，省委于 9 月分别召开地（市）委工业书记会议和中共云南省第一届党员代表大会第三次会议，确定 1958 年全省要把完成钢铁铜目标作为重大政治任务来保证完成和争取超额完成，提出 1959 年生产生铁 100 万吨，争取达到 120 万吨；钢 50 万吨，争取 70 万吨；把“二五”计划的原定指标再次加码，并提出 3 年内初步实现工业化，建立比较完整和相对独立的工业体系。两次会议还确定要把主要力量转到工业战线上来，要求各地市委和工业任务比较重的县委第一书记应该用比抓农业更多的精力来领导工业。9 月 17 日，省委发出号召，动员全省人民行动起来，在国庆节前每日实现产铁 2000 吨、争取 3000 吨甚至更多而努力。随后，《云南日报》连续报道各地日产生铁创新纪录的消息：9 月 19 日，榕峰县（今宣威市）产铁 142 吨，夺取第一面 1 个县日产铁突破百吨的红旗，接着曲靖、罗平、石屏 3 县相继创造日产铁百吨和晋宁县上蒜公社日产铁 950 吨的纪录。9 月 22 日，会泽县放出日产 3365 吨铜的“卫星”9 月 28 日，东川市放出土法炼铜日产 33573 吨的更大“卫星”。

“大战钢铁铜”运动中，为了完成高产任务，大力提倡土法冶炼。

10月15日至20日，云南省土法炼钢现场会在玉溪召开，贯彻“小、土、群”的方针，批评了人们思想上不相信“土法”、不相信专家、不相信群众的现象，进一步推广毛铁炼钢和鸡窝炉、坩埚、汽油桶、打铁板几种土法炼钢。10月下旬，国家冶金工业部在云南省牟定县召开全国土法炼铜现场会议，推广土法炼铜经验，力争来年实现铜生产更大跃进。这种土法炼铜，既浪费资源，又污染环境，炼出来的铜品位极低，在1959年的调整中被废除，但庐山会议后再次恢复。

文化教育卫生各行业的“大跃进”

随着“大跃进”运动主战线工农业生产的持续跃进，中共云南省委提出了文教卫等系统的跃进指标，推动这些行业的“大跃进”。

中共云南省委较早提出卫生方面的跃进要求。1958年1月24日，根据省委部署，省人委发出指示，要求各地在兴修水利和积肥的同时，在春节前掀起以除“四害”①、讲卫生、防疾病为中心的群众性爱国卫生运动。在除“四害”运动中，要求城市要达到每一条街道，每一个工厂、商店、机关、学校和每一户人家；乡村要达到每一个合作社，每一个耕作队和每一户人家。做到领导带头、干部参加、户户动员、人人动手，不仅要有突击高潮，还要有经常工作，要总结交流经验，培养“四无”②典型。要密切配合积肥运动，搞好城乡环境卫生，做到户户有厕所、鸡鸭有窝、猪羊有厩、牛马有栏，清扫勤除，将粪便、垃圾、草灰等尽量用作肥料。要消灭蝇蛆蚊孳生环境，堵塞鼠洞雀窝，消灭老鼠麻雀。血吸虫病流行区还必须开展消灭钉螺工作。为了加强对卫生工作的领导，推动卫生跃进指标的实现，省、专（州）市、县相应建立健全了爱国卫生运动委员会，县以上设立办公室，有专人负责，由一名行政领导兼任领导人。

在1958年2月召开的全省地（市）委书记会议上，中共云南省委进一步提出了文教卫等方面的跃进指标。在教育方面，提出面向农村、面

① 鼠、雀、蚊、蝇被称为“四害”。

② 即无鼠、雀、蚊、蝇。

向生产、培养新式农民的办学方针，在城市提倡企业机关集体办中学，同时必须有重点地办好若干正规的中学，解决给大学、高中输送新生问题；要求在内地5年普及四年制小学，扫除青壮年文盲，边疆地区争取5年至7年普及四年制小学。在卫生方面，要求5年内基本消灭疟疾、鼠疫和“四害”，使云南成为“四无”省；2年至3年内基本消灭血吸虫病。

1958年3月18日，全省文艺界1300多人举行“大跃进”誓师大会，提出文艺界的“大跃进”，最根本的是要下决心做政治上的不断革命派、生产上的促进派和文艺创作上的革新派。四五月，省有关部门连续发出通知，要求全省各地发动群众搜集民歌运动，1个月后抄送第一批民歌抄本；开展全民大唱民歌运动，运用民歌这一好的宣传形式发动群众、鼓舞群众。

随着“大跃进”形势的发展，云南省就文教卫的发展提出“大办”口号，其中教育尤为突出，“大办”指标一再攀升。1958年7月1日，省人委下发《关于1958年文教卫生计划》，提出6个方面的教育跃进指标：一是内地争取年内普及小学教育。7—13岁儿童有95%以上入学，初小毕业生有95%以上升入高小。全省儿童入学率平均达到80%以上，民办小学学生平均占小学生总数的30%以上。二是全省农业中学学生争取年底达到10万人。三是做到社社有民办小学，每一个大乡至少有一所公办农中，边疆民族地区县有中学，乡有小学或完小。四是今后公立中学的规模，大中城市以不超过18班为原则，一般城市以不超过12班为原则，农村以不超过9班为原则。各地按计划增设新校，应以工矿区、民族地区、农村为重点。五是高中应尽可能多招，以满足1961年高校招生需要。民办中学、职业中学要尽可能多招学生。六是初高中录取新生的工农成分应比上年增多，中等师范新生工农子女或工农成分的争取达到80%，初等师范争取达到85%。

根据提出的文教卫生计划，1958年七八月间，中共云南省委分别召开地（市）委书记会议和教育工作会议，提出扫除文盲、普及小学、大办中学和高等学校的目标以及“教育与劳动相结合”“多快好省地发展教育事业”的口号，号召掀起全党全民办学的热潮。要求1958年大部分县扫除青壮年文盲，部分边疆民族地区可以在2—5年内扫除。内地1

年内普及小学教育，边疆地区至少在1—3年内普及小学教育；3—5年内做到乡有民办中学，大乡（相当于原来的区）有公立中学，县县有完中；1—3年内各专、市发展一所中等专业学校和高等专科学校，在几个重点地区建多学科性的院校；到1962年半数以上的县和较大的厂矿都建立各种形式的业余大学和民办的半工半读大学等。按照中共中央关于“教育为无产阶级的政治服务，教育与生产劳动相结合”的教育方针，省委强调，把劳动列为教学课程，以培养出有社会主义觉悟有文化的劳动者。招收学生必须贯彻阶级路线，进行插红旗竞赛活动，对学生进行社会主义教育和勤工俭学。1958年内地除扫盲和普及小学教育外，还应注意加强中等教育。要求正规中学、城市民办中学和农村农业中学、厂矿企业业余中学在校学生均达到10万以上，并由教育主管部门分别下达指标，限期完成，使中等教育来一个高速度的跃进。1958年“大跃进”中，全国提出“十五年普及高等教育”的口号，云南也大办高等学校。1958年办7所高校，1960年达到18所。

1958年八九月间，中共云南省委相继确定1958年职工业余教育的任务是全部消灭职工中的文盲，争取1960年普遍提高到高小毕业水平，1962年达到初中或初中毕业水平；在发展经济的同时，进行技术革命和文化革命，大力兴办专科学校和大学，加强科学研究，普及科学知识，同时开展群众性的以除“四害”为中心的爱国卫生运动和文化艺术体育活动。

文化教育卫生“大跃进”，对于云南教育、卫生等事业的发展，起到一定的推动作用。到1958年底，全省各类卫生机构已发展到9557个，各类卫生人员达20751人、病床10480个。1959年统计，全省卫生从业人员达到40966人，其中卫生技术人员36930人。1958年到1962年“二五”期间，全省卫生事业费支出由“一五”期间的4645万元增加到8613万元，占财政支出的2.41%。到1966年至1970年的“三五”期间，全省卫生事业支出达12935万元，已占财政支出的4.04%。这个时期也是新中国成立以后云南教育发展的第一个重要阶段。以扫除农村青壮年文盲为例，1958年初，全省农村有80万人脱盲，为新中国成立以来历年扫盲总数的6倍多。至1958年8月，全省参加扫盲学习的青壮年已达 400 万人，占全省青壮年文盲的 70%。9 月，全省掀起了扫盲运动高潮，组织了一次声势浩大的突击扫盲运动，使 95% 以上的文盲入学。12 月召开全省农村扫盲和业余广播大会，进一步推动了农村扫盲工作。到 1960 年初，全省农村在学识字的有 316 万人，为农村青壮年文盲总数的 80%，比 1959 年在学人数增加 20 万人。虽然在“大跃进”的形势下，扫盲有短期突击的因素，统计情况也有虚报浮夸的成分，但通过大规模的群众性扫盲运动，使部分农民脱了盲，提高了农村劳动者素质。

三　人民公社化运动

人民公社化运动的兴起

作为“大跃进”运动产物的人民公社，最初是由高级农业生产合作社的小社并大社发展形成的，随着“大跃进”运动不断升级而广泛兴办起来。早在 1957 年冬至 1958 年春兴起的大兴农田水利建设运动中，许多地方就开始突破原有的农业合作社的规模，试图通过并社解决统一规划和集中劳力、物资、资金等方面的问题。这得到了党中央和毛泽东的肯定和倡导，认为“农业合作社的规模和公有化程度，已经不适应生产力发展的要求；由规模较小的合作社合并而成的大社，是农业生产‘大跃进’的有效组织形式”①。1958 4 月 8 日，中央政治局会议批准成都会议于 3 月 20 日通过的《中共中央关于把小型的农业合作社适当地合并为大社的意见》。此后，全国各地在较短的时间内广泛开展了并社工作。4 月，河南省各地开始并社，把全省 54000 个农业生产合作社并为 3 万多个大社，每社农户达几千至 1 万多户。1958 年 8 月，毛泽东在河北、河南、山东视察时作出“还是办人民公社好”的指示。8 月 17 日

① 中共中央党史研究室：《中国共产党历史》第二卷（1949—1978），中共党史出版社 2011 年版，第 492 页。

至30日，中共中央政治局在北戴河举行扩大会议，正式通过了《关于在农村建立人民公社问题的决议》，把人民公社化运动推向高潮。9月10日，《人民日报》刊登该《决议》，并发表《先把人民公社的架子搭起来》的社论，突出宣传了《决议》中先把人民公社“架子搭起来”的精神。此后，全国各地农村一哄而起，不经认真试验，形成了大办人民公社的高潮，完全忽视了毛泽东在北戴河会议上提出的先试点、次年春天实现公社化的目标要求。

1958年8月13日，《云南日报》发表了毛泽东关于“还是办人民公社好”的指示。8月中旬开始，中共云南省委决定在一些地方试办人民公社，为该运动的全面推行积累经验，指导实践。此后，各地闻风而起，纷纷试办人民公社。截至9月15日，全省有80个县办了132个人民公社。9月16日至30日召开的省第一届党代会第三次会议，在传达学习中共中央政治局北戴河扩大会议通过的《决议》的基础上，作出《关于在农村建立人民公社问题的决议（草案）》，要求全省9月准备，10月行动，10月底基本完成公社化。会后，中共云南省委专门成立了省委人民公社运动办公室，并组织了大规模的检查团，进行开展人民公社运动等情况的检查，掀起了完成钢铁铜生产、秋收秋种、实现人民公社化“三套锣鼓一齐响”的高潮。

为使全省的人民公社化开展程度适应全国“大跃进”形势的需要，1958年10月5日，中共云南省委发出《关于建立人民公社的指示》，就人民公社化运动中存在的问题提出，必须积极地领导好人民公社化运动，认真解决好劳动力紧张等问题。要防止少数人简单包办、强迫命令办公社的倾向。关于人民公社的规模问题，要求除了人口集中的坝区可以建立万户左右大社和过于分散的山区可以建立千户左右的社之外，一般以三四千户左右为宜。关于边疆地区建立人民公社问题，强调边疆各地委进行个别试点，认真总结，订出方案，报中共云南省委批准后执行。关于完成时间问题，提出为了有利于以钢铁为中心的全民炼铁炼铜、秋收秋种和人民公社化三大任务的完成，应力争10月上半月全省基本完成人民公社化。实际上是要求全省10天内完成建社任务。此后全省内地掀起了大办人民公社的高潮，在内地18934个农业社的基础上，建立起833个人民公社，入社农户301万户，占全省总农户的82.44%。社的规模，一般在3000户至5000户，其中平坝地区比山区要大一些，最大的公社有3万多户，最小的有4000户左右，于10月底基本实现人民公社化。

在内地实现人民公社化的过程中，中共云南省委在边疆民族地区也大力推行农村人民公社化运动。1958年10月13日，省委边疆工作委员会召开电话会议，下达《关于边疆建立人民公社的几点意见》，指出：对边疆建立人民公社问题，既要采取十分积极和热烈欢迎的态度，又要在具体政策和方法步骤上与内地有所区别，坚持省委“个别试点，认真总结，订出方案，报省委批准后执行”的指示，使建立工作有领导、有准备、有步骤地进行。省委边委强调，边疆公社的规模应保持中等较为适宜，管理机构力求精干。应该说，这时期中共云南省委在边疆民族地区建立人民公社的问题上采取的措施是慎重的，但随着形势的发展，在思想领域开展批“三论”①，把过去改造边疆民族地区的一些成功经验当作右倾保守思想加以批判、指责；慎重稳进、分类指导的方针被抛弃，为赶上内地，有的地方滋长了一种“急急忙忙往前闯”的急躁情绪，大办联社、大办食堂，甚至出现强迫命令。尤其是1958年初才完成和平协商土地改革的边疆民族地区，紧接着也进行了建立人民公社试点；就连原来处于原始社会末期的一些少数民族直接过渡地区，也“一步登天”建立了人民公社。其中，怒江傈僳族自治州建立起20个人民公社，入社户数达到总户数的75%，基本上实现公社化。西双版纳、红河、德宏等自治州的边疆县，积极进行试办。到10月上旬，全省边疆地区建起38个人民公社，入社农户近5万户，占总农户的12%。

人民公社化运动的显著特点是“一大二公”“政社合一”和“多级管理”，进行统一经营、集中劳动、简单协作。“一大二公”中的所谓“大”，即规模大，也就是将原来数个一二百户的合作社合并成为一个四五千户乃至一两万户的人民公社，一般是一乡一社；所谓“公”，即生产资料公有化程度高，也就是将几十、上百个经济条件、贫富水平不同的合作

① 边疆特殊论、民族落后论、条件论，简称“三论”。

社合并后，一切财产上交公社，多者不退、少者不补，在全社范围内统一核算、统一分配，实行部分的供给制，也即“一平二调”①。在各种“大办”中，不但公社无偿征用社员的自留地、家畜、果树等，而且政府和公社还经常无偿地调用生产队的土地、物资和劳动力，甚至调用社员的房屋、家具。据统计，1958—1961年全省无偿调用的劳动力不少于5亿个工日；无偿占用和征用的土地近245万亩，约占全省耕地面积的6%；平调牛、马、骡、驴等大牲畜约60万头；被拆毁或占用的民房在100万间以上。“政社合一”是指人民公社既是一个经济组织和生产单位，又是一级农村基层政权机构；既要负责农村的农、林、牧、副、渔业，又要管理工、农、商、学、兵等各方面的工作。“多级管理”是指人民公社实行公社、大队、生产队三级管理。公社、大队两级是不直接从事生产经营的行政管理机构。在生产管理和经营决策上，党委一把抓，实行国家指令性计划和直接管理。人民公社实行供给制和工资制相结合的分配制度。根据人民公社的不同经济条件，供给制主要有粮食供给制、伙食供给制和生活基本资料供给制三种形式。强调公社生产自给，努力扩大公社内部的产品分配。不少干部认为商品交换越少越接近共产主义，农村原有的小商小贩、集市贸易乃至家庭副业都被作为“资本主义的尾巴”而被取缔。有的地方甚至打算试验两三年“过渡到共产主义”，宣布社员的衣食住行、生老病死、婚丧嫁娶所需费用都由公社供给。同时，人民公社大力推行“组织军事化、行动战斗化、生活集体化”，将劳动力按军队编制组成班排连营，采取“大兵团作战”的方法，从事工农业生产，经常夜以继日，连续作战。

人民公社化运动是在急于向共产主义过渡的“左”倾思想指导下进行的，贪大求全，急于求成，一哄而上，在实际工作中又人为拔高，甚至编造了一些所谓的典型经验。一时间，假话盛行，“五风”②四起，直接推动了“大跃进”运动全面升级。在遍地“卫星”的鼓动下，省粮食厅预计1958年全省粮食产量可达200亿至230亿斤，并把原定18亿斤的

① “一平二调”：一是平均主义，二是无偿调用。

② “五风”指强迫命令风、生产瞎指挥风、浮夸风、干部特殊化风和“共产风”。

粮食征购任务调高为26亿斤。同时提出今后5年内实现储备粮食160亿斤等目标。全省上下还纷纷掀起了秋收秋种突击周,炼铜、炼铁高产周。为印证人民公社具有集中人、财、物力搞建设的巨大能量,全省动员了数百万人齐上阵大炼钢铁铜。1958年,全省虽然工业总产值有很大增长,但国民经济比例关系严重失调,基本建设投资不断膨胀,投资效益差。此外,全省大办公共食堂,吃饭不要钱,从而造成了合作社之间、社员之间严重的平均主义。有些居住分散的山区,社员每吃一顿饭要翻山越岭,走四五里甚至十多里山路,给生产生活带来困难。而且公共食堂管理混乱,浪费严重,削弱了刚刚复苏的农村集体经济。同时,在较短时间内,多数食堂就出现严重缺粮和农村根本没有副业的情况,发生了群众营养不良、患肿病非正常死亡的严重事件,引起了党中央的注意,开始对农村人民公社进行调整和整顿。

“三级所有、队为基础、政社合一”的人民公社,本意是为适应“大跃进”的需要,加速社会主义建设,提前建成社会主义并逐步过渡到共产主义而建立的农村政权组织形式,但“大跃进”结束后仍保留了下来,直到1984年才被废止。

大办公共食堂

云南的公共食堂最早在农村开展高级合作化时期就已经萌芽。当时农忙季节为赶节令,群众感到除了在生产上组织起来外,还需要在生活上也适当组织起来,以充分挖掘劳动潜力。因此,带有自发性的农忙食堂便应运而生。开始时规模较小,分布也不平衡,但初步显示出集体生活的便利性。

1958年7月8日,《人民日报》刊登《农业社办食堂,促进生产发展和集体主义思想成长》的专题报道,介绍了湖南等省部分地区的农业社试办公共食堂的情况。报道说公共食堂有八大好处:吃饭时间一致;解放了一批妇女劳动力;解决了单身汉做饭、喂猪的困难;家禽、家畜集体喂养,便于安排弱劳动力,减少了五保户;能够计划用粮;便于发展集体副业;有利于家庭和睦;卫生状况大为改善。此后,公共食堂被当作人民公社化运动中群众的一项伟大创举加以推广。

云南各地的公共食堂随着全省各地人民公社化运动的开展而逐渐兴办起来。1958 年 10 月 5 日,《云南日报》发表评论认为,要加快建立公共食堂,以解放大批妇女劳动力。10 月 13 日,中共云南省委要求劳动实行军事化、战斗化,吃住在田间,大力办好公共食堂;指出边疆地区生活集体化的问题,当前主要是要搞好公共食堂等。随后,在“跑步进入共产主义”的号召下,各地建立起了吃饭不要钱的公共食堂。截至 10 月中旬,全省已办起公共食堂 9.86 万个,参加人数达 1220 多万人。

由于吃饭不要钱等不顾物质条件的做法,超越了当时农村生产力的实际状况,因此,公共食堂自开办之日起就埋下了隐患。1958 年 12 月,省民政厅调查显示,富源县 1365 个食堂中有 1000 个无饭厅,只能打饭回家吃或露天吃饭;呈贡县(今呈贡区)从 1958 年 5 月起至年底,只供应过 4 次肉;漾濞县的食堂曾经吃过稀饭,连食盐都没有,许多食堂时办时断。中共云南省委对食堂问题作了专题调研,并在富民县进行粮食分到户的试验,结果粮食分配到户后,参加食堂的人数一下子就散去了 60%。省委得出结论:粮食分到户,集体食堂就难以巩固;没有供给制部分,就办不起食堂。各地只能采用强迫命令的行政动员和政治号召的方式来完成粮食生产上的高指标任务,用违反科学的放“卫星”方式来虚夸粮食产量,以确保公共食堂得以坚持,其结果是导致了大量违反客观经济规律行为的出现。

针对公共食堂中出现的问题,中共云南省委采取多种措施进行整顿。要求各地加强公共食堂的民主管理和用粮计划,健全伙食管理委员会等必要的组织,订立节约用粮公约,要求各地坚决执行中共中央关于口粮应当以人定量,分配到户,分配到社员的指示。同时,制定《农村公共食堂管理试行办法》,就食堂的组织机构和组织制度、民主管理、粮食使用和管理制度、养猪种菜及副食品加工、食堂的基本建设和炊具改革、集体福利、财务制度、安全卫生、加强组织领导 9 个问题提出了具体意见。对边疆民族地区,规定一般不办常年公共食堂,只办临时性或季节性的食堂;全部取消粮食或伙食供给制,一律实行按劳分配,公共食堂按照自愿原则凑粮食吃饭。

尽管中共云南省委针对大办公共食堂中存在的问题不断进行整顿,

但在全国形势影响下，特别是庐山会议后，“左”倾错误不断发展的情况下，公共食堂的情况并没有得到多少改善。1961 年 5 月 13 日，中共云南省委批转同意楚雄县（今楚雄市）下白庙公社停办食堂。5 月 25 日，省委再次转发《省委农村工作部关于当前农村公共食堂问题的意见》，全省有步骤地停办公共食堂。6 月，中共中央公布了《农村人民公社工作条例（修正草案）》，取消了部分供给制和公共食堂，从政策上解决了长期困扰农村工作的公共食堂问题。此后，自“大跃进”以来用行政命令组织起来的 11 万多个公共食堂相继解散。

四　“大跃进”和人民公社化运动的教训

社会主义基本制度在中国的确立，实现了我国历史上最伟大的社会变革，为此后一切进步和发展奠定了制度基础。但是，由于对社会主义建设经验不足，忽视了客观经济规律，夸大了人的主观能动性，搬用战争年代的经验，以群众运动的方式来进行经济建设，希望以“大跃进”和人民公社化运动的形式加快建设和发展步伐。由于脱离社会生产力的发展水平，急于求成，没有也不可能达到预期的效果。其损失是严重的，教训是惨痛的。

1958 年开始的“大跃进”和人民公社化运动，是中国共产党在探索中国建设社会主义道路过程中遭受的一次严重挫折。从主观上看，发动“大跃进”运动，是为了尽快改变中国贫穷落后面貌，使中国不再受帝国主义欺侮，使人民过上幸福生活；同时，在迅速取得一系列伟大胜利面前，广大人民群众由衷地相信，社会主义制度加上群众运动将无往不胜，并为此投入了极大热情和干劲。但是，经济建设有它所必须遵循的不以人们主观意志为转移的客观规律，生产力发展也需要有一个积累过程。与此相违背必然遭受挫折。“大跃进”和人民公社化运动，对地处边疆的云南省经济社会的发展造成不利影响。经过前 6 年的建设发展，人民生活刚刚恢复元气就遇到“一大二公”、瞎指挥、浮夸风，造成有的地方人民生活极端困难。更为严重的是，“大跃进”和人民公社化运动，损害了各族人民对建设社会主义的热情，削弱了党、政府和群众之间、各民族之间在云南解放后前6年形成的紧密团结的良好关系，挫伤了各族人民建设社会主义的积极性。同时，它还败坏了党风和社会风气，讲假话、讲空话、讲大话的风气多年未能消除。

“大跃进”运动的最大失误是在建设上急于求成，人民公社化运动的最大失误是在所有制关系上盲目求纯。两者交织的一个结果就是国民经济比例严重失调。一方面，工农业比例失调，工业畸形发展。工业比重的迅速上升是以损害农业发展，剥夺农民利益为代价得到的，结果是本身就很脆弱的农业生产由于劳动力不足、农业投入不足，农业总产值、粮食产量、农民收入持续下降。另一方面，工业内部，轻重工业比例不合理。云南的轻工业本来就很落后，日常消费品主要靠外省调入。“大跃进”中云南省孤立地大搞以钢铁铜为主的重工业，忽略轻工业，造成轻重工业比例严重失调。重工业比重大幅度上升，轻工业严重萎缩，造成与人民生活密切相关的日用品严重短缺。

“大跃进”运动损害了农民利益，挫伤了农民的生产热情和积极性，使农业生产遭到破坏。在“大跃进”的形势下，计划指标严重脱离客观实际，摊子铺得大，人力物力投入多，造成极大浪费。在水利建设、“大战钢铁铜”中，占用劳动力多，春耕生产、秋收秋种时都不让离开工地，严重影响农业生产。同时，在高指标的压力下，一些建设工程只讲数量、速度和规模而不讲质量，建好之时就成了报废工程，造成很大浪费。

生态环境遭到破坏，市场流通紧张，人民生活水平下降。“大战钢铁铜”和大办公共食堂中，大量森林被砍伐，大量植被遭到破坏，生态环境失调，自然灾害加重，粮食连年减产和大牲畜、生猪的死亡、减产突出，从而导致粮食及主要副食品肉类的供应严重不足，人民生活水平和健康水平下降。同时，商业流通渠道单一，供销社划到基层管理，分散到乡、村、街道的合作商店和小组被取消，严格限制乃至取缔农村集市贸易和社员家庭副业，更加剧了供求矛盾。政府对数十种日用品、工业品、副食品实行低水平的定量凭票供应。因营养不良和劳动过度而导致部分地区大量农村人口发生肿病问题。

“大跃进”和人民公社化运动中，由于“左”倾错误的影响，云南边疆民族政策遭到践踏，边疆动荡不安。云南解放以来中共云南省委在云南边疆民族地区推行的“慎重稳进”的方针在运动中被中断，强调共性，否定特殊性，批判“边疆特殊论”“民族落后论”和“条件论”，轻率地抛弃了经过实践证明符合云南边疆民族地区实际的许多特殊政策，破坏了50年代中期业已初步形成的新型民族关系，给境外敌特的造谣、策反等破坏活动以可乘之机，导致边疆地区动荡不稳。

“大跃进”和人民公社化运动的教训是惨痛的。但在这场运动中，党组织领导人民群众建设社会主义的自力更生、艰苦创业精神和人民群众积极投身建设社会主义的奋发图强、积极向上精神是极其宝贵的。长期遭受剥削压迫的各族人民，在站立起来之后具有求强求富的强烈愿望，各级党组织力图加快社会主义建设而艰苦努力，其精神和干劲是十分可贵的；全省各族人民为加快社会主义建设、为改变贫穷落后面貌表现出了高度的积极性、劳动热情和凝聚力，在建设中发挥出了主观能动性和创造精神；党员干部在建设中发扬艰苦奋斗优良作风，发挥出先锋模范带头作用。这些精神，都是党领导人民进行社会主义建设的宝贵财富。

在较短时间内的建设成就显示了社会主义的优越性。由于广大干部和各族人民群众的辛勤劳动，3年中云南农田水利建设发展迅猛，一些水利工程在短时间内建成受益，一些大型工程至今还发挥着重要作用。此外，这期间一批具有云南特色的企业建成投产，使一些领域的生产能力得到了较大提高。如云南冶炼厂1960年建成投产后，具有年处理粗铜6万吨、电解铜4.5万吨的生产能力，成为全国主要铜冶炼基地之一。

1959年，为庆祝新中国成立10周年，北京建成了“十大建筑”与此相呼应，在这一时期，号称昆明“十大建筑”的工程项目相继建成。它们是云南省博物馆、翠湖宾馆、云南艺术剧院、昆明百货大楼、昆明饭店、东风大楼、云南省体育馆、昆明邮电大楼、云南省农业展览馆、云南饭店。这些建筑各具特色，一度成为云南的标志性建筑和春城人民的骄傲，它们在丰富人民生活的同时，彰显了新云南欣欣向荣的发展景象,也印证了新云南不断发展的历史足迹。

各级党委、政府联系实际提出的一些政策措施,体现了党的执政能力和水平的提高。1959年庐山会议后,中共云南省委结合云南实际,注重调查研究,吸取了惨痛教训,提出了一些建设性意见,采取了不少积极措施,使1960年“大跃进”反复期间云南农村没有遭受大的波折,为后来的国民经济调整奠定了基础。1959年初制定的一些重要调整措施,如钢铁“小土群”下马,劳动力主要集中到农业生产第一线,边疆民族地区停办人民公社等,在一定程度上得到继续坚持,有利于云南农业的发展。

文化教育卫生方面的跃进,对社会事业的发展起到了一定的积极作用。特别是通过大规模的群众性运动,在某些方面推动了教育卫生事业的发展,影响深远。其中联系劳动生产实际,开展劳动技能教育的方式,具有很强的现实意义;扫盲运动,扫除了大量农村青壮年文盲。困扰云南多年的血吸虫等疾病就是在这个时期被控制住的。

“大跃进”和人民公社化运动的历史教训启示我们,探索建设社会主义的道路是一个长期而艰难的过程。生产力决定生产关系,生产关系必须适应生产力发展,这是经济社会发展的客观规律;脱离生产力发展水平,违背经济发展的客观规律,就要受到惩罚,就会使党的事业遭受挫折。这个历史教训是非常深刻的,值得永远吸取。

第 十 一 章

纠正"左"倾错误的努力

1958年秋冬之间，中共中央开始觉察到"大跃进"和人民公社化运动的一些问题，其中云南肿病问题引起党中央和毛泽东的关注，毛泽东对肿病问题的亲笔批示，推动了中共云南省委对"左"倾错误的反思。此后，在中共中央初步纠"左"的统一部署下，省委从社会主义建设和边疆民族地区的实际出发，作出纠正错误的初步努力，注重调查研究，批判"反三论"，恢复"慎重稳进"的方针等，减少和降低了"大跃进"和人民公社化运动带来的危害。

一　毛泽东对云南肿病问题的批示

肿病问题的出现

在高指标和"大跃进"形势影响下，云南掀起了男女老少齐上阵修水利的热潮，民工们夜以继日，不避风雨，奋战在水利工地上。由于群众超长时间、超负荷劳动而粮食又不够吃，营养严重不良，云南出现了群众肿病非正常死亡的情况。1958年2月，在曲靖专区陆良县西冲河水库建设工地的民工中首先发现肿病患者。问题发生后，陆良县一些社队干部曾向上级反映，但却被认为是给"大跃进"抹黑，受到打击和错误处理，致使问题没有及时解决，陆良肿病问题越来越严重，并逐步蔓延。此后，肿病在其他专区也陆续出现，肿病死人问题引起了中共云南省委的注意。

1958 年 6 月 25 日，中共云南省委派出工作组到问题较严重的陆良和泸西县调查，并派出医疗组去防病治病。经过实地调查了解和科学分析后，以云南省昆华医院内科主任沈允斌为首的省卫生厅泸西肿病防治组认为，肿病系混合型营养不良性水肿，于是向曲靖地委作出《泸西县肿病调查防治报告》。后来，曲靖地委虽然向专区各县转发了这个报告，但认为肿病的发病原因尚待进一步研究。7 月 16 日，中共云南省委就曲靖专区肿病问题向全省发出通报，指出：曲靖专区的泸西、陆良、曲靖、马龙等县发生肿病，主要原因是营养不够。通报要求各级党委在组织和发动群众苦战中既要发扬干劲，又要保证劳动者每天睡好吃饱。在通报发出的当天，中共云南省委又打电话提请各地、市委注意，丘北、富宁、峨山、新平等县都有不同程度的肿病出现，必须引起重视。

根据中共云南省委的通报情况及指示精神，省卫生厅即从昆明医学院、市卫生局及省卫生厅所属医院各抽调 100 人，再抽调 300 余名血防干部共 600 余名医务人员，组成医疗队（组）分赴肿病严重的曲靖、玉溪专区和龙武①、华坪、祥云等县进行抢救。

1958 年 7 月 21 日至 8 月 4 日，在中共云南省委召开地、市委书记会议期间，27 日，中共云南省委向中共中央报告关于曲靖等部分地区发生肿病的情况。报告称：肿病 1958 年 2 月初发生于陆良、曲靖等部分地区，经防治曾一度消灭，到 4 月又再度发生。同时其他地区也陆续发现。病因主要是患者过度疲劳和营养不良。中共云南省委在报告中还查找了发生肿病的原因：一是去冬今春在各地曾普遍发生流行性感冒，潜伏下病根。二是群众在生产“大跃进”中，长期过度疲劳，体力消耗很大，营养补充不够。三是这些地区的干部在生产“大跃进”中，强调苦战的同时，对广大劳动者的生活注意得不够，不敢讲劳动者必要的休息，对部分群众口粮不足的问题避而不谈，不去主动解决，致使群众

① 1958 年 11 月 1 日石屏县、龙武县合并，称石屏县至今。

在长期的紧张劳动中，疲劳过度，缺乏营养，便普遍发生了肿病。报告还说，为了保证群众的健康和生产跃进，中共云南省委正在采取非常措施根治肿病，同时，全省必须吸取肿病死人的教训，注意解决这个问题。这次会议一方面对“大跃进”致肿病死人问题有了一定认识，并向中共中央作了检讨，查找了发病原因。但另一方面却又将2月中共云南省委提出粮食5年增长1倍改成1958年当年翻一番，工业产值翻两番，使跃进指标再次加码。

为了进一步查清病因及加强防治措施，中共云南省委于8月24日派副省长刘卓甫率领由省委文教部副部长钟期、省委监察委员会副书记周力、省民政厅副厅长白玉清等组成的省委检查组，会同曲靖地委第一书记邵风等到曲靖专区的路南、陆良、宜良、泸西、师宗、罗平等县了解肿病情况，研究加强防治的措施。

全省部分地区发生肿病后，省委农村工作部也派人到曲靖专区检查生产和肿病死人的情况，并于1958年8月24日向中共云南省委写了《关于曲靖地区病亡及外逃情况的报告》。《报告》反映，肿病自2月开始，曲靖地委发现后就向各县打了招呼，但因缺乏深入检查，病因未查实，未引起重视，采取的措施不够及时坚决，故使病情不但没有得到有效控制，而且病情和死亡都在发展。29日，中共云南省委向各地、市委批转了省委农村工作部的这个报告，并指示：曲靖地区当年群众患肿病死亡和外逃的情况是严重的，这不仅直接威胁群众的生命，而且对工农业生产“大跃进”有很大影响。某些地区非正常死亡突出，主要反映了某些领导干部的思想作风问题。各地应认真注意检查，把防止疾病死亡列入领导生产的内容，严重的地区要派专人检查和帮助解决，切实制止肿病的再度发生和新的发展。

由于“大跃进”运动在全省城乡、农村、工矿企业都全面开展，在农村发生肿病问题后，工矿也有发生。如云南锡业公司个旧马拉格矿即发现工人患肿病，至1958年8月23日已达500余人。

通过中共云南省委和省委检查组、省委农村工作部工作组的多次督促和帮助，曲靖地委对肿病死人问题的严重性有了进一步认识。1958年9月8日，曲靖地委向省委作了《关于肿病死亡情况和干部命令主义作风的检讨报告》,请省委给以处分。12日,省委转发了曲靖地委的检讨报告,并批示:你们接受经验教训,继续彻底抢救肿病和防止其继续发展,这是很好的。同时,通过对这个问题的认识和处理,进一步提高到领导思想作风、群众观点、群众路线上去接受经验教训,这也是必要的,一定要从中吸取教训。

省委的检查与反思

鉴于云南肿病问题的严重性,在中共云南省委1958年7月27日向中共中央报告的基础上,省人委也于10月7日向国务院写出书面报告。11月3日,受中共中央指派,中央监察委员会副书记王从吾专程到陆良县就肿病防治问题进行调研检查。

1958年11月2日至10日,中共中央召开第一次郑州会议,主要讨论人民公社问题。会议根据存在问题,规定了各级领导要实行劳逸结合,既抓生产又抓生活,必须关心群众的工作方针,并要求对已发现的错误着手纠正。11月15日至20日,中共云南省委召开了地、市委书记会议,传达中共中央郑州会议精神,并以肿病死人问题为重点检查了省委及有关地委的思想作风,总结了“大跃进”以来的经验教训。

通过认真总结,1958年11月18日,中共云南省委就关于发生肿病死人情况向党中央、毛泽东呈报书面检查报告。报告汇报了云南肿病死人情况。同时,报告提出,云南肿病病情严重的地区,多是工作落后、上年歉收、口粮较少的地区,而全省肿病最严重的陆良、泸西等县,历史上都比较贫困。这些地区群众劳动强度成倍增加,物质生活没有相应保证,营养严重不足,加之领导作风不深入,对在紧张持续的苦战中需要特别关心群众的生活问题注意不够,对工作基础薄弱地区所出现的新问题估计不足,造成了这些地区大量肿病死人。报告还认为,肿病死人问题的发生,也与思想认识上的片面性有关。由于受“左”倾错误的影响,一些干部由于怕犯右倾错误,不敢反映真实情况,个别反映了真实情况的人遭到打击,各地一开始都不敢正视发病原因是过度疲劳和营养不足,未从粮食问题上想办法予以解决。更为严重的是,问题发现后,省委态度不够坚决,没有采取断然措施,及时而又严肃地处理,致使死人现象未能迅速制止。在对肿病死人事件原因进行分析后，报告指出，作为省级党委，在这样几个根本问题上犯了错误，是严重的，人民付出了巨大的牺牲和代价，教训是沉痛的。省委决心通过这一事件，从中深刻地吸取教训，借以教育提高云南省全体党员和干部，从而改进工作作风，促进生产的更大跃进。在报告中，省委提出了两条整改措施：一是立即在全党和全体干部中，进行一次以学习《关于正确处理人民内部矛盾的问题》为中心的整风，从上而下与从下而上相结合地检查批判强迫命令和不关心群众生活的倾向。并组织专门小组，对肿病死人事件进行认真的检查，严肃处理事件中的违法乱纪和失职问题，使大多数干部接受教训。二是从各方面调节群众的劳逸和生活，加强对公共食堂和托儿所的领导和民主管理，各级党委要有一个书记或常委专管群众的生活问题。报告提出，鉴于省委的失职错误严重，有负于中共中央和人民的委托，为了教育全党和教育自己，请求中共中央给以处分。

1958 年 11 月 21 日至 27 日，中共中央在武昌召开政治局扩大会议，着重讨论了人民公社中的高指标和浮夸风等问题，开始作出纠正“左”倾错误的努力。其间，毛泽东于 25 日审阅中央宣传部《宣教动态》第 145 期上摘登的中共云南省委关于肿病死人的报告并作了题为《一个教训》的批语。11 月 28 日至 12 月 10 日，中共八届六中全会在武昌举行，研究人民公社及 1959 年国民经济计划等问题。会上，毛泽东指示将中共云南省委关于肿病死人的报告及他的批语发给参会者。毛泽东在批语中指出：“这是一个有益的报告，云南省委犯了一个错误，如他们在报告中所说的那样，没有及时觉察一部分地方发生的肿病问题。报告对问题作了恰当的分析，处理也是正确的。云南工作可能因为肿病这件事，取得教训，得到免疫力，他们再也不犯同类错误了。坏事变好事，祸兮福所倚。别的省份，则可能有一些地方要犯云南那样的错误。因为他们还没有犯过云南所犯的那样一种错误，没有取得深刻的教训，没有取得免疫力。因而，如果他们不善于教育干部（主要是县级，云南这个错误就是主要出于县级干部），不善于分析情况，不善于及时用鼻子嗅出干部中群众中关于人民生活方面的不良空气的话，那他们就一定要犯别人犯过的同类错误。在我们对于人民生活这样一个重大问题缺少关心，注意不足，照顾不周（这在现时几乎普遍存在）的时候，不能专门责怪别人，同我们对于工作任务提得太重，密切有关，千钧重担压下去，县乡干部没有办法，只好硬着头皮去干，少干一点就被叫做‘右倾’，把人们的心思引到片面性上去了，顾了生产，忘了生活。”毛泽东在批示中提出两条解决问题的办法，一是任务不要提得太重，不要超过群众精力负担的可能性，要为群众留点余地。二是生产、生活同时抓，两条腿走路，不要片面性。

毛泽东的批示传到云南后，中共云南省委先后召开各种类型的会议进行传达学习和贯彻，并先后发出防治肿病的指示以及相关文件，要求各地认真学习批示，解决群众生活和干部作风问题。鉴于曲靖地委工作出现失误发生肿病死人，省委给曲靖地委和相关县委领导以降职等处分。

根据毛泽东的批示和中共云南省委的指示，云南各发病地区党委书记亲自领导，成立消灭肿病指挥部，紧急调拨粮食、肉、油、豆类、药品支援病区，同时组织中西医务人员，采用土洋结合等措施相继开展肿病防治工作。由于各地积极防治，全省在较短时间内治愈肿病患者 26.3 万余人[①]。

二　初步纠正“左”倾错误

降低部分国民经济计划指标

云南“大跃进”和人民公社化运动酿成的苦果除了肿病死人外，还有边民外迁问题。由于在和平协商土地改革地区进行民主改革补课，在直接过渡地区划分阶级，粗暴干涉宗教信仰、宗教活动等极左措施的施行，严重损害了民族感情。这些问题的存在，加上特务利用“大跃进”

① 云南省卫生厅编：《云南卫生通志》，云南科技出版社 1999 年版，第 174 页。

运动的过失挑拨造谣，恶意煽动，发生了云南解放以来云南边民最大规模的外迁，1958 年全省外迁人数达到 11.48 万多人，边疆民族地区动荡不安。

这些事件引起了中共云南省委的重视和反思。与此同时，党中央和毛泽东也认识到了“大跃进”和人民公社化运动中出现的严重问题，并于 1958 年 11 月和 12 月分别召开了第一次郑州会议、武昌政治局扩大会议和党的八届六中全会，提出了既要有冲天的干劲，又要有科学分析的精神；经济计划要建立在充分可靠的基础上，使国民经济各部门之间能够保持适当比例，开始纠正“左”倾错误。

贯彻中共中央精神，中共云南省委开始对“大跃进”和人民公社化运动过程中的“左”倾错误进行纠正，首先对国民经济计划指标进行了调整。

1958 年 11 月中旬召开的地、市委书记会议上，中共云南省委作出 1959 年跃进“速度要放慢一点”的指示。此后，省委不断调低部分国民经济计划指标。1959 年 1 月省委一届七次全会通过的《关于 1959 年全省国民经济计划的决议》，对 1959 年部分高指标进行了调整。这个经过调整的计划，尽管某些指标比以前确定的有所降低，却仍比 1958 年的实际产量高了许多。这些难以实现的指标说明，当时指导思想仍没有从“左”的影响中解脱出来。

1959 年 5 月 5 日，中共云南省委又作出指示：已经调整的 1959 年生产粮食 280 亿斤的指标过高，要进一步调整为 270 亿斤，以此作为争取完成的指标，但这仍是一个难以完成的目标。5 月 16 日，省委发出《关于 1959 年粮食包产办法的规定》，指出从实际出发，在当年粮食可以实现基础上，一方面使生产队明显的获取利益，同时又保证管理区的统一分配，在对原计划 270 亿斤任务仍做努力的基础上，按照该目标可进行 7 折，即 190 亿斤作为保证完成的计划。这实际上把 1959 年粮食生产计划由 270 亿斤调整为 190 亿斤。

同时，中共云南省委把 1959 年“大跃进”的内容确定为“确保四大指标，努力实现九大任务”。其中，四大指标为：钢铁 30 万吨、粮食 300 亿斤、煤炭 1000 万吨、棉花 75 万担；九大任务为：在实现四大指标的基础上，完成铜、油料、甘蔗、烤烟、牲畜五项生产指标。

随着中共中央纠正“左”倾错误的深入，中共云南省委对国民经济指标的调整也不断推进，其中一个重点是压缩基建规模和工业用工，支援农业生产建设。1959年6月，省委在给中共中央的报告《关于压缩工业劳动力、确保四大指标、确保粮食增产任务完成》中指出，根据中共中央指示和调整后的生产、建设计划，省委决定把全省职工从1958年底的154万人压缩至1959年6月的95万人以内，减少38%，以保证农业上有足够的劳动力。6月15日，省委召开地、市委书记会议，贯彻中共中央批转国家计委党组《关于调整计划指标的报告》的要求，决定调整工业生产指标和缩短基本建设战线，重点保粮保钢。钢的生产任务绝大部分由昆明来完成，集中全省的优质焦炭、配件、技术力量和运输力量，支援昆明市的几个钢铁厂。除个旧、富源、易门等少数地方保留部分炼铁任务，其余各地的小高炉、小转炉，从7月1日起一律停止生产。压缩铜的生产任务，凡资源、运输条件不好的小铜矿立即停止生产；铜矿“小洋群”的建设，只在少数条件较好的地方进行试点。专县的基本建设，除个别设备、投资、建设力量都已解决并报经中共云南省委批准可继续进行外，其余立即停建或缓建。并特别提出要压缩基本建设的劳动力，要求全省工业生产职工总数控制在90万人左右。这个指标，比6月份再减少5万人。

中共云南省委不断降低的各项经济计划指标，虽然仍是难以实现的跃进目标，但此后各地大炼钢铁铜的群众运动逐渐停了下来，除保证昆明等少数地方炼铁任务外，其余各地小高炉、小转炉一律停止生产。尤其是关于全省职工总数控制在95万人左右任务的落实，使这些从工业战线上压缩下来的劳动力陆续回到农村，加强了农业生产第一线，促进了农业发展。

跃进指标的调整，一方面从客观上反映了当时人、财、物匮乏，已不可能再集中进行各种生产“大战”；另一方面从主观上也是试图纠正“大跃进”和人民公社化运动的“左”倾错误。但在“大跃进”总体指导思想没有发生根本转变，“左”倾错误思想仍然占据主导地位的形势下，中共云南省委纠“左”的努力只是局部的、暂时的。庐山会议后的反复也证明了这一点。同时,完成各项“大跃进”指标仍是当时省委的首要任务。为此,1959年2月,省委组织了万人检查团,包括11个地区分团、1个工业分团、1个基建分团,奔赴各地进行督促检查,要求全省迅速掀起“大跃进”生产高潮,以保证1959年全省“四大指标”“九大任务”的完成。

整顿人民公社

对人民公社的整顿,是中共云南省委初步纠“左”中的一个重点。

1959年1月10日,中共云南省委发出《关于执行中央〈关于人民公社若干问题的决议〉的若干具体问题的规定》,开始整顿人民公社。省委要求把大力发展生产作为人民公社的根本任务,贯彻执行工农业并举的方针,积极发展商品生产。重点从三个方面对人民公社的分配制度进行调整:保证90%以上的社员增加收入;按规定满足基本口粮;工资部分的增长必须与供给部分的增长保持相应的比例。为保证群众利益,提出公社实行工资制和部分供给制相结合的分配制度,年内社员工资部分的收入,最少应达到总收入的三分之一。在组织机构和体制方面,实行政社合一的工农兵学商相结合的组织体制,建立公社、管理区、生产队三级管理机构,实行“统一领导,分级管理”的原则和集体负责与个人负责相结合的生产管理责任制。管理区的规模一般是一百户左右,最多不超过千户。规模小的公社不设管理区,只建生产队。生产队一般是四五十户。在人民公社整顿中,各地十分注意搞好集体福利,办好公共食堂和托儿所、幼儿园,有条件的还办了敬老院,并逐步实行免费或半免费制度。

分配制度是人民公社体制的关键。1959年2月12日至15日,中共云南省委召开地委书记会议,按照中共中央相关要求,结合云南实际,主要研究了人民公社分配政策问题。根据会议精神,2月18日,省委发出《关于人民公社实行供给制与工资制相结合的根本政策中若干问题的补充规定》,强调人民公社目前主要是集体所有制,按劳分配是人民公社的基本政策。在1959年内,各人民公社工资部分与供给部分的比例,必须分别做到:一般的人民公社,工资部分和供给部分各占分配给社员消费部分的一半；条件较好的公社，工资部分超过分配给社员消费部分的一半；条件较差的公社，工资部分不低于分配给社员消费部分的三分之一。目前还达不到上述比例的公社，应当作出计划，在1959年完成。并实行定工资级别与评工记分相结合的工资制度，按实际工分发工资。《规定》指出，要承认和照顾队与队之间、人与人之间的差别，但也要照顾大局，不要斤斤计较。分配制度的改革，对提高全省社员的积极性，促进农业生产起到了一定作用。

中共中央政治局于1959年2月27日至3月5日在郑州召开扩大会议（即第二次郑州会议），除了讨论人民公社管理体制外，还讨论了分配制度。会议提出了人民公社体制实行“统一领导、队为基础，分级管理、权力下放，三级核算、各计盈亏，分配计划、由社决定，适当积累、合理调剂，物资劳动、等价交换，按劳分配、承认差别”的方针。并指出，在公社所有制问题方面，前进得过远了一点，造成同农民关系的紧张状态，必须纠正“平均主义倾向和过分集中倾向”。为贯彻会议精神，进一步推动对人民公社的整顿，3月和4月，中共云南省委分别召开1万多人参加的六级干部会议和有地（州、市）委书记参加的省委常委扩大会议，批判“共产风”，作出了《关于人民公社管理体制和若干政策问题的决议》。此后，按照人民公社的集体所有制性质，各县都召开五级干部会，将内地农村公社化运动高潮时普遍实行的公社所有改为原高级农业生产合作社为基本核算单位的公社、管理区、生产队的三级核算管理体制。对规模过大的公社进行调整，由1958年底的800多个公社划为1281个。公社对管理区，管理区对生产队实行包工、包量、包成本的“三包”，小组和个人实行定工、定量、定时、定质的“四定”，逐步扭转生产混乱的状况。在分配问题上，坚持工资制和供给制相结合的分配制度。明确规定，集体养猪和私人养猪并举，谁养归谁，完成派购任务后，有权支配属于自己的那一部分产品。

保持边疆稳定

针对“大跃进”和人民公社化运动造成部分边民外迁、边疆民族地区动荡的情况，1958年12月24日，中共云南省委批转省委边委《关于边疆群众外逃外迁的情况和今后工作意见报告》。《报告》就争取外迁群众回归、保持边疆地区的稳定提出 10 个具体政策措施：一是目前未办人民公社的一律不准再办。群众不愿办公共食堂的暂不办。边民外迁较多目前仍不稳定的边境地区，应采取特殊措施首先使之稳定下来。水利和钢铁项目（工程）可少办、缓办和不办。二是在群众中广泛宣布，不论公社、合作社或单干群众的生产生活资料（猪、鸡、房屋、零星果树、衣服、家具等）永远归群众自己所有；已集中起来的一律退还。收购群众的金银首饰等物，原则上原物退还或折价赔偿。三是坚决保护外迁人员的财产，其土地、房屋、耕牛、粮食、农具等，由乡政府指定合作社或其亲友负责保管，并为他们留下足够的口粮。以上用款，合作社无力解决者可由国家救济解决。四是对外迁回归人员，一律不准审问、刁难、辩论、斗争，并教育群众不得歧视、排斥和打击，使他们真正体会到祖国的温暖。五是对外迁回归人员的安置。原为机关干部者，愿继续工作的，由机关安置一定工作；对回归的一般的民族上层人士予以安置；对于叛乱分子和有反革命行为的上层人士，只要回来承认错误，一概既往不咎；地主、富农只要回来守法劳动，也不咎既往。六是对外迁回归人员均应进行耐心的思想教育工作。以各种形式向他们宣传解释党的政策、检讨我们工作中的错误并揭发敌人的破坏，以提高他们的政治觉悟。对原是为了解我们政策而来又要求重新外出的人员，仍允许其外出，通过他们在境外扩大政策影响，争取更多的外迁群众回来。七是积极加强和扩大与外迁人员的接触和联系，关心他们的生活困难。采取由亲朋写信、成立回归人员接待站、外出访问、边境见面会谈以及各种会议等形式，使他们了解中国共产党的政策。八是在坚决执行上述政策后如仍有外迁情况时，应对外迁群众耐心进行宣传教育和说服劝阻，切实解决他们提出的正当要求，这样做了如仍要坚决外出者，不得用武装威胁阻击，做到不伤感情。九是加强对敌斗争，除坚决打击窜扰的匪徒外，随时注意揭发敌人的谣言和破坏活动；对境外派遣特务暂不急于逮捕和破案，以免因小失大，待发现其现行破坏活动或选择适当时机再予以打击。十是加强党对争取外迁工作的领导，组织专门机构，在县委领导下，放手发动群众，把上述政策迅速贯彻下去，形成一个争取外迁边民回归的群众运动。这些具体政策的实施，有效控制了边民外迁的势头，对于边疆民族地区的稳定起到了促进作用。

为保持边疆稳定，中共云南省委把解决边疆民族地区人民公社的问题作为一项重要工作来抓。1959 年 1 月 10 日，省委作出《关于边疆民族地区人民公社及有关若干问题的决定》，就如何解决边疆民族地区人民公社的问题作出了专门规定。要求边疆民族地区公社的规模不宜过大，一般是一乡一社，较大的乡一乡数社，乡办联社，实行公社、生产队两级管理；合作社一般一寨一社。就和平协商土地改革地区办社问题，指出凡是还没有建立人民公社的，目前不要急于兴办；不具备办人民公社条件的地区，即使搭起了公社架子，也应当坚决办成初级社或高级社。2 月 18 日，省委批转省委边委《关于边疆当前生产合作社及人民公社有关问题的报告》，再次对边疆民族地区人民公社问题作出批示。指出：边疆地区任何时候都必须坚持以生产为纲，因时因地制宜地进行社会改革、技术改革和对人民群众的政治思想教育等工作。目前边疆民族地区要围绕生产进一步发展合作化运动，整顿巩固已经办起来的一部分人民公社。

为了保持边疆地区的稳定，坚持分类指导的原则。1959 年 5 月 25 日，省委召开常委会议，决定将边疆民族地区划为三类地区，第一线（边沿一线）、第二线（边疆腹心地带）、第三线（靠内地区）分别采取不同的具体政策办社。第一线地区，包括大部分直接过渡地区与少数和平协商土地改革地区，约 50 万至 60 万人口，主要任务是大力发展生产，提高人民生活，稳定边疆大局，3 年内不考虑再办人民公社，已办的 6 个公社保留名义，仍按合作社办，大力巩固现有的合作社。第二线地区，包括大部分和平协商土地改革地区与少部分工作基础较好的直接过渡地区，约 80 万人口，主要任务是巩固现有占农户 70% 以上的合作社，占农户总数 20% 的公社也应按合作社原则办事；已建立的公社保留帽子，实际一律办成联社，在一两年内，生产队可以不向公社交公共积累。第三线地区，绝大部分是和平协商土地改革地区，共 80 万人，这类地区已基本实现人民公社化，主要任务是巩固现有的人民公社，但在具体政策上也应与内地有所不同，其中红河州靠边境的 4 个县的苗族、瑶族和苦聪人地区，仍应按直接过渡地区的有关政策办事。

边疆民族地区不论哪种形式的人民公社都是不成熟的，必须进行彻底调整。经过反复研究，中共云南省委决定在边疆民族地区停止办公社，对现有42%的公社采取保留名称办成联社的形式，其经营管理制度按高级合作社的有关规定办理，全部取消粮食或伙食供给制，一律实行按劳分配，公共食堂按自愿原则凑粮食吃饭。有不愿意入社的单干户，也应当允许；对耕牛入社问题，凡是群众一时不能接受的地区，暂不实行，仍采取私有私养，由公社租用，已折价入社的归还折价款。中共云南省委决定，每年拿出100万元作为长期无息贷款，帮助解决耕牛价款问题。经过一段时间的工作，边疆团结稳定的局面有所恢复。

社会事业的初步调整

"大跃进"运动高潮时期，教育卫生等社会事业也出现了冒进的问题，需要进行纠正和整顿。

教育方面，1959年6月2日，中共云南省委批转省委宣传部、省教育厅党组《关于教育事业贯彻执行调整、巩固、提高、适当发展的方针的意见》，指出教育事业发展的快慢，要看经济发展的情况来决定，同时也要看师资条件。此后，全省教育注重抓"两头"，一方面办好高等教育，对高等院校进行调整，除云南大学、昆明工学院、昆明医学院、昆明师范学院、昆明农学院5所大学外，在1958年"大跃进"中新办的大专院校，只保留滇西大学和滇南大学，其他一律停办。另一方面积极普及小学教育和扫除文盲，同时适当发展高级中学和师范教育，把各地各部门中等以上学校的发展，纳入全省统一规划。经过调整，1959年全省共有高等学校9所[①]，中等专业学校56所，其中师范类21所。

对文化事业的整顿主要集中在整顿报刊出版发行上。1959年4月24日，中共云南省委批转省委宣传部《关于调整报纸刊物的意见》指出，近年来云南省报刊出版发行存在着混乱现象，片面追求数量，无视

① 除原有5所外，保留1958年新办的2所，以及后来又新办的云南体育学院和云南艺术学院2所。

质量的情况比较严重，加之当前纸张供应十分紧张，如不调整，势必妨碍报刊出版发行工作的正常发展。据此，对全省报刊出版发行进行调整。通过调整，推动了整个文化事业的整顿。

做好卫生工作，加强流行疫病防治，是纠正社会事业发展中“左”倾错误的一个重点。在1958年防治肿病过程中，不断加大了疫病防治工作，于7月份组织了省卫生厅肿病防治医疗组，深入实地进行肿病疫情调查，查找出了肿病发生的主要原因。11月为贯彻毛泽东关于云南肿病问题的指示精神，中共云南省委进一步加大疫病防治力度。12月先后批转省委防治血吸虫病五人小组《关于全省除五害、灭六病、讲卫生的跃进规划报告》、省委宣传部《关于我省疫病流行情况及防治意见的报告》。两份《报告》指出，由于云南特殊的地理气候条件及民族地区许多落后习俗，除害灭病工作相当艰巨，今后要坚决完成除“五害”①、灭“六病”②的任务，向新中国成立10周年献礼；面对云南疫病流行较为普遍的严峻形势，决定由省卫生厅派出约1000人的医疗机动队伍，有重点地协助各地开展卫生防疫工作。同时要求各地结合今冬明春的爱国卫生运动，在全省开展一次防治流行病的突击运动。

三 “反右倾”斗争和继续“大跃进”

“反右倾”斗争

通过1958年底以来八九个月一系列的调整、整顿，到庐山会议以前，中共云南省委纠正“左”倾错误的工作显现出了一定的成效。但是，这种纠正“左”倾错误的努力只是初步的、局部的，在指导思想上未根本扭转“左”倾错误，部分调整后的经济指标仍然是不可能实现的局指标。

① 鼠、雀、蚊、蝇、钉螺称为“五害”。

② 疟疾、血吸虫、钩虫病、痢疾、鼠疫、天花称为“六病”。

1959年7月2日至8月16日，中共中央在庐山先后召开了政治局扩大会议和八届八中全会，两个会议统称为“庐山会议”。庐山会议以后，历时半年的“反右倾”斗争在全国、全党范围内展开，使“左”倾错误延续了更长时间，在政治和经济上都造成了严重后果。

庐山会议结束后，谢富治被中共中央任命为公安部长，中共四川省委书记处原书记阎红彦调任中共云南省委第一书记。在全党全国“反右倾”特殊形势下，中共云南省委贯彻庐山会议精神总的基调只能是继续在“左”倾错误思想指导下，在全省掀起学习贯彻总路线、“大跃进”、人民公社“三面红旗”的高潮，开展一场所谓的“反右倾机会主义”斗争。8月23日至9月13日，省委召开全省三级干部会议和省委一届八次全会，传达庐山会议精神，决定在全省深入开展“反右倾”斗争。会议通过了《关于坚决执行党的八届八中全会决议，以实际行动保卫党的总路线，力争提前和超额完成今年生产任务的决议》，要求认真开展“三面红旗”学习活动，坚决进行“反右倾”斗争。会议期间，错误地揭发和批判了云南大学校长李广田、中共云南大学委员会副书记杨黎原、新华社云南分社社长陈勇进、中共思茅地委副书记郭长儒、昆明钢铁厂副厂长李铎等人的所谓“右倾机会主义错误”。

1959年9月中旬，“反右倾”整风学习运动首先在省级机关开展，然后从上到下在全省铺开。在农村，“反右倾”斗争的方式是整风整社，主要批判对象是有所谓“右倾”思想的基层干部和富裕中农。其中重点批判了“包产到户”“地段责任制”“生产队基本所有制”，家庭副业等初步纠“左”过程中提出和实行的一些正确的政策措施。后来一批党员和党外群众也受到批判，但没有戴帽子。从1959年11月中旬开始，中共云南省委停止了原来农村纠正简单粗暴、强迫命令和浮夸风的做法，全面开展以两条道路斗争和社会主义教育为纲的整社整风运动，到12月底基本结束。运动中着重解决60万农村基层领导骨干的思想问题，对当时反对集体生产、反对供给制和工资制相结合的分配制度、反对公共食堂、反对统购统销等所谓的反社会主义言论进行了批判。

在工厂，除了重点批判对“三面红旗”不满的所谓“右倾言论”外，还批判了一些领导干部的“一长制”思想，将其定性为不要党委领导，反对政治挂帅和群众运动。在职工群众中，还对被认为是“忘了本的落后变质工人和阶级异己分子”进行批判。

在高等学校和科研单位，斗争的主要对象是所谓“浸透了资产阶级世界观的党员专家”，认为他们有党员称号，受到党的信任，比那些党外旧的资产阶级知识分子更加迷惑人，危害性更大。许多党员专家被错误批判和处分，破坏了知识分子政策，造成严重后果。

在“反右倾”斗争过程中，中共中央专门作出规定，要求“反右倾”斗争只在党内干部中进行，不涉及民主党派和党外知识分子。但随着这场政治运动的深入，斗争仍波及非党干部和群众。同时，“反右倾”斗争开始时，由于中共中央没有统一制定划分“右倾机会主义分子”的标准，各地、各部门发生了各行其是、任意扩大打击对象的倾向。之后，尽管中共中央于 1959 年 11 月和 1960 年 1 月分别下发和转发了《关于划分右倾机会主义分子的标准和处理办法》《关于在反右整风运动和农村整党运动中对于犯错误的党员干部的处分面的通知》等文件，对“右倾机会主义分子”的比例作了规定，试图对这些错误加以纠正，但仍有一大批党员干部被错误批判和处分。

在这场“反右倾”斗争中，全省有 898 名机关干部和部分学校、工矿企业的党员干部被列为重点批判对象，定为“右倾机会主义分子”的有 494 人（其中省管干部 40 人），另有 507 名干部以右倾错误名义给予组织处理[①]。其他未作组织结论和处分的人数更多。经过 1961 年、1962 年的甄别，对部分人的主要问题作了平反、改正。1962 年 7 月 20 日，中共云南省委批转《对李广田等六同志所犯右倾机会主义错误的重新甄别结论》，同意对李广田、杨黎原、陈勇进、郭长儒、李铎等人重新甄别结论，指出原来给他们戴“右倾机会主义分子”帽子是错误的，所给予的处分也是错误的，应予以取消；重新甄别的结论在原参加批判的干部范围内予以宣布，恢复名誉。

在甄别平反中，由于党内“左”倾错误未彻底纠正，致使甄别不彻

① 中共云南省委组织部等编：《云南省党政军群组织史资料（1926.11—1987.10）》，中共党史出版社 1994 年版，第 170 页。

底，具体表现为：一是尚有遗留问题。二是只有平反报告，未正式批复。三是材料多数未处理。一些人在后来的“四清”运动和“文化大革命”中，又再次遭到错斗错处，直到党的十一届三中全会后，才得以彻底平反。

历时半年的“反右倾”斗争，对云南的政治、经济和组织等方面造成了破坏。政治上，使阶级斗争扩大化的错误在理论和实践上进一步升级，并直接延伸到党内。把党内的意见分歧误认为是阶级斗争，算历史旧账，打击伤害了许多同志，人为制造阶级斗争的“左”倾错误进一步蔓延。经济上，中断了纠“左”的进程，使“大跃进”和人民公社化运动中暴露的许多有待纠正的“左”倾错误重新发展起来，中断了经济工作中解决问题的努力。如工业上的高指标与管理混乱状态、农村中的供给制和公共食堂等。组织上，破坏了党内民主，使个人崇拜和个人专断的不良倾向在党内进一步发展。一大批敢于实事求是向党反映情况、提出批评意见的同志受到打击，给一些说假话、见风使舵的人以可乘之机。党对云南边疆民族地区社会主义建设的探索发生了曲折。

继续“大跃进”运动

“反右倾”斗争扩大化，进一步助长了“左”比右好、宁“左”勿右的倾向，形势急速从纠“左”到反右逆转。在鼓干劲，继续国民经济“大跃进”的口号下，1960 年 1 月 1 日，《云南日报》发表《满怀信心继续大跃进》的社论。随之，新的跃进再度泛滥。

继续“大跃进”运动，具体表现在经济建设上再次提出一些不可实现的指标。1959 年 9 月 17 日，经过中共云南省委批准，省计划委员会发出《关于 1960 年国民经济计划纲要》，提出要坚持“以钢为纲，以粮为纲，全面跃进”的方针，一场大战钢铁铜和农田水利建设高潮又在云南掀起。截至 10 月中下旬，全省有 400 万劳力投入钢铁铜战线，有 20 万民工投入在水利建设工地。特别是 1959 年 12 月 7 日，省计划工作座谈会又进一步把粮食生产指标提高，要求 1960 年保证粮食产量达到 200 亿斤。

云南继续“大跃进”运动时期，除了在经济建设上提出一些不可能实现的指标，掀起大规模群众运动外，还开展了养猪运动、城市人民公社化运动和改造落后者运动。

抓好生猪生产是“大跃进”期间云南大多数农村的一项重要工作，但一直以来没有得到各级党委的重视，发展缓慢。1959年11月，中共云南省委接到中共中央关于毛泽东对河北省吴桥县王谦寺公社魁星庄生产队养猪的批示后，进行了专题研究，提出“粮畜双丰收”“以猪为纲，大力发展畜牧业”的口号。同时派工作组到养猪多、养牲畜多的宣威、寻甸等县调查研究，总结当地发展养猪生产的经验。12月5日，省委在养猪生产发展较好的曲靖专区召开畜牧业现场会议，提出“像抓粮食一样抓畜牧业”“像抓水利一样抓养猪”。会后，各地委、县委都召开了畜牧会议，一边开会，一边在群众中宣传，立即展开行动。1960年1月2日，省委向中共中央上报《关于养猪情况的报告》，回顾了1959年11月以来抓养猪生产、发展畜牧业的情况，第一次确定要把养猪作为一项运动来抓，坚决贯彻执行“公养为主，公私并举”的方针，提出了推动养猪运动的措施。1月2日至15日，省委、省人委召开的全省社会主义建设先进单位先进生产者代表会议提出，云南省发展农业的方针为“以粮为纲，粮畜并举，多种经营，全面跃进，连续跃进”。会议闭幕的当天晚上，举行了“掀起农业和畜牧业更大跃进新高潮誓师广播大会”，提出以猪为首，六畜并举，号召力争当年生猪存栏翻一番，年底达到1400万头，实现畜牧业大发展。

尽管中共云南省委不断加强领导，但全省猪肉产量仍远低于中共中央的要求。截至1960年7月底，全省只完成中共中央分配的出口冻猪肉3800吨、猪肉罐头750吨任务的0.92%和13.47%。受新中国成立以来最为严重的自然灾害的影响，加上中苏关系破裂，为了还清苏联债务，保证中央规定任务的完成，8月8日，中共云南省委采取紧急而极端的措施，如要求全省在国庆节前，除外宾、产妇、医院中急需恢复体力的重病患者和经省委批准给予照顾的高级民主人士外，一般停止猪肉供应。这样的规定，对于本来就劳动强度大而生活水平不高、营养不良的广大劳动者来说，无疑是雪上加霜，一些地方相继发生肿病等非正常死人事件。

城市人民公社化运动是继续跃进时期按照中共中央统一部署开展的。早在1958年，就在昆明、个旧、东川、大理等市建立了16个城市人民公社，省内其他城镇有的建立了城市公社，有的与农村合建了公社。后来，城市街道工业、公共食堂、托儿所、幼儿园等集体生产和公共事业的发展，为进一步开展城市公社化运动奠定了基础。1960年3月9日，中共中央作出《关于城市人民公社问题的批示》，要求积极建立城市人民公社。中共云南省委有选择地进行城市人民公社化运动试点。3月下旬，云南省第一批开展城市公社化运动的昆明、东川、个旧、大理4市和昭通、曲靖、宣威、玉溪、楚雄、一平浪[①]、开远、蒙自、文山、思茅、临沧、保山、丽江13个县城，除临沧、宣威还未行动外，各地都根据省委指示，先后创办了一批城市人民公社。

为了加强领导，1960年4月26日，中共云南省委成立城市人民公社运动委员会，在昆明市内的五华区、盘龙区建立五华人民公社和盘龙人民公社。公社所在地的工厂、企业、机关、学校、医院等，就地参加公社。此后，城市人民公社化运动不断发展。截至7月底，全省在已开展运动的昆明、个旧、大理、建水、石屏、弥勒等19个市、县建立城市人民公社33个，有110多万人入社，占这些市、县城市总人口的87%。8月20日，省委城市人民公社化运动办公室报告当前城市人民公社发展情况时指出，全省除边疆20多个县外，其余内地县城城市居民多的、手工业还比较发达的，都有必要建立城市人民公社。其他不具备条件的县城也要将闲散劳动力分别组织加入农村公社。11月11日，省委城市人民公社运动办公室再次向省委汇报工作时指出，今后一个时期应集中力量，大抓整顿、巩固城市人民公社工作。

城市人民公社的体制有四种形式：一是以机关、学校为中心。二是以厂矿、企业为中心。三是以街道居民为主体。四是以街道居民为中心并吸收部分农村群众组成。这四种形式，包括有全民所有制、社有集体制和社以下集体制。公社实行统一领导、分级管理、分别核算的原

① 1958年，盐兴县合并于广通县，县城设在一平浪，后并归今禄丰县。

则，可以实行三级（公社、分社或管理区、街道委员会）管理，两级（公社、分社或管理区）核算，也可以实行两级管理、两级核算。公社的分配制度以计时工资为主，固定工资加奖励，取消分成制度。

与农村人民公社一样，城市人民公社也是工农兵学商“五位一体”“政社合一”的基层组织。虽然这种基层政权组织模式对发展城市经济、增加就业、扩大城市服务方面有贡献，但和农村人民公社化运动一样，它实质上是“左”的指导思想不断发展的产物。它的建立，既不是城市经济发展的必然结果，也不是城市居民社会生活的现实要求，缺乏必要的物质条件和牢固的群众基础。因而，城市人民公社不久即在历史舞台销声匿迹了。

掀起改造落后者运动是继续“大跃进”运动期间“反右倾”斗争的一种表现形式。所谓落后者是指那些政治运动不积极、犯“右倾机会主义错误”的地区。1960 年 2 月 20 日至 3 月 15 日，中共云南省委召开全省三级干部会议，贯彻 1 月中共中央在上海举行的政治局扩大会议精神，提出要对云南“反右倾”机会主义的斗争进行“补课”。会议错误地批判了红河地委和建水县委所谓的“右倾机会主义错误”，着重研究讨论了改造落后地区的问题。会议结束后，省委和各地党委组织大批干部，下派到一些所谓的落后地区，开展改造落后者运动，并迅速成为一个集中的政治运动。6 月 30 日，省委向中共中央上报《关于改造落后地区的情况报告》，对改造落后者运动进行了总结。《报告》指出，全省内地有 1.39 万个管理区，其中落后管理区有 1284 个，占 9.24%；全省内地共有 1087 个公社，落后的公社有 62 个，占 5.7%。落后的县有 2 个。省委认为，这些落后地区，不是一般工作开展中的先进与落后，而是政治上的落后；改造落后是一场严重的政治斗争。这样，在改造落后者运动中，错误打击了一批党的干部和民族上层人士，产生了负面影响。

四　继续“跃进”期间的求实举措

恢复“慎重稳进”的方针

1958年9月，中共中央统战部和中央民委在广西三江侗族自治县召开全国民族工作现场观摩会议，批判了民族工作中的“右倾保守思想”，要求在民族地区的“大跃进”，要打破在建设速度上的右倾保守思想，彻底扫除“特殊论”“落后论”和“条件论”，即“反三论”。在该思想指导下，云南放弃了“慎重稳进”的方针，在边疆民族地区与内地同步开展“大跃进”，大办人民公社和公共食堂，搞“一大二公”“一平二调”，就连直接过渡地区也“一步登天”建立人民公社，这些做法造成了严重损失。但是，中共云南省委还是尽可能地从云南实际出发，制定了一些切实可行的措施，以减轻“左”倾错误的危害。

“大跃进”以来，从上而下布置的任务重、要求急，基层忙于贯彻上级各项指示，政策措施的制定和执行普遍缺乏调查研究。为此，1960年4月14日，中共云南省委发出《中共云南省六级干部会议执行中央关于反对官僚主义指示的决议》，指出了工作中存在的会议多，联系群众少；文件报表多，总结经验少；蹲机关多，调查研究少；事务多，学习少；一般号召多，细致组织工作少的“五多五少”现象，要求各级领导必须迅速地改进领导作风，深入实际，深入群众，坚持与群众同吃、同住、同劳动的“三同”，同时，规定省级各部门的领导干部，1年至少要有4个月的时间，地（州、市）、县（区）的领导干部1年至少要有5—6个月的时间下乡下厂进行调查研究，及时发现解决问题。

中共云南省委领导以身作则，推动了省委集体和各级部门调查研究工作的开展。阎红彦带队到滇西，用了半年多的时间，深入景洪、勐海、孟连、西盟等边境一线地区村寨，与各族群众同吃、同住、同劳动，考察这些边疆民族地区的自然环境，体验各族群众的生产、生活，了解民族关系和他们的发展历史，认真听取各族群众对各项工作的意见和建议，对“大跃进”过程中存在的问题进行深入调查，推动了省委解决边疆农村所有制问题、在边疆地区停办人民公社、解散公共食堂等纠正“左”倾错误的工作。

通过调研，中共云南省委对此前中共中央提出的在民族地区彻底扫除“特殊论”“落后论”和“条件论”的“反三论”观点进行深刻反思，认为“反三论”对边疆民族地区形势作出错误判断，忽略了边疆民族地区的特点，否定了边疆与内地、少数民族与汉族在经济社会发展上存在的不平衡和差距，搞“一刀切”，中断了党在民族工作中长期坚持的“慎重稳进”的方针，造成党在边疆民族地区执政思路和执政实践上的混乱，是错误的。

通过批判“反三论”，中共云南省委逐步恢复“慎重稳进”的方针。1960 年 4 月 23 日，省委发出《关于边疆地区若干问题的指示》，指出对于边疆改造落后的问题，决不能抄袭内地的做法，而应采取逐步地、比较稳妥的办法。重申边疆民族地区的各项现行政策不变，各地必须严格执行。在内地开展的诸如改造落后、反对中游以及食堂普遍化、城市公社化等运动，有些并不适合边疆地区，决不能生搬硬套。当前边疆地区的主要任务仍然是巩固现有合作社，在大力搞好生产的同时安排好群众生活，并适当照顾群众习惯。

1960 年 6 月，在整顿基层党组织，反贪污、反浪费、反官僚主义的“三反”运动中，中共云南省委提出边疆地区要坚持慎重稳妥，一律不采取内地开展“三反”运动的办法，对基层干部中各种脱离群众的思想作风也应采取比内地更为稳妥的做法加以解决。

在纠正“五风”之初，中共云南省委开始恢复了“慎重稳进”方针。1960 年 11 月下旬，中共云南省委召开全省三级干部会议，讨论通过了中共云南省委《关于边疆地区贯彻执行中央〈紧急指示信〉的补充规定》，明确提出，边疆工作的指导方针是：照顾大局，服从稳定，继续坚持“慎重稳进”。指出边疆在执行政策中必须严格区别于内地，注意当地不同民族和不同地区的特点。特别在当前的国际形势下，更需要努力做好工作，稳定边疆，稳定现有的生产关系，坚决纠正“一平二调”和

“共产风”、浮夸风、强迫命令风、干部特殊化风和生产瞎指挥风“五风”，使全党干部集中精力，发展生产，改善人民生活，巩固提高合作社，加强对人民群众的思想教育，培养民族干部，从各个方面巩固社会主义阵地。

对如何坚持“慎重稳进”的方针，在1960年12月1日召开的边疆工作会议上，中共云南省委进一步加以明确：边疆工作要服从于政治、外交斗争，要慎重、稳定，这是大前提。云南的根本任务是保证边疆稳定，以支援国家的社会主义建设和外交斗争。边疆的一切政策措施，要服从大局，有利于发展生产和改善人民生活，有利于团结各少数民族人民最大多数，有利于对内外敌人的斗争。

在“慎重稳进”方针指引下，继续“大跃进”对云南边疆民族地区所产生的不利影响得到控制，各项工作取得了新进展。

查处“金华事件”

鉴于“大跃进”和人民公社化运动高潮时期云南肿病死人问题的严重性和毛泽东的批示，中共云南省委在初步纠“左”期间对肿病问题一直很重视。但在“反右倾”斗争和继续“大跃进”期间，云南的肿病死人事件再次爆发，引起了中共云南省委的高度关注。

1959年4月14日，玉溪地委向中共云南省委作《关于水肿病问题的报告》，报告了玉溪地区再次出现肿病问题。随后，红河、曲靖和文山地委也先后向省委报告了肿病复发的情况。1959年12月26日至1960年1月5日，省委召开地、市委书记会议，认真讨论了群众缺粮的问题，研究采取三条措施：一是各级党委对粮食要认真摸底排队，经常做到心中有数。二是办好公共食堂，从县委到生产队都要指定一个负责干部专门管理食堂，保证群众吃饱、吃熟、吃热、吃卫生。三是对缺粮地区，分别不同情况进行处理，特别困难的，经过批准后，可动用部分储备粮。虽然省委强调各地要防止肿病死人问题抬头，并多次发出指示，但仍未引起有些地方领导的重视，肿病死人问题仍在发生。1960年初，一些地方肿病比1959年呈上升趋势。3月28日，省委向各地、市委通报了全省肿病情况，要求各地、市、县委对肿病问题引起极大重视，限期控制住病情，以保障人民健康和保证生产“大跃进”的进行。

但在生产任务非常重，“跑步进入共产主义”的跃进思想指导下，全省肿病人数继续上升，发生了大理白族自治州剑川县金华公社肿病死人事件。

1959 年 12 月下旬，剑川县甸南乡金华公社西中管理区因缺粮，公共食堂先后断炊，并开始出现肿病死人。1959 年下半年，调到丽江地委工作不久的原怒江州委边工委副书记张旭到昆明开会路经剑川，了解到这一情况后，向省委边工委作了汇报。1960 年 1 月 4 日，西中管理区南村生产队干部群众 33 人联名上书中共云南省委和剑川县委，据实陈述“因旱歉收，仍积极完成国家粮食征购任务，全队已无口粮，公共食堂也没法开办”[①] 的情况，请上级尽快前来调查核实。

“金华事件”是自 1958 年陆良等县发生肿病死人后出现的又一起重大肿病死人事件，引起了中共云南省委的高度重视。1960 年 2 月 28 日，中共云南省委正在召开省、地、县三级干部会议，获悉此情况后，紧急召开省委常委会，让在昆明开三级干部会议的大理地委主要领导参加，指示大理地委一名书记处书记连夜赶回下关迅速开展救灾工作。省委常委会议批评了大理地委的工作，点名批评了一些领导干部，认为他们思想认识不正确，不敢正视肿病问题，应端正态度，予以改正。同时，立即派出工作组前往剑川县进行检查。随后大理驻军医院，省、州医院，卫校等也派出大批医务人员前往支援。经过一段时间集中治疗，多数病人治愈。

1960 年 4 月初，省委常委、省委秘书长梁浩率省委检查团赴大理，协同地委进行处理。4 月 17 日，中共云南省委向中共中央西南局并西南局第一书记李井泉作《关于剑川县金华公社大量肿病死人事件的报告》。《报告》指出，大理地委对金华公社的问题，在发觉之后，虽然不是漠不关心，并且从地委第一书记起连续 9 次派人检查处理，但都就事论事，即便拨了粮食也没有解决问题。据了解，肿病在大理州其他县的

① 中共云南省委党史研究室等编：《“大跃进”运动》（云南卷），中共党史出版社 2004 年版，第 319 页。

若干公社或管理区，也有不同程度发生。说明大理地委在政治上非常软弱迟钝。报告认为，造成这一严重事件的原因是公社的领导权被“篡夺”；更严重的是许多干部不反映真实情况，怕被说是右倾，本地干部怕被说是地方主义，因而普遍回避缺粮和肿病问题。“金华公社事件不只是一个肿病死人问题，它是一个严重的政治事件。”①

鉴于金华公社事件造成的后果，中共云南省委决定：开除金华公社党委书记的党籍，并依法惩办；撤销剑川县委第一书记的职务，下放劳动，保留其党籍②。根据中共云南省委的处理意见，1960 年 4 月 19 日、5 月 6 日至 11 日，剑川县委分别召开常委会议和全县三级干部会议，分析金华公社肿病死人的严重情况，对县委第一书记等 4 人的错误进行了揭发批判。此后，结合正在开展的改造落后者运动，剑川县在金华公社开展了改造落后工作。5 月底，改造工作基本结束，对各级组织，特别是领导班子进行了整顿。

肿病问题是“大跃进”运动产生的严重后果，在 3 年“大跃进”运动中，云南肿病问题不时发生，直到中共中央调整国民经济，彻底纠正“大跃进”的错误后，这一问题才得到了根本性的解决。

① 当代云南编辑部编：《当代云南大事纪要》，当代中国出版社 1996 年版，第 239 页。

② 在此次事件中受到处理的同志，到 1978 年党的十一届三中全会后均得到平反。

第十二章
对国民经济和社会事业进行全面调整

在“大跃进”和人民公社化运动中，由于“左”倾错误，中国共产党探索社会主义道路的进程遭到了严重挫折。面对严峻的经济形势，中共中央和毛泽东在调查研究的基础上，决定纠正错误，调整政策措施，提出国民经济实行“调整、巩固、充实、提高”的方针。中共云南省委认真贯彻党中央的一系列政策和“八字方针”，开始对农业和农村政策、工业和商业战线等国民经济领域进行全面调整，同时对政治关系、社会事业也进行调整，取得了成效。

一　调整方针的初步贯彻

贯彻中央《紧急指示信》

针对“大跃进”和人民公社化运动中出现的问题，1960 年 10 月，中共中央发出指示，开始部署整风整社，坚决扫除“共产风”、浮夸风、强迫命令风、生产瞎指挥风和干部特殊化风“五风”。11 月 3 日，中共中央发出《关于农村人民公社当前政策问题的紧急指示信》（即“十二条”），要求全党用最大努力来坚决纠正“五风”，并规定了 12 条具体政策。当天，中共中央还发出《关于贯彻执行“紧急指示信”的指示》，明确指出贯彻执行《紧急指示信》的关键在于提高干部的思想，提高他们的经济理论水平和政策水平。为此，党中央提出，发动和依靠群众开展一次整风整社运动，彻底改进干部作风，解决“一平二调”的遗留问题。

中共中央这两个指示的发出，使被“反右倾”斗争中断的纠“左”进程得以继续，成为扭转农村严重形势的起点。之后，党中央连续批转湖北、甘肃等省贯彻执行《紧急指示信》情况的报告，以督促这一工作的进行。1960 年 11 月 15 日，毛泽东起草了《中共中央关于彻底纠正五风问题的指示》。1961 年 1 月 14 日至 18 日，党的八届九中全会召开，会议公报宣布，从 1961 年起对国民经济实行“调整、巩固、充实、提高”的八字方针。

党中央关于农村政策“十二条”和国民经济“八字方针”的提出，标志着中国共产党指导方针的重大转变，国民经济建设由“大跃进”转入调整阶段。根据中共中央指示精神，中共云南省委继续纠正“左”倾错误，努力实现工作重心转移。1960 年 11 月 15 日至 27 日，省委召开地、州、市委书记和全省三级干部会议，制定了《关于内地一般地区执行中央〈紧急指示信〉的补充规定》《关于内地高山分散地区贯彻执行中央〈紧急指示信〉的补充规定》等文件，于 11 月 29 日正式发出。对约有 1000 万—1100 万人口的内地一般地区，文件从所有制等方面作出具体规定：凡是公社直接经营的生产队，一般都应撤销，划归原管理区；农作物超包产部分全部奖给生产队，粮食超产完全奖给实物；每户社员划给 5 厘至 1 分自留地，鼓励社员家庭饲养家禽和猪。对约有 400 万人口的内地高山分散地区，省委提出了比内地更为灵活、宽松的若干政策，规定山区的人民公社要区别如下情况，少数实行管理区基本核算，多数实行生产队核算；个别单家独户允许单干；自留地可比内地一般地区多一些；恢复已经取消的少数民族特殊用地，如麻塘地、蓝靛地等；分散的山区办不办公共食堂，必须以便于生产生活为原则，在不办食堂的地区，采取完全按劳分配的办法，按照工分将粮食和现金分配给社员。这些政策的贯彻实施，对全省农村经济的恢复发展起到了重要作用。

结合贯彻中共中央《紧急指示信》，云南从 1960 年冬至 1961 年春，开展了以纠正“五风”为中心的整风整社运动。首先是向广大农民和基层干部宣讲中共中央《紧急指示信》以及省委的补充规定，动员和启发社员群众大胆揭露“五风”在当地的表现和危害；同时启发基层干部自觉开展批评和自我批评，克服作风上的缺点和错误，提高思想认识。省委于1960年12月21日发出《关于清理一平二调的几项规定》，要求各级党委、政府以及机关、企事业单位，将刮“共产风”时无偿调用的农民个人和集体的各种生产资料、生活资料、劳动力及资金的账目一笔笔算清，一笔笔退赔，责成财政部门积极筹集赔退资金，挤出钱来向农民退赔。到1961年8月止，共退赔资金1亿多元，一般地区退了平调数的20%，少的退了10%。省委于当月又发出关于执行中共中央《关于坚决纠正平调错误、彻底退赔的规定》的指示，要求省、地、州、县、公社各级都要成立退赔委员会，生产大队、生产队和有退赔任务的单位要成立退赔小组。在退赔中要坚持“谁平调的谁退赔，平调了谁的退赔给谁”的原则，彻底清理自己的仓库和小家当，把一切适合退赔的财物都拿出来进行退赔。经过各级党政部门共同努力，到1962年2月，全省退赔实物、现金共1.68亿元，包括部分中央补助款，约占应退数的30%。由于财力有限，各地一面继续竭力挤出钱物退赔，一面同群众一道认真总结经验教训，一些领导干部主动到群众中去作深刻检查，承担责任。经过整顿，改善了党和政府同农民群众的关系。

阎红彦给毛泽东的一封信

1960年12月24日至1961年1月13日，中共中央在北京召开工作会议，号召全党大兴调查研究之风，一切从实际出发，要求1961年成为实事求是年、调查研究年。1961年2月6日，中共云南省委发出《关于加强调查研究的决定》，要求将加强调查研究作为各级领导机关、领导干部的一个迫切任务；县以上各级党委和各业务部门，都要在年内熟悉自己工作的地区、系统、部门的内外环境，通过系统的调查研究，充分掌握其历史、政治、经济、文化、自然条件和习俗习惯等基本情况，作为具体执行政策、解决问题的重要依据；各级党委在每执行一项政策，开展一项运动，决定一项工作的时候，都必须根据一定的典型调查，首先研究清楚自己的情况，结合自己的实际，作出切实可行的具体安排；

在执行政策的过程中，都必须根据情况的发展变化，不断地进行调查研究，分析自己的情况，及时正确地指导工作；调查研究必须由各级党委主要领导带头躬行。

文件下发后，阎红彦、于一川等省党政领导分头深入农村、工矿、边疆进行调查研究。三四月间，阎红彦对普洱、景谷、漾濞、弥渡等县的情况进行调查研究后，结合自己的思考，于1961年5月9日就社队规模、公共食堂、公社分配实行“三七开”[①]、耕牛和大农具的所有制、山林分级管理、实物分配等六个问题直接给毛泽东写信，其中提出了解散公共食堂，把生活大权交还群众的建议。他说：关于公共食堂的问题，无论山区和坝区，群众普遍反映很强烈，一是浪费大，二是平均主义，三是办食堂与发展私人养猪、家庭副业有矛盾。中共云南省委也曾认真地、反复地考虑了这个问题，觉得食堂是直接关系群众生活的大事，应根据自愿原则，由群众讨论决定，不能有任何勉强，群众真正要办的就办，不愿办的就不办。这样做的结果，我们估计可能出现多数不愿意办食堂的情况。阎红彦在信中提出，人民公社的社队规模不是越大越好，要因地制宜，考虑居住条件、民族关系、经济联系，该大就大，该小就小；山区的公社可以以生产队为核算单位，而且应该基本上以村寨为基本核算单位；在一个生产队内，有的是包产到生产组，也有分散的单家独户，实际上要包产到户[②]。

阎红彦的这封信，体现了实事求是的精神。毛泽东对此给予了肯定，于1961年5月16日作出批示：“阎红彦同志此信写得很好。他的调查方法也是好的，普遍与个别相结合。发给各中央局，各省、市、区党委，供参考。”[③]1961年五六月，中共中央在北京召开工作会议，正式作出了停办公共食堂，取消人民公社在分配上实行部分供给制等决定。

---

① 按省委规定的供给部分不超过30%，工资部分不少于70%。

② 当代云南编辑部编：《当代云南大事纪要》，当代中国出版社1996年版，第261—262页。

③ 中共中央文献研究室编：《毛泽东年谱（1949—1976）》第4卷，中央文献出版社2013年版，第587页。

“西山会议”和“三干会”的召开

为了总结经验教训，1961 年 6 月 15 日至 7 月 16 日，中共云南省委在昆明西山省委党校召开有地、县委书记和省委下派的工作队（组）长共 250 人参加的学习会议，开展批评与自我批评，这一会议称为“西山会议”会议在认真学习此前中央制定的《农村人民公社工作条例（修正草案）》（即“农业六十条”）和《关于坚决纠正平调错误、彻底退赔的规定》等文件的基础上，以整风的方法总结“大跃进”和人民公社化运动以来的经验教训。

阎红彦在会上说：“全省工作中出现的一些主要的比较大的错误，应由省委负责，主要由我负责。”于一川在代表中共云南省委所作的《关于总结省委三年工作的报告》中指出，3 年来，省委在领导工作中有很多错误，造成了相当大的损失，教训非常沉痛。现在碰到的困难，固然有天灾，但主要是“人祸”所致。他总结了几条主要的经验教训，即：什么时候也不能剥夺农民；社会主义是一个很长的历史时期，价值规律、等价交换、按劳分配等社会主义根本原则，不能任意违背；必须实事求是，遵循客观规律。同时强调指出，中国共产党团结的基础是马克思列宁主义，就是按照马克思列宁主义原则办事，实事求是；说话办事都应该力求实事求是，按客观规律、经济规律办事，谁违反了，就将会受到规律的严厉惩罚。在这方面，有太多的经验教训，今后一定要引以为戒。

由于中共云南省委提倡说真话，采取“三不”原则[①]，要求敞开思想，揭露问题，总结经验教训，分清是非，达到团结的目的，使参加会议的人员消除了顾虑，畅所欲言，揭露了工作中存在的大量问题和错误。对于过去几年违背客观规律，受到历史的惩罚，群众利益遭到重大损失，伤害了党和群众的关系等，深感教训的沉痛。会议还逐条讨论了“六十条”修正草案和有关退赔等文件，基本上达到了接受批评、汲取经验教训，提高政策水平，统一思想认识，团结起来克服困难的目的。

1961 年 7 月 17 日至 8 月 12 日，中共云南省委召开三级干部会议，以整风的方法进一步揭露问题，分清是非，端正思想。参加会议的有全

---

① 不抓辫子、不戴帽子、不打棍子。

省的省、地、县三级主要领导干部，地市委监委书记和部队团以上的主要领导干部。省委在会议总结报告中指出，领导干部办事不能想怎么办就怎么办，而是必须经过调查研究，实事求是，应该怎么办就怎么办。这个问题解决了，就解决了一个很大的理论问题和实际问题。最近几年，领导干部有些观念糊涂，本来马克思主义就是唯物的，可是很多事情不从实际出发，否定具体情况，否定条件。会议认为，这几年云南取得了一些成绩，同时也办了许多错事，主要是要求过急、过快，一味地追求数量和速度，违背了经济发展的客观规律，造成了相当大的损失。会议确定当前要着力搞好整风、退赔、分配和干部甄别等工作；1961 年冬天到 1962 年春天的农村工作，应以整风整社、贯彻政策为主要内容，在生产和生活安排上继续执行休整的方针。会议期间，省委制定了《关于执行中央〈关于坚决纠正平调错误、彻底退赔的规定〉的指示》《关于农村人民公社做好农村粮食定包产、定征购的规定草案》《关于人民公社分配的若干具体问题的规定草案》《关于干部甄别工作的报告》等文件，下发实施。

中共云南省委“西山会议”和“三干会”，对云南各族干部群众总结经验，吸取教训，端正思想路线，发展生产，克服困难，恢复经济起到了推动作用，为执行“农业六十条”和中共中央一系列调整政策奠定了思想基础。

二　国民经济的初步调整

农业和农村政策的调整

农业和农村是受“大跃进”和人民公社化运动影响最严重的领域。因此，农业和农村政策成为国民经济调整的重点。

调整人民公社规模、体制是中共云南省委调整工作的重中之重。1958 年人民公社化运动中形成的纯粹公有、高度集中、政社合一的体制严重挫伤了农民群众的积极性，使农业生产受到很大破坏。1960 年 11 月后，省委贯彻中共中央指示精神，对人民公社规模、体制等作了调整。在大约 1100 万人口的内地平坝地区和一般山区、半山区，实行公社、生产大队、生产队三级所有，以生产大队为基本核算单位。在这些地区调整了较大的社队规模，调整后的公社有 3175 个，数量增加了两倍；生产大队有 29161 个，增加了 95%；生产队有 125189 个，增加了 41.36%。在大约 400 万人口的分散山区，除一部分居住比较集中、生产上联系较紧密的村寨组成 1 个生产大队并成为基本核算单位外，大部分是以 1 个村寨组成 1 个生产队并成为基本核算单位；对少数远离村寨的零星或单独的农户，则实行包产到组或包产到户的办法。允许生产队有部分产品所有权；土地、劳动力、耕畜、农具的固定使用权；经营管理上的部分机动权；部分分配权。实行“四包四固定”：管理区对生产队包产量、包上缴任务、包成本、包工资，同时把土地、劳动力、耕畜、农具固定到生产队。1961 年，为解决生产大队统一分配中生产队之间的平均主义问题，在“四固定”基础上普遍推行了生产大队向生产队实行粮食、经济作物、畜牧业、经济林木、手工业和副业的包产、包工、包成本和超产奖励的“三包一奖”责任制。这样，扩大了生产队组织生产的自主权，基本遏止了瞎指挥风。

1961 年 10 月 7 日，中共中央在《关于农村基本核算单位问题给各中央局，各省、市、区党委的指示》中指出，以生产队核算，可以改变生产的基本单位是生产队而统一分配单位却是生产大队的不合理状态，解决集体经济中长期以来存在的生产和分配不相适应的矛盾。据此，中共云南省委对全省实行以生产队为基本核算单位作出安排部署，要求各县在同年 11 月先试点，然后先坝区后山区分两批实施，在 1962 年 1 月底以前结束。12 月 1 日，省委对省委和楚雄地、县委山区工作组《关于在分散山区实行以生产队为基本核算单位的试点报告》作出批示，明确规定在分散山区实行以生产队为基本核算单位；允许远离生产队、经济上互不联系的单家独户或三家两户，实行“大包干到户”，由就近的生产队领导。1962 年 2 月，中共中央发出指示，确定以生产队为人民公社的基本核算单位，规定至少 30 年不变。此后，这项重大的政策调整工作在全省内地迅速展开。

在这次人民公社规模、管理体制的调整中，绝大多数公社改公社、大队、生产队三级制为公社、生产队两级制，由公社直接领导生产队，公社的规模一般以原来的小乡为基础，对少数原来偏大或偏小的作适当调整。公社的户数，在平坝地区或半山区一般500至700户，山区一般二三百至四五百户。生产队的规模，以一村一队为原则，较大村寨实行一村数队，并且不组织民族联合队。生产队的户数，在坝区和居住比较集中的半山区一般二三十户；在山区居住集中的，一般十几户一队；有少数单家独户或二三户、居住分散、生产上没有联系、实际无法统一组织生产的，允许单独经营。经过调整，全省设901个区、198个三级制大公社、8537个两级制小公社、1522个生产大队、165568个生产队。同时规定，公社和大队一律不办直属企事业，在若干年内公社和大队一般都不提取公共积累、机动粮、储备粮等，也不直接经管粮钱。

对于边疆地区的人民公社，省委根据中共中央有关精神，从1960年底至1962年，进行了两次大的调整，把公社逐步改办为农业生产合作社。通过实行以生产队为基本核算单位的公社体制及相应的调整，调动了边疆民族地区农民群众的生产积极性。

恢复自留地，停办、解散公共食堂也是调整的一个重点。1961年6月后，中共云南省委按照中共中央公布的《农村人民公社工作条例（修正草案）》的规定，在充分调研的基础上，进一步落实了社员自留地政策。同年8月，全省已划自留地199.7万亩，占总耕地面积的4.9%，平均每户0.54亩。

省委根据中共中央《农村人民公社工作条例（修正草案）》等，在全省有领导、有准备、有秩序地解散了"大跃进"以来违背群众意愿、用行政命令兴办的11万多个公共食堂。公共食堂的解散，是对"大跃进"和人民公社化运动中"左"倾错误的重大调整，是农村和农业政策调整的突破。

调整分配政策，克服平均主义现象。1961年4月10日，省委作出《关于执行〈农村人民公社工作条例（修正草案）〉的补充规定》，要求推行"包产定工、按工计酬"的办法：粮食作物实行包产定工、按工计酬、超产全奖、短产少得；经济作物实行包产定工、超产多奖、短产少得；经济林木按“三七开”包产，合理包工；牲畜繁殖对半分成；农村手工业单独核算，利用农闲经营的副业由生产队负责，收入归生产队所有。《补充规定》还提出了改进社员之间分配的一些办法，如生产大队和生产队收入中可以分配给社员的，工资部分至少不得少于七成，供给部分至多不得超过三成；生产队所得部分的实物，应该分配给社员的，大部分都应当按劳动工分分配；生产大队和生产队分配给社员的工资，采取平时按工分定期预支、年终决算的办法等。1961 年 11 月后，中共云南省委在全省推行“三定大包干”的办法，扣除统一扣留部分后各队分各队的，进一步减少了队与队之间平均主义的现象，在更大程度上调动了农民群众的积极性，农业生产有了较快的恢复和发展。

根据不同地区的特点，促进多种经营的开展。1961 年 12 月 1 日，省委批转省委和楚雄地、县委山区工作组《关于在分散山区实行以生产队为基本核算单位的试点报告》时，特别要求分散山区农业生产采取多种经营。强调必须根据分散山区的特点，采取正确的生产发展方针，逐步地、有计划地固定耕地，改进农业技术，改变刀耕火种，大力发展畜牧业，积极发展核桃、油棕、茶果、茶叶等经济林木和药材、松香等山货特产，保护山林。并向全省农村推广，提出在大力发展粮食生产的同时，积极开展多种经营：对以林或以畜为主的地区，调减公粮、余粮负担，1962 年全省征购任务由 21.5 亿斤减到 19 亿斤；允许山区以农畜山林土特产品抵交公余粮，换购口粮，扶持山区开展多种经营，发展林牧业；以生产队为主，建立骨干副业，积极发展家庭副业，促进农林副业的全面发展。在调整畜牧业政策方面，恢复生产队对大牲畜的所有权，实行“队有户养，繁殖奖励”的政策，并允许社员饲养少量家畜、家禽，带动私人养猪和发展家庭手工业。

充实农村劳动力，支援农业生产。省委规定：3 年之内任何地区的企事业单位一律不得再从农村抽调劳动力；严格执行当年全省企事业国家机关职工 106 万人的劳动计划，凡是超过计划的，应全部清理出来，一律送回农村，支援农业生产；凡上调中央、省属企业劳动力在 10%—15% 的公社、管理区，应回去 50%，在 15% 以上的应回去 70%；禁止工矿企事业单位和机关使用临时工，严格控制动员民工；严格控制城市人口，年底前要求全省城市供粮人口比6月底减少30万人左右。同时，对农村内部劳动力的安排、各级干部参加农业生产劳动等也作出了具体规定。

工业调整的展开

从1960年底开始，省委对“大跃进”中盲目草率建起来的企业实行关、停、并、转，降低工业生产指标，压缩生产规模，调整国民经济比例关系和产业结构。

1961年4月15日，省委在向国务院上报的《关于钢、锡生产任务安排的请示》中提出压缩钢、铁生产指标的请示。通过进一步的调整，降低了云南工业生产的高指标，1960年全年钢产量为24.5万吨，1962年只计划生产3.5万吨，实际完成3.42万吨；原煤产量1960年达到903万吨，1962年计划生产430万吨，实际生产400万吨。

压缩基本建设规模。全省在1961年上半年已安排的160个施工项目中，除确定与农业、市场、人民生活有关的37个项目继续施工外，其余的123个项目于7月1日起一律停止施工。1962年2月21日，省委对全省基本建设工作作出5条规定：彻底杜绝一切计划外的基本建设；下决心把对当前生产作用不大或不完全具备施工条件的工程项目和单项工程停下来；对凡不属于国家计划安排的5040万元投资计划以内的基本建设工程，必须立即停止施工；各级财政部门、人民银行和建设银行必须加强财政监督，不允许任何地区、任何单位使用其他资金或假借其他名义进行计划外的基本建设；对省委年初批准执行的1962年第一季度基本建设计划预算内投资部分，由省计委会同有关部门重新审查安排。各级财政经过压缩，全省基建投资由1960年的10.49亿元削减为1961年的3.5亿元，1962年再压缩为1.66亿元；1960年施工项目为2248个，1961年压缩为1059个，1962年又停止了630项计划外工程和35项计划内工程的建设，使全省建设规模与当时的财力状况基本适应。

通过大量压缩工业战线特别是重工业战线，全省工业企业数由最高时1958年的2.3万户，减少到1962年的4800户，其中重工业企业由1.2万户压缩到1962年的2333户。全民所有制工业企业职工人数由1960年的108.5万人精减为1961年的87.5万人。1962年底，全民所有制职工人数减为77.64万人，比1960年减少30.9万人。

1960年末，省委根据中共中央有关指本精神，确定全省水利建设缩短战线，保证重点，只搞续建工程和配套工程，不搞新建工程。1961年以后的水利建设工作，基本上贯彻了这一指导思想，并积极推进工程管理和各级水利部门勘测设计、规划、科研、地质等机构技术队伍建设。

调整工业内部结构和比例关系，加强支农工业和轻工业生产。经中共云南省委批准，省人委将轻重工业的比例由1960年的34.5∶65.5逐步调整为44.2∶55.8，在计划安排上，为缓解生活日用品和小农具供应紧张的状况，提出了“小农具第一、维修配套第一、质量第一”和“为人民生活和市场服务”的方针，以及为每个农业劳动力配齐4件必要的农业生产工具的要求，组织大量生产小农具和群众生活日用品。

根据中共中央1961年6月19日发出的《关于城乡手工业若干政策问题的规定（试行草案）》（即“手工业三十五条”），全省着力抓手工业的恢复和发展，对调用的手工业合作社财产全部退赔；将过去由手工业社升级或合并到国营工厂的，再转为手工业社；对原属集镇的独立手工业劳动者，已经下放农村或上调国营厂、矿企业的，基本上回到集镇，集镇上的独立手工业劳动者，基本上组成手工业社。这些调整，使手工业管理机构和合作社、组逐渐恢复和建立，名牌传统手工业品品种和产量都逐步增加。

通过调整，提高了企业的管理水平和整体生产能力。1961年2月，中共云南省委发出《关于抓紧当前工业生产有关问题的通知》后，云南的工业企业开始逐步恢复和健全“大跃进”中被破坏的各项规章制度，改变企业管理混乱的状况。1961年9月，中共中央颁发《国营工业企业工作条例（草案）》（简称“工业七十条”），确定国家对企业实行“五定”，企业对国家实行“五保”；要求建立各级、各方面和各个环节严格的责任制度，实行全面的经济核算，讲求经济成效等。这个条例不仅恢复了被“大跃进”运动否定和扰乱的工业企业规章制度和正常秩序，而且建立了一些新的制度。云南省各企业对“工业七十条”组织了学习贯彻。省委于1962年7月18日批转省委工交部《关于下半年工交企业工作安排的意见》，之后，全省进一步试行“工业七十条”整顿企业管理，建立正常的生产和工作秩序；围绕克服质量低、秩序乱等现象，有重点地逐步建立健全严格的责任制和经济核算制度；解决职工工资奖励和生活福利问题。

商业战线的调整

根据中共中央1961年6月19日发出的《关于改进商业工作的若干规定（试行草案）》（即“商业四十条”）等指示精神，中共云南省委对商业战线进行调整。

1961年11月9日，省委批转省财办党组《关于商业体制几个问题的意见》，决定调整商业管理体制，恢复和建立各级专业公司。省委提出，要改变“政企合一”的商业体制，使商业行政部门和企业分开，省县两级根据需要和有利于商品流通、经营管理的原则，区别不同商品成立专业公司，直属于同级商业局领导。云南先后在全省成立了省级百货、医药、工业器材、石油燃料、食品等10个专业公司。同时为便于某些工业品的流转，根据经济流转路线，在一部分交通枢纽地区设立工业品批发站，业务由省专业公司领导。

采取积极措施，恢复多条流通渠道。首先，恢复供销合作社，并明确供销合作社属集体商业组织，其职责是进行农副产品和农业生产资料的收购和供应。供销社在经营大型农具、农药、化肥过程中发生的亏损，由国家财政给予适当补贴。其次，适当恢复合作商店、合作小组和少数商贩，主要经营小商品，以疏通商品流通渠道，调节市场供应，改善人民生活。最后，开放农村集市贸易。1961年12月1日，省委发出《关于加强对初级市场领导的通知》指出，农村初级市场是社会主义统一市场的一个组成部分，国营商业和供销社应当积极地参加购销活动，发挥调剂物资余缺、活跃农村经济、平稳市场物价的作用。通过建立各种形式的流通渠道，农村集市贸易逐步恢复并日趋活跃。

根据不同需要，调整统购统销范围和采购政策。省委区别不同商品和地区制定了不同的采购政策：把粮食、棉花、油料等关系国计民生的重要产品列为第一类，实行统购统销政策，不准自由买卖；把猪、牛、羊、糖、烟、茶等14种产品列为第二类，实行按合同派购的办法，在完成国家派购任务后的剩余部分，允许自由支配；除上述两类以外的其他农副产品都列为第三类，国家不统购，不派购，可拿到集市自由出售。1961年，由于物资奇缺，省委制定了主要农副产品派购、奖售的办法，后随着生产的发展又作了适当调整。

努力发展民族地区及山区商业。根据中共中央精神，1962年开始，省委恢复了民族贸易机构，尽可能多地供应边疆少数民族特需商品；逐步恢复过去在民族地区实行的“不赚不赔、有赚有赔、以赚补赔”的贸易方针；适当发展边境小额贸易，由内地组织货源，供应边疆出口，换回边民所需物资，做到进出口总额基本平衡。同时，对边疆民族地区和贫瘠山区，在商品价格方面还规定了一些照顾性的政策措施。

除以上调整措施外，省委认真贯彻“商业四十条”，改善和加强了商业企业的经营管理，建立了独立核算、选购商品、选择进货地点等方面的规章制度。各地普遍加强了基层商业网点的设置，为保证群众生活的基本需要，增加了一批实行定量供应和凭票购买的商品。

经过1960年冬至1962年底这一阶段的调整，全省经济得到恢复和发展。整个农业形势出现了明显的好转。粮食产量增产，扭转了前3年连续减产的严重局面；大牲畜存栏呈现稳定增长的势头，生猪存栏恢复到了1957年的水平。工业生产盲目冒进的势头受到遏制，增加了为农业和市场服务的产品生产比重，工业产品质量有所提高，成本有所降低，亏损有所减少，国民经济主要的比例关系开始趋向协调，财政扭亏为盈，群众收入增加，市场供应状况有了初步好转，边疆民族地区趋于稳定。

三　政治关系的调整

党中央确定的全面调整方针，包括国内政治关系的调整。中共云南省委对政治关系的调整首先从甄别平反开始。

1961 年 6 月，中共中央发出对几年来受过批判、处分的干部、党员进行甄别的指示。为了保证甄别工作有序推进，在 1961 年 11 月 1 日至 12 月 1 日召开的地（市）委组织部长、监委书记会议上，中共云南省委提出，要加快甄别工作的进程，对错处的干部要尽快改正；明确甄别范围，应首先甄别“反右倾”斗争中被处理的干部，然后是近几年来因任务过重、指标过高没有完成任务而被戴了政治帽子、受了处分和批斗的干部，以及平时工作中被乱撤、乱斗的干部；在具体政策上对原作为敌我问题处理的，要逐个认真核实材料，进行甄别，凡是错划的要立即改正、予以平反，凡属人民内部矛盾问题的，不管是运动中处理的还是平时处理的，统统一次性平反，不留尾巴。1962 年 4 月 27 日，中共中央发出《关于加速进行党员、干部甄别工作的通知》，要求为在“拔白旗”“反右倾”“民主改革补课”运动中批判和处分完全搞错了和基本搞错了的党员、干部，采取简便办法，迅速加以甄别平反。为此，省委于 1962 年 6 月 15 日至 7 月 16 日在省委党校召开地（市）、县委书记和省级各部门领导干部学习会议，认真学习中共中央文件，总结 3 年“大跃进”的经验教训，集中讨论干部甄别问题。会后，省委认真开展甄别平反工作，对直接批判和处理的 27 名干部进行了甄别，并从各级监委和组织部门抽人组成专门工作机构，按先内地、后边疆，先基层、后机关，先领导干部、后一般干部的步骤，陆续开展了甄别平反工作，共甄别了县管以上干部 466 人。

1962 年 1 月至 4 月，中共云南省委遵照中共中央精神，在全省农村部署开展整风整社运动，中心是搞好甄别工作，对 1957 年至 1961 年受处分和批斗的基层干部、党员进行了甄别。在甄别中，省委坚持“弄清思想，团结同志，惩前毖后，治病救人”的方针，对农村几年来受处分批判的基层干部、党员，本着严肃慎重的精神，采取“一锅煮”的办法，进行了甄别平反。据统计，全省自 1957 年开展整风运动、反右派斗争和在农村开展粮食大辩论以来，受处分的农村党员和基层干部共 67408 人，占上年调整社队规模前基层干部总数的 14.6%。整风中甄别了 62112 人。经过甄别，对于原处分、批判正确的，对原结论实事求是地作了肯定；对部分错的，纠正了错的部分；完全错了的，在党员、干部和群众中宣布予以恢复名誉。此外，对群众中被乱戴了各种帽子的，也宣布一律取消。

为知识分子“脱帽加冕”是对政治关系调整的另一项重要内容。1961 年 7 月，中共中央批准了聂荣臻所作的《关于当前自然科学工作中若干政策问题的请示报告》及国家科委党组、中国科学院党组《关于自然科学研究机构当前工作的十四条意见（草案）》，提出要做好知识分子工作，团结一切爱国的知识分子，鼓励科学技术人员走又红又专的道路；严格区分学术问题、思想认识问题与政治问题的界限，一时划不清的先作学术问题处理。1962 年 3 月，周恩来对在广州召开的全国科学工作会议和全国话剧、歌剧和儿童剧创作座谈会会议代表作了《论知识分子问题》的报告，再次肯定了他在 1956 年提出的知识分子的绝大部分“已经是工人阶级的一部分”的结论。陈毅也在会上提出要“脱帽加冕”[①]。

中共中央有关文件和周恩来、陈毅、聂荣臻的讲话下发后，省委统战部随即在各民主党派和知识分子中传达。中共云南省委多次召开知识分子座谈会，省委主要领导参加座谈，重申党对知识分子的政策，把知识分子作为工人阶级的一部分，认真做好知识分子工作。1962 年 4 月 27 日至 30 日，省委召开知识分子座谈会，科研、工程技术、教育、医药卫生和文化艺术界人士共 130 人参加，传达学习周恩来、陈毅等中央领导人的讲话精神。省委书记处书记、省长于一川，省委书记处书记马继孔分别讲话，充分肯定作为劳动人民一部分的知识分子在社会主义建设事业中的贡献，鼓励他们继续刻苦学习和钻研，发挥积极作用，促进全省科技和文教事业的发展。座谈会还就工业、农业、科研、教育、卫生、文化艺术等方面的实际工作和贯彻党的知识分子政策等问题，交换了意见，提出了建议。

此外，受“左”倾错误的影响，反右派斗争以来历次政治运动中许多党外人士被错误处理。在政治关系的调整中，中共云南省委采取了各种措施，积极团结争取党外人士。

---

① 脱掉资产阶级知识分子之帽，加上劳动人民知识分子之冕。

安置改恶从善的战争罪犯，为部分右派分子摘帽。1961年中共中央批准特赦了第二批已经改恶从善的战争罪犯，其中有云南籍的原国民党第六兵团司令卢濬泉和原国民党西南长官公署副长官孙渡，中共云南省委批准对他们作了妥善安置。中共云南省委还成立处理右派分子工作领导小组，从1960年至1963年共摘掉右派分子帽子3016人，占全省右派总数的37.2%。

对党外人士合理安排使用。1961年，中央统战部在调查研究的基础上，针对许多地方党内存在的把统一战线同阶级路线对立起来，借口贯彻阶级路线在人事安排上排挤党外人士的倾向，起草并经中共中央批准转发了《关于继续贯彻对资产阶级人士安排政策的意见》。据此，中共云南省委提出了贯彻意见并报经中共中央批准，于1962年6月在第二届云南省人民代表大会第三次会议上，增选民革云南省委主委张天放和民建昆明市委主委王少岩为副省长；在省人民委员会委员和各厅局正副厅局长以及省政协常委中，对党外人士的安排也相应有所增加，体现了共产党同党外人士风雨同舟、合作共事的亲密关系。

对高级知识分子和一部分党外干部在供应方面给予适当照顾。20世纪60年代初，在副食品供应十分困难的情况下，根据中共中央精神，中共云南省委责成省委统战部提出名单，对教授、副教授、工程师、知名作家、主任医师等高级知识分子和相当于厅局级以上的民主党派及无党派民主人士给予适当照顾。

四　教科文卫等社会事业的调整

同经济工作的调整相配合，中共云南省委对教科文卫等社会事业开始调整，其中教育整顿是一个重点。

精减和调整机构、人员，加强师资队伍建设。省委制定了“压缩招生，裁并学校，城镇多招，农村少招，在调整的基础上注意巩固充实，填平补齐，大力提高教学质量，切实把学校办好”的教育调整方针，1962

年7月16日发出《关于调整教育事业和精减教职工工作的通知》。7月20日，省教育厅对调整、精简工作作出了明确规定。

在调整、精减过程中，全省有上万名教职工服从安排，离开教学岗位回乡参加生产或另行安排工作。6000多名教师以层层下放的形式，从高一级学校下放到低一级学校，剩余人员另作安排。全省教育队伍得到了一次较大的调整，在校教师学历水平有所提高，国家的财政负担减轻，整个教育事业有了进一步发展。

在教育事业调整中，全省还进行了学制改革。1960年4月，省委宣传部召开教育改革动员大会。会议认为，当前的形势及逐步过渡到共产主义的最终目标，迫切要求输送人才，普及和提高全民教育，帮助工农群众提高文化、技术，这就需要多快好省地发展教育事业。而教育学制长、教学内容重复循环多，不能满足这个要求。因此，会议提出各类学校要进行改革，城市试验中小学九年一贯制，农村试验小学五年一贯制。此后，全省初步选定了昆明市的10所中小学、5所幼儿园互相衔接，配成5所九年一贯制学校率先进行试验。后又确定昆明、个旧、大理、东川新增15所九年一贯制试验学校。1961年3月24日至31日，省教育厅召开全省学制改革工作会议。会议总结了学制改革的试验情况，根据中共中央指示，停止九年一贯制试验，准备在10—12年内将中小学十二年制改为十年制。为此昆明原订的九年一贯制试点学校改为十年一贯制，其余一律仍按十二年制不变，各专州的试验学校统一实行“五三二”分段制。

1961年以后，云南在教育战线上加强了师资队伍建设，组织各种形式的培训、轮训，提高教职工的思想政治和业务水平。同时，按照政策力所能及地为他们解决工作和生活上的实际困难，调动了教师的积极性。

针对学校布局不合理的情况，省委决定，在平坝和相对富裕地区大力发展民办教育，调出公办编制和经费增加山区小学布点；根据群众自愿的原则，在经济条件较好的分散山区、半山区发展民办初小，调出公办编制发展高小。

贯彻有关条例，规范学校教育的发展。1961年后，云南省认真贯彻国家陆续制定下发的“高校六十条”“中学五十条”“小学四十条”等暂行工作条例，教学工作严格按照国家规定的教学计划、教学大纲、教科书，不得任意修改，加强教学的计划性，严格检查制度。此外，提出课堂是教学的基本形式，加强对课堂教学的领导和管理，要求教师钻研教材，认真改进授课方法，提高教学质量。

除了整顿教育，省委还对科研、文艺、卫生等社会事业进行了调整。调整科研机构设置，加强科研管理工作。1961 年 7 月，中共中央批准“科研十四条”，重申科研机构的任务是出成果、出人才，要求认真纠正科研工作中不切实际地定指标、下任务的做法。国家科委发出《科研机构六十条工作条例》。1962 年 1 月，云南、四川、贵州 3 省在成都举行大区科学工作会议，在讨论贯彻“科研十四条”及聂荣臻《关于调整地方科学技术机构的报告》后，提出 3 省科学分院研究机构调整方案，调整工作在 1962 年底完成。在调整中，云南省县及以下科研机构基本撤销，但保留了一批与发展工农业生产及开发自然资源关系密切，且基础条件较好的科研机构及骨干技术力量。专州市撤销了农机研究所，保留了农科所和 5 个省属农业专业试验站，成立 2 个专州农科所。精简机构中，仍然重视农业科研工作。1962 年 12 月 24 日，省委、省政府邀请在昆明的农业科技专家，座谈发展云南农业生产中的有关科技问题，提出健全农业科技队伍，办好农业教育，培养高水平的农业技术干部的意见。调整后，中央在滇科研机构人员绝对数减少 17.8%，科技人员占职工总数比例由 19% 提高到 44%；省属科研机构科技人员占职工总数比例达到 58.5%。此次调整使一度膨胀的科研机构得到一定精简，但也出现了农业和农机研究所精简幅度偏大、农业科技人员尤其是技术骨干流失的情况。

加强对文化艺术工作的领导，区别不同情况调整艺术团体规模和体制。首先，贯彻省委关于清理劳动力、加强农业战线的指示，在各级表演团体特别是人员超编的单位精简了一部分人员。其次，按照省委确定的“对地方剧种应继续发展，对外来剧种要调整、压缩”的指示精神，区别不同情况对表演艺术团体的规模、数量进行调整。1961 年 11 月，阎红彦听取省委宣传部关于剧团整编工作的汇报，又约请省市各剧团名演员、编导及主要领导进行座谈，强调在下放中对地方剧种要特别慎重，特别是滇剧团和花灯剧团数量不多，要尽量保留。这样，1961年至1962年，全省的滇剧形成了剧目丰富、演出活跃的状况。经过调整，云南省歌舞团等艺术团体充实了力量，大批文艺工作者奉献出一批优秀剧目和曲目，显示了云南的艺术水平。1962年12月初，根据文化部的相关要求，进行了剧团改制，保留省滇剧院、省歌舞团、省话剧团、省京剧院一团、西双版纳州歌舞团、德宏州歌舞团6个专业艺术表演团体为全民所有制的国营剧团，其他各类剧团分期分批改为集体所有制的民营剧团；县以下的各种演出队不脱产，公社举办的文化站、室，文艺演出团、队等一律停办。根据省委关于“专业艺术表演团体应多到基层演出，促进剧团为农业服务”的指示精神，1962年全省专业艺术表演团体在省内进行了巡回演出。许多剧团为此对农民观众的艺术爱好作了分析，并排演了农民喜爱的神话剧目、武打剧目、具有现实生活气息的喜剧，以及配合当地中心工作的快板、小演唱等多样化且有教育意义的节目。省级各剧团巡回演出时间一般为2—3个月，专、县剧团巡回演出的时间则更长一些。这一时期，除了文化艺术外，全省对电影、图书、文物等工作也进行了不同程度的调整。

结合实际，突出重点，不断理顺卫生工作。防治肿病是这一时期的工作重点。1959年，玉溪、红河、曲靖、文山等地报告又相继发现肿病复发，且有逐渐增多趋势。1960年，全省组织了3万多名医务人员深入农村进行肿病调查与治疗，采取挨家挨户、人人见面、个个检查的方法，对全省13个专、州、市1700万农村人口进行普查。全省共设集中治疗点6625个，采取中西医结合与土洋并举、以土为主的方法进行治疗，并保证病人每天的营养供应，大部分病人得以治愈。

1961年，由于不少地区忙于生产，放松肿病的防治，原有的集中治疗点大部分被撤销，群众缺粮、缺菜困难未能彻底解决，而劳动强度又较前增大，致使肿病新发和复发病例显著增多。经中共云南省委批准，省卫生厅从省属各医院、医学院校及卫生防疫站抽调219人，组成10个医疗队，分赴祥云、西畴等10个群众生活困难、肿病病情较重和医疗技术力量薄弱的县，协助当地卫生部门进行肿病的防治工作。另外又从卫生厅及所属单位抽调行政干部组成两个巡回工作组，对大理、红河等9个专、州的肿病防治工作进行巡回督促检查指导。各专(州、市)、县也抽调医务人员组成医疗队，深入重点县、公社和生产队开展防治工作。省有关部门拨出治病专款300万元，并调拨大量粮、油、肉、糖等物资补助这些地区。各地组织数十万人(次)上山采挖中草药，以解决缺药困难。各地农村对肿病的治疗费用，实行国家、集体、个人分担原则，集中治疗者药费全免。生活费及营养费确有困难者，由公社或生产大队从公益金及救济款中补贴。1961年，全省共治愈肿病32万人。1962年，随着农村生产开始复苏，农民生活逐步改善，医疗卫生工作进一步加强，肿病的发病率明显下降。1963年，除个别受灾地区有少数病例发生外，全省范围的肿病情况基本上得到控制。

各地在肿病逐步减少后，加大了防治其他季节性传染病、寄生虫病的力度。同时，调整卫生组织机构，支援农村和基层。经过1962年上半年的调整，全省卫生系统从1961年底的40532人减少为35243人，各类卫生机构由899个压缩为712个。调整中，主要是精简厅直属和昆明市的卫生事业机构，以充实技术力量薄弱的专(州、市)、县(市)医院和防疫站。1962年11月21日，中共云南省委同意省卫生厅党组《关于调整我省农村基层卫生组织的方案(草案)》，并指出各级党委必须加强领导，认真进行调查研究，经过试点，分期分批进行。为有利于对外政治影响，边疆民族地区和高寒山区的卫生所仍由国家办，每所编制5—7人。公社(大队)办的医疗机构，一般转为医生集体办，其人、财、管理权属于集体。同时强调个体开业医生是独立脑力劳动者，是全民所有制和集体所有制卫生事业的补充和助手，应当允许医生个人办医。文件下达后，调动了医务人员的积极性，多种途径的办医模式在全省迅速开展，既方便了群众看病就医，又减轻了国家负担。

1961年初开始至1962年底，中共云南省委贯彻中央八字调整方针，在经济、政治、社会事业等各方面进行全面调整，取得初步成效。此后，随着具有云南特点的民族工作、对外关系的不断推进，执政党建设全面展开，国民经济各方面又作了进一步的调整，1965年底、1966年初基本完成了全面调整的任务。

第十三章
民族工作在探索中发展

1956年9月召开的中国共产党第八次全国代表大会，为全面建设社会主义时期的民族工作描绘了新的蓝图。中共云南省委结合云南实际，认真贯彻党的八大精神，执行党的民族政策，巩固和发展新型民族关系，推进民族区域自治，保证少数民族平等权利，促进边疆民族地区的发展，巩固民族团结，维护边疆稳定，民族工作进入一个新的发展阶段。

一 巩固民族团结和维护边疆稳定

做好民族团结工作

维护好少数民族和汉族的团结、各少数民族之间的团结、少数民族内部的团结，是党的民族团结工作的基本内容。党的八大指出："加强国内各民族的团结，促进各民族的共同进步，是我们国家工作中的一项重大的任务。"在全面推进社会主义建设过程中，省委结合边疆民族地区的实际，认真做好民族团结工作，切实维护少数民族群众利益，促进各民族共同繁荣进步。

批判大汉族主义。1956年11月5日至20日，省委在昆明召开有边疆地区的地委、县委领导干部和部分区委书记、支部书记参加的边疆和平协商土地改革地区农业合作化会议，根据党的八大精神，分析和估计边疆土地改革地区的情况，研究今后全面发展生产和开展互助合作运动的方针政策，检查和批判在边疆民族工作中的主观主义、官僚主义、宗派主义，及其所反映出来的大汉族主义思想。

尊重民族情感。针对民族地区在转社中，由于不尊重民族特点，有的地区合作社的规模仍存在盲目偏大的倾向，伤害民族感情，群众要求搬家，纷纷外迁的情况，省委采取切实措施，加以纠正。1956 年 11 月 19 日，省委批转了省委农村工作部《关于转社中几个问题的报告》。要求转社过程中必须实事求是地从有利于生产，有利于民族团结和从办社的基本条件出发，认真和群众商量决定；对于伤害民族感情的做法，应予以坚决纠正；转社前，要全面交代政策，由群众自己决定是否转社。

给予信教的少数民族群众适当照顾。1956 年 9 月 22 日，中共中央批复同意中共云南省委《关于农业合作化中处理宗教土地问题的初步意见》，提出在合作化运动中，必须妥善处理宗教土地问题，使之既符合社会主义原则，又照顾到尊重宗教信仰的自由和民族团结。省委在报告中还对宗教人士的生活问题作出了具体而相对宽松的规定，如规定不能参加生产的宗教上层人士，则可用宗教土地的部分收入或合作社给予的补贴来维持生活，边疆地区由国家结合政治安排给予适当补贴。省委这些具体措施，增进了党同信教的少数民族群众之间的关系，凝聚了民心。

维护少数民族群众的利益。在民族地区农业合作化过程中，省委坚持“完全尊重各民族的自愿，充分照顾各民族的特点”的原则，考虑转社的相应工作要求。妥善处理好民族联社的关系，做到按劳取酬、多劳多得和男女同工同酬。凡是涉及社与社之间的关系，则坚持互利互惠。对民族联合社的分配问题，从有利于民族团结出发，坚持“先进帮助落后，多数照顾少数”的原则，加强民族团结。充分民主协商，防止任何包办代替和强加于人的做法。省委在制定民族地区发展政策过程中，充分尊重少数民族的意愿。

在社会主义建设过程中，省委在做好民族工作，维护民族团结，建立民族平等团结、友爱互助的社会主义民族关系方面做了大量开创性的工作。即便在1957年下半年开展的反右派斗争呈扩大化的形势下，省委仍于同年9月决定，在边疆民族地区的上层人士中不进行反右派斗争，保护过关，一律不戴右派分子的帽子，为维护民族团结做了积极的努力。但在探索全面建设社会主义道路的进程中，由于受“左”倾错误的影响，云南的民族团结工作也经历了曲折。从1958年开始，在“左”倾错误日益严重的形势下，“大跃进”和人民公社化运动及“反右派补课”的进行，对云南的民族团结工作造成严重破坏，造成新的混乱和动荡，边疆民族地区边民大量外迁，损害了民族团结和边疆稳定。

进入国民经济全面调整时期，贯彻中央“八字方针”，省委对民族工作进行了调整，努力维护民族团结。1962年7月2日至8月4日，根据全国民族工作会议精神，省委召开全省民族工作会议，检查总结民族工作。出席会议的代表205人中，有17个民族的上层人士175人。会议强调指出，对少数民族上层爱国人士，要继续贯彻执行“长期团结、长期改造”和“包下来，包到底，安排使用，教育改造”的方针。根据这次民族工作会议精神，全省各级党委随即着手纠正“民主改革补课”中的错误。其间，省委召开民族上层爱国人士座谈会。会上，孙雨亭传达了中共中央和省委关于长期团结民族上层人士的政策，就1958年的失误实事求是地作了自我批评并向民族上层人士赔礼道歉。省委第一书记阎红彦到会讲话，并郑重宣布：在1958年“整风学习”中被戴上各种政治帽子和错误处理的，一律无效；降低职务和减扣了工资、补贴的，一律恢复；住昆明的民族上层人士可在家乡修建住房，愿意回去的可以回去，也可以安两个家，上下往来，听其自便。绝大多数民族上层人士放下了思想包袱，消除了怨气。许多人返回家乡后，赞扬党的民族政策，对当地少数民族群众起到了启发教育作用。如孟连县县长、孟连土司刀派洪的岳父刀炳权，副县长岩翁和西盟县筹委会副主任岩坎等民族上层人士从思茅返回县里后，群众纷纷前来探望，一些迁居境外的大头人也派人前来看望。看到这些从昆明回来的民族上层人士穿着新衣，脸色红润，身体健康，此前关于他们的各种谣言不攻自破。此后，一些民族上层人士相继从境外带着粮食、牲畜返乡，带动和影响了一些外迁边民回归祖国。

维护边疆民族地区稳定

云南地处边疆、民族众多的特殊省情和连接东南亚、南亚重要通道的战略区位，决定了维护边疆民族地区的稳定，对服务于国家发展和安全大局以及省委中心工作有着举足轻重的作用。

党的八大后，中共云南省委多管齐下，努力维护云南边疆民族地区的稳定。根据当时云南边疆民族地区的复杂形势，省委分清两类不同性质的矛盾，认真处理好民族内部的矛盾。其中，处理以文山专区富宁县为中心的瑶族退社和“闹皇帝”事件就是一个典型。在农业合作化运动中，当地由于部分基层干部工作中急躁冒进，对瑶族群众的生产、生活、文化、心理等特点了解不够，入社的宣传思想工作做得不深入、不细致，工作简单粗暴，政策执行不好，向社员征购过多的粮食和农副产品，1956 年 4 月，富宁县 4 个乡 15 个瑶族村的 84 个合作社发生瑶族群众退社事件。此后，全县 35 个瑶族乡都不同程度地受到影响。这一事件还波及广南、麻栗坡县的瑶族地区，这些地区的瑶族群众跟着退社、“闹皇帝”，甚至围攻政府。

事件发生后，省委一边向党中央报告，一边指示文山地县两级党委共同组成民族访问团，深入瑶区开展工作。至 1956 年 7 月，事件基本平息，瑶区群众的生产生活恢复正常。1957 年 1 月 3 日，省委在批复文山地委《关于瑶族退社和闹皇帝问题的报告》中指出：富宁县瑶族群众自今春以来继续发生的闹退社和“闹皇帝”事件，固然有其复杂的历史和现实的原因，也有反革命分子从中煽动。但是，从整个事件的基本性质上分析，必须肯定直至目前为止，这是一个民族问题而不是反革命问题。这个问题之所以表现得严重突出，主要是由于有关党组织在解决内地一般少数民族的问题时，忽视了其中的若干小民族的特殊性，没有认真根据这些小民族的经济、社会和心理特点办事，机械地搬用对待一般少数民族的工作方法。因此，解决问题的方针，应该是和平的和团结的方针，而不应该是武装镇压或其他违反民族团结原则的办法。基于这一认识，省委在处理该事件的过程中，根据文山瑶族地区的实际，慎重稳进，分类指导，改进方法，很快恢复了当地社会秩序。

省委关于瑶族退社和“闹皇帝”问题基本性质的正确判断，对于解决社会主义改造过程中的民族问题，认真做好民族工作，努力维护边疆民族地区稳定具有重要意义。为了保持民族地区的稳定，省委于1957年3月7日召开会议，对内地苗族、瑶族地区的工作进行了认真研究。认为在偏远高寒贫瘠山区，生产落后，居住分散的苗族、瑶族地区，必须充分考虑他们的情况，更谨慎地采取一些措施，逐步引导他们走上社会主义道路。在发展合作社问题上，不能操之过急，规模不宜过大，要慎重解决他们的生产资料入社问题；在生产上，既要发展农业，多种粮食，更要发挥他们种植八角、三七、茶油果、苎麻的特长，发展多种经营；在政治上，要注意满足他们的要求，要大力培养他们本民族的干部。3月8日，省委派出3个山区民族访问团，分赴蒙自、文山、昭通的山区，调查这些地区的民族关系和生产、生活状况，以制定适应这些地区的发展措施和政策意见。

这一时期维护边疆稳定的另一个重要举措就是在迪庆和小凉山地区进行民主改革，解决了全省民主改革的遗留问题。迪庆是云南唯一的藏族聚居区，在社会主义改造过程中，在迪庆藏区进行民主改革，维护藏区的团结稳定、繁荣进步，使藏区与全省一道进入社会主义。坚持“慎重稳进”的方针，对于藏区的大多数县区，采取和平协商土地改革方式进行民主改革，但具体政策措施比一般和平协商土地改革要宽一些。1957年2月19日，省委批复丽江地委转报的维西四、五区，中甸金江区和平协商土地改革条例，在批示中指出：在这些地区进行土地改革的目的，是为了把这里的头人和宗教上层人士的动荡情绪稳定下来，使各阶层人民安下心来发展生产；鉴于当前藏区问题十分复杂，对这一地区的土地改革工作，县委应特别谨慎，在政策上要比一般和平协商土地改革区更宽些，只能搞好，不能搞坏；土地改革中必须加强统战工作，谨慎地对待宗教。在对迪庆藏区进行民主改革的过程中，1956年11月，毗邻的康南地区反动上层人士打着“保民族、保宗教”的幌子，发动武装叛乱，并波及云南藏区。1957年3月，迪庆藏区少数反动上层人士为维护既得利益，以反对民主改革为名，策动武装叛乱。他们欺骗裹胁群众，围攻政府机关，破坏交通，残杀政府工作人员和本民族积极分子，烧抢国家商店、粮库。叛乱波及中甸、维西、德钦、宁蒗、华坪、永胜6个县。

面对这一变化，中共中央于5月14日指示：甘孜藏族自治州和云南藏族农业区必须进行民主改革，是中共中央的既定方针，应当坚决进行下去。在尚未进行民主改革的地区，应当按照各县实际有准备地分批完成。在改革中，和平协商改革的方针继续有效。同时，在艰苦劝说无效的前提下，中共云南省委和昆明军区党委报经中央军委批准后，对武装叛乱予以坚决打击，并按照“政治争取为主，军事打击为辅”的方针，由解放军某部配合丽江军分区执行平叛作战任务，边平叛边进行和平协商土地改革。平叛一开始，省委从党政军各部门抽调干部组成工作队，深入叛乱地区开展工作。注重团结、依靠少数民族干部和群众，建立少数民族联防武装，配合部队或单独作战。在强大的攻势下，叛乱武装土崩瓦解。1957年8月，中共中央批复同意中共云南省委完成藏区民主改革的意见。迪庆藏区涉及12万余人的民主改革，从1957年2月开始到1958年11月结束。

在云南采取边平叛边进行民主改革的地区还有小凉山彝族地区。该地区以宁蒗彝族自治县为主，包括永胜、华坪等县毗连宁蒗的彝族聚居区，为了与四川大凉山区别，故称其为小凉山。云南解放初期，小凉山地区还处在原始共耕制、奴隶制、封建领主制和封建地主经济制等多种社会形态并存的状态。1956年，位于小凉山地区的宁蒗彝族自治县的民主改革，在广大奴隶群众和彝族上层进步人士的强烈要求下，以和平协商方式逐步展开。但是，极少数顽固坚持奴隶制度的奴隶主反对民主改革，组织进行武装叛乱。中共云南省委报经中共中央、中央军委批准，采取果断措施，发动群众，按照与藏区一样的平叛方针，经过2年10个月的斗争，至1958年底，平息了该地区的叛乱，完成了民主改革，结束了小凉山彝区几千年的奴隶制度，进入了社会主义社会，实现了历史性跨越。

社会主义基本制度在云南藏区和小凉山彝区的确立，尽管比内地晚了两年，但意义重大，影响深远。在中国共产党的领导下，这些地区平等团结、友爱互助的社会主义新型民族关系不断发展，和谐稳定大局不断巩固。

在1958年开始的“大跃进”和人民公社化运动中,“左”倾错误思想进一步发展,云南边疆民族地区稳定团结的局面遭到破坏,部分边民外迁。经过初步纠“左”,边疆民族地区的形势稍有好转。1961年开始,中共云南省委贯彻中共中央《紧急指示信》和全面调整的“八字方针”,结合云南实际,恢复了“慎重稳进”的方针,调整边疆民族政策,在包括边疆民族地区的全省范围内开展了以纠正“五风”为中心的整风整社运动,特别是1961年5月公共食堂的解散,对边疆农村稳定起到了重要作用。

加强内地山区的少数民族工作

1956年9月24日至30日,中共云南省委召开内地高寒贫瘠山区工作会议,明确规定,全省内地高寒贫瘠山区约有160万人口、少数民族约占80%,这些地区已基本上完成初级形式的农业合作化,在合作化中,必须考虑到高寒山区交通不便和自然条件的限制,不要强求办大社。转高级社或办初级社,办单一民族社或办联合社等问题,要充分征求当地各民族意见,强调自愿互利,一切从民族团结、有利于生产出发。各项政策凡是不适合于山区特点和民族特点的,都应加以纠正。这些政策措施,充分体现了民族自愿互利原则,维护了民族团结。

经过全面调整,云南边疆民族地区保持了民族团结、社会稳定的局面。但是在一段时间里,对内地山区分散居住民族的工作重视不够,出现了一些不稳定因素,其中影响较大的有1965年3月发生的寻甸县白洋箐反革命暴乱事件。这是反革命分子利用封建迷信和群众经济上的贫困,煽动策划的一起暴乱事件。

事件平息后,省委派省委书记处书记刘明辉先后到这些地方进行调查研究,了解事件过程和原因,以及工作上存在的问题。省长周兴[①]

---

① 周兴:1965年2月至1966年5月任云南省人民委员会省长;1968年8月至1971年6月任省革委会副主任、省革委会核心小组副组长;1971年6月至1975年10月任中共云南省委第一书记。

专门到白洋箐召开群众座谈会，总结经验教训。为了加强领导，成立了云南省山区工作委员会。1965 年 4 月 3 日，中共云南省委发出《关于加强内地山区少数民族工作的意见》。强调云南省是一个边疆的、山区的、多民族的省份，山区少数民族工作是全省工作的一个重要方面。全省内地少数民族约有 460 多万人，除了白族、回族和部分彝族在坝区有较为集中的聚居区外，约有 200 万少数民族分散杂居于各县的广大山区，另外还有近 140 万汉族也散居在内地贫瘠山区。这一部分少数民族和汉族的生产生活都很落后贫困，而且全省的每一个县，都有多民族的、分散的、贫瘠落后的山区，这就构成了内地山区民族工作极为复杂的特点。一段时间以来，省委对内地山区少数民族工作注意不够，抓得不紧，特别是各级党委都缺少或者没有深入山区认真进行调查研究，对那里的真实情况很不了解，甚至完全没有了解，也没有采取特殊的措施来解决那里的问题，山区各族人民政治、经济、文化的落后面貌没有得到应有的改变。由于山区民族的落后与迷信，民族之间的隔阂，使他们又往往容易被反革命分子利用，这是工作中一个十分突出的薄弱环节。省委要求省、地、县各级党委、政府各部门，要立即把内地山区少数民族工作摆到重要议事日程上来，作为一项经常性工作，认真进行研究解决。同时提出，山区民族工作要以发展生产为中心，从开展经济、文化工作入手，注意培养山区少数民族干部，组织固定的山区工作队。制定了减免公余粮、可以用山货药材皮货抵交公余粮、扶持山区开展多种经营等促进山区发展的若干经济政策。省委还组织了两个综合性的山区工作队，分赴曲靖、楚雄地区调查研究，把开展山区民族工作作为重点。文山、昭通、大理地委也分别抽调干部，组织山区工作队，各自选择一个山区进行工作。通过采取这些措施，迅速扭转了山区民族工作的被动局面。

经过不断调整，云南边疆民族地区到 1966 年 5 月以前保持了民族团结、社会稳定的局面。

二　推进民族区域自治

民族区域自治全面推进

从 1954 年开始，中共云南省委在民族聚居区以建立民族自治州工作为重点，全面落实和推进民族区域自治制度，切实保证民族平等和区域自治权利。

根据 1954 年《宪法》关于民族自治地方的规定，省委分别于 1955 年 6 月、1956 年 5 月、1957 年 1 月将西双版纳傣族自治区、德宏傣族景颇族自治区、怒江傈僳族自治区改为自治州。1956 年 11 月，云南内地第一个自治州——大理白族自治州宣告成立。大理白族自治州是在充分吸收以前成立的几个自治州经验基础上建立起来的，既坚持了民族区域自治的原则和有利于各族人民团结的原则，又体现了民族自治地方的历史继承性和相对稳定性的特点。自治州的建制，本着分类指导、因地制宜的原则，使大聚居的民族和小聚居的民族，人口多的民族和人口少的民族，都能充分享受到自治权利，如大理白族自治州成立之初有：巍山彝族自治县和永建回族自治县。大理白族自治州的成立，标志着云南民族区域自治进入了一个稳健和成熟的发展阶段。

此后，云南其他民族自治州相继成立。1957 年 11 月 18 日，蒙自专区与红河哈尼族自治区合并，成立红河哈尼族彝族自治州，州政府驻蒙自[①]。1957 年 9 月 13 日，迪庆藏族自治州成立，驻地中甸县（今香格里拉市）。1958 年 4 月，文山专区撤销，文山壮族苗族自治州成立，驻地文山县（今文山市）。1958 年 4 月，楚雄专区撤销，楚雄彝族自治州成立，驻地楚雄县（今楚雄市）。

到 1958 年，云南省的 8 个民族自治州全部成立。自治州的成立，

---

① 1958 年，驻地迁个旧市，2003 年回迁至蒙自。

标志着中国共产党领导下的云南民族区域自治进入了一个全面推行时期。这一阶段，除了自治州一级自治地方建立完成外，云南还不断推动县一级自治地方的建立工作。1956年10月1日成立贡山独龙族怒族自治县，11月16日成立巍山彝族自治县，11月16日成立永建回族自治县[①]，12月31日成立路南彝族自治县，到1958年4月，全省自治县的总数达到11个，享有民族区域自治权利的民族达380余万人，占全省少数民族总人口的68%，全省少数民族聚居地区已基本实现民族区域自治。此外，为了保障散杂居少数民族的平等权利，还建立了基诺山、布朗山、屏边苗山等12个相当于区一级的民族自治区，以及384个民族乡。云南最终建立了8个自治州、29个自治县，共37个民族自治地方，成为全国民族区域自治地方最多的省份。

云南在推进自治地方建设的同时，民族区域自治制度不断完善和落实，少数民族的平等权利和自治权利得到充分尊重，激发了各族人民当家作主的自豪感和荣誉感。经人民代表大会选举产生民族自治地方的人民政府机关，以实行民族区域自治的主体民族干部为主，同时也包括适当数量的汉族和其他少数民族人员；各民族自治地方的州长、县长和人大主任，均由实行区域自治的主体民族干部担任。各民族自治地方的自治机关，根据宪法和法律规定，密切结合当地民族的政治、经济和文化特点制定相应的法律、法规。使用当地民族通用的一种或几种语言文字，作为执行职务及发展民族教育和普及文化科学知识的工具。同时，充分行使财经方面的自治权力，为发展提供支持。有的民族自治地方还根据宪法规定和国家的军事制度，于20世纪50年代中期组建了本地方的民族公安部队，对维护当地社会治安，保护各族人民生命财产安全，打击国内外敌人的破坏活动，巩固边防，发挥了积极作用。

民族区域自治制度的实施，标志着党的民主政治建设在云南跨入了新的发展阶段。

---

① 1961年，永建回族自治县与巍山彝族自治县合并成立巍山彝族回族自治县。

民族区域自治的曲折发展

1957年下半年，随着反右派斗争扩大化，云南部分地方开始批判所谓的“地方民族主义”，直接影响了正在推行的民族区域自治工作。1958年开始，“反右派补课”“大跃进”和人民公社化运动兴起，党内“左”倾错误日益严重，民族政策在云南的实践受到严重挫折，党的民族区域自治制度的实施开始偏离正确轨道。一些自治地方被撤并，有的经历了反复的设立、撤并、再设立的过程；一些地方忽视了民族特点和少数民族平等权利，民族区域自治权严重削弱。其中，西双版纳、怒江、德宏、迪庆4个边疆民族自治州受到的影响尤为严重。1958年10月，西双版纳、怒江、迪庆3个民族自治州的党委和人委与州级机关所在地的县委、县人委合署办公，民族自治州实际被取消；不久，寻甸、路南、双江3个自治县及一大批民族区、民族乡也先后被撤销。德宏傣族景颇族自治州是1956年5月在原来自治区的基础上与保山专区合并设立的，合并是基于内地支援边疆建设，发展生产，交流文化，以及加强汉族和少数民族团结等需要的考虑。但随着自治州建制的扩大，少数民族人口在全州总人口中的比例大大下降，全州170万人口中，边疆少数民族人口比例不到20%，不利于行使民族自治权利。当时德宏州辖区内有5县1镇（芒市、陇川、瑞丽、盈江、梁河、畹町）处于国境一线，又是少数民族聚居区，在政治、经济、文化等各方面与内地县存在诸多明显差异。这样，在自治州辖区内既有内地的广大汉族地区，又有边疆少数民族聚居区，不得不采取边疆与内地两种不同的政策，在具体执行当中难免顾此失彼。其他一些内地民族自治地方虽然保留下来，但自治机关也难正常行使自治权，形同虚设。

从1961年起，在“调整、巩固、充实、提高”八字方针的指导下，中共云南省委开始对执行民族区域自治制度方面的错误和偏差进行纠正。1962年10月8日，根据中共中央6月批转的《关于民族工作会议的报告》和有关民族区域自治的政策精神，省委在向西南局和中共中央作的《关于加强边疆工作和民族工作的报告》中提出，必须遵照宪法和中央批转民族工作会议的报告中有关民族区域自治的规定，继续贯彻执行民族区域自治政策。实行民族区域自治要考虑到云南省民族众多、民族杂居、居住分散以及边疆民族关系极为复杂等特点，从有利于当地少数民族能够真正行使自治权利出发，分别情况具体处理。此后，省委逐步恢复了被撤销的西双版纳傣族自治州、怒江傈僳族自治州、迪庆藏族自治州的州人民委员会，直属省人民委员会领导，党内成立州工委，由省委委托地委领导。同时，还恢复了这3个自治州的党政领导机关及其对所属各县委、县人委的领导关系。1963年8月，恢复了德宏傣族景颇族自治州原来的建制，将1956年划入德宏州的保山、腾冲、龙陵、施甸、昌宁等内地县划出来，重新成立保山专区。

尽管调整期间这几个被撤销的民族自治州的党内领导关系并没有完全得到恢复，仍归有关地委领导，但民族区域自治作为一种政治制度和一项党的基本民族政策毕竟得到了恢复。如关于德宏州建制的调整问题，州党政领导同当地各民族干部、群众及各界人士代表反复酝酿协商。多数代表认为，调整自治州建制并恢复原来的保山专区既可以加强内地的工作，又可以加强边疆民族地区的工作；既有利于照顾民族特点和边疆特点，便于培养民族干部，更好地落实民族区域自治政策，又有利于因地制宜地发展生产，加强对两类不同地区社会主义建设的具体领导。基于同样的原因，经国务院批准，1964年8月，中共云南省委把西双版纳傣族自治州从思茅专区中划分出来恢复自治州建制，下辖景洪、勐海、勐腊3县，思茅专区仍辖原来的9个县。

此后，中共云南省委逐步恢复了被撤销的部分自治县和民族乡建制。1964年，恢复了1958年被撤销的路南彝族自治县，仍辖原行政区域；而同时被撤销的寻甸、双江两个自治县建制的恢复是在党的十一届三中全会以后。这时期还新建了一批自治县。1961年撤销丽江县，设立了全国唯一的纳西族自治县——丽江纳西族自治县①。1963年7月，成立河口瑶族自治县和屏边苗族自治县，均辖原行政区域；1963年9月，撤销沧源县，成立沧源佤族自治县；1965年3月和11月，撤销西盟

① 2003年4月，经过国务院批准，丽江纳西族自治县一分为二，设立玉龙纳西族自治县和古城区两个县级行政区划。

县和南涧县，分别成立西盟佤族自治县和南涧彝族自治县。

在对自治地方的调整中，中共云南省委注重更改有明显民族歧视的称谓。1963 年 9 月，分别将孟连傣族拉祜族佧佤族自治县、耿马傣族佧佤族自治县和随后成立的沧源佧佤族自治县中的“佧佤族”更名为“佤族”；1965 年将文山僮族苗族自治州中的“僮族”改称为“壮族”。

在全面推进民族区域自治过程中，中共云南省委还采取措施保证少数民族参政议政，参与国家大事的管理，享有平等权利。1963 年选出的第三届省人大代表 495 名中，少数民族代表有 198 名，占 40%。

通过调整，党对民族区域自治地方和边疆民族地区的特殊政策逐步得到恢复。从 1963 年起，国家对边远山区的民族贸易实行自有资金、利润留成、价格保护“三项照顾”政策，云南享受这一照顾政策的有 31 个县，1964 年增至 44 个县。为了推动民族自治地方经济社会发展，从 1964 年起，每年按照上年的经济建设事业费、社会文教事业费、行政管理费及其他事业费（不包括基本建设和流动资金）的支出决算数，国家财政另加 5% 的机动金，由各民族自治地方按照财政部规定的支出项目和范围，统一安排使用。

但是，“左”倾错误并未从根本上得到纠正，部分被撤销的自治县并未恢复，各民族自治地方自治权也未得到充分保障，致使“文化大革命”对云南民族区域自治制度再次造成严重破坏。

三　促进边疆民族地区的发展

社会主义制度在边疆民族地区的确立

1956 年 9 月召开的党的八大庄严宣告：社会主义的社会制度在我国已经基本上建立起来了。这里指的“基本”，是因为此时一些边疆民族地区社会主义制度还没有确立，其中包括云南部分和平协商土地改革地区和全部直接过渡地区在内的边疆民族地区的民主改革还没有完成，一些边疆民族地区农业社会主义改造没有进行，少数地方基层党组织和人民政权还没有建立，社会主义制度在全省范围内没有完全确立。随着民主改革的推进，省委加快了边疆民族地区农业合作化步伐，推动农业社会主义改造进程，为使边疆民族地区各族人民与内地人民一道步入社会主义而努力。

此时，在已经完成民主改革的云南边疆广大农村，由于改变了束缚生产力发展的封建生产关系，占农户 70% 以上的少数民族贫苦农民分到了土地，生产积极性空前高涨，个体生产发展很快。据德宏傣族地区的调查，民主改革后仅一两年，一些劳动力强，耕牛、农具齐全的农户经济发展很快，约有 40% 的贫农上升到中农水平。1956 年，贫农全年收入比土地改革前增长 60%，下中农增长 40%，上中农增长 33%。在西双版纳傣族地区，劳动力较多较强的农户，迅速上升为中农和上中农；其中占 15%—20% 的上中农因劳动力强，耕牛、农具齐全，经济发展得更快。

与此同时，部分边疆民族地区的老弱户和新立户，因家中缺少劳动力，把分到的土地出租出去，自己去当雇工。他们迫切要求国家给予特殊帮助，解决家庭困难，有组织起来的愿望和要求。如德宏州潞西县傣族地区法帕村，在 1956 年内地社会主义高潮的影响下，要求办社的农户占总农户的 30% 左右。在澜沧拉祜族自治县的一些拉祜族地区，生产条件较差，土地改革时许多贫雇农每人只分到一份年产三四百斤粮食的耕地，有 70% 左右的农民除土地外的生产资料不足，多数缺乏耕牛、农具和生产资本，生活普遍比较困难。这些贫苦农户迫切要求政府出面把大家组织起来解决生产生活上的困难。而在迪庆、宁蒗小凉山等更为特殊的藏、彝区，民主改革后，奴隶虽然摆脱了奴隶主的束缚，但许多人尚无处安身，缺乏生产生活技能，急需获得政府特殊帮扶。金平苗族瑶族傣族自治县境内的苦聪人长期居住在深山老林，很少接触外界，1957 年，省委决定帮助他们从深山老林搬迁到山外定居。此后，当地政府不仅帮助他们建盖房屋安家，给予生活救济，还指导他们开田种地搞生产。总之，完成民主改革后，云南边疆民族地区和内地山区，包括发展较为滞后的直接过渡地区，各族群众都迫切要求解决生产生活上的困难，发展生产，摆脱贫困。

面对这样的情况，如何根据边疆和民族特点，引导民主改革后的各族人民实现合作化，完成农业社会主义改造，使他们共同走上社会主义道路，在当时全省干部中，曾有一些不同看法和主张。有的认为，边疆土地改革后，农村中出现了不同程度的阶级分化，两条道路斗争已成为边疆民族地区突出的社会矛盾，群众也迫切要求办合作社，因此，必须大力开展互助合作运动，合作化的速度可以快些。有的认为，边疆社会经济基础薄弱，资本主义自发趋势不严重，两条道路斗争不突出，突出的问题是“民族间先进与落后的矛盾”和“民族内部先进的生产关系与现实的落后生产力的矛盾”，也就是“从封建制度下解放出来的生产力和当前群众生产生活困难阻碍生产发展的矛盾”，工作重心应该是帮助群众解决困难，大力发展生产。省委经过调查研究后认为，经过土地改革，边疆民族地区获得了前进的基础，尽管民族问题十分复杂，各种矛盾，包括民族矛盾和阶级矛盾仍然错综复杂地交织在一起，但关键还在于如何解决解放了的农业生产力与农民生产生活困难的矛盾，这是党在边疆民族地区的中心工作。为此，省委首先要解决的问题是要全面发展生产，而要发展生产，改变民族地区的落后面貌和调解各种复杂关系，根本的是走社会主义道路，坚定不移地领导群众开展互助合作运动。

通过农业合作化，让边疆民族地区完成社会主义改造，并最终确立社会主义制度是一项艰巨的任务。对此，中共云南省委经历了一个长期而慎重的决策过程。早在1955年6月召开的第三次党代表会议上，省委就提出，边疆准备或已土地改革地区，即应着手试办合作社。同年10月，省委第一书记谢富治在党的七届六中全会上提出，云南边疆民族地区土地改革后，必须紧接着实行农业合作化。在10月22日至11月3日省委召开的地、县、区委书记会议上，谢富治进一步强调了这个观点。随后，省委在1956年1月6日向中共中央转报省委边委《关于边疆民族工作意见》时提出，边疆土地改革完成之后，必须紧接着开展合作化运动。同时认为，这一类地区是以和平协商的办法进行土地改革的，改革本身有一定程度的不彻底性。土地改革之后，对于封建势力的斗争还会持续一个时期。在这些地区进行社会主义改造中，如何根据当地民族政治、经济发展的特点和有利于国防斗争的原则，去处理其阶级关系上不同于内地民族地区的许多问题，尚缺乏系统的研究和成熟的经验。因此，互助合作必须根据生产发展的需要和人民群众的觉悟程度而逐步实现。合作化的速度，应当采取比内地更为谨慎的和缓和的步骤。

为了统一思想认识和工作步调，省委从 1956 年 3 月至 1957 年春，连续召开了几次专门会议，讨论研究边疆民族地区农业合作化问题。省委决定，边疆民族地区在 1956 年春结束办社试点以后，必须在两三年内完成半社会主义合作化以至完全社会主义合作化。

1956 年 8 月，中共中央派出以肖华为组长的云南边疆工作组，协同中共云南省委进行了两个月的系统调查研究后，于 9 月 28 日联合向中共中央提出《关于加强云南边疆工作的意见》，认为云南边疆的农业社会主义改造，要区分为两类不同地区的不同发展水平，采取不同方式过渡到社会主义。对新中国成立前已经进入封建领主社会的傣族、哈尼族、阿昌族、拉祜族等民族地区，由于占农村人口 70% 以上的贫农、下中农生产生活困难多，不组织起来就无法进行生产，且这些地区土改后农民政治觉悟高，农村党团组织已有一定基础，在内地合作化高潮的影响下，群众迫切要求办社，可以在今后两三年内完成农业社会主义改造；对于实行直接过渡的景颇族、傈僳族、独龙族等民族地区，预计在 1959 年可基本完成合作化；佤族、布朗族和拉祜族支系的苦聪人地区，需要再做一年的准备，然后分批办社，1960 年基本实现合作化。

在 1956 年初边疆合作化办社试点过程中，一些地方出现重社轻组、仓促办社，放松对生产的全面领导等问题。省委于 1956 年 11 月 5 日至 20 日召开了有边疆各地县委书记和部分区委书记、乡支部书记参加的和平协商土改区农业合作化会议。会议进一步明确，边疆土地改革后的主要任务是解决解放了的农业生产力与农民生产生活困难的矛盾，首要任务是发展生产。会议指出，在发展生产中也会有两条道路的分歧，但不能搬用内地的做法。会议规定，第一年试点入社农户要控制在 5% 以下，1956 年入社农户已达到 10%—20% 的地区，除个别基础较好的可以适当发展外，一般应以巩固为主。经中共云南省委批准，1957 年 3

月 7 日，省委边委召开了“直接过渡”地区工作座谈会。会议进一步肯定这类地区的主要矛盾不是阶级矛盾，而是尽快摆脱贫困落后面貌，同时会议指出，“直接过渡”地区当前的中心任务是发展生产，一切工作必须围绕发展生产去进行，并随着生产的发展逐步办社，防止孤立办社。要提倡大量组织群众性的换工互助，适当利用民族固有的有利于生产的共耕伙干方式组织生产。在发展生产和办社中，可根据不同条件，采取不同方法，逐步而又集中地解决封建剥削的问题。合作社的规模以每社 10—20 户为宜，一般不办多民族联合社，目前不办高级社。合作社的经营管理，应随着生产的发展逐步提高。

经过几次会议中联系实际的学习讨论，各级干部对边疆不同地区办社的方针政策和方法步骤的认识逐步取得一致。试点办社中出现的贪多、图大、求快以及孤立办社，忽视对互助组和个体农民生产的领导等倾向也有所扭转。

部分边疆民族地区较早进行了办社试点，积累了经验。1954 年秋，德宏傣族景颇族自治区的“直接过渡”地区试办了 4 个合作社。1955 年怒江傈僳族自治区和一些佤族、布朗族地区，办起了 36 个合作社。同年首批结束和平协商土地改革的地区办了部分合作社，其余地区多是 1956 年起才开始逐步试办的。至 1957 年底，合作社发展到 1728 个，入社农户 3.56 万户，占总农户 36.26 万户的 9.82%。其中，和平协商改革区有 1316 个社，入社农户占 10.89%；“直接过渡”地区有 412 个社，入社农户占 7.25%。这段时期，各地办社的速度虽有所不同，但整个边疆地区入社农户没有超过总农户的 10%。

试办合作社中遇到不少困难，主要是合作社干部不会管理集体经济，工效太低；缺乏会计人员，工分财务管理混乱；群众不习惯评工记分，有的按人头分配，平均主义突出。针对这种情况，省委要求各地加强领导，干部深入基层调查研究，蹲点实践，进行具体帮助。另外，少数地方也出现贪多、图大、求快，自愿互利政策贯彻得不够好等问题，但省委贯彻了“大量发展互助组，重点试办合作社，大力发展农业生产”的方针，在工作指导上比较谨慎和稳妥，控制较严，基本上限定在重点试办的范围内。同时，由于国家对边疆合作社采取倾斜政策，加之当时政治稳定，云南边疆民族地区试点所办合作社，大多数都办得较好。如德宏直接过渡地区 1954 年首先试办的 4 个合作社，当年有 3 个社粮食产量比上一年增产 1 倍；1955 年又比 1954 年增产，最高的增长 1.4 倍，少的增长 20%。怒江 1956 年办的 67 个社，除一个社减产外，其余的都增产。1957 年，边疆地区粮食总产量达到 10.81 亿公斤，比 1956 年的 10.54 亿公斤增长 2.6%；年末大牲畜存栏数 121.33 万头，比 1956 年的 116.18 万头增长 4.4%。同时，经过试点办社，培养和锻炼了一批干部，并逐步摸索到一些根据边疆民族特点办社的具体经验。

由于注意了边疆特点和民族特点，吸取了内地办社的经验和教训，采取了比较慎重稳妥的做法，并及时纠正了试点中的偏差，因而全省边疆民族地区试点办社是成功的。

帮助边疆民族地区发展生产

边疆、民族、山区和经济欠发达是云南的基本省情，帮助这些地区加快经济社会发展，促进边疆民族地区的民族团结进步和繁荣稳定。特别是在完成民主改革，全面建设社会主义过程中，切实帮助边疆民族地区发展生产，使他们跟上时代的步伐，是各级党组织面临的首要任务。

1956 年 9 月，中央云南边疆工作组在云南调研时提出，要把切实帮助边疆各民族人民发展作为边疆工作总的指导方针，强调要稳步地完成边疆民族地区农业社会主义改造，大力发展农业和工业、手工业生产及交通运输业，根据边疆特点加强边疆财经贸易工作，促进边疆民族地区经济社会发展。

1956 年 11 月，省委召开边疆和平协商土地改革地区农业合作化会议的一个重要议题，就是研究边疆民族地区全面发展生产的问题。会议指出，边疆民族地区土地改革虽然解放了生产力，但由于历史原因，群众仍很贫困，发展生产有很大困难。因此，今后要坚持“大量发展互助组，重点试办合作社，大力发展农业生产”的方针，在消灭封建剥削制度的基础上，大力领导和帮助各族人民全力发展生产，增加社会财富，在发展生产过程中，逐步建立社会主义阵地，逐步实现农业合作化。基于边疆的特殊情况，会议提出，为了保护和发展生产，在完成土地改革之后的阶级关系宜缓和不宜紧张。必须全面发展生产，既要发展粮食作物、经济作物、亚热带作物，也要发展副业、手工业，并相应地发展商业。会议精神贯彻后，各地扭转了急于大量办社和忽视面上发展工作的倾向，促进了边疆民族地区的经济发展。

在边疆民族地区发展生产中，省委强调，合作化与发展经济都必须抓好，不能偏废。1957 年 1 月在昆明召开的全省农业先进生产者和先进工作者会议上，省委书记处书记于一川在会上作了讲话，特别指出，今后主要工作是合作化和发展生产，并把二者结合起来，在发展生产的基础上发展合作社，在发展合作社中发展生产。2 月，省委在《关于当前边疆合作化的情况报告》中强调，由于土地改革后群众迫切要求发展生产和组织各种形式的互助组，因此土地改革后要把主要力量放在面上领导群众全面发展生产。各地必须采取多种方式，用原来已有的和群众乐于接受的形式把农民组织起来，加强领导，使其适合当地民族的习惯，逐步加以提高，以解决当前生产、生活困难，大力发展生产。

在调整过程中，省委采取特殊措施，帮助少数民族发展生产。在财贸工作上，实行“一少（少要）、二多（多给）、三公道（价格合理）”的方针，低价供应生产生活资料，发放低息、无息贷款，无偿救济贫困户等；在农业生产上，帮助兴修水利，固定耕地，逐步改善农业生产条件，改进耕作技术，组织力量修筑驿道和公路，发展交通运输事业等。1963 年，对食盐、茶叶、红糖、煤油、火柴 5 种商品实行最高限价，对 123 种农副产品收购实行最低保护价；允许民贸企业利润留成；对民贸企业实行资金拨补。开展多种经营；抓工业转轨，转向为农业生产和人民生活服务；加强商业工作，活跃城乡交流，肥猪“购留各半”，对菜牛、羊实行“合理宰卖吃”政策；加强山区工作，减免公余粮，试行用山货药材抵交公余粮。对边疆强调不受“以阶级斗争为纲”的限制，采取更宽的政策，允许自由雇工、自由借贷、自由买卖。这些工作对边疆民族地区经济社会发展起到了促进作用。

经过几年的调整和建设，到 1965 年，边疆民族地区又出现了生产发展、经济繁荣、群众生活改善的可喜局面。以全省民族自治地方为例，1965 年，工农业总产值达到 22.57 亿元，比 1957 年增长 11.9%；粮食产量达到 327 万吨，比 1957 年增长 5.3%；大牲畜年末存栏达到 338 万头，比 1957 年增长 6.9%；生猪年末存栏达到 528 万头，比 1957 年增长 45.4%；公路通车里程达到 12481 公里，比 1957 年增长 101%；社会商品零售总额达到 7.71 亿元，比 1957 年增长 76.6%；地方财政收入达到 1.98 亿元，比 1957 年增长 68.7%。

解决边疆民族地区所有制问题

在“大跃进”和人民公社化运动中，所有制关系上的盲目求纯的问题尤为突出，严重损害了群众利益，挫伤了群众生产建设的积极性，对云南边疆民族地区的经济发展、社会稳定和民族团结造成了严重影响。

对边疆民族地区所有制的问题，省委在初步纠“左”期间进行了一定调整。在 1959 年 1 月 10 日省委发出的《关于边疆民族地区人民公社及有关若干问题的决定》中，就边疆民族地区人民公社所有制关系问题作出了具体要求，提出必须划清集体所有制和全民所有制、社会主义和共产主义的界限。《决定》明确指出：人民公社目前基本上仍然是集体所有制的经济组织。农业生产合作社变为人民公社，不等于由集体所有制变为全民所有制，更不等于由社会主义变为共产主义。生产关系一定要适应生产力的发展。无论由社会主义的集体所有制向社会主义的全民所有制过渡，还是由社会主义向共产主义过渡，都必须以一定程度的生产力发展为基础。必须首先发展生产力，大力实现工业化，而不应当无根据地宣布人民公社“立即实行全民所有制”，甚至“立即进入共产主义”。根据《决定》精神，提出了继续发展商品生产和继续保持按劳分配原则等一系列具体政策措施。

其后，省委在深入调查研究的基础上指出，不顾边疆民族地区的实际，与内地一样，不进行试点就一步登天兴办人民公社和公共食堂，其中主要症结就是所有制的改变超越了限度，脱离了实际。从 1960 年下半年起，省委对以边疆农村所有制为中心的生产关系进一步作了调整，继续实行庐山会议前初步纠“左”的政策措施，耕牛下放，取消粮食统管，粮食按工分配到户，扩大自留地，开放自由市场。

1960年11月下旬，为贯彻中共中央下发的《关于农村人民公社当前政策问题的紧急指示信》精神，省委召开全省三级干部会议，讨论通过了《关于边疆地区贯彻执行中央〈紧急指示信〉的补充规定》，着手解决边疆地区所有制等方面存在的问题，并制定了一系列具体的调整政策。《规定》指出，边疆地区现有的生产合作社，其生产关系和组织规模是适合于当地民族的生产力水平和觉悟的，此后至少7年不变；有些地方戴了人民公社帽子的，要坚持按合作社的章程办事，公社本身一不积累，二不分配；对边境一线的单干户，不动员他们入社；耕牛和其他大牲畜都不再实行折价入社；生猪以私养为主；允许社员长期保留多于内地数量的自留地、零星果木、小块竹林和小鱼塘；一律不办公共食堂；合作社规模一般一寨一社，凡几个民族合办一社的，如群众有意见，应予分开；边境第一线地区有一部分合作社基础很差，确无条件办社的，可以办成互助组。

在国民经济调整时期，全省从解决边疆农村所有制问题入手，发展边疆农村经济，维护边疆稳定。从1961年底开始，根据入社自愿、退社自由的原则，省委再次对边疆地区的所有制进行调整，解散了一批农业社，将部分大社分为小社。根据入社自愿的原则，1962年下半年解散了一批合作社，调整人民公社规模，调整后的入社农户占边疆总农户的一半以上。其中，“直接过渡”地区基本上退为个体经济。同时，省委进一步明确，内地山区允许单家独户单干，重申对边疆民族地区实行1955年的政策，已经办起来的人民公社按合作社的政策办事，对农村所有制进行“小调整”。1962年12月15日，省委制定下发《关于人民公社所有制若干问题的补充规定》，对人民公社所有制若干问题进行全面纠正。提出在统一执行人民公社的政策时，除对边疆民族地区执行既定政策外，对地区辽阔、居住分散、民族杂居、约有400万农业人口的内地高寒、分散山区，应当实事求是、灵活地适应当地不同条件，采取若干必要的单行措施，从社队规模、体制到各项实际工作，都适当放宽；在内地同边疆接壤的某些山区，由于历史原因和当前工作上的需要，仍然应当像土地改革时期那样，划为缓冲区，根据实际情况，在各项政策措施上更放宽一些，使它在内地同边疆的相互联系和相互影响中，起缓冲区的作用。对零星分散在山区、生产上没有联系、无法统一组织生产的住户，允许单独经营。

通过对人民公社所有制关系的调整，全省逐步解决了边疆民族地区所有制方面存在的一些问题，调动了这些地区各族群众的生产积极性，生产有了一定的恢复和发展，外迁户大部分迁移回来，维护了民族团结和边疆稳定。

推动民族地区社会事业进步

党的八大强调，“必须用更大的努力来帮助各少数民族在经济和文化上的进步，使各少数民族在我国社会主义建设事业中充分地发挥积极作用”。为此，中共云南省委采取措施，推进教育、文化、卫生等社会事业长足发展。

结合云南实际，加快民族教育发展，推动民族地区社会事业的进步。1956 年 5 月 5 日，省教育厅成立民族教育科，作为专门指导全省民族教育事业的行政机构。10 月 22 日至 28 日，全省第一次民族教育工作会议召开。会议提出“坚持积极而又稳妥的步骤，根据需要和可能实事求是地发展”的云南民族教育发展的总方针，并对民族教育的师资、教学质量、经费、编制等问题逐一进行研究，提出了解决办法。为了搞好民族教育事业，同月，省教育厅成立了民族教材编译室，负责把教材翻译成各种少数民族语言，以便在汉语还不太通行的一些边疆民族地区推行双语教学。1957 年 4 月 23 日，省教育厅确定用景颇族、傈僳族、载瓦（景颇族的分支）、拉祜族、哈尼族、佤族、彝族 7 种民族文字编译的课本，在部分民族小学进行试教。一些社会有识之士也关心支持边疆民族地区的教育事业。昆明籍小学女教师胡振华，志愿到边疆一线的孟连县农村教书，由于条件艰苦，长期积劳成疾，1956 年 10 月 20 日不幸病逝，为边疆民族教育事业献出了年仅 25 岁的生命，受到群众的赞誉和怀念。这一时期，全省民族教育得到较快发展，到 1957 年底，全省少数民族在校小学生、中学生、中等师范生、中等技术学校在校生、高等院校在校生分别占全省在校生总数的 25.2%、15.8%、30.2%、8.1%、5.1%。

在国民经济全面调整时期，中共云南省委开始纠正教育发展中的“左”倾错误，一些符合少数民族实际的措施逐步得到恢复。但由于云南经济发展滞后，加之历史、民族等原因，民族教育中存在的很多具体问题并非一朝一夕能够解决，需要党和国家给予长期的帮助，制定规划，统筹解决。1961 年，长期从事民族教育领导工作、兼任新疆大学校长的全国政协副主席包尔汉到云南视察工作，专门对云南民族小学教育情况进行了调查研究，指出云南民族教育中存在的问题主要是：一方面发展十分迅速；另一方面却是学生流动大，教学质量差。他分析后认为这些问题存在的原因主要有四个方面，一是学生流动较大。其中多数是因为参加生产劳动，还有的是因为家庭困难、转校、年龄大、早婚及出家当小和尚等。二是边疆民族小学生基本不懂汉话，学汉语文和算术都很难。因此要求用双语教学，学民族文字，也学汉语文。三是通用的教材内容大多是讲内地的事，脱离了云南边疆民族地区学生生活实际，有的连老师都看不懂。四是教师水平存在问题。除了知识水平外，主要是存在语言障碍，有的汉族教师不懂民族语文，有的民族教师汉语水平较差，对教学效果造成很大影响。包尔汉的调查充分说明，不考虑民族特点，不从边疆民族地区的实际出发，很难提高教学质量。

1963 年 3 月，教育部召开云、贵、川三省民族教育座谈会，听取各省民族教育发展情况汇报。会后，以教育部的名义给三省的教育厅厅长写了一封信，指出三省民族教育中值得注意的一些问题，并提出解决办法，主要有五个方面：一是民族教育要与当地群众的生活实际相结合，这是一个关系教育成败的根本问题。教育部在信中指出，教师要关心生产、联系群众，学校老师和家长要互相关心帮助。学生学习和参加生产劳动要合理安排。信中肯定和介绍了云南勐海县曼燕小学的经验，认为这所小学教学内容适应群众生产生活的需要，如学傣文也学汉文，还学记工、算账、打算盘、写便条。群众反映这所学校毕业的学生比较实用。二是民族语文与汉文的安排，这是民族小学开展教学工作的重要问题。要合理安排好民族语文教育和汉语教育，要根据当地实际把两者相结合。三是民族地区一般经济落后，居住分散，合理安排学校布点是一个必须高度重视的问题。学校的布点和课程内容必须力求适应当地情况。各级学校要分轻重缓急，逐步开办发展。四是针对民族师资缺乏的问题，要求各省要培养民族师资，并适当调配汉族师资。五是民族教育经费不足的问题各省普遍存在，各级财政对于教育经费应特殊照顾。同时提出，在民族地区过早提倡民办学校是不适宜的。

随后，省委责成有关部门对云南民族教育存在的问题进行研究解决。1963 年 10 月，省教育厅和省民委联合召开全省民族教育工作会议，在充分肯定解放以来云南民族教育成绩的基础上，对存在的主要问题分析了原因，研究了解决的方法，总结了紧密结合当地民族实际办学的经验。会议认为，关于学生流动大和教学质量差的原因，除了经济、政治、文化发展滞后、语言隔阂和某些风俗习惯等社会历史原因外，从教育工作本身看，最根本的是不善于从不同民族和地区的实际出发，教学内容不能很好地为民族地区当前的生产生活服务，对使用民族语言文字教学有所忽视。关于民族语文和汉语文的教学安排问题，要求坚持自择自愿方针；不能忽视民族语文，也要重视汉语文教学；在学民族文字的小学里，一二年级以学习民族文字为主，加授汉语会话课，三四年级以学汉语文为主并继续学习巩固民族语文，高小全部学习汉语文，适当增加民族文字补充读物。关于民族教材问题，要求搞好民族小学教材的编译出版工作。以地方为主，上下结合，在德宏、怒江、西双版纳建立民族教材编译室，充实省编译机构，由省教育厅和省民委共同负责。要加强对民族教材编译出版工作的领导和审查。同时，会议还总结了民族教育中灵活多样的办学形式、提高教学质量、加强政治思想教育、培养师资和加强领导的相关经验。这次会议确定了民族教育的办学思想和具体方法措施，对全省民族教育的发展起到了重要的推动作用。

在发展民族教育中，省委主要领导注重调查研究，提出解决问题的办法。1964 年，阎红彦深入民族地区调研，提出民族工读教育的问题，要求结合实际，为边疆少数民族培养“三员五匠”①。强调民族教育要结合生产生活实际开展，通过教育，教会少数民族做豆腐、做腌菜等家务。通过学会生活常用技术，改变生活方式，促进生产发展。如景洪县勐龙

① “三员”：文化教员、卫生员、理发员；“五匠”：木匠、铁匠、篾匠、石匠、砖瓦匠。

区勐宋小学帮助培养合作社会计，教学生做腌菜等实用技术，很受各族群众欢迎。随后，在边疆民族地区创办了一批耕读学校，使民族教育更直接地为当地建设服务。

这一时期，由于云南民族教育较好地从实际出发，贯彻执行社会主义的教育方针，推动了民族教育事业的发展。除高等院校因1961年整顿调整由18所减少为6所，学生数量有所下降外，各级各类学校在质量和数量上都有新的发展。到1965年，少数民族在校生有小学生88.2万人，比1962年增长近两倍；中学生3.31万人，增长1.5倍；中等师范生1516人，增长50%；中等技术学校1648人，增长35%；高等院校1057人，下降35%。

但是，由于党内“左”倾错误指导思想没有彻底纠正，并在思想文化领域还不断发展，影响了云南民族教育的发展。一些领导的主要精力集中在政治运动上，并没有把民族教育摆上“百年大计”的重要位置，讨论政治和生产较多，而讨论教育，尤其是民族教育少，民族教育的一些问题和困难没有得到及时有效的解决。

除教育外，边疆民族地区的文化事业也在曲折中发展。立足于云南少数民族众多、民族文化资源丰富多彩的实际，中共云南省委大力发掘和推广民族文化。全省有计划地组织文艺界和在校大学师生对云南的民族民间文学艺术进行了5次大规模发掘搜集、整理和研究，产生了较为深远的影响。其中，民族文学创作不断取得新的成就。这一时期，《白族文学史》《纳西族文学史》等的出版，进一步丰富了中华民族文学史；依据彝族民间叙事长诗改编的电影《阿诗玛》、傣族叙事长诗改编的傣族歌舞剧《娥并与桑洛》、白族民间故事改编的白剧《望夫云》、动画片《孔雀公主》等民族文艺剧目上演，并在国际文化交流中多次获奖，使具有云南特色的民族文化走出云南和中国，走向世界。

从1961年开始，省委贯彻中共中央对文化工作的调整方针，云南民族文化事业逐步得到恢复发展。1961年11月，省委批准，楚雄、大理、文山、德宏4个州的彝剧、白剧、壮剧、傣剧4个民族剧团分别成立。一些作家创作了一批反映社会主义新生活而且具有浓郁民族特色的作品，一些民族地区的乡村业余文化工队不断成立，他们自编自演民族歌舞小戏，受到各族群众的欢迎。在发展少数民族剧种和民族歌舞方面，1962年1月8日至17日，在昆明市举行了云南省民族戏剧观摩大会，10天中共演出大、中、小剧目16个，观众达到数万人次。云南建立少数民族剧团，举办民族戏剧观摩演出，当时在全国属创新之举，获得中央领导和其他省、市、自治区的肯定和好评，在云南各族各界人士中也引起很好的反响。通过这些工作，不仅一些少数民族的传统剧种、歌舞剧得到传承发展，还产生了新的民族剧种，对增强各民族的自信心、自尊心和发展民族文化事业起到了促进作用。这一时期省委有关领导亲身参与民族文化理论研究，分管文化工作的省委常委、省委宣传部部长袁勃作了《发展社会主义的民族新文化》的报告，用马列主义关于民族文化的观点，从云南实际出发，就发展云南文化艺术的方针政策和一些重要理论问题进行了阐述。报告对民族文艺工作者提出了新的要求，要大家熟悉云南民族文化，大力发掘整理民族文学艺术遗产，培养民族歌手，扶持地方戏和民族戏，继承和发扬各民族优秀传统，借鉴外来的文艺经验，发展和繁荣各民族的社会主义文艺。

省委重视开展边疆民族地区群众性文化活动。1964年，省委书记处书记赵健民到思茅、西双版纳、临沧等地视察，强调要重视傣族地区赞哈等民间艺人的工作。1965年，阎红彦提出，民族群众文化要向内蒙古乌兰牧骑学习，要在边疆每个县各组织12—15人的山区文化工作队，上山下乡，深入民族地区传播文化科技卫生知识，文化工作队表演的节目要与群众生产生活联系。同年12月召开的省委边疆工作会议提出了发展民族文化的具体意见，一是搞好民族文化下乡工作。积极采用多种形式，把社会主义文化送到边疆民族村寨，送到偏僻山区和一些落后的民族地区。把辅导边疆民族地区群众性的文化活动作为一项重要任务，大量地经常地组织综合性的文化服务队上山下乡，帮助群众长知识、学技术，提高文化水平，开展文化活动。二是加强民族文化阵地建设。村寨设立文化室，以团员民兵为骨干，学文化、读报、讲革命故事、唱革命歌曲，组织小型演出和体育活动，使其成为农村传播社会主义文化的阵地。三是搞好民族文化队伍建设。加强对民间艺人的教育改造，使他们能更好地为社会主义服务。四是促进民族文化活动，重点是适当增加电影队。边疆农村放映的影片应当加以选择，不要放神话故事片，要积极组织民族语言的配音解说。

这一时期，云南边疆民族地区的卫生事业在曲折中有了一些进步。在艰难的实践中，一大批医疗卫生人员逐步锻炼成长。他们不畏艰险，不辞辛劳，全心全意为各族群众服务，把青春奉献给边疆的民族卫生事业。特别是在国民经济调整时期，在对医疗事业的调整中，省委加强对少数民族医疗卫生工作者的培养。除云南民族学院、昆明医学院和省卫生学校培养的各族卫生人员外，各地区也举办了各种卫生训练班，培养了一批防疫、化验、妇幼保健等卫生人员。到 1964 年，边疆民族地区已有各类国家医疗机构 269 个、病床 2100 张、医务人员 1200 多人。与 1952 年相比，医疗机构增长 7 倍、病床增长 9.5 倍、人员增长 4.7 倍。另有集体联合诊所 32 个、卫生所 125 个，脱产半脱产保健员、接生员 2500 多人，不脱产的 4400 多人。民族地区缺医少药的状况有了明显改善。各种流行传染疫病已基本消灭或得到控制。

但是，医疗卫生事业的落后状况不是短时期内能完全改变的，广大农村的卫生条件仍然很差，医疗力量不足问题仍很突出。不少民族群众患病后，或因贫困或因路途遥远而无法就医，有的则因迷信而不愿求医。为改变这种状况，1965 年 12 月省委召开边疆工作会议，就进一步做好民族地区卫生工作提出意见。会后，各地认真落实文件精神，按照所提的 7 条意见开展边疆地区卫生工作。一是开展群众性卫生运动，预防疾病。二是大力培养半农半医的卫生人员，在各乡建立卫生室，村（社）设不脱产的卫生员和接生员。乡、社卫生人员的报酬由国家补贴和公益金解决。所需医药成本原则上由公社负担，贫困地区也可由国家帮助。三是区卫生所把辅导和提高保健员和接生员的业务水平作为一项日常工作任务。四是加强对民间医生的领导，充分发挥民间草医的作用。五是州、县医院积极组织巡回医疗工作。六是边疆的部队、农场和工矿企业医院、卫生所，都向群众开放。七是边疆民族群众的医疗费用，分别根据不同情况实行收、减、免的办法。边疆地区医疗卫生落后状况进一步改变。

四　深入贯彻党的民族政策

重视少数民族干部的培养和使用

1956 年 4 月 5 日，省委曾发出关于培养民族干部问题的指示，要求大胆培养和提拔少数民族干部，从根本上改变民族干部工作与边疆当前任务不相适应的严重状况。在党的八大召开期间，省委作出《关于加强云南边疆工作的意见》，明确要求大力培养民族干部。此后，全省进一步加强少数民族干部的培养使用力度，不断推动云南少数民族干部队伍的发展壮大。1957 年，全省少数民族干部人数占全省干部总数的 21.25%，比 1956 年提高了 1.53 个百分点。

尽管如此，民族地区的少数民族领导骨干较少，少数民族干部构成不合理的情况仍然存在。全省有 20 多个少数民族比较集中的县，甚至尚未培养出当地少数民族的县委书记。如富宁县少数民族人口占全县人口数的 80%，县委书记处 7 个书记中没有一个当地少数民族干部；孟连傣族拉祜族佤族自治县的县委中没有一个当地少数民族的委员；边疆民族地区还有 64 个区没有当地少数民族的区委书记、副书记，有的甚至连区委委员也没有。特别是 1958 年以后，由于“左”倾错误的影响，对少数民族干部的培养冲击很大。在反地方民族主义中，一些正常反映本民族实际情况和群众要求，对党的工作提出过不同意见的少数民族干部，被错划为“右派分子”“地方民族主义分子”。这其中一部分就是在少数民族群众中有影响的地（州）、县级领导干部。这对民族干部和群众造了伤害，少数民族出身的领导干部一度大量减少，省管以上少数民族干部，1959 年统计只有 132 人，比 1957 年减少 38%。

从 1961 年开始，按照中共中央调整国民经济的“八字方针”，少数民族干部政策逐步得到调整。1962 年 4 月，中共中央召开了全国民族工作会议后，省委于同年 10 月 8 日向中共中央作《关于加强边疆工作和民族工作的报告》。《报告》提出，当前，应当以教育提高现有干部的政治思想水平为主，从中培养出一批以马列主义、毛泽东思想武装起来的，对社会主义无限忠诚，经得起风险考验的领导骨干。同时，要注意培养经济文化方面的专业技术干部。凡是已经有了一批本民族领导骨干的地方，就应该让他们逐步担负起那里的领导工作。中共云南省委在文件中要求，农村基层组织是培养民族干部的重要基地，应当恢复过去行之有效的通过定期总结工作去教育提高的方法，帮助基层干部迅速成长；在少数民族聚居或少数民族人口占多数的内地人民公社的社队干部及边疆的乡支部书记，必须由当地民族干部担任。特别要求对少数民族干部，要经常教育他们密切联系本民族群众，向党反映群众的真实思想，发挥民族干部的特殊作用。对有些地方在调整中大量精简少数民族干部的情况，省委提出，各地在精简中，一般不要精简民族干部，对已经回家的民族干部，本质好、有培养前途的，应当动员他们回来，分别情况安排工作；在当地影响较大、工作时间较久的干部，即使有些缺点也要尽量教育他们回来继续工作。

按照《报告》精神，各级党委注意做好民族干部的工作，对有些被迫离职回家的少数民族干部，有关部门按月照发工资，并把工资送上门，进行耐心细致的思想工作，争取让他们重新回到工作岗位；对个别地位较高、在本民族群众中特别有影响、工作时间较长的少数民族领导干部，则由相关党委主要领导亲自登门做工作，把他们请回来。

省委的这个报告，引起了党中央的重视，于 1964 年 5 月 28 日作了批复。中共中央同意给云南增加 1500 人的编制，加上原有的 500 人，组建了一支 2000 人的边疆民族工作队，到德宏、思茅（含西双版纳）、临沧、红河、丽江（含怒江、迪庆）等地、州的边疆二线地区，帮助各族群众发展生产，解决群众的具体困难，沟通党和群众关系。边疆各地、州遵照中共云南省委的指示，认真选配人员，相应组建了民族工作队，在当地开展工作。内地有的地、州还组建了山区民族工作队，以加强偏僻贫困的少数民族山区的工作。边疆一线的民族工作队，同时还担负着维护边疆稳定、巩固边防的重任。驻云南部队也组建了相应的民族工作队。1964 年 4 月 23 日，昆明军区、省委向中共中央转报了云南省军区副司令员王启明调研撰写的《关于边疆工作队问题的意见》。中共中央批复时指出：把边疆地区的工作搞好，确实是一个具有战略意义的任务。所有派出的工作队必须由强的、懂得党和国家政策的干部率领，强的工作队才能替人民办好事。为了加强边防一线的民族工作队力量，1965年3月，昆明军区调整充实了边境一线地区的民族工作队（组），并报经国务院总理周恩来批准，确定把部队民族工作队人数逐步增加到5000至1万人，实现一乡一队。到1965年底，部队民族工作队增至5200多人，后来逐步扩充到7000人，分布在230个边沿一线的乡村工作。民族工作队的发展壮大，对稳定边疆、建设边疆、巩固国防，特别是培养锻炼少数民族干部和扩大少数民族干部队伍都起到了重要的作用。到1965年底，全省少数民族干部共有4.18万人，比1956年增长了15.8%，占全省干部总数的19.09%。

经过调整，云南民族干部队伍建设取得了一些成绩，但少数民族干部所占干部总数的比例，仅恢复到1956年的水平，边疆民族地区的少数民族干部数量仍然偏少，文化程度偏低。据统计，当时执行边疆政策的29个县（镇）① 中，只有1名当地少数民族的县委书记，11名当地少数民族的副书记；在265名县委常委中，少数民族干部也只有51人。在193个区中，有150个区的区委书记和96个区的区长不是当地少数民族干部。县级机关部、委、办、局正副职干部属于当地少数民族的就更少，只有181人，占14.7%。边疆当地少数民族干部中小学文化程度的占64.4%，还有21.2%是文盲，其中乡干部文化程度为初小和文盲的占到77.1%，县一级领导干部文化程度为小学或相当于小学的占56.8%，几乎没有专业技术干部，且大多数不具备独当一面的工作能力。

面对这种状况，1965年12月20日至1966年1月13日，中共云南省委和昆明军区党委共同召开全省边疆工作会议，把培养少数民族干部工作作为重要议题之一。会后省委下发了《关于培养少数民族干部的

---

① “文化大革命”前的边疆地区，系指执行边疆政策的地区，其范围包括贡山、福贡、碧江、泸水、盈江、陇川、瑞丽、畹町、潞西、梁河、镇康、耿马、沧源、双江、澜沧、西盟、孟连、江城、勐海、景洪、勐腊、元阳、红河、绿春、金平、河口、中甸、德钦、宁蒗29县（镇）和腾冲、龙陵、维西、石屏4县的个别区。

意见》，对少数民族干部队伍建设作出规定。《意见》要求，在边疆县和内地民族聚居县，县长一律由当地民族干部担任；县委书记、副书记、副县长几个职务中，要配上一两名当地民族干部；县委常委和县委部委、县级科局的领导干部中，当地民族干部也应占一定比例，力争一两年内，区委书记、区长都由当地干部担任，且各级都要配有妇女干部。同时，《意见》要求省委党校增设民族干部训练班，对民族干部进行政治、文化教育，在3年内将省管以上的民族干部轮训一遍；云南民族学院主要轮训区、公社（乡）两级民族干部和在民族地区工作的同级汉族干部，在5年内进行政治教育轮训3000人，文化教育培训5000人。《意见》强调，各地要加强对民族工作队的领导，认真物色、审查适合条件的少数民族青年参加工作队，并通过这一形式向各方面输送干部。同时部队通过征集少数民族青年入伍，培养民族干部。但是，这些措施的落实被随之而来的“文化大革命”打断，省委的部署未能得到贯彻执行。

贯彻宗教信仰自由政策

贯彻中国共产党的宗教信仰自由政策是中共云南省委始终坚持做好的一项重要工作，也是云南长期保持民族团结、边疆稳定的一个重要原因。党的八大提出，必须长期坚决地执行宗教信仰自由政策，决不可以在社会改革中加以干涉。在省委的领导下，全省各族信教群众和宗教界人士积极投身于社会主义建设，认真执行宗教信仰自由政策，努力做好宗教工作，不断建立健全宗教组织，为民族团结进步事业作出了重要贡献。

云南在宗教工作方面开展了一些有益的探索。随着社会主义建设的全面开展，全省全面废除了汉族和民族地区宗教寺院的土地、森林封建所有制，废除了管家、等级、世袭、隶属等寺院封建管理制度和以教代政、自立刑法、私设法庭、监狱等封建压迫制度。同时，通过各种形式对宗教界人士和各民族信教群众进行政治思想教育。这些工作的开展，使各族信教群众的宗教负担大大减轻，一些陈规陋习逐步破除，寺观、教堂开始建立了民主管理组织和制度，宗教界人士开始参加力所能及的生产劳动和社会性的服务工作，直接或间接地为社会主义建设服务。

建立爱国宗教组织，是这个时期宗教工作的一个重点。1958年，昆明等地的基督教各教派在自治、自养、自传的“三自”方针的指导下，实行联合礼拜，结束了历史上形成的分裂状况。1963年6月在昆明召开的云南省基督教代表会议，选举产生了云南省基督教“三自”爱国运动委员会，总结了反帝爱国运动的经验，制定了“三自”爱国会的章程和任务。同时，云南省佛教第一次代表会议召开，包括汉族、傣族、藏族、布朗族、德昂族、纳西族、佤族等民族的信教代表出席会议，选举产生了中国佛教协会云南省分会，傣族长老松留·阿戛牟尼被选为会长，藏族活佛松谋、汉僧自性等8人当选副会长。会议通过了《中国佛教协会云南省分会章程》和《云南省佛教第一次代表会议决议》，号召全省各民族佛教信徒“报众生恩、报国生恩”，加强团结，同心同德，和全省各族人民一道，为争取伟大祖国的社会主义事业新胜利而奋斗。省佛教协会的人员组成充分体现了云南佛教三大教派齐抓共管和多民族信奉本教的特点，也彰显了云南教派团结和民族团结的良好局面。此后，中国佛教协会西双版纳、德宏、临沧等地分会改为地区性佛教协会，提高了地方宗教组织的自主性。

由于“左”倾错误的影响，云南的宗教工作也遭遇了挫折，党的宗教信仰自由政策受到了破坏。在反右派斗争扩大化中，一部分宗教人士被错划为“右派分子”，有的甚至被错误地判处徒刑。在“大跃进”和人民公社化运动中，不少地方的寺观教堂房产被平调、占用或关闭，正常的宗教活动受到冲击。即便经过1961年开始的调整，部分寺、观、教堂可以公开活动，1964年与1955年相比，其数量仍减少一半。在1965年农村“四清”运动中，一些地方或强迫群众放弃宗教信仰，动员信教群众退教，或不准进行正常的宗教活动，使宗教活动被迫从公开转入隐蔽。各族信教群众和宗教界人士对党和国家的宗教政策产生了怀疑，致使在反帝爱国基础上建立起来的党和人民政府与宗教界爱国人士和信教群众之间互相信任的团结关系，受到了严重损害。这是云南宗教工作中应当深刻记取的教训。

尊重少数民族风俗习惯

云南的少数民族大多都有独特的风俗习惯，并被赋予强烈的民族感情，甚至是作为民族的重要标志而加以维护。民族风俗习惯得不到尊重，就会伤害民族感情，影响民族团结和边疆稳定。

中国共产党历来尊重少数民族的风俗习惯，并把各民族都有保持和改革自己风俗习惯的自由作为民族政策的重要内容写进了宪法。中共云南省委认真贯彻党的民族政策，把尊重少数民族的风俗习惯作为维护民族团结和边疆稳定的重要政策切实落实好。在社会主义改造中，云南各级党委、政府积极倡导健康有益的风俗习惯，倡导和鼓励团结互助、尚礼好客、道不拾遗、尊老爱幼，云南各少数民族的风俗习惯，包括饮食、服饰、礼俗等方面的习俗得到了充分尊重。在合作化初期，除按一般社员留给自留地外，根据一些民族的特殊需要，给苗族留麻塘地，给瑶族留蓝靛地，给傣族留竹棚和小鱼塘，给彝族、回族、苗族留自留羊、自留牛，还给苗族、瑶族留马等。在各民族的节日里，如白族的“三月街”、纳西族的“三月会”、彝族和白族的“火把节”、傣族的“泼水节”等，专门给予假期，并规定了具体的庆祝办法。各族群众的风俗习惯得到了充分尊重，在建立社会主义制度过程中全省各族人民心情舒畅，民族关系日益改善，民族团结日益加强。

1958 年开始的“大跃进”和人民公社化运动中，在“左”倾错误思想指导下，反对“三论”，忽视民族特点，消灭民族差别，在执行民族政策，尊重少数民族风俗习惯上，发生了严重失误。如取消了麻塘地，限制苗族种麻，结果一些少数民族群众赖以穿衣的生活用麻十分紧缺。彝族、壮族常用的土布是用棉花自织自用，禁种棉花使彝族、壮族群众失去了布源。有的地方不准苗族绣花衣，强迫他们穿汉族服装，有些地方甚至不准苗族说苗语。有些地方不供应回族食堂需要的牛羊肉，甚至强迫回族食堂与汉民食堂合并，严重破坏了民族宗教信仰自由政策和风俗习惯。

1961 年开始，中共云南省委贯彻中共中央全面调整方针，反对急躁冒进，纠正“左”倾错误，民族政策逐步得到落实。这期间，在云南视察工作的周恩来在西双版纳参加傣族泼水节活动，为尊重少数民族风俗习惯做出了榜样。1961 年 4 月，适逢傣族新年泼水节，在西双版纳傣族自治州允景洪与缅甸总理吴努会晤的周恩来，在繁忙的工作中安排时间参加泼水节活动。为安全起见，省委原安排在住地为他们单独举行“泼水礼”。周恩来知道后不同意，指出要尊重傣族群众的风俗习惯，要和群众在一起活动。15 日上午，周恩来身着银灰色的傣族服装，扎着水红色的头巾，到曼厅寨视察。傣族群众敲起象脚鼓，唱起“依拉贺”，热烈欢迎。周恩来接过群众手中的铓锣和群众一起跳舞，又接过象脚鼓敲起来，节奏合拍，笑声爽朗。群众深受感动，欢声四起。下午 2 时半，周恩来陪同吴努到大街中心，傣族老人先用花枝蘸香水洒向两位总理，为他们祝福。周恩来接过花枝和水碗回洒老人和群众，并向他们问好。两国总理也相互泼水祝福。满街水花四溅，欢呼声欢笑声连成一片。晚上周恩来又观看民族文艺晚会，有傣族的“赶摆”、哈尼族的“采茶”、拉祜族的“新米节”等歌舞节目。他对每个节目都热情鼓掌，说兄弟民族歌舞有很多好东西，要保护，要发扬，不能拿汉族的想法去修改，强加于人，那是不尊重人家的风俗习惯。各族群众和周恩来过了一次十分欢快的泼水节，感到无比高兴，每当提起这件事，傣族群众总是说：“周总理是我们民族的贴心人、带头人。”周恩来的言传身教感动和教育了广大干部和群众，赢得了各族人民的拥护和爱戴。

在国民经济全面调整时期，省委纠正了不少违反党的民族政策和破坏民族风俗习惯、伤害民族感情的错误做法。先后发文专门作出规定，要求逐步恢复照顾民族特点的各项措施，对“大跃进”运动中收兑的民族饰品进行退赔，并拨出白银加工成银饰品专供少数民族使用。在一些涉及民族风俗习惯的敏感问题，如民族特殊用地和特殊用畜等问题上，也从各民族的实际需要出发进行了调整。在特殊用地问题上，要求山区凡是有种麻塘地习惯的地区，应该允许社员私人种麻，在规定数量的自留地以外，留给社员一定数量的麻塘地。原来已经有的，坚决不动；已经取消了的，必须适当补给，一般每户可留两分左右的地。为了照顾有种植土棉习惯的部分彝族和壮族，规定有种土棉习惯的地区，应当恢复和发展土棉生产，可以由生产队集体经营，也可以允许社员小片开荒作自留地种植土棉。在特殊用畜方面，提出用于“少数民族风俗习惯的羊，允许社员私人饲养，每户不超过3只，小羊由集体有计划的卖给社员”，实行公私并举，允许私人养羊。为了妥善解决苗族和瑶族的风俗牛和“耍马”问题，规定为了发展畜牧业，在分散山区允许私人饲养大牲畜。还特别规定回族食用的菜牛和羊，可根据情况由集体供应或社员自养。

通过贯彻落实省委的文件精神，云南各族群众的风俗习惯得到了应有的尊重，受到了各族人民的拥护和欢迎，改善了民族关系，增强了民族团结。

使用和推广少数民族语言文字

在全面建设社会主义过程中，省委根据党和国家的政策法规，积极帮助少数民族使用和推广各自语言文字。1956年6月，先后成立云南省少数民族语文指导工作委员会和云南省教育厅民族教材编译室，加强对民族语言文字工作的领导。此后，组织了200多人参加的少数民族语言调查队伍，奔赴全省各民族地区开展调查工作。经过半年左右的普遍调查，到1957年初，对哈尼族、傣族、傈僳族、拉祜族、纳西族、佤族、景颇族、苗族、白族、壮族10个民族的语音、词汇、语法和方言、土语的分布情况进行了系统的分析研究，在选定基础方言和标准音点的基础上，先后帮助哈尼族（2种）、傈僳族、纳西族、佤族、景颇族（载瓦支系）、苗族（2种）、壮族7个民族创制了9种文字，其中前6种在云南创制，苗文在贵州创制，壮文在广西创制；帮助傣族（2种）、拉祜族、景颇族（景颇支系）3个民族改进了4种文字。

创制和改进民族文字的工作，既是一件严肃的政治任务，也是一件细致的科学工作。在这一过程中，省委遵循实事求是的思想路线和自愿自择的原则。为了使民族文字能够最大限度地适应它所代表的语言，起到完善合理和容易学习普及的社会效果，在设计文字方案之初，中共云南省委组织力量对每个民族的语言和原有文字的使用情况进行了全面调查和深入分析，力求做到全面、周到。原设计文字方案时，曾考虑一个民族只用一种统一的文字，这样做不仅国家可以节省大量人力物力，更重要的是一种文字使用的人口越多，这种文字的发展前途就越大。但是鉴于历史传统和语言内部差别过大等原因，最后还是根据本民族的意愿和实际需要，给傣族、景颇族、哈尼族和苗族各创制或改进了两种文字。如在傣族原有的5种文字中，傣仂文和傣那文的使用历史较长，在群众中的影响很深，而且方言之间的差异很大，本民族又愿意继续使用不同的文字，所以改进了德宏地区傣族使用的傣那文和西双版纳地区傣族使用的傣仂文。由于这些文字的创制和改进是在掌握大量语言材料，并进行系统的科学分析的基础上制定的，试行效果较好，普遍受到了各族人民的欢迎。傈僳族群众把新创制的傈僳文誉为“金文字”“银文字”，还说：“过去我们是睁眼瞎，现在党中央、毛主席给了我们一双明亮的眼睛，我们一定要学好新文字，学好文化。”

在帮助少数民族改进文字过程中也有失误。云南最初改进的两种傣文，因缺少经验，对原有文字改动过大，曾出现过新老文字脱节现象。通过总结经验教训，1956年改进拉祜文和景颇文时，贯彻了自愿自择的原则和领导、专家、群众“三结合”的方针，采取慎之又慎的态度，只作了必要的整理和充实，没有作大的改动，充分照顾了原有文字的结构和书写习惯。改进后的文字，本民族干部和群众都比较满意，达到了预期效果。

随着民族文字的创制、改进和试行工作的开展，全省进一步做好民族文字图书编译出版工作的领导。1957年，省委以原省教育厅民族教材编译室和云南人民出版社民族边疆组为基础，成立云南民族出版社。该出版社成立后便开始编译出版傣族（2种）、景颇族（2种）、傈僳族、拉祜族、佤族、哈尼族6个民族8种民族文字的试验教材和扫盲课本。各级教育部门也相应地抓了民族语文师资培训和选点试教工作。省民族语言委员会和中国科学院派驻云南的少数民族语言调查工作队积极配合，为民族文字的试行做了大量的调查研究和指导工作。从1957年德宏州傣文的试行情况看，该州用傣文教学的有68所学校，学生3456人，占该地区学生总数的45%。根据学生语言和生活实际，采用民族语文教材教学，民族儿童容易理解接受，教学进度和教学质量比用汉语教学显著提高。成绩好的学生，学习半年基本上掌握全部傣文字母，学习一年就能拼读德宏《团结报》傣文版。

从 1958 年开始，由于“左”倾错误影响，云南民族语言文字使用和推广工作遭受了挫折。1958 年 3 月 28 日至 4 月 16 日，在北京召开的第二次全国民族语文科学讨论会，在“左”倾错误思想指导下，以总结 1956 年 1 月以来的工作为名，采取整风的方式，集中批判了所谓的少数民族语文工作中的资产阶级个人主义和民族主义思想，制定了脱离实际的工作规划。中共云南省委原来计划的一些新创制的民族文字试验推行工作被迫终止。同时，凡是一个民族创制了两种文字的，如景颇族的载瓦文和哈尼族的碧卡方言文字等，以不利于民族内部的团结和共同发展为由被取消。云南创制、改进的 13 种民族文字，只有傣族、哈尼族、傈僳族、拉祜族、佤族、景颇族、苗族、壮族 8 个民族的 10 种文字在 1958 年的群众性扫盲运动中试验推行。云南的民族语文工作还受到了“民族融合风”和“民族文字无用论”、民族语言可以“突变”，可以“直接过渡”（少数民族直接使用汉语）等“左”倾错误思想的不断干扰。1959 年以后，云南各地相继停止正在试行的民族文字。云南广播电台从 1960 年起，停止了民族语言广播节目。中共中央和中共云南省委一贯强调的在民族地区工作的外来干部必须学习当地民族语言的指示精神被废止，小学教师也放松了民族语文的学习。如当时在勐海县勐遮区工作的 34 名汉族教师中，会讲傣话、能胜任教学工作的只有 6 人。这种状况直接影响了教学质量。自治机关中也很少使用民族文字，民族语文推广工作受到了严重影响。

1961 年，贯彻中共中央的全面调整方针后，省委对民族语文工作战线上“左”倾错误进行了一些纠正。为重新开展民族文字试行工作，中共云南省委对边疆民族地区民族文字的使用情况进行了典型调查。继 1962 年全国民族工作会议之后，省委召开了全省民族工作会议，重申了中国共产党的民族政策，提出了继续加强少数民族语文工作的意见。会后各地对这方面的问题进行了调查研究，提出许多好的意见。1963 年省委在全省民族教育工作会议上进一步重申了党的民族语文政策，提出在民族小学中继续加强民族语文教学的意见。经过调整，云南的民族语文工作得到了一定恢复。如长期坚持民族语文教学的勐海县傣族地区的曼燕小学的学生，不仅可以流利地阅读傣文书报，而且能运用傣文学好其他课程，受到学生家长和基层干部的好评。瑞丽县景颇族地区的等戛小学，长期坚持景颇、汉双语文教学，培养了一批有文化的年轻人，被誉为民族教育战线上的一盏明灯。

第十四章
睦邻友好关系的新拓展

进入全面建设社会主义时期，在和平共处五项原则的指引下，中共云南省委坚持从云南地处边疆、民族众多的实际出发，慎重稳进，积极稳妥处理边境关系和对外关系，开展边境对敌斗争，积极维护边疆地区安全稳定，进行国际主义援助活动，开展中缅友好往来，睦邻友好关系有了新的拓展。

一　和平解决边界问题

积极争取外迁群众回归

云南有16个跨境而居的少数民族，他们互相通婚，往来频繁，关系密切，相互之间不仅存在国家关系、民族关系，还具有亲戚关系。历史上，由于统治阶级对少数民族剥削、压迫和歧视政策，从而形成长期以来少数民族与汉族关系紧张，特别是边境沿线的少数民族群众，只要境内一有“风吹草动”，便出走境外，对边境地区的稳定形势造成极大影响。

云南解放初期，由于边境地区各族群众对中国共产党和新生人民政权不够了解，加之境外敌对势力的挑唆，曾一度部分边民外迁，其中包括一些少数民族上层人士。以西双版纳为例，解放前后外出的人数有几千人，其中就不乏刀栋庭等社会地位高、影响大的民族上层人士。刀栋庭原是西双版纳代理宣慰司，属于西双版纳的最高统治者，解放前夕被国民党残军挟持出境，他的一些属从也跟随外迁。由于他们都是当地少数民族群众中有影响的头人，在缅甸、泰国北部地区造成了很大的反响，误认为是共产党把他们赶出去的。事实上刀栋庭等人出去以后就被国民党残部监控，丧失了自由，生活并不如意。他常派人回国探听情况，想回来又不敢，一方面怕国民党发现后对他不利，另一方面对共产党的政策不太了解，担心回国后不受欢迎，甚至被打击迫害。中共云南省委知道这种情况后，决定把工作重点放在刀栋庭身上，通过争取他回归，带动其他人回来。经过精心谋划、积极准备和一段时间认真细致的思想工作，刀栋庭终于在 1954 年 3 月回到景洪。省委、省人民政府安排他先后担任了西双版纳自治区副主席、自治州副州长，之后担任省民委副主任，全国政协第二、三届委员、常委，省政协第四届副主席。对跟随刀栋庭回来的头人，各级党委、政府根据实际情况分别作了安排，有的担任政府领导，有的作为政协委员，对于年高体弱的人士则从生活上给予补贴。这对争取外迁人员回归起到了很好的促进作用，很多外迁人员陆续设法回到了祖国，回到了家乡。

党的八大前后，中共云南省委继续认真做好边疆民族工作。但是，由于“左”倾错误的影响，反右派斗争的不断扩大，“大跃进”和人民公社化运动的开展，加之敌对势力的离间挑拨、暴力破坏，大量边民纷纷外迁，仅 1958 年就达 11 万多人[①]，对党的形象和边境稳定造成不利的影响，党的边疆民族工作也较为被动。

面对严峻的形势，省委加大边境对敌斗争力度，保持边境地区的稳定。经省委批准，由省公安厅牵头，相关地州参与，组织力量深入边境一线打击敌人的各种破坏活动。开始时，由于缺乏统一指挥和紧密配合，没有形成强大合力，无法起到威慑作用，敌人的破坏活动日益猖狂，

① 中共云南省委党史研究室等编：《“大跃进”运动》（云南卷），中共党史出版社 2004 年版，第 21 页。

外迁群众不断增加。省委分析总结经验教训后认识到，边境对敌斗争既是一场你死我活的军事斗争，也是一场错综复杂的政治斗争，斗争胜利的关键是要做好边疆民族工作，争取边疆民族群众。前期行动效果不明显的原因，主要是各级党委对于边境对敌斗争的复杂性没有引起足够重视，组织领导脱离实际，参与组织边境对敌斗争的领导多数是外地干部，听不懂当地民族语言，不熟悉当地实际情况，不能及时掌握对敌形势。

此后，省委及时调整工作思路，强调在军事手段的保证下，要认真做好边疆民族工作，促进边疆稳定、民族团结，争取边民不再外迁、外迁边民早日回归。为此，从 1959 年开始加强做好少数民族群众的发动工作，充分依靠各族群众，随时掌握敌特动态，并组织了一批精通当地民族语言的民族干部到边境一线，参与组织领导边境对敌斗争。为便于统一指挥，省委成立了由省公安厅、省军区边防团、当地党委和部分边疆农场组成的对敌斗争领导小组。在对敌斗争中除了坚决打击窜扰的匪徒外，随时注意揭露敌人的谣言和破坏活动；对境外派遣的特务暂不急于逮捕和破案，待发现其破坏活动时择机一网打尽。由于领导有力，任务明确，重点突出，方法得当，有效地打击了敌对势力的嚣张气焰和遏制了敌对势力的破坏活动。

在开展对敌斗争的同时，省委全面改进干部作风，实事求是制定各项政策措施。1958 年 12 月 23 日，省委边委向省委作了《关于边疆群众外逃外迁情况和今后工作意见报告》，就争取外迁人员尽早回归提出十个方面的具体意见，内容包括边疆民族地区未办人民公社的一律不准再办；对外迁回归人员，一律不准审问、刁难、辩论、斗争；坚决保护外逃人员的财产，妥善安置回归人员；对外迁回归人员均应进行耐心的思想政治工作等。12 月 24 日，省委批转了此报告。

省委从边境地区的实际出发，出台一系列宽松政策，采取一些积极措施，改善边疆各族群众的生产生活条件，努力争取外迁群众回归。如允许社员家庭种自留地，允许私人养牛、养猪、养鸡、养鸭、养鱼等。对边境地区的人民公社体制进行调整，把生产单位由区改为村寨，根据自愿的原则，愿意组织互助合作的保留互助合作组织，不愿意的可以以家庭为单位组织生产，已经入社的耕牛和土地全部退还。在保证化肥农药供应的前提下，各级党委专门安排工作组深入村寨，带领群众抓生产促丰收。对于群众吃不完的粮食，由粮食部门全部收购，以增加群众的经济收入。这些政策和做法不仅极大地提高了当地群众的生产积极性，使群众不再外迁，还吸引了大量外迁群众的回归。

在此基础上，中共云南省委进一步开展政治攻势，一是大力向群众宣传和揭露敌特的各种破坏活动，启发群众的觉悟，识破敌人的反动阴谋；二是将暗藏在人民群众中间为敌特办事的人揭发出来，通过做这些暗藏敌特的思想工作，让他们在群众会上现身说法，启发教育群众。对于多数受骗上当的人，让他们回家从事生产劳动。通过这些深入细致的思想政治工作，一批外迁后被强迫加入敌特组织的群众纷纷回归。

1961 年中缅联合勘界警卫作战后，中缅边境地区实现了睦邻友好、和平共处，为争取外迁群众回归奠定了基础，创造了条件。到 1962 年，外迁群众基本回归。

中缅边境勘界警卫作战

随着社会主义建设的全面展开，面对云南边境地区特殊、复杂的形势，中共云南省委把开展边境对敌斗争，维护边疆稳定作为一项重要工作来抓，通过军事打击清剿边境地区的匪患，开展细致的思想工作争取外迁边民回归，为拓展睦邻友好关系奠定基础，为各项事业的和谐发展创造一个良好的环境。

边境地区的剿匪斗争是全省剿匪斗争的重要组成部分。经过 1950 年以来的边境地区剿匪斗争，边境一线的残匪受到沉重打击，但并没有彻底消灭。从 1959 年开始，台湾国民党当局在美国政府的支持下，推行“反攻大陆”的计划，不但加紧强渡海峡进行挑衅活动，而且增派武装人员和特务，扩充逃缅国民党军残余部队。1959 年 2 月，逃缅国民党军残部总指挥柳元麟按蒋介石的指令，将残部改为“云南人民反共志愿军”，急速扩充势力，加紧对中缅边境云南一侧进行武装袭扰，策应西藏上层的叛乱。持续不断的窜扰给云南边境地区造成了动荡，严重影响各族群众的生命安全和生产生活。昆明军区按照中共中央、中央军委的指示，组织部队对柳元麟部的武装袭扰进行了有力反击，并成功进行了中缅边境勘界警卫作战，歼灭了盘踞在缅北地区国民党残余部队，巩固了祖国边防。

为解决中缅边界问题，1960 年 1 月，中缅两国政府签订了《中华人民共和国和缅甸联邦之间的友好和互不侵犯条约》，10 月又签订了《中华人民共和国和缅甸联邦边界条约》。双方协商在中缅边界进行勘界，并成立中缅联合勘界委员会。对此，聚集于缅甸北部地区的国民党军柳元麟残部进行破坏，企图阻挠勘界的进行。为确保勘界工作顺利进行，两国商定由中国政府派出部队进行中缅勘界警卫作战，出兵打击和歼灭这股顽匪。同月，中央军委把中缅边境勘界警卫作战的任务交给昆明军区。11 月 4 日，中缅联合勘界委员会警卫问题专门小组在昆明达成关于勘界警卫作战问题的协议。11 月 5 日，昆明军区在勐海成立中缅勘界警卫作战前线指挥所，由云南省军区副司令员黎锡福[①]和十三军副军长崔建功分别担任正、副指挥长，统一指挥所属部队入缅作战。根据协议，中国军队入缅作战纵深约 20 公里，负责清除边界旧 30 号至旧 62 号界桩地区，即云南勐遮至南腊河与澜沧江交汇点两侧的国民党军残部，这条分界线为“红线”。两国军队既要协同作战又要受“红线”制约。11 月 14 日，中央军委下达入缅歼灭国民党军残部的作战命令，并强调此战意义重大，只准打好不准打坏，以孟马、孟瓦和三岛地区为重点断后路包围部署，打好歼灭战；行动要注意突然性和选好攻击点，应有攻坚准备和适当预备队；如敌人向老挝境内逃跑不准追击，遇到新情况必须与缅方达成协议后才能行动，不准误伤当地居民等。

1960 年 11 月 22 日，云南省军区副司令员丁荣昌和缅甸联邦国防军山友准将的代表在中国景洪签发中国人民解放军、缅甸联邦国防军联合作战命令，规定中国人民解放军在 20 公里协议线结合处以北区域内，彻底歼灭该范围内的国民党军残部。在南垒河以南地区的缅甸国防军配合，堵截向南逃窜之敌。同日，昆明军区接受作战任务后，决定派出部队，执行作战及保障。中国人民解放军越过国境，进入缅甸北

① 1960 年 11 月 20 日，黎锡福升任云南省军区司令员。

部后，立即向各个据点突袭。有些据点固守者被全歼，有些据点的敌人在解放军到达之前逃跑，经过围追堵截终被阻截，共歼敌 467 人，其中包括几名师级军官。同时，还缴获了一批武器弹药。至 1960 年 12 月 20 日，“红线”内的国民党军残部基本被肃清，第一阶段作战任务结束。此后，应缅北军区的请求，根据中央军委和国务院指示，作战部队留驻缅境，占据有利地形和要点，加强戒备严防敌人袭扰，掩护勘界工作的正常进行。

残匪遭打击后，自知实力不济，不敢与人民解放军正面对抗，转而攻击缅军。缅方于 1961 年 1 月 18 日向中方勘界警卫联络官提出，请求解放军配合缅军进剿。

根据情况的发展变化，中缅边界联合委员会警卫问题小组于 1961 年 1 月 22 日在缅甸孟育签订了中缅双方关于继续歼灭国民党军残部的协议。双方同意：在南昆、孟白了、江拉、南羊河以北（包括索永）为中国人民解放军和缅甸国防军联合作战地区，以达到有效地清除这一地区柳元麟残部 3000 余人的目的。1961 年 1 月 25 日至 2 月 9 日，中国军队继续实施入缅作战任务。中国军队出动了 4 个团的兵力，歼敌 270 余人，其余大部分残敌被迫渡过湄公河，撤往老挝境内，另有一部分逃往泰国。遭到这次打击后，柳元麟总部被迫迁往台湾。

经过两个阶段中缅边境勘界警卫作战后，慑于人民解放军的威力，柳元麟部曾有一年多时间不敢妄动，停止了对云南边境的窜扰。但是，1962 年下半年后，随着美国继续推行敌视和遏制中国的政策，在中国周边国家部署部队和建立军事基地，并支持台湾当局对大陆进行袭扰破坏。于是，在缅甸的柳元麟部又再次对云南边境进行袭扰，严重干扰了云南边境各族群众正常的生产生活秩序。

昆明军区根据中央军委的指示，组织指挥边防部队进行了坚决反击。1962 年与窜犯之敌作战 8 次，歼灭敌 100 余人。从 1963 年开始，柳元麟部把大股武装窜扰改成派小组或个人潜入云南边境破坏，扰乱边疆安全。1963 年 7 月 8 日，昆明军区在保山召开边境对敌斗争会议，分析总结边境对敌斗争经验，研究打击国民党军柳元麟残部小股武装窜扰问题。会议经过充分讨论，确立了以小分队对小股，以分散对分散；以边境部队为主、人武部组织民兵积极配合的战术原则。会后，各单位认真贯彻执行，各步兵团组成精干的小分队，以高度的警惕性和机动灵活的战术，对柳元麟残部的窜扰，坚决予以打击。1963年至1966年5月期间，云南边防部队共进行反窜扰战斗18次，反潜伏破坏60余次。同时采取军事斗争与政治攻势相结合的方法，加强政治宣传，劝说逃缅参与柳元麟残部的人回到家乡，悔过自新。

虽然国民党军残余武装窜犯边境的问题直到60年代末70年代初才彻底解决，但是经过50年代和60年代的反窜扰斗争，已经有效遏制了国民党残余部队在云南边疆民族地区肆无忌惮的骚扰和破坏活动，团结、教育和锻炼了各民族群众及其上层人士，保证了边疆地区的生产建设和社会改革得以顺利进行。

中缅边界问题的和平解决

1957年7月，第一届全国人民代表大会第四次会议专门讨论了中缅边界问题，周恩来作了专题报告，会议就中缅边界问题作出了决议，中缅边界问题解决的条件日趋成熟。

应周恩来的邀请，缅甸国防军总参谋长兼任政府总理吴奈温来华继续商谈两国边界问题。两国总理于1960年1月28日分别代表本国政府在《中华人民共和国和缅甸联邦政府关于两国边界问题的协定》和《中华人民共和国和缅甸联邦之间的友好和互不侵犯条约》上签字。同年6月27日，中缅边界联合委员会在仰光正式成立，中方首席代表为中国驻缅甸大使姚仲明，云南省军区副司令员丁荣昌任谈判首席顾问；缅方首席代表为昂季准将。随之，双方抽调人员组成联合勘界队伍，实地进行勘界和树立界桩的工作。中共云南省委对此高度重视，抽调地方和边防部队精兵强将参加勘察队工作。省委遵照周恩来的指示，要求中方勘察人员同缅方搞好团结，互相交流技术，建立友好协商关系。为保持每个村寨的完整，对骑线村寨必须进行合理调整，要分别划归中方或缅方，并力求平衡。同时，要加快勘察工作，避免出现拖拉、停顿现象。由于勘察队员兢兢业业，一丝不苟，并与缅方人员团结协作，为中缅勘界的顺利完成作出了贡献。

1960 年 10 月 1 日,《中华人民共和国和缅甸联邦边界条约》签字仪式在北京人民大会堂隆重举行。周恩来和吴努分别在条约上签字。刘少奇等中央领导及有关部门负责人,中共云南省委书记处书记、副省长刘明辉及德宏州州长刀京版、怒江州州长裴阿欠等云南省州领导参加了签字仪式。

在这个条约中,缅甸方面同意把 1905 年到 1911 年期间为英国军队所逐步侵占的,属于中国的片马、古浪、岗房地区归还给中国,这就使中缅北段边界线的复杂问题迎刃而解。中缅边界条约也合理地解决了勐卯三角地的复杂问题。这一地区根据 1897 年中英划界条约,曾经被规定为英属缅甸的"永租"地区,这种"永租"不符合于目前中缅两国之间的平等友好的关系。双方决定废除缅甸对属于中国的勐卯三角地所保持的"永租"关系。中国方面同样根据平等互利和互让的精神,并且考虑到缅甸方面的实际需要,同意把这一地区移交给缅甸,成为缅甸联邦领土的一部分。作为交换,同时为了照顾历史关系和部落的完整,缅甸方面同意把按照 1941 年中英两国政府换文规定属于缅甸的班洪、班老部落在"1941 年线"以西的辖区划归中国,从而消除了这两个部落被"1941 年线"所人为地分割为中缅两部分的不合理状态。此外,在条约中,中国政府还根据一贯反对外国特权和尊重其他国家主权的政策,正式放弃 1941 年中英两国政府换文规定的,中国参加经营缅甸炉房矿产企业的权利。其他问题,也都在条约中得到了公平合理的解决。继中缅边界条约签订后,周恩来和吴努于 1961 年 10 月 13 日在北京签订了《中华人民共和国政府和缅甸联邦政府关于两国边界的议定书》。根据这个《议定书》,中缅两国的边界线为:北段从尖高山到第 47 号界桩点,长 742 公里;南段从尖高山到中缅边界东南端终点南腊河和澜沧江汇合处,长 1442 公里,全线总长 2184 公里,其中,中缅边界云南段长 1997 公里。至此,中缅边界问题经过双方根据和平共处五项原则友好协商,互谅互让,得到全面彻底解决。中缅边界从此成为和平友好的边界。正如周恩来指出的:"这不仅使中缅边境居民能够得到安定和幸福,而且有利于中缅两国人民的和平建设和友好合作。中缅边界条约是中缅两国友好关系进一步发展的里程碑,是亚洲各国人民友好相处的光辉榜样，是亚洲各国之间解决边界问题和其他争端的良好范例。”①

二 增进睦邻友好关系

对越南的援助

云南处于中国支援越南的前沿。1954年日内瓦协议签署后，印度支那实现停战，1955年法国军队撤出越南。但美国不顾世界舆论的谴责，乘机出兵越南，用军事扶持统治南越的吴庭艳集团，取代法国控制了越南南方，阻挠越南民族独立和国家统一，并不断对此时控制着越南北方的越南民主共和国进行骚扰和入侵，残酷迫害爱国人民。1960年底，越南南方人民被迫拿起武器反抗吴庭艳反动统治，1961年美国派出“特种部队”加强对南越人民的镇压，并准备袭击越南北方。1964年8月5日，美国制造北部湾事件，派飞机空袭越南北方广溪、宣安、清化等城镇，把战火引向北方。与此同时，美国还多次派飞机袭扰中国边境云南河口县一带。

为维护中国人民的尊严，为反击美国对中国边境的袭扰，为支援越南人民把抗美救国的正义斗争进行到底，中国政府多次郑重声明，强烈谴责美国扩大侵略的行径，表示中国人民决心给越南人民一切必要的物资支援，准备在越南人民需要的时候同越南人民共同战斗。毛泽东和周恩来亲自参加了北京100多万人的声援大会。云南省党政军领导人和各族各界群众10万人，连续5天在昆明举行声势浩大的集会游行，强烈谴责美国对越南的战争挑衅，坚决支持越南人民反对美国武装侵略的正义斗争。靠近中越边境的文山、红河等地也举行集会游行，声援越南人民抗美救国斗争。

1965年3月，美国海军陆战队在越南南部岘港登陆准备北犯，美军

① 《周恩来总理在首都各界人民庆祝中缅边界条约签订大会上的讲话》（1960年10月2日），《中华人民共和国对外关系文件集第7集1960》，世界知识出版社1962年版，第284页。

飞机不断入侵云南、广西上空，中共中央号召全国军民准备应付最严重局面。同时应越南民主共和国政府的要求，给予防空、防化、工程、铁路、后勤保障等支援。在中国人民的支援下，越南人民奋勇抗击，迫使美国在1968年11月宣布停止对北越的轰炸和炮击，开始谈判。

中国人民解放军驻云南部队坚守着中越边境西线，处于援越最前线，担负起了组织指挥援越炮兵部队、工程部队和后勤保障的繁重任务，对支援越南抗击美国侵略作出了重要贡献。中共云南省委、昆明军区为完成中共中央、国务院和中央军委赋予的援越任务做了大量工作，保证了各项援越决策的顺利实施。

进行支前和援建工作。1965年3月15日，昆明军区协同云南省成立支前领导小组及办公室，由省财办第二办公室、商业、供销、粮食、百货食品等厅局及公司参与工作，并在文山州桥头、麻栗坡，红河州金平、河口等地设立供应站，组织日用品和食物支援越南。同时，云南还承担了组织中国援越工程和高炮部队出国和回国的接送、住宿和运输任务。在全省的大力支援下，大批装备和物资源源不断地运送到越南，有力地保障了越南军队的抗美斗争。根据中越双方签署的协议，中国还派出工程部队和民工，援助越南北方修建和抢修机场、铁路、公路等工程。1965年7月6日，昆明军区工程兵第七、三一一团参与组建的“中国交通部修路工程部队”第五支队及一个民工总队，与其他部队一起进入越南，投入修建公路的任务。广大指战员进入施工地段后，顶烈日、战酷暑，英勇奋战，使中越两国协调修建的各条公路都按规定的时间和标准完工并交付使用，受到越方的热情赞扬。1966年4月13日，越南劳动党中央领导人黎笋到北京访问时，向周恩来、邓小平赞扬中国的无私援助。他说：“中国给我们的援助最大，而且是最充分的。”

中国对越南在经济建设上也给予了大力支援。1965年初，越南进入全面抗美救国斗争时期，中国人民加强了对越南人民的经济援助和对工农业建设的支援。1965年4月，阎红彦参加以中共中央中南局第一书记陶铸为首的中国云南、湖南、广东、广西4省（区）代表团，应邀访问越南。8月，中共中央确定以上4省（区）为援助越南北方的省份。其中，云南援助越南老街、河江、莱州3省，援款总额人民币600万元，每年援越棉布40万米、大米5000万公斤，这是在中共中央援助以外的较大规模的地方援越项目。

为保证越南对粮食、布匹等物资的急需，云南及时组织公路运输，赶运越南。此外，云南省还向越南老街、河江、莱州3省援助了机床、化肥、农药、农用机械等物资，多次派出各方面的工程技术人员赴越南帮助指导，诸如农具家具制造、建筑和建材加工、小型水电站建设、农牧业生产、农副产品加工、医疗、中草药栽培配制、果木培植、橡胶种植等，并提供了大量的技术资料、籽种和苗木。云南还承建了一批中央援越项目。越南沿边3省为恢复和发展经济，多次派代表团到云南边境地区，就工农业生产、科技、交通等进行参观和专业考察。云南各族人民发扬了国际主义精神，对越南人民的抗美救国斗争给予了无私的援助，为越南人民民族解放斗争胜利作出了重要贡献。

中越两国友好交往十分密切。越南领导人胡志明、范文同、长征、黎笋曾先后到昆明访问、疗养、参观，中国领导人周恩来、朱德、陈毅、彭真等亲临昆明迎接款待。云南省与越南北方3省的交往频繁，双方经常有代表互访，逢重大庆祝活动，都有文化艺术团体进行访问演出。双方边民友好融洽，越南边民说：我们的心永远和中国兄弟的心连在一起。中国的边民说：在毛泽东主席、胡志明主席的领导下，我们永远互相支援、互相帮助。彼此表达了边境人民的诚挚情感和深厚友谊，边境到处洋溢着亲切友好的气氛。

在中国和世界其他爱好和平人民的支持下，1975年4月，越南抗美战争获得胜利，实现了国家统一。对于中国人民和中国军队真诚、持久、有效的援助，越南劳动党和政府多次给予高度评价和感谢。

对老挝的援助

长期以来，中国积极支持老挝人民争取独立和解放的斗争。1961年4月25日，周恩来和应邀访华的老挝王国政府首相梭发那·富马亲王在杭州发表联合声明，宣布中国和老挝正式建交互派大使。1961年至1977年，中国在老挝北部丰沙里设有总领事馆，1961年至1963年，老挝在中国昆明设有总领事馆。在1961年5月和1962年7月召开的关于老挝问题的两次日内瓦会议上，中国代表团与老挝和其他友好国家代表团一起为维护老挝的独立、主权，为和平解决老挝问题发挥了重要作用。

云南是中国与老挝接壤的唯一省份，边界线有 710 公里，是中老友好往来的重要枢纽。中老建交后，老挝领导人富马亲王、苏发努冯亲王和富米·冯维希、凯山·丰威汉及政府官员、知名人士多次访问云南。云南省党政军领导人及文化体育、经济贸易等代表团也数次访问老挝。两国边境地区人民交往密切。老挝战后经济建设时期，中国提供了大量无偿援助。中国对老挝的许多援建项目是由云南省承担的，如印刷厂、织布厂等。同时，云南对老挝北部丰沙里、南塔、乌多赛姆 3 省开展了带有援助性质的地方贸易，进行直接的经济援助。云南还给老挝提供了粮食、汽油、棉花、日用百货等物资，先后派出技术人员和技工，分别组成砖瓦、土陶、水电、汽车修理、兽医、中草药医疗等组，为老方培训技术人员，维修设备。1964 年 1 月，由云南省派出的援助丰沙里省的中国红十字会云南省分会医疗组，在老挝停留提供服务达 10 年之久，先后派出医务人员 7 批 107 人次。他们除担负丰沙里、本怒两医院的医疗任务和为老挝干部治病外，还为老挝培训了一大批初、中级医务人员。另外，为解决丰沙里城镇居民用水问题，还专门派出供水组前去安装输水管道。云南省第一民工总队在老挝期间，为老挝人民修理汽车、农具、放映电影、赠送食盐、种植蔬菜、医治疾病等，做了大量实事。

老挝是个内陆国家，没有出海口，也没有铁路，交通运输主要靠公路。帮助修建公路，是援助老挝的主要方式之一。应老挝人民党和政府请求，从 1962 年 2 月开始的十多年里，中国先后派出 18 个工程大队，3 个民工大队，投入主要施工机械 2250 多台，总计为老挝修建公路 822.4 公里，桥梁 131 座，涵洞 2677 个。其间，云南省受命派出的民兵、民工和边防部队，配合中国的筑路部队为老挝修筑了大量公路，勐丰公路就是其中的代表。1962 年 1 月 13 日，中国政府和老挝王国政府签订《关于修建公路的协定》，中国无偿援助老挝修建由老挝丰沙里省到云南省勐腊县的公路，即勐丰公路。该公路全长 123 公里，中国境内路段 41 公里由云南地方政府组织民工修筑，境外 82 公里则由云南驻军承担修筑任务。从1961年4月至1963年4月两年间，云南驻军参加筑路的指战员和兄弟部队一起，挖混合土方和混合土石方超过国家定额39.9%，圆满实现了周恩来“包下来，修得快，修得好”的指示。工程验收后，老挝政府和群众一致称赞这条公路质量好，老挝王国政府将该路命名为“老中友谊公路”。

中国人民解放军驻云南部队承担了大量军事援助任务。筑路防空和警卫作战是其重中之重。1969年12月，为了保障筑路工程的顺利进行和施工人员的安全，根据老挝人民革命党的要求和中老双方协议，云南驻军奉命派所属高炮部队由尚勇进入老挝，在孟赛、勐腊地区，参加支援老挝抗美防空作战，其间曾击落1架敌机。1971年5月，云南驻军某团奉命分批到老挝执行筑路警卫作战任务。该团出境后，模范执行中央的指示和上级有关规定，严格遵守三大纪律八项注意，爱护老挝一山一水、一草一木，主动给当地人民群众做好事、与老挝人民交朋友，深受老挝群众的欢迎。该团干部战士先后分4批出境执行任务，直到1976年完成任务撤回。

十多年中，云南驻军出色完成了援老抗美的各项任务。援老部队在艰苦的施工和防空作战中，顽强奋战，许多人负伤致残，数百人长眠在老挝孟赛和班南舍的烈士陵园，其中就有云南驻军的12名烈士。在此期间，中共云南省委和省有关部门及相关州市为援老筑路部队，在交通运输、物资供应、后勤给养等方面给予全力以赴的支持，保障了援老部队筑路任务的顺利完成。老挝人民革命党和老挝人民民主共和国政府，对于中国人民为老挝人民所作出的贡献，给予充分的肯定和很高的评价。

中缅友好往来

中缅两国一衣带水，睦邻友好，两国领导人互访频繁，周恩来在任期间曾9次访问缅甸，缅甸联邦领导人吴奈温、吴努多次访华。在缅甸领导人对中国进行友好访问中，多次访问云南，周恩来及陈毅、贺龙等中国领导人曾数次来云南与缅甸领导人会晤，开展了一系列重要的外交活动。云南与缅甸的交往，在中共中央特别是周恩来倡导下，更是十分活跃，其中一些重大友好交往活动一直为人们所称道。

为进一步加强中缅两国人民的友谊，增进双方边民的睦邻关系，经中共中央同意，1956 年 12 月 15 日至 17 日，在德宏傣族景颇族自治州首府芒市举行了盛况空前的中缅边境人民联欢大会。正在缅甸访问的周恩来、贺龙及随行人员和中国驻缅甸使馆人员，与应周恩来邀请前来的缅甸总理吴巴瑞和副总理吴藻昆卓、吴觉迎等高级官员及随行人员一起，跨越中缅边境前来芒市参加边民联欢大会。与云南省毗邻的缅甸掸邦、克钦邦部分军政官员和民族上层代表也应邀出席大会。参加大会的还有云南省丽江、德宏、思茅、临沧 4 地州的民族上层代表百余人和中缅双方边民万余人。云南省代省长刘明辉和德宏州人民委员会、政协、民主党派和昆明军区、保山军分区部分领导以及知名人士参加了大会。周恩来在大会上大力倡导的“中缅友好”深入人心。吴巴瑞总理在讲话中一再称中缅两国人民是“胞波”，说“大会为中缅友好打下了一块基石”。中缅边境人民联欢大会是中缅两国关系发展的重要里程碑。

1957 年和 1961 年，缅甸总理吴努两次来云南休假。1957 年 3 月，吴努一行 12 人来昆明休假。中国政府特派贺龙来昆明迎接，缅甸客人受到云南省及昆明市党政和驻昆部队领导及 3000 名群众的热烈欢迎。3 月 29 日，周恩来专程来昆与吴努晤谈，吴努亲自到昆明机场迎接周恩来。在会晤中，主要商谈了中缅边界问题和其他国际问题。周恩来和吴努签署了双方互不参加军事集团的换文。吴努一行在昆明期间，参观了工厂、学校、生产合作社、植物研究所，游览了昆明的风景名胜。他多次表示：云南省与缅甸边界相连，是亲戚关系，他这次是来会见亲戚朋友。1961 年吴努偕夫人及随行人员一行 10 人第二次来云南休假，并先后在保山、大理、楚雄、昆明、思茅、允景洪等地参观访问。周恩来、陈毅专程到云南欢迎吴努。1961 年 4 月，周恩来还陪同吴努到西双版纳欢度泼水节。吴努对中方的接待非常满意，一再感谢周恩来、陈毅和云南省及有关地州和驻昆部队的安排，对各地群众的热情深为感动。

1960 年，为庆祝《中华人民共和国和缅甸联邦之间的友好和互不侵犯条约》《中华人民共和国和缅甸联邦政府关于两国边界问题的协定》

及《中缅边界条约》的签订，根据中共中央指示，中共云南省委在中缅边境地区先后举行规模不等的群众集会，并邀请缅甸相应地区的军政人员参加。3月7日至15日在芒市、瑞丽、章凤、南伞4地，举行了庆祝大会。同年，在云南省思茅、临沧、德宏、怒江4地州的孟连、孟定、沧源、章凤、瑞丽和泸水县古炭河等地，分别邀请缅方边界勘察人员、边境军政人员、民族头人和群众参加庆祝活动。

三　妥善安置归国华侨

中华人民共和国成立后，东南亚一些国家出现了反华和排斥、驱逐华侨的浪潮。面对华人被排斥、被迫害的遭遇，中国政府积极维护海外华侨华人权益，努力斡旋接回华侨华人难民，并在全国各地设立华侨农场，妥善安置归国华侨。1960年2月2日，国务院发布《关于接待和安置归国华侨的指示》。《指示》说，近来在东南亚一些国家中出现反华、排华的活动，大批华侨无端遭受迫害。鉴于这种情况，中国政府决定，对于那些流离失所，无法谋生或者不愿意继续在海外居留的华侨，将根据他们的志愿，安置他们在国内生活和参加建设；不仅热烈欢迎受到迫害的华侨回国，而且也热烈欢迎所有愿意回国的华侨回来，为祖国的社会主义建设服务。为此，中共中央成立中华人民共和国接待和安置归国华侨委员会，在回国华侨入境的港口，设立接待机构；责成广东、福建、广西、云南等省区负责做好归国华侨的安置工作。《指示》对归国华侨的安置原则也作了具体规定，其中特别强调，各地根据国家的需要和个人的意愿，妥善安排归国华侨的工作。对归国华侨带回的一切行李、物品，一律免收关税，带回的一切财产归个人所有。

作为安置东南亚华侨重要省份的云南省，认真贯彻中共中央指示精神，把妥善安置归国华侨作为一项政治任务。1960年4月2日和6日，第一、二批印尼归侨共1300人抵达昆明。7日，省、市各族各界在工人文化宫东风剧场举行了隆重的欢迎大会，副省长刘卓甫致欢迎词，省归国华侨联合会主席王昭明和老华侨黄步云、印尼归侨代表廖世隆在会上发言。为了加强对安置归国华侨工作的领导，中共云南省委首先把组建于1950年的云南省华侨事务处从省委统战部中独立出来，由省人民委员会直接领导，同时，立即动员组织统战、公安、经委、计委等有关部门和相关地区党委、政府，积极投入这项工作。按照“热情接待、妥善安置”“集中为主、分散为辅”的接待安置原则，利用原有的7个农场，突击建设了几万平方米的房子，使归侨有房可住。同时，准备大批衣物和各种食品，保证华侨的生活所需。在解决了食宿问题后，动员有关工矿企业单位，热情欢迎、妥善安置有技术的归侨就业。在安置归侨的农场附近，动员和安排一批学校接收随父母来的子女就读，并在昆明市新建华侨补习学校，帮助单身的华侨上学补习，使他们适应国内学习或到普通大中学校插班的需要。这些措施的落实，保证了接待华侨任务的圆满完成。据1963年4月统计，全省紧急安排印尼等国华侨、难侨中，除安置在各地华侨农场5826人外，还在云锡公司、东川矿务局、昆明一些企业单位安排工作2393人，安置在各大专院校、中等专业学校、华侨补习学校及专县中学读书2693人。

1962年11月，印度政府实行排华政策，大批在印度的华侨受到迫害，纷纷返回国内。根据外交部、中侨委的通知，云南又接待安置了印度归侨1500人，较好地完成了安置归侨的任务。以后，又不断解决归侨在生产、生活、学习中出现的各种问题，使他们有房可住，学生有学可上，生活逐步安定下来。

为了安置好归国华侨、难侨，彻底解决他们的后顾之忧，云南省先后建立了12个华侨农场和1个华侨林场，作为这些华侨生产、生活的场所。这些农（林）场分布在全省各地，有始建于60年代的玉溪的甘庄、红河，大理宾川县的宾居、彩凤、太和，保山昌宁县的柯街，临沧耿马县的耿马7个华侨农场；有始建于50年代的文山砚山县和富宁县的稼依、平元、金坝农（林）场，德宏芒市的芒市农场，因安置归侨后均改为华侨农（林）场，还有建于1979年为安置越南归侨而建立的临沧双江县勐库华侨农场。这些农（林）场均具有丰富的土地资源和独特的热区气候条件。为了发挥华侨爱国爱乡的优良传统和参加祖国社会主义建设的积极性，便利华侨兴办农、林、畜牧业和发挥华侨经营热带、亚热带作物的特长，1957 年 9 月 10 日，省人委公布了《云南省华侨申请使用国有荒山荒地实施办法》，从土地使用权、经营方式、缴纳费用等方面给予特殊扶持。在中央和全省各级党委、政府的帮助下，这些归侨自力更生，从生产基本的生活必需品开始，充分发挥农（林）场资源优势，一步步艰苦创业，最终实现了从水稻、甘蔗、茶叶、经济林果等多种农业生产的经营，再到制糖厂、茶厂等加工工厂的兴建，成为云南边疆社会主义建设的一支重要力量。

第 十 五 章

国民经济调整任务的完成及十年建设的基本总结

中共云南省委贯彻中共中央“调整、巩固、充实、提高”的八字方针，对全省国民经济等方面的工作进行初步调整，取得了一定成效，形势逐步好转。但是由于中国共产党在指导思想上的“左”倾错误并没有从根本上得到纠正，“以阶级斗争为纲”发动了社会主义教育运动，使“左”倾错误在意识形态领域愈来愈严重。中共云南省委坚持从云南实际出发，提出“不需要以阶级斗争为纲”的观点，制定了适合云南的调整方针，克服困难最终完成了国民经济调整任务。在全面建设社会主义艰辛探索的十年中，中共云南省委领导全省各族人民，团结一致，艰苦奋斗，勇敢拼搏，各项建设取得了明显进展，积累了重要经验。

一 “不需要以阶级斗争为纲”的提出及处理

“不需要以阶级斗争为纲”的提出

1962 年 7 月至 9 月，中共中央先后在北戴河召开工作会议和在北京召开八届十中全会预备会议及八届十中全会。这三次会议的一个主要议题就是讨论阶级斗争问题，这样，就把如何认识和处理社会主义社会中的阶级斗争这一重要而又复杂的问题，再一次提到全党面前。而八届十中全会提出的要求阶级斗争必须“年年讲，月月讲”[①]，更把社会主义社会中一定范围内存在的阶级斗争扩大化和绝对化，为政治上“左”倾错误的再度发展作了理论准备。正是在这种思想支配下，中共中央在全国城乡发动了一场普遍的以阶级斗争为主要内容的社会主义教育运动。

参加党的八届十中全会的中共云南省委第一书记阎红彦从云南地处边疆、民族众多的实际情况出发，在有邓小平和中共中央西南局第一书记李井泉参加的小组会上作了发言，认为经过前一段时间的调整，云南农村情况大有好转，没有刮起“单干风”，下一步应当进一步抓政策，抓经营管理，抓生产力，去巩固集体经济，发展生产，而不要搞什么大的政治运动。这些看法，得到了邓小平和李井泉的赞同。

中共云南省委对中共中央三个会议的精神很重视，先后召开会议进行传达。特别是在 1962 年 10 月 25 日至 11 月 29 日召开省委扩大工作会，全面传达了党的八届十中全会精神。会议先根据毛泽东讲话精神进行务虚，然后结合云南实际反复进行讨论。11 月 26 日，会议作了总结报告。报告认为，云南在两年多的调整中，由于认真贯彻执行相关政策，推动了生产发展，解决了全省农村中生产关系方面的主要问题，基本恢复了曾经受到破坏的部分生产力，内地一般地区的集体经济走上了巩固发展的道路。就当时全党关注而又十分敏感的阶级斗争和两条道路斗争问题，报告指出，云南两条道路斗争是客观存在的，但作为这个时期突出表现的“单干风”，并没有刮起来。统计数据显示，全省内地农村单干的仅占总农户的 0.62%，其中属于分散山区允许包产到户和单干的实际单干户也只占 59%。也就是说农村中的情况是正常的。因此，云南农村没有必要也不应该从开展两条道路斗争入手来解决目前存在的问题，而应该以改善集体经济的经营管理、发展生产为中心，结合

① 中共中央党史研究室：《中国共产党历史》第二卷（1949—1978），中共党史出版社 2011 年版，第 711 页。

对农民进行正面的社会主义教育，达到巩固集体经济的目的。根据对云南情况的分析，报告提出，云南下一步工作的基本方针是：在“三面红旗”的指引下，根据以农业为基础、以工业为主导的发展国民经济的总方针，鼓足干劲，实事求是地执行政策，大力发展生产力，进一步改善市场状况，逐步改善人民生活，争取社会主义建设的新胜利。省委的这个总结报告，受到与会同志的热烈拥护和一致赞同。

在中共云南省委扩大会议期间，根据中共中央的指示精神，省委安排省委常委、省委秘书长梁浩组织起草了《关于今冬明春在农村中进行社会主义教育的意见（草案）》，于1962年11月21日作为省委扩大工作会议文件印发与会同志征求意见后，以省委宣传部的名义报经中共云南省委同意后批转下发。该《意见》总体精神基本上与省委扩大工作会议的总结报告一致，只是在关于阶级斗争情况的表述上增加了“不需要以阶级斗争为纲”的提法。《意见》指出，目前，从云南省总的情况看，主要不是一般地调整和恢复的问题，而是应当把主要精力放在发展生产力上去。为了动员全省人民的力量，努力争取1963年农业生产更好地向前发展，必须以发展生产、改善经营管理为中心，结合进行正面的社会主义教育，进一步巩固集体经济。目前农村中资本主义和社会主义两条道路的斗争，资产阶级和无产阶级两个阶级的斗争，仍然是主要矛盾。这个斗争是曲折的、复杂的、长期的，贯穿在整个社会主义过渡时期。因此，引导农民坚决走社会主义道路，摒弃资本主义思想，是一个长期的艰苦的任务。看不到这一点，是错误的。当然，从云南的实际情况看，集体经济基本上是巩固的，没有出现过“单干风”，内地农村单干户也只有千分之六，在生产上和市场上集体经济占有绝对优势，因而不需要以阶级斗争为纲去开展一次社会主义教育的群众运动。在目前，主要的和首先的是通过继续贯彻执行政策，改善经营管理，解决实际问题，把群众的生产运动组织起来，从中结合进行思想教育，启发诱导，分清是非，提高觉悟，进一步发扬社会主义积极性。

“不需要以阶级斗争为纲去开展一次社会主义教育的群众运动”，是从云南实际出发提出的正确观点。中共云南省委扩大工作会议后，云南内地各地、县按照中共云南省委的部署，于1962年冬1963年春开展了农村社会主义教育运动。教育运动没有采取群众性的政治运动的做法，而是从检查集体生产和落实调整方针以来的各项经济政策入手，采取正面教育、自我教育的方法，提高干部和群众的思想觉悟。运动历时5个月，在云南内地广大农村普遍进行了一次社会主义教育。1963年4月，省委在这次社会主义教育运动的初步总结中说："多数社队的多数干部和群众思想认识有了新的提高，社会主义和资本主义的界限，集体主义与单干的界限，正当经营与自发倾向的界限，较以前清楚得多也具体得多了。"由于坚持了正面教育和自我教育的方法，多数人心情舒畅，普遍认为"不知不觉地整了一次风"。经过这次教育运动，各种不利于集体的行为和做法基本上得到制止和纠正，正确的经营管理制度得到建立健全，多数社队的集体经济更加巩固和发展。

中央的批评与省委的检查

中共云南省委关于"不需要以阶级斗争为纲去开展一次社会主义教育的群众运动"的提法，是符合云南实际的正确观点，但它直接违背了毛泽东关于阶级斗争的论断，也与党的八届十中全会精神不相符。文件报到中央西南局后，西南局一位领导提出，这是明目张胆地违背中共中央精神，要云南省委写检查。省委领导开始重视不够，认为不搞生产、没有饭吃，就不能搞阶级斗争，而随后也意识到文件的提法可能会带来问题，即于1962年12月29日给西南局写信承认了错误，并进行了解释。1963年1月，省委召开有各地、市委书记参加的省委工作会议，会上省委就此事作公开检讨。

1963年5月，毛泽东在杭州主持召开有部分中央政治局委员和各大区书记参加的会议，专门讨论在农村开展社会主义教育的问题，特别强调了阶级斗争问题。各省相继报送了关于农村阶级斗争严重情况的材料。毛泽东针对云南和有的地区出现的不抓阶级斗争的思想及做法，在浙江省《一批干部参加劳动的材料》上作了"阶级斗争、生产斗争和科学实验，是建设社会主义强大国家的三项伟大革命运动"的批示。他在会议讲话中批评中共云南省委提出在农村开展社会主义教育运动中"不以阶级斗争为纲"，是"大胆的主观主义的假设，小心的主观主义的求证”。杭州会议制定的《关于目前农村工作中若干问题的决定（草案）》（简称“前十条”），后经中央政治局通过，作为开展农村社会主义教育运动的纲领性文件印发全国。“前十条”重申了八届十中全会关于阶级斗争的论点，还提出“阶级斗争，一抓就灵”等口号。

参加杭州会议的西南局第一书记李井泉随即将相关情况告诉阎红彦，要中共云南省委就此事在西南局会上作检查，并写出检查报告。随后，未等会议结束李井泉回到重庆，于1963年5月10日至23日主持召开西南局第二次全体会议传达杭州会议精神，其中也传达了毛泽东对云南“不以阶级斗争为纲”的批评。会议期间，于一川代表中共云南省委作了检查，但没有通过。西南局领导找于一川谈话，指出问题的“严重性”。于一川又在会议上作了几次自我批评，还是通不过。会议结束时，西南局要于一川“回去再写检讨”。

于一川回到云南，向中共云南省委传达了毛泽东及西南局的批评后，省委先后召开了7次常委会议和省委扩大工作会议，检查省委在贯彻执行八届十中全会精神方面的“错误”。1963年5月28日，于一川受省委常委委托，将7次常委会议上讨论的情况综合起来，在省委扩大会议上作了《检查报告》，说省委“对过渡时期的阶级和阶级斗争、两条道路的斗争，在认识上有模糊之处”，宣传部写的那个文件，是有错误的，把十中全会的精神，把阶级和阶级斗争问题、两条道路斗争问题冲淡了。

中共云南省委扩大会议结束后，根据毛泽东指示到南方检查开展农村社会主义教育运动情况的中央政治局委员、全国人大常委会副委员长彭真来到云南。在云南视察工作期间，彭真指出，中共中央关心处于边疆的云南，日子好一些会不会暴露问题不够，看不到阶级和阶级斗争问题。5月31日上午，彭真在昆明听取了中共云南省委的工作汇报。因阎红彦外出治病未归，由于一川代表省委汇报工作，在昆明的省委常委全部参加。于一川再次作了检查。他说，省委对八届十中全会精神认识不够，对阶级斗争认识比较模糊，从概念上讲阶级斗争多，联系实际不够，抓生产多，对社会主义教育抓得不够。宣传部的那个文件是有错误的，与省委思想有关系。在汇报过程中，彭真多次插话，肯定了于一川代表省委在省委常委扩大会议上的检查报告，要求当前要以抓生产作为工作重点。

1963年6月2日，中共云南省委召开扩大工作会议，传达西南局第二次全体会议精神，学习彭真视察云南时所作的指示。为了帮助与会同志提高认识，会议专门印发了八届十中全会公报，检查了全省前一段社会主义教育运动开展的情况。6月5日，于一川代表省委在会议上又作检查指出，从1962年11月省委扩大会议到1963年1月省委工作会议，省委在一些问题上认识有错误，主要是省委扩大会议关于阶级斗争的旗帜不鲜明，对阶级斗争形势估计不足，甚至估计错误，因此把社会主义教育的位置摆得不够重。西南局对省委提出了批评，指出了省委宣传部写的文件的错误。认为这个责任主要由省委来负，因为它反映了省委当时的认识。

省委扩大会议结束后，省委以于一川代表省委所作的检查为基调，正式形成了《关于社会主义教育问题的检查报告》，于1963年6月20日呈报中共中央、毛泽东及西南局。《检查报告》将犯错误的原因归纳为三点：一是在一段时间内对过渡时期的阶级和阶级斗争认识比较模糊，对当前阶级斗争形势的严重性和复杂性认识不足。主要是过高估计了形势大好的一面。二是缺乏系统的调查研究。特别是这几年，滋长了官僚主义作风，在一定程度上阻碍着我们去直接接近贫下中农，也就不能深入地及时地反映农村的真实情况。三是没有认识到发动大规模群众运动的重要性和必要性。

1963年6月28日，西南局专门对中共云南省委《关于社会主义教育问题的检查报告》作出批复："同意云南省委对过去一段工作的检查。"此外，省委在6月25日印发的《关于贯彻执行〈中共中央关于目前农村工作中若干问题的决定（草案）〉的工作部署意见》中，再次专门就"阶级斗争的旗帜不鲜明"问题作了检讨。通过检查问题，省委纠正了"错误"，坚持以阶级斗争为纲，在全省城乡掀起了社会主义教育运动高潮。

西南局批示同意中共云南省委的《检查报告》后，关于"不需要以阶级斗争为纲去开展一次社会主义教育的群众运动"引起的这场风波，应该以省委作出的检查而结束。但当时业已形成的政治气候以及随之开始的愈演愈烈的抓阶级斗争的惯性使这场风波欲罢不能。1964 年 10 月中旬，为贯彻中共中央关于“反右倾”的指示，省委召开省委书记处书记会议布置“反右倾”运动，把 1962 年“不以阶级斗争为纲”问题作为一个重大政治问题重新提出来，把于一川、梁浩当作“反右倾”的主要对象进行揭发批判，并在 1965 年 1 月召开的省委工作会议上，对二人进行了错误处理，最终于一川被撤销领导职务，调任河南省郑州柴油机厂副厂长，梁浩被留党察看两年，工资由 9 级降至 12 级。1979 年中共云南省委为于一川和梁浩进行了平反[①]。

二　城乡社会主义教育运动的开展

农村“四清”运动

对城乡广大干部群众进行社会主义教育，是社会主义改造完成以后党中央始终高度重视的一个问题。1962 年 9 月，中共中央召开八届十中全会，决定在城乡发动一次普遍的社会主义教育运动，开展大规模的阶级斗争。社会主义教育运动最初称“清账目、清仓库、清财物、清工分”的“四清”运动（也称“小四清”），重点是在农村进行；而在城市开展的社会主义教育运动以“反对贪污盗窃、反对投机倒把、反对铺张浪费、反对分散主义、反对官僚主义”的“五反”为主要内容。根据党中央的统一部署，中共云南省委也在城乡开展了持续 4 年之久的社会主义教育运动。

八届十中全会后，虽然中共中央已在全国城乡部署开展社会主义教育运动，但由于国内经济形势严峻，八届十中全会也提出不要因为强调阶级斗争而放松经济工作，因此处于工作一线的许多领导干部和一些省

① 卓人政：《一场引起毛泽东关注的“不以阶级斗争为纲”政治风波始末》，载《百年潮》2008 年第 2 期。

份仍把主要精力放在调整国民经济工作上。中共云南省委则从云南实际出发提出“不需要以阶级斗争为纲去开展社会主义教育的群众运动”重点以检查集体生产和落实调整以来的各项经济政策为主，认真抓好农村生产发展。1963年初，毛泽东到多省进行视察，只有湖南和河北两个省委汇报了开展社会主义教育运动的情况，因而毛泽东认为党内许多同志没有重视这场运动。为此，1963年2月21日至28日，中共中央在北京召开扩大工作会议，决定以抓阶级斗争为中心，在农村开展以“四清”为主要内容的社会主义教育运动。会后，为引起各地的重视，毛泽东又接连批示转发了一批各地的报告，进一步强调以阶级斗争为纲开展社会主义教育运动的重要性。此后，“四清”工作的试点在全国农村展开。

1963年5月，毛泽东在杭州召集的会议中，专门讨论农村社教问题，讨论制定了“前十条”作为“四清”运动的纲领性文件。

随之，6月2日至19日，中共云南省委召开有省级各部门领导和地市委书记共80多人参加的省委（扩大）工作会议，学习讨论“前十条”研究部署云南的社会主义教育运动。由于此前受到中央批评，会议对全省的阶级斗争形势作出不切实际的估计，认为云南同样存在着严重的尖锐的复杂的阶级斗争和两条道路的斗争。在这个斗争中的敌人，不仅有被推翻的剥削阶级，还有新生的资产阶级分子。斗争的内容不仅表现在政治、经济的各个方面，而且表现在文化和意识形态领域。因此要坚持阶级斗争为纲，认真开展社会主义教育运动。6月25日，省委发出《关于贯彻执行〈中共中央关于目前农村工作中若干问题的决定（草案）〉的工作部署意见》，检查云南前期社会主义教育运动中存在的问题，决定加强领导，在全省掀起运动高潮。

中共云南省委召开扩大会议的同时，在玉溪县第六区（坝区）首先进行“四清”试点工作。会后，紧接着又在楚雄县的哨区开始山区试点，各地（市）委也在内地县相继进行了13个试点。这样，省、地两级就在15个区或公社（大公社），197个大队（或小公社），40万人口的地区开展了“四清”运动试点工作。除楚雄的试点到1964年1月完成，历时5个多月外，其他14个试点都在1963年秋收前后结束。

“四清”试点有计划、有步骤地展开，整个过程大致分为四个阶段。

第一阶段是组织和训练“四清”工作队。15个试点地区共抽调2600多人组成工作队，一般一个点有200人左右，多的在300人以上，少的也有60多人。工作队员多是省、地、县有农村工作经验的机关干部，包括一部分县、区领导骨干。用了5—10天进行集中训练。第二阶段，召开区（大公社）的三级干部会议。先召开有支部书记参加的区委扩大会议，提高区委领导骨干的思想，解决认识问题。在此基础上，召开贫农、下中农代表参加的区、公社（大队）、生产队三级干部会议。会议的主要任务是：充分揭露敌情和人民内部矛盾，重新教育干部；区委领导干部“洗澡下楼”，初步组成领导队伍；在提高干部和群众觉悟的基础上，初步造成群众性运动的声势。第三阶段，在公社（大队）和生产队中，铺开社会主义教育运动。工作队、干部、贫下中农代表回村后，采取党内党外“平行作业”的方法，一方面大张旗鼓地宣传中央文件和三干会议精神，进一步营造群众性运动的气氛，同时采取普遍的访贫问苦和个别扎根串连相结合的方法，发动贫下中农；另一方面，召开党支部大会，帮助大多数党员、干部自觉“洗澡下楼”，先后参加贫下中农队伍，并成立贫下中农临时代表小组。贫下中农串联到一半以上之后，集中地揭露所谓的“敌人”。在对“敌人”揭深揭透后，转入“四清”。大队、生产队干部“洗澡下楼”是和“四清”同时进行的。当大多数人“洗了澡”，放下了包袱，解决了大量的人民内部矛盾和团结了95%以上的干部和群众之后，再开展对“敌”斗争。第四阶段，通过改善经营管理，进行各项建设工作，巩固运动成果。这一阶段的主要工作是解决生产队中定额管理，合理派工，集体大牲畜的饲养管理，开展集体副业和家庭副业，以及粮食分配等问题；正式成立贫下中农组织；认真解决干部参加劳动和干部的合理报酬；进一步整顿党的支部；开展“五好”队、“五好”社员的评选工作等。

1963年9月6日至27日，中共中央在北京召开工作会议，制定《关于农村社会主义教育运动中一些具体政策的规定（草案）》，即“后十条”对“四清”运动中的一些具体政策作了规定。“后十条”进一步提出了运动要以“阶级斗争为纲”的方针，是“左”倾指导思想的继续和发展。10月15日至11月7日，省委召开工作会议，安排1963年冬至1964年春的农村工作，要求集中力量搞好全省农村社会主义教育运动，各县要在进行试点取得经验后，分期分批开展。会后，内地又有95个县相继开展了试点工作。11月起，全省上下按照“双十条”的要求，在省、地、县三级试点的基础上，安排41个县铺开社会主义教育运动。11月30日，省委发出《关于执行〈中央关于农村社会主义教育点面结合的指示〉的通知》。《通知》鉴于全省内地农村开展社会主义教育试点的99个县中，只有7个县结束，76个县正在进行，16个县还没有开始；同时按照原定计划，暂不系统进行社会主义教育运动的社、队，还占绝大多数的情况，要求必须注意点面结合，积极做好面上社会主义教育工作，切实推动该项工作的全面开展。

为了全面推动全省农村社会主义教育运动的开展，加强领导。1963年12月21日，省委召开常委会议，吸收昆明、玉溪、楚雄地（市）委书记和省级有关部门负责同志参加，重点检查和讨论农村社会主义教育问题。会后，省委向各县印发了会议纪要，要求坚决执行好省委原定的“必须认真搞好社会主义教育运动的试点，同时大力做好面上的工作”的指示精神，既要抓紧时间，进行面上的社会主义教育工作，又要切实做好系统社会主义教育运动的试点，在取得经验后，积极分批铺开。凡是没有试点的县，必须立即组织力量，进行试点。正在试点的县，一定要切实搞好，真正取得经验。在试点结束取得经验后，就要正式铺开第一批社会主义教育运动。试点和各批运动的开展应当按照中共中央的规定，用3个月左右的时间完成。

1964年初，省委发出《关于县委书记必须亲自参加和领导社会主义教育运动的通知》后，各地纷纷充实力量，组织开展“四清”运动。1964年4月4日，省委对农村社会主义教育运动作了初步总结，提出教育运动暂告一个段落。至1964年5月，全省119个区（大公社）、1488个小公社、293万人口的地区结束了“四清”，第一批农村社会主义教育运动基本结束。此后，未进行“四清”的28个县、42个区、353个小公社、93万人口的地区铺开第二批社会主义教育运动。

1964年5月，中共中央在北京召开工作会议，认为全国基层有三分之一的领导权不在党的手里，致使社会主义教育运动不断向“左”倾错误方向发展。7月10日至8月8日，中共云南省委召开扩大工作会议，认为云南省内地农村第一批社会主义教育运动大部分搞得不深不透，有的社、队甚至是走过场，应认真复查补课。省委决定暂停第二批运动，入秋前省、地、县三级先集中搞复查试点，秋后到1965年春全力复查第一批系统社教运动，1965年春再继续铺开第二批。以后两三个月里，全省社会主义教育运动处于反复补课之中。

1964年8月，中共中央成立由刘少奇负责的“四清”“五反”指挥部。8月下旬，刘少奇到云南指导“四清”工作，他用两个半天连续对云南地委书记以上的干部作了两场报告，重点强调了开展农村社会主义教育运动中，领导干部要亲自下基层蹲点，取得第一手材料，总结出社会主义革命的新经验。随后，王光美也作了《关于一个大队的社会主义教育运动的经验总结》（即“桃园经验”）的报告。“桃园经验”的主要做法就是秘密扎根串连，背靠背揭发斗争搞“四清”。9月1日，中共中央正式下发《关于一个大队的社会主义教育运动的经验总结》。

根据中共中央关于“四清”运动要集中优势兵力打歼灭战的指示和“桃园经验”，中共云南省委对全省“四清”运动作出部署。首先集中兵力搞安宁、宜良、大理3个县的试点，然后以地委为单位，组织本区力量，按县分批进行。中共云南省委还决定，在农村吸收1万名社会主义教育工作队员，连同各级党委在干部中组织的1.7万名工作队，以完成这一任务。这样，暂停了复查补课的工作。

安宁、宜良、大理3个县的试点工作于9月先后开始，集中的工作队人数达1.3万多人，中共云南省委和地委主要负责人亲临指挥，有的学习“桃园经验”化名住在县里蹲点调查。随着“打歼灭战”、搞人海战术的部署，阶级斗争的弦绷得越来越紧，这期间发生了宜良县委书记迟德亮自杀身亡的事件。这件事不仅在宜良引起强烈反响，对全省也有很大震动。

1964年12月，中共中央在北京召开工作会议。毛泽东在会上批评了关于运动的性质是“四清”和“四不清”的矛盾、党内外矛盾的交叉、敌我矛盾和人民内部矛盾的交叉等提法，提出运动的性质是社会主义和资本主义的矛盾。1965年1月14日，中共中央发出这次会议纪要《农村社会主义教育运动中目前提出的一些问题》(即“二十三条”),提出城市和乡村的社会主义教育运动一律通称“清政治、清经济、清组织、清思想”的“四清”(又称“大四清”),取消城市“五反”的提法,包含着纠正“四清”中“左”的做法的内容,但又强调运动的性质是解决社会主义和资本主义的矛盾,“运动的重点是整党内那些走资本主义道路的当权派”。

中共云南省委贯彻中共中央关于新的“四清”指示精神,重新部署云南的“四清”工作。1965年1月19日至30日,省委召开工作会议,提出继续搞好原定的安宁、宜良、大理3个县的“四清”运动,但工作队人数应削减,从原来的1.3万人中抽出5000人加强面上工作,抓紧抓好占全省98%的广大面上的工作。由各地委分别在2月5日前后召开三级干部会议,然后再召开生产队长以上干部参加的三级干部会议,在群众中宣传贯彻“二十三条”。2月19日至20日,省委召开常委会议,针对基层干部“‘小四清’过了,‘大四清’过不了”的思想顾虑,规定了几条政策:一是凡是在去年社教中或当年“四清”中已经作了交代、作了退赔,不再重犯,就一律既往不咎。二是经济退赔不能马马虎虎,同时又要合情合理,有困难的经过社员群众同意,可以减、缓、免,一般退到70%就不必再追。三是做到前两条之后,进行“大四清”时,只集中清理那些坚持走资本主义道路的当权派和混进来的地、富、反、坏分子及不可救药的蜕化变质分子。

1965年7月13日,中共云南省委发出《关于城市四清运动的部署》《关于四清运动的部署(农村)》两个文件,对城乡“四清”作出部署。省委指出,要解决好依靠群众大多数和干部大多数的问题,认真实行群众、干部、工作队“三结合”的方针,上下、左右、城乡结合开展好机关、企事业、城镇居民等各个战线上的“四清”运动,争取3年内又快又好地完成农村“四清”运动。内地97个县(区),除安宁、宜良、大理3个试点县以外,其余94个县,计划一年开展两批;每批时间为一个大队4个月左右,一个县五六个月;从1965年冬开始,至1968年春用两年半时间分5批完成。

1966年3月28日至4月5日,中共云南省委召开农村“四清”运动工作会议,就“四清”运动适应新形势作出了一些新要求,一是要狠抓政治，根据省委“带上一部‘毛选’、一把锄头到生产第一线去”的号召，形成一个群众性的活学活用毛泽东思想运动。二是要狠抓生产，以革命促生产，以发展生产丰富运动的内容。三是革命的根本问题是政权问题，要认真考虑和解决好领导权这个根本问题。四是要培养建立“三反”领导核心，抓好建党、整党工作。

“文化大革命”开始后，1966 年 9 月 5 日，中共云南省委发出《关于把农村“四清”运动同无产阶级文化大革命结合进行的意见》。进行了 4 年的“四清”运动，被“文化大革命”运动所代替。

城市“五反”运动

在全省农村进行以“四清”为主要内容的社会主义教育运动的同时，云南城市掀起了以“反对贪污盗窃、反对投机倒把、反对铺张浪费、反对分散主义、反对官僚主义”为主要内容的城市社会主义教育运动。

1963 年 2 月 21 日至 28 日，中共中央在北京召开工作会议，决定以抓阶级斗争为中心，在城市开展“五反”运动。会议讨论通过了《中共中央关于厉行增产节约和反对贪污盗窃、反对投机倒把、反对铺张浪费、反对分散主义、反对官僚主义运动的指示》，规定“五反”运动在县团级以上党政军民机关、国营和合作社营企事业单位、物资管理部门和文教部门中进行，以大规模地打击和粉碎资本主义势力猖狂进攻。会后，城市“五反”运动首先在机关单位和部分基层单位展开。

根据中共中央的指示和要求，1963 年 3 月 11 日至 28 日，中共云南省委召开扩大工作会议，传达贯彻中共中央 2 月工作会议精神。会上，点名批评了几个省级部门和地、市、县委存在的官僚主义、铺张浪费等问题，与会人员广泛开展了批评与自我批评。根据省委扩大会议精神，4 月 4 日，省委发出《关于执行〈中央关于厉行增产节约和反对贪污盗窃、反对投机倒把、反对铺张浪费、反对分散主义、反对官僚主义运动的指示〉的部署意见》，对全省的“五反”运动作了部署。为搞好运动，省委成立了工交、财贸、文教、政法、农水、党群 6 个口的领导小组，加强领导。此后，全省城市开始了“五反”运动。

全省“五反”运动分四个阶段进行。第一阶段：广泛开展增产节约运动,结合进行“五反”的思想准备和组织准备。第二阶段:反对铺张浪费,反对分散主义、本位主义,反对官僚主义,使多数同志受到教育,“洗澡下楼”,组成领导队伍。第三阶段:放手发动群众,雷厉风行,反对贪污盗窃,反对投机倒把,时间要集中,火力要猛。第四阶段:进行处理,结合进行思想建设和组织建设。

在运动中,中共云南省委重视加强党的基层组织建设。1963 年 4 月 10 日,省委发出《关于加强党的基层组织工作的指示》,强调以阶级斗争的观点教育党员,要求党员用党员标准十项条件来衡量自己的思想和言行。工矿、财贸企业、农场、学校、机关即将开展的“五反”运动,对党的组织是一次整顿,要在“五反”以后进行党员的基本知识教育。同时,省委还把基层党组织的建设状况,作为“五反”运动结束验收的一条标准。云南城市“五反”运动贯穿着阶级斗争的思想。1963 年 3 月 30 日,省委书记处讨论了“五反”问题,认为“五反”是一场尖锐深刻的阶级斗争,是又一次社会主义革命。5 月 28 日,省委的《检查报告》指出:“五反”运动要注意两条,一是要贯穿始终地进行阶级教育。二是放手发动群众。对贪污盗窃分子,不进行面对面的斗争,就等于不斗争,不发动群众。1964 年 10 月 15 日,省委召开城市社会主义教育运动干部会,指出,在无产阶级专政条件下,阶级斗争的主要形式是敌人力图通过我们党和国家机关内部,搞“和平演变”和反革命的两面政权。形形色色的阶级敌人千方百计地从党内寻找自己的代理人,所以斗争的焦点,就集中在干部问题上。所有单位、部门的领导同志,都应当把管工作和管干部统一起来,只有把干部管好,才能更好地完成各项工作任务。

中共云南省委严防“五反”运动组织处理扩大化的倾向。1963 年 8 月 30 日,省委批转省委工交部和省计委、经委党组《召开全省工业、交通、基建工作会议的三个讨论纪要》指出:当前所有开展“五反”运动的工交、基建企业,应当在前一段已经取得成绩的基础上,根据中共中央《关于目前农村工作中若干问题的决定(草案)》的精神和西南局的有关指示,认真揭开阶级和阶级斗争的盖子,在运动的各个阶段不断地扩大对职工进行深入的社会主义教育,认真执行团结 95% 以上的干部和群众的方针，对于2%—4%犯有严重错误的人，也要进行挽救，采取从宽政策，按人民内部矛盾处理，把打击面控制在1%左右。12月7日，省委发出《关于继续加强“五反”运动领导的讨论纪要》，强调对正在开展和即将开展“五反”运动的单位，必须坚持思想批判从严，组织处理从宽的原则。

中共云南省委注意把“五反”运动与发展生产相结合，争取两不误，两发展。1963年6月2日至19日，省委召开有省级部门领导干部和地市委书记80多人参加的省委（扩大）工作会议，提出在“五反”运动过程中，必须始终注意生产、工作和运动两不误。在具体工作中，应把运动和生产、工作紧密结合起来。7月29日至8月5日，省委再次召开地市委书记会议，决定为保证生产，县级财贸、工交企业的“五反”运动，在秋收前不全面铺开；根据领导力量情况，只在少数与农业产品采购关系不大的单位进行试点；大部分单位的“五反”运动放在明春进行。10月15日，省委批转省财办党组《关于妥善处理安排旺季财贸工作和“五反”运动的意见》，指出，鉴于目前正值农产品采购的紧要时刻，要求各级党委根据实际情况，妥善安排财贸单位的“五反”运动和旺季财贸工作，加强对农产品采购工作的领导，并且督促财贸部门抓紧时间，切实保证做好这一工作。

由于各级党委重视，全省“五反”运动基本达到了要求。自1963年4月分期分批开展至1964年，共有5704个单位开展了运动，占应开展运动单位总数的66.3%；参加人数41万多人，占应参加职工总数的75%。其中，省、地、县三级机关的运动到1964年底基本结束。1965年1月，中共中央取消了城市“五反”的提法，提出城市和乡村的社会主义教育运动一律通称“大四清”。

云南城乡社会主义教育运动，与全国一样，是在“左”倾错误思想指导下进行的一场“以阶级斗争为纲”、推行阶级斗争扩大化的政治运动。它严重扩大了打击面，干扰了国民经济调整措施的实施，为云南“文化大革命”的开展做了思想上与实践上的准备。当然，这些错误当时还未达到支配全局的程度。当时解决账目、工分、仓库、财物的“四不清”，本身确系广大社员群众的迫切要求，通过运动对清理“四不清”，改进经营管理的某些制度和干部作风的转变是起了一定积极作用的。对贪污盗窃、投机倒把、铺张浪费等问题的深入揭发和处理，打击、压制了歪风邪气，弘扬了正气。特别是运动中中共云南省委并没有因为集中力量开展运动而放松对农业生产的领导。如省委明确提出发展农村经济必须贯彻“以粮为纲，多种经营，农、林、牧、副、渔全面发展”的生产方针；从资金、贷款、税收、销售等方面鼓励和支持生产队在大力发展农业生产的同时，因地制宜地开展多种经营；改进领导农业生产的方法，结合科学种田，各级领导干部亲自办样板田，取得生产经验，以点带面，推动生产；成立山区工作委员会，组成山区工作队，深入内地少数民族山区，帮助进行生产规划，开发资源，治山治水，固定耕地，改变毁林开荒和刀耕火种的落后习俗；调减山区公余粮负担，扶持山区开展多种经营，发展林、牧业；调整了畜牧业政策，鼓励和扶持发展大牲畜，发展养羊，并制定合理杀、卖、吃的若干规定，对养猪实行“吃卖各半”，进一步促进畜牧业商品经济的发展；健全和完善生产队的经营管理、分配和必要的责任制度；每年拨出专款，扶持困难队和“五风”危害严重的社队发展生产和解决当年生活急需；把种植绿肥和推广使用磷肥作为加速粮食增产的一项重要措施，列入各级党委政府的议事日程。正因如此，云南顺利完成了国民经济调整任务，并取得了明显成效。

三　国民经济调整任务的完成

活跃农村集体经济

为争取国民经济的根本好转，1963 年 9 月，党中央召开工作会议，决定从 1963 年起，再用 3 年时间继续进行调整工作，作为第二个五年计划（1958—1962 年）到第三个五年计划（1966—1970 年）之间的过渡阶段。中共云南省委贯彻中共中央这一精神，开展了一些探索和开创性的工作，完成了国民经济、社会事业等调整任务，经济社会发展取得明显成就。其中活跃农村集体经济是农业继续调整的重点目标。

为解决粮食产量提高但缺乏现金分配的矛盾，巩固和发展集体经济，中共云南省委确定，第二阶段农业的调整任务是在优先发展粮食生产的同时，努力发展经济作物和畜牧业，开展农、林、牧、副、渔多种经营，增加社会产品，增加社员收入，增加农业投资，壮大集体经济力量。省委要求财贸部门努力帮助和指导农村多种经营的发展，疏通流通渠道，为多种经营找出路。1963 年 1 月 20 日，省委发出了《关于开展多种经营，加强生产队的经济力量，促进农业生产发展的指示》，决定 1963 年粮食只计划增产 2.5 亿公斤，增长幅度不到 5%，但要求副业、多种经营的增长幅度要高于粮食的增长幅度。措施是：在资金方面，国家有计划、有重点地运用补助款、无息贷款，帮助生产队添置或修复开展集体副业的生产设备；在税收方面，对集体开展多种经营的活动，给予减税或免税照顾；在具体规划上，提倡因地制宜，坝区调整出一部分土地来种植经济作物，山区则重点发展畜牧业及经济林木。至于运输、采集、编织、烧砖瓦、养鱼、养兔，以及水泥、木、石工等，都可以因地制宜地发展。既要重视大宗的，又要重视零星的；既要抓当前得利的，又要抓长远见效的；既重视传统的具有一定规模的，又不要轻视那些“吹糠见米”的副业，并把它们很好地结合起来。要重视加工作坊的经营，根据条件办成季节性的或常年的，属于半工半农的手工业者，可组成生产队的手工业小组。

全省各地多种经营的开展，给农村经济注入了新的活力，集体和社员的收入都有较大幅度的增加。1964 年人民公社的公积金达到 5241 万元，比 1961 年增长 92%；同期，社员现金分配增加 47%。如昆明市官渡区云溪公社向阳第三生产队，1960 年还在吃国家返销粮，集体财产的价值不到 5000 元，副业一无所有，基本上没有现金分配。经过大力开展多种经营，并强调以搞好合理分配为中心，加强生产队的经营管理，提高生产队长的经营管理水平，完善各种制度，认真清理工分后，到 1965 年向阳第三生产队已办起了豆腐坊、小粉坊、养鸭场、编草帽、打草席等多项副业，其收入占农副业总收入的 55%，集体财产增加为 5 万元，社员平均每户收入 605 元，其中现金 328 元。生产队的管理水平普遍提高，调动了社员的积极性。

调整畜牧业政策是活跃农村集体经济的一项重要措施。中共云南省委于1965年7月28日批转省委农村工作部《关于大牲畜和羊的杀、卖、吃情况和问题的调查报告》，要求各地各部门采取措施，解决好这个问题，打破妨碍牲畜发展的清规戒律。9月30日，省委又作出《关于合理杀、卖、吃，发展畜牧业的几项规定》，并在《云南日报》连续发表了10篇相关的社论，对消除"养长寿牛、羊"的陋习，打破把耕牛等牲畜视为生产资料不能买卖的狭隘观念起到了积极作用。这些措施提高了云南畜牧业商品率，增加了社员收入，提高了群众发展畜牧业生产的积极性，牛、羊等牲畜上市量显著增加。

这一阶段，中共云南省委对困难社队给予特别关注。1963年2月9日，省委在批转省委农村工作部《必须继续积极帮助和大力扶持困难队》的文件时，要求各级党委将扶持困难队、改变困难队面貌，作为最近3年内的一项重要工作来抓，作出规划分期分批解决他们的问题。

在实施以上政策和措施的同时，中共云南省委总结了一批发扬大寨精神、自力更生、发奋图强取得显著成绩及因地制宜发展粮食生产和多种经营的先进典型经验，在全省推广。

进一步整顿工交企业和商业

从1963年到1965年，中共云南省委对工业开始进行第二阶段的调整，主要是对工交企业进行整顿。省委采取了许多具体措施，包括做好转轨工作，坚决迅速地把工业部门，特别是重工业部门的工作转移到为农业服务、为人民生活服务的轨道上来，增加支农产品和日用工业品的生产，解决吃、穿、用的问题；加强比较薄弱的基础工业和交通运输业；进行企业生产成龙配套。经过调整保留下来的企业，仍有相当一部分不能配套生产，有三分之一的设备带病运行，甚至被迫停产，工业部门之间、行业之间、工种之间不协调、不配套的情况都不同程度存在。针对这些问题，重点进行了填平补齐、成龙配套、设备更新、技术改造、专业协作的工作，巩固并提高了企业的整体生产能力。此外，不少企业还通过人财物的投入，加大技术革新、科技创新、科学研究的力度，并取得了一定的成效。

重点抓好企业管理。继续全面贯彻中共中央颁布的“工业七十条”，加强企业的计划管理和技术管理；国家对企业实行“五定”[①]；企业对国家实行“五保”[②]；推行党委领导下的厂长负责制、职工代表大会制；积极推行计件工资和恢复一些行之有效的奖励制度。

这个时期，工交企业普遍开展了“比、学、赶、帮”的增产节约运动，促进工业生产发展。全省先后组织5批共134个企业的1351人到上海学习先进经验。为了加强对工交企业的集中统一领导，根据中共中央精神，将在“大跃进”中下放的大中型企业，收回为国家部属和省属企业。至此，工交企业在进一步调整中得到充实提高，生产稳定增长。

对商业工作进一步调整。1964年3月31日，中共云南省委、省人委批转省财办《关于开放农村粮油市场的报告》，在坚持统购统销政策的前提下，允许农民个人在粮油市场上出售自己的多余产品，也允许农民、职工和城镇居民购买自己食用的粮油。为了平抑粮价，各级政府把几百万斤粮食投放到市场。省委对农副产品采购实行奖售粮食和工业品的政策。1964年奖售布票和其他工业品的农副产品有54种，同时奖售粮食和布票的有39种，单奖粮食的有12种。对于生猪收购政策，省委把原定的“购三留七”改为“购留各半”，对自愿多卖的积极给予收购，完成派购任务后允许自由上市出售，使猪肉货源大量增加。粮食征购任务“一定三年”到1964年已期满，为了促进粮食生产更快恢复和发展，自1965年起改为“一年一定”，对超过定购任务的增产部分，实行三分之一卖给国家、三分之一留给集体、三分之一分配给社员的“三三制”政策，进一步调动了农民种粮的积极性。同时，把原来实行派购的菜牛、水果、核桃等，退出派购范围，自由上市买卖。商业部门结合云南实际，进一步贯彻执行中央颁发的“商业四十条”，改善商业的经营管理。由于从多方面加强商业工作，全省各地市场日趋活跃，商品供应情

---

① “五定”，即定产品方案和生产规模，定机构和人员，定主要原材料、燃料消耗定额和供应来源，定固定资产和流动资金，定对外协作关系。

② “五保”，即保证产品的品种、数量和质量，保证不超过计划工资总额，保证降低成本，保证完成上缴利润，保证主要设备的使用期限。

况大为改观。

全面调整社会事业

对教育、科技、文化、卫生等社会事业进行全面调整，是中共云南省委继续调整时期的一项重要工作。

办好中小学教育。1963 年 4 月 15 日，中共云南省委结合贯彻执行中共中央《关于讨论试行全日制中小学工作条例草案和对当前中小学教育工作几个问题的指示》，就办好中小学教育提出具体政策措施。省委要求，当年先在 41 所中学、309 所小学试行中小学条例，各地要集中力量认真办好这批学校，为示范积累经验，其余学校争取尽早试行条例；进一步贯彻教育与生产劳动相结合的方针，使学生在德、智、体各方面都得到发展，全面提高教育质量；县镇和农村全日制学校，全年必须保证中学 9 个月、小学 9 个半月的教学时间；中小学教育要坚决贯彻两条腿走路的方针，充分发挥人民群众办学的积极性；调整机关团体、企业和部队的一部分房屋供学校使用；教育事业必须适应以农业为基础的方针，中小学教育必须面向农村，在提高农村文化和提供技术后备力量方面支援农业；建设一支又红又专的稳定的教师队伍；边疆民族地区的学校教育工作，应当贯彻执行党的边疆工作方针和民族政策，根据不同地区不同民族的特点，采取不同的办法。1963 年初召开的全省中小学教育工作会议和全省专州市县文教科局长会议后，努力提高教育教学质量成为云南省各级教育行政部门和学校的重点工作，为此在教学上进行了一系列改革。

加强社会科学工作。1962 年 2 月 1 日，云南省哲学社会科学学会正式成立。1963 年 5 月 1 日，《云南农民报》复刊。7 月 1 日，《支部生活》复刊。1964 年 7 月 4 日，云南历史研究所成立。

做好科技发展十年规划。经过长期调查研究，在广泛征求意见的基础上，报中共云南省委批准，省科委于 1963 年按照“地方科学技术主要为当地经济建设服务，特别着重为农业服务”的科技发展方针，编制了《云南省科技发展十年规划（1963—1973 年）》。《规划》提出三项重点工作：一是围绕农业“八字宪法”[①]，大力加强农业科学技术，加强热带作物研究。二是努力提高工业科学技术水平。三是开展主要疾病防治和劳动保护等医药方面的研究。1965年，省科委在保山县召开全省农业样板田现场会，阎红彦等省委领导到会，推广保山板桥公社丰产样板田的经验。

重视开展群众性文化活动。1962年后，在群众文化工作中学习和推广了内蒙古“乌兰牧骑”的做法和经验，在边疆和内地的40多个县成立了12—15人的文化工作队，到偏僻贫困地区传播文化、科技、卫生知识，丰富了这些地区群众的文化生活。同时，对电影、图书、文物等工作也进行了不同程度的调整。

加强卫生工作。加大卫生基础设施建设。1963年至1965年3年中，全省卫生基建投资达730万元，是“二五”期间总投资150万元的近5倍。同时，继续整顿基层卫生组织，理顺卫生机构。其中在1964年，卫生工作主要以加强农村卫生组织建设、继续调整和整顿农村基层卫生组织为重点。省卫生厅从省、专、州、市级卫生机构中抽调15%、从县级抽调10%的卫生工作人员，作为“种子”下放到农村安家落户，全省共下放1200多人，使区卫生所由487个增加到801个，人员由2000多人增加到3000多人，基本做到区区有卫生所。1965年3月4日，中共云南省委批转省卫生厅党组《关于贯彻党中央、毛主席“把卫生工作重点放到农村去”的指示，组织城市高级医务人员下农村的报告》后，全省县以上卫生机构掀起了“上山下乡”“巡回医疗”的热潮。当年底，全省县以上医疗卫生机构先后组织510个农村巡回医疗队、3700多名医务人员到全省1000多个公社，治疗10多万人次，抢救危重病人2.4万多起，施行大小手术6000多例，并为公社培训半农半医人员8544人，为生产大队培训不脱产卫生员72584人、接生员15584人。这一时期，计划生育工作也开始起步。1963年7月，省委、省人委发出《关于执行中央、国务院〈关于认真提倡计划生育的指示〉的意见》，要求各级党政领

① 中共中央根据我国农民群众的实践经验和科学技术成果，提出的八项农业增产技术措施，即土、肥、水、种、密、保、管、工，简称“八字宪法”。

导充分认识实行计划生育政策的深远政治意义和经济意义，把这项工作切实领导起来。

四　党组织的巩固和发展

广泛发展党员

党的八大《关于修改党的章程的报告》提出，党员的数量还是很少，今后除了要努力提高党员的质量以外，还需要继续有计划地接受要求入党而又完全合于党员条件的人入党①。

中共云南省委就党员发展问题专门组织力量进行调查研究。经过调查，云南党员队伍主要存在两个方面的问题：一是发展不平衡；二是数量较少。在国营厂矿中的党员占职工总数的14.4%，而私营企业中的党员才占职工总数的3%，企业工程技术人员中党员数量更少；在农村，党员仅占农业人口数的0.5%。全省117个已进行了土地改革的县中，党员占总人口数1%的有35个县，占0.2%的有10个县；在7552个已进行土地改革的乡中，还有1086个乡没有建立党的组织；在机关，党员分布也不平衡，党群系统、政法系统、工交系统的党员相对多一些，而财贸系统、文教系统的党员则较少，尤为突出的是学校教职员及大中专学生和医务人员中党员更少。特别是全省从事教育的高级知识分子中党员最少，仅有党员18名，其中154名大学教授中只有党员5名；全省主治医师（包括中医）410名，仅有党员16名。针对这一情况，中共云南省委提出：在今后两年内，工矿系统的党员要达到职工总数的17.3%；农村党员要占农业人口的1%。强调在少数民族和妇女中发展党员，特别要在大、中专学校教职员工中发展党员。此后，全省各级党组织结合实际，把发展知识分子入党作为这一时期党建工作的重点来抓。

① 中共中央文献研究室编：《建国以来重要文献选编》第9册，中央文献出版社2011年版，第134页。

1956年6月，中共云南省委批准下发了《关于在讲师以上教师中发展新党员工作报告》，指出，在知识分子中发展党员的工作上存在的缺点，主要表现为各级党的组织没有开展有领导、有计划地在高级知识分子中发展党员的工作，甚至有些积极要求入党并且具备党员条件的，也没有把他们吸收到党内来。为此，省委对发展党员中对知识分子的关门主义倾向进行了纠正，提出了在知识分子特别是高级知识分子中发展党员的意见，要求对党的工作薄弱的部门，应有计划地调派干部去加强这些部门的工作，以逐步地改变这些部门党的工作的落后状况。

此后，全省各级党组织认真查找在知识分子工作中存在的不良现象和问题，采取举办“青训班”“工训班”等形式，在生产一线、在知识分子中培养发展了一批积极分子入党，特别是发展了一批有名望的知识分子入党。据省市12个单位统计，仅仅4个月内，就发展了500名知识分子加入了党组织。其中包括云南大学教授徐嘉瑞、著名京剧表演艺术家关肃霜、省歌舞团著名演员黄虹等28名高级知识分子的入党，大大激发了知识分子的政治热情和业务工作的进取心，在社会上产生了较好的影响。到1957年底，全省党员总数由18万人增至26万人。

中共云南省委不断加大对农村党员的发展力度。提出在整风运动、反右派斗争、“大跃进”运动和农村社会主义教育运动中，对大批涌现出来的为社会主义和共产主义坚决奋斗的农村积极分子，可以较多地接收一批合乎党员标准的人入党，以便在最近几年内，使农村党员占农村人口的比例发展到2%。

由于中共云南省委重视发展党员工作，截至1965年全省共有党员478016人，分别比1951年16146人和1956年239716人增长了28倍多和近1倍。其中大学文化程度的有4888人，比1951年706人和1956年的2289人增长了近6倍和1倍多。少数民族党员127532人，占全省党员人数的26.68%。

在发展党员的同时，为调动一切积极因素参加社会主义建设，掀起全面建设社会主义的高潮，中共云南省委发出大力提拔、配备干部的指示，加强对知识分子、妇女、少数民族和年轻干部的培养选拔工作，加快干部队伍建设的步伐。截至1965年全省共有干部219152人，分别比

1950 年 19105 人和 1956 年 183269 人增长了 10 倍多和近 20%。

十年全面建设社会主义时期，广大党员干部在工作实践中总结和积累了一些领导社会主义建设的经验，培养锻炼了一批懂得社会经济和文化建设的党员干部队伍。

发展基层党组织

党的八大之后，中共云南省委从边疆民主改革的实际出发，加快在边疆民族地区建立健全党的基层组织。

随着边疆和平协商土改和直接过渡等民主改革的推行，中共云南省委在这些地区广泛开展建党工作，并建立了一些特殊的基层政权组织形式，如在直接过渡地区成立“爱国团结生产委员会”“爱国团结生产小组”“生产文化站”等过渡性的基层政权组织，领导群众发展生产，成为当地的政治、经济、文化中心。先后在边疆民族地区发展了 5000 多名党员，1 万多名青年团员，建立了 724 个党支部和农村基层政权，组织了 5 万多人的民兵武装，吸收 2500 多名农民优秀分子参加工作。截至 1957 年，全省基层党委发展到 192 个，总支 885 个，支部 1.37 万个。这一时期的基层党委主要集中在城镇，占 86.8%，农村基层党委只占 13.2%；总支和支部主要集中在农村，各占 58.35% 和 61.25%，城镇各占 41.65% 和 38.75%。

随着边疆民族地区党的基层组织的建立，云南党的基层组织基本建立起来，并随着形势的发展不断调整充实。1958 年，由于贯彻党的八大二次会议通过的社会主义建设总路线，开展“大跃进”和人民公社化运动，党的工作重点转移到农村，农村党的基层组织有了较大发展。据 1958 年底统计，全省基层党委达 1347 个，比上年净增 1155 个，其中农村比上年增加 1104 个；农村党委占全省基层党委的 83.8%。全省农村基层党委数超过城镇党委数。全省党总支部为 994 个，其中农村为 566 个，占 56.9%；党支部为 1.37 万个，农村占 61.9%。此后 3 年的“大跃进”运动中，云南基层党组织建设不断加强。1959 年全省党总支部数由 1958 年的 994 个增加到 1590 个；党支部达 2.23 万个，比 1958 年增加 61.4%；党员为 35.09 万名，比上年增加 9.57 万名。到 1960 年，全省已有基层党委1341个，其中农村占74.9%；党总支2437个，农村占67.4%；党支部2.77万个，农村占65.5%。

1963年4月，中共云南省委发出《关于加强党的基层组织工作的指示》，提出继续做好党员教育工作，有重点地整顿党的基层组织，加强党的基层组织的经常工作，并且在做好这些工作的基础上，有领导、有计划、有步骤地对所有党员进行一次重新登记，以达到进一步提高党员质量、纯洁和巩固党的组织、增强党的战斗力的目的。特别就边疆地区教育训练党员和支部工作问题指出，云南边疆地区建党较晚，必须有计划、有领导地加以整顿，并逐步把支部的经常工作建立起来，重点是选拔配备好支部的领导骨干，查实党员，整编党小组，把党员组织起来；有计划、有步骤地对支部书记普遍进行一次训练；由县委直接领导，通过对党员进行基本教育的试点，搜索总结一些具体经验，为将来全面对党员进行教育训练做准备。在“左”倾错误思想指导下，在这次整顿党的基层组织的工作中，错误地打击和处理了一批基层干部，党的基层组织大幅度减少。1963年，全省基层党委只有521个，比上年下降63.4%；支部减少6159个，下降率为22.4%。

在国民经济全面调整时期，云南党的基层组织建设得到恢复和发展。截至1965年底，全省有各级党委近6000个，党总支部1000多个，基层党支部2.3万多个。

这一时期，全省的基层党组织对组织领导各地经济社会发展起到了重要作用，党组织得到进一步巩固和发展。同时，各级党组织也在错误和挫折中经受了锻炼和考验。

五　十年曲折发展的成就和经验教训

十年社会主义建设的成就

1956年到1966年十年间，云南的建设事业尽管经历曲折甚至遭受到严重挫折，但仍取得了巨大成就。

国民经济得到较快发展，人民生活逐步改善。1965年全省工农业总产值达到43.14亿元，按不变价格计算，比1957年的27.75亿元增长55.46%。1964年的粮食总产量达到60.67亿公斤。1965年稍有下降，为58.7亿公斤，但仍是云南解放后的第三个高产年。1965年农业总产值达到22.83亿元，比1957年的16.56亿元增长37.86%，生猪、大牲畜存栏数量都超过了历史最高年，农业多种经营初见成效。1965年工业总产值达到20.31亿元，比1957年的11.19亿元增长82%。特别是经过恢复和调整，克服了“大跃进”时期和调整初期的困难，各项事业恢复了发展，人民生活逐步改善，社会物质财富相对丰富。1964年人民公社社员每人平均分配收入为46元，比1961年的38元增长了21%。职工收入也有所增加，全民所有制职工年平均工资1965年上升为544元，比1958年增长45%。市场繁荣，物价稳定，商品供应充足。猪肉从1964年9月起即在全省平价放开供应，除粮食、棉布外，其余数十种凭票供应的商品完全放开。全省社会商品零售总额1965年达到16.69亿元，比1957年增长64.7%。1964年和1965年成为云南解放后经济发展较好的年份之一。

从云南实际出发，初步建立了具有本省特色的工业体系。立足云南有色金属资源优势，加大冶金工业的基本建设投入，大力推进冶金工业发展。1958年至1965年，冶金工业基本建设投资为10.95亿元，占同期云南工业基本建设投资总额的39.6%。新建、扩建了云南冶炼厂、东川矿务局、易门矿务局、云南锡业公司的老厂和卡房选厂、会泽铅锌矿、澜沧铅矿等一批骨干企业，大幅度提高了铜、锡、铅、锌的采矿、选矿和冶炼的生产能力。1965年全省有色金属产量达到5.25万吨，比1957年翻了一番多。

钢铁工业在这一时期也得到较快发展，大规模扩建昆明钢铁总公司，并新建、扩建了越州、富源、禄丰、易门等中小钢铁厂。电力工业发展迅速，1957年全省发电装机容量为6.2万千瓦，1965年猛增到36.25万千瓦，增加近5倍。新建、扩建的水电站有以礼河电站、绿水河电站、六郎洞电站；火电厂有普坪村电厂、开远电厂二期工程、阳宗海电厂、宣威电厂一期工程。建成全长210公里、当时西南高海拔地区第一条220千伏超高压输电线路——宣威至昆明输电线路。煤炭工业开始正规建设。1958年以前全省只有一平浪、明良、小龙潭等几个中小型煤矿，设备简陋，生产方式落后，大部分为手工开采，1957年的原煤产量只有192万吨。1958年以后逐步开始正规化的矿井建设，先后建设了来宾煤矿、羊场煤矿、恩洪煤矿、可保煤矿、圭山煤矿，建井25处，1965年建设总规模达到年开采能力760万吨，全省煤炭工业步入新的发展阶段。

机械工业在曲折中发展。“大跃进”运动过程中，机械工业建设规模急剧膨胀，摊子铺得过大，经过调整压缩，集中资金重点新建和改、扩建的大中型企业有昆明机床厂、昆明重型机器厂、昆明电缆厂、昆明电机厂、云南轴承厂、云南仪表厂等，使矿山、冶金、起重设备、金属切削机床、电机、电器及电缆的生产成倍增长，产品销往国内外。1958年7月底，昆明机床厂试制成功中国第一台2430型电感应坐标镗床，这种镗床被誉为“精密机床之王”，当时只有瑞士、美国、苏联、德国等少数几个工业发达的国家能制造。

侧重于化学肥料和基本化工原料的开发和发展，化学工业起步良好。1958年8月1日，驻昆解放军化肥厂动工兴建，1963年8月1日建成投产，是云南省第一个生产合成氨的中型企业；1960年开建云南化工厂，1963年建成年产7500吨烧碱、3000吨六六六原粉、4000吨盐酸的规模，1964年又陆续建成聚氯乙烯及电石生产线，是云南省第一个氯碱生产基地。昆明磷肥厂、光明磷肥厂、宣威熔剂厂也是这一时期建设起来的。

建材工业从手工生产方式向现代化生产转变。云南省第一个中型水泥厂昆明水泥厂于1958年初建成，年生产能力50万吨，1959年又新建了中型的开远水泥厂和大理、宣威、东川、芒市4个年产3.2万吨的小型水泥厂；1958年8月新建大型企业昆明平板玻璃厂，后经改、扩建达到年产普通平板玻璃101.6万箱、彩浮玻璃36.8万箱。对砖瓦窑作了大规模改造，把手工操作、以薪柴为燃料生产改造为机械、半机械化操作以煤炭为燃料的轮窑生产，1965年末全省砖瓦生产能力达到5亿块。

以烟、糖、茶、纺织为主的特色轻工业全面发展。1957 年云南只有昆明卷烟厂 1 家卷烟企业，1958 年 6 月开始在玉溪烤烟厂的基础上建设玉溪卷烟厂，后来发展成为国内外著名的高新技术大型现代化企业。1958 年以前，全省机制糖厂只有 2 家，至 1960 年，在元江、陇川等县建立了 9 座机制糖厂。1958 年兴建云南第一座日榨甘蔗 1000 吨的大型机制白糖厂开远糖厂。精制茶从 1958 年开始，逐步实现了机械和半机械化生产，并新创了一批名牌品种。这一时期，纺织工业新建、扩建了昆明针织厂、大理针织厂、保山针织厂、云南毛巾厂等 11 个企业，大型企业昆明纺织厂动工兴建，1966 年底全省纺织企业达到 61 个，年产棉纱 1.1 万吨、棉布 5158 万米。

以农田水利和交通为主的基础设施建设成效明显，为经济社会发展奠定了良好基础。1958 年至 1965 年，云南的基本建设投资总额为 47.85 亿元，新增固定资产投资 31.36 亿元，新增固定资产为投资总额的 65.5%。通过全省各族人民的自力更生、艰苦奋斗，留下了一批重要的建设成果，一些工程项目经过调整成龙配套、充实提高后，发挥了骨干作用。全省的基础设施和骨干企业，有相当一部分是这一时期建设起来的，为经济建设奠定了一定基础。其中农田水利基本建设成效明显，1958 年至 1965 年的 8 年间建成大中型水库 51 座，使全省农田有效灌溉面积增加到 1280 万亩，占总耕地面积的 30.7%（1957 年为 15.6%）。1963 年，全省特大春夏连旱和秋旱，大部分地区自上年入秋以来连续 9 个月少雨。这种情况下，新建水利设施发挥了重要作用，粮食总产量仍高于 1962 年。这时期建成的松华坝水库，至今仍是昆明市区重要的生活水源。交通、邮电等基本建设也取得大的发展。1958 年至 1965 年云南公路建设空前发展，共投资 3.47 亿元修筑公路。1965 年底全省晴雨畅通的公路通车里程达到 1.81 万公里，比 1957 年翻了近一番，90%的县城通了公路。铁路建设方面，1957 年省内有营运铁路 657 公里，1958 年修复昆河线碧色寨至河口段 177 公里铁路，并与越南铁路实行联运。此外，1959 年 7 月 1 日，昆明至一平浪铁路 140 公里修通营运，1965 年昆明至贵阳铁路修通，云南境内铁路与全国连接，东川支线、羊场支线、草坝至雨过铺专用线相继修通。到 1965 年底，全省境内共有营运铁路 1261 公里,比 1957 年增加近 1 倍。全省铁路货运量 1965 年达到 638 万吨,为 1957 年的 173%。民用航空线路不断增加。1957 年云南有昆明—成都、昆明—北京、昆明—广州、昆明—重庆 4 条省际航线和昆明—缅甸仰光 1 条国际航线。1962 年至 1965 年,新开了 2 条省际航线,即昆明—上海、昆明—贵阳;3 条省内航线,即昆明—保山、昆明—思茅、昆明—昭通。邮电事业得到相应发展。1957 年与 1965 年相比,邮路总长由 13.4 万公里增至 19.2 万公里,长话线路由 231 路增至 582 路,市话交换机容量由 1.29 万门增至 2.13 万门,农村电话杆路由 4.38 万杆公里增至 6.85 万杆公里,邮电部门的固定资产由 3106 万元增至 6216 万元。

教育事业在调整中不断前进。1961 年后,中共云南省委继续加大调整力度,推动教育工作的进展。其中,省委高度重视结合云南生产建设实际进行教育制度改革。1963 年 4 月 15 日,省委发出《关于贯彻执行中央〈关于讨论试行全日制中小学工作条例草案和对当前中小学教育工作几个问题的指示〉的指示》,提出中小学教育坚持"两条腿走路"的方针,除国家办的中小学外,也可以搞民办公助、公办民助、民公合办等形式。9 月 16 日,省委批转省教育厅党组《关于积极试办半工半读和半农半读学校的初步方案》。《方案》提出,根据两种劳动制度和两种教育制度的要求,各地必须有计划地发展各类半工半读和半农半读学校,并提出了具体的计划指标,要求到 1964 年做到大多数公社都有农业中学或中等农业技校。1964 年 10 月 22 日的《云南日报》报道,全省已举办 66 所半农半读的农业学校。这批学校是在 1958 年为适应农业生产的发展和广大群众的要求而逐步建立起来的。1964 年上半年在校学生已达 2548 人。这些学校中,有 42 所建立了自己的生产基地。学生既读书,又参加劳动。没有建立基地的,每年有 4—5 个月在校学习,7—8 个月在家参加生产劳动。已经毕业的 628 名学生,由于在学习中养成了良好的劳动习惯,学到了劳动技能,因而毕业回家后,多数表现很好,既可种田种地当农民,又可写写算算,能更好地接受和推广新的科学技术,受到农民群众的称赞。同日,《云南日报》发表社论,称半工(农)半读学校具有强大的生命力。1964 年 10 月,昆明农林学院的农学、植保、林学3个专业作为试点，改为半工半读。到1965年，全省有半工（农）半读大学1所、中等技术学校45所、技工学校8所、农业中学1140所、半耕半读小学4.4万所。公办和民办两种教育制度的推行，为云南教育事业的发展开拓了广阔道路。

卫生工作得到发展。这一时期，卫生工作的重点是做好群众的疾病防治。1960年12月，中共云南省委批转省卫生厅党组《关于今冬明春开展以防治主要疾病为中心的群众性的卫生运动的请示报告》，要求在当年冬至1961年春采取土洋并举，中西医结合，治疗、营养、休息结合，医疗专业队伍和群众结合的办法，开展一次群众性的卫生防治工作；要对群众进行深入的卫生教育，增进群众的卫生知识；实行劳逸结合，保证群众必要的休息时间。同月，省委在批转省卫生厅、省妇联党组《关于当前治病情况的两个报告》时，要求各级党委都要组织两套班子，指定一个书记，并配备相应的力量，专管安排群众生活的工作，保证群众的健康。1961年7月，省委在批转省卫生厅党组《关于中耕夏锄期间开展治病工作意见的报告》的批文中说，一定要接受这几年的经验教训，踏踏实实地安排好群众生活，认真地抓好治病工作，力求避免在7月至8月间发生大量非正常死亡的现象。

中共云南省委对传染病的防治高度重视。1964年4月，省委批转《关于全省第五次防治血吸虫病工作会议情况的报告》，提出1967年以前，在云南省一切可能的地方要消灭血吸虫病。其间，不断加强农村卫生机构和队伍建设。1962年11月，省委同意省卫生厅党组《关于调整我省农村基层卫生组织的方案（草案）》，并要求各级党委必须加强农村基层卫生工作的领导，搞好农村卫生机构建设。特别提出，边疆民族地区和高寒山区的卫生所仍由国家开办，每所编制5—7人，由国家按规定人数发给工资。并强调，个体开业医生是独立脑力劳动者，是全民所有制和集体所有制卫生事业的补充和助手，应当允许医生个人开业。通过强化基层卫生机构建设，全省农村多种形式的办医迅速开展。到1965年底，基本上做到每个县有一院（医院）、两站（卫生防疫站、妇幼保健站），区、公社有卫生所，初步形成了遍及城乡的医疗卫生网。

在文艺和科技工作方面，全省艺术创作确立了为工农兵服务、为社会主义服务的方向。1965年底，全省剧团发展到72个，3602人；全省放映单位发展到586个，相当于1951年的39倍多，其中农村放映单位占48%，工矿及其他占38.9%，城市占13.1%。科学技术在调整中不断发展。到1965年，全省各类专业技术人员发展到15万余人，其中自然科学技术人员4.48万人，比1952年增长近5倍；地、州、市以上独立科研机构44个，比1952年增长7.8倍，自然科学专门学会发展到35个。科研所恢复到41个，职工5901人，其中科技人员2145人。

十年间，社会主义建设取得明显成效，初步建立起进行社会主义现代化建设所必需的物质技术基础，民族工作有了长足的进步，睦邻友好关系有了新拓展，边疆稳定和民族团结，为党在云南边疆民族地区的执政进一步积累了经验。

十年社会主义建设的经验

1956年到1966年十年间，中共云南省委领导全省各族人民艰辛探索全面大规模的社会主义建设道路，对云南边疆民族地区的基本省情有了新的认识，积累了宝贵经验。

坚持实事求是的精神，从云南实际出发贯彻中共中央的方针政策。中共云南省委结合云南实际，认真贯彻中共中央的指示精神，领导全省各族人民进行了艰辛探索，取得了全面建设社会主义的巨大成就。在此过程中，虽然发生了“大跃进”和人民公社化运动等“左”倾错误，但省委经过调查研究，果断地在边疆民族地区停办公共食堂，调整人民公社规模，下马了一些大炼钢铁铜的项目，以减少“左”倾错误的破坏。在1962年9月八届十中全会提出要“以阶级斗争为纲”进行社会主义教育的情况下，省委结合云南“农村情况大有好转，没有刮起‘单干风’”的实际，提出“不需要以阶级斗争为纲去开展一次社会主义教育的群众运动”，而应当集中精力抓经营管理，抓生产力，巩固集体经济，发展生产。尽管后来“不以阶级斗争为纲”的观点受到严厉批评，省委作了检讨，于一川等领导受到错误处理，但历史证明，“不以阶级斗争为纲”的观点是正确的。

曲折发展的十年中，全省党员干部和各族人民的精神面貌是十分可贵的。这十年，以贯彻党的八大精神为起点，全省各级党组织和人民群众自力更生，团结一致，艰苦奋斗，以无比的英雄气概和昂扬的热情斗志投身社会主义建设事业，不倦地探索适合云南省情的发展道路，树立起独立自主、自强不息、勇于进取的精神。特别是全省各族人民为加快社会主义建设、改变贫穷落后面貌表现出高度的积极性、劳动热情和凝聚力，在建设中发挥出主观能动性和创造精神；党员干部在建设中发扬先锋模范作用，与群众一起，休戚与共，同甘共苦。这种奋发图强的精神风貌为云南社会主义建设立下了一座精神丰碑。

维护民族团结进步、边疆繁荣稳定是巩固执政基础的基本前提，是压倒一切的政治任务。中共云南省委从维护云南民族团结进步、边疆繁荣稳定大局出发，继续认真贯彻党的边疆、民族政策，坚持慎重稳进方针，积极推进民族区域自治，保证民族平等权利，促进边疆民族地区的发展，实现各民族共同进步。重视少数民族干部的培养和使用，贯彻宗教信仰自由政策，尊重少数民族的风俗习惯，倡导少数民族语言文字的使用和推广。同时，积极稳妥处理边境关系，不断拓展睦邻友好关系，努力为全面建设社会主义创造和谐稳定的发展环境。历史经验证明，当民族团结进步、边疆繁荣稳定局面较好的时候，就是云南经济社会发展较快的时候；反之，则是云南经济社会发展经历严重挫折的时候。任何时候都必须把改善和发展社会主义民族关系，把维护民族团结进步、边疆繁荣稳定作为全省各级党组织压倒一切的首要工作。

大力发展教育文化等社会事业，为社会主义建设培育各种人才。这十年，中共云南省委高度重视教育事业，贯彻“两条腿走路”的办学方针，实行全日制和半农半读或半工半读的两种教育制度，注意调动社会各方面办学的积极性，全日制、半日制、业余制并举，多种形式办学，特别是发展农业职业教育，强化学生的劳动教育，克服脱离实际的倾向，发挥农村学校在社会发展中的作用，促进了基础教育与社会发展的结合；加强党对教育工作的领导，在各类学校建立健全党的组织，做好学校思想政治工作；认真贯彻落实党的知识分子政策，把知识分子的大多数作为劳动人民的一部分，切实维护知识分子权利，充分调动他们进行社会主义建设的积极性；重视民族教育，召开全省民族教育工作会议，帮助解决民族教育的指导方针、编制机构、师资经费和教学质量等问题,切实推动民族教育的发展。省委认真贯彻中共中央“百花齐放、百家争鸣”的方针,不断加强各级党组织对文化艺术工作的领导,把民族文化艺术工作作为贯彻党的民族文化政策的重要内容认真抓好,大力发掘和推广民族文化,加强农村和民族地区文化工作,有计划地组织文艺界和在校大学文科师生对云南的民族民间文学艺术进行大规模发掘搜集、整理和研究,努力建设社会主义的民族新文化,增强全省各族人民的创造力和凝聚力。云南以丰富的生物资源开发利用为标志,重视科技投入和科技创新,积极响应中央号召,掀起向科学进军热潮,激发起各族人民学科学用科学的积极性,推动了全省科学技术事业不断进步。

坚持和改善党的领导,以作风建设为重点,不断加强执政党建设。这十年,中共云南省委按照中共中央关于加强执政党建设的要求,不断加强党的建设,为社会主义建设培养了骨干力量,提供了组织保障。坚持走群众路线,警惕脱离实际和脱离群众的危险,克服官僚主义和主观主义,改进干部作风。积极倡导树立艰苦朴素作风,坚持与群众同甘共苦,坚决反对党员干部特殊化和铺张浪费;以制度的形式落实“三同”,要求县委书记以上的领导干部保证每年都有一个月的时间与农民同吃、同住、同劳动,密切党同人民群众的联系;深入实际,深入群众,了解群众迫切要求,认真进行调查研究,既能发现问题,又要提出切实的解决办法。1964 年 3 月 6 日,省委作出《关于改进领导作风,克服固步自封、骄傲自满的决定》,要求各级领导干部都要以身作则,深入基层,把雷厉风行和实事求是、扎扎实实的作风结合起来,切实抓好基层工作。严格执行干部参加劳动的制度,把蹲点参加劳动和调查研究、进行科学试验、总结实践经验结合起来。重视党员队伍建设,针对调查中发现的云南党员队伍发展不平衡、党员数量较少两个问题,认真落实 1956 年 6 月下发的《关于在讲师以上教师中发展新党员工作报告》要求,在知识分子中发展了数百名党员,大大激发了知识分子和各类文化艺术界人士的政治热情和业务工作的进取心;同时十分重视在工矿、农村,在少数民族和妇女中发展党员。在边疆民族地区建立健全了党的基层组织和人民政权;在全省党组织中开展整风运动,发动群众向党提出批评建议，为加强社会主义民主政治建设、发扬社会主义民主进行了积极探索。以纯洁党的基层组织为目的，在全省公社以下基层党组织中开展以反对官僚主义、反对贪污、反对浪费为主要内容的“三反”运动和整风整社运动，努力整顿党的基层组织。加强干部队伍的政治理论学习，开办省高级读书班，在省委党校举办理论班，分批抽调领导干部进行脱产理论学习，学习社会主义建设理论、反对现代修正主义教育、学习毛泽东著作。普遍建立和恢复党课制度，加强对党员的经常教育。开展战胜严重经济困难的宣传教育，掀起了“向雷锋同志学习”的宣传教育活动。不断改善地方党委领导方式和执政方式，省委发出了《关于进一步贯彻执行民主集中制改进县委领导的指示》等相关文件，要求把民主集中制和集体领导制度贯彻到党的生活和实际工作的各个方面，反对个人崇拜，加强党内监督。这些工作，使省委积累了领导社会主义建设正反两个方面的经验和教训。

十年社会主义建设的教训及原因分析

这十年，虽然在党的领导下，云南社会主义建设取得了明显成效，积累了丰富经验，但教训也是惨痛的。其中最重要的一点就是党对社会主义的认识这个根本问题上发生偏差，党内“左”的思想开始抬头，并逐渐占了上风。尤其是进入60年代以后，尽管对国民经济实行调整并取得了成效，特别还针对云南实际提出了“不需要以阶级斗争为纲去开展一次社会主义教育的群众运动”的正确观点，但总体上“左”倾错误在经济工作的指导思想上并未得到彻底纠正，而在政治和思想文化方面还有发展。不过，这些错误当时还没有达到支配全省大局的程度。

这十年探索中“左”倾错误对于云南的最大危害莫过于解放以来中共云南省委采取的一系列适合实际、行之有效的方针政策、原则措施被终止废弃、被推翻破坏。从“反右派补课”到“大跃进”和人民公社化运动，从“反右倾”斗争到“以阶级斗争为纲”的城乡社会主义教育运动等一系列政治运动的开展，使得“团结第一，工作第二”的工作方针被废弃，党内的团结和谐、协作奋进的政治氛围受到严重扰乱；“慎重稳进”的指导方针被推翻，民族团结、边疆稳定的政治局面遭到严重破坏；“分类指导”的工作原则没能很好地坚持，许多针对云南边疆少数民族的特殊扶持措施被终止，实现各民族平等进步、共同繁荣的经济基础遭到严重削弱；党内制度建设问题突出，地方党委领导方式存在严重弊端，民族区域自治曲折发展，民主集中制没有得到很好地贯彻，党内民主生活和人民民主极不正常，各族人民当家作主、平等相处的民主政治建设遭到严重挫折。

这十年，云南努力探索社会主义建设过程中发生严重失误的原因错综复杂。一方面，云南各级党组织和全党一样，由于执政时间不长，对于什么是社会主义以及怎样建设社会主义等重大问题，虽然取得了初步的认识，但并没有完全搞清楚，缺乏正确认识和实践经验，在相当大的程度上成为发生指导方针上“左”倾错误的一个重要根源。加之党是在受到外部封锁的状态下领导各族人民建设社会主义的，西方国家的封锁包围和军事威胁，特别是中苏关系的恶化直至破裂，使党的危机感和赶超意识日益增强，对国际形势过于严重的估计和过度的反应，容易接受国内阶级斗争日趋尖锐的错误论点，容易接受国内阶级斗争和党内斗争同国际阶级斗争紧密联系的错误论点，这是阶级斗争扩大化迷误日益发生的重要原因之一。另一方面，党对云南边疆民族地区的特殊情况认识不够，对于地处边疆、民族众多、经济文化落后、地区发展很不平衡的云南建设社会主义的艰巨性和复杂性估计不足，在发展的道路上未能避免大的曲折。更为严重的是，云南党组织自身建设存在局限性。云南解放初期，党的干部队伍构成复杂，但在“团结第一，工作第二”的工作方针指引下，经过多年的建设，团结和谐的政治局面渐已形成。但由于这种局面的思想基础并不牢固，容易受到“左”倾错误思想的干扰，滋生派性思维，破坏了党内团结和民族团结。如在反右派斗争扩大化中，错误地把云南地下党和边纵作为党内打击的重点对象，制造了反地方主义的“郑、王反党集团”冤案，影响了党内团结；制造了以反地方民族主义的“黑林铺整风”事件，错误批判了许多民族上层人士，破坏了边疆稳定。

这十年，云南社会主义建设中所犯的错误是在探索中产生的，党的历史发展本质和主流始终占主导地位。这期间，虽然先后发生“反右派补课”“大跃进”和人民公社化运动、“反右倾”斗争、反“三论”“以阶级斗争为纲”的城乡社会主义教育运动等,虽然指导思想上的“左”倾错误经过长期的积累和发展,最终暂时压倒了正确探索的发展趋向,虽然党和人民没有能够阻止“左”倾错误的发展及“文化大革命”的发生,但党以巨大的勇气和对人民负责的态度,纠正错误的步伐始终没有停止;全省广大党员干部和各族人民虽然承受了失误所造成的严重困难,但始终没有动摇在党的领导下建设社会主义的坚定信念,并为之继续付出艰辛的努力。正是这种信念和努力使云南全省经济和社会事业建设等在不断纠正“左”的错误影响中继续发展进步,并在探索中经历了波浪形的曲折发展过程,取得了明显的建设成就。更为重要的是,这十年初步建立起后来进行现代化建设所必需的物质技术基础,培养了经济文化建设等方面的骨干力量,积累了领导全省社会主义建设的重要经验。这就是这十年中国共产党云南历史的主流和本质。

第　三　编

“文化大革命”的十年

（1966 年 5 月—1976 年 10 月）

“文化大革命”是一场由领导者错误发动，被林彪、江青反革命集团利用，给党、国家和各族人民带来严重灾难的内乱。这场内乱使党、国家和人民遭到最严重的挫折和损失，使全国人民艰苦创建的社会主义事业遭受到前所未有的浩劫。

云南是“文化大革命”的重灾区之一。在十年“文化大革命”中制造了大量的冤假错案，造成省委第一书记阎红彦、副省长刘林元等一批领导干部被迫害致死；推行“划线站队”“政治边防”“二次土改”，严重破坏了边疆稳定和新中国成立以来形成的民族团结的大好局面。

十年“文化大革命”，虽然党的指导思想上的“左”倾错误占据主导地位，但是，云南各级党政领导、机关干部、青年学生和广大人民群众，对错误进行了不同程度、不同形式的抵制和抗争，一定程度上减少了“文化大革命”的危害。在1972年周恩来主持的整顿，特别是1975年，邓小平开展全面整顿后，中共云南省委制定了省委26号文件，纠正“划线站队”错误，落实党的政策，开展了各方面的整顿工作。

“文化大革命”十年间，在极其艰难的情况下，云南广大党员干部和各族群众，仍以对祖国的赤诚之爱，以对党和人民的事业高度负责的精神，克服各种困难、无私无畏坚守工作岗位，坚持工作，坚持生产。在国防建设、工业交通、农业生产、农垦建设、睦邻友好关系等领域有所发展，边疆基本稳定，民族总体团结。这些都充分显示了中国共产党的坚强领导和社会主义的制度优势。

第十六章
“文化大革命”的开展

1966年5月召开的中共中央政治局扩大会议是“文化大革命”正式发动的标志。随着红卫兵运动的兴起，在1967年初上海造反派“一月夺权”的影响下，云南与全国一样，出现“全面夺权”陷入“打倒一切”的全面内乱。云南省军管会成立后，对稳定云南边疆起到了一定作用，但是，“全面内战”的武斗局面没有得到有效控制，反而日趋严重。

一 “文化大革命”的开始

贯彻中央“五一六通知”和“十六条”

“文化大革命”的发生具有深刻的国际背景和国内原因。从国际背景看，20世纪60年代中期各种民族、民主、民权运动频繁，中美关系尖锐对抗，中苏关系恶化，国际社会主义、共产主义阵营分裂，中国与一些周边国家关系紧张。国际形势的急剧变化和社会主义国家与国际共产主义运动内部的深刻变化，直接影响着中国共产党的领导人对整个形势的观察和估计。“毛泽东认为，世界上绝大多数共产党、工人党变成修正主义了，中国也面临着资本主义复辟的现实危险。”[①] 从国内形势看，什么是社会主义、怎样建设社会主义等问题尚未形成基本正确的认识，毛泽东把党内不同意见视为修正主义，把社会和经济调整中出现的一些事物当成资本主义，错误的估计与判断，作出错误的决策，采用错误的“文化大革命”的极端形式来“避免修正主义”和“防止资本主义复辟”。加之，林彪、江青两个反革命集团利用毛泽东的错误，煽动极左思潮进行篡党夺权的阴谋活动，加剧了社会动乱并持续长达十年之久。

正当全党和全国人民经过团结一致的共同奋斗，在经济领域完成了调整任务，满怀信心为完成“四个现代化”任务而努力的时候，1965 年 11 月 10 日，上海《文汇报》发表姚文元[②]《评新编历史剧〈海瑞罢官〉》的文章，对《海瑞罢官》提出批判，引发了文化系统对意识形态领域的批判，由于得到毛泽东的支持，从意识形态领域的批判扩大到对“资产阶级反动学术权威”“党内资产阶级代表人物”的批判，成为“文化大革命”的导火线。《海瑞罢官》是明史专家、北京市副市长吴晗写的剧本。《评新编历史剧〈海瑞罢官〉》发表之后，文化批判活动曾受到中央领导一定程度的抵制。1966 年 2 月，以中共中央政治局委员、中央书记处书记彭真为组长的中央文化革命五人小组起草了《关于当前学术讨论的汇报提纲》（被称为“二月提纲”），认为讨论《评新编历史剧〈海瑞罢官〉》是学术问题，不赞成把它变为严重的政治批判。为贯彻落实好“二月提纲”的精神，中共云南省委起草了《关于学术讨论的一些情况和意见》，即“四月提纲”，得到中共中央西南局批准同意。

中共中央一些领导人对《评新编历史剧〈海瑞罢官〉》引发的文化批判的抵制，进一步加深了毛泽东对“中央出修正主义”的忧虑，使他下决心发动一场更加激烈、广泛的反对“修正主义”的“文化大革命”。1966 年 5 月 16 日，中共中央政治局召开扩大会议并通过了《中国共产党中央委员会通知》（简称“五一六通知”），会议对彭真、罗瑞卿、陆定一、杨尚昆进行揭发批判，认为彭真主持起草的“二月纲领”是一个“为资产阶

---

① 中共中央党史研究室：《中国共产党历史》第二卷（1949—1978），中共党史出版社 2011 年版，第 751 页。

② 时任上海《解放日报》编委、上海市委写作组成员。

级复辟作舆论准备”的修正主义纲领。会议决定撤销原来以彭真为首的文化革命五人小组，重新成立以陈伯达、康生、江青、张春桥等组成的不受中共中央政治局约束、直接指挥“文化大革命”的中央文化革命小组（简称中央文革小组或中央文革）。会议通过的“五一六通知”是发动“文化大革命”的纲领性文件。《通知》提出：“一大批资产阶级的代表人物、反革命的修正主义分子，已经混进党里、政府里、军队里和文化领域的各界里，相当大的一个多数的单位的领导权已经不在马克思主义者和人民群众手里。”《通知》认为，“资产阶级代表”不是个别的，而是一批反革命的修正主义分子。这些人在中央形成一个资产阶级司令部，成为党内最大的走资本主义道路的当权派。从中央到地方有一条修正主义政治路线和组织路线，并有他们的代理人。《通知》要求全党“高举无产阶级文化革命的大旗，彻底揭露那批反党反社会主义的所谓‘学术权威’的资产阶级反动立场，彻底批判学术界、教育界、新闻界、文艺界、出版界的资产阶级反动思想，夺取在这些文化领域中的领导权”①。同时要求清洗混进党里、政府里、军队里和文化领域等各界里的资产阶级代表人物。这些错误的观点，是发动“文化大革命”的主要依据，也是在“文化大革命”中划分两个阶级、两条路线，并作为从中央到省级，乃至县级以下层层揪出“代理人”的主要依据。从此，“左”倾错误开始在党中央占据主导地位，许多党和国家领导人开始受到错误批判，各部门、各地方的党政领导机构不断被改组。

“五一六通知”发出后，中共云南省委立即进行贯彻学习。从6月2日开始，省委组织开展了为期一周的学习讨论。6月11日，省委制定并发出《关于当前文化大革命运动部署的意见》。《意见》要求全省各级党委把“文化大革命”作为压倒一切的中心工作，各级党委书记直接领导，加强对“文化大革命”的领导，党委班子适当分工，一部分领导专管文化革命，一部分领导抓生产和日常工作。县级以上和大型厂矿企业单位要成立文化革命小组。要求打倒那些反党反社会主义的资产阶级

---

① 中共中央党史研究室：《中国共产党历史》第二卷（1949—1978），中共党史出版社2011年版，第760—761页。

知识分子和钻进党内的资产阶级代表人物。运动的重点在城市，主要在文化界进行。《意见》还结合云南实际提出，边疆和内地的区，区以下的基层单位和农村群众中，城市的财贸单位、大型厂矿的车间、小型厂矿和农场分场、生产队等不搞揭发批判；一律不揭发、批判工人和学生；对于从旧社会过来的广大知识分子，采取团结、教育、改造的方针；昆明市和专、县的重点放在教育系统，昆明中专以上学校由省委派工作组领导运动，19 所高级中学由昆明市委派工作组，其他 20 所初级中学暑假期间集中学习。专、州、市的中、小学教员，可利用暑假或农忙假以县为单位集中学习，主要是正面教育，提高认识。对于揭发出来的反革命分子，在全县范围内进行批判、斗争的，人数控制在 3—5 人。中共云南省委联系云南边疆实际，贯彻中共中央“五一六通知”，在加强领导、控制范围、保持稳定等方面都有具体的要求。但是，随着运动的深入，“一言堂”的领导方式形成，政令一经广播和报刊宣传，即直接从中央到县团一级，一贯到底，即所谓贯彻毛主席的指示“不过夜”，省委也逐渐失去了对运动和局势的领导和控制。

5 月底，中共中央对中共北京市委领导班子进行了改组，改组后的北京市委随即派出工作组到各高校领导开展“文化大革命”。参照北京市委的做法，从 6 月 4 日开始，中共云南省委先后派出 64 人组成的 5 个工作组，到云南大学、昆明师范学院、昆明工学院、昆明医学院和昆明农林学院领导“文化大革命”。工作组分别由省委常委、省委组织部长岳肖峡，省委常委、省监委书记赵守义，省委秘书长马文东，省委工交政治部主任张克，团省委书记张世祯 5 人带队。同时，省委要求全省各地州市县也要成立工作组派驻当地的学校领导运动。除高等学校外，省委还先后派出工作组到省文化局、省广播事业管理局、省体委、省第一人民医院、省历史研究所和昆明地区的 46 所中学等单位开展运动。

在全省教育系统揭发、批判“牛鬼蛇神”和“黑帮分子”掀起高潮后，大多数县委派出工作组进驻县一中，县级中、小学教师集中到县城进行学习教育。根据文件要求，有的县把“文化大革命”运动和“四清”工作结合起来，集中全县文教卫系统高年级学生揭发批判。由于大搞逼、供、信，造成人人自危，有的教师被逼自杀或逃跑。有的县成立文化革命小组对县级机关干部职工进行错误排队，划分出好的、比较好的、问题多的三种。这种排队的结果后来被造反派利用，作为揭批“当权派”的依据。有的对“牛鬼蛇神”也进行划分，划分出对党一贯抱有刻骨仇恨的、一贯反党反毛主席的、坚持走资本主义道路的三种类型；有的县把揭发出来的所谓“牛鬼蛇神”“反革命分子”直接送到农场劳动改造。

7 月 25 日，毛泽东接见中央文革小组成员和在京的各大区第一书记时提出，“不要工作组，要由革命师生自己搞革命”[①]。29 日，北京市委召开大专院校和中等学校师生文化革命积极分子大会，宣布撤销所有工作组。8 月 5 日，中共云南省委也发出通知，通知昆明和全省各地州市派出的工作组一律撤出。毛泽东严厉批评“工作组起了坏作用”之后，10 月 5 日，中共中央批转中央军委、解放军总政治部《关于军队院校无产阶级文化大革命的紧急指示》，指示“在运动初期被院校党委和工作组以及在文化大革命运动中因给领导或工作组提意见而被打成反革命、反党分子、右派分子等应宣布一律无效，予以平反，恢复名誉”。云南各地州市县也分别为所谓“三反分子”公开平反，恢复名誉，并向被错处的教师赔礼道歉。

1966 年 8 月 8 日，中共中央作出《关于无产阶级文化大革命的决定》（即“十六条”），规定：运动的目的是“斗垮走资本主义道路的当权派，批判资产阶级的反动学术‘权威’，批判资产阶级和一切剥削阶级的意识形态，改革教育，改革文艺，改革一切不适应社会主义经济基础的上层建筑，以利于巩固和发展社会主义制度”。运动的重点是“整党内那些走资本主义道路的当权派”，运动依靠的力量是“一大批本来不出名的革命青少年”和“革命左派”，并要“彻底孤立最反动的右派，争取中间派”。运动的方法是“充分运用大字报、大辩论这些形式，进行大鸣大放”[②]。

---

① 中共中央党史研究室：《中国共产党历史》第二卷（1949—1978），中共党史出版社 2011 年版，第 766 页。

② 中共中央党史研究室：《中国共产党历史》第二卷（1949—1978），中共党史出版社 2011 年版，第 769 页。

在全省学习贯彻“十六条”的时候，8 月 23 日，昆明地区红卫兵冲击省委机关。之后一段时期内，中共云南省委领导不断被红卫兵要求接见、回答问题。根据“十六条”中依靠“革命青少年”的精神，在南下红卫兵的“帮助”下，中共云南省委参与成立昆明地区红卫兵总部，开展“文化大革命”。

批判“‘三家村’云南分店”

“文化大革命”发动初期，由中共北京市委书记处书记邓拓、北京市副市长吴晗和北京市委统战部部长廖沫沙合写的《三家村札记》被确定为反党、反社会主义的“毒草”受到批判。《云南日报》总编辑李孟北等写的《云南日报》专栏文章《滇云漫谭》也被当成“‘三家村’云南分店”受到批判。

“三家村”的名称来源于北京市委理论刊物《前线》的专栏《三家村札记》。邓拓、吴晗、廖沫沙 3 人曾以“吴南星”的笔名发表杂文，文章从介绍古人治学、做人、做事到针砭时弊，文风清新，深受读者喜爱。1966 年“五一六通知”发出之前，关于批判“三家村”的“反动”本质的活动，得到毛泽东的支持。上海《解放日报》和《文汇报》同时发表姚文元《评“三家村”——〈燕山夜话〉〈三家村札记〉的反动本质》的文章，诬陷邓、吴、廖以“三家村”为名写文章是“经过精心策划的，有目的、有计划、有组织的一场反社会主义大进攻”，并扣上了“‘三家村’反党集团”的帽子。对“三家村”的批判迅速波及全国理论界和新闻界。云南兴起彻底肃清“三家村”流毒是从批判《滇云漫谭》及其作者开始的。

《滇云漫谭》是从 1962 年开始在《云南日报》副刊《文化生活》开辟的杂文专栏。《云南日报》总编辑李孟北以“史常真”的笔名在专栏中发表文章，并曾与副总编辑夏雨、周钟德一起用“李钟鸿”的笔名，发表过《立春有感》等杂文。发表的杂文联系当时国民经济调整时期云南的实际，宣传党的方针、政策和全省的中心工作。文章引用历史文献和历史掌故，说理透彻，文笔优美，针对性强，富有思想性、哲理性和知识性，很受读者喜爱。在批判“三家村”的过程中，《云南日报》的专栏《滇云漫谭》，及其作者李孟北、夏雨、周钟德被认定为“‘三家村’在云南的分店”。认为《滇云漫谭》除了形式上与《三家村札记》相同外，主笔作者李孟北与《三家村札记》作者之一的邓拓有紧密关系，邓拓曾直接指导和赞扬《滇云漫谭》，还有“海枯石烂情无尽，地久天长恨不泯”等互相“勾结”的诗句[①]。1962年10月，邓拓在《燕山夜话》第五集出版时写的《奉告读者》一文中说：“《云南日报》在第三版右上方开辟了这样的专栏，名为《滇云漫谭》。我衷心祝愿这些报纸的专栏杂文能够长期坚持下去，并且不断地改进内容，更好地为读者服务。同时希望读者们也能够从这些报纸的专栏中得到有益的知识。”根据这两方面的“证据”，便把《滇云漫谭》及其作者“直接和‘三家村’与《燕山夜话》联系起来，并且认为互相配合、互相呼应，向党进攻”。

在这种形势下，中共云南省委在较短的时间内作出《滇云漫谭》是“‘三家村’云南分店”的结论。1966年5月26日，省委常委会议认为主要撰稿人李孟北有“反党反社会主义性质”，应当在报纸上公开批判。5月29日，省委向西南局报批李孟北为“反党反社会主义分子”，并在报纸上公开点名批判。次日，西南局批复同意。省委书记处召开紧急会议，决定立即开展对李孟北的公开批判。从6月6日起，《云南日报》公开批判“‘三家村’云南分店”、公开点名批判李孟北。6月21日，中共中央电复西南局并告中共云南省委，同意撤销李孟北的职务。22日，省委决定成立《云南日报》新的编辑委员会，任命了新的总编辑。之后，《云南日报》登出《李孟北反党反社会主义言论》等一批材料，公开点名批判夏雨、周钟德，号召“捣毁‘三家村’黑店在云南的分店”，报纸上的批判文章列出了他们反对毛泽东思想、恶毒攻击伟大的党和“三面红旗”、攻击无产阶级专政和反对无产阶级政治挂帅“四大罪状”。

此后，全省范围内掀起“查黑帮”“挖黑线”，大揭发、大批判高潮。凡是与“三家村”有关系有联系的人都被列入追查对象。云南大学李埏教授因是吴晗的学生，被认定为吴晗在云南的代言人，与张德光、江应樑教授被打成“云大三家村”，后连同尤中教授一起被认定为“云大四家

---

① 1962年春，邓拓来云南，为《云南日报》副刊写了3首诗，其中，有2首刊登在1962年2月12日《云南日报》第三版《文化生活》副刊上。诗中有“海枯石烂情无尽，地久天长恨不泯”，“兴邦历代多谋略，溯远探源便可知”的诗句。

店”[1]。云南新闻界凡是与李孟北、夏雨、周钟德关系较为密切的人，都被挂在“黑帮”“黑线”上，许多干部、职工也受到株连，遍布全省各地、各行业的报社通讯员中的一些积极分子，也被诬陷为“黑须须根”，受到不同程度的打击和迫害。

批判“四月提纲”

1966年2月12日，中共中央转发了《文化革命五人小组关于当前学术讨论的汇报提纲》（简称“二月提纲”）。中共云南省委把学习贯彻“二月提纲”的意见的起草任务交由省委常委、省委书记处书记兼省委宣传部部长高治国负责。为贯彻“二月提纲”，3月3日，省委成立了由意识形态领域各部门负责人组成的学术批判小组，具体贯彻落实“二月提纲”的精神，做全省学术批判的工作[2]。3月5日，省委学术批判小组召开第一次会议，根据1957年3月毛泽东在全国宣传工作会议上指出的“放”的方针和“二月提纲”精神，提出，坚持在真理面前人人平等的原则，要通过批判吴晗，把政治水平提高一步。在此之前，省文联召开讨论会，集中文联所属各协会和有关文艺团体，以及部分大、中学语文、历史老师等40多人，讨论批判《海瑞罢官》和田汉写的《谢瑶环》。根据省委的指示精神，综合上面的学习讨论结果和小组的意见，由省委宣传部代省委起草了《关于学术讨论的一些情况和意见》，又称为“四月提纲”。4月7日，“四月提纲”经补充修改后送省委工作会议，作为云南开展学术批判给西南局的汇报材料。

“四月提纲”叙述了1965年11月姚文元《评新编历史剧〈海瑞罢官〉》一文发表后在云南广大知识分子中引起的反映和震动，以及他们对这场论战的疑虑：有的感到恐慌，不知所措；有的对姚文元的文章有不同意见，认为“绝对化、片面化”，“用一条阶级界限，就把历史人物一笔抹去”，“把退田与‘单干风’联系起来，平冤狱与‘翻案风’联系起

---

① 林文勋：《“不自小斋文存”述略》，载李埏《不自小斋文存》，云南人民出版社2001年版，第7页。

② 批判小组成员：李广田、陆万美、崔子明、温剑峰、侯方岳、张更生、侯琼英、吴玉才、里学勤。

来，加罪吴晗，不够与人为善”。“四月提纲”提出，当前云南学术界的问题，大量的是认识问题，可以采取“批判吴晗，提高自己；提高自己，批判吴晗”的方法，达到在学术界划清两条道路、两种思想、两个主义界限的目的，而不是硬要找“小吴晗”“小田汉”，使多数人能解除顾虑，在批判吴晗等人的过程中，自觉地批判自己的错误观点，改造自己的世界观，使大多数人在政治上、思想上、学术观点上与资产阶级知识分子划清界限，逐步形成无产阶级学术队伍。“四月提纲”强调要坚决贯彻中央“放”的方针，引导工农兵群众参加这场斗争，推动工农兵群众直接掌握马列主义、毛泽东思想的理论武器和科学文化。“四月提纲”还提出具体的实施意见、运动范围和步骤，明确在各个有关的学会、党校、大学、文联等单位内进行学术讨论；在大学文史系和昆明市的中等学校中搞若干试点、摸索深入讨论中可能遇到教学改革、知识分子思想改造等问题和解决办法[①]。

在贯彻“二月提纲”过程中，毛泽东在中央政治局常委扩大会议上，对“二月提纲”进行了严厉批判，随后中央决定撤销“二月提纲”。中共云南省委随即召开常委扩大会议，认为云南的“四月提纲”有严重错误，是“一个彻头彻尾的修正主义文件”，是一个反党、反社会主义、反对毛主席的修正主义纲领，要求立即收回。5月7日，省委常委会议决定撤销省委文化革命九人小组，成立省委文化革命领导小组，指定由高治国、许志奋、王甸、张世祯、任大卫5人组成，高治国任组长。5月30日，根据西南局的要求，更名为“文化革命小组”。调整后的省委文化革命小组，由高治国、马文东、许志奋、戈力、王甸、张世祯、任大卫7人组成，高治国任组长，马文东任副组长[②]。

1966年5月发出的“五一六通知”也对彭真主持起草的“二月提纲”进行了全面批判，认为掩盖了这场学术批判的政治性质，是一个“为资产阶级复辟作舆论准备”的修正主义纲领。根据中共中央的精神和决定，中共云南省委立即批判“四月提纲”，并决定免除主持起草“四月

---

① 当代云南编辑部编：《当代云南大事纪要》，当代中国出版社1996年版，第346页。

② 中共云南省委党史研究室编：《云南五十年——中共云南省社会主义时期大事记》，人民日报出版社1999年版，第125页。

提纲”的高治国的省委文化革命小组组长和西南局文化革命小组成员的职务，作出《关于高治国的错误向西南局的报告》。《报告》把“四月提纲”在讨论学术批判时提出的“不硬找小吴晗、小田汉”“批判吴晗，提高自己；提高自己、批判吴晗”等，说成是“打击左派，包庇右派”“极力抗拒和破坏文化大革命”。省委还指出，高治国“背着省委组成了一个‘学术批判小组’，实际上是拼凑了一个右派势力集团”。7 月 1 日，西南局批复同意省委的报告。7 月 6 日，省委常委会议进一步认定：高治国是一个钻进党内的资产阶级代表人物，是一个反党反社会主义的反革命分子，决定撤销他的一切职务，成立专案小组对他进行彻底清查，同时在报纸上公开点名批判，肃清影响。之后，省委派出工作组进驻省委宣传部，查处“四月提纲”的问题，把高治国和参与讨论起草的张更生和吴玉才打成“高、张、吴反党集团”，进行揭发批判。同时要求全省各地掀起追查类似的“三反分子”，昆明市委分管文教工作的市委领导也被追查，许多学校教师被打成“牛鬼蛇神”“三反分子”，受到迫害。

红卫兵运动

1966 年 5 月底，北京清华附中十几名学生自发集会，成立全国第一个红卫兵组织。8 月 18 日，在首都百万群众庆祝“文化大革命”的集会上，毛泽东在天安门城楼上检阅红卫兵。同月，中央发出的“十六条”明确提出依靠“革命闯将”，以大鸣、大放、大字报、大辩论作为主要斗争方式。毛泽东的鼓动支持，“十六条”赋予的权利，使红卫兵运动很快席卷全国。8 月下旬，北京的红卫兵率先冲出校门，走上街头，破除“四旧”（旧思想、旧文化、旧风俗、旧习惯）。之后，红卫兵破除“四旧”的行动风卷云南全省。

8 月 19 日，昆明十万群众在东风广场集会，阎红彦代表中共云南省委表态，支持红卫兵造反。8 月 23 日，《云南日报》报道北京红卫兵猛烈横扫“四旧”的消息，并转载《人民日报》社论《好得很！》，支持“破旧立新的革命行动”。昆明地区红卫兵闻风而动，当天晚上便走上街头，冲击省委机关，红卫兵运动在云南兴起。

伴随红卫兵运动的破“四旧”行动，对云南传统文化、文物古迹、民族文化造成极大破坏。在“砸烂一切”口号的煽动下，红卫兵破“四旧”实际上形成了对风景名胜、寺庙建筑、民族文化、风俗习惯等的大冲击、大破坏。省内国家级、省级重点文物保护单位有的多数被毁，有的受到严重损坏。著名的鸡足山金顶寺铜殿、安宁法华寺石窟、大理元世祖平云南碑、丽江忠义坊、潞西风平佛寺与金宝塔、中甸归化寺、保山卧佛寺、腾冲来凤寺等受到严重破坏或不同程度的损毁。全省各地一些具有历史文化意义的街道名称、“老字号”品牌的商号被强行改名。一些品牌商品、少数民族特需用品被勒令停止生产销售，有些地方甚至把人民群众的服饰、发式也当作“四旧”扫除。大批珍贵经籍、古玩字画化为灰烬。不少地区的庙宇、道观被强行关闭或砸烂，神职人员被赶走，僧尼被勒令还俗，经文被焚毁。德宏、西双版纳、临沧等地的佛寺，几乎全部被破坏。破“四旧”还包括破“旧阶级”“旧信仰”等内容，大多数民主人士、民族上层人士、宗教界人士受到严重冲击。更为严重的是破“四旧”活动，被演绎成打人、抄家、捆绑、游街等疯狂行为。仅昆明市就有 1749 户被非法抄家，包括被保护而生活在昆明的民族、宗教上层人士 36 户。据不完全统计，全市被抄走的财物有黄金 4800 两、银圆 2.99 万元、珠宝玉器 1.36 万件、现款 9.84 万元、有价证券 93.73 万元、珍贵工艺品和历史文物 3613 件。红卫兵破“四旧”的行动，严重破坏了党的民族、宗教、统战政策，破坏了社会主义民主与法制。

1966 年，昆明地区的红卫兵得知 8 月 18 日毛泽东在天安门城楼接见红卫兵的消息后，强烈要求去北京串连，接受毛泽东的接见。9 月 1 日，中共云南省委书记处召开会议，同意红卫兵派代表到北京，决定分批选派学生代表北上串连。9 月 2 日，昆明地区红卫兵第一批 443 人出发赴京。9 月 5 日，中共中央、国务院发出通知，决定组织外地高等学校、中等学校学生代表和教职工代表到北京参观“文化大革命”，沿途一律免费乘火车，补助食宿，报销交通费用。随即全省掀起红卫兵到北京大串连的高潮。

在大串连中，北京红卫兵分赴各地支援造反。1966 年 8 月 28 日，在北京上学的第一批云南籍 23 名学生到达昆明支援造反。9 月 8 日，《云南日报》第一版发表题为《热烈欢迎来自首都的红卫兵》的短评，对来串连的红卫兵表示热烈欢迎。北京南下串连红卫兵的支援，对昆明地区以至全省影响很大，曾多次组织发动昆明的红卫兵到省委机关门口静坐示威，提出种种责问，要求省委主要领导接见。从8月30日至9月25日，省委领导阎红彦、周兴、赵健民、秦基伟、刘明辉、孙雨亭、薛韬等先后20多次接见了红卫兵，介绍云南开展“文化大革命”的情况，听取他们对省委的批评和意见。红卫兵串连活动，既有南下也有北上，先后来云南串连的外地红卫兵共计5000多人，有的红卫兵还到边疆民族地区。地处边疆德宏的红卫兵则提出“冲出惠通桥，全国大串连”的口号，先后有3批到了北京。1966年8月下旬，全省地、州市委书记会议传达中央精神后，为支持红卫兵串连活动，各地、市委专门成立“文革”接待站，接待全国各地和省内各地州县来昆明串连的红卫兵，免费食宿、乘车。到1967年1月底，仅省级的接待站就开支现金569万多元，粮票629万斤，布票105万尺，汽油2.43万公斤，派宣传车300多辆次。到1966年11月底，中共中央发出结束红卫兵串连的通知，仍然制止不了串连活动，直到1967年3月19日，中共中央作出停止全国大串连的决定，串连活动才基本停止。全省先后赴京串连的大、中学校学生代表和教职工代表共达4万多人。

1966年8月后，昆明各大、中学校相继成立了红卫兵组织。9月11日，《人民日报》根据毛泽东批示的精神，发表题为《工农群众和革命学生在毛泽东思想旗帜下团结起来》的社论，肯定了红卫兵运动“大方向始终没有错，这是运动的主流”。中共中央的倡导和支持，也使云南红卫兵运动进入高潮。当晚，中共云南省委书记处根据昆明第八中学红卫兵的倡议，就成立昆明地区院校红卫兵总部进行讨论，赞同成立“总部”，并决定由省委常委、昆明市委书记赵增益出面组织，力图把运动纳入可控范围。9月12日，昆明地区院校红卫兵总部宣布成立。13日，6700多名红卫兵在国防体育场举行誓师大会，宣称：“我们是革命的‘红五类’子弟，是中国工农红军的子孙，是无产阶级的后代。”9月17日，昆明地区院校红卫兵总部组织3.5万多名红卫兵师生参加经验交流会，邀请首都南下昆明串连的31名红卫兵介绍他们在“文化大革命”中贯彻执行无产阶级路线的经验，宣扬北京广泛流传的“血统论”和“唯成分论”。会后，有几所大中学校又邀请北京南下串连学生去作报告，传播“老子英雄儿好汉，老子反动儿混蛋”“自来红”“自来黑”等“血统论”的错误观点，在学校中自发地划分所谓“红五类”（即革命家庭出身的子女）和“黑五类”（即非劳动人民家庭出身的子女）。不少学校还制造了所谓“红色恐怖”，斗争“黑五类”同学，逼迫他们“挖黑烙印”，不准他们“革命”和“串连”，不准他们唱革命歌曲和样板戏等，有的甚至被限制了人身自由。

之后，红卫兵运动超出学校范围，延伸到机关、厂矿企业、农村以至边疆各专州县，各级党政机关、群众团体和企事业单位的一些人员也纷纷组成各种名目的“战斗队”起来造反，并与学校的造反组织串连挂钩，正常的生产工作秩序被打乱。

二　党政组织被全面夺权

造反组织对党政机关的冲击

随着红卫兵运动的发展，云南相继发生了冲击党政机关的事件。在造反夺权中，云南造反派分歧加剧，最终形成“八派”和“炮派”两派群众组织。

1966 年 8 月中旬，毛泽东发表《炮打司令部——我的一张大字报》的消息传到云南，红卫兵“炮打”“炮轰”党政机关的浪潮迅速高涨。8 月 22 日，昆明农林学院学生收到清华大学学生寄来的串连信，介绍清华大学的学生到天津大学支持成立红卫兵组织，罢了校领导的官，天津大学几千人步行去北京，党中央、毛主席派人在途中迎接他们，支持他们的革命行动等。信中还介绍了首都及其他省红卫兵运动冲出校园，“炮轰省委，火烧市委”，“炮打司令部”的情况。信中询问“云南省委的盖子是否揭开？”“昆明各高校的‘文化大革命’运动是轰轰烈烈还是冷冷清清？”并在信中表示愿意立即南下支援昆明地区的“革命”。昆明农林学院的学生看过信后，当天就把这封信写成大字报贴在学院食堂门口，在全校引起强烈反响。有的学生认为：“云南的‘文化大革命’搞得冷冷清清，与党中央的指示背道而驰”，原因是“云南的党、政、财、文大权落到了以阎红彦为首的一小撮走资派手里，把云南搞成水泼不进，针插不下的独立王国”。他们立即决定“杀出去，炮轰省委，火烧市委，把‘阎王殿’（指以阎红彦为首的省委）砸个稀巴烂”，“要打出一个红彤彤的新云南”，并连夜分头串连。8月23日，昆明医学院、昆明农林学院、昆明工学院、昆明冶金工校、昆明师范学院、云南省中医学院和昆明一些中学的学生约5000人，抬着“炮轰西南局，火烧省委”“炮轰省委、火烧市委”的标语牌上街游行示威，之后，分9批先后进入省委机关大院。他们要求“上北京，要见毛主席”“要阎红彦出来接见”。当天，省委召开传达中共八届十一中全会精神的会议被迫休会。阎红彦和周兴、孙雨亭等省委领导人来到大礼堂接见学生。阎红彦耐心地回答学生提出的问题，同时表示坚决支持他们的革命行动，欢迎他们对省委提出批评，聚集的学生在耐心地开导下逐渐散去。

1966年9月4日，云南大学成立“云南大学‘共产党宣言’战斗队红卫兵”和“毛泽东主义捍卫小组”两个组织。之后，又相继成立了“毛泽东主义炮兵团战斗队”“反修战斗队”“捍卫毛泽东主义前卫小组”“毛泽东主义敢死队”等组织。后来，这些组织联合成立了“云南大学毛泽东主义炮兵团”。昆明师范学院也成立了“昆明师范学院毛泽东主义炮兵团”。

9月14日，云南大学、昆明师范学院等昆明41所院校组成了1100多人的造反队伍。他们举着“炮打司令部”“炮轰西南局，火烧省市委”“炮打阎红彦”的标语上街游行，发表演说，散发传单。游行队伍到了云南日报社，红卫兵们指责改组后的《云南日报》新编委“压制群众运动”，“违背毛泽东思想，违背‘十六条’”。要求《云南日报》立即停刊，改组《云南日报》新编委，揪出总编辑，打倒“保皇派”。报社工作人员据理力争，劝阻他们遵守中共中央的保密通知，维护报纸发行的正常工作秩序。经双方协商，11名学生代表进报社张贴大字报。学生代表进入报社后只贴了一张大字报，便称糨糊不粘，没有贴处，不贴大字报了。

说要把大字报寄给中共中央和毛主席，而门外的红卫兵认为报社扣留了他们的代表。于是队伍转到弥勒寺冲进省委机关大院，一定要阎红彦接见并处理此事。省委派干部和学生代表一起到报社调查，证实报社没有扣留学生。红卫兵们一直到15日上午7时才离去。

8月23日昆明红卫兵冲击中共云南省委机关，被称为“八二三风暴”。以此事件为标志，昆明工学院成立“八二三战斗队”等13个组织，10月成立“井冈山八二三战斗团”等以“八二三”命名的红卫兵组织。12月底，11个战斗团队联合成立“昆明八二三战斗兵团”，简称“八派”。“八派”把发生“八二三风暴”的8月23日作为自己的造反纪念日，提倡发扬“八二三造反精神”。

9月14日昆明红卫兵冲击《云南日报》社和中共云南省委机关，被称为“九一四风云”。1967年1月1日，昆明地区各大、中学校的“毛泽东主义炮兵团”和相同观点的各厂矿、机关的战斗队（团），以及一些专、州、市、县相同观点的造反团队的代表1万多人，在云南大学召开大会，联合成立了“云南毛泽东主义炮兵团”，简称“炮派”。“炮派”把发生“九一四风云”的9月14日作为自己的造反纪念日，提倡发扬“九一四造反精神”。

“八派”和“炮派”还有各自的“派歌”，发生武斗时，以“派歌”为号角①。

批判“资产阶级反动路线”

1966年8月，党的八届十一中全会之后，为了进一步发动“文化大革命”，毛泽东提出，要解决“思想不通”的问题。为消除党内高、中层对开展“文化大革命”运动的阻力，10月1日，林彪在庆祝中华人民共和国成立17周年大会上发表讲话说：“以毛主席为代表的无产阶级革命路线，同资产阶级反对革命路线的斗争还在继续。”同日，《红旗》杂志第13期发表《在毛泽东思想的大路上前进》的社论中首次提出“批判资

① “八派”的派歌《葵花向太阳，战士心向党》，“炮派”的派歌《抬头望见北斗星，心中想念毛主席》。

产阶级反动路线”的问题。10月5日,《关于军队院校无产阶级文化大革命的紧急指示》宣布取消“军队院校的文化大革命运动在撤出工作组后由院校党委领导的规定”,并提出“必须把那些束缚群众运动的框框统统取消”。同日,中共中央转发《紧急指示》,认为该文件对县以上大中学校适用。从此,全国“踢开党委闹革命”,无政府主义思潮进一步泛滥。

1966年10月9日至28日,以批判“资产阶级反动路线”为主题的中央工作会议在北京召开,这是继5月中央政治局扩大会议和八届十一中全会后,对“文化大革命”进行的一次再发动,陈伯达、林彪按照毛泽东的要求,先后发言。会后,林彪、陈伯达的讲话被大量印发,引发了全国掀起批判“资产阶级反动路线”的浪潮。

还在中央工作会议期间,“云南大学毛泽东主义炮兵团”赴京人员就在首都体育场召开了第一次“批判云南省委、昆明市委资产阶级反动路线大会”。得到中共中央批判“资产阶级反动路线”的消息后,云南的红卫兵立即行动起来。昆明地区部分院校和南下串连的共42所学校1200余名学生在昆明检阅台召开“向云南省委资产阶级反动路线猛烈开火进军大会”。到12月,造反派先后在检阅台召开了几十次“批判以阎红彦为首的云南省委资产阶级反动路线大会”,其中影响最大的是11月8日召开的批判大会。会上,以大理地委书记郜风执行了“资反路线”为由,逼迫阎红彦当即在检阅台上召集省委常委会,决定罢了他的官①。随后,全省各地逼领导公开检查和当场罢免干部的做法一时成风。11月5日至30日,中共云南省委召开工作(扩大)会议,省、地、县三级干部参会,传达和讨论中央工作会议精神,解决各级领导干部对“文化大革命”的思想认识问题。此后,围绕批判“资产阶级反动路线”,全省从上到下,批判的矛头集中对准中共云南省委和各级领导及其负责人。大批领导干部被揪斗,各级党委几乎全部被冲垮,领导机关陷于瘫痪、半瘫痪,社会秩序日益混乱。

在这一过程中,造反派批判的矛头一直指向中共云南省委主要负

---

① 会后,阎红彦即让人转告郜风说,出于压力,希望理解,表示歉意,此决定不算数。

责人。1967 年 1 月初，“大联合指挥部”和“南下造反兵团”等造反组织在昆明检阅台召开“彻底揭发批判黑省委顽固坚持资产阶级反动路线大会”，“勒令”省委主要负责人到会作检查并接受批判。会前，省委书记处开会研究决定不参加这次大会，并派人与造反派联系，反复劝说不要开这样的大会，如果一定要开，省委领导不参加，但造反派坚持召开。大会开始后，不见省委领导人参加，有人便造谣说：“秦基伟（昆明军区司令员）把省委书记阎红彦藏在昆明军区大院内”“阎红彦对抗群众，躲进昆明军区”。于是，数万人冲进昆明军区大院要“捉拿‘阎王爷’（阎红彦），捣毁‘阎王殿’”。造反派强行冲进军区大院后，高呼“秦基伟，把阎红彦交出来！”并三番五次冲击军区机要大楼。军区机关解放军战士骂不还口，打不还手，手挽手组成一道道人墙，奋力抵挡他们的冲击，保护机要大楼。

造反派冲击军区大院时，省委领导集体在省委宿舍大院内书记处临时办公地点召开会议，会议就阎红彦是否出去见红卫兵进行讨论，大家认为“现在有理讲不清”，不同意阎红彦出去向造反派讲道理。秦基伟和昆明军区第二政委李成芳也来电话说，“由军区出面，设法解决”劝他不要出去。加之当时阎红彦被各种造反组织不断“勒令”参加批判“资产阶级反动路线”大会，身体和精神受到严重摧残。为避开造反派的纠缠，他同意省委集体的建议，到云南省军区警卫团驻地小麦峪休息。到小麦峪后他还一直打电话询问情况，待机出去做工作。1967 年 1 月 5 日，秦基伟出面向造反派解释说：“阎红彦和省委其他领导都不在军区”，但造反派不相信，还将小吃店搬进军区大院，供应食品，做出长期“安营扎寨”的准备。1 月 6 日，省委书记处书记周兴和造反派谈判，提出只要他们离开军事机关，答应阎红彦可以出来接见群众。但造反派坚持先接见后撤离，因而未达成协议。

造反派冲击军区严重影响了军事机关的正常工作，影响昆明市民的正常生活和正常的交通运输，企业停止生产，造成大量工人停工。由于在军区大院内寻找不到阎红彦，有一部分人便到省委书记处办公大楼，插上造反派的旗帜，刷写“砸烂黑省委”“打倒阎红彦”的大标语，“占领”阎红彦的办公室，抄阎红彦的家，局面十分混乱。

省委领导的抗争

1966年11月，中共云南省委召开的“三干会”，贯彻中共中央关于解决干部对“文化大革命”“思想不通”的问题。会议一开始，许多干部纷纷表示对“文化大革命”的做法很不理解。有的说这场运动是“打闷棍”，是“把各级领导干部当成敌人往死里打”；有的对“炮轰”“声讨”等口号很反感，认为这种做法“大方向不对头”“一定有坏人捣乱”。省委领导，尤其是阎红彦对“文化大革命”表示很不理解，对“打倒·切”“炮轰一切”进行了一定的抵制。早在1966年8月23日，造反派冲击省委机关时，阎红彦就指出：“北京学生的行动，并不都是对的。有好的经验，也有方向路线错误”。“我们对‘文化大革命’没有经验，我们只有造国民党的反的经验。但是在我们这个社会主义国家，在共产党领导下‘造反有理’，‘横扫一切牛鬼蛇神’，老实说，我们是没有经验的。怎样造反，还是要靠我们独立思考来解决这个问题。”省委召开地市委书记会议期间还播放了8月23日阎红彦、孙雨亭在省委礼堂接见红卫兵时的录音，让与会的地州市委书记了解事实真相，弄清是非。会议对闹得最厉害的昆明农林学院、昆明工学院的部分师生进行了批评。省委责成昆明工学院等院校要做好“造反学生”的工作，否则追究领导责任；组成昆明农林学院“文化大革命”小组，控制事态发展。对于“炮轰省委”，阎红彦表示：“有问题你就轰，没有问题不怕你轰，轰也轰不倒。”阎红彦还强调：“如果省委不执行毛泽东思想，当然应该轰”，“要说云南省委都是牛鬼蛇神，我现在还没有觉悟到那个水平”。他对打倒一切，炮轰一切明确表示反对。

1967年1月6日，赵健民与前来揪斗阎红彦的造反派据理力争，被造反派强行戴高帽子游街，并被扭伤住院。阎红彦十分愤慨，立即指示以中共云南省委名义向造反派提出书面抗议，同时安排人立即将这一段时间省委对待造反派的工作情况、目前状况及下一步的打算上报中共中央。对于日益混乱的形势，阎红彦指出，省委不能散，一定要坚持集体领导，统一思想，团结一致，抓好工作。同日，昆明军区党委决定由负责阎红彦安全保卫工作的云南省军区副司令员王银山到小麦峪，向阎红彦汇报造反派冲击军区的情况。阎红彦就扭转混乱局面、战备工作、军训问题、工人如何开展“文化大革命”等问题作了指示，要求工人搞运动不能停产。

1967年1月8日凌晨，陈伯达从北京打电话指责阎红彦说：“你们要到群众中去，不要怕群众。”阎红彦拒绝了指责，并质问陈伯达：“文化大革命这样搞，谁高兴？你们坐在北京，只知道乱发号令，了不了解下面的情况？你们对云南的经济建设怎么看？对边疆怎么看？你们究竟想干什么？把地方领导机关搞成这个样子，怎么领导？”陈伯达在电话中大加训斥，指责阎红彦太顽固。阎红彦义正词严地回答：“我怀疑你，我就不承认你是代表中央讲话！你们这样干下去，是要出乱子的。”① 人格尊严受到侮辱的阎红彦回到自己房间，决定以死抗争，给夫人王腾波留下遗言说：“腾波，对不起，我是陈伯达、江青逼死的，你不要难过。阎红彦留。”写完后服下大量安眠药，含愤辞世。造反派把阎红彦之死当作“胜利喜讯”，当天下午，他们在检阅台召开万人大会，庆祝“胜利”，诬陷阎红彦畏罪自杀、叛党自杀。1月9日，昆明“大联合指挥部”在东风广场召开十万人大会，传达所谓“阎红彦叛党自杀”的消息。

阎红彦去世的消息很快传遍全国，云南各族人民和他生前的许多战友、部属都十分悲愤。云南许多单位自发地为他举行追悼会。1967年2月14日至16日，在中央政治局召开的碰头会上，谭震林面对江青等人仗义执言，愤怒地说：“你们的目的就是要把老干部一个一个都打光！阎红彦有什么罪，都给整死了！”周恩来听到阎红彦的死讯，甚为震惊，立即派专机送法医来昆明验尸，同时指示李成芳、郭超和王银山及造反派代表到北京汇报情况。周恩来专门听取了汇报，并3次详细听取了黄兆其、桂尤喜等12名造反派代表的汇报。在听了王银山等人汇报后，周恩来心情沉重地说：“阎红彦是个好同志，在那样艰难的处境中，他一心想着工作，他是要工作的呀！他不该死啊！”

阎红彦含愤辞世后，被中央文革小组定性为“三反分子”“叛党自杀”。1975年，邓小平主持中共中央工作时，指示中共云南省委要对阎

---

① 丁龙嘉、听雨：《康生与“赵健民冤案”》，人民出版社1999年版，第22页。

红彦作出正确的结论。粉碎“四人帮”后，邓小平又在一次会议上说：“阎红彦是个好同志，我了解他。他在云南的工作搞得很不错，这个人正派，耿直刚强，若不是林彪、‘四人帮’迫害，他不会死。”1978 年 1 月 24 日，北京八宝山公墓举行阎红彦骨灰安放仪式，党和国家领导人出席仪式。2 月 5 日，经中央批准，中共云南省委、昆明军区党委联合发文，为阎红彦平反昭雪[①]。

中共云南省委书记处书记赵健民对“文化大革命”中的错误观点、错误做法也进行了抗争。在造反派冲击军区、逼迫阎红彦出来的关键时刻，赵健民为了维护省委集体领导，勇敢地站出来。1967 年 1 月 4 日，省委召开会议，讨论阎红彦是否出席造反派组织召开的大会时，赵健民提出不能出席，大多数与会领导同意赵健民的意见。1 月 5 日，省委召开会议研究对策时，赵健民提出自己值班，以保护省委书记和省委领导班子，他说：“你们都走，我一个人留在这里，不然会全部被抓走，那样阎红彦被逼出来，省委会更被动。”会议同意了赵健民的提议。1 月 6 日上午，造反派在军区大院找不到阎红彦，到省委书记处临时办公的院子里找到了正在值班的赵健民。赵健民主动提出代表省委与造反派谈判，答复问题。造反派便将他用汽车拉到军区大院，并用广播、喇叭宣传“抓”赵的经过。赵健民当即对“抓”字提出强烈抗议。造反派追问赵健民，阎红彦在哪里，赵健民说：“我知道阎红彦在哪里，但是我不能告诉你们，也不能带你们去‘抓’他，我们可以商量，你们要找他必须答应我三个条件：一是你们必须撤出军区大院。二是不能对阎红彦进行人身侮辱。三是不戴高帽子。你们答应这三条，我打一个电话他就来了。”并说：“我不同意‘打倒阎红彦’，你们‘炮轰省委’、‘打倒阎红彦’是不对的。阎红彦有问题可以揭发，他有错误可以‘炮轰’，但不能打倒，因为他是共产党员、省委书记，毛主席还没有撤他的职。”造反派听不进赵健民的劝告，责骂赵健民是死顽固，拉赵健民强行游街，经过 3 个小时的游斗折磨，赵健民身体被摧残扭伤，被送进医院。

① 杨志高：《阎红彦被逼死前后》，载中共云南省委党史研究室编：《春风又暖彩云南——平反冤假错案与落实政策》，中国文联出版社 2003 年版，第 331—342 页。

1967年2月28日晚，中央文革小组成员康生在北京召见赵健民，听他当面汇报云南的情况。赵健民讲了三点意见：一是云南省和昆明的党政机关普遍被夺权，领导干部普遍被揪斗，这是违反毛主席关于干部的多数是好的和比较好的的指示，对干部打击面宽了。二是不一定搞这样的大民主，省以下应多开党代会，使主要领导干部接受党员的监督。三是干部有错误就打倒、批判，但对好的、执行毛主席革命路线的，就应当保护。这些观点与所谓“二月逆流”中老帅们提出的观点相似。康生与赵健民谈话后，立即向毛泽东汇报，诬陷赵健民反对毛主席、反对党中央、反对“文化大革命”。

与此同时，云南造反派组织编写上报中共中央有关赵健民的许多材料。1968年1月21日晚，康生、谢富治等人在北京京西宾馆接见云南驻军领导会议代表，并通知赵健民参加会议。他们诬陷赵健民遥控指挥“滇西挺进纵队”，反对党中央、反对毛主席，反对“文化大革命”，是特务，搞了“国民党云南特务组计划”[①]，当场宣布逮捕赵健民，无中生有地炮制了“赵健民执行国民党云南特务组计划”的冤案假案。赵健民被蒙冤关押近8年。他在监狱中写血书，与康生等进行了坚决的斗争，保持了一个老共产党员坚持真理的品质。

各级政权被全面夺权

“五一六通知”提出的“夺权”，主要是夺文化领域的权，后来延伸到夺“文化大革命”的领导权，夺各级党政机关的领导权。1967年1月1日，《人民日报》、《红旗》杂志发表题为《把无产阶级文化大革命进行到底》的元旦社论。号召“向党内一小撮走资本主义道路的当权派和社会上的牛鬼蛇神，展开总攻击”。在这一号召下，上海刮起“一月风暴”。1月6日，上海造反组织夺取了上海市委、市人委的领导权，首开了造反派组织夺各级党政领导权的先河。1月11日，中共中央、国务院、中央军委、中央文革小组联名发出贺电，肯定上海“一月夺权”，并号召全国人民“学习上海革命造反派的经验”。

① 丁龙嘉、听雨：《康生与“赵健民冤案”》，人民出版社1999年版，第64页。

上海“一月夺权”风暴很快向全国蔓延，云南造反组织也闻风而动。在“一月夺权”的推动下，云南造反派首先夺取了中共云南省委舆论阵地云南日报社的权。1967 年 1 月 16 日，“云南日报革命造反委员会”“昆明市邮电工人战斗总队”“昆明革命造反派大联合指挥部”等造反派组织，联合发出“通令”，宣布接管《云南日报》社，取消《云南日报》编委会，报社的一切权力归“云南日报革命造反委员会”；报社职工从即日起，一律按“革命造反委员会”的安排上班。随后，云南人民广播电台、省委宣传部、云南人民出版社相继被夺权。1 月 19 日后连续几天，《云南日报》转载了《人民日报》《解放日报》有关夺权的大量社论、报道和文章。1 月 26 日，以“云南大学炮兵团”为主的“新云南”所属造反派组织宣布夺了省人委的权。当晚，另一造反派组织“大联委”夺了省委的权。1 月 27 日，呈贡县无产阶级革命造反派大联合指挥部在县城运动场召开万人大会，宣布夺权，县委各部门负责人分别上台交权。全县党、政、财、文机关的领导权被夺。会后该造反派组织向毛泽东发了致敬电。2 月 1 日，《云南日报》刊载呈贡县无产阶级革命造反派大联合指挥部发出的“通令”，发表《让革命农民运动的风暴来得更猛烈些吧》的社论。呈贡县造反派的夺权活动，成为全省县级造反组织全面夺权的开路先锋。

夺权之风很快遍及全省各地区、各系统、各单位。各级公、检、法机关内部的造反组织，在“炮派”和“八派”两派造反组织的支持下，也先后宣布夺权。各级党政机关、各行各业、各地区党政部门，基层组织大多数被夺了权。

以“革命”名义的夺权，造成党的领导机关和各级组织陷于瘫痪、半瘫痪状态，为一些野心分子、冒险分子、投机分子和社会渣滓，提供了不受约束地纠集在一起滥施破坏的条件。各地、各单位的造反派在夺权前，为制造夺权舆论，捏造了大量假证据，“开黑名单”“写黑材料”等，炮制了许多如“叛徒”“特务”“死不改悔的走资派”“现行反革命”“反革命修正主义分子”等莫须有的罪名，强加给各级领导干部，召开各种各样的批斗会，责令“交代问题”，实施暴力，如罚站罚跪、戴高帽子、挂黑牌、披麻布衣、戴白袖套、染黑脸黑手、押上大街示众，甚至关押审查，施用各种酷刑残害领导干部，制造了许多惨烈的事件。丽江地委书记康长征被当地造反派责令和其他地、县委领导身背“黑材料”，押到造反派召开的千人大会批斗，含冤去世。揪斗干部、“夺权风暴”刮到边疆德宏，全州158名县团级干部被揪斗。1967年1月20日，刚从潞西“社教”工作团回到州政府的中共党员、德宏州副州长、景颇族雷春国被造反派揪斗，勒令他交出“国民党的委任状”，给他强加“混入共产党搞复辟倒退、里应外合进行反革命活动”等莫须有的罪名，并被抄家斗打。雷春国以死抗争，全家4口人自杀身亡。临死前，他愤然留下遗书给州工委，把所有积蓄4800元交党费，并拿出158元作安葬费。死后，造反派以“叛党自杀”定罪，并逼迫州工委开除雷春国的党籍[①]。

三　实行军事管制

开展“三支两军”和成立军管会

造反派全面夺权使各级党和政权组织失去了应有的职能，难以正常工作，社会秩序混乱。为在无政府状态下，既通过“天下大乱”实现夺权，又制止武斗，维持生产、生活秩序，毛泽东决定派军队全面介入地方工作。1967年1月21日，毛泽东提出：“应派军队支持左派广大群众。”[②]23日，中共中央、国务院、中央军委、中央文革小组发布《关于人民解放军坚决支持革命左派群众的决定》，要求军队积极支持左派的夺权斗争。为此，周恩来提议对广东、云南、江苏省实行军管，得到毛泽东批准。昆明军区和云南省军区根据中共中央的指示成立云南省农业生产领导小组，开始了军管的初步工作。领导小组由省军区副政委

① 德宏州史志办公室编：《中国共产党德宏历史大事记》，德宏民族出版社2012年版，第100页。

② 中共中央党史研究室：《中国共产党历史》第二卷（1949—1978），中共党史出版社2011年版，第790页。

李明任组长，昆明军区群工部部长余庶骐、省委书记处书记薛韬任副组长。1967 年 2 月 25 日至 26 日省军区召开由军分区、县(市)人民武装部参加的三级干部会议，要求专(州)、县两级建立以军事部门为主，吸收党政机关的部分领导干部参加的各级农业生产领导小组；公社(区)、大队、生产队建立由贫下中农、社队干部、专职武装干部或民兵干部参加的农业生产领导班子。各级领导农业生产的临时机构，一律由军事部门统一领导、统一管理。县级以上的农水、工交、财贸、计划等部门，在农业生产领导小组的统一领导下，成立了抓生产的领导班子，负责农业生产。2 月 27 日，昆明地区举行了有 5 万多群众参加的“热烈拥护云南省农业生产领导小组成立，掀起抓革命促春耕高潮誓师大会”。之后，省军区派出所属部队指战员和人民武装干部 3800 多人，支援农村春耕生产。

1967 年 3 月 3 日，毛泽东指示：“军队不但要协同地方管农业，对工业也要管。”3 月 18 日，中共中央、国务院、中央军委、中央文革小组发出《给全国厂矿企业革命职工、革命干部的信》，要求成立管理工业的领导组织。3 月 19 日，中央军委又发出《关于集中力量执行支左、支农、支工、军管、军训任务的决定》(简称“三支两军”的决定)。根据要求，昆明军区成立云南省工业生产领导小组，由昆明军区副司令员鲁瑞林任组长、副政委王砚泉任副组长。3 月下旬，云南省工业生产领导小组行使对全省工业、交通、计划、基本建设、财贸工作的领导，全省各专、州、市、县也相应成立工业生产领导小组。

云南的军事管制首先从航空单位开始。1967 年 1 月 30 日，在造反组织全面夺权，全省形势陷入混乱的情况下，昆明军区接管了中国民用航空云南省管理局。2 月下旬，开始对主要部门、大型工矿企业进行军管，由部队派出人员分 10 批接管公安、邮电、交通、铁路系统和省商业厅、省粮食厅、省委办公厅、云南人民广播电台、云南日报社等部门和单位，以及云南锡业公司、东川矿务局、昆明钢铁厂等大型厂矿企业。3 月 11 日，根据中共中央命令，地处边疆地区的红河州、文山州、思茅专区、西双版纳州、保山专区、德宏州、丽江专区、怒江州、迪庆州、临沧专区以及东川市所属 64 个县市镇建立了军事管制委员会。以各军分区党委为主，与当地驻军党委共同组成专区（州）军事管制委员会；以各县人民武装部或边防团为主，组成各县军事管制委员会。对县以下的区和公社，根据需要派驻军事代表，保证边疆的稳定。

1967年3月31日，云南省军事管制委员会成立。省军管会由中国共产党昆明军区委员会领导，成员15人，昆明军区第二政委李成芳任主任，昆明军区副政委张子明、云南省军区司令员黎锡福为副主任，昆明军区副司令员鲁瑞林、田维扬、徐其孝，昆明军区副政委王砚泉，云南省军区政委张力雄，云南省军区副司令员丁荣昌、王银山，云南省军区副政委李明、谷自珍，空军昆明指挥所主任刘懋功，第十三军军长吴效闵，第十四军副政委翟鸣武为委员。8月8日，中共中央批准增补张力雄和昆明军区副司令员陈康为省军管会副主任。8月以后，李成芳、张子明相继调离云南，省军管会由陈康主持工作。陈康到北京期间，省军管会工作由鲁瑞林主持。军管会下设两个班子，一个抓革命，领导全省“文化大革命”；另一个抓生产，领导农业、工业、交通、财贸和卫生教育等各项目工作[①]。同时，任命了云南省和各专、州、市军管会的领导成员及省属和中央直属各厂矿、企业、事业单位的正副军总代表。此后，一切权力归军管会或派驻单位的军代表，各级党政工作自上而下统一形成军事管制。全省混乱局面得到一定程度的控制，社会秩序初步好转。省军管会成立后，云南省农业生产领导小组、云南省工业生产领导小组自然消失。省军管会下设办公室、“文化大革命”领导小组、生产指挥部、政法小组和边疆组，领导全省各项工作。省军管会一直到1968年8月省革命委员会成立后撤销，前后延续1年零5个月。

省军管会成立前后，直接接管并派驻军代表的省级机关和中央驻昆机关35个，省属和中央直属大型厂矿企事业单位37个。省军管会先后派出军总代表和副总代表142人，派到基层单位（包括专州市县）的军代表和毛泽东思想宣传队员共2.5万多人。这些军代表一部分到内地各专、州一些重要部门做督查工作。同时，当地驻军内部成立“支左”

---

① 云南省地方志编纂委员会编：《云南省志·政府志》，云南人民出版社2001年版，第297页。

委员会或“支左”领导小组，负责做指导和协调工作，原有部门的领导负责组织本部门的地方干部做相关业务工作。其中，昆明市、大理州成立人民解放军“支左”委员会；昭通、曲靖、玉溪3个军分区全面接管当地政府工作，统一接受省军管会的领导。内地各县原先已接管建立起来的工业和农业生产领导小组继续执行任务，在当地部队“支左”委员会或部队党委的直接领导下执行军管任务，多数内地县不另建立军管会。

1966年10月以后，红卫兵运动在边疆各地相继掀起“横扫一切牛鬼蛇神”的风潮。红卫兵破“四旧”，捣毁少数民族的宗教活动设施，破坏少数民族风俗习惯；任意查抄民族上层人士、宗教上层人士的家，取消“政治上给予适当安排，经济上给予适当照顾”的特殊政策，把他们当成内地地主、富农一样的“阶级敌人”任意批斗；把一大批新中国成立后培养、成长起来的民族干部下放回家。边疆民族地区基层干部惶恐不安，害怕被戴高帽子游街批斗，到处躲藏，人心惶惶，沿边一线群众纷纷外逃外迁。据不完全统计，从1966年底至1967年3月，外迁群众达1万多人。为了稳定边疆，中国人民解放军也在相关专州建立地方军事管制委员会，实行军事接管。

中共中央再三强调，云南地处“反帝斗争第一线，担负着援越抗美、保卫国防”的艰巨任务。为了保持稳定，1967年3月11日，中共中央命令昆明军区对云南边疆地区实行全面军管。随后，在丽江、保山、临沧、思茅、红河、文山6个专区及所属西双版纳、德宏、迪庆、怒江4个自治州成立了军事管制委员会，并派出军代表2297人，接管重要机关、厂矿企业等41个；派出人民解放军宣传队830个6837人，重点深入边疆农村55个区、38个公社、2500个生产队，宣传“文化大革命”在农村的政策。3月18日，昆明军区党委发出《关于边疆第一线县文化大革命改为正面教育的意见》，决定边疆第一线怒江州的泸水、碧江、福贡、贡山4县，德宏州的盈江、梁河、陇川、瑞丽、潞西5县，临沧专区的镇康、耿马、沧源3县，思茅专区的西盟、孟连、江城3县，西双版纳州的勐海、景洪、勐腊3县，红河州的绿春、金平、河口3县和文山专区的马关、麻栗坡、富宁3县，以及腾冲的沿边区和畹町镇等地区的“文化大革命”改为正面教育，不搞“大鸣、大放、大字报、大辩论”，解散群众造反组织，停止内外串连、揪斗干部、“夺权”等，边疆出现短暂的平静。但没多久，昆明军区的决定受到造反派的批判。1967年七八月间，边疆有些县的造反派组织又恢复活动，并上挂下连加入全省“八派”和“炮派”的对立斗争之中，街头又出现大字报，到处开展“大辩论”“大批判”。省、专（州）、县军管会无法控制局面，于是请示中共中央。中共中央指示坚决执行3月对边疆第一线“正面教育”的决定。省军管会于9月1日再次重申中共中央的指示，但一些造反组织仍然不接受约束。10月以后，边疆沿线部分县按中央指示，坚持正面教育，如畹町镇、瑞丽、泸水、碧江、福贡等坚持不搞“四大”；而在思茅专区沿边7县、临沧沿边3县和德宏州的盈江、陇川，红河州的河口县等，依然存在部分造反组织开展“四大”和“革命造反斗争”；梁河、潞西等县，则有较多的造反组织搞“四大”。

云南实行“三支两军”，特别是进行军事管制后，在重建生产指挥系统，加强对工农业生产管理的领导，保障市场供应，维护边疆稳定等方面起到了重要作用。但由于武斗不断升级，省军管会也被冲击，混乱局面延续到1968年8月省革命委员会成立。由于“三支两军”工作受“文化大革命”错误方针的指导，之后陷入了“支派”的困境，从而加剧了两派群众组织之间的矛盾和斗争，特别是使武斗严重升级，带来许多消极后果。直到1968年初，中共中央直接干预，把云南省军地领导和两派代表召集到北京办了半年的“学习班”，“三支两军”才告一个段落。军管会撤销后，“三支两军”工作仍然进行，直到1972年秋，中共云南省委按照中共中央的决定，在已建立党委的地方和单位开始撤销“三支两军”机构。到1975年，驻云南各地各单位的“三支两军”人员全部撤回部队。

两派武斗的全面爆发

造反派组织在“夺权”的浪潮中，酿成大规模武斗，毛泽东后来把这种局面称为“全面内战”。

在这混乱的情况下，发生了省委常委、副省长刘林元惨死岷山。1967年4月26日，“炮派”在东风广场召开庆祝大会，“八派”组织人员去冲击会场，双方发生了第一次武斗。1967年5月28日、29日在昆明机床厂内连续两天发生较大规模的武斗事件，混战中造成100多人受重伤，惊动了中央军委。中央军委、中央文革小组于5月30日晚电告昆明军区党委，提出三点要求，一是对昆明地区两派的武斗，军区机关、部队干部战士都不要介入，应该大力宣传毛泽东思想，制止武斗，劝说群众，摆事实讲道理，用处理人民内部矛盾办法，逐步解决两派之间的问题，不要打击一方压制一方，使矛盾激化。二是昆明军区处在反帝斗争第一线，担负着支援地方“文化大革命”、援越抗美、保卫国防等艰巨任务。任何人都不得揪斗领导干部，保持机关、部队的稳定。院校、文体单位不得同部队串连，一律回到本单位，搞好本单位的“斗、批、改”。三是中央军委信任以李成芳为首的军区党委，军区机关、部队全体同志要在李成芳为首的军区党委领导下，加强团结，坚守岗位，遵守纪律，努力工作，很好地完成中央、中央军委所赋予的“三支两军”、支援越南、保卫国防等一切任务。6月5日，省军管会根据中共中央精神，制定并公告了制止武斗的规定，但无明显效果。

为解决云南武斗的问题，1967年6月23日至7月4日，中共中央和中央文革小组委托谢富治、王力、余力金、李再含等来昆明做两派的工作。他们先后参加了两级军区党委联席会议，接见了驻昆部队干部和军队院校、文体单位群众代表。在东风体育馆举行的“昆明地区无产阶级革命派盛大集会”上，谢富治、王力、李再含先后讲话，传达了毛泽东关于“云南的问题要就地解决，要依靠云南的革命派和人民解放军自己解决”的指示，强调要认真贯彻“拥军爱民”的方针，保持部队的稳定，要求云南的两派要联合起来，团结一致共同对敌。谢富治在昆明军区党委联席会议上指出：目前解决问题的关键是军队，军队的关键又是两级军区——昆明军区和云南省军区，特别是大军区要负主要责任。7月12日，昆明军区党委按照谢富治来云南与各方协商讨论的结果，向中共中央报告。报告提出了紧紧掌握斗争大方向解决云南的问题，首先要解决两级军区的问题；云南“两大左派”的分歧，是人民内部矛盾；相信大多数干部是好的和比较好的；坚决贯彻毛主席关于老中青三结合的方针，吸收新生力量参加领导工作等6点意见。8月8日，中共中央批准了这个报告。

因形势发展，谢富治等人到云南的工作，对促进两派联合并没有起到作用。在江青“文攻武卫”的口号鼓动下，云南和全国一样，武斗急剧升级。两派各自成立“文攻武卫”的指挥机构，组织冲击军事机关，“抢”部队和民兵武器库的枪支弹药，用来“武装”自己，与对立派进行战斗，武斗进入枪战阶段。军队也形成两派，并且卷入地方的派斗之中。从8月下旬开始到12月底，两派组织“抢”枪20余次，先后到省体委呈贡国防俱乐部仓库、昆明军区步兵学校、小麦峪军械库、省军区归化寺民兵武器库、海口三五六厂、大板桥三九八援外武器库、宜良大荒田驻军等军械仓库，“抢”走各种类型枪支弹药。“抢”枪事件遍及全省，有些地州还相当严重。

用各式武器武装起来的昆明地区两派，展开了真枪实弹的“全面内战”，造成大量人员伤亡。除昆明外，全省多数专、州、市、县也相继发生大小不等的武斗、“抢”枪事件。

“抢”枪和武斗流血事件不断升级，1967年8月26日，中共中央、中央文革电告昆明军区、云南省军区和两派群众组织，要求双方绝对禁止开枪；双方都不许冲击军事领导机关；人民解放军一切武器装备物资，任何团体和个人都不得侵犯与抢夺，双方都应在“拥军爱民”的口号下正确对待人民解放军；双方的争执，应在中央既定方针下协商解决，一定要坚决制止武斗。在中共中央和国务院的直接干预和帮助下，省军管会积极工作，昆明地区两派代表在北京达成停火交枪的协议，决定9月16日停火上交武器，在国庆节前，两派共同发出《关于紧跟毛主席的伟大战略部署，立即实行革命大联合的紧急呼吁》，称立即刹住武斗歪风，立即停止相互攻击的宣传，不利于大联合的话不说，不利于大联合的事不做。但双方都未认真履行该协议。随后争端再起，又爆发了更大规模的武斗。鉴于昆明地区武斗日益严重，周恩来于12月6日凌晨2时电话指示昆明军区党委，要求耐心做好两派的思想政治工作，坚决执行中央精神，谁都不准抢枪，不准抢档案。12月18日，为了解决云南驻军在“支左”中出现的问题，中共中央、中央军委通知昆明军区、云南省军区、空军昆明指挥所、第十三军、十四军领导干部赴京开会（以后又扩大到司、政、后三大机关造反派代表)。周恩来在接见参会人员讲话中强调,现在只有军队才能出来做工作,军队不应卷入派性斗争,有了派性就不利于“三支两军”。群众的派性影响军队,军队的派性又反过来影响群众。军队无论如何要团结一致。根据中央领导人提出的稳定部队,制止武斗的精神,参加会议的陈康、鲁瑞林等11位部队领导致电昆明军区,要求军区所属机关和部队应坚决执行中央关于各级军区机关目前不搞“四大”和军以下部队坚持正面教育的指示精神,立即纠正驻滇部分机关和部队以各种借口开展“四大”的错误,克服派性和无政府主义思潮,迅速从陷入地方两派斗争中猛醒过来,立即停止武斗,迅速恢复社会秩序,撤除各群众组织在交通要道所设的一切障碍和哨卡,恢复交通秩序,不准抢枪,已抢的枪支、弹药和一切军用物资应迅速归还。

1968年1月8日,中共中央决定在北京举办学习班,解决云南问题,两派代表、“支左”人员和省、专(州、市)县各级地方领导干部代表参加了“云南班”学习。1月14日、22日,在中共中央的敦促和帮助下,云南两派赴京代表初步达成了《关于停火交枪、制止武斗的协议》和《关于恢复交通运输和保证邮电畅通的协议》。双方保证于2月16日18时起,在全省范围无条件地停止武斗;双方所有武器、弹药和其他武斗凶器,立即由两派负责清点封存,于3月4日前全部上交军管会,或“支左”委员会或当地驻军;不得以任何借口动员外地区、外单位的人员,不准挑动农民和民兵来昆明和其他地区参加武斗;双方保证迅速拆除和排除一切武斗设施,如工事、路障、铁丝网、地雷等;任何群众组织和个人不准冲击人民解放军机关和部队,不得绑架、殴打解放军指战员;严禁抢夺人民解放军的武器、弹药和军事装备。当场在协议上签字的有“八派”代表40人,“炮派”代表40人,军队代表14人。2月22日,中共中央、中央文革小组发出《中共中央、中央文革对云南两派革命群众组织达成的关于〈停火交枪、制止武斗〉和〈关于恢复交通、保证邮电畅通〉两个协议的批示》,强调指出,中共中央同意云南两派达成的协议,希望按照协议,条条落实,认真贯彻执行。3月4日,云南两派赴京代表又签署了《关于抓革命、促生产,打击反革命经济主义的协议》,要求一切革命职工要坚守生产工作岗位，遵守劳动纪律，坚持业余闹革命的原则；各群众组织必须提高革命警惕，加强敌情观念，坚决同破坏机器设备，炸毁建筑工程，偷窃国家机密资料，杀人抢劫的反革命行为作斗争。5月27日，两派代表经过反复争执和磋商，在北京达成《关于实现革命大联合的协议》，规定要迅速实现革命的大联合，尽快成立云南省、昆明市革命委员会；所有革命群众组织和革命群众停止一切形式的互相攻击，团结一致，共同对敌；迅速解放大批革命干部；一切跨行业的组织要按行业进行调整，两派指挥部要同时尽快撤销。

在一年多的时间里，全省发生大小武斗数百次。伴随严重武斗的是“打、砸、抢、抄、抓”，不仅造成众多的人员伤亡、重大的物资财产损失，人民的生命财产得不到保障，而且使各条战线都处于停工、停产、停课等状态。为了重建全省生产指挥系统，加强对工农业生产的领导，保障人民基本生活所需的物资供应，省军管会做了大量工作，排除交通受阻的障碍，安排军车抢运生活物资，以维持必需的生活供应，组织居民联防、夜间值勤，有险情则敲脸盆，相互呼应。但是，社会秩序一片混乱，武装抢劫时有发生，在人心惶惶之际，市民到处投亲靠友，四处避难。由于武斗，两派互设路障，交通阻塞，大量供应云南市场的日用百货积压在省外或出产地。全省城乡市场许多商品脱销，火柴、煤油、肥皂、大碱、布匹等生活必需品紧缺，老百姓苦不堪言，怨声载道，造成严重的社会问题。

第十七章

云南省革命委员会成立及“斗、批、改”运动的开展

中共中央为解决云南的武斗夺权问题，专门在北京举办学习班。1968年8月，云南省革命委员会成立。革命委员会是极左思想指导下“文化大革命”的畸形产物，它对解决武斗问题、统一各派行动、组织工农业生产和管理社会生活起到特殊的历史作用。然而，云南省革委会成立后，以推行“划线站队”为核心，开展“清理阶级队伍”“整党建党”、清查“五一六分子”等各项“斗、批、改”运动，造成危害。在边疆民族地区推行“政治边防”，开展“二次土改”，严重破坏了党的民族政策，造成更为严重的危害。

一　云南省革命委员会成立

中央在北京举办毛泽东思想学习班云南班、昆明班

为了稳定局势，中共中央分别召集有关省、市、自治区革委会和驻军负责人到京开会，办学习班，帮助解决由派性引起的矛盾。云南形势的混乱，也引起了中共中央的重视。为了帮助云南解决问题，1968年

1月8日，中共中央决定在北京举办毛泽东思想学习班云南班，通知云南两派代表和军队“支左”人员共700人参加。学习班于1月24日正式开学。2月11日，毛泽东等中央领导人听取各省学习班的情况汇报，周恩来介绍了云南班的情况，当听到云南已来了800多人时，毛泽东插话说：“不行，800人少了，要增加1倍。”随后云南班陆续增加到近2000人。根据毛泽东关于集训全军团以上干部的决定，昆明军区也在北京举办了4批共有3000多名军队干部参加的毛泽东思想学习班昆明班。

云南班在北京虹山口解放军高等军事学院开办，从1968年1月24日至8月9日，学习时间达半年之久。参会代表中有昆明军区、云南省军区部队代表1064人，其中，干部962人，战士102人；地方领导干部代表466人；两派群众组织代表450人。班主任由中央毛泽东思想学习班办公室主任、中国人民解放军工程兵政治委员谭甫仁[①]担任。中共中央办班的主要目的是消除云南严重的派性，特别是军队的派性。通过学习，开展批评与自我批评，达到团结统一，实现革命的大联合，成立革命委员会。学习期间，毛泽东、周恩来等中央领导人多次接见云南班和昆明班学员，并发表指示[②]。针对云南的派性严重问题，毛泽东开门见山地指出：“云南两派是革命群众组织”，“周兴、陈康团结起来，共同对敌”，还特别指示周兴住到“炮派”住地，陈康住到“八派”住地，分别向两派群众作检查，消除对立情绪。

尽管中共中央专门办班做两派的工作，毛泽东又多次强调云南主要领导要带头消除派性，但两个造反派组织在“结合谁”的问题上互不相让，你“保”我“打”，你“打”我“保”，针锋相对。学习期间，造反派设“会中会”，批斗和殴打、迫害不同观点的领导干部，甚至限制他们的人身自由。两派都派人内查外调，组织材料，提供“保”“打”的依据，影响“大联合”的结果。其中，“八派”组织编写的诬陷材料，得到云南班负责人的认可，并把其错误观点作为解决“云南是非问题”的基本原则。

① 谭甫仁：1968年8月至1970年12月任云南省革委会主任，1968年9月至1970年12月任中共云南省革命委员会核心小组组长。

② 5月8日、5月20日、6月3日、8月11日，毛泽东等中央领导及中央文革小组成员4次接见了各省、市、自治区和各大军区在京学习班的学员，云南班和昆明班的学员也分别受到接见。

云南班负责人的一边倒倾向，既不能消除派性和对立情绪，更不能达到中共中央“团结起来，共同对敌”的要求，反而造成了后来推行“以人划线、层层站队”的严重恶果。

云南省革命委员会成立

随着各造反派为“全面夺权”而不断造成派别对抗和武斗升级，经各省区市军管会和各派群众组织的反复协商，报经中共中央批准，从1967年上半年开始，全国省级革命委员会陆续成立。

在云南班、昆明班学习期间，1968年5月19日和6月17日，中共中央先后两次任命谭甫仁为昆明军区政委、军区党委书记，并建议争取尽早地成立云南省革命委员会。云南班组织学习讨论中共中央关于建立革命委员会的指示精神，根据中共中央实现军、干、群革命大联合的“三结合”原则，提出方案。经过两个多月的反复讨论，形成《关于建立云南省革命委员会的请示报告》，8月6日，以昆明军区党委的名义上报中共中央，提出云南省革委会的组成人选名单和机构设置意见。8月10日，中共中央、国务院、中央军委、中央文革小组批准成立云南省革命委员会，任命谭甫仁为省革委会主任，周兴、陈康、鲁瑞林、刘明辉、“八派”代表黄兆其、徐学惠（女），“炮派”代表李毅、段宝珍（女）为副主任。1971年6月增补田维扬、王必成，1973年增补张冲任副主任。

云南省革委会成立的同时，确定了昆明市革命委员会组成人员，市革委会主任段思英（解放军第十三军政治委员），副主任骈引丁（昆明军区副参谋长）、郭兴（昆明警备区司令员）、肖持久（原昆明市委书记处书记）以及两派群众组织代表刘殷农、苏本忠、尹家仙（女）、傅国英（女）。1968年8月13日，云南省和昆明市革命委员会召开成立大会，昆明市各族各界群众和驻昆部队指战员40多万人参会庆祝。大会给毛泽东发了致敬电，会后举行了游行。8月14日，《人民日报》《解放军报》联合发表了题为《热烈欢呼云南省革命委员会成立》的社论。

省革委会成立后，省军管会撤销。省革委会实行一元化领导，统揽党、政、财、文、公、检、法等大权。在省军管会工作机构的基础上，省革委会成立办事组、政工组、生产指挥组、人民保卫组工作机构，统称四大组；四大组之下设二级组，二级组之下又设若干业务组工作班子。四大组工作人员中，军队干部占绝大多数。原省人民委员会的工作部门和办公机构全部撤销，原中共云南省委的机关干部极少数留在四大组工作，大多数送到“毛泽东思想学习班”或“五七”干校开展“斗、批、改”。

随着云南省和昆明市革命委员会的成立，全省各级革命委员会也相继成立。截至 1968 年 12 月 15 日，全省 16 个专、州、市以及所属县都建立了革命委员会。12 月 16 日，省革委会机关、昆明军区和昆明市 30 万军民举行集会，庆祝全省专、州、市和 128 个县全部成立革命委员会，全省各专、州、市所在地也分别召开了数万人的庆祝大会。

1968 年 9 月，经中共中央审批同意，云南省革委会党的核心小组成立，省革委会党的核心小组成员同时是省革委会的主要负责人。1970 年 12 月 18 日凌晨，省革委会主任、省革委会党的核心小组组长、昆明军区政委谭甫仁在住所遭枪击死亡，省革委会工作由副主任周兴主持。1971 年 5 月，周兴当选为新成立的省委第一书记。1971 年 6 月，中共云南省委恢复后，仍然实行党政合署办公。6 月，中共中央任命周兴为昆明军区政委，全面负责云南党政军工作。1975 年 10 月周兴在北京病逝，贾启允[①]接任。1977 年 2 月贾启允调离云南，安平生[②]接任。1979 年 12 月 31 日，成立第五届云南省人民政府，革委会体制结束。

云南省革委会成立后承担起组织全省工农业生产和管理社会生活的责任，使各项工作有了逐步恢复和开展的可能。革委会的成立，在一定程度上结束了“文化大革命”前期的大动乱局面，填补了国家和地方权力的真空半真空状态。但是，革委会的建立是以全盘否定新中国成立以来的党政领导体制为前提，是“打倒一切”“全面夺权”的畸形产物，一大批造反派骨干进入各级革委会领导机关、部门，成为最大的不安定因素[③]。特别是云南省革委会成立后，主要领导人支一派打一派，推行“划线站队”对云南的经济社会发展造成严重的危害。

---

① 贾启允：1975 年 10 月至 1977 年 2 月任中共云南省委第一书记。

② 安平生：1977 年 2 月至 1979 年 8 月任中共云南省委第一书记。

③ 中共中央党史研究室：《中国共产党历史》第二卷（1949—1978），中共党史出版社 2011 年版，第 801 页。

二 推行“划线站队”

云南省革委第七次全委扩大会议的召开

“以人划线，层层站队”是林彪在“文化大革命”初期提出的一个极左的派性观点，在全军、全国各行各业普遍推行，造成极其严重的危害。1968 年 5 月，林彪在中央文革、中央军委办事组的会议指示“要搞‘划线站队’，不搞我们站不住脚”。之后，中央军委办事组主要负责人、总参谋长黄永胜对即将到云南赴任的领导人进一步明确说：“到云南要依靠一派，不依靠一派，否则连脚都站不住。”在贯彻林彪指示的过程中，云南省革委会主要负责人认为，云南是边疆省份，又是“和平解放”，敌情重，坏人多，有许许多多国内外反动派，国民党残渣、敌人、坏人、叛徒、特务、走资派、反革命分子，还有地、富、反、坏、右派分子等，大力支持并积极推行“划线站队”。

1968 年 8 月 15 日至 1969 年 1 月，中共中央、国务院在北京召开了全国国防、冶金系统“联合起来，抓革命、促生产”会议（简称“八一五”会议）。云南国防、冶金系统 16 个厂矿企业的 330 多人参加了会议。参加会议的云南省革委会副主任背着主持会议的周恩来，把与会的一派代表划到所谓赵健民、张力雄、朱家璧的“黑线”上，并违背“大联合”的会议宗旨，对参会的一派领导，采取逼供信，进行揭发批判，诬陷迫害。有的被打成“三反分子”“大叛徒”，有的定为“反军乱军分子”“反革命黑干将”等。会议期间不少人被打伤致残，有的被逼疯、逼死。会议结束后多名干部被绑押回昆明，交原单位继续批判，批斗中，又有一些人被迫害致死。“八一五”会议期间的做法为在全省推行“划线站队”提供了“示范”。

1968 年 11 月 8 日至 30 日，昆明军区党委、云南省革委会党的核心小组在昆明召开云南驻军团以上党委和云南省、专（州、市）、县革命委员会党员代表大会。会议以分清云南两条路线斗争的大是大非为主题，揭发和批判所谓“阎红彦、赵健民之流在云南推行反革命修正主义路线，招降纳叛，乱军反军，妄图颠覆无产阶级专政，复辟资本主义的滔天罪行”，把云南两派群众组织划成“对派”和“错派”。以召开党的代表会议的方式，把“划线站队”的观点变成组织意图，然后以省革委全委会的方式确定，并作为全省性的政治运动布置下去。通过层层召开党的代表会议，为在全省推行“划线站队”作思想认识和组织动员。

1969年1月1日至15日，省革委会召开第七次全委扩大会议，又称省、市革委联席会议。会议确定两个群众组织中的“八派”是“正确路线的代表”，“炮派”“犯了一系列严重错误，大方向错了”。会议要求全体与会代表“分清云南的大是大非问题”，并发动对“炮派”主要人物进行揭发批判，要求有关委员检查交代问题，要求清查“‘炮派’的指挥部、后勤部、宣传、干部等八大反动组织”，深挖“叛徒、特务、死不改悔的走资派”。会上，提出以一派夺另一派的权的错误观点，公开支持一派，以革命的名义公开支持斗人打人。会议期间还推广示范“八一五”会议的所谓“揭盖子”“捅马蜂窝”“抓反革命”的经验，并把参加过“八一五”会议的部分“站错队”的代表，武装押解到会场上进行批斗，现场示范。

会议把“赵健民执行国民党云南特务组计划”等12件大事确定为“划线站队”的基本线索。此后，“划线站队”在云南全面展开。

“划线站队”的全面展开

省革委会第七次全委扩大会议后，全省从上到下，上挂下连，各机关、单位，各专、州、县全面开展“划线站队”，纷纷划出本地、本单位的“正确派”和“错误派”。

从1968年底到1970年12月，在前后两年的“划线站队”中，全省从部队到地方，从机关到基层，从城市到农村，从内地到边疆，制造了大量的冤假错案。其中“滇西挺进纵队”政治假案[①]，既是抓捕赵健民的

① 党的十一届三中全会后，“滇西挺进纵队”政治冤案得到平反。

主要依据，也是迫害全省所谓“站错队”的干部群众的冤假错案，波及面广、受害干部群众多、危害大。

1968年初，大理州“八派”群众组织攻打住在下关苍山饭店的山东、河南来滇支边的工役制工程部队第八团（简称“工八团”）。1月6日，为救出在下关被围困的“工八团”人员，“工八团”负责人带领77个“工八团”成员从昆明到下关，并参加了当地的两派武斗。1月21日，“工八团”全部人员离开下关返回昆明。而在1月19日，云南驻军某部的有关领导人杜撰编写《关于昆明处理“炮兵团”派出“滇西挺进纵队”的问题》的报告，报给昆明军区党委。报告说：“滇西挺进纵队”用18天时间，西进450多公里，攻占了禄丰、一平浪、楚雄、南华、祥云、下关等重要城镇，严重破坏了重要工业生产和交通运输，枪杀了省煤管局副总军代表，抢夺了战略仓库枪炮数千件，弹药数十万发，冲击了国防通讯枢纽部门和军事机关，打伤解放军干部战士，打伤群众多人等[①]。在北京参加解决云南问题学习班的昆明军区和云南省军区负责人未经核实，就将该报告上报中共中央。

1月21日夜间，在中共中央解决云南问题的会议上，康生、谢富治根据谎报的情况武断地作出“工作无效，就用军队包围，搞政治攻势，强迫交枪”的设定。1月22日，以1月19日云南驻军某部上报昆明军区党委和中共中央的电报内容为基础，形成了一个完整的所谓“滇挺土匪武装”的材料上报中共中央。材料中把原来含义不清的“滇西挺进纵队”（以下简称“滇挺”）定性为反革命的“滇挺土匪武装”。1月23日，昆明军区以“土匪武装”定性，派出部队在一平浪煤矿区对待命接受处理的“工八团”进行围剿，造成“工八团”和一平浪煤矿职工、家属大量伤亡。

此后，在推行“划线站队”中，全省掀起了抓“滇挺”分子的高潮，把一些毫不相干的武斗事件和组织、人、事纳入其中进行迫害，造成了严重后果。在追查“滇挺”分子的同时，还把“滇东北游击军”“滇南农民

---

① 中共云南省委党史研究室编：《春风又暖彩云南——平反冤假错案与落实政策》，中国文联出版社2003年版，第167页。

革命军”两个冤案说成是“滇西挺进纵队”的孪生兄弟，进一步扩大了对广大干部群众的迫害范围。

在推行“划线站队”过程中，破坏民族宗教政策，造成红河州河口县瑶山公社7个乡2100多名瑶族群众离村上山反抗，被定性为“反革命武装暴乱事件”，一大批瑶族群众受到迫害。1968年12月，“滇南挺进纵队”假案中，抓捕和迫害大批回族群众。1975年7月又制造了“沙甸反革命武装叛乱”假案，混淆矛盾性质，严重破坏了党群关系和军民关系，造成大量人员伤亡，房屋大部分被毁。这些假案在党的十一届三中全会后彻底平反[①]。对错抓错捕人员一律平反，对受到伤害的各族干部群众给予补贴抚恤，对伤残人员给予治疗和救济。

“划线站队”以“分清云南路线是非”和“清理阶级队伍”为名，以省革委会的名义，有计划、有组织、分步骤地开展，前后进行了两年多时间，在全省严重混淆了敌我，分裂了党，分裂了军队，分裂了干部和群众，造成极其严重的危害，影响极深。在“划线站队”中，全省制造了大量冤假错案，株连大批干部群众。

三 “斗、批、改”运动的开展

“斗、批、改”的任务最先出现在中共中央的“十六条”中，当时所指的“斗”是斗垮走资本主义道路的当权派；“批”是批判资产阶级的反动学术权威，批判资产阶级和一切剥削阶级的意识形态；“改”是改革教育，改革文艺，改革一切不适应社会主义经济基础的上层建筑，以利于巩固和发展社会主义制度。到1967年，“斗、批、改”任务曾一度促进两派联合。1968年9月7日，《人民日报》《解放军报》发表《无产阶级“文化大革命”的全面胜利万岁》的社论，宣布“文化大革命”进入了“斗、批、改”的新阶段。

---

① 当代云南编辑委员会主编:《当代云南简史》，当代中国出版社2004年版，第307—308页。

根据中共中央要求，“斗、批、改”大体要经历“建立三结合的革命委员会”，“大批判”，“清理阶级队伍”，“整党”，“精简机构、改革不合理的规章制度、下放科室人员”，“工厂里的斗、批、改”等几个阶段。1969年4月召开的党的九大，向各行各业各个单位提出了“斗、批、改”任务。党的九大前后到1970年八九月间召开九届二中全会之间，“文化大革命”的主要任务就是要进行“斗、批、改”，其他所有政治活动也都在这个总任务下进行。

1968年8月，省革委会成立后，全省自上而下有组织有领导地进入“斗、批、改”阶段。原各部委办厅局机关全部撤销，原机关干部大多数留在原单位学习，要求活学活用毛泽东思想，开展革命大批判，解决云南的大是大非问题。12月14日至20日，省革委第六次全体会议召开，会议夸大云南存在十分严重的“敌情”，认为有五个多：解放得晚，“残渣余孽”多；混进云南地下党的“叛徒、特务、坏人”多；多民族地区，“封建土司、头人、军阀”多；地处边疆“内部的反革命（分子）和国外的帝修反联系”多；“阎红彦、赵健民之流积极推行反革命修正主义的组织路线，招降纳叛的多”①。基于这样的省情分析，在开展“斗、批、改”的运动中，把原中共云南省委、省人委的领导干部绝大多数集中到“学习班”或“五七”干校，用“划线站队”的办法，进行“清理阶级队伍”。其中，“省级机关毛泽东思想第一学习班”和“省公检法军管会毛泽东思想学习班”最为典型。

1968年12月12日，省革委会在昆明市下马村举办省级机关“毛泽东思想第一学习班”，又称“下马村学习班”。学习班的学员共739人，其中，除有厅级以上干部、处级干部和一般干部外，还有派驻学习班的工人宣传队、军代表、专案人员等参加。学习班的“斗、批、改”实际上是“以人划线，层层站队”，把参加学习的党政机关的领导划分成两个对立的阵营。经过隔离审查、监护看守，采取“逼、供、信”，把一批领导干部打成现行反革命、反革命修正主义分子、叛徒、恶霸。

---

① 云南省地方志编纂委员会编：《云南省志·政府志》，云南人民出版社2001年版，第512—514页。

1968年11月9日至1970年6月，省公检法军管会在宜良县羊街驻军营房举办“云南省公检法军管会毛泽东思想学习班”，又称“羊街学习班”，集中省公安厅、省高级人民法院、省人民检察院和省政法干校及省第一、二监狱的900多名干部职工，按“划线站队”的方法开展“斗、批、改”，解决云南解放以来公安、政法战线上两条路线的所谓是非问题。“学习班”规定，学员不准出大门、不准请假、不准写信、不准家属探亲，在审查中使用残害身体的极端行为。学习班历时一年半，制造了一批假案，近60%的人被划为“站错队”蒙受了不白之冤。

1968年12月，为了解决军队系统的“是非”问题，云南省军区机关和文山、蒙自、大理、玉溪、曲靖、昭通、楚雄军分区的领导300多人被抽调到华宁县盘溪参加“盘溪学习班”。学习班组织解放军野战军人员和地方造反派人员帮助开展“划线站队”，最后90%以上的干部被划到赵健民、张力雄的“黑线”上，进行残酷迫害。

干部下放劳动也是进行“斗、批、改”的重要方式。1968年10月5日，毛泽东指示：“广大干部下放劳动很有必要，这对干部是一种重新学习的极好机会，除老弱病残者外都应这样做。在职干部也应分期下放劳动。”从12月16日开始，云南省级机关下放劳动的干部，陆续分批离开昆明，到省革委会在弥勒、陆良、蒙自、思茅办的4所“五七”干校搞“斗、批、改”，“接受工农兵再教育”。其中，省级党、群机关干部到弥勒县东风农场，称第一“五七”干校；省级工业、交通、基建、计划系统干部到陆良县华侨农场，称第二“五七”干校；省级文教、农水系统干部到蒙自草坝农场，称第三“五七”干校；省人委直属机关和财贸系统干部到思茅县曼歇坝农场，称第四“五七”干校。1968年12月至1969年1月，共有省级机关的干部及部分家属13700多人，其中干部8799人分别下到“五七”干校。此后，省第一“五七”干校数百名干部及家属被安排到弥勒、泸西两县插队落户，省第二、三、四“五七”干校和省公检法学习班的干部及家属分别被安排到陆良、师宗、罗平、蒙自、新平、普洱、景谷、永胜等县插队落户。全省各专、州、市、县都相继建立了“五七”干校或“毛泽东思想学习班”。

在“五七”干校或“毛泽东思想学习班”中开展的“斗、批、改”运动，主要是以“划线站队”的方式“清理阶级队伍”“整党建党”“清查‘五一六’反革命集团”。受审查和遭批、斗的绝大多数人被非法限制人身自由，采取逼供信，制造了大量冤假错案。1971 年“五七”干校结束，省级党政机关的 3500 多名干部又以“‘五七’道路走全程”为名，被下放到农村和工厂落户，“接受再教育”。

毛泽东提出把“清理阶级队伍”作为“斗、批、改”的主要内容之一，要求把所谓混入革命队伍里的叛徒、特务、走资派以及地主、富农、资本家、反革命分子、坏分子、右派分子等清理出来，做到“阶级阵线分明”。1969 年 1 月上旬，全省在“划线站队”的基础上，全面开展了群众性的“清理阶级队伍”工作。到 4 月，全省有 120 个县（市）都开展了“清队”工作。在“云南敌情严重，要深挖，要一窝一窝地把敌人挖出来，彻底挖干净”观点的指导下，“清理阶级队伍”采用“划线站队”的方式，把一大批“叛徒、特务、死不改悔的走资派，没有改造好的地、富、反、坏、右和现行反革命分子”清出来。

1970 年后，全省结合“清理阶级队伍”开展了“一打三反”和清查“五一六”反革命阴谋集团运动。2 月 18 日，省革委会发出《关于开展打击反革命破坏活动，反对贪污盗窃、投机倒把，反对铺张浪费运动的指示》，要求把“一打三反”和“清理阶级队伍”结合起来进行。2 月 20 日，省革委会在昆明召开了有十万人参加的动员大会，随即，“一打三反”运动在全省范围内普遍铺开。在“划线站队”和“清队”背景下开展的“一打三反”运动，进一步混淆了是非，制造了大批冤假错案。

清查“五一六”分子是在“清理阶级队伍”运动之后开始的。1971 年 2 月 8 日，中共中央发出《关于建立“五一六”专案联合小组的决定》。4 月 6 日，云南省革委会党的核心小组发出《关于贯彻执行中共中央关于建立“五一六”专案联合小组决定的通知》，通知指出，清查“五一六”是保卫毛主席和毛主席革命路线的斗争，全省要结合“清理阶级队伍”和“一打三反”运动，深入发动群众，认真开展清查，清查工作以昆明地区和省属机关、学校、厂矿为重点。此后，省革委会成立了“五一六”专案组，下设办公室（简称省革委会“三办”）。各地州市、省属各机关也建立相应的领导小组及办事机构。1971 年 4 月，省革委会“三办”编印的《“五一六”反革命集团在云南的罪恶活动》中错误地指出，赵健民、张力雄、朱家璧等组织指挥武斗，组织“滇西挺进纵队”，制造了一系列严重流血事件等，并把此作为“五一六”反革命阴谋集团的罪恶活动列案追查，清查云南“五一六”反革命阴谋集团运动的所谓“问题”。清查工作从 1971 年 4 月开始，到 1974 年 2 月结束。清查中错误地对“划线站队”时揭发的材料未经核实就作为定性根据，将 1969 年 1 月省革委第七次全委扩大会确定的 12 件重大事件作为类似“五一六”罪行的线索进行清查，并发到全省地州市、省属单位组织清查。经多次过滤，最后抓住涉及地方的 18 个比较重大的具体事件进行重点清查。全省各专州重点清查的事件 80 起，分别进行了结案处理。

云南清查“五一六”分子的结果与中共中央所指的“五一六”分子毫无相关。这些人尽管最后没有定为“五一六”分子，但在全省造成了不良影响。1975 年，贯彻中共云南省委 26 号文件，纠正“划线站队”的错误、落实政策时，明确指出，所谓云南“文化大革命”中的重大事件都不属于“五一六”性质，应向干部群众公开宣布。属于错案、假案的，应坚决平反处理。在清查“五一六”运动中，凡强加于一些干部群众身上的一切不实之词，应予推倒，宣布无效。已定、错定为“五一六”分子的都予以平反，作出平反结论。1976 年 1 月 7 日，中共云南省委发出《关于纠正我省在清查“五一六”运动中所出现的错误的通知》，提出对清查“五一六”运动中把“划线站队”的揭发材料作为清查线索的错误和株连的人必须检查纠正。

四　知识青年上山下乡运动

“知识青年到农村去”

20 世纪 50 年代初，国家经济困难、城市就业压力大，中共中央和中央人民政府结合土地改革，动员一些高小、初中毕业而不能升学、就业的失业人员参加农业生产，称为“下乡上山”。1955年，毛泽东在《中国农村的社会主义高潮》一书的按语中说：“一切可以到农村去工作的这样的知识分子，应当高兴地到那里去。农村是一个广阔的天地，在那里是可以大有作为的。”之后，动员城市知识青年和闲散劳动力上山下乡被纳入各地城乡劳动力整体规划。1962年，团省委组织9名知青到玉溪插队落户，被称为“昆明知青九兄妹”。同年，个旧市组织“上山下乡七兄妹”插队落户。1964年，昆明市动员六四届500多名知青到安宁插队落户。据省安置办统计，到1965年底，全省组织了约有1600名知识青年下乡。

“文化大革命”开始后，由于大学不招生，工厂基本上不招工，商业和服务行业处于停滞状态，城镇初、高中毕业生既不能升学，也无法分配工作，到1968年，全省积压在校的六六、六七、六八届初高中毕业生达18万多人。

1968年12月，毛泽东发出“知识青年到农村去”的号召，从此，动员和组织知识青年上山下乡接受“再教育”变成了一场轰轰烈烈的政治运动。知识青年上山下乡被宣传为“培养和造就无产阶级革命事业接班人”“缩小三大差别”“防修反修”的基本途径，是“一项极为重大的政治任务”。毛泽东指示发出后，省革委会召开紧急电话会议，传达指示精神，讨论起草“紧急通知”。全省各地州市县革委会也马上行动起来，掀起了知识青年上山下乡运动的热潮。知识青年上山下乡在云南主要是到农村插队落户和到生产建设兵团工作两种形式。

1969年1月下旬，省革委会要求昆明市在春节前把昆明知识青年3万余人组织下到边疆保山插队落户。昆明市革委会随即发出“紧急通知”并采取逐一动员，先把人送下去，粮户关系由学校统一办下去的办法，组织昆明知青下乡插队。这项工作一直延续到5月份，昆明六六、六七、六八届的初高中毕业生3万余人，除部分特殊情况外都被送到了边疆农村。同时，省内外其他城市也迅速推进知识青年上山下乡运动。到1969年底，全省62429名知识青年到农村插队落户。

1971年，中共中央决定在上山下乡两年以上的知识青年中招工，全国近5万名知青回城工作。从1973年开始，全省城镇知识青年每年约有二三万人到农村插队，并有一两万人通过招工等方式回城，在乡知青约五六万人，最多时达 7 万多人。从 1969 年到 1979 年 10 年间，全省约 22 万城镇知识青年上山下乡到农村插队落户。这些知青到农村参加集体劳动两年后，大多数被推荐回城或就地参加工作，或被推荐读书、参军离开农村。

知识青年到建设兵团工作也是上山下乡的形式之一。1969 年 10 月 6 日，经国务院、中央军委批准，中国人民解放军云南生产建设兵团组建。从 1970 年 3 月 1 日起，昆明军区抽调 2000 余名干部，把遭到严重破坏、几乎处于瘫痪状态的云南边疆国营农场全部组建成云南生产建设兵团，下辖 4 个师、30 个团（含 5 个独立团、5 个水利团）、116 个营、1038 个连和 4 个直属企业单位。从 1968 年到 1972 年，云南生产建设兵团接收北京知青 8372 人，四川知青 40882 人（其中，成都知青 16625 人、重庆知青 24257 人），上海知青 46350 人，昆明知青 12385 人，共计约 10.8 万人①。

云南生产建设兵团知识青年主要从事橡胶种植业，此外，还参加兵团的水泥、化工、化肥、胶鞋等工业生产项目新建工作。在新建扩建中学 16 所、小学 334 所中大多数由知青任教师，在新建扩建的职工医院 12 所、149 个卫生所（队）里大多数是知识青年任医护人员。此外，他们还参加边民联防，维护社会治安、保卫边疆等工作。1974 年 6 月 26 日，经国务院、中央军委批准，云南生产建设兵团建制被撤销，成立云南省农垦总局，实行企业化经营管理。知识青年被作为农场职工转入农场管理。

北京知青主要分布在西双版纳的兵团第一师，德宏三师、红河四师、勐海水利团等；上海知青主要分布在西双版纳一师、临沧二师、德宏三师、红河四师；成都知青主要分布在德宏、保山、临沧和宾川独立三团；重庆知青主要分布于思茅、西双版纳、红河、文山；昆明知青主要分布在临沧、红河、德宏、西双版纳。1979 年底，云南生产建设兵团的外省知青除少数选择留下外，绝大多数返回到动员城市。

① 杨新旗：《知青上山下乡在云南》，云南教育出版社 2013 年版，第 36—41 页。

查处迫害知青事件

1973 年 6 月,国务院召开全国知识青年上山下乡工作会议,统筹解决上山下乡中存在的各种问题。其间,大量知识青年受迫害事件被反映出来。

1973 年 7 月 4 日,新华通讯社《国内动态》第 241 号刊登该社云南分社记者采写的《云南建设兵团四师十八团摧残迫害知识青年的情况》。《情况》说,在金平县以种植橡胶为主的云南建设兵团四师十八团,70%以上的人员是来自北京、上海、四川、昆明的知青。这个团的部分领导人对一些有缺点、错误的知识青年,不坚持正面教育,而是采取捆绑吊打手段镇压,使一些知识青年精神上、肉体上遭受了极大摧残。对这样严重的事件,四师党委也曾派人作了调查,却不作严肃处理,他们虽然在有关会议上批评过十八团,但是该团领导一直存有抵触思想,不接受批评。师党委的这种错误态度,不仅使十八团干部不能正确对待知青,也放纵了其他单位不断发生类似的严重事件。

周恩来看到情况报道后震怒,批示:“此等法西斯行为,非立即处理不可!”根据周恩来的指示,中央有关机关抽调 12 名干部赶到云南,联合云南省委、昆明军区党委抽调 27 人组成联合调查组,在昆明军区副政委李克忠和总政治部组织部部长梁济民的率领下于 1973 年 7 月 16 日到十八团。调查工作进行了 3 个月,到 10 月 30 日,形成《关于云南生产建设兵团四师十八团制止、纠正摧残迫害知青问题的调查报告》,《报告》要求对知青的处分进行复查,撤销一切错误处分,对受处分的 191 名知青进行甄别;对赔款、罚款的进行清退;对受摧残迫害严重的知青进行检查治疗;宣布废除一些错误的、非法的规定;对部分团领导采取停职交代和专案审查的措施。11 月 28 日,省革委会、昆明军区在景洪县召开“坚决打击破坏知识青年上山下乡犯罪分子宣判大会”,宣判破坏知识青年上山下乡的张迪青、贾小山、张国亮等 5 名罪犯死刑。2.3 万余人参加了大会,各地、州、市以及兵团团以上单位都派了代表到会,另有 14.3 万余人收听实况广播。

以此事件为突破口,中央要求在全国范围内对摧残迫害知青的事件进行一次彻底的整顿和查处，开展全面打击破坏知识青年上山下乡的犯罪活动。周恩来在《云南省委、昆明军区党委向中共中央、国务院、中央军委检查报告》上批示：“请（国锋同志）将新华社云南分社的报道和这一报告印发给知识青年工作会议的同志阅，请他们回本省严格全面地检查各地生产建设兵团、公社生产队以及国营农场中上山下乡知识青年的全部情况，按照这次全国工作会议落实毛主席、党中央的政策所规定的各项办法，予以彻底实施。”此后，在全国范围内开展了对知识青年上山下乡工作专项检查活动，严肃查处迫害知青的事件。

农场知青大返城

1978 年全国知青工作会议召开，中共中央在批转的全国知青工作会议文件中提出，对国营农场知青，要鼓励和支持他们安心在农场工作，为办好农场贡献自己的力量。并规定，以后一般不办理病退、困退，如果家庭和本人确有特殊困难，可以通过组织商调。病退和困退是农场知青返城的主要渠道之一，中共中央文件明文规定不再办理，而且文件中对如何商调没有明确怎么办理，这意味着断了许多知青回城的希望。文件下发后，引起了农场知青的不安，罢工、请愿之风迅速在全国各地农场兴起。云南是接收知青到农场的主要省份之一。但由于云南经济落后，大多数农场知青生活条件差，连必需品的供应都较为困难，在回城无望的情况下，云南农场知青掀起了返城风潮。

1978 年 10 月 18 日，西双版纳景洪农场十分场学校的上海知青丁惠民写了《给邓副总理的公开联名信》，表达知青们回家的共同想法，恳求邓小平帮助他们回到自己的家乡。联名信得到了知青们的响应。11 月 18 日，丁惠民又写了《给邓副总理的第二封信》。11 月 23 日，《中国青年报》发表题为《正确认识知识青年上山下乡问题》的评论员文章，其中的主要观点与丁惠民的《第二封信》有许多相似的地方，其中最核心的观点认为要对知识青年上山下乡运动“拨乱反正”。12 月 12 日，以丁惠民为首的西双版纳 8 个农场的知青宣布罢工。云南省委及时派出工作组，但知青们认为云南省解决不了他们回城的问题，工作组到农场做工作效果不大。罢工致使西双版纳农场整个组织指挥系统瘫痪。

每个分场都有知青负责人，他们有的控制广播室、文印室、交通车、食堂等，有的负责通知、宣传、签名、捐款，支持“北上”上访。罢工、请愿从西双版纳迅速扩展到德宏州、临沧地区各农场。德宏垦区的知青表示，不解决他们的问题，就“一停，二跑，三自杀”，态度坚决。临沧孟定农场的知青采取了更极端的方式，以绝食的方式请国务院工作组到孟定现场解决问题。

除了罢工外，知青们还组织“请愿团”到北京上访。1978年12月20日，43名知青代表组成第一批“请愿团”到达昆明。省委组成工作组做工作，要求就地解决他们所反映的问题，不要赴京上访，但未能制止。知青代表团因丢失了路费，在无钱买火车票的情况下，22日22时，强行冲入昆明火车站，登上昆明至北京的62次列车，造成302次、62次列车不能正点发车。23日18时，国务院电话通知云南省革委会，请省里负责同志出面做工作，要尽量说服知青不要来京，如说服不了，可让知识青年派数名代表来京。中共云南省委把国务院的指示传达给知青代表，并要求选出进京代表，但知青们仍未同意。24日上午，知青代表39人再次冲入火车站台，并与列车工作人员发生冲突，混乱中双方都有人受伤。激动之下的知青代表在62次列车机车前卧轨阻车，并宣布绝食和拒绝到医院治疗。12月25日，国务院向云南省革委会并转在云南省各国营农场知青发出三点指示：一是为了统筹解决城市知青上山下乡中存在的问题，中央最近专门召开了全国知青工作会议，研究提出了改进办法，形成了两个文件，已经党中央批准。必须以这个会议批准的文件为准，坚决贯彻执行，并向知青宣传解释。相信广大青年职工是会听党和政府的话的。二是国务院决定，由有关部门和有关省市组成调查组前往云南，就地听取国营农场青年职工的意见。目前在昆明要求到北京上访的农场青年代表不要来京，望很快返回本单位，坚守岗位，搞好生产。三是铁路是国家的大动脉，阻拦火车，妨碍铁路运输，是不能允许的，必须坚决制止。殴打民警和铁路工作人员是违法行为，打人的应向被打的同志赔礼道歉。保障铁路运输的畅通和保护民警、铁路职工的安全是政府的责任，也是大家的责任。如果再发生这种违法事情，政府将要严肃处理。希望大家维护安定团结，维护社会主义法纪，不要再搞越轨行为。火车站广播反复播放“三点指示”，在工作组的劝说下，卧轨阻车的知青代表当晚 8 时离开了火车站。

12 月 18 日，第二批知青代表“请愿团”从景洪出发，于 27 日到达北京。30 日，国家农垦总局、国家劳动总局、国务院知青办、共青团中央的有关负责人会见了请愿团代表丁惠民等 26 人。1979 年 1 月 4 日，国务院副总理王震和民政部部长程子华、国家农垦总局副总局长张竹修、国务院知青办副主任张亚群、团中央青农部李小芬及全国妇联、国家劳动总局的有关负责人也接见了丁惠民、刘先国等 10 位知青代表。

王震、程子华接见云南请愿知青代表丁惠民等的谈话精神，于 1979 年 1 月 8 日以题为《国家农垦总局办公厅关于认真贯彻执行王震同志对云南农场来京知青谈话精神的通知》，印发云南各垦区。通知指出：这次西双版纳国营农场知识青年罢工事件，涉及面广，给国家在政治上、经济上造成一定损失。国家农垦总局是有责任的；云南省农垦总局、各农垦分局、国营农场各级领导干部和知青，都应在认真学习党的十一届三中全会精神的基础上，充分认识这一事件的严重性；对少数确有困难，确实不宜继续在边疆地区工作的青年职工，应按 1978 年全国知青工作会议的精神调动解决；开发边疆，建设边疆，是加快社会主义建设不可缺少的组成部分，也是大家的光荣。

农场知青要求返城的愿望越来越强烈，中共云南省委接连 3 次向中共中央报告情况。1979 年 1 月 12 日，省委向中共中央建议：“根据对知青问题统筹解决方针，除愿意留在农场的以外，不愿在的，可以随着国民经济情况的好转，逐步加以安排。1972 年以前下去的，在近两年内由原籍省市采取招生、自然减员顶替、病退、困退和协商调动等措施，有计划有步骤地调出农场。”此后，国务院派出调查组，会同云南省、四川省和上海市派来的有关领导及云南各农场党委书记等 150 多人，集中在昆明开会共商解决问题的办法。根据大家的意见，最后以云南省革委会的名义起草了一个通知，提出解决云南国营农场问题的 12 条意见。其中提出：对于确实不愿留下的农场知青，由原籍省市分期分批办理病退、困退；父母退职退休的，可由子女顶替；劳动力多余的，进行调工；从农场参军又复员到原单位的可调到父母所在地安置；上海郊区的农民，按上海市革委意见，回原籍当社员等。

1979 年 1 月 23 日，国务院召开紧急会议，讨论处理云南农场知青问题。会议由国务院副总理余秋里主持，王震、陈慕华、谷牧、王任重、康世恩等出席。会议同意国务院知青领导小组提出的 6 条意见和中共云南省委提出的 12 条意见。提出要积极办好国营农场，把农场办成农工联合企业，国家给予支持。职工工资要适当提高，尽量把知青稳定在农场；需要商调回城的，可以参照以往办理病退、困退的规定，仍由知青部门负责办理；城镇职工退休、退职后，根据有关规定，可以招收其在国营农场的子女；城市招工时允许到农场商调本市下乡知青；从国营农场参军的知识青年，从 1979 年起，退伍后可以回父母所在地分配工作等。国务院的决定下达后，云南农场知青开始大规模的离场返城。据省农垦总局统计，至 1979 年 5 月止，已有 61515 人返城，占云南农垦知识青年总数的 94%，占职工总数的三分之一。

云南知青返城风潮很快影响全国，到 1979 年 8 月，全国农场的 160 多万知青基本走完。胡耀邦在参加国务院知青领导小组召开的座谈会时指出：“要在大中城市广开门路，安排一批人就业。在农村的 700 万知青，党会统筹安排回城安置。”会后，全国各地调整政策，改进做法，广开门路，采取多种形式，妥善安置知识青年。

知识青年上山下乡，把自己的青春年华奉献给了边疆农村建设事业，给广大农村传播了先进的文化知识、科学技术，为边疆开发、农村建设作出了不可磨灭的贡献。知识青年上山下乡，也磨炼了自己的思想和意志，这与他们后来在各行各业作出卓有成效的贡献有密切关系。

五　在边疆推行“政治边防”和“二次土改”

推行“政治边防”

“文化大革命”期间，全盘否定新中国成立以来云南边疆民族工作的成就，推行“政治边防”，破坏边疆稳定，破坏民族工作，造成了不良后果。1969年2月，中央军委办事组召集云南省革委会主要领导到北京，时任解放军总参谋长的黄永胜对云南省主要领导人说：“林副主席讲了多少次，要搞政治边防。而你们那里是礼貌边防，是和平过渡的边防。”他要求发动群众，把“那些反动山官、土司、头人，批倒、批臭，把他们搞到内地劳动改造”，“不要怕边疆跑人，坏人跑了没有什么了不起”。根据黄永胜等人的意见，1969年3月21日，中央军委办事组转发了《昆明军区边防斗争的报告》。《报告》批评昆明军区过去的“边防对敌斗争方针是错误的”，是“走上层路线，不搞对敌斗争，搞和平过渡，不发动群众，不抓政治边防建设”。提出要“加强政治边防，狠抓对敌斗争”，“在发动群众的基础上，把清出来的坏人，迁送内地劳动改造”。

1969年3月17日至4月3日，省革委会和昆明军区党委在昆明召开“建设政治边防会议”。参加会议的有驻云南边防的野战军、边防部队和边疆专州县革委会的负责人共76人。会议明确提出：建设政治边防是无产阶级革命的需要，要抓政权、抓两条路线斗争，要建设起由千百万革命群众组成的钢铁人民防线。会上提出抓“政治边防”的几项措施，要求深入开展以“三忠于”为中心的活学活用毛泽东思想运动，枪杆子一定要掌握在人民手中；放手发动群众，狠抓阶级斗争，集中力量稳、准、狠打击“九种人”（包括反动的土司、头人）。解决边疆地区划分阶级成分问题，搞清阶级阵线等。会后，省边防领导小组成立，各边疆专、州、县和边防部队也都相应组成边防斗争领导小组，全面推行“政治边防”。

各级革委会派出大批政治边防工作队到沿边村寨，替代原有基层组织和当地民族干部，行使各项职权。开始推行“政治边防”时，遭到一些边防干部的抵制，为了“扫除障碍”，首先在滇南、滇西片成立“前线指挥委员会”，取消了边防军分区对边防部队的指挥权，命令边防部队撤出军管，实行调防，另由野战军派出毛泽东思想宣传队和从内地抽调学生共83687人，组成11485个“建设政治边防工作队”，进驻边防地区。工作队以拥护或反对“政治边防”划线，举办各种学习班，批斗对“政治边防”有不同看法的干部群众，并把大多数生产队以上干部定为“走资派”，揪斗后靠边站。重新建立他们选定的“左派”作为“政治边防”斗争的基本队伍和骨干力量。保山地区为了搞“政治边防”，由内地动员和组织上万名“贫下中农毛泽东思想宣传队”开赴瑞丽、陇川、盈江3县“管理、改造”少数民族，结果迫使少数民族群众东躲西藏，背井离乡，不敢回家。边境地区的群众人人自危，不断离境外迁。

举办各种类型的“毛泽东思想学习班”也是“政治边防”的内容之一。全省共举办了大小不等的22.22万个班，237.26万人次参加学习。学习中强迫农民背诵《毛主席语录》，搞忆苦思甜教育，家家户户送“红宝书”《毛主席语录》，送毛泽东像。并发动群众批判“边疆特殊论、民族落后论、和平过渡论”。

“政治边防”中，还开展了“清理阶级队伍”运动，组织群众批斗土司、山官、头人，取消原有的一切政治待遇和生活待遇。原住在城市的送回原地交群众批斗，然后和清理出来的“坏人”一起遣送内地劳动改造或交当地农村监督管制。同时，还组织深挖“九种人”。有些地方还把“同境外有联系”“同民族上层有联系”的群众也当作“九种人”进行迫害。

开展“二次土改”

在推行“政治边防”中，全省对土地改革时规定不划分阶级的边疆民族地区和认为划分得不彻底的地区开展“二次土改”，重新划分阶级或复查补划阶级成分。

1969年4月，省革委会上报中共中央的《关于政治边防会议的情况报告》中认为，1956年边疆民主改革时，有150多万人口的和平协商土地改革地区和60多万人口的直接过渡地区，没有划阶级成分。为了搞清边疆阶级阵线，有必要在“清理阶级队伍”中解决划成分问题。划分标准基本上按照内地土地改革的规定，采取面对面的公开批斗，清算“政治账”，批斗“没有改造好的”地主、富农、反动土司、头人；清算“经济账”，没收大牲畜、大农具、主要生产资料等。

“二次土改”期间，一些领导错误地认为边疆地区“土改夹生”“社教走过场”“民主改革不彻底”，提出“挖地三尺，扫地出门”“海底捞针，杂草里面捉大鱼”的口号，进行非法抄家、罚款、换房、砍冒尖粮等做法。抄家后有的人又被加上“间谍”“特务”“里通外国”“反革命集团”“外逃叛国集团”等罪名进行迫害。有些被抄家的干部群众还被强加“投机倒把”“不务正业”等罪名，任意罚款，限期交清，交不出就把全家人撵出门，没收房产。有些地方把土地改革后生活好一些的农民称为“冒尖户”，开展“削尖运动”，强制换房，没收其“冒尖”部分的粮食和现金；对原划为地主、富农及劳动致富的家庭实行强制“削尖换房”。在“二次土改”中还制造了大量的冤假错案，株连大批少数民族群众。

“二次土改”是在全省推行“划线站队”的背景下进行的，它把“划线站队”的派性标准也作为“二次土改”的标准，把一些“站错队”的基层干部和贫下中农随意划为地主、富农阶级。仅对保山、临沧、德宏、文山、红河等10个地州的不完全统计，把贫下中农和其他劳动阶级划为地主、富农和其他剥削阶级的就达7605户。

“二次土改”严重脱离边疆实际，使少数民族群众对中国共产党的民族政策产生怀疑，严重影响了党在边疆民族地区的威信。中共中央发现这一情况后，及时纠正“二次土改”中的错误。1971年8月，中共中央批复同意新疆和云南在没有划过阶级成分或划过但没有划清的民族地区，参照中共中央1970年关于西藏社会主义改造的指示精神划分阶级成分。中共云南省委按照中共中央的指示，从1971年8月起先后在瑞丽、勐腊、沧源、福贡、金平等县进行试点，1972年9月以后全面铺开，至1975年6月结束。据中共云南省委向中共中央的报告统计，全省共对边疆地区36个县(镇)、252个公社、56万多户、329万多人进行了阶级成分复查，贫下中农户数由原来占65.7%上升至74%。通过复查阶级成分，较好地纠正了“二次土改”乱划阶级成分的错误①。党的十一届三中全会后，中共云南省委对1969年以来的“二次土改”“政治边防”进行拨乱反正，取消当时错划的阶级成分，平反冤假错案。

在“二次土改”的同时，在云南边疆民族地区强制推行的人民公社

① 云南省民族事务委员会、云南省民族理论学会编：《新中国成立以来云南民族团结工作历程之三》，中国民族宗教网2009年11月13日发布。

化运动，进一步加大其危害和影响。随着“政治边防”和“二次土改”的开展，云南提出：“边疆要走公社化的道路”，“边疆办人民公社的步子可以迈大一些”，沿边民族地区26个县全部实行了人民公社化。一些地方还强迫不同民族的农民并队并社，使这些地区的生产遭受到极大破坏，造成军民关系、干群关系、民族关系都非常紧张。更为严重的是，在边疆民族地区推行人民公社化，严重脱离边疆少数民族经济社会的发展实际，违背经济规律，极大地破坏了边疆民族地区社会进步和生产力的提高。

“文化大革命”时期，在“左”倾错误路线的指导下，把从云南实际出发开展的民族工作，当作“修正主义路线”进行批判，把各民族的优秀文化和风俗习惯当作“四旧”进行横扫，党的边疆民族政策遭到严重破坏，造成边疆地区动荡不安。批判所谓的“边疆特殊论”“民族落后论”“和平过渡论”，把在党的领导下，坚持从云南边疆民族的实际出发，采取的一系列特殊政策措施，诬蔑为搞“边疆特殊”；把从各民族的社会经济、文化习俗、觉悟程度等实际出发进行工作，说成是“照顾落后”；把和平协商土地改革、“直接过渡”等民主改革的特殊政策措施斥之为不搞阶级斗争的“和平过渡”。否定党的民族区域自治政策，取消德宏、西双版纳、迪庆、怒江4个州的自治机关。在批判“修正主义路线”，批“走资派”“清理阶级队伍”“二次土改”，建设“政治边防”“划线站队”“反击右倾翻案风”中，制造了大批冤假错案，把一批少数民族干部打成了“走资派”，把大批少数民族群众划成“地主”“富农”，打成“叛徒”“特务”“里通外国分子”，对民族上层人士进行残酷斗争，甚至迫害致死。

六 “整党建党”

整顿党的组织

“文化大革命”初期，“踢开党委闹革命”和批判所谓“资产阶级反动路线”使全省各级党委普遍受到冲击，领导干部普遍受到批判和斗争。“一月风暴”后，全省各级政权被“夺权”，党的各级组织逐渐陷于瘫痪、半瘫痪状态，广大党员被迫停止了组织生活。

1967 年下半年，随着全国各地陆续成立革命委员会，各级党组织相继恢复。10 月 27 日，中共中央发出《关于已成立了革命委员会的单位恢复党的组织生活的批示》，提出整顿党组织的要求。12 月，中共中央发出《关于整顿、恢复、重建党的组织的意见和问题》，随后中共中央成立整党建党领导小组，陆续开展整党建党工作。根据毛泽东“一个无产阶级的党也要吐故纳新，才能朝气蓬勃”的指示，这次整党以“吐故纳新”作为主要任务。

云南省革委会成立后，于 1968 年 10 月召开第五次全体会议，组织学习毛泽东关于“吐故纳新”的整党指示，统一思想。中共九大之后，“整党建党”作为云南“斗、批、改”的一个重要内容，从 1969 年 4 月开始，先后在全省 80 个县、市的 100 多个党支部进行试点。1969 年 7 月 15 日至 8 月 16 日，省革委会党的核心小组在昆明召开有 2073 人参加的全省整党工作会议，对全省的整党工作进行部署，把全省分成滇西、滇南、滇东北和昆明地区四片，分别成立整党领导小组。各专州市县革委会相继以政工组为基础成立整党办公室。

1969 年 9 月，第一批整党建党工作开始。第一批在全省 5115 个党支部展开工作，占全省党支部总数的 22.7%。省级机关抽调 873 人组成整党工作“毛泽东思想宣传队”，分到各地县参加整党工作。1970 年 4 月，中共中央和全军整党建党工作座谈会后，省、专、县三级革委会都分别举办由各级领导骨干和整党工作毛泽东思想宣传队员参加的学习班，传达学习北京“六厂二校”① 的经验，并对第一批整党建党工作进行总结。学习班培训全省整党工作骨干 8.6 万多人。1970 年下半年，约占全省 62% 的基层党支部进行第二批整党；1971 年底，结合“批林整风”，全省约有 15% 的党支部进行了第三批整党建党。1972 年 8 月，全省整

---

① “六厂二校”，指的是北京针织总厂、北京新华印刷厂、北京北郊木材厂、北京化工三厂、北京二七机车车辆工厂、北京南口机车车辆机械厂以及北京大学、清华大学。

党建党工作基本结束。经过整党，全省恢复组织生活的党员 53.95 万名，占参加整党数的 95.3%；被处理出党的 7570 人，占 1.33%；给予其他处分的 709 人，占 0.125%；暂挂起来待处理的 1.35 万人，占 2.39%[①]。

这次整党以“文化大革命”的错误理论为指导，是在对党的性质和任务的错误认识和对党的队伍错误估计的前提下进行的。它把“对阶级敌人进行战斗”作为党的首要任务，错误地提出“事实是需要重建”，采取“每一个支部，都是要重新在群众里头进行整顿”[②]方式和把“吐故纳新”作为主要内容来整顿党的组织。一方面，一些党员被以“叛徒、特务、死不改悔的走资派和没有改造好的地、富、反、坏、右及现行反革命分子”等罪名被“清除”，一些党员不能恢复组织生活被“挂”起来，一些党员被错误处理；而另一方面，一些不符合党员条件的造反派头头、造反起家的人、打砸抢分子、帮派思想严重的人则被作为“新鲜血液”吸收入党。在建立各级党的领导班子时，一部分地区和单位又“突击发展党员”“突击提干”。据 1972 年底统计，全省 65.63 万名党员中，1969 年至 1972 年发展的为 17.83 万名，占党员总数的 27.1%[③]，造成了党组织和干部队伍的严重不纯。整党建党中实行“群众参加整党”，吸收非党群众参加整党领导小组，甚至主持党内会议，召开支部会讨论党员的处理和可否恢复组织生活问题等，偏离了党的组织路线。整党结束后，在“文化大革命”中发展起来的个人崇拜、无政府主义、破坏党的组织纪律、争权夺利、大闹派性等思想作风更趋严重。

但这次整党毕竟重新建立了各级党组织，恢复了多数党员的组织生活。以中共云南省第二次代表大会的召开为标志，省、地、县分别召开了党代会，建立了各级党的委员会，这对于遏制造反派势力，稳定全省局势起了一定的作用。

---

① 云南省地方志编纂委员会编:《云南省志·中共云南省委志》，云南人民出版社 2000 年版，第 818 页。

② 中共中央党史研究室:《中国共产党历史》第二卷（1949—1978），中共党史出版社 2011 年版，第 816 页。

③ 云南省地方志编纂委员会编:《云南省志·中共云南省委志》，云南人民出版社 2000 年版，第 787 页。

中共云南省第二次代表大会的召开和恢复各级政权组织

随着整党建党工作的推进，经过中共中央批准，在云南省革命委员会党的核心小组和昆明军区党委的主持下，1971 年 5 月 31 日至 6 月 3 日，中共云南省第二次代表大会在昆明召开，出席大会的代表 1235 名。大会的主要议程是“批陈整风”和选举新一届中共云南省委。大会通过了周兴代表省革委会党的核心小组向大会作的《高举毛泽东思想伟大红旗，在党的“九大”路线指引下奋勇前进》的工作报告，通过了《关于深入开展批陈整风，认真学习马克思主义、列宁主义、毛泽东思想的决定》以及 7 个附件。大会选举产生中共云南省第二届委员会委员 89 人，候补委员 15 人，常委 18 人。第二届省委设第一书记、第二书记和书记，推选周兴为省委第二届委员会第一书记，王必成为第二书记，陈康、鲁瑞林为书记，彭贵和、刘明辉、李克忠、七林旺丹、梁中玉、展明、郭超、黎锡福、雷远高、左奎元、朱刚、李德骏、武健、金桂仙为常委。中共云南省第二届委员会组成后，省革委会党的核心小组自然消失。

这次党代会是在党的九大结束，全省正在开展整党建党期间召开的。大会代表依照中共九大代表产生的办法，未经各级党员大会或代表选举产生，而是由上而下协商确定。大会未设立代表资格审查委员会。省委委员和候补委员候选人名单是在“划线站队”“整党建党”的基础上，由省革委会党的核心小组和昆明军区党委联席会议研究决定，报经中共中央批准，提交大会选举产生。这次大会以“无产阶级专政下继续革命的理论”为指导，贯彻执行中共九大和九届二中全会关于“文化大革命”的理论和路线，肯定了省革委会成立以来在极左思想指导下开展的“清理阶级队伍”“划线站队”“一打三反”“政治边防”等政治运动，并提出今后的工作任务。所以，这次大会无论在指导思想上，还是政治和组织路线上都是错误的。

“文化大革命”初期，中共云南省委、省人委被“夺权”，省级政权、统战、群众团体系统的党组全部瘫痪。省革委会成立后，被中断的省人委、政协、侨联、科协、文联等的党组织一直未恢复重建；所谓“旧公、检、法”被砸烂后，由省人民保卫组、省公检法军管核心小组领导。有些单位虽然恢复建制，但党组一直未设立。如省总工会、省妇联、团省委，直到 1975 年底未设党组。据 1971 年 5 月底统计，省第二次党代会之前，全省 17 个地州市中，仅有 4 个地州成立党委，仍有 12 个地州的党委未恢复成立；128 个县（市、区）中，未恢复成立党委的占 28.1%；41.6% 的基层支部未恢复。

省第二次党代会召开后，全省各级革委会党的核心小组撤销，中断了 4 年多的中共云南省委重新恢复，推动了各级党委的恢复重建。1971 年 6 月 13 日至 15 日，中共昆明市第三次代表大会召开，选举产生第三届中共昆明市委，昆明市革委会党的核心小组自动消失，昆明市委恢复工作。到当年年底，其他各地市委和县级党委也相继召开党代会，选举本级党委，恢复党的工作。云南省各民族自治州委工作也逐步得以恢复。1971 年 4 月至 6 月，红河、楚雄、文山、大理 4 个自治州的地委相继改为州委。特别是德宏、迪庆、西双版纳、怒江 4 个被撤销的自治州建制的恢复重建被提上了日程。1971 年 7 月，建立了中共怒江州工委。11 月至 12 月，中共德宏州工委、迪庆州工委、西双版纳州工委相继建立。但 4 个工委仍由丽江、保山、思茅地委领导。在周恩来等中央领导多次关心和过问下，1973 年 8 月，中共云南省委发出通知，正式建立了 4 个自治州党委，直属中共云南省委。10 月，中共云南省委任命了 4 个自治州委的领导机构组成人员。至此，中共云南省委直管的曲靖、玉溪、昭通、思茅、保山、丽江、临沧 7 个地委和楚雄、红河、文山、大理、西双版纳、德宏、怒江、迪庆 8 个自治州委，以及昆明、东川 2 个市委全部恢复建立。随后县级党委也相继恢复重建，全省 17 个地、州、市委，128 个县委全部恢复。全省各地、州、市、县党的组织和政权组织的恢复，对组织生产、安定社会，开展各项工作起到积极作用。

随着各级党组织和政权机构的恢复，军队逐步退出地方工作。1972 年秋，根据中共中央的决定，在已建立党委的地方和单位，开始撤销“三支两军”机构。到 1975 年，驻地方和单位的“三支两军”干部全部退出。

第十八章

批判极左思潮和1975年的全面整顿

九一三事件发生后，毛泽东从中吸取了一些教训，对极左思潮进行了一些纠正，支持周恩来主持中共中央日常工作。1972年，周恩来把“批林整风”、批判极左思潮和落实党的干部政策结合起来，进行一系列整顿，取得明显的成效。遵照周恩来的指示，中共中央派出工作组到云南帮助工作。在进行初步调整的同时，批判极左思潮，恢复教育、科技等方面的正常工作，提出纠正“划线站队”的错误并开始局部试点工作。1975年邓小平主持国务院和党中央日常工作，进行全面整顿。在邓小平的要求和中共中央的帮助下，中共云南省委制定了26号文件，纠正“划线站队”错误，落实政策，全面整顿。正当邓小平大刀阔斧地纠正实际工作中的各种错误时，党内围绕整顿与反整顿展开了激烈的斗争，云南受到严重影响。

一　1972年的初步调整

开展“批林整风”

在1970年召开的党的九届二中全会上，林彪与江青两个集团矛盾激化。从表面上看，会上的斗争是围绕着设不设国家主席问题展开，实际上这场斗争已转化为毛泽东领导的反对林彪集团的斗争，并引发了此后毛泽东采取一系列措施制约林彪集团阴谋的实施。1970年11月，中共中央发出《关于传达陈伯达反党问题的指示》，对林彪集团主要成员中央文革小组组长陈伯达进行揭发。此后，全国由上而下开展“批陈整风”（对外称“批修整风”）运动。1971年初，云南省革命委员会贯彻中共中央“思想教育”的指示，在全省基层党组织、党员干部中开展“批陈整风”，解决什么是“真、假马克思主义”的认识问题。1971年3月2日至4月6日，昆明军区、省革委会召开“批陈整风”大会，2607人出席会议，其中军队系统1244人，地方系统1363人。这次会议把赵健民、张力雄等与陈伯达挂起钩，进行揭发批判。6月3日，按照中共中央《关于把“批陈整风”运动推向纵深发展的通知》，中共云南省委第二届委员会第一次会议通过了《关于深入开展“批修整风”运动，认真学习马列主义毛泽东思想的决定》，对“批陈整风”运动作了部署，要求把运动扩大到基层单位。此后，根据中共中央“批修整风”要进行一次思想政治路线教育的部署和毛泽东关于高中级领导干部“要认真看书学习，弄通马克思主义”的要求，8月15日至10月10日，云南举办了省委第一期读书班，部分地局单位党委正副书记、常委，核心小组正副组长及成员，县级领导干部、宣传干部和辅导员共184人参加了学习。

1971年9月13日，林彪叛国出逃，机毁人亡（称为“九一三事件”）。9月18日，中共中央发出《关于林彪叛国出逃的通知》，号召全党同志首先是高级干部同林彪划清界限。10月，毛泽东指示在全国范围内开展“批林整风”运动，开始对极左思潮进行纠正，动员群众揭发批判林彪集团的罪行，清查与林彪集团阴谋活动有关的人和事。“批陈整风”运动转入“批林整风”。

根据中共中央部署，云南于9月下旬开始，先党内后党外，先内地后边疆，从上到下，逐级传达。省、地（州、市）、县、公社党委主要领导亲自到基层宣讲；地、县党委常委1300多人到基层抓点；培训了39.2万多名骨干，组织了3.63万多个宣传组；培养了一批各民族的宣讲骨干和翻译人员，以保证传达学习的顺利进行。传达学习于12月结束，群众对九一三事件本身的猜测逐渐平息，但对“文化大革命”的怀疑和议论却明显增多。11月22日，中共云南省委发出《关于加强县以上领导干部学习的通知》，要求深刻理解毛泽东关于“要搞马克思主义，不要搞修正主义；要团结，不要分裂；要光明正大，不要搞阴谋诡计”三项基本原则的指示，彻底批判林、陈反党集团的罪行和他们的“唯天才论”“绝对权威”等唯心主义先验论。

从1971年12月起，中共中央陆续转发了《粉碎林陈反党集团反革命政变的斗争》等3批材料，在全国全面开展“批林整风”运动。12月23日，中共云南省委召开地、州、市委书记会议，联系实际清查和批判与林彪有联系的人和事，划清与林彪反党集团的界限，从“路线斗争”的高度分清大是大非。“批林整风”运动在全省铺开。

随着“批林整风”运动的深入，1971年12月，中共云南省委错误地认为昆明军区副政委蔡顺礼、云南省军区政委雷远高、空军昆明指挥所政委马杰三、第十一军军长董占林同林彪反党集团有牵连，判定他们是“林彪反党集团安在云南的钉子”“在十次路线斗争中都站在林彪反革命一边，犯了严重的方向路线错误和宗派主义错误”，制造了一个涉及军界的政治假案。在证据不足的情况下，仍然上报中共中央。“批林整风”运动中还认为省委第二书记、省革委会第一副主任、昆明军区司令员王必成也有问题。“批林整风”运动的重点成了揭发批判“蔡、雷、马、董”和王必成。1973年1月4日，经毛泽东批准，中央政治局对云南作出四条指示：开展“批林整风”运动“首先是批林，其次才是整风”；解决蔡顺礼、雷远高、马杰三、董占林的问题，要重证据，重调查研究，要注意从政治、思想上展开批判，摆事实、讲道理，提高路线斗争觉悟；对于受了林彪反党集团影响以及跟着蔡、雷、马、董在不同程度上犯了错误的同志，要遵照毛主席“惩前毖后，治病救人”的方针，既要弄清思想，又要团结同志；王必成愿意作自我批评的态度是好的，他的问题宜在省委常委和军区党委常委内以整风的方式解决。四条指示下达后，中共云南省委成立了省委批林整风清查小组，查清林彪反党集团的活动，扩展到全省各地区、各单位，并把清查“牵连的人和事”的范围扩大到“立场反动、公开跳出来为林彪辩护的人，以及林彪反党集团的报告、材料在本地区、本单位传播的情况及影响”。同时，联系各地领导班子的实际，解决好团结问题，以通过“批林整风”，进一步落实党的各项政策，尤其是认真落实干部政策。

“批陈整风”和“批林整风”运动的开展，对于动员群众揭发批判林彪反党集团的罪行，提高对“左”倾错误危害性的认识，稳定全省政治经济形势有一定的积极作用。但是，这场运动仍是在肯定“文化大革命”理论的前提下，主要批判林彪篡党夺权的问题。在不能触及“文化大革命”根本错误的前提下，批林只能是一些不得要领的形式主义，整风运动难以深入下去。1973 年 8 月，“四人帮”反革命势力集团初步形成，并加紧夺取更高的权力，发动了所谓“反击右倾回潮”，矛头指向周恩来。在毛泽东的支持下，1974 年 1 月，“批林整风”运动，变成了“批林批孔”运动，内乱又一次反复。

落实党的政策

九一三事件后，毛泽东在一定程度上改变了对党内一大批老同志的看法，支持为“二月逆流”[①]平反，让邓小平出来工作，并直接过问了一些高级干部的落实政策工作。在毛泽东的支持下，周恩来根据其“绝大多数的干部都是好的”这个估计，抓住时机，推倒强加在许多干部头上的诬陷罪名和不实之词，把他们从被打倒、被专政的状态下解放出来，生病的得到及时治疗和妥善安置。特别是中共中央决定恢复邓小平的党的组织生活和国务院副总理职务，产生了深远的影响。在中共中央的帮助下，中共云南省委强调认真落实党的干部政策、知识分子政策和新老工人政策。全省受到处理的原公社以上领导干部 27696 人，落实政策 25381 人，占 91.6%。到 1972 年 8 月，中央决定把在地方“支左”并担任地方主要领导职务的部队干部陆续调回部队后，又有一批老干部被解放出来结合进到各级领导班子。到 1973 年底，全省县（处）以上干

---

① 又称“二月抗争”。是 1967 年 2 月前后，中共中央政治局和中央军委的谭震林、陈毅、叶剑英、李富春、李先念、徐向前、聂荣臻等领导，面对日益严重的局势，挺身而出，与康生、陈伯达等中央文革小组的成员和“文化大革命”的错误作激烈斗争的事件。在毛泽东的支持下，这些领导被错误地强加上“二月逆流”的罪名遭到批判，作了检讨。

部中，已有 90% 左右宣布被“解放”并安排了工作[①]。

1971 年 12 月 16 日至 1972 年 2 月 12 日，全国计划会议召开，会上周恩来提出整顿和解决企业管理混乱问题。根据周恩来的指示，国务院主持起草了《1972 年全国计划会议纪要》，提出批林要联系经济战线的实际，批判极左思潮要解决企业的产品质量问题、无人负责的问题和扭转无章可循的混乱局面，落实党对干部、工人和技术人员的政策，坚持又红又专，反对无政府主义和“空头政治”。中共云南省委联系实际，贯彻会议精神，制订发展计划，提出 1972 年全省工农业总产值达到 60 亿，比上年增长 11.5%。省委结合“批林整风”运动，深入开展“工业学大庆，农业学大寨”的群众运动，采取提高产品质量，进行企业整顿，调整分配，落实农村政策等一系列政策和措施，全省经济情况有了明显的好转。1972 年完成国民生产总值 49.5 亿元，比上年增长 13.9%。工农业总产值 69.8 亿元，超计划 9.8 亿元，比上年增长 13.3%。社会商品零售总额 23.9 亿元，增长 12.7%；财政收入 8.6 亿元，增长 2.4%。

积极调整农村政策。针对极左思潮严重影响农村经济发展，广大农民生产积极性受到极大挫伤的情况，中共云南省委组织工作组深入农村，传达中共中央调整政策的精神，以分配问题为核心，对劳动计酬和社队规模等进行调查研究。在调研的基础上，对农村政策进行了调整。1972 年 9 月 29 日，中共云南省委发出《关于进一步贯彻落实〈中共中央关于农村人民公社分配问题的指示〉的几点意见》，提出要做到坚持“三级所有，队为基础”的制度和自留地归社员家庭使用的制度长期不变，反对动不动就改变核算单位、并队、“割资本主义尾巴”；坚持“各尽所能，按劳分配”的原则，反对平均主义和物质刺激；坚持统一领导，分级管理的原则，尊重生产队的自主权，反对“瞎指挥”；坚持干部参加劳动制度，反对特殊化；坚持勤俭办社、民主办社的方针，反对铺张浪费和强迫命令；坚持“以粮为纲，全面发展”的方针，反对单一经营和自由种植；坚持国家利益、集体利益、个人利益“三兼顾”的原则，反对偏顾一头；坚持按劳动质量和数量付给合理报酬，反对劳动组织自由结合、田

① 当代云南编辑委员会主编：《当代云南简史》，当代中国出版社 1996 年版，第 316 页。

间农活包工到户、到人或以定产定工，包产到组的偏向。在此基础上，决定适当放宽农村经济政策，在保证集体经济占绝对优势的前提下，允许农民个人经营少量自留地和家庭副业，允许生产队拥有因地制宜种植的灵活性。这些措施对长期以来农村“一平二调”等“左”的做法进行了初步的纠正。

认真落实党的民族政策。周恩来、李先念、叶剑英等中央领导多次严肃批评云南省撤销怒江、德宏、迪庆和西双版纳4个民族自治州的错误做法。强调指出边民外迁的严重性，批评歧视和处理少数民族干部的错误做法。为贯彻中央领导的指示精神，1972年，中共云南省委组织人员经过2个月的调查，形成《关于云南民族工作情况和意见的报告》，上报中共中央。同时，向全省县团级以上单位发出《关于加强少数民族工作的几点意见（草稿）》，初步纠正了民族工作中批判“民族特殊论”“边疆落后论”及推行“政治边防”的错误。提出“坚决执行党的民族区域自治政策”，恢复4个民族自治州并落实行政直属的具体问题。1973年8月10日，经中共中央批准，中共云南省委发出《关于成立中共西双版纳、德宏、迪庆、怒江四个州委员会的通知》，决定恢复4个民族自治州的建制，成立4个州委员会，直属中共云南省委领导。

从1973年下半年起，毛泽东支持反对批极左思潮，江青一伙从教育界开刀，连续制造了交白卷典型、批《园丁之歌》、批“师道尊严”、突袭考教授、马振抚公社中学等事件，在全国掀起批所谓“揭露、批判”修正主义路线复辟回潮的浪潮，其矛头无一不是对准周恩来及其代表的党内健康力量。在“反回潮”运动的基础上，经毛泽东批准，江青等于1974年初发起全国性的“批林批孔”运动，对周恩来进行诬蔑和中伤。批判极左思潮的提法便从各种宣传中消失，周恩来主持的调整被迫中断。在这样的形势下，云南的落实政策工作也被迫中断。

1972年前后批判极左思潮的斗争，是党和人民在十年“文化大革命”中所进行的艰难曲折斗争的一个重要内容。虽然最终遭到挫折，但它对于当时以及后来的政治、经济形势，都产生了深刻影响。

初步纠正“划线站队”的错误

“划线站队”给云南造成巨大危害，许多干部群众不断向中共中央反映，要求纠正“划线站队”的错误。1972年初至1973年间，周恩来等中央领导人多次要求云南纠正“划线站队”的错误。1972年，周恩来几次指出：云南有个“划线站队”问题，要求云南“早解决比晚解决好”。1973年8月，在党的第十次全国代表大会期间，周恩来再次指出：云南要结合学习贯彻十大精神，认真纠正“划线站队”错误。会议期间，中共中央政治局委员陈锡联也对云南省主要负责人讲，云南来京上访的和来信申诉的，主要是反映云南搞了“划线站队”，在军、地干部、群众中都压了一派。要求周兴着手解决，不然云南工作很被动。

在中央领导的敦促下，中共云南省委领导给昆明市委下达纠正“划线站队”错误的试点任务。1973年8月底，周兴向昆明市委主要负责人传达了周恩来、陈锡联等中央领导人关于纠正云南“划线站队”错误的指示，请昆明市带头开展，取得试点经验，以推动全省纠正“划线站队”错误的工作。昆明市委接受任务后，从学习贯彻十大路线，提高认识入手，学习周恩来的政治报告，联系实际批判“划线站队”的错误，认清“以人划线，层层站队”造成的危害。市委常委会统一思想后，分别做两派的工作，然后通过派系头目去做本派群众的工作，层层发动。在此基础上召开局、县、区、工厂和公社书记参加的干部会，认清云南搞“划线站队”的错误是林彪分裂主义路线的产物，其责任在当时的省、市委领导。纠正“划线站队”错误首先是恢复在“划线站队”中被撤职干部的职务，补发被扣的工资；其次是清退被逼供写的材料。在昆明市委第八次全会、市革委会第十九次全会上，把一部分常委因刑讯逼供写的“认罪”材料从本人档案袋中清退给本人或销毁①。纠正“划线站队”错误的试点工作，从1973年10月后逐步推开，由于人心所向，一开始进展比较顺利，取得了一定成效。

1974年初开始“批林批孔”运动后，派性势力再次泛滥，云南纠正

① 中共昆明市委党史研究室编：《中国共产党昆明历史简编》，云南人民出版社2004年版，第292—294页。

“划线站队”错误的试点被迫中断。随着“批林批孔”运动的开展，对“划线站队”错误的认识也出现混乱。一些参与搞“划线站队”的领导不承认搞过“划线站队”，认为不存在纠正的问题；一些领导认为“划线站队”，划清了云南“文化大革命”的大是大非，划出了“大好形势”；有的则认为以“阎（红彦）、赵（健民）之流”划线是必要的，划到广大群众头上就不对了，是扩大化，属政策性的错误；在“划线站队”中受害的干部和群众认为“划线站队”就是推行林彪路线，属方向性、路线性的错误，必须坚决批判，落实广大受害者的政策等。

由于周恩来为清除极左思潮在各个领域的影响而做的努力受到江青反革命集团和各地帮派势力的干扰抵制，“批林整风”和落实政策等各方面的工作受到严重阻碍。中央领导要求云南纠正“划线站队”的指示，也受到干扰和反对而无法进行。昆明市纠正“划线站队”错误的试点工作遭到昆明造反派的阻挠和破坏，甚至把市委书记黎韦批判为“昆明市复辟回潮的总代表”。

二　1975 年的全面整顿

“批林批孔”运动和三个“山头”

1972 年后，周恩来结合批判极左思潮落实党的政策的工作，因涉及对“文化大革命”的总体评价，引起毛泽东的担忧并进而提出了要批判孔子的问题，以此论证林彪反党集团的实质是极右，把“批林”引向了防止“右倾回潮”、反对“复辟倒退”的方向。1974 年后，“四人帮”利用批孔大做文章，大谈“反修”“反复辟”、反击“右倾回潮”，谋图批倒周恩来。反击所谓“右倾回潮”和“批林批孔”，导致刚刚趋向稳定的局面又出现混乱。

从 1974 年 1 月起，云南开展“批林批孔”运动。在联系实际开展运动的问题上，中共云南省委常委在讨论时出现两种观点，一种认为

“批林批孔”应该联系批判“划线站队”；另一种认为“批林批孔”应该批判那些否定“文化大革命”，反对社会主义新生事物的右倾思想。讨论结果认为后者意见正确，并在讨论通过的《关于开展批林批孔运动的部署意见》中提出，要通过批判孔子“克己复礼”来批判林彪篡党夺权、复辟资本主义的反革命罪行；通过批判孔子的“天命论”来弘扬“人定胜天”的革命精神，进而充分肯定社会主义新生事物，肯定“反潮流”精神。运动开展不久，省委宣传部部长、“批林批孔”运动办公室主任梁文英因不同意一篇文章的观点，扣压这篇准备在《云南日报》上发表的文章。该文章作者认为梁文英“压制年轻人”，打击“新生力量”，把文章转投《解放军报》，《解放军报》转登内容并报送江青。江青认为这是一件“压制新生力量”的典型，并批语，称梁文英是“云南省委内孔老二的忠实信徒”，把材料批给王洪文处理。王又转给中共云南省委。省委召开紧急会议，认为这是一起严重的“政治”事件，决定撤销梁文英“批林批孔”运动办公室主任职务。1974 年 2 月 18 日，发出《关于梁文英同志压制“批林批孔”文章严重错误的传达提纲》。在“四人帮”的直接干预下，全省掀起了大批判、“反潮流”的高潮。

1974 年 7 月，毛泽东发现江青等人借机搞乱全国的图谋后，果断制止，严厉批评，并第一次点出“四人帮”的问题。但是，在江青等人的指使下，追随他们的帮派分子在运动中重新在各地批斗领导干部，还有一些单位批判教师和文艺工作者，散布“反潮流”谬论，煽动停工停产。社会上又出现跨行业的联络站、上访团、汇报团一类组织，部分地区又出现武斗。在这种形势下，云南出现“齐向阳”“大批判”“反潮流”3 个山头。

“齐向阳”是以“八派”代表黄兆其、刘殷农为首组成的山头。“八派”在“划线站队”中被确定为“正确路线代表”，在省、市革委会中掌握实权。全省各级党委的“批林批孔”办公室和民兵指挥部大都被“齐向阳”山头的人或其支持者掌握。他们引导社会舆论，反对纠正“划线站队”错误。1974 年 3 月 18 日，张贴出署名“齐向阳”的大字报，正式打出了山头的旗号。“齐向阳”在云南掀起“批王（必成）打陈（康）”高潮，并联系本单位，点名批判一些领导干部为“复辟势力”。还通过“提、补、纳、调”掌握各单位领导权，通过改组、补进、调整，争取更多的领导权，进而控制各级领导权，掀起层层揪“复辟势力”的高潮。

“大批判”是在昆明形成的第一个山头。它最初是“八派”代表之一、省革委会常委、省建材公司革委会副主任杨树先带领组建的“批林批孔战斗队”。1974年4月，中共中央通知规定“批林批孔”运动不要成立战斗队一类群众组织后，“批林批孔战斗队”更名“大批判”。“大批判”前期的公开活动主要是配合“齐向阳”进行。

“反潮流”以“炮派”代表李毅、方向东为首组成。云南省革命委员会成立后，李毅被任命为省革委会副主任，方向东为省革委会常委。由于在“划线站队”中“炮派”被划为站错队，李毅和方向东被戴上“坏头头”“赵健民特务组骨干”的帽子，进行批斗。“批林批孔”运动一开始，他们就贴出大字报要求中共云南省委纠正“划线站队”错误。全省地、州、市、县及各系统、各单位在“划线站队”中受到迫害的一部分人，纷纷到昆明上访，要求省委纠正“划线站队”错误，落实党的政策，控告本单位党委对他们的压制。李毅、方向东同来昆明上访者结合在一起，在全省范围内逐渐形成了一个“反潮流”山头。1974年4月，他们组织了90多人的“告状团”到北京直接向毛泽东、中共中央“告状”。“反潮流”山头的成员，大多是原“炮派”的骨干及进入省革委会后受“划线站队”冲击比较严重的成员。“反潮流”山头在“批林批孔”运动中始终与“齐向阳”山头对垒。

各个山头大体上是以“文化大革命”初期两大派的一些骨干为基础，经过重新分化组合而成。他们都力求得到党、政、军内一些领导干部的支持，各个山头之间通过大标语、广播等宣传各自的观点，互相攻击谩骂，因撕毁、覆盖对方大标语、大字报、砸广播站而出现的斗殴、伤人事件不断发生，致使山头之间矛盾不断激化。他们组织各种名目的“控告团”“上访团”“告状团”云集昆明，有的还直奔北京。他们围攻、扣留、揪斗领导干部，有的强行进驻党政领导机关，冲击会议；有的组织上街游行，对党政领导施加压力。在“反复辟”“反倒退”“反回潮”的口号下，不少党、政机关和企业的领导人被围攻、批斗，有的被打倒打跑，致使九一三事件后，经过艰苦努力趋于稳定的政治、经济形势又遭到严重干扰破坏，再次出现内乱。全省工农业生产逐月下降，财政收入减少，国民经济又一次受到严重破坏。

为了扭转这一局面，中共中央要求：不准揪斗干部，不准扣帽子，擅离职守的领导和其他人员必须返回工作岗位，对于有关劳动、工资经济政策方面的问题，一律放到运动后期统筹解决；对于那些把“打内战”、停工停产的行为说成是“反潮流”“不为错误路线生产”的错误言论，必须加以批驳；各级党委要认真检查一次国民经济计划执行情况，订出增产节约的有效措施。1974 年 7 月 5 日，中共云南省委召开电话会议传达贯彻中共中央指示，要求广大干部、群众要坚持在党委的一元化领导下搞好“批林批孔”，不搞跨地区、跨行业的串连和“战斗队”“上访团”一类组织，坚持就地闹革命、业余闹革命、节约闹革命，坚守工作岗位和生产岗位，遵守劳动纪律。经过贯彻落实中共中央指示，混乱形势稍有缓和。

1975 年 1 月，四届全国人大一次会议闭幕后，周恩来的病情加重。从 1975 年 2 月始，毛泽东同意邓小平主持国务院的日常工作。邓小平坚定地、有步骤地进行全面整顿工作，为时一年的“批林批孔”运动结束。1975 年 1 月 6 日，中共中央召集云南省领导和有关人员赴京召开汇报会议。中央领导指出，全国大多数省市都安定了，只有云南、浙江还不平静，个别地区、单位派性严重，把民兵也搞进去，抢夺武器进行武斗，破坏生产秩序，危害人民生命安全，对云南省提出批评。在京期间，中共云南省委制定并发出《中共云南省委贯彻执行中央〈关于禁止抢夺武器问题的通知〉的决定》，强调要不折不扣地执行中共中央《关于禁止抢夺武器问题的通知》，武斗双方的武器都要收缴，指挥部、民兵团之类的机构都要解散。要求擅自离开工作岗位、生产岗位和集中起来搞武斗的人员，必须立即回到本单位；立即停止跨地区、跨行业的串连活动；立即停止“上访团”“联络站”“广播站”等组织。经中共中央做工作，1 月 27 日，参加会议的“齐向阳”“大批判”“反潮流”的黄兆其、刘殷农、杨树先、李毅、方向东联名向中共中央和中共云南省委作了关于削平山头的报告，承认拉山头、搞串连是错误的，是违背中共中央规定的，无条件地撤销所有山头；停止一切跨行业、跨地区的串连活动，所有人员立即回本单位抓革命、促生产；停止一切互相攻击的大字报、大标语，撤销所有广播站。中央领导派他们回云南做“倒旗、脱勾、削山头”的工作，并要求5天内完成。他们回到昆明后，召集会议，动员倒旗、脱勾、削平山头，停止活动。1975年2月27日，中共云南省委发出《关于撤销省委批林批孔办公室的通知》，“批林批孔”运动正式结束。

省委26号文件的形成和传达

1974年底，全国掀起学习贯彻毛泽东“安定团结”指示的热潮。针对云南“既不安定，也不团结”的情况，在中共中央的直接帮助下，1975年2月17日，中共云南省委在北京召开解决云南问题的常委扩大会议。参加会议的有省委常委17人、昆明军区党委部分常委以及云南省军区和十一军、十四军的主要负责人32人。会议从敞思想、摆事实、揭矛盾、议是非开始，开展批评与自我批评。会议期间，中共中央领导指出，云南还存在着某些不安定、不团结的因素，中共云南省委在某些问题上的思想和政治路线不够端正；要彻底纠正“划线站队”错误，要克服派性，增强党性，落实安定、团结的方针；要认真落实党的各项政策，特别是落实党的民族政策。常委扩大会议经过100天的学习讨论，对云南形势、主要矛盾、纠正“划线站队”错误、克服资产阶级派性、落实党的政策等统一了认识，形成《中共云南省委常委扩大会议向中央的请示报告》（简称省委26号文件）。

在省委26号文件形成的过程中，周兴对“划线站队”问题、资产阶级派性问题、落实党的政策问题、民族工作问题和省委领导同志的团结问题作了检查。陈康也在批谭甫仁问题、派性问题、团结问题和工作问题方面作了检讨。黄兆其、刘殷农、杨树先、李毅、方向东等分别向中共中央和中共云南省委写了“学习小结”，进一步检查了在“批林批孔”中所犯的错误，承认在“批林批孔”运动中拉山头，闹派性，违背了党中央的指示，背离了毛主席的革命路线；联名向中共中央和中共云南省委写报告，表示完全拥护省委26号文件，并坚决贯彻执行。

从1975年6月开始，云南掀起全面学习省委26号文件精神的高潮，以增强党性、消除派性为重点，联系实际，开展批评与自我批评。6

月5日，中共云南省委召开有50万人参加的有线广播大会，传达文件精神。6日，中共云南省委发出《关于传达贯彻〈中共云南省委常委扩大会议向中央的请示报告〉的通知》，要求各地、州、市、县委立即传达省委26号文件精神。《云南日报》集中宣传了省委26号文件精神，从各个角度论述了消除派性的必要性，有针对性地发表了《坚决纠正“划线站队”的错误》《决非小题大做》《驳派性人人有份论》《评所谓“见分晓”》等文章，形成强大舆论力量，推动了揭露批判资产阶级派性，纠正“划线站队”错误。

全面纠正“划线站队”的错误

在省委26号文件下发的同时，中共中央调整了云南省级班子，为全面纠正“划线站队”错误创造条件。1975年5月24日，中共中央发出《关于云南省委、昆明军区领导任免的通知》，任命原省委副书记刘明辉为省委书记，原省委常委李文、黎韦为副书记。调中国人民解放军军事科学院原第二政治委员刘志坚任昆明军区政治委员、军区党委书记。原一批省委领导调离，另行分配工作。1975年10月5日，中共中央决定，调贾启允任云南省委第一书记、省革委会主任兼昆明军区第一政委、军区党委书记。王必成改任省委书记、省革委会副主任。在中共中央的帮助下，新省委班子又逐级调整和加强了全省县以上领导班子。9月14日，从北京开会回云南的黄兆其、刘殷农、李毅、方向东，分别带职下放到农村大队劳动锻炼，杨树先则下放到工厂当工人。这些措施为全省各地顺利贯彻执行省委26号文件，纠正“划线站队”错误创造了组织条件。

省委26号文件明确指出：“以人划线，层层站队”，是一个分裂群众、分裂军队、分裂党的反动口号，这个口号是林彪提出来的。毛主席早就作了严肃的批判。但在极左思潮的影响下，云南在处理两派问题上搞“划线站队”，严重地影响了党内、军内和群众之间的团结，必须坚决纠正。26号文件的重点和核心是克服派性和纠正“划线站队”的错误。“划线站队”错误严重的根源是在党内、军内和群众中存在派性。因此，纠正“划线站队”错误，必须首先消除派性。

贯彻落实省委26号文件，首先是领导干部带头克服派性，从上到下统一认识，消除派性，提高党性；领导干部带头揭发批判“划线站队”错误，统一思想，纠正“划线站队”造成的严重后果，认真落实政策。1975年6月4日，中共云南省委和昆明军区党委召开地委书记和军区师以上干部会。会议要求解决各级干部对派性的认识问题，并带头克服和消除派性；要求领导干部自觉带头检讨改正。同时，发动群众大张旗鼓，旗帜鲜明地批判揭发派性，开展“一学，四批，五讲”①的群众运动。随后，全省召开了一系列专门会议，进一步明确克服派性，纠正“划线站队”错误的重要性和紧迫性，并转发昆明铁路局机车修理厂和省花灯剧团纠正“划线站队”错误、落实政策的经验；召开专案审查和复查工作落实政策座谈会，要求认真落实党的政策，对一些受“划线站队”影响而定性偏高、处理偏重的案件也要进行复查，解决政策不落实的问题，解疙瘩，消隔阂。

1975年11月8日，中共云南省委成立落实政策办公室，督促检查全省落实政策工作。各地（州、市）县委以及大专院校、厂矿企业的落实政策办公室也相继成立。全省抽调1万多名干部，专门从事落实政策工作。11月25日，省委批转省委落实政策办公室《关于“文化大革命”期间非正常死亡人员处理意见（试行稿）》，对“划线站队”中被杀死、打死、自杀等非正常死亡的人员，实事求是地作出结论，并做好家属、子女的工作。对“划线站队”错误的纠正，很快使一批在“文化大革命”中长期受审查、迫害的老干部恢复了自由，安排了工作。对一些因“划线站队”错误影响长期没有安排工作的领导干部作了适当安排。学习贯彻省委26号文件，落实党的政策，调动了广大干部群众生产工作的积极性，全省开始出现了社会稳定、经济发展的大好形势。

整顿铁路

1975年邓小平主持中共中央和国务院的日常工作后，根据毛泽东

① “一学”即学习无产阶级专政理论，“四批”即批修正主义、批资本主义、批资产阶级法权思想、批资产阶级派性，“五讲”即讲路线、讲大局、讲党性、讲团结、讲纪律。

提出的“要安定团结，把国民经济搞上去”的指示，提出对被搞乱了的各条战线进行整顿，摆脱动乱，加快经济恢复和发展的一系列措施，进行了当时条件下所能进行的拨乱反正。1975 年 2 月 25 日至 3 月 8 日，中共中央召开全国各省、市、自治区党委主管工业的书记会议。会议期间，邓小平开宗明义地提出：“现在有一个大局，全党都要讲”，这就是“把我国建设成为具有现代农业、现代工业、现代国防和现代科学技术的社会主义强国”。“全党全国都要为实现这个伟大目标而奋斗。这就是大局。”他批评一些同志，只抓革命，不抓生产，存在着“抓革命保险，抓生产危险”的思想，是“大错特错的”①。

之后，中共中央决定以整顿军队作为全面整顿的开端，以对铁路部门的整顿，作为在经济领域进行整顿、扭转混乱局面的突破口。在铁路部门整顿取得初步成效的基础上，开展钢铁整顿、财经整顿、国防科技整顿等全面整顿。

1975 年 3 月 5 日，中共中央发出《关于加强铁路工作的决定》（中央九号文件），要求全国铁路实行以铁道部领导为主的管理体制，加强对铁路的管理、运输的指挥、职工的调配及政治工作的管理。要求建立健全规章制度，加强纪律性，确保运输安全正点。这份文件不仅是铁路整顿的纲领性文件，同时它贯穿着邓小平的整顿精神，提出了军队、地方，包括农业、工业、商业、文化教育、科学技术和文艺等全面整顿的要求，对其他领域的整顿也具有指导作用。

全面整顿的关键仍然是克服和消除派性。邓小平在反对派性问题时说：“现在闹派性已经严重地妨害我们的大局。要把这个问题摆到全体职工面前，要讲清楚这是大是大非问题。这个问题不解决，光解决具体问题不行。对闹派性的人要再教育，要反对闹派性的头头。”②邓小平在审阅九号文件时写道：对于少数资产阶级派性严重、经过批评教育仍不改正的领导干部和头头，应该及时调离，不宜拖延不决，妨害大局。

---

① 邓小平：《全党讲大局，把国民经济搞上去》，《邓小平文选》第 2 卷，人民出版社 2008 年版，第 4 页。

② 邓小平：《全党讲大局，把国民经济搞上去》，《邓小平文选》第 2 卷，人民出版社 2008 年版，第 6 页。

1975年3月13日至16日，中共云南省委召开全省工业书记会议，传达中央九号文件和邓小平的指示精神，结合云南派性严重的实际，统一思想。会议认为，派性是公害，是安定团结的大敌，要克服派性，增强党性，整顿机关，建立团结战斗的领导班子。会议决定对于软、散、懒、矛盾突出的领导班子，特别是各地区、各工业主要部门所属企业的领导班子，一个一个地分析，一个一个地解决。对那些闹派性的领导干部和派头头，进行严肃的批评教育，坚持不改的，采取果断措施。4月5日，省委召开有6万人参加的、声势浩大的“抓革命、促生产”动员大会，传达邓小平在全国工业书记会议上的讲话和中央九号文件精神。4月8日，省委又提出，领导干部要深入第一线，整顿软、散、懒、有派性领导班子，抓重点、抓薄弱环节，在短期内解决革命、生产中存在的问题，团结教育广大干部群众，共同“拆墙、填沟、解疙瘩”，把积极性调动起来。

全省工业书记会议一结束，中共云南省委派出省委工交部和省计委的领导到昆明铁路局和2个分局督促推动铁路系统的整顿。在整顿中，省委首先贯彻中共中央“安全正点，畅通无阻，四通八达，当好先行”的要求，发出《关于贯彻中央九号文件，动员铁路沿线群众做好护路工作的通知》，要求各级党委要发动群众，积极维护铁路运输正常秩序。铁路沿线各级党委，必须迅速派出人员，对沿线社队干部和农民大张旗鼓地宣传贯彻中共中央关于加强铁路工作的决定，做到家喻户晓，人人明白。杜绝无票乘车、拦阻列车中断交通的情况，确保铁路运输安全畅通。坚决制止妨碍铁路工作人员的正常工作及中断运输、破坏铁路设施和偷窃铁路物资、围攻殴打铁路职工等违法行为。这份文件对于扭转混乱局面，建立正常秩序，加强各方面的整顿都具有决定性意义。此后，全省铁路沿线的各级党委切实贯彻省委的要求，坚决打击制造事故、煽动哄抢物资、盗窃铁路器材的破坏分子。

1975年6月中下旬，铁道部部长万里到昆明铁路局视察工作，进一步推动全省各方面的整顿。万里到昆明后，从整顿领导班子开始，改组调整昆明铁路分局领导班子，对于少数派性严重又无悔改表现的领导干部，分别给予撤销党内外一切职务、隔离审查、调离昆明分局等组织处理。万里在昆明视察期间反复强调：在克服派性的问题上，必须“寸土必争，寸步不让”，让那些派性严重的人“老老实实检查，老老实实承认，老老实实改正”。采取组织措施，建立“团结的、战斗的领导班子”。他的讲话不仅对昆明铁路局的整顿具有指导作用，对全省贯彻中央九号文件进行全面整顿都具有重要意义。省委办公厅及时印发了他的讲话，要求各级党委联系实际，认真学习推广昆明铁路系统的整顿经验。

通过整顿，昆明铁路局运输生产迅速上升。4 月，昆明铁路局发货 121 万吨，完成计划的 100.7%，比 3 月增长 32.5%，货物发送吨数创造了当年以来最好成绩，扭转了过去 31 个月没有完成计划任务的被动局面。

其他方面的整顿

1975 年上半年，在铁路整顿的基础上，中共云南省委对其他方面开展全面整顿，要求各级党委采取果断措施，解决领导班子问题，落实党的政策；要求领导干部以身作则到生产第一线，参加集体生产劳动，深入调查研究，推动整顿工作；要求广大干部群众端正思想路线，搞好团结。

根据中共云南省委的要求，全省工业战线在铁路整顿的带动下，进行全系统整顿，掀起大战三季度的生产高潮。全省公路交通运输单位，通过班子调整，思想认识、组织纪律、规章制度等方面进行全面整顿，全省交通运输很快恢复运行秩序，生产效率成倍增长。国防工业企业单位贯彻省委“整顿思想和班子、加强企业管理、提高质量、关心群众的生活”等一系列的要求，进行整顿，解决长期存在的派性问题。冶金、钢铁、煤炭企业的整顿也迅速开展起来。昆钢紧紧抓住干部队伍、派性和管理三大问题进行整顿，促进了生产恢复发展。煤炭企业提出“树立全局观念，增强革命团结，发展煤炭生产”的口号，通过调整班子，抓内部团结，整顿工作作风，取得较好效果。到 6 月底，全省原煤总产量完成了年计划的 50.7%，精洗煤产量完成了年计划的 53.5%。通过半年的整顿，云南全年工业总产值上升到 42.3 亿元，比 1974 年增长 1.7%。

农业方面，按照中共云南省委提出的“全党动员，全民动员，集中领导，组织人力、物力，夺取丰收”的号召，开展全面整顿，1975 年农业总产值达到35.4亿元，增长8.4%，粮食总产量达到798.94万吨，增长17.4%。

财贸部门贯彻执行“发展经济，保障供给”的总方针，恢复重建省供销社和各级供销合作社。把整顿工作重点放在转变领导作风，从各级财贸领导机关抽出三分之一的力量，由负责同志带队，深入基层帮助工作，加强农村商业力量。通过合理分布农村商业网点，在山区积极地、有计划地发展一批代购代销店或代购代销员，加强生产、收购、上调和支援城市、工矿区市场供应，特别是解决昆明、个旧、东川等城市和工矿区的肉食供应等困难问题收到较好效果。

各行各业的治理整顿，落实了党的政策，调动了广大干部群众的积极性，促进了全省经济的发展。

第十九章
社会主义建设事业的艰难发展

“文化大革命”的理论和实践是完全错误的，危害也是严重的。但在极左思潮下对党的政策的一定调整，广大干部群众的抗争和抵制，使“文化大革命”的破坏程度受到一定程度的减少，全省的国民经济在一些方面取得一定的进展，社会主义建设事业在艰难中前进。以国防工业为主体，围绕三线建设，建成西南铁路交通干线，新建、扩建、改建一批重点企业，地方“五小”工业建设有较大发展，农业基本建设取得成效、农业生产条件在一定程度上得到改善，工农业发展的实力和经济总量得到一定的增强。

一　三线建设

开展三线建设

20 世纪 60 年代前期，国际形势出现新的动荡，美国扩大对越南北方的战争，中国周边形势也逐渐紧张。为满足战备需要，改变经济发展战略格局，1964 年 5 月，毛泽东要求制订“三五”计划时要考虑解决全国工业布局不平衡的问题，要搞一、二、三线的战略布局，加强三线建设，防止敌人的入侵。随着越南战争升级，党中央、国务院加快了三线建设的部署。1964 年 8 月 19 日，国务院初步提出三线建设的若干部署和实施意见。同时，中央书记处召开讨论三线建设问题会议。会上，毛泽东进一步强调要做好帝国主义可能发动侵略战争的准备，提出沿海工厂要内迁；各省要建立自己的战略后方。会议决定，首先集中力量建设三线，在人力、物力、财力上给予保证；新建项目都要摆在三线；一线能搬的项目要搬迁，短期不能见效的续建项目一律缩小建设规模；在不妨碍生产的条件下，有计划有步骤地调整一线。1964 年 10 月，中共中央批准下发《一九六五年计划纲要（草案）》，确定了三线建设“采取多快好省的方法，在纵深地区建立起一个工农业结合的、为国防和农业服务的比较完整的战略后方基地”的总目标。这些决策的确定，标志着我国经济建设的战略重点由大力发展农业、提高人民生活为中心，转向了以加速三线建设、增强国防实力为中心的备战轨道。

所谓“三线”，一线指东北及沿海各省；三线指云、贵、川、陕、甘、宁、青、豫西、晋中、鄂西、湘西 11 个省区；一、三线之间为二线。云南有着既是后方，又是前线的地理特点和特殊地位。1964 年 8 月，根据中共中央关于各省都要“建立自己的战略后方”的指示精神，国务院国防工业办公室同意云南划分小三线，建立战略后方的报告。确定以北纬 24 度（约在峨山附近）以南靠近中缅、中老、中越边境的广大地区为一线地区；北纬 24 度以北、滇缅公路线以南狭长的滇中地区为二线建设区；滇缅公路以北的滇东北、滇西北两大地区为三线地区。大三线建设的主要项目选点在云南小三线的第三线地区，以“分散、靠山、隐蔽”的原则分布在滇缅公路线以北，贵昆、成昆、东川铁路支线和昆明到大理公路沿线。

根据中共中央加强战备的需要，中共云南省委决定，将昆钢二期扩建工程、金沙江林区开发以及金属、煤炭、机械、电力重点企业等云南基础工业的骨干项目，及成昆铁路、国防和边防公路等交通建设项目，纳入大三线建设的重点项目范围。从 1965 年开始，云南大小三线建设以铁路为主导，以国防工业为重点，配套建设冶金、有色、机械、煤炭、电力、化工、森工、建材等，全面铺开。全省先后动工新建一批国防科技工业的企事业单位，改建和扩建一大批军用和民用的企事业单位，从省外迁入云南，其中地方军工常规兵器企业、军用通讯设备电子企业以及核工业企业25个。到20世纪70年代末，云南共有164个三线企事业单位，其中，军工企事业单位38个，民用企事业单位126个（不包括铁路、公路和邮电）。国家先后用于云南三线建设的资金达150.95亿元，占全国三线建设总投资2052亿元的7.35%。

对三线建设的管理采取军地统一领导的办法。1964年8月，中共云南省委成立战备领导小组，省委书记处书记赵健民任组长。1965年，中共中央决定成立西南三线建设委员会。3月，省委、昆明军区成立云南省国防工业委员会，由赵健民任主任委员，昆明军区副司令员鲁瑞林、省委书记处书记、副省长郭超任副主任委员，省国防工业办公室主任杨德讲任办公室主任。1971年，贯彻全国国防工业会议精神，把省国防工办作为省军区的一个部门，同时也是省委、省革委会管理国防工业的部门，对三线建设工程项目施工实行军、地统一领导，统一指挥。1971年8月16日至20日，昆明军区党委召开昆明军区国防工业领导小组第一次全体会议，会议确定要坚持集中力量打歼灭战的方针，在建设施工过程中集中必要的人力、物力和财力，加快建设进度，紧抓收尾、续建、配套工程，按月、按季、按项制订建成投产计划。一个车间、一个工厂地打歼灭战，建成一个投产一个。

铁路工程、国防交通建设是三线建设中交通建设的重点。1964年9月，中共中央决定加速西南铁路建设，因国民经济调整而停工的贵昆铁路全面复工。随着三线建设的开展和加强战备的需要，根据云南的特殊地位，中央确定在云南修建一批军用机场、邮电工程和一线公路、战略公路，以及国防迂回线、支前运输线、疏散线等。到1973年止，两条铁路和8条国防公路建成通车，全省公路通车里程已达3.96万公里。

从1964年12月开始，在省委统一部署下，各地区投入大量人力物力支援和参与三线建设。1970年，冶金部投资修建安丰营至罗次全长34公里的准轨铁路。昆明市西山区组织18—45岁民兵1050人，禄丰县组织民兵600余人，参加修建罗次铁路支线，到1971年该线建成通车。同年，安宁县以公社组建连，大队建排（班）的建制，组建900人的民兵营参加“7204”公路建设。1971年为元谋、沾益、寻甸新建的7个军工厂就组织了3个民兵营，投入3000名强劳动力。为保证云南小三线的建设质量，各行业的大批优秀人才充实到地方军工企业。1973年全省工交企业技术人员占职工总数的3%，地方军工企业则占5.1%，高于省工交企业2.1个百分点。为了保证云南小三线军工建设进度，中共云南省委、省革委会组织全省有关部门、有关地州进行大力支援。施工力量主要是云南省建筑安装公司，军工厂的设备由省成套局组织保证供应，所需材料先由省物资局借出，比较重要的三类物资由省商业厅（局）、供销社负责解决。技术工人和劳动力方面，省国防工办提出技术工种和等级的具体要求，由省劳动局负责抽调；所需木材由林业部门负责落实；军工单位职工生活供应和文化生活需求，也由相关部门负责解决，从多方面支持三线建设。

云南省还积极配合国家大三线重点项目攀枝花钢铁基地建设，把永仁县的部分区域和大煤田按建制划归攀枝花，全力修筑通往“攀钢”的运输公路，投入大量的民兵参加施工。

在三线建设中，大批工人、科技人员、干部及其家属听从党和政府的号召，离开了他们生活的城市和故乡，奔赴三线生产企业辛勤工作，他们在荒山野岭安营扎寨，无私奉献，在边远的云南，建成了一批新的工业基地，使云南交通闭塞、工业落后的情况有所改善。但是，由于三线建设中贯彻“靠山、分散、进洞”方针，过于注重战备要求，有的布局不合理，忽视经济效益，增加了建设费用，造成不少的损失。

以国防工业为重点的工业建设

1959年毛泽东提出，国防工业建设是中国建设“四个现代化”、实现社会主义现代化强国的重要战略目标之一，并写入第二个五年计划之中。1964年底至1965年初召开的三届全国人大一次会议，再次提出实现“四个现代化”的历史任务。结合三线建设，国防工业成为建设的重点，根据国家总体部署，云南在冶金、有色、机械、煤炭、电力、化工、森工、建材等领域，新建了一批国防科技工业。

兵器工业建设是国防工业建设的重点。根据国家规划，云南被确定为常规兵器生产基地。到1970年8月止，国家先后在云南建成包括各种常规武器及模具工装制造和电力供应配套的12个厂。1970年云南开展电子工业的生产、建设，相继在昆明及各地州市、县都兴办电子工业厂点，至1971年全省已有53个厂点。1966年，中国鱼雷事业的科研试验基地定点云南。

钢铁企业建设是国防工业重要的建设项目。1965年12月7日，邓小平到云南视察工作，要求“三五”期间，西南地区钢的生产能力由原来的150万吨增加到300万吨，要求把煤炭、机械以及整个工业生产规模和速度进行相应调整。同年12月，中共中央和国务院决定把昆明钢铁公司第二次扩建工程列入三线建设的重点项目。1966年3月，国家计委确定昆钢扩建规模为年产钢55万吨、铁60万吨，同时决定昆钢扩建工程由上海市支援建设。建设中，以上海包建的昆钢二期工程扩建为重点，带动解放军化肥厂、昆阳磷矿、云南仪表厂、东川矿务局、云南冶炼厂、云南锡业公司、会泽铅锌矿、羊场煤矿等新建扩建项目。根据国家扩建昆明钢铁厂的要求，1966年4月，中共云南省委决定成立以省委常委岳肖峡为首，包括省、厅领导干部10余人的会战指挥部，具体负责昆明钢铁厂第二次扩建工作。上海市派出大批干部和工程技术人员，分批到昆明钢铁厂帮助工作。重庆、鞍山、武汉等钢铁设计单位也派来技术、设计队伍。经过几年的奋战，到1970年11月22日，昆明钢铁厂建成投产了云南省第一座现代化纯氧顶吹转炉，次年又建成投产云南省第一个薄板车间，结束了云南不能生产板材的历史。

电子工业是中国新兴的工业，国家在1963年到1968年投入5.29亿元新建52个电子项目①。国家配套电子技术装备各工业部门在云南投入无线电军用通信设备、计算机、有线通信设备、广播电视发射与接收设备、无线电测量仪器、电子管、半导体器件、无线电元件及专用设备等项目，云南省相应成立“三电”领导小组办公室、电子工业局等机构，领导开展工作。至1971年，全省已经建有53个厂点。

1964年，国家计委和第一机械工业部在昆明召开西南地区机械工

① 云南省地方志编纂委员会编：《云南省志·经济综合志》，云南人民出版社1995年版，第688页。

业专业化协作规划会议，确定机械工业在三线建设中的布局问题，调整新布局，增加新的门类，先后改建和新建有昆明机床厂、云南重机厂、昆明电线厂、昆明电机厂、云南轴承厂和云南仪表厂等企业。同时，先后在寻甸组建了云南红星机械厂，云南跃进机械厂等5个企业，在禄丰组建西南春光机械厂。1970年7月4日，昆明金马矿山机械厂成功试制出“昆明”牌48马力轮式中型拖拉机并投入生产，结束了云南不能生产拖拉机的历史。

建筑材料生产建设方面，国家批准云南恢复建设一批在国民经济调整中停工的企业。1965年2月，批准恢复建设开远水泥厂，设计规模年产水泥27万吨。1966年7月，开远水泥厂复建工程动工，1969年12月第一条生产工艺线建成投产，1970年第二条生产工艺线建成，工程全部竣工。建成全省仅次于昆明水泥厂的第二个大中型机械化水泥生产企业。1965年4月，复建昆明平板玻璃厂，设计规模为年产平板玻璃75万标准箱，1970年8月建成投产。

围绕三线建设，云南新建了一批国防科技工业的企事业单位，改建、扩建了一批军用和民用企事业单位，还从沿海迁来一批企事业单位。提高了云南“四个现代化”建设的科学技术水平，壮大了云南的经济实力，大大改变了云南地方工业基础薄弱的落后面貌，促进了云南经济的发展和城市化进程，也为云南工程设计、技术、施工人员和产业工人的成长创造了条件。

西南交通大动脉的初步建成

三线建设以铁路建设为先导，加强交通建设。1964年8月，中共中央决定加快修建成昆、川黔、贵昆三条铁路，其中成昆、贵昆两条铁路与云南有关。

成昆铁路投资33亿元，全长1090公里，云南境内293公里。成昆铁路的修建，曾经几上几下。从1958年开工至1962年，仅成都至青龙场61.5公里地段铺轨通车。1964年8月，中共中央作出加快内地经济建设和国防建设的战略决策，国务院、中央军委采取一系列加快成昆铁路建设的重大措施。组成有铁道兵、铁道部主要领导参加的西南铁路建设总指挥部，中共中央西南局第一书记李井泉任总指挥。1964年，该重点工程相关路段相继开工，1966年进入施工高潮，施工人员达到35.97万余人。1966年，“文化大革命”开始后，工程指挥遭到严重干扰，施工受到严重影响，原定于1968年7月1日全线接轨通车的计划落空。1969年5月12日，在周恩来主持召开三线建设会议上，决定成立西南三线建设委员会，以四川省为主，云南、贵州省及中央有关部门参加；撤销原西南铁路建设总指挥部，西南铁路建设由铁道兵统一组织指挥。根据上述决定，在成都成立铁道兵西南指挥部，负责成昆线、渝达线和襄成线西段的部队以及在西南的工厂、仓库等单位的党政、军事、行政领导工作。筑路大军经过日夜奋战突击抢建，1970年7月1日，在西昌举行成昆铁路通车典礼大会，中共中央发贺电表彰全体参加成昆铁路建设者对人民作出的重大贡献。

成昆铁路沿线山高谷深，川大流急，地质构造复杂，自然条件恶劣，工程极为艰巨。成昆铁路从勘测设计到施工，始终得到云南省委和昆明军区及云南各族人民的大力支援。在勘测设计阶段，各级政府及时提供经济、政治、社会、地质等资料，从人力、物力、住房、食品等方面给予支援，并参与研究确定铁路车站、线路方向等重大方案。1964年全面复工后，云南省成立以副省长郭超为主任委员的支援铁路建设委员会，沿线各专州、县也建立了支援铁路建设委员会。各地动员和组织了大批民工参加修路，仅铁道兵施工范围内就有民工1.8万多人配合修路。交通部门和军区组织车队支援施工运输，沿线各专州、县组织马车队参加短途运输，老百姓赶马帮或人背肩挑给施工单位送生活用品。沿线各人民政府帮助施工部门认真做好土地征用、移民搬迁等工作。

成昆铁路作为国家铁路网中一条南北干线，直接连通川、滇两省，各支线、专用线通达西南钢铁、煤炭、磷矿等工业基地，沿线有丰富的资源，并居住着彝族、苗族、藏族、傈僳族、白族、回族、傣族等少数民族。它的建成，对西南边疆民族团结、社会进步，以及政治、经济、国防建设都具有重要意义。

除了成昆铁路，三线建设时期，还建成了贵昆铁路。第二个五年计划期间，国家将滇黔铁路、内昆铁路列入修建计划。1962年，铁道部确定滇黔铁路贵阳至树舍段和内昆铁路树舍至昆明段合并，称贵昆铁路，全长620.7公里，是云、贵、川三省和祖国各地紧密联系的纽带，为中国西南地区铁路重要干线。1958年8月开始施工。1961年贯彻国民经济调整方针，缩短基本建设战线，工程陆续缩减，转入重点工程施工。后又于1964年8月全面展开施工，1966年3月在观音岩大桥接轨通车，1966年7月1日交成都、昆明铁路局接管，1970年12月交付运营。除贵昆铁路、成昆铁路建成通车外，云南倾全省之力修建了30.4公里的昆阳铁路支线，开辟了云南磷矿外运通道，完成了蒙自至石屏宝秀的米轨铁路改建工程。

公路建设是三线建设中的云南交通大动脉建设的重点。“文化大革命”初期，云南公路建设遭受严重破坏，特别是1967年在建的许多筑路工地出现停工“闹革命”，当年的筑路任务没有完成。1969年贯彻党中央“要准备打仗”的指示，全省公路系统抵制干扰，克服困难，加强公路建设，坚持完成国防公路和地方公路建设任务，并在桥梁建设方面取得新的进展。主要完成了元谋—永仁、石屏—建水、漾濞—永平等8条重要的国防、边防公路和经济干线，修建了红旗桥、景云桥、继红桥（霁虹桥）、永保桥、向阳桥等大中型桥梁35座。1970年11月，省革委会提出1971年全省实现“县县社社通公路”的目标。到1976年底，全省公路里程达4.08万公里，比1965年的2.37万公里增加1.71万公里。

铁路和公路建设的加快，改变了云南交通闭塞的局面，对于改善西南地区的交通状况、密切西南边疆与全国各地的联系、促进西南地区的经济发展和国防建设，起到十分重要的作用。其中，成昆铁路、贵昆铁路的建成，宣告了云南省没有准轨铁路和与全国铁路隔绝的历史，对云南边疆发展国民经济，开发煤炭工业、有色金属工业和森林、水力资源，加速云南社会主义建设，加强民族团结、巩固国防具有重要意义。

二　工业建设和农村经济的发展

基础工业建设的开展

云南是“文化大革命”的重灾区，经济建设受到严重破坏。但是，广大干部、工人、农民、科技人员在非常困难的条件下，坚守岗位，坚持生产，努力工作。因此，在全面内乱，国民经济受到巨大损失的同时，除了以国防工业、交通建设等主体的三线建设项目取得较大进展外，农业生产、文化教育、科研技术等也取得一定发展，其中包括大量基础工业建设。

“四五”计划（1970—1975年）期间，按照中共中央把云南建设成为战略后方基地和建设“小而全”的地方工业体系的目标，在1970年开始实施的云南省国民经济和社会发展第四个五年计划中明确提出，要围绕“战略后方基地建设”的目标，贯彻“以钢为纲”的方针，狠抓基础工业建设。云南贯彻中共中央“自力更生”“艰苦奋斗”和“大中小并举，以中小为主”“土洋结合”两条腿走路的方针，以运动的方式，发动群众“大会战”，“大办工业”。为加强对重点工程的组织领导，中共云南省委、省革委会主要领导分工负责，明确责任。全省先后组织了多场大会战，采取集中人力、物力和财力打歼灭战的办法，以抓“革命”的方式促生产。在云南汽车厂的会战中，工人们24小时轮流上阵，吃饭不离生产线。在以礼河、西洱河、绿水河电站建设大会战中，成立了会战领导小组，昆钢的会战也组成会战现场党委和现场指挥部，领导指挥会战。

全省不断加大地方工业投资，扩大工业建设规模。1969年至1973年期间，除1969年外，其余三年的工业投资均超过基本建设投资的一半。这时期新建项目包括铜、铝、锰、煤矿、电站、输电线路、变电站、机械、化肥、玻璃、卷烟、造纸等18个厂矿和9个制糖厂，扩建项目有15个；并增加技术改造项目投资，仅1973年就投入1.4亿元，是1965年的 1.5 倍。除继续发展原料工业和水电建设等优势产业外，这一时期把发展重点逐步转移到发展原料加工和成品制造，改变原来“以原料换成品”的工业结构。原料加工的主要项目除增加中薄钢板、无缝钢管、水泥、平板玻璃等建材外，还有机械、化工、轮胎、造纸、卷烟、制糖等。到 1973 年，全省机械、建材和食品加工等工业产值达到 20.03 亿，占工业总产值的 50.4%，比 1965 年增长 1.4 倍。

配合国家三线建设需要，着重搞好工业布局，全省规划为昆明、玉溪片，楚雄、大理片，曲靖、昭通片（包括东川）“三大片”和丽江、保山、临沧、思茅、红河、文山“六小片”。规划把“三大片”建成工业门类比较齐全、能够大量生产轻纺产品、成套制造一般工业设备、生产各种常规兵器等的片区，形成相对独立的“小而全”的地方工业体系，使之成为“打不烂、炸不垮，能够应付局部战争、大战及外援三种情况的后方基地”。“六小片”则按照吃、穿、用、打的需要和地方资源特点，大力发展地方“五小”工业，以适应战时的需要。为此，全省把工业行业的配套和设备制造的配套率作为工业发展的重点之一，以解决“小而全”地方工业体系的关键问题。“四五”期间，按一机部搬迁、分迁计划，建成铣床、磨床、锻压设备、压铸机、筑路机械、风动工具配件等重要工厂；配合中央有关部门建成煤机、轻机、林机、冶金机械等厂；完成重机厂、电线厂、化工机械厂、建筑机器厂的扩建，完成轴承厂的续建和无线电元件器材厂的新建任务，全省机械工业骨干力量基本配套。提高各种零部件自配水平，以做到省内所需的各种专用、通用、非标准设备和电子工业各种器件、元件、测试仪器，自己制造，自己配套，自己供给。1975 年基本实现轻纺工业的数量和品种自给。从原料做起，发展化工工业，基本形成全省“小而全”的化学工业体系。

通过多方努力，这一时期，全省新增固定资产 60.8 亿元，多项基础工业项目建成完工。以礼河三、四级电站建成，绿水河、西洱河水电站部分机组建成投入运营，宣威火电厂 3 台 10 万千瓦机组建成，宣威至昆明 220 千伏输电线建成投产，形成滇东电网；田坝煤矿、后所煤矿两个矿区部分矿井投产；东川矿务局建成日处理矿石 6500 吨的采选工程；易门铜矿、牟定铜矿、大姚铜矿皆有新建、扩建和改建工程；云南冶炼厂先后建成硫酸生产系统和电解系统；云南铝厂、“云天化”及云南氮肥厂、红河州磷肥厂等一批大中型生产化肥企业建成投产，驻昆解放军化肥厂二期扩建工程竣工；国家机床出口基地、昆明铣床厂投入生产。其他还新建了昭通、曲靖、楚雄3个卷烟厂，新建弥勒等7个糖厂。电子工业也开始发展。1975年比1966年，全省经济实力有所增强，生产能力有所增加。生产煤炭316万吨，发电装机容量61.20万千瓦，炼铁35.9万吨，炼钢17万吨，采铜319.37万吨，化肥118.98万吨，制糖8.98万吨，水泥57.7万吨。

基础工业建设的规模性开展，为云南工业建设发展奠定了基础，而且直接带动云南工业的独立自主发展，原材料和轻纺工业产品基本自给，能成套生产全省所需要的主要设备和常规兵器，交通运输基本适应比较独立的“小而全”的地方工业体系，为国家提供了更多的钢铁、有色金属、稀有金属、木材、橡胶等重要战略物资，改变了长期以来“以原料换产品”的被动局面。

农村经济的发展

“文化大革命”期间，农村基本稳定，特别是1970年贯彻中共中央“以农业为基础，以工业为先导和按照农轻重次序安排国民经济”战略，省革委会提出农业超《纲要》的发展目标，调整农村粮食政策、农机农用产品换购粮政策、经济作物政策、农副产品奖售政策、生猪政策等，制定一系列惠农政策，促进了全省农业的发展。

以开展运动的方式大办农业。按照中共中央提出的“全党办农业，领导上‘前线’”口号，规定各级党委第一、二把手的主要精力用于抓农业，领导干部亲临农业“前线”，县一级的领导每年有三分之二、地州级的领导有三分之一、省级领导有四分之一的时间坐镇农村，指挥“战斗”。在“农业学大寨”运动期间，全省先后组织数千人到大寨参观学习，树立中甸东旺、宜良竹山、峨山塔甸等公社为学习大寨的先进典型。虽然“农业学大寨”运动中错误地批判“边疆特殊论”“民族落后论”，提出不切实际的“县县变昔阳”“社社成大寨”等口号，但是，开展“农业学大寨”运动，大搞农田基本建设，使全省农业耕作面积增加，农田灌溉面积增大，农业生产科学化、现代化程度提高。到1973年底，全省农田的有效灌溉面积从1971年的1145万亩提高到1274万亩，增长了11.3%。各地还大办小型水利，开展坡改田、薄改厚、沙粘改壤土和改土与治水、改土与植树相结合的“三改两结合”。1976年与1965年比，全省实际机耕面积由7.65万公顷，增加到23万公顷。

同时，各级党委动员组织各行各业支持农业。财贸、文教卫生、交通运输各部门都把农业需要放在第一位，积极支援。特别是涉农行业，抓农机、农具生产和修理，建立省地（州、市）县三级农机修造网，为农业提供充足的、价廉物美的农机、农具、加工机械和运输工具。工业部门积极生产小型电站设备。县县建电站，发展农村用电，支援农业生产建设。

到1975年，虽然全省农业发展指标没有达到超《纲要》的目标要求，棉花生产没能达到大部分自给，而且取消自由市场、自留地和私人养猪等，严重脱离了云南的实际，但是，通过努力，国家在云南增加了对农业的投入，农业生产条件有一定的改善，扭转了“文化大革命”前期农业生产下降的局面。生产条件的改善直接促进了农业的发展，1975年和1965年相比，粮食产量由586.95万吨增至798.9万吨，烤烟由4.65万吨增至9.72万吨，甘蔗由107.35万吨增至133.3万吨，茶叶由0.89万吨增至1.64万吨。1976年全省农业总产值33.92亿元，比1965年的22.83亿元增长35.8%，年平均递增2.8%。

在促进农业经济发展过程中，重点抓了农村的小煤矿、小钢铁厂、小化肥厂、小水泥厂和小机械厂，当时称为“五小”工业建设。通过办好“五小”企业，为农业服务；农村经济的发展反过来又带动“五小”工业的发展。早在第三个五年计划（1966—1970年）期间，就已经在工业支援农业的目标中提出，扶持地方发展小型水电站和大力发展小煤矿建设，积极推广“以煤代柴”，解决城乡生产生活用煤等发展要求。“四五”计划期间，在建设“小而全”的地方工业体系过程中，充分发挥各地区、各部门的积极性，实行大中小并举、土洋结合大办“五小”工业，进一步推动了以“五小”工业为主的地方工业发展。1970年，国务院要求各省区发展“五小”工业，并决定中央财政拨出专项资金80亿元，用于发展地方“五小”工业。地方“五小”工业得到了中央的资金支持。根据国务院的要求，不断完善对“五小”工业发展计划。1970年4月，省革委会制定的《云南省1970年国民经济计划要点和第四个五年计划的初步设想（草案）》提出“工业合理布局，形成‘小而全’、满足吃穿用打（仗），并为国家作出一定贡献的相对独立的经济体系”的目标。全省、专（州）、县、社各级各有关单位齐上阵大办小钢铁、小煤矿、小化肥、小电力、小有色、小水泥、小机械等为农业服务的地方工业，为农业机械化打基础。省革委会还具体要求“四五”期间，每县办一个化肥厂，有条件的办两个（一氮一磷），并提出要建设一批为农业“四化”和“五小”服务的中小骨干企业，加速农机修造网的建设，力争两三年内实现每县1至2个拥有40台设备的农机队，每个大队有一个拥有5至10台设备的修理站，每个大队有一个修理组，做到农机、农具大修不出县，中修不出社，小修不出队。在“五小”工业建设中，由于红河州“自力更生、艰苦奋斗、土法上马、土洋并举”收到一定成效，省革委会号召学习红河的精神和做法，并于1970年9月15日至23日，在红河州召开省机械工业现场会，为全省提供示范。

通过几年的发展，“四五”期间，全省每年发展小水电5万—7万千瓦，到1975年地方小水电站装机达到40万—50万千瓦，实现大电网供电，保证50%—60%的生产队用上电；新增小柴油机40万—50万马力，加上拖拉机和排灌机械动力，解决了全省40%—50%没有电的生产队的用电问题。小钢铁生产的生铁、钢、钢材和有色金属产量都超过历史纪录，小煤窑产量大增，全省一半的县都有一个小水泥厂。

“五小”工业的发展改变了云南工业经济的结构，提高了中小企业在工业企业中的比重，使中小企业能按照专业化和分工协作的原则，进行合理分工，为大企业起到补充作用。更重要的是，小企业能更好地利用本地资源，不仅增强了地方经济实力，还使县域经济面貌得以改善，从单一的农业经济转向农业生产为主，兼顾工业，适度提高农业外收入水平。

与“五小”工业建设密切相关的直接为农业服务的、经济效益好的一些集体企业，如农机修造、农副产品加工企业等，以及一些和人民生活息息相关的小煤窑、砖瓦窑、石灰窑等发展起来，直接促进了农村社队企业的发展。1965年，中共中央、国务院《关于大力发展农村副业生产的指示》提出，集体副业应当以生产队经营为主。在不平调生产队人力、物力、财力的前提下，也可以由生产大队直接兴办。国务院的指示为生产大队办企业开了口子。“文化大革命”开始，大批基层干部和企业管理骨干被称作“弃农经商”“抓钱丢钢”而受到批斗，有的被戴上资本主义倾向的政治帽子受到迫害。进入“文化大革命”中期，全省农村人民公社和生产大队，在“抓革命，促生产”的号召下，办起了一批社队企业，收到了效益。“四五”期间，大力提倡发展“五小”工业，全省各地大办小煤窑、农机修理、小水泥、小化肥等，使社队企业发展起来。到1976年止，全省公社、大队办企业1.28万个，从业人员21.1万人，营业收入1.72亿元，占全省工农业总产值的6.5%。

“文化大革命”时期社队企业的兴办为后来乡镇企业的发展奠定了基础。1972年11月，昆明市西山区成立“五小”工业领导小组，先后兴建电机轴承厂、石英砂厂、磷矿厂、广播器材等企业，坚持边建厂边生产，在较短的时间内生产出合格产品。其间还接收昆明市下放的一些企业，到1974年已经发展成为门类齐全的23个企业。1970年，昆明市官渡区六甲乡福保村四队率先办了一个铸造厂，当年创利2.7万元，分配时轰动了整个村子。此后，该村一、二、三队也办了厂。1978年，福保村将4个队办厂合并为福保铸管厂，后来发展成为全国有名的小康村。1972年，玉溪大营街汽车配件厂建厂，从3间旧房，8个职工，4200元起家，后来发展成为云南汽车厂定点生产配件企业，成为大营街乡镇企业崛起的基础。1970年建厂的楚雄红旗汽车配件厂，后来成为“九五”省级星火计划推广项目。据不完全统计，到1979年，全省社队企业已经发展到2.7万个，从业人员达50万人，年总收入5亿元。

在“文化大革命”极其困难的情况下，云南国民经济取得的这些发展成就，是全省各族人民和广大干部群众抵制动乱、艰苦奋斗的成果。同时，要求纠正“左”倾错误，保持社会稳定，加快经济发展，成为广大群众的殷切希望。

三　对外交往关系的发展

“文化大革命”期间，尽管中国处于全面内乱时期，但对外关系仍得到一定的发展。1971年10月，中华人民共和国在联合国的合法权利得到恢复。1972年，美国总统尼克松访华。随后，中日邦交实现正常化。云南处于祖国西南边疆，与越南、老挝、缅甸接壤，在国家对外关系中，特别是在与云南接壤的几个国家关系中起到重要的桥梁纽带作用。

中国与越南的关系在一段时期内仍然稳步发展，在此大环境的影响下，云南与越南之间也保持了良好关系，云南代表国家继续在多方面支援越南建设。在越南人民反侵略战争的整个过程中，云南在物资、工程、技术、人员、运输、资金和粮食等方面予以援助。援越物资包括化肥、农药、籽种、轻工机械等生产、生活物资和电气、化工、仪表、工具、轴承等。援越项目涉及农业、工业、水利、水电、汽修、陶瓷、中草药、造纸、木材加工、木薯加工、食品加工等多个方面。1967年10月到1971年6月，云南援助越南北方3省54个项目所需的所有工程技术人员。云南还具体落实中央大规模项目和大力组织公路运输援助越南，地方援越工作直到1973年告一段落。据不完全统计，援越项目1967年54个（其中3个未建）[①]。1970年援助物资18个品种122项；1973年援助213项物资。“文化大革命”时期，云南还接待越南国家领导人访问和过往，云南与越南接壤的3省友好往来，进行边境友好活动和地方贸易。

中国与老挝山水相连，1961年4月25日中老正式建交。1962年日内瓦协议签署不久，美国支持老挝亲美势力，老挝成为美国侵略越南战争的一个副战场，深受美国飞机轰炸之苦。到1973年1月美国侵越战争结束，美国在老挝投下约300万吨炸弹，90%的村庄被毁。美军从越南南方撤走后，1973年2月21日，万象政府代表团与老挝各爱国力

① 云南省地方志编纂委员会编：《云南省志·外事志》，云南人民出版社1996年版，第122页。

量代表团在万象达成了《关于在老挝恢复和平和实现民族和睦的协定》。1974年4月5日，以富马为首相的临时民族联合政府（第三次联合政府）和以苏发努冯为主席的民族政治联合委员会成立。8月，老挝临时民族联合政府民航代表团访华，中老双方订立《民用航空运输协定》，九十月间双方在北京订立《两国政府经济合作协定》，10月又订立《邮政和电讯协定》。中国共产党和中央人民政府对老挝人民抗美救国斗争给予有力的支持，其中有云南地方的特殊作用和贡献。中共云南省委、省人民政府和全省人民贯彻落实中共中央对老挝的工作方针政策，大力支持老挝人民反帝、反殖民、争取民族独立解放的斗争，完成中国援助老挝的任务。云南与老挝特别是其北部丰沙里、南塔和乌多姆赛3省在政治、经济等方面有着密切的交往。老挝领导人富马、苏发努冯、富米·冯维希、凯山及政府高级官员、知名人士多次访问云南。云南党政领导及文化体育、经济贸易等代表团数次访问老挝。云南执行和实施中央援老的公路、援建成套项目和零星援助。1968年底，中国先后援建老挝上寮地区修筑7条公路，总计963公里，多为三级沥青公路，到1979年7条公路大多数建成通车。承建援老成套项目中型印刷厂和两个织布厂。1974年4月印刷厂建成使用，被命名为“老中友谊印刷厂”。两个织布厂，一个叫“孟赛中老友谊织布厂”由省轻工局筹建，省轻工设计院设计，省建委承担土建施工，1979年1月建成投产；另一个叫“南塔织布厂”，1970年援建。经外交部同意，云南省与老挝北部三省开展以“进出口平衡”“以货易货”为原则的地方贸易。中方在云南西双版纳州勐腊和磨憨为双方进出口货物交接地点。贸易从1964年开始到1979年5月止，每年贸易控制额度为150万人民币。中方向老方出口商品主要有棉布、针织品、纱线等日用百货，文具及体育用品，副食品，小农具和菜种。后期，出口煤油比例增大，个别年份还出口拖拉机、碾米机、磨面机。老方向中国云南出口商品以琥珀为主，还有黄铜、砂仁和少量紫铜、山货等。中老地方贸易的开辟为老挝北方各省群众提供生活必需品，是中国对老挝援助的一种补充方式。云南人民为帮助老挝人民解决生产、生活上的实际困难作出了最大的努力和无私的奉献。

中缅两国传统友谊源远流长。长期以来，云南与缅甸在政治经济文化等方面有着密切的交往。1967 年,缅甸经济状况不佳,政府处境困难。6 月,缅甸发生大规模的暴力反华排华事件,损害了中缅友好“胞波”关系。“文化大革命”的极左思潮对中缅关系也有干扰,云南与缅甸政府地方当局之间的交往曾一度中断。1971 年 8 月,缅甸总理吴奈温到中国进行非正式友好访问,对 1967 年 6 月的不愉快事件表示“深切的遗憾”,两国关系逐步恢复正常。1975 年 11 月 11—15 日,缅甸总统吴奈温访华,中缅双方发表《联合公报》恢复关系,云南省与缅甸的友好往来也逐步恢复和发展。从 1972 年到 1977 年,缅甸体育、新闻文化等代表团先后 10 次访问云南。应缅甸政府邀请,经国务院批准,由云南省派出以省卫生局副局长郭光华为团长的中国医学代表团 7 人,1973 年 11 月 12 日抵仰光,对缅甸作为期 3 周的友好访问。应中国卫生部邀请,缅甸卫生部副部长吴钦迎率缅甸卫生代表团一行 9 人访华,于 1976 年 8 月 9 日至 11 日访问了昆明,云南省革委会常委朱刚会见了该代表团,进行友好座谈。这时期,除了友好往来外,云南与缅甸还在边境地区进行双方边民互市、开展小额贸易和中缅双方官方边境贸易等。1974 年 10 月 31 日,云南省革委会发布《中缅、中老边境边民互市暂行管理办法》。《办法》规定:允许参加互市者为边界 20 公里内居民;互市限额为每人每天 5 元;互市税起征点 1 元;农副产品、农药、化肥及小农具等免税。但是,由于国内国际的多种原因,“文化大革命”时期,中缅边境小额贸易基本停顿,直到 1979 年重新恢复。

第二十章
“文化大革命”的结束

“文化大革命”的结束是历史的必然，也是广大干部群众长期抗争努力的结果。邓小平主持国务院工作期间顺应历史潮流和人民的要求，对全国各个方面的工作进行大刀阔斧的整顿，工农业生产、社会秩序、人民生活很快发生变化。1975 年底，当“四人帮”以“反击右倾翻案风”运动否定整顿成果时，人民群众公开反对和抵制“四人帮”的倒行逆施，“文化大革命”失去了群众基础。1976 年初，周恩来病逝，全国爆发了以天安门事件为中心的悼念周恩来、反对“四人帮”、支持邓小平为代表的党的正确领导的群众运动。这场抗议运动为后来粉碎“四人帮”奠定了群众基础。1976 年 9 月，毛泽东去世，党中央不失时机一举粉碎“四人帮”，结束了“文化大革命”这场灾难，挽救了国家，挽救了党。在中共中央的正确领导下，云南全省广大党员干部和群众，揭发批判林彪、江青两个反革命集团罪行，彻底清查同“四人帮”篡党夺权阴谋活动有牵连的人和事，进行拨乱反正，平反冤假错案，纠正了“文化大革命”的错误，彻底否定了“文化大革命”的理论和实践。云南历史翻开了新的一页。

一 庆祝粉碎“四人帮”的伟大胜利

“反击右倾翻案风”运动

1975 年，周恩来病重，邓小平在毛泽东支持下主持中共中央日常工作，对工业、农业、交通、科技等许多方面的工作进行整顿，形势有了明显好转。但是，毛泽东不能容忍邓小平系统地纠正“文化大革命”的错误，发动了以批邓为主要内容的“反击右倾翻案风”运动，邓小平主持的整顿工作被迫中断。

1975 年 8 月至 10 月间，清华大学党委副书记、副校长刘冰等人先后两次给毛泽东写信，反映清华大学党委书记迟群、副书记谢静宜在工作作风和群众关系上的一些问题，要求中央派工作组调查解决。信件是经邓小平转送的。毛泽东认为“信的动机不纯”“矛头是对着我的”，认为“小平偏袒刘冰”。11 月下旬，中央在北京召开打招呼会议，会上宣读了毛泽东审阅批准《打招呼的讲话要点》，文件说“清华大学出现的问题绝不是孤立的，是当前两个阶级、两条道路、两条路线斗争的反映。这是一股右倾翻案风”，“有些人总是对这次文化大革命不满意，总是要算文化大革命的账，总是要翻案”[①]。此后，“反击右倾翻案风”的运动很快在全国开展。

1976 年 1 月 8 日，周恩来逝世，全国性的悼念活动因受“四人帮”阻挠而成为抗议运动。1 月 20 日，邓小平不再主持中共中央工作。28 日，经毛泽东提议由国务院副总理华国锋主持中共中央日常工作。2 月下旬，经毛泽东批准，中共中央召集各省、市、自治区和各大军区负责人召开会议“继续打招呼”。中共云南省委第一书记贾启允、省革委副主任七林旺丹和朱克家代表云南参加了这次会议。会议传达了“反击右

① 中共中央党史研究室：《中国共产党历史》第二卷（1949—1978），中共党史出版社 2011 年版，第 946 页。

倾翻案风”的指导性文件《毛主席重要指示》，文件强调“党内走资派”的观点，继续维护“文化大革命”的错误理论和实践，称“帮助各省领导思想上转好弯”，还要求“在揭发批判过程中转好弯子”。“四人帮”在云南小组会上，指责中共云南省委“在贯彻省委26号文件过程中，执行了邓小平的修正主义路线，右倾翻案风刮得很厉害”。

1976年3月6日至28日，中共云南省委召开地、州、市委书记会议，传达中共中央《关于学习〈毛主席重要指示〉的通知》和转发华国锋在打招呼会议上讲话的精神。朱克家、黄兆其、刘殷农等人给省委领导施加压力，要求扩大会议规模，并采取“会内会外相结合”方式，组织一些地、州、市的帮派分子到会上揪斗省、地、州、市党委领导干部。未参会的有些人串连、裹胁一些参会者签名致电中共中央，要求成立由各方面代表组成的所谓“党的领导小组”，取代中共云南省委领导。

“反击右倾翻案风”，批判“邓小平同志的修正主义错误路线”，意味着批判邓小平主持工作期间的全盘工作，也否定了这期间在邓小平和中央领导人帮助下形成的省委26号文件，以及否定贯彻省委26号文件强调的纠正“划线站队”错误所取得的初步成果。落实政策刚回来工作的一些领导干部、老同志在运动中又被打成“复辟派”“还乡团”，再次被打倒、受迫害。更为严重的是，否定纠正“划线站队”错误，释放全省在纠正“划线站队”错误中逮捕关押的一批刑事犯罪分子，全省先后有120多名罪犯被强行释放出狱。派性重新泛滥，为了争权、抢权，在“反击右倾翻案风”运动中，又制造了严重武斗事件。

造反派采取“上压下挤”“内外夹攻”的手段，左右中共云南省委常委会议，经过40天的封闭会议，于1976年7月25日制造了《中共云南省委常委会议纪要》，即省委40号文件。文件否定省委26号文件，否定全面整顿和纠正“划线站队”错误的成果，称“以反派性为纲，打击了革命的新生力量”，先抓班子，后全面整顿，“破坏了老、中、青结合”；文件认为中共云南省委转弯不好，“中央12次打招呼，省委迟迟没有转好弯子”，要求省委转弯。文件下达后，造成全省性混乱，有些派性严重被下放或调动的人官复原职，落实政策后重新出来工作的老干部被迫让位。省委40号文件的出台和产生的影响，是“反击右倾翻案风”在云南的反映，也是“四人帮”加快篡党夺权在云南的表现。严重内乱的反复，使云南的生产受到极大破坏，1976 年全省国民生产总值比 1975 年下降 9.3%，工农业总产值下降 14.6%，财政收入下降 41%，财政赤字达 6.57 亿元。

广大干部群众对“四人帮”的抵制

“文化大革命”中“四人帮”倒行逆施，从根本上违背了党和人民的意愿。广大党员干部、人民群众采取各种方式进行艰苦、曲折的抵制和斗争。“文化大革命”之初，阎红彦以死抗争，赵健民与“四人帮”斗争数年。整个运动过程中，许多干部群众虽不理解，但仍坚持生产，坚守岗位，以“抓革命，促生产”的方式，抵制极左思潮。

随着“文化大革命”的深入开展，党内外的抗争和抵制也日益加强。1972 年至 1975 年，周恩来、邓小平先后主持中共中央日常工作，批判极左思潮，要求纠正“划线站队”错误，落实党的民族政策。1975 年开展各方面的整顿，制定和贯彻省委 26 号文件，全省广大干部群众反对派性，抵制内乱的思想愿望越来越强烈。昆明铁路局在铁道部部长万里和工作组的帮助指导下，大刀阔斧地进行整顿，采取措施打击派性活动，排除派性干扰，推动全省各项工作的整顿。

1976 年 1 月，周恩来去世的噩耗传到昆明，昆明各族各界群众自发汇集到东风广场，献花圈、送挽联、张贴悼念诗词，举行沉痛悼念活动。由于“四人帮”压制和阻挠人民群众的悼念活动，三四月间，全国掀起以天安门事件为代表的悼念周恩来、反对“四人帮”的强大抗议运动，被称为四五运动。抗议运动的消息传到昆明，昆明市群众自发汇集到东风广场举行悼念活动，还准备于 4 月 8 日召开悼念周总理逝世 3 个月大会。

天安门事件被认定为“反革命暴乱性质”后，参加抗议运动的群众被列入“反革命集会”“张贴反革命标语”“散发反革命传单”“书写反动诗词”“制造反革命谣言”“投寄反革命匿名信”等罪名受到追查。天安门事件后第 3 天，云南重机厂工人、共产党员方策，于 4 月 7 日在厂内贴出书写“打倒林、江、张”“人民思念周总理”等内容的 12 条大幅标语，被认定为反革命“标语事件”立案查处。在广大干部、工人的掩护下，该案半年没有侦破，专案组也采取拖的办法进行抵制，一直到粉碎“四人帮”。

全省干部、群众对“四人帮”反革命集团和云南帮派势力的篡党夺权活动进行了不同程度的抵制和抗争，坚决维护省委26号文件精神。省委40号文件出台后，一些地区、部门和单位也自觉进行了抵制。党的十一届三中全会后，该文件被中共云南省委撤销。

庆祝粉碎“四人帮”

1976年9月9日，毛泽东逝世，全党、全军、全国各族人民沉浸在巨大的悲痛之中，“四人帮”却加紧了夺取党和国家最高领导权的阴谋活动。10月6日，中央政治局执行党和人民的意志，采取断然措施，一举粉碎了王洪文、张春桥、江青、姚文元“四人帮”。

10月7日至14日，中共中央政治局分批召集各省市自治区及各大军区主要负责人会议，宣布粉碎“四人帮”。15日，贾启允等省领导参加会议后从北京返回昆明，当晚召开省委常委会议，传达中共中央会议精神，中共云南省委常委一致表示拥护党中央对“四人帮”采取的果断措施。16日、17日，省委分别召开省级各部委办厅局领导干部会议和地、州、市委书记会议，传达中共中央会议精神，把中共中央的重大举措传达给全省各族群众。

粉碎“四人帮”的消息传到云南边疆，各族人民欢呼雀跃，以各种方式庆祝这一伟大的胜利。10月23日，云南省、昆明市和昆明军区举行了有50多万人参加的庆祝大会，全省军民通过广播收听了大会实况转播并在各地举行集会，庆祝党中央一举粉碎“四人帮”的伟大胜利，声讨“四人帮”反党集团篡党夺权的罪行。贾启允和省委书记、昆明军区司令员王必成代表省委和昆明军区讲话。工会、贫协、驻昆明部队、共青团等方面代表发言。10月24日，《云南日报》发表《振奋人心的伟大胜利》的社论，庆祝这一伟大的胜利。全省各地州县干部群众欢欣鼓舞，隆重庆祝这一历史时刻，云南各少数民族以不同的方式表达对党中央的支持和祝贺。10月，楚雄彝族自治州城乡广大群众自发开展各种游行集会庆祝活动，欢庆粉碎“四人帮”。各地锣鼓喧天，爆竹脱销，活动持续了一周。

中共中央会议精神传达后，云南各级党组织积极拥护中共中央的决定。10月21日，中共大理州委在下关召开群众大会。“四人帮”被粉碎的消息传到红河州后，全州各级党组织不仅以最快的速度向广大干部群众认真地、原原本本地作了传达，组织了声势浩大的群众性庆祝游行活动，还以县和地区为单位，召开了有数千人至数万人参加的群众大会，热烈庆祝华国锋任中共中央主席、中央军委主席，热烈庆祝粉碎“四人帮”篡党夺权阴谋的伟大胜利。粉碎“四人帮”的消息传到边疆西双版纳，州委、县委在党内外进行了广泛的宣传，并组织发动全州机关干部、职工、军民开展揭批斗争。在州委所在地允景洪城区，军民举行盛大集会和游行，热烈庆祝粉碎“四人帮”反党集团篡党夺权阴谋的伟大胜利。地处边疆的怒江州兰坪县连续数天，县城鞭炮响声不绝，全县人民欢呼游行，庆祝伟大胜利。10月25日，德宏州梁河县直各单位干部、职工，包括傣族、景颇族、德昂族、阿昌族、佤族、汉族等各民族代表3000多人，在县城举行庆祝大会，县广播站通过农村广播网向全县转播了大会实况。

在全省上下欢欣鼓舞的时候，“四人帮”在云南培植的帮派体系惊恐万状，秘密谋反。由于中共中央采取了有力措施，及时打击了“四人帮”及其在各地培植的党羽，也粉碎了云南帮派势力的阴谋。中共云南省委传达了中共中央粉碎“四人帮”打招呼会议精神后，群众纷纷揭发云南帮派有关篡党夺权的问题。随后，全省上下掀起揭批“四人帮”运动，云南的帮派势力彻底覆灭。

粉碎“四人帮”的伟大胜利，标志着十年“文化大革命”结束。

二　十年内乱的危害和教训

“文化大革命”的严重危害

“文化大革命”的发动，有其深刻的思想原因。毛泽东发动“文化大革命”的出发点是防止资本主义复辟，维护党的纯洁性和寻求中国建设社会主义的道路。但他对党和国家的政治状况作出了错误的判断和估计，认为中共中央出了修正主义，“资产阶级就在党内”，党和国家面临资本主义复辟的现实危险；认为农村“四清”、城市“五反”和意识形态领域的批判都不能解决问题，只有采取断然措施，公开地、全面地、由下而上地发动广大群众，才能揭露党和国家生活中的阴暗面，把所谓被“走资派篡夺了的权力”夺回来。这一错误的认识成为发动“文化大革命”的思想基础。

中国共产党经过长期艰苦的斗争取得了中国革命的胜利，在成为执政党以后，经过民主改革和社会主义改造，迅速进入了社会主义阶段。党对如何在一个经济文化落后的国家建设社会主义，缺乏充分的思想准备和科学认识。对于“什么是社会主义，怎样建设社会主义”的问题，全党都缺乏经验和清醒的认识。在观察和处理社会主义建设中出现的新问题新矛盾时，容易沿用和照搬过去革命战争年代积累下来的阶级斗争经验；对马列主义著作中某些论点的误解和教条化，使人们日益陷入阶级斗争扩大化的迷途之中；毛泽东在全党全国人民中的威望达到顶峰，个人崇拜现象日益突出；权力过分集中、党内民主集中制受到破坏、个人专断不断发展。这些都是“文化大革命”能够发动的社会历史根源。

林彪、江青两个反革命集团利用毛泽东的错误，进行了大量祸国殃民的罪恶活动，加剧了全国范围的内乱，使包括边疆民族地区在内的云南全省各地的工作及社会正常秩序受到巨大破坏，全省社会主义事业遭到了新中国成立以来最严重的挫折和损失。

作为“文化大革命”重灾区的云南，党的建设遭到空前严重的挫折。一方面，大批党的领导干部被打倒，遭受迫害。省委第一书记阎红彦、副省长刘林元等一批领导干部被迫害致死，并蒙受冤屈。全省被迫害致死的地厅级以上领导干部 29 人[①]。一大批干部受到冤屈，长期被关押，或开除、撤职、下放农村。另一方面，党的政治生活遭到严重破

① 当代云南编辑部编：《当代云南大事纪要》，当代中国出版社 1996 年版，第 500 页。

坏。“文化大革命”所谓“最广泛、最深入的整党运动”，扰乱了党的指导思想，严重破坏了党的民主集中制，败坏了党的作风和党的纪律，造成党组织建设严重破坏和损失。“踢开党委闹革命”，绝大多数党的组织一度被迫停止组织生活，以派性为背景，以“夺权”抢权为目的的“吐故纳新”造成党的组织严重不纯。在普遍的、严重的阶级斗争扩大化氛围中，假话、空话、套话成风，形式主义盛行，无政府主义、自由主义、极端个人主义、玩弄权术等各种歪风邪气严重泛滥，直接造成政府公信力降低，党在全省各族人民心中的威信下降。

十年连续不断的运动，云南经济发展受到严重破坏。正常的生产、生活秩序被扰乱，大批干部、工程技术人员被批斗，企业管理混乱，科技进步缓慢，群众生产积极性下降，物资供应不足，人民生活困难。1976年和1965年相比，全省全部独立核算的工业企业实现利税减少7400万元，减少19.8%。成本增加，经济效益较差。全省全部独立核算的工业企业，每万元固定资产原值实现的产值减少41.38元，比1965年减少47.5%。由于内乱，造成这一期间的重点工程建设项目工期普遍延长，造价增加。如成昆铁路原计划要求1968年7月1日建成通车，实际延长2年。云南维尼纶厂1971年动工，历经10年才建成。云南人造纤维厂、沾益化肥厂建设周期都延长了八九年。以“革命”抓生产，在建设中提倡边设计、边施工、边生产的“三边”做法，仓促上马、盲目施工造成的损失更大。基本建设投入多、成效少。1976年与1965年比，全省基本建设投入增加2.57亿元，增长85.5%。但是，全省固定资产交付使用率却下降11.5%。财政短收。十年内乱造成全省工业企业不仅没有利润上交省财政，相反由财政退库，仅1976年退库1.19亿元，用来解决企业困难。另一方面经费开支增大，仅1966年的“文革经费”开支就高达1000万元①。

在十年“文化大革命”期间，思想文化领域受到严重破坏。“文化大革命”是以“无产阶级专政下继续革命的理论”作为依据。这一理论违

① 云南省地方志编纂委员会编：《云南省志·经济综合志》，云南人民出版社1995年版，第419—420页。

反了马克思主义基本原理，无论从理论上，还是从十年动乱所产生的恶果来看，都证明是极端错误的。其结果是使思想领域内极左路线占据统治地位，马克思主义被根本扭曲，极左思潮泛滥、形而上学猖獗、唯心主义横行、个人崇拜统治一切。“左”倾错误理论造成全省各族人民思想的大混乱，导致严重地混淆敌我，混淆是非，党风被破坏，社会风气明显不如从前。这一时期，无论是理论、学术，还是教育、文化，都处于万马齐喑，思想道德建设出现大倒退的严重局面。

“文化大革命”对科学文化事业、民族传统文化造成极大破坏。“文化大革命”绝不是马克思主义所讲的本来意义上的文化革命，而是对中国传统文化的一场浩劫。从批判《滇云漫谭》到破“四旧”，从批判《阿诗玛》等“毒草”到封杀民族民间歌舞，使云南民族文化遭到严重挫折。十年间，全省知识分子队伍建设停滞不前，科技人才断档，文盲半文盲增加，严重影响了人的综合素质的全面发展。传统文化、民族文化遭受破坏。大批珍贵文物，许多国家级、省级重点文物保护单位遭受到严重损毁，富有特色的风景名胜、风俗习惯、民族文化破坏严重。广大知识分子、人民教师、民族上层人士、民主人士、宗教人士被打成“九种人”“牛鬼蛇神”。严重破坏了党的文化教育、民族、宗教、统战政策，破坏了社会主义民主和法制，造成了严重后果。

“文化大革命”的历史教训

“文化大革命”的历史教训是深刻的、多方面的，必须认真吸取，警示未来。

必须科学对待马克思列宁主义，准确把握中国基本国情，从实际出发探索建设社会主义道路。“文化大革命”是中国共产党探索中国社会主义道路过程中发生的严重失误。由于对社会主义的长期性、复杂性缺乏认识，对“什么是社会主义，怎样建设社会主义”没有完全搞清楚。把离开生产力发展抽象谈论社会主义的思想和做法，当作“社会主义原理”加以固守；把社会主义条件下有利于生产力发展的一些认识和做法，当作“修正主义”或“资本主义”加以批判和反对；把已经不属于阶级斗争的问题仍然看作阶级斗争，照搬大规模急风暴雨式群众性斗争的旧方法，导致阶级斗争的严重扩大化。把党和国家各级组织中的领导干部、社会主义建设的骨干力量打成“走资派”，破坏了生产力发展的社会主义原则。“文化大革命”否定了解放以来中共云南省委采取的正确方针政策和取得的巨大成就，实际上也就在很大程度上否定了党探索适合国情、省情的社会主义道路的正确认识。

必须正确认识社会主义社会的主要矛盾和党的主要任务，集中力量发展生产力，而不能“以阶级斗争为纲”。“文化大革命”的发动不仅是理论上对社会主义认识失误的结果，更是对阶级斗争形势以及党和国家政治状况作出错误判断的产物，是错误理论指导下的错误实践。“文化大革命”中，把“无产阶级专政下继续革命”这一错误理论，写入了《党章》和《宪法》，错误地把“以阶级斗争为纲”作为社会主义建设时期的社会主要矛盾，进行“两个阶级”“两条道路”的斗争，把矛头指向党内“走资本主义道路当权派”，所进行的“继续革命”，缺乏政治和经济基础，只能造成混乱、破坏和倒退。对于民族众多、地处边疆的云南来说，只有集中力量发展生产力，不断地发展经济，不断地改善和提高人民的物质文化生活，实现国强民富，才能充分地体现出社会主义制度的优越性。

必须改革和完善党和国家的领导制度，健全民主集中制和集体领导原则，反对任何形式的个人崇拜和个人专断。“文化大革命”严重的、全局性的错误是个人崇拜和个人专断造成的。“文化大革命”期间，毛泽东的个人领导实际上取代了党中央的集体领导，对他的个人崇拜被鼓吹到狂热的程度，加上林彪、江青等“高举”“紧跟”的推波助澜，在阶级斗争扩大化错误的发展过程中，党就很难抵制“文化大革命”的发生和持续。要避免这样的悲剧重演，必须坚定不移地推行政治体制改革，从组织上和制度上采取措施，禁止任何形式上的个人专断，坚持民主集中制和集体领导原则，反对形式主义的民主和民主集中制。对于地方党委的中共云南省委来说，则是要不断改进和完善领导方式。

必须发展社会主义民主，加强社会主义法制，而不能实行“大民主”和“造反有理”。“文化大革命”期间，云南和全国一样在“造反有理”的口号下，实行“大民主”，出现任意批判、揪人，体罚、打砸的混乱现象，

《宪法》和各项法令成了一纸空文，司法和执法机关被当作“黑机关”遭到砸烂，全省各级党政领导干部遭到揪斗、关押和迫害，公民的基本权利和人身安全失去了保障，民主与法制遭到空前的破坏和践踏。因此，坚决杜绝任意打砸、抢人的做法，必须维护《宪法》和法律不可侵犯的权威性，切实保障全体公民的民主权利和人身安全。党必须在《宪法》和法律的范围内活动，任何一级党组织和它的领导人都不能有超越法律之上的权力。

必须制定正确的党的建设的方针和政策，不断加强执政党的建设，而不能把阶级斗争作为加强党的建设的主要内容和主要方法，更不能以派性的观点进行整党建党。云南“文化大革命”中，在阶级斗争的指导下，以派性划分正确和错误进行整党，许多党员干部被扣上各种政治帽子，开除出党，以派性的观点“吐故纳新”，造成党组织的严重不纯，使党在政治上、思想上、组织上受到一次空前的破坏。在任何情况下必须实事求是地分析和估计党内状况和党内矛盾，围绕党的中心任务，制定出加强党组织建设的正确方针政策，而不能用阶级斗争和派性观点和方法“重建”党组织。

必须紧密结合边疆实际贯彻党的方针政策，坚持理论联系实际、分类指导的原则。“文化大革命”背离了中国共产党始终不渝坚持的马克思主义理论与中国革命具体实践相结合、理论联系实际的普遍真理，破坏了党在云南实事求是联系边疆实际的方针政策。否定党在边疆民族地区的民族政策，否定党的民族区域自治政策，取消民族自治州，在边疆民族地区“批三论”、大搞阶级斗争、“划线站队”“政治边防”“二次土改”，迫害民族干部，造成大量边民外迁的恶果。事实证明，从民族众多、发展不平衡的省情出发，坚持理论联系实际，承认差别，分类指导，尊重民情，联系边疆民族实际贯彻党的方针政策，是民族团结进步、边疆繁荣稳定的基础。

必须团结大多数人民群众，维护安定团结的政治局面，而不能“以人划线，层层站队”分裂党、分裂军队、分裂群众。“文化大革命”期间，“以人划线，层层站队”，大搞宗派主义和分裂主义，分裂群众、分裂军队、分裂党。云南推行“划线站队”的错误，把一派群众组织划成“站对队",把另一派群众组织划成"站错队"。各级党组织从上到下"层层站队",制造了大量的冤假错案,迫害干部群众,株连无辜,造成大量的非正常死亡和大量的伤残。这个教训是深刻的。历史证明,在任何情况下,不能人为地制造矛盾,伤害群众,必须团结大多数,共同维护政治稳定、社会和谐和人民安定团结的大局。

第 四 编

从徘徊前进到历史性转折

（1976 年 10 月—1978 年 12 月）

1976 年 10 月，中共中央一举粉碎了“四人帮”，结束了“文化大革命”的十年内乱，从危难中挽救了党，挽救了国家，挽救了中国的社会主义事业，为实现党的历史性转折创造了前提，中国进入了新的历史发展时期。

按照中共中央的部署，中共云南省委带领全省各族人民，开展揭发批判“四人帮”罪行的斗争，清查云南与“四人帮”阴谋活动有牵连的人和事，摧毁了“四人帮”在云南的帮派体系；调整各级领导班子，为拨乱反正提供组织保证；平反了一批冤假错案，初步落实了党的政策；开展真理标准问题讨论，重新确立党的解放思想、实事求是的思想路线；恢复发展边疆民族工作；建设民主政治制度；恢复发展国民经济和社会事业。经过初步拨乱反正，云南重新出现了安定团结的政治局面，各项建设事业迈向正常发展的轨道，为云南实现伟大的历史转折准备了必要条件。但是，“文化大革命”和长期“左”倾错误造成政治上、思想上的混乱难以在短期内消除，加之“两个凡是”的提出和推行，指导思想上的“左”倾错误在一段时间内仍然延续，云南的许多工作呈现出在徘徊中前进的局面，通过徘徊发展，终于实现历史性的重大转折。

第二十一章
揭批“四人帮”和清查帮派体系

在“文化大革命”中，林彪、“四人帮”两个反革命集团在云南培植的帮派势力，篡党夺权，对中国共产党的领导造成严重破坏。帮派势力散布的谬论，对干部群众的思想造成严重混乱。粉碎“四人帮”，结束长达十年之久的“文化大革命”内乱，人心思定，云南各族群众迫切希望彻底揭发、批判和清查“四人帮”在云南的帮派体系，摧毁帮派势力，肃清派性影响，整顿和加强领导班子，稳定社会秩序，营造安定团结的政治局面。按照中共中央的部署，中共云南省委开展了揭批“四人帮”反革命罪行和清查“四人帮”帮派体系的斗争，为消除“文化大革命”给云南造成的严重后果和影响、实现拨乱反正奠定了基础，为恢复发展国民经济和教育科学文化卫生事业创造条件。

一　揭批“四人帮”反革命罪行

中共中央解决云南问题会议的召开

中共中央在对“四人帮”进行断然处置后，立即采取了一系列稳定局势的措施。对受“四人帮”影响较深、问题较多的云南省，1977 年 1 月 18 日至 2 月 3 日，中共中央政治局在北京主持召开了中共中央解决云南问题的会议。参加会议的有中共云南省委的主要领导,昆明军区、省军区和驻云南部队的主要负责人,包括省委第一书记贾启允,省委副书记郭超、七林旺丹、李文、黎韦,省委常委岳肖峡;昆明军区司令员王必成,政治委员刘志坚,副司令员查玉昇、刘春山,副政委王砚泉;云南省军区司令员张海棠,政治委员高占杰;中国人民解放军第十一军军长陈家贵,政治委员张琦;第十四军军长黄德懋,政治委员刘炎田等人。另外,中国人民解放军总参谋部、总政治部和中共中央组织部、中共中央办公厅的负责人以及中央指定的安平生和陈丕显也参加了会议。

根据中共中央的意见,会议集中讨论1975年以后一年多时间里云南的重大是非问题。在讨论中,云南参加会议的同志开展了批评和自我批评,统一了思想认识。

1977年1月28日,国务院副总理陈锡联在会上传达了中共中央关于云南问题的两项重要决议:一是免去贾启允省委第一书记、省革委会主任、昆明军区第一政治委员和党委第一书记职务,另行分配工作。二是调广西壮族自治区党委第一书记、区革委会主任、广西军区第一政治委员安平生任云南省委第一书记、省革委会主任、省军区和昆明军区第一政委、昆明军区党委第一书记。2月2日,中共中央宣布了调整和加强中共云南省委领导班子的决定。除了上述两项重要决定外,还决定:陈丕显任省委书记、省革委会副主任;张铚秀任省委副书记、省革委会副主任;张海棠任省委常委、省革委会副主任;免去李克忠省委副书记、省革委会常委职务;免去彭贵和省委常委职务;免去朱刚省委常委、省革委会常委职务。中共中央对中共云南省委领导班子的调整和加强,对于稳定云南局势,进一步开展揭发批判"四人帮"斗争起到了组织保证作用。

会议期间,讨论通过并上报了《云南省委和昆明军区参加中央解决云南问题会议同志向党中央的报告》,围绕1975年以后的一些重大是非问题汇报了云南的情况。报告对贯彻省委26号文件取得的成绩和驻滇部队保持团结稳定的工作给予了充分肯定,对"四人帮"直接插手云南造成大反复的问题作了客观分析。为了把云南问题解决好,报告从政治、经济、边防和党的建设四个方面提出了工作思路。

在政治上，要求各级党委要组织广大干部群众认真学习中共中央关于揭批"四人帮"的一系列重要指示，进一步明确进行这场斗争的方针、政策和方法、步骤，彻底揭深批透"四人帮"插手云南的罪恶活动，查清同他们阴谋活动有牵连的人和事。对跟着"四人帮"犯了错误的人，要区别对待，扩大教育面，缩小打击面。对犯错误，包括犯严重错误的同志，要采取"一要看，二要帮""惩前毖后、治病救人"的方针。消除派性，增强党性，加强组织纪律性，团结起来，共同对敌。

在经济上，要深入开展农业学大寨、工业学大庆的群众运动，努力把国民经济搞上去。报告要求，各级党委要因势利导，带领群众坚决批判"四人帮"在革命和生产关系问题上所散布的一系列谬论，要动员全党，大办农业，力争夺取农业大丰收。工业战线也要把"四人帮"所造成的损失夺回来，把轻工业搞上去，把市场安排好。要关心群众生活，迅速掀起发展生产的高潮。

在边防工作上，针对云南地处边疆，国境线较长，特务、残匪破坏捣乱，斗争十分尖锐复杂的形势，报告提出，要加强对敌斗争，巩固边防。全省党、政、军和各族人民必须保持清醒头脑，提高警惕，加强民族团结，加强对敌斗争。要加强战备，加强部队建设，加强军事训练，坚决粉碎任何胆敢骚扰和窜犯我国边境的敌人。要进一步密切地方和军队的关系，加强军政、军民团结。加强民兵建设，搞好军民联防，巩固边防。

在党的建设上，要加强党的一元化领导，把各级领导班子建设成团结战斗的坚强核心。报告强调，要坚持老中青三结合。各级党委对下属组织要加强领导，积极帮助，支持他们大胆工作，对表现很好，成绩显著的，应给予表扬和鼓励。对少数问题较多的，应采取措施，具体帮助，促其迅速转变。党的一切组织和每个党员都要加强党的观念，遵守民主集中制的组织原则，密切联系群众，加强调查研究，做到情况明，决心大，方法对。报告要求，各级党委要认真传达中共中央关于解决云南问题的指示。要联系实际，统一思想，加强团结，工作要细，步子要稳。对揭批"四人帮"运动必须严格按照中共中央的方针、政策，在各级党委一元化领导下进行，不能重犯过去另搞一套的错误。

1977年2月4日，中共中央同意云南参加会议同志向中央写的报告。中共中央批示，云南是祖国的西南边疆，又是多民族地区，战略地位十分重要，希望中共云南省委和昆明军区党委认真贯彻执行，稳妥地把云南问题解决好。希望云南省和昆明军区各级党委在分清是非、统一思想认识的基础上，遵照中共中央的指示，放手发动群众，不失时机地迅速掀起深入揭发批判“四人帮”的高潮。在揭批“四人帮”的斗争中，各级党委一定要立场坚定，旗帜鲜明，站在斗争的前列，消除派性，团结干部和群众，牢牢掌握斗争的大方向，认真执行党的政策，带领广大群众，排除一切干扰，把这场斗争进行到底。并相信云南各族人民在省委的领导下，一定能够战胜一切困难，迅速夺回“四人帮”所造成的损失，实现安定团结，夺取社会主义革命和建设的新胜利，云南大有希望。

中共云南省委和昆明军区党委有关领导回到昆明后立即召开常委会议，传达中共中央指示精神，研究贯彻执行意见。中共云南省委和昆明军区党委还联合召开了地、师级干部会议，传达贯彻中共中央解决云南问题的指示和决定。同时，又召开全省县、团以上单位全体党员广播大会，宣读了中共中央关于调整加强省委领导班子的决定，传达了云南与会同志向中共中央的报告。1977年2月16日，《云南日报》发表了题为《云南大有希望》的社论，指出当前云南形势大好，解决云南问题有极好的条件，要坚定不移地贯彻中共中央指示，迅速掀起揭批“四人帮”的高潮，并以此为动力，把各项工作搞上去，开创云南社会主义革命和建设的新局面。

根据中共云南省委的安排，各地、州、市委召开党委扩大会、县委书记会、广播大会，宣传学习中共中央解决云南问题会议精神。全省基本上做到了家喻户晓，并很快掀起了贯彻落实的热潮。

中共中央解决云南问题会议的召开，推动云南统一了对全省重大是非问题的思想认识，调整加强了省委领导班子，明确了此后一段时间云南的中心任务。通过落实中共中央解决云南问题的决定和指示精神，以及会议确定的各项任务，为云南取得揭批“四人帮”斗争的胜利，平反冤假错案，落实党的各项政策，恢复发展国民经济，开创安定团结的政治局面创造了良好条件。

揭批“四人帮”及其帮派体系的罪行

粉碎“四人帮”后，全国人民欢欣鼓舞，迫切要求结束动乱局面，彻底揭发批判“四人帮”的反革命罪行，清查“四人帮”的帮派体系。1976年10月18日，中共中央向全国发出《关于王洪文、张春桥、江青、姚文元反党集团事件的通知》，揭露了“四人帮”进行反党篡权的阴谋活动，要求各地深入开展揭批“四人帮”的斗争。根据中共中央的部署，云南省、昆明军区和昆明市于1976年10月举行两次群众大会，愤怒声讨“四人帮”篡党夺权的罪行。省、市宣传文教系统、大专院校和省、市机关纷纷举行揭发批判“四人帮”反党集团罪行大会，声讨“四人帮”及其在云南培植的帮派体系为了实现篡党夺权阴谋，破坏云南革命和生产的罪行。各族群众纷纷写大字报揭发云南帮派有关篡党夺权的问题。10月30日，中共云南省委发出通知，对全省揭批“四人帮”斗争作了部署。

1976年12月初，中共云南省委对揭批“四人帮”的斗争作了初步总结，根据中共中央指示，省委部署在此后两年的时间里，在全省范围内打三个战役。

第一个战役从1976年12月至1977年3月，重点是揭批“四人帮”篡党夺权，改变党的基本路线的罪行，特别是揭批“四人帮”插手云南，妄图打倒一大批党政军负责同志，改组中共云南省委和一些地区的党委，煽动派性，煽动打砸抢，破坏革命，破坏生产的罪行。该战役以中共中央12月10日发出《王洪文、张春桥、江青、姚文元反党集团罪证（材料之一）》为标志。省委部署在全省范围内开展揭批“四人帮”的第一战役打响后，通过召开各种形式的会议，组织学习中共中央文件精神，层层传达，使广大干部群众认识到深入揭批“四人帮”斗争的伟大意义。

为了加强对揭批“四人帮”运动的领导，1977年2月，中共云南省委将1976年12月成立的省委清查办公室改为省委揭批“四人帮”运动办公室，由省委副书记张铚秀兼任办公室主任。在省委的直接领导下，先由省委书记陈丕显、省委副书记张铚秀，后由省委书记李启明具体负责。各地、州、市、县委也都成立了揭批“四人帮”运动办公室，由一名党委副书记负责这项工作。同年 3 月 16 日，省委决定成立“朱、黄专案组”，由省委副书记张铚秀直接领导，并充实完善揭批“四人帮”运动办公室。

随着揭发批判“四人帮”斗争的深入，1976 年 12 月 9 日，中共云南省委宣布，对“四人帮”在云南的亲信朱克家和云南的帮派头目黄兆其、刘殷农等 12 人实行隔离审查，10 人点名令其交代问题。这一决定极大地鼓舞了广大干部和群众，推动了揭批和清查“四人帮”及其在云南帮派体系的斗争。12 月 14 日，省委召开省、市级机关及所属单位揭发批判“四人帮”篡党夺权罪行大会，以省委礼堂为中心会场，设有 100 多个分会场，20 多万人参加。昆明市委和楚雄州委的负责人在会上作了揭发批判发言。省委第一书记贾启允在讲话中点名批判了朱克家、王永昆、黄兆其、刘殷农等人，揭批他们长期以来结帮成伙，自成体系，插手各地，同省委和各级党委分庭抗礼，对抗党委的一元化领导，干扰破坏安定团结，破坏国民经济，干扰和破坏党中央的战略部署，妄图篡党夺权。在省委领导下，省级宣传文教系统、党群系统、工交系统、国防工业系统以及昆明市等，也分别召开大会，联系本系统、本地区的实际，对“四人帮”及朱克家、黄兆其、刘殷农等人的罪行进行揭发批判，形成了揭批“四人帮”斗争第一战役的高潮。

第二个战役从 1977 年 3 月至 1977 年 9 月，主要揭发批判“四人帮”的罪恶历史，清查“四人帮”在云南的帮派体系。这一战役以中共中央 1977 年 3 月 6 日下发“四人帮”罪证材料之二《“四人帮”的反革命面目及其罪恶历史》为标志，中共云南省委部署在全省各地相继开展了揭批“四人帮”斗争的第二战役。这一阶段的斗争，主要采取召开批判大会的形式进行。3 月 7 日，省级机关、昆明市、驻昆部队在昆明召开有 15 万人参加的揭批大会，揭批“四人帮”及其在云南的帮派体系骨干分子朱克家、黄兆其、刘殷农反党乱军、篡党夺权的罪行。大会之后，各地、州、市、县以及省级各部门放手发动群众，召开揭发批判大会。截至 3 月下旬，省级机关共召开揭发批判会 200 多次，6 万多人次参加。全省地、县两级共召开揭发批判会 1.73 万次，有 860 万人次参加①。

---

① 《我省揭批“四人帮”斗争形成高潮，正在向纵深发展》，《云南日报》1977 年 4 月 12 日。

在揭批斗争中，中共云南省委注意把握政策的原则性和灵活性。省委强调，决不能低估“四人帮”流毒和影响的危害性和彻底肃清的艰巨性，战略上要藐视它，战术上要重视它。要把运动不断引向深入，要防止出现政治上不负责任，马马虎虎，或虎头蛇尾，不了了之；也要防止出现把问题讲清了，还揪住不放，要在适当时机，把那些讲清了问题的人解脱出来；要注意加强薄弱环节和落后单位的工作，坚决粉碎“四人帮”及其余党的帮派体系。鉴于云南的特殊情况，在传达3月中央工作会议后，向党和人民讲清攻守同盟的人，仍可得到从宽处理。在过去“突击纳新”“突击提干”中明显的、证据确凿的人，必须在揭批查中清除出去，其他人留在整顿党的组织时处理。在揭批“四人帮”的斗争正处于高潮、群众已经发动起来的情况下，要十分注意严格按党的政策办事。要把一般搞过派性的同志同参与“四人帮”帮派体系的人区别开来；把粉碎“四人帮”以前犯过错误，但老实交代，确有悔改表现的人同粉碎“四人帮”以后坚持反动立场、负隅顽抗的人区别开来；对于陷入帮派体系的人，必须把极少数顽固分子同可以教育的人区别开来，把首恶分子同参加一般活动的人区别开来。对那些参与“四人帮”的阴谋活动，犯有这样那样罪行的人，只要他们真正把问题讲清楚，转变立场，同“四人帮”及其帮派体系彻底决裂，划清界限，就欢迎，就给出路。对那些参与阴谋活动，干了坏事，想向党和人民讲清楚，但又顾虑讲迟了的人，只要真正把问题讲清楚了，可以得到宽大处理。在揭批斗争中，省委反复强调，要注意边疆民族地区的特点，严格掌握政策，注意方式方法，多同少数民族干部、群众商量，积极稳妥地开展揭批“四人帮”的斗争。

自1977年5月全省第一次清查工作会后2个多月时间里，全省共召开大、中、小型揭发批判会3万多次，2000多万人次参加。“四人帮”及其余党在云南篡党夺权阴谋活动的主要问题已经基本查清。

第三个战役从1977年9月至1978年12月，主要揭批“四人帮”及其培植的云南帮派体系的反动纲领、路线和理论。这一战役以中共中央1977年9月23日下发“四人帮”罪证材料之三《“四人帮”在各个领域散布的反动谬论》为标志，中共中央要求各级党组织要进一步发动群众从哲学、政治经济学、科学社会主义理论诸方面，彻底批判“四人帮”的反革命政治纲领和反动谬论，揭露其反动路线的实质和表现。此后，云南揭批“四人帮”的斗争转入第三战役。全省各条战线普遍召开揭发批判大会，深入批判了“四人帮”鼓吹的“老干部就是民主派，民主派就是走资派”的反动纲领。公安系统批判了“四人帮”的“两个否定”[①]和“一个砸烂”[②]，宣传文教系统深入批判了“四人帮”的“两个估计”[③]和“文艺黑线专政”，工交系统深入批判了“四人帮”的“工交战线搞的是‘唯生产力论’，‘关、卡、压’”，“利润挂帅”，政法系统深入批判了“政法战线是资产阶级专无产阶级的政”等反动谬论，云南锡业公司批判了“四人帮”培植的云南帮派分子攻击朱德的罪行。这些揭批活动，使广大干部群众进一步认清了“四人帮”和云南帮派体系的罪行，分清了是非，激发了广大干部群众工作的积极性。

1978年6月以后，全省将揭批“四人帮”的斗争转入结合批判林彪反革命集团，并联系云南实际批判“划线站队”。云南的“划线站队”是林彪、“四人帮”反革命集团蓄意扰乱局势、培植帮派势力、阴谋篡党夺权的重要手段。“划线站队”严重分裂了党组织和军队，也分裂了干部和群众。从1968年以后的七八年间，云南几乎每一项政治运动都和“划线站队”挂钩，变成了“划线站队”的继续。林彪、“四人帮”两个反革命集团在云南培植的以黄兆其、刘殷农为头目的反革命帮派，也就是在“划线站队”的过程中逐步形成的[④]。1972年周恩来等中央领导人就曾几次对中共云南省委的负责人提出，要纠正林彪“以人划线，层层站队”分裂主义影响下云南开展“划线站队”的错误。1973年昆明市率先纠正“划线站队”的错误，但受“批林批孔”运动的干扰破坏，使这项工作

---

① “两个否定”，即否定毛泽东革命路线在公安战线统治地位，否定绝大多数公安民警是好的和比较好的。

② “一个砸烂”，即砸烂公、检、法。

③ “两个估计”，即估计“文化大革命”前17年中毛泽东的无产阶级教育路线基本上没有贯彻执行，教育战线是“资产阶级专了无产阶级的政”，是“黑线专政”；估计原有教师队伍中的大多数“世界观基本是资产阶级的”，是“资产阶级知识分子”。

④ 高治国主编：《当代中国的云南》，当代中国出版社1991年版，第175页。

被迫停止。1975年云南贯彻落实省委26号文件，批判派性，纠正“划线站队”错误，落实党的政策，后因“批邓、反击右倾翻案风”再度停止。粉碎“四人帮”以后，在“揭批查”运动初期，“划线站队”仍然被视为禁区，不许揭发批判，否则就认为是反对“文化大革命”。1978年上半年以前，一些受“划线站队”破坏最为严重的地区、企业，在揭批“四人帮”的同时，逐步开展了批判“划线站队”错误的工作。

1978年6月2日，邓小平在全军政治工作会议上指出，林彪、“四人帮”早就勾结在一起，阴谋篡党夺权，揭批“四人帮”联系揭批林彪，这是顺理成章的事，不存在什么“纠缠历史旧账”的问题。根据这个指示和广大干部群众的要求，中共云南省委在6月下旬召开的地委书记会议上，提出在深入揭批“四人帮”的第三战役中，要增加批判林彪的分量，联系批判“划线站队”。强调云南的“划线站队”就是林彪伙同“四人帮”干的，云南帮派体系的主要人物，几乎都是搞“划线站队”起家的，利用“划线站队”残酷摧残迫害干部群众，不给予坚决打击，群众的气就不顺，是非就不明，法纪就不张。

为推动揭批林彪路线工作的开展，1978年8月8日《云南日报》发表了《把揭批“四人帮”同揭批林彪路线结合起来》的社论。社论指出，要把“四人帮”揭深批透，就非联系揭批林彪路线不可，不然许多问题的来龙去脉就弄不清楚；追随林彪、“四人帮”进行反革命活动的坏人的罪行，就不能得到彻底清理；云南在“划线站队”基础上逐渐形成发展起来的帮派体系就不能得到彻底摧毁；党的政策就难以贯彻落实；人民内部的革命团结就不能实现巩固。社论强调，林彪、“四人帮”不但有共同的思想路线和政治路线，而且有一条一脉相承的组织路线。林彪、“四人帮”出于篡党夺权，大搞突击入党，突击提干，造成一些党组织和干部队伍严重不纯。因此，一定要把林彪、“四人帮”的帮派骨干分子和坏人从各级领导班子和党内清除出去，不留隐患。

1978年9月8日，省委第一书记安平生在为“滇西挺进纵队”“国民党云南特务组计划”两个政治假案平反的有250万人参加的有线广播大会上，强调揭批“四人帮”必须联系揭批林彪的重要性。指出云南的“划线站队”就是林彪伙同“四人帮”干的，只有把林彪和“四人帮”

连在一起批判，才能彻底清算“划线站队”的罪行，才能彻底摧毁在“划线站队”基础上逐渐形成和发展起来的帮派体系，才能彻底澄清受林彪、“四人帮”迫害的广大干部群众的不白之冤，全面落实党的干部政策，进一步巩固和加强各族人民的团结。

在 1978 年下半年，全省各地州市委、各部门集中揭批了“划线站队”严重分裂党、分裂军队、分裂干部群众，制造大批冤假错案、残酷迫害干部群众的罪行。在揭批中，注意把问题集中到林彪、“四人帮”身上，目标是打击那些在“划线站队”中干坏事的人；对犯有一般错误的同志，主要是提高觉悟，分清是非，总结经验教训，因而团结了绝大多数干部群众投入这场揭批斗争之中。在边疆民族地区，各地还认真揭批了“划线站队”中诬蔑云南在“文化大革命”前的 17 年是搞所谓“修正主义边疆”“和平过渡边疆”“走上层路线，不搞阶级斗争，搞和平过渡，推行了一套修正主义路线”“社会主义时期没有民族问题”“民族政策过时”等谬论，批判了在边疆推行“政治边防”和“二次土改”，批判了肆意打击民族干部和爱国民族上层人士、乱划阶级、任意没收群众财物等破坏民族团结的罪行。结合揭批林彪、“四人帮”的斗争，各地开展了落实党的民族政策和宗教政策的工作，不少在推行“政治边防”期间被迫逃到境外的少数民族群众也陆续回归[①]。

二　清查“四人帮”在云南的帮派体系

清查工作的初步展开

在揭批“四人帮”罪行的同时，云南按照中共中央提出的要求，清查与林彪、“四人帮”篡党夺权阴谋有牵连的人和事，粉碎了“四人帮”在云南的帮派体系。

① 当代云南编辑委员会主编：《当代云南简史》，当代中国出版社 2004 年版，第 345 页。

云南的帮派体系，是“四人帮”培植的，在政治上、组织上完全从属于“四人帮”，以篡党夺权为目的的一个帮派体系[1]。“文化大革命”结束后，只有坚决、彻底地粉碎这个帮派体系，全省各族群众才能凝心聚力地开展社会主义现代化建设。

在开展“揭批查”运动的初期，中共云南省委曾将“四人帮”在云南的 12 名帮派头目实行隔离审查，但实际处于隔而不审不查的状态[2]。1977 年 2 月，调整后的省委领导班子，根据中共中央关于清查工作的指示，结合开展揭批“四人帮”的第二战役，深入开展清查工作。省委成立了省委清查办公室，并要求各地、州、市委和省级各部、委、办、局也要成立相应的机构。全省从党政机关和政法系统抽调了 2 万多名干部，专门开展清查工作，迅速扭转了清查工作的被动局面。

中共云南省委排除各种干扰，始终坚持把清查对象放在与林彪、“四人帮”篡党夺权有牵连的人和事上，放在云南的帮派体系上。对那些帮派骨干分子或有严重问题的人，采取拘留审查、隔离审查、停职检查、点名批判等措施。对被清查的大多数人，则采取办学习班说清问题的办法。省委举办了有省委办公厅、省委组织部、省委宣传部、省公安局等 13 个单位、500 多人参加的学习班。省属宣传文教、计委、建委、农林、财贸等系统以及昆明、楚雄、大理、红河、文山、思茅等地、州、市委也先后举办学习班，深入揭批，分清是非，说清问题。

为坚决打击“四人帮”的社会基础，全省开展了大规模的“一批双打”[3]和“三查四清”[4]运动。各地成立“一批双打”办公室，打击了一批帮派中的刑事犯罪分子。1977 年全省拘留、逮捕各种罪犯 13083 名。至 1978 年 4 月底，全省城乡清查出贪污盗窃、投机倒把案件 6 万多起，沉重地打击了“四人帮”的社会基础，伸张了正义，严肃了法纪，对安定

---

① 当代云南编辑部编：《当代云南大事纪要》，当代中国出版社 1996 年版，第 455 页。

② 当代云南编辑委员会主编：《当代云南简史》，当代中国出版社 2004 年版，第 345 页。

③ “一批双打”，即揭批“四人帮”反革命路线，打击敌人破坏活动，打击资本主义势力的进攻。

④ “三查四清”，即查“四人帮”的谬论是否批透，阶级敌人的破坏活动是否受到打击，资本主义势力的破坏活动是否粉碎；清工分、清账目、清财物、清仓库。

社会秩序起到了重要作用。

“四人帮”及其在云南的帮派体系，在1976年把铁路、公安、法院作为篡党夺权的“突破口”，煽动夺取铁路局党委的权，冲击公安机关、法院，揪斗领导干部，强迫释放犯人，造成社会治安严重混乱。针对这种情况，全省掀起了一个以整顿铁路治安为重点，带动全省整顿治安的新高潮。1977年3月，中共云南省委同意省公安局的请示，将1976年朱克家、黄兆其等人强迫当时省委和一些地方党委释放的120名犯人收回关押。

全省清查同“四人帮”篡党夺权阴谋活动有牵连的人和事的工作，取得了显著成绩。截至1977年5月，全省155件与“四人帮”阴谋活动有牵连的重大案件已查清66件，其他案件也在清查之中。随着“揭批查”运动的开展，民心逐步理顺，社会秩序趋于稳定。

“揭批查”运动结束

从1977年5月至1979年3月，中共云南省委先后召开了5次全省清查工作会议，研究部署清查工作。省委强调，清查工作的指导思想按照中共中央的指示和要求，把同“四人帮”有牵连的人和事，一件件、一桩桩彻底查清，决不能马马虎虎草率从事，留下隐患。对于徇私包庇，甚至压群众、捂盖子的人，要坚决予以揭露和斗争。同时，又要注意防止不讲政策、不讲区别，该解脱的不予解脱的情况。要严格区分和正确处理两类不同性质的矛盾，认真执行党的政策。在“四人帮”的亲信余党中，有肯改悔和不肯改悔的；参与阴谋活动的，也有浅有深；犯了错误，有一般错误和严重错误的；经过批判斗争或教育，有态度好和态度不好的，对这些都要区别对待。一定要十分注意把受“四人帮”影响说错话做错事，同参与“四人帮”篡党夺权阴谋活动严格区分开来，把参与某些篡党夺权阴谋活动，但是尚属于受人利用犯政治错误的人，同参与“四人帮”篡党夺权阴谋活动的骨干分子严格区分开来。在骨干分子当中，又要把那些在1976年10月打招呼会议后愿意悔改，能揭发“四人帮”罪行并与“四人帮”划清界限的人，同继续顽抗的人严格区分开来。清查工作要加强调查研究，扎扎实实地抓好材料收集工作，务必人证、物证俱全，证据确凿，事实清楚。各级领导要高度重视这项工作，要列入党委议事日程，订出计划，采取切实措施，把同“四人帮”阴谋活动有牵连的人和事基本查清。

在清查工作的重点上，要着重对积极推行“四人帮”的反革命政治纲领，拉帮结伙，反党反军，唯权是夺的；攻击毛泽东、周恩来、华国锋和党中央的；给“四人帮”写“效忠信”、上“劝进书”、写黑信、告黑状，积极挂钩投靠的；参与反革命武装叛乱活动的；利用职权，里通帮派，泄露、盗窃党和国家重要机密的；严重打、砸、抢事件等彻底查清楚。对于在帮派体系干扰下长期没有查清的重大假案、冤案，各有关部门要密切配合，协同查清，弄个水落石出。

在定性处理上，中共云南省委明确了对“四人帮”骨干分子、犯严重政治错误的人、犯政治错误的人、受“四人帮”影响说了错话与做了错事的人这 4 类人的定性标准和处理措施。强调在定性处理中要注意扩大教育面，缩小打击面，对于该打击的要坚决打击，决不心慈手软；对于一切可能争取、挽救的人要尽力争取、挽救；介于敌我矛盾和人民内部矛盾之间的，可按人民内部矛盾对待；介于犯严重政治错误和犯政治错误之间的，可按犯政治错误对待；介于犯政治错误和说错话、做错事之间的，可按说错话、做错事对待，以争取一切可以争取的人，团结一切可以团结的人，最大限度地孤立和打击一小撮，化消极因素为积极因素，为实现四个现代化，建设社会主义强国服务。要实行批判从严、处理从宽，抗拒从严、悔改从宽的政策。对人员的处理，要做到事实清楚、证据确凿、定性准确、处理恰当、手续完备，经得起历史的考验。在全省的审查对象中，极少数是“四人帮”的骨干分子，少数人犯有政治错误和严重政治错误，但绝大多数人属于说错话、做错事。对拟定的骨干分子应采取缓处理的方针，再给他们一个改造的机会，使他们认识罪恶，改变立场，以利于最大限度地孤立和集中打击一小撮罪行严重而又不肯悔改的死党。对这些人，可向本人和群众明确宣布其问题的性质，免除其职务，安排他们下去劳动，改造思想，过一段时期再根据本人悔改表现和新的情况作最后处理，未作最后处理前，先按人民内部矛盾看待。对犯政治错误包括犯严重政治错误的同志，采取宽恕的态度和从轻处理的方针。耐心细致地做好他们的思想转化工作，能不处分的就不给处分，可轻可重的从轻处理。极少数确需给予一定纪律处分的人，可先作出结论，安排他们到基层锻炼一段时间，再根据表现作最后处理。对于与“四人帮”篡党夺权活动有牵连，经过审查，属于说错话、做错事的人，不作结论，通过适当形式，指出他们的错误性质，教育他们正确对待组织和群众的审查帮助，鼓励他们继续努力工作。

经过清查，对林彪、“四人帮”两个反革命集团及其在云南培植的帮派体系的主要成员及有牵连的人和事，中共云南省委成立“两案审理领导小组”，进行专案审查、定性和处理。全省各级部门都成立了领导小组及其办公室，2 万多人参加了这项工作。省委坚决贯彻执行中共中央的路线、方针和政策，对“两案”工作通盘考虑，全面平衡，力求做到事实清楚，证据确凿，定性准确，处理恰当，使全省清查、“两案”审理工作顺利开展。据统计，1976 年 12 月开展“揭批查”运动时涉及的人数为 1.2 万人左右，最后判刑 24 人[①]。

到 1978 年底，云南在“文化大革命”中与“四人帮”篡党夺权活动有牵连的人和事基本查清。党的十一届三中全会以后，中共云南省委、省革委会召开了有 60 万人参加的广播大会，宣布全省范围的揭批林彪、“四人帮”的大规模群众运动结束。

经过两年多的“揭批查”运动，以及“双打”、加强社会治安管理和整顿铁路运输治安秩序，基本查清和摧毁了林彪、“四人帮”两个反革命集团在云南培植的帮派体系，基本查清了同这个帮派体系篡党夺权阴谋活动有牵连的人和事，教育和挽救了一大批犯错误的干部，全省逐步扭转了林彪、“四人帮”破坏造成的混乱局面，社会秩序逐步好转，人民群众精神焕发，全省初步形成了安定团结的政治局面，为恢复和发展生产，实现工作重点的转移，奠定了良好的基础。但是，这一时期，由于中共中央还未能从根本上开展拨乱反正，全面纠正“文化大革命”的错误，云南的“揭批查”工作只是取得了初步的成果。党的十一届三中全会以后，云南深入彻底的“揭批查”工作，推动了全省拨乱反正的全面开展。

---

① 《全省“两案”工作总结》，原件存云南省档案馆。

三 整党整风与加强领导班子建设

在“文化大革命”中，“四人帮”散布的“踢开党委闹革命”等反动谬论，严重地破坏了党的纪律，破坏了党的思想路线，削弱了党的领导作用和党的战斗力。在揭批“四人帮”，摧毁云南帮派体系的过程中，中共云南省委进行了整党整风，加强领导班子建设，使各级领导权掌握在德才兼备的干部手里。

中共中央解决云南问题会议的召开和对中共云南省委领导班子采取调整的组织措施，为解决云南问题创造了条件。在传达贯彻中共中央解决云南问题的指示和决定的工作中，省委进行了整党整风，加强党的集中统一领导。省委强调，各级党委必须严格实行党的民主集中制和遵守党的纪律；必须严格执行“共产党员绝不允许结帮营私，绝不允许在党内组织派别和秘密集团”的规定；要在揭批“四人帮”的斗争中，从思想上、政治上、组织上整顿和建设好各级领导班子。1977 年 12 月至 1978 年 1 月，省委召开有地、州、市委书记参加的常委扩大会议，进行整风，集中解决常委内部的问题。在此前后，各地、州、市委和绝大多数省属部、委、办、局也采取召开党委（党组）扩大会议的方法，开展批评和自我批评，进行领导班子整风。各级党委（党组）的整风，主要是思想整顿，同时也作了必要的组织整顿。

在整党整风中，1978 年 9 月，中共云南省委成立了纪律检查委员会。11 月 17 日，召开了“文化大革命”结束以后第一次纪律检查工作座谈会，提出着重在揭批“四人帮”的斗争中做好党员的纪律教育工作；认真检查党员和党员干部执行纪律的情况，同各种违反党的纪律的行为作斗争；搞好对犯错误干部的定性处理，巩固和发展揭批“四人帮”斗争的成果。

中共云南省委通过在省委党校举办干部读书班和训练班等形式，加强党的作风建设。省委要求全体学员坚持理论联系实际的学风，用整风精神学习理论，端正学习态度，切实注意解决党性不纯和作风不纯问题。通过努力，把被“四人帮”破坏了的党的优良传统和优良作风恢复和发扬光大起来。

为了健全党的组织机构，加强党的领导，中共云南省委逐步调整了党政合一的“一元化”领导体制。1977年11月12日，省委发出《关于省属各部、委、办、局分别成立党委或党组的通知》，规定省一级国家机关和人民团体已成立党的核心小组的，均改称党组。尚未建立党组的，应建立党组。现任党委书记、委员，党的核心小组组长、副组长、成员等分别改称党组书记、副书记、成员；省委各部委和相当于部委一级的单位尚未建立党委的，应建立党委；分别成立工交、农村、财贸3个党委，同时又称党组，建委、国防工办分别成立党组。在机构改革中，决定将云南大学等6所院校党的核心小组，一律改为党委会，核心小组成员暂时改为党委委员。撤销各大专院校院、系两级革命委员会，院校一级实行党委领导下的校长、院长负责制，系一级设正副系主任，撤销各局、委、办革命委员会。撤销卫生系统所属医院革命委员会，恢复党委领导下的院长、科主任分工负责制，配备正副院长和正副科主任。撤销科委系统所属各研究所、文化系统各专业剧团、图书馆等单位的革命委员会，配备正副所、团（馆）长。

1977年7月，中共云南省委书记陈丕显调离云南，李启明调任省委书记。8月，省委副书记张铚秀任省委书记，增补赵增益、薛韬为省委副书记。1978年1月，省委向中共中央再次汇报了省委常委整风的情况，经中共中央批准，对省委常委班子进一步进行调整。同月，免去七林旺丹省委副书记职务。省委决定岳肖峡暂不参加省委常委工作，增补赵学全、李原、党向民、张恩璞、刀国栋为省委常委。5月，省委副书记郭超、黎韦调离云南。7月，省委副书记李文调离云南。12月，增补孙雨亭、高治国、张云为省委常委。

1978年1月26日，遵照中共云南省委的指示，省委组织部召开地、州、市委组织部长会议，中心议题是研究解决“文化大革命”期间，由于林彪、江青反革命集团的干扰破坏，在1968年开始的整党建党中、1974年的“批林批孔”运动中，以及1976年的“批邓、反击右倾翻案风”中，有的地区、部门和单位，从派性出发，任意践踏党的组织原则，违反党章规定的程序和党员、干部标准，把那些在“文化大革命”中“造反夺权”，揪斗“走资派”“复辟派”的所谓“新生力量”或帮派骨干，“突击发展入党、突击提拔为干部”的问题。据不完全统计，全省进入地、县两级领导班子的“双突”人物有 168 名。其中，窃踞地、州市委副书记职务的 4 人，常委职务的 26 人，窃踞县委副书记职务的 24 人，常委职务的 114 人[①]。这类人“在党委班子内，以帮代党，以帮压党，搅得党委不得安宁，致使 8 个地、州、市中 40% 的县委，一度处于瘫痪半瘫痪状态”。会后，各地、州、市、县委对“双突”人物进行了处理。

在“揭批查”运动中，中共云南省委对一些地、州、市、县委领导班子作了调整。省委决定，凡是权力被帮派骨干篡夺的地方，坚决把这些帮派骨干清理出去；对领导班子中一些有严重问题的人及时进行调整；凡是受派性严重干扰、不能带领群众开展“揭批查”斗争的班子，一经发现也作必要的调整。省委对省级一些关键部门，如省委办公厅、省委组织部、省公安局等，采取集中多数人办学习班，留下少数人坚持工作的办法，进行了清查和整顿，对一些不适宜在关键部门工作的人员进行了调整；撤销了被帮派头目控制的省委工交政治部。对昆明、大理、昭通、曲靖、德宏、红河等地、州、市委的主要领导成员进行了调整，改组了被帮派骨干占据的个旧市委。

截至 1978 年 5 月底，全省 17 个地、州、市委中，调整和加强了一、二把手的有 12 个；省属部、委、办、局 60 个单位中，调整一、二把手的有 24 个；128 个县（市、区）中，调整一、二把手的有 67 个。同时，在省属相当县级以上的厂矿企事业 375 个单位中，对领导班子作了调整的有 231 个，占 61.6%，其中调整了一、二把手的有 175 个单位，占调整单位的 76%。此外，各地、州、市、县对组织严重不纯的公社、大队和城乡其他基层单位的领导班子，也作了必要的组织整顿。

中共云南省委在整顿领导班子的工作中，特别注意起用了大批长

---

① 中共云南省委组织部等编:《中国共产党云南省组织史资料（1926.11—1987.10）》，中共党史出版社 1994 年版，第 271 页。

期受林彪、“四人帮”迫害的老干部，把他们安排在重要领导岗位，充分发挥他们的作用。在1977年2月以前，全省“靠边站”的干部达4098人，截至1978年4月底，已安排使用3692人。同时，省委认真执行任人唯贤的干部路线，挑选和培养接班人，提拔了一批立场坚定、旗帜鲜明、表现比较好的中青年干部，截至1978年4月底，全省共提拔13426名中青年干部，还注意选拔了一些优秀的少数民族干部。

通过整党整风，调整加强了各级领导班子，从组织上保证党的路线、方针、政策能够在云南顺利贯彻执行，促进了“揭批查”运动和各项工作的开展。

第二十二章
拨乱反正的初步开展

“文化大革命”的十年内乱，给云南的政治、经济、文化等各个方面造成了不可估量的损失，极大地延缓了云南经济社会发展的步伐。粉碎“四人帮”以后，人民群众莫不痛心疾首，期盼正本清源，纠正错误，专心致志地进行社会主义现代化建设。在中共云南省委领导下，全省开始平反冤假错案和落实政策，初步开展真理标准问题讨论，恢复发展边疆民族工作，恢复和建设民主政治制度，从政治上、思想上、组织上为云南走上正常发展轨道奠定了良好基础。另外，粉碎“四人帮”以后的两年时间里，由于“两个凡是”的错误方针，党的第十一次全国代表大会也没有能够全面纠正“文化大革命”的错误，以致在全局上未能突破“左”的思想束缚，云南的拨乱反正工作存在较大的局限性。

一　平反冤假错案和落实政策

重视平反冤假错案和落实政策

云南在“文化大革命”中造成了许多冤假错案，“文化大革命”前受“左”倾错误影响，也有不少历史遗留问题需要妥善解决。平反冤假错案，落实党的各项政策，任务十分艰巨。

云南早在1972年通过“批林整风”，就初步进行了落实政策工作，对一批干部解除了审查。1975年贯彻中共云南省委26号文件进行全面整顿时，省委成立落实政策办公室，开始纠正“划线站队”错误，落实党的政策。之后，受1976年初“批邓、反击右倾翻案风”的冲击，省委落实政策办公室被撤销，平反冤假错案和落实政策的工作被迫中断。

1977年2月中共中央及时调整和加强中共云南省委领导班子后，新一届省委立即把平反冤假错案和落实政策的工作摆上了重要位置。3月，恢复成立了省委落实政策办公室。6月9日，省委落实政策办公室下发了《关于加快落实政策工作的意见》，要求必须抓紧时间，把落实政策工作做深、做细、做扎实。在各级党委领导下，各地迅速成立各级落实政策机构，开展摸清底子的工作，作出切实可行的工作方案；凡是对涉及面广、影响大的冤假错案要进行大张旗鼓地平反，对“划线站队”中形成的材料要迅速处理，对被扣的工资、工分要抓紧解决，对非正常死亡人员的抚恤和伤残人员的照顾工作要做好。《意见》强调，要加强对落实政策工作的领导，党委要有一位主要负责同志分管此项工作，列入议事日程，定期研究，对典型案件和大案要案，党委要亲自抓，一抓到底。此后，全省各地、各部门都成立了相应的机构，在全省县以上单位抽调了1万多名干部，坚持实事求是的方针，采取群众路线的方法，开展平反冤假错案和落实政策工作。

为推动全省平反冤假错案和落实政策工作的顺利开展，中共云南省委先后制定下发了一批重要文件。1977年6月23日，省委下发《关于文化大革命期间非正常死亡人员及其它问题的处理意见（试行草案）》，要求对非正常死亡人员，应由原单位党委负责，实事求是地作出结论，分别情况，按照党的政策迅速处理，并做好家属子女的工作。对应查清而未查清的重大案件，应继续组织专案，认真查清。国有企事业职工无辜被杀、被打死、被错处关死和被迫而死的，应按因公死亡抚恤的规定办理。不属上述情况，因人民内部矛盾而非正常死亡的，应按病故的规定办理。农村社员非正常死亡和被打伤致残的及其家属的生活问题、医疗问题，以及在“划线站队”中被扣的工分问题，应发挥人民公社集体经济的力量酌情解决。

7月12日，中共云南省委下发了《关于解决过去专案审查和复查工作中若干政策问题的意见（试行草案）》，要求为调动一切积极因素，凡对过去专案审查和复查工作没有完成的，应认真、尽快、抓紧做好。对“文化大革命”以来定案处理的案件，凡定为敌我矛盾的，人民内部矛盾性质给予各种纪律处分的，本人有申诉或者长期有争议的，受“划线站队”和派性影响的，都应该认真进行复查。搞错了的，要甄别平反，作出平反结论。一切诬蔑不实之词，应予推倒。同时要查清在林彪“划线站队”和“四人帮”帮派体系庇护下，混进党内和国家机关的坏人。经过审查和复查，实事求是地作出结论。专案审查和复查工作、落实党的政策是一场严肃的斗争，关系到把巩固无产阶级专政的任务落实到基层的大事。党委主要负责同志要亲自抓，要有一名副书记主管这项工作。在党委统一领导下设立相应的机构，放手发动群众，敢于排除干扰，特别是要排除领导班子资产阶级派性的干扰。工作中一定要坚持辩证唯物主义和历史唯物主义，防止主观主义和形而上学。针对存在问题，采取有力措施，实事求是地解决问题。

1978年7月11日，中共云南省委发出通知，提出落实政策工作的验收标准。通知强调，验收工作要在党委统一领导下进行，要召开各种类型人员座谈会，认真广泛听取各方面意见，实事求是，坚持真理，纠正错误，把党的政策落到实处，不得有遗留未结的问题。对林彪、“四人帮”搞“划线站队”和破坏党的政策所犯下的罪行，要揭深批透，肃清流毒和影响，分清路线是非。受迫害的同志要顾全大局，把仇恨集中到“四人帮”身上；犯错误的同志要能主动检查，总结教训。通知提出验收标准是：对林彪、“四人帮”及其帮派体系制造的冤、假、错案已全部查清，彻底平反；非正常死亡人员已作出了实事求是的结论，做好了一切善后工作；被打伤致残者的问题已妥善解决；无辜受牵连的人员中应该解决的问题已得到了解决。“文化大革命”以来的历次政治运动中，特别是“划线站队”中，强加于干部、群众的一切诬蔑不实之词已彻底推倒；所形成的一切不切实际的材料，已按有关文件规定作了彻底清查处理。过去受审查的干部，需要作结论而没有作结论的，已作出了正确的结论，结论不正确的，已改正过来；可以工作的人员已分配了适当的工作；工作分配不当的人员进行了调整；年老体弱不能工作的人员，政治上生活上已作了妥善安排。与此同时，对林彪、“四人帮”及其帮派体系庇护下的坏人，清理出来以后，已按政策进行了严肃处理。通过落实政策，广大干部、群众普遍受到思想教育和政策教育，调动了社会主义建设的积极性，工作、生产各方面有了新的发展。

在平反冤假错案和落实政策的过程中，中共云南省委多次召开落实政策工作会议，检查工作进展情况和解决存在问题，多次听取平反冤假错案和落实政策的工作汇报，并以电话会议等形式将省委领导的指示，及时传达到各级各部门，推动了落实政策工作的开展。全省落实政策采取逐步清理、逐步落实、逐步平反的办法，工作人员不辞辛劳，排除各种阻力和困难，做了大量工作。这些工作的开展，为在全省范围内全面开展平反冤假错案与落实政策工作奠定了良好的基础。

平反重大冤假错案

为了切实推进全省平反冤假错案与落实政策的工作，中共云南省委首先为“文化大革命”中受迫害的一批影响较大的领导干部进行了平反昭雪。1978 年 2 月 5 日，省委、昆明军区党委联合发出通知，为省委原第一书记、昆明军区第一政委阎红彦平反昭雪。对省委 1975 年给阎红彦作的审查结论重新进行了复查。通过复查，证明阎红彦在长期的革命斗争中，忠于党、忠于人民，政治历史是清楚的，他为中国人民的解放事业和共产主义事业贡献了自己的一生。阎红彦的死是林彪、“四人帮”迫害造成的。1977 年 11 月 27 日，省委向中共中央上报《关于阎红彦同志问题的结论报告》，中共中央批准了省委的结论报告，批准将阎红彦的骨灰移到北京八宝山革命公墓安放。1978 年 1 月 24 日，阎红彦骨灰盒安放仪式在北京八宝山革命公墓礼堂举行，中共中央主席华国锋，副主席叶剑英、邓小平、李先念、汪东兴，党和国家领导人刘伯承、徐向前、聂荣臻等送了花圈。邓小平等中央领导人以及阎红彦的亲属和生前好友共 380 余人参加了骨灰安放仪式。省委书记、昆明军区副司令员张铚秀在安放仪式上讲话，高度评价了阎红彦的一生。

中共云南省委为阎红彦的平反昭雪，推动了一大批领导干部的平反工作。此后，省委先后为省委原书记处书记赵健民、高治国，副省长刘林元等老干部平了反。为丽江地委书记康长征、曲靖地委副书记薛汉鼎等同志平了反。此外，还为党外人士昆明工学院副院长、民盟省委副主委竺良甫，九三学社昆明分社主委刘尧民，腾冲县政协原副主席李致卿、张德辉等平了反。还为在“文化大革命”中被打击迫害的一大批科学教育工作者、文艺工作者、新闻工作者、卫生工作者平反昭雪，其中包括受迫害致死的云南大学原校长、云南省作家协会原主席李广田，著名作家刘澍德等。中共云南省委通过给一批受冤屈的领导干部作出公正结论、公开平反昭雪，恢复名誉，推动了全省落实政策工作的开展。

中共云南省委重点平反了一批影响大、牵涉面广的重大冤假错案。1978 年 9 月 8 日，经中共中央批准，省委和昆明军区党委联合下发《关于为“滇西挺进纵队”政治假案平反的结论》指出，“文化大革命”初期，林彪、江青反革命集团在云南的代理人，把山东支边的工役制工程第八团诬蔑为“反革命匪帮‘滇西挺进纵队’”。在“划线站队”中，又把这一假案和另一假案“执行国民党云南特务组计划”挂钩，迫害云南党内外、军内外大批革命干部、群众和指战员，造成了极为严重的后果。经反复查证落实，所谓“滇西挺进纵队”，完全是林彪、江青等人及其在云南的代理人为了镇压广大干部、群众进行篡党夺权阴谋活动而制造出来的一个政治假案。中共云南省委和昆明军区党委根据党中央的指示，为“滇西挺进纵队”政治假案进行公开彻底平反，公布事实，说明真相，分清是非，肃清流毒。随后，省委对在这一政治假案中受迫害和死亡的人员予以平反昭雪；对在一平浪流血事件中无辜死亡、伤残的人员，按因公死伤的待遇进行抚恤，并妥善做好善后工作。对在“滇西挺进纵队”政治假案中被定性为“反革命匪帮”的原山东、河南支边的民工，及其被当作“反革命”“反革命家属”对待人员，中共云南省委专门派出工作组到山东、河南，协助当地党委和政府认真细致地进行了平反昭雪和善后工作。

同时，中共云南省委下发经中共中央批准的《关于赵健民国民党云南特务组计划政治假案平反结论》。《结论》指出，林彪和江青反革命集团在云南的代理人，积极推行林彪“以人划线，层层站队”的反革命路线，制造了所谓“赵健民国民党特务组计划”政治假案。他们还把云南的一切重大冤假错案都和所谓“赵健民国民党特务组计划”挂起钩来，对广大干部群众进行残酷迫害，后果十分严重。经查实，赵健民根本不是什么叛徒、特务，所谓“赵健民国民党云南特务组计划”，完全是江青等人一手制造的重大政治假案。对赵健民及受到牵连的干部、群众的一切诬蔑不实之词，统统推倒，公开平反，恢复名誉，并做好善后工作。

中共云南省委和昆明军区党委于9月8日还召开有250万人参加的有线广播大会，为“滇西挺进纵队”“国民党云南特务组计划”两个政治假案平反，为受害者公开平反昭雪。两个政治假案平反昭雪后，全省各级党委又对“云南省中上层干部联络站”“摧资兵团”“滇东北游击军”、文山“农民革命军”、江川“农革军”、新平“特务组”、个旧“滇南情报总站”、大理“国民党复仇军”等冤假错案作了复查，实事求是地作出结论，召开群众大会公开平反，并做好善后工作。

与此同时，昆明军区党委先后作出《关于彻底批判“划线站队”、为受迫害同志平反的决定》《关于彻底批判“政治边防”反动方针的决定》《关于对错定为“五一六”重点清查人员的平反决定》，并召开会议，公开为驻昆明部队受害干部平反，恢复名誉，恢复职务。

随着平反冤假错案工作的开展，中共云南省委和各级、各部门党委、政法机关、企事业单位，对大批在“文化大革命”中被作过错误结论和处理的个人案件，都分别进行复查，予以平反昭雪，恢复名誉，消除影响，做好善后工作。

为右派分子摘帽改正

在为“文化大革命”中的冤假错案平反昭雪的同时，按照中共中央的部署，中共云南省委还为在1957年反右派斗争中被错划的右派分子摘帽改正，落实政策。

1978年4月5日，中共中央发出《关于全部摘掉右派分子帽子的请示报告》，要求各级党委应认真贯彻执行，切实做好摘帽和安置工作。县以上各级党委都应成立由组织、宣传、统战、公安、民政等部门组成的摘帽办公室，负责这项工作。省委立即转发了中共中央的通知。5月5

日，根据省委的指示，省委统战部通知各地、州、市委统战部，要求凡有右派分子的单位，在传达中央文件后即可宣布摘掉右派分子帽子，并通知其家属。对每一个摘掉右派分子帽子的人员，要下发一个正式的书面通知，并存入本人档案。按照中央文件规定，请各地各单位迅速成立摘帽办公室，办理摘帽和安置工作，并组织力量对本地区内的右派分子进行调查掌握情况。对摘掉右派分子帽子人员要做好安置工作，各地可以解决的问题应立即着手解决；不能解决的问题，可以提出意见报省委统战部。

1978 年 5 月 11 日，省委摘帽办公室成立，由省委组织部、宣传部、统战部和省公安局、民政局 5 个部门抽调人员组成。后经中共云南省委批准改为省委摘帽工作领导小组，下设办公室。省委统战部部长吴志渊任组长兼办公室主任。9 月 17 日，中共中央同意并批转了中央组织部、宣传部、统战部、公安部、民政部《贯彻中央关于全部摘掉右派分子帽子决定的实施方案》。11 月 1 日，省委书记李启明主持召开了有省级机关和昆明市委有关部门等 12 个单位负责人参加的会议，研究复查改正错划右派分子的问题。11 月 24 日，全省右派摘帽工作会议在昆明召开，会议研究提出贯彻落实的具体措施，中共云南省委批转了这次会议的纪要，要求各级党委迅速研究，参照执行。

此后，按照中共中央和中共云南省委的有关政策规定，全省实事求是、全面展开了对右派分子的摘帽和复查改正工作。截至 1978 年 6 月，全省需要落实政策的共有 21 万多人，已落实政策的有 18.6 万人。党的十一届三中全会以后，彻底为被错划的右派分子作了复查改正，落实了政策。

云南通过平反冤假错案和落实政策工作，使一大批人放下了多年压在身上的沉重包袱，调动了他们和广大干部群众的积极性，促进和发展了安定团结的政治局面，对恢复和发展生产，实现工作重点的转移，进行改革开放，迈入社会主义现代化建设新的历史时期，起到了决定性的作用。

二　开展真理标准问题的讨论

真理标准问题讨论的初步开展

随着全国拨乱反正工作的逐步展开，1977 年 2 月 7 日，《人民日报》《解放军报》和《红旗》杂志发表了《学好文件抓好纲》的社论，提出“凡是毛主席作出的决策，我们都坚决维护，凡是毛主席的指示，我们都始终不渝地遵循”。“两个凡是”禁锢了人们的思想，推行“两个凡是”，就不可避免地要维护“文化大革命”的错误理论，长期以来在党内存在的“左”的指导思想还将继续，“文化大革命”中的许多错误就不能从根本上得到纠正，因而造成各项工作在徘徊中前进的局面。

解决指导思想问题，实现思想路线的拨乱反正已迫在眉睫。针对“两个凡是”，邓小平等老一辈革命家反复强调必须准确地完整地理解毛泽东思想，恢复和发扬党的实事求是的思想路线。

1978 年 5 月 11 日，《光明日报》以“本报特约评论员”名义在头版发表《实践是检验真理的唯一标准》的文章，重申了马克思主义认识论的一个基本原理：社会实践不仅是检验真理的标准，而且是唯一的标准。文章尖锐地指出，“四人帮”强加在人们身上的枷锁还远没有完全粉碎，对“四人帮”设置的禁区“要敢于去触及，敢于去弄清是非”，不能拿现成的公式去限制、宰割、剪裁无限丰富的飞速发展的革命实践，应该勇于研究新的实践中提出的问题。由于这篇文章从思想路线方面批判了“两个凡是”的观点，并且触及思想僵化和个人崇拜现象，在党内外引起强烈反响，并迅速引发了全国范围内关于真理标准问题的大讨论，促进了全党思想的大解放。

《实践是检验真理的唯一标准》发表后，全国各大报纸相继转载，《云南日报》于 1978 年 5 月 13 日全文转载了这篇文章。8 月下旬，中共云南省委宣传部部长梁文英主持召开理论和实践问题讨论会，组织部分哲学理论工作者和一些地区、部门的实际工作者参加讨论。与会人员认为，理论和实际联系，坚持实事求是，一切从实际出发，实践是检验真理的唯一标准这些问题，本来就是马克思主义的基本原则，是我们党的优良传统，讨论这些问题，具有重要的现实意义和深远的历史意义，是关系党和国家命运的大问题。大家联系实际，批判了林彪、“四人帮”在云南肆意践踏马克思主义、毛泽东思想的罪行，认为要把马克思主义看成是发展的理论，要运用马克思主义、毛泽东思想的立场、观点、方法来具体分析和解决各种实际问题。在实现“四个现代化”的过程中，必然会出现许多新问题，要求我们进一步去研究和探讨。因此，要进一步发扬民主，解放思想，敢于坚持实践是检验真理的唯一标准这一基本原则，敢于拨乱反正，敢于冲破禁区，敢于研究和探讨新时期提出的新问题。只有这样，才能充分发挥革命理论的战斗作用，为完成新时期的总任务而贡献力量。此后，省委党校、云南工学院等院校和红河、临沧、保山等地、州委，昆明市所属的机械、轻工、化工、电信、邮政、物资等局和冶金公司，相继举行了有机关干部、专业理论工作者、教师等参加的讨论会，学习和讨论实践是检验真理的唯一标准问题。在这些讨论中，大家认识到由于林彪、“四人帮”妄图篡党夺权，在理论上制造了许多混乱，设置了不少禁区，他们用所谓“句句是真理”，“一句顶一万句”来破坏毛泽东思想的完整体系，否认实践是检验真理的唯一标准，对党的事业造成了严重破坏。因此，检验真理的标准问题不仅仅是一个理论问题，而且是一个思想路线问题。开展这一问题的讨论，对于揭批“四人帮”的第三战役，拨乱反正，解放思想，具有特别重要的意义。只有把这个问题学习和讨论清楚，才能完整、准确地领会毛泽东思想体系，正确地总结经验教训，坚持实事求是，根据实际方针、政策，恢复和发扬党的优良传统和作风，加快实现“四个现代化”。

1978 年 10 月中旬，中共云南省委党校第一期干部轮训班组织讨论了实践是检验真理的唯一标准问题。通过学习讨论，学员们明确了四个关系，即：坚持实践是检验真理的唯一标准同高举毛泽东的伟大旗帜的关系，同深入揭批林彪、“四人帮”的关系，同恢复和发扬党的优良传统和作风的关系，同实现“四个现代化”的关系。学员们认识到，只有坚持实践是检验真理的唯一标准，才能完整地准确地学习和掌握毛泽东的思想体系，真正高举毛泽东的伟大旗帜，才能深入揭批林彪、“四人帮”的罪行，才能恢复和发扬党的优良传统和作风，才能逐步掌握社会主义的建设规律，加速实现“四个现代化”。省委党校在后来举办的几期干部轮训班中，继续组织开展真理标准问题的学习和讨论，为进一步解放思想奠定了基础。经过学习，广大干部思想认识上有了提高，以崭新的精神面貌投入实际工作中，成为云南坚决贯彻执行党的十一届三中全会路线、方针、政策的骨干①。

1978 年 10 月下旬，昆明军区党委召开有司、政、后机关负责人参加的常委扩大会议，围绕实践是检验真理的唯一标准，着重讨论了必须用科学态度对待毛泽东思想的问题。大家一致认为，如何对待毛泽东思想，是关系到是不是真正高举毛主席的伟大旗帜，关系到我们的思想路线和政治路线是否正确的根本问题。要坚持实事求是地对待毛泽东思想，必须批判一切对待毛泽东思想不科学甚至反科学的态度，在这个问题上来一个拨乱反正，正本清源。历史在前进，实践在发展，毛泽东思想也必将随着实践的发展而不断发展，这是真理发展的道路。会议决定，整个部队，特别是团以上党委和机关，要开展实践是检验真理唯一标准问题的大学习、大讨论，要求政治机关要抓好这一学习。通过学习和讨论，使广大指战员受到一次辩证唯物主义认识论的再教育。

省委对真理标准问题讨论的表态

1978 年 11 月 3 日至 4 日，中共云南省委在昆明召开农业科技人员座谈会，全国人大常委会副委员长李井泉出席了会议。省委第一书记安平生在座谈会上讲话时指出：“无论是在社会科学还是在自然科学范畴，我们都必须坚持实践是检验真理的唯一标准这一马克思主义的基本原则。”会后，安平生到文山壮族苗族自治州进行调查研究，在听取了州委、丘北县委和部分公社党委负责人的工作汇报后，作了工作指示，并

① 马汉儒：《云南省委党校开展真理标准问题讨论的前前后后》，中共云南省委党史研究室编：《云南改革开放启示录》，云南民族出版社 2007 年版，第 211 页。

正式表态支持开展真理标准问题大讨论。他说，目前报刊上开展的关于真理标准问题的讨论，不仅有重大的理论意义，而且有重大的现实意义，它涉及是否真正高举毛泽东思想伟大旗帜，肃清林彪、“四人帮”的流毒和影响，坚决执行党的十一大路线，加速“四个现代化”步伐的大问题。在一切工作中，都要从实际出发，实事求是，凡是实践证明是正确的，就要敢于坚持；凡是实践证明是错误的，就要勇于改正。勇于纠正错误，不但不会降低威信，反而会大大提高党的威信。错误纠正得越坚决，真理的旗帜就越鲜明，党的威望就越高。

1978 年 11 月 15 日，新华社向全国播发了安平生代表中共云南省委表态支持真理标准讨论的消息。第二天，《人民日报》也登载了这则消息。11 月 15 日，中共云南省委在昆明召开理论座谈会，讨论实践是检验真理的唯一标准问题。会议由省委书记李启明主持，省委领导张铚秀、赵学全、李原、张恩璞，以及中共昆明市委、省属各部门负责同志和理论宣传工作者代表 100 余人出席了座谈会。发言的同志一致认为，10 多年来，林彪、“四人帮”从根本上颠倒了理论与实践的关系，在一些重大问题上造成了极大的思想混乱。他们设置的种种思想理论禁区和精神枷锁，紧紧束缚着许多干部和群众的头脑，不解决这个问题，思想就会僵化，就会畏首畏尾，裹足不前，加快实现“四个现代化”就会成为一句空话。因此，当前开展的实践是检验真理唯一标准的讨论，绝不是一个单纯的理论问题，而是一个非常尖锐、非常现实的思想路线问题、政治问题。这个讨论应该在各条战线、各个行业深入开展下去。通过讨论，拨乱反正，砸碎精神枷锁，迈开步伐，进行新的长征。省委要求各单位在理论和实践关系问题的学习讨论中，注意解决好三个问题：一是要正确对待马克思主义、毛泽东思想，完整地准确地领会掌握马克思主义、毛泽东思想体系，学会运用马克思主义的立场、观点、方法去解决革命和生产中的实际问题，绝不能按只言片语和采取实用主义态度，不讲时间、地点，把个别词句看成灵丹圣药，一味照搬。二是要在一切工作中坚持实践第一的观点，实践证明是正确的，就要敢于坚持，是错误的，就要勇于纠正。三是要发扬社会主义民主，搞“群言堂”，不搞“一言堂”。

中共云南省委表态支持开展真理标准问题的讨论，促进了全省真理标准问题讨论活动的开展。楚雄州委在11月12日至14日召开的全州县委书记理论务虚会议上，围绕真理标准问题，联系农村经营体制、农业生产方针、农贸市场、商品流通等问题，进行了广泛的讨论。会后，大家认为这次理论务虚会“认真讨论了真理标准问题，思想活跃，畅所欲言，各抒己见，是十多年来第一次敢说心里话，敢讲老实话的会议”①。在11月底，楚雄州又召开了全州农业学大寨先进代表大会，会议作了题为《关于真理标准问题讨论》的报告，着重论述了开展真理标准问题讨论的重要意义，并联系干部群众最关心的实际问题作了论述，揭开了楚雄州在理论上拨乱反正，重新学习马克思主义、毛泽东思想基本观点，树立实事求是思想路线的序幕。

《云南日报》是开展实践是检验真理的唯一标准问题讨论的主要阵地。1978年11月，《云南日报》相继刊登了一批学习讨论真理标准问题的理论文章。以问答的形式开辟了“学习通讯”专栏，不定期地刊登讨论解答文章。陆续刊登了省内一些地区开展真理标准问题讨论的综合消息，发挥了积极的舆论引导作用。

中共云南省委对1978年全国开展真理标准问题的讨论，由于从理论到实践上的认识和理解都不够，尽管提出要广泛深入开展讨论，但仍然理解不深，领导不力。其讨论活动主要在宣传部门和专业理论工作者中进行，其他部门和在农村组织开展的讨论基本是自发性的。从1978年6月到1979年7月的一年时间里，省委未作统一部署，故使云南开展真理标准问题讨论搞得不深入②，延缓了云南广大干部群众思想解放的进程。但是，它毕竟打开了广大干部群众思想的闸门，对清理“左”的思想影响，从“两个凡是”的精神枷锁下解放出来，为云南在党的十一届三中全会以后实现思想路线、政治路线和组织路线的拨乱反正，推动全省实现工作重点转移的历史性转折奠定了思想基础。

---

① 中共楚雄州委政策研究室、中共楚雄州委党史征研室主编：《楚雄州农村改革与发展》，德宏民族出版社1997年版，第284页。

② 中共云南省委党史研究室编：《春风又暖彩云南——平反冤假错案与落实政策》，中国文联出版社2003年版，第48页。

三　边疆民族工作的恢复和发展

加强对民族工作的领导

“文化大革命”结束后，中共云南省委高度重视加强党的民族工作，维护边疆民族地区的稳定，促进边疆民族地区经济社会的发展。云南广大干部群众对彻底纠正“文化大革命”的错误，纠正“文化大革命”破坏党的民族政策所造成的混乱局面，抱有殷切希望和期待。

逐步加强对民族工作的领导，推动落实党的民族政策工作。1977年1月13日，中共云南省委批转了由省委统战部、省委民边委、省公安局联合召开的武定、禄劝、禄丰、元谋、嵩明、寻甸、富民、安宁和西山区基督教工作座谈会的会议纪要，要求各级党委要把民族宗教工作真正摆到重要议事日程上来，切实加强领导。地、州、市、县委要确定一名副书记主管民族宗教工作，要经常检查贯彻执行党的民族政策和宗教政策的情况。在6月10日至25日召开的全省边疆民族工作会议上，省委要求加强各级领导班子的建设，积极培养民族干部。云南民族学院要轮训边疆地区公社党委副书记以上民族干部；边疆各地、州要迅速建立和健全民族干部学校或民族干部训练班，轮训大队主要干部；边疆35个县，要在县委党校内举办短期轮训班，到1980年把生产队主要干部轮训一遍。强调要加强党委对边疆工作的一元化领导。要求原来配备的民族工作队在1977年底要恢复起来，派到边沿社队去加强工作。既有边疆又有内地的地、州委，要指定一名副书记分管边疆民族工作，并设立具体的工作科室。省级各部门，在不增加编制的原则下，应建立主抓边疆工作的机构，并有一名负责同志分管这项工作。

结合开展“揭批查”运动，联系边疆民族地区的实际，努力澄清民族问题上的错误理论。1977年6月10日至25日，中共云南省委在昆明召开全省边疆民族工作会议，揭发批判林彪、“四人帮”反革命集团破坏党的民族政策和边疆民族工作的罪行，提出要把揭批“四人帮”的斗争进行到底。会议要求对“四人帮”背叛马克思主义、毛泽东思想关于民族问题的教导和党的民族政策，破坏党中央和人民军队关于民族工作的优良传统；全盘否定边疆20多年来所取得的伟大成就，把云南边疆诬蔑为“修正主义边疆”“和平过渡的边疆”，并且竭力推行“划线站队”和“政治边防”的反动方针，分裂干部，分裂群众，反党乱军，破坏边疆稳定；否认民族特点，践踏党的民族政策，不尊重民族风俗习惯，打击迫害和任意撤换民族干部，蓄意挑拨民族关系，制造民族分裂，破坏民族大团结；否定边疆所处特殊地位，借口反对“特殊论”，取消党和国家对边疆必要的扶持的政策，破坏边疆经济建设；削弱和破坏党对边疆民族地区的领导，扰乱边疆各级组织，搅乱阶级阵线等罪行要进行深入揭发批判。要求各地认真落实党的民族政策，对民族政策的执行情况进行一次普遍检查，在各族干部群众和部队中广泛持久地进行党的民族政策的再教育。

1978年2月初，省委民族边疆工作委员会邀请20多个单位的领导和民族干部以及研究民族历史的知名学者举行座谈会。与会同志引证马克思、列宁和毛泽东有关民族问题的论述和党中央关于解决中国民族问题的方针政策，结合实际，驳斥了所谓云南解放后的17年是搞“修正主义边疆”“和平过渡边疆”“社会主义时期没有民族问题”“民族政策过时”等谬论，肯定了“文化大革命”前17年边疆民族工作取得的伟大成绩。这些工作使各族干部群众初步从思想上、理论上澄清了“民族问题的实质是阶级问题”等在边疆民族工作上的错误理论，为边疆民族地区的拨乱反正奠定了思想理论基础。

为适应新时期总任务的要求，更好地贯彻执行党的民族政策，进一步促进民族地区社会主义革命和建设的发展，1978年5月31日，中共云南省委决定恢复云南省民族事务委员会，同时撤销省民族边疆工作委员会①。省民族事务委员会吸收各民族党内外有一定代表性的人物和省

① 中共云南省委于1973年1月成立云南省民族边疆工作委员会，1976年6月成立省委民族边疆工作委员会，两块牌子，一套班子。1979年3月，撤销省委民族边疆工作委员会。

级有关部门代表组成，与省委民族边疆工作委员会合署办公。

中共云南省委通过加强对边疆民族工作的领导，逐步为受迫害的各民族干部群众平反昭雪，落实政策，激发了各民族干部群众的爱国热情和工作积极性。特别是一些民族上层人士，他们在收集整理少数民族文史资料、调解民族纠纷、发展民族地区经济文化、维护祖国统一、维护边疆稳定、增强民族团结等方面，作出了突出贡献。

恢复民族地区经济社会发展

在边疆民族地区开展“揭批查”运动、落实党的民族政策的同时，中共云南省委、省革委会认真贯彻落实党的十一大和全国人大五届一次会议提出的新时期总任务，大力宣传实现“四个现代化”的重要性，在工业、农业、科技、教育等方面进行动员和部署，努力恢复民族地区的经济社会发展。

为恢复民族地区经济发展，党和国家对民族地区的发展给予了特殊的帮助。1977 年，国家设置了边境建设事业补助费，设立了边疆民族聚居地区基本建设投资补助专款。中共云南省委和省革委会在民族地区及时调整放宽政策，在 1977 年 3 月召开的云南省粮食工作会议上，省委决定对沿边 27 个县、108 个公社、约 123 万人口的地区，实行基本口粮保证供应的办法，即这些地区中，以稻谷生产为主的生产队基本口粮为每人 250 公斤，以包谷等杂粮生产为主或稻谷与杂粮掺半的生产队基本口粮为 200 公斤。凡当年集体分配口粮达不到基本口粮的户，其不足部分由国家返销补足。这一办法得到边疆民族群众的热烈拥护，既解决了这些地方群众口粮严重不足的困难，又利于保障这些地区的稳定。通过特殊政策的实施，帮助民族地区特别是边疆民族地区休养生息，逐步摆脱贫困。

1977 年 4 月，华国锋和叶剑英接见中共云南省委书记陈丕显时提出，云南要从边疆民族地区特点出发，依靠少数民族搞好民族工作；要帮助少数民族发展生产，使少数民族生活一天比一天改善；要尊重少数民族风俗习惯[①]。6月，省委在昆明召开边疆民族工作会议，传达华国锋和叶剑英对云南边疆民族工作的指示精神，研究和制定了巩固边防、发展边疆民族地区农业生产和经济建设、培养民族干部等措施。规定沿国境线的27个县，以及德钦、中甸、宁蒗、红河、元阳5县和腾冲、龙陵、维西3县的一些公社，为执行边疆政策的县和地方。讨论和制定了边疆民族地区发展工农业生产的方针，要求1977年初见成效，3年内大见成效。1980年，边疆35个县的粮食产量要由30亿斤提高到40亿至45亿斤；生猪和大牲畜要有较大发展；要大力发展油料、橡胶、茶叶、甘蔗、紫胶、桐油、药材等经济作物和经济林木；社队要逐步发展工业、副业，增加集体收入，壮大集体经济；要加强农田水利基本建设，发展边疆支农工业，特别是“五小”工业、社队企业；搞好物资交流；文化、教育、卫生等事业都应当有相应发展。决定从1977年起，从全省预备费中拿出2000万元支援边疆，其中，1500万元用于农田基本建设，400万元用于发展“五小”工业和轻工业，100万元用于培训民族干部以及文化、教育、卫生工作。

随着工农业生产的恢复发展，民族地区的文化事业也逐步得到了恢复。1978年4月14日，在欢度傣族人民的传统佳节“泼水节”时，云南省边疆民族地区第一座人民广播电台——西双版纳人民广播电台建成并开始播音。这个台每天除转播中央人民广播电台和云南人民广播电台的节目外，还用汉、傣两种语言广播自办节目。边疆民族地区文化事业的逐步恢复，丰富了群众的文化生活，宣传了党的民族政策。

妥善安置越南回国难侨

进入20世纪70年代，中南半岛局势发生重大变化，在中南半岛三国人民的坚决抵抗和以中国为代表的国际友好力量共同努力下，美国被迫结束越南战争，越南、柬埔寨、老挝等国先后取得民族独立，中美关系在两国领导人的努力下实现正常化，而苏联则趁美军撤出的机会，向东南亚加强渗透。在此背景影响下，越南在结束战争后，逐步放弃在中

① 当代云南编辑委员会主编：《当代云南简史》，当代中国出版社2004年版，第363页。

苏争端中“团结中苏”“保持中立”的外交政策，开始倒向苏联，反对中国，在领土、华侨等问题上不断制造事端，对中国的国家安全产生了严重的威胁。此时中国刚刚粉碎了“四人帮”，正在恢复经济社会发展，越南当局的做法破坏了两国关系和边境的稳定。1977 年 7 月 8 日，越南民兵非法进入云南境内绑架文山壮族苗族自治州麻栗坡县边民，引起中国边民极大愤慨。随后，越南单方面采取行动，大批驱赶中国在越南的华侨。这些华侨世代侨居越南，一直享有合法居留权。越南地方当局竟没收华侨证件，强制他们填写“自愿回国书”；或在工作、口粮、税收等方面采取歧视、排挤措施，甚至没收华侨财产，使他们无法生存，被迫回国。截至 1978 年 5 月 20 日，从广西、云南等边境口岸入境的被越南当局驱赶回国的华侨，已达 7.2 万人。从云南河口入境的华侨，最多时一天达 1900 余人。

越南地方当局的上述做法，严重损害了中越两国人民的传统友谊。云南省外事办公室多次与越南驻昆明总领事馆提出交涉，就越南民兵非法进入中国境内绑架中国边民的行为进行交涉，要求越方迅速放回被绑架边民，教育肇事者。对驱赶中国在越南的华侨问题，要求越方尽快查明情况，及时采取措施，制止这种不友好的做法，妥善处理华侨财产损失，希望不再发生类似事件，以维护两国边境地区的安宁。1978 年 5 月，中国国务院侨务办公室发言人就越南驱赶华侨回国问题，向新华社记者发表谈话，指出越南当局驱赶大批华侨回国，完全是有领导、有计划、有目的的行动。越南方面应立即停止执行排斥、迫害和驱赶华侨的错误政策，不要使两国和两国人民之间的传统友谊继续受到损害。随后，国务院侨务办公室副主任林修德专程从北京到云南边境河口口岸，慰问被越南当局迫害、驱赶回国的受难华侨。

大批被越南当局驱赶回国的受难华侨，从河口入境后，受到云南各级党政领导干部和各族人民热情接待，并得到了妥善安置。为加强对安置难侨工作的领导，1978 年初，中共云南省委召开紧急会议，决定成立以省委书记李启明为组长、省革委会副主任刀国栋为副组长的云南省接待安置越南难侨领导小组，下设办公室，组织开展具体工作。

为妥善安置好难侨的问题，国务院及各级政府部门研究了华侨农场的管理工作。1978 年 3 月 3 日，国务院批转外交部《关于办好华侨农场的请示》，决定：各地华侨农场、工厂归国务院侨办和省（区）侨办双重领导，以省（区）侨办为主，省农垦部门协助指导。5 月 3 日，省接侨领导小组办公室、省农垦总局在昆明联合召开华侨农场党委书记、场长会议，部署接待安置越南回国难侨工作以及华侨农场移交侨务部门主管的准备工作。随后，省革委会召开全省接待安置越南回国难侨工作会议，研究部署接待安置方面的有关事宜。7 月 1 日，陆良、平远街、稼依、甘庄、红河、太和、宾居、芒市、耿马 9 个农场正式移交省接侨领导小组办公室主管。7 月 14 日，省接侨领导小组办公室派出工作组分赴各华侨农场办理农场具体交接事宜，研究解决农场接侨和生产建设中存在的问题。8 月，中共云南省委决定撤销云南省接待安置越南难侨领导小组办公室和省民政局侨务处，成立云南省革命委员会侨务办公室，负责全省侨务工作。

在安置回国难侨的工作中，云南省在红河州、河口县修建了临时住房，并从数百公里外调运新鲜蔬菜、粮食、油、肉等副食品到安置地点；医疗队日夜值班，做好医护工作；在从河口到昆明的途中，设立了专门的食宿站和医疗站。大批回国难侨到达安置地点后，政府向他们发放了床铺、被褥、炊具等生活用品。安置在各个华侨农场的难侨，开始建设自己新的家园；一些有专业技术的人陆续分配到能发挥其专长的单位和部门，开始了新的工作。

四　民主政治制度的恢复与建设

政协云南省委四届一次会议的召开

“文化大革命”结束后，在中国共产党的领导下，社会主义民主与法制逐步健全，政协工作进入了一个新的阶段。1977 年 8 月召开的中国共产党第十一次全国代表大会宣告“文化大革命”结束，重申要在 20 世纪内把我国建设成为社会主义现代化强国。为了完成这个战略任务，强调必须加强统一战线工作，并建议在适当的时候召开五届人大和五届政协会议。9 月，中共中央召开各省、市、自治区党委组织部长和统战部长会议，研究部署召开人大和政协会议的工作。10 月，中共中央发出关于召开五届人大和五届政协会议的通知，要求各省在此前后也要召开人民代表大会和政协全体会议。

中共云南省委从实际出发，坚决贯彻执行中共中央关于新时期统一战线的理论、方针和政策，坚持和完善中国共产党领导的多党合作和政治协商制度，积极推动各级人民政协组织的恢复及其活动的开展。1977 年 10 月，中共云南省委召开各地、州、市委组织部长和统战部长会议，研究部署召开省人大和省政协会议的工作。10 月 22 日，省委举行各民主党派和工商联云南省地方组织负责人座谈会，传达中共中央批转《中央统战部关于爱国民主党派问题的请示报告》，以及中共中央《关于召开五届人大会议的通知》《关于召开五届政协会议的通知》。中央统战部的《请示报告》，针对我国各民主党派在“文化大革命”中相继遭到林彪、江青反革命集团的破坏和打击、被迫停止活动 10 年之久的情况，提出尽快恢复各民主党派的活动，加强党对各民主党派爱国人士的领导，发展统一战线，以利于落实党的十一大精神，调动积极因素，为建设社会主义现代化强国服务。省委第一书记安平生在座谈会上重申了党提出的“长期共存，互相监督”的方针，要求人民政协和各民主党派把工作活跃起来。从此，云南省各民主党派地方组织开始恢复工作，在调查研究、清理组织的同时，逐步开展了正常的政治活动。

政协云南省第三届委员会第一次全体会议是 1963 年 12 月 25 日至 1964 年 1 月 9 日召开的，由于“文化大革命”的冲击，云南省各级政协组织从 1967 年 1 月后被迫停止活动。1977 年 12 月 2 日，政协第三届云南省委员会常务委员会第十三次会议在昆明召开，中共云南省委第一书记、省革委会主任安平生，省委书记、省革委会副主任刘明辉、李启明、张铚秀出席了会议，会议决定，中国人民政治协商会议第四届云南省委员会第一次全体会议于 12 月 12 日在昆明召开。

1977 年 12 月 12 日至 16 日，中国人民政治协商会议云南省委员会在昆明召开第四届第一次全体会议。出席会议的委员 419 名，其中，中共党员 158 人，民主党派及无党派人士 261 人；少数民族 96 人，妇女 47 人。大会选举产生了由 42 人组成的主席团、秘书长和副秘书长，安平生主持了开幕式。

会议听取并讨论了省政协副主席吴志渊代表政协云南省第三届委员会常务委员会作的工作报告，报告揭批了林彪、“四人帮”篡党夺权、破坏社会主义建设的罪行，特别是严重干扰和破坏统一战线工作，破坏各族人民大团结的罪行。报告在总结政协云南省三届一次会议以来 14 年工作成绩的基础上，提出了今后一个时期省政协工作的具体任务，要求积极投入揭批“四人帮”的斗争，彻底肃清他们的流毒和影响；认真学习马克思主义和毛泽东思想，努力改造世界观；积极参加社会主义建设，为实现“四个现代化”贡献力量；贯彻党的“长期共存，互相监督”方针，认真学习和宣传党的方针政策，联系群众，听取群众意见，向党和政府提出建议；积极参加统一台湾，反对苏美两霸的斗争，宣传毛泽东关于三个世界划分的理论等各种政治活动。

出席政协云南省四届一次会议的全体委员列席了省第五届人民代表大会第一次会议，听取了安平生作的《云南省革命委员会工作报告》和刘明辉传达全国农业学大寨座谈会精神的讲话。会议通过了政协云南省第四届委员会第一次全体会议决议。在充分酝酿的基础上，选出了政协云南省第四届委员会主席、副主席、秘书长和常务委员会委员。主席为安平生，副主席 16 名，分别为吴志渊、孙雨亭、赵健民、吴作民、刘披云、李握如、寸树声、张天放、王少岩、龙泽汇（彝族）、张子斋（白族）、陈方、曲仲湘、李和才（哈尼族）、刀栋庭（傣族）、司拉山（景颇族），秘书长吴志渊（兼），常务委员 65 名。

政协云南省四届一次会议的召开，恢复了中断十年之久的人民政协工作。之后，相继恢复和新建了一些地、州、市、县的政协组织。全省各级人民政协为团结各民主党派、无党派人士和各族各界人士，维护社会稳定、促进云南经济社会发展开展了积极的工作。

云南省五届人大一次会议的召开

“文化大革命”期间，社会主义民主和法制遭到践踏，人民代表大会制度受到严重破坏，云南省人民代表大会被迫停止活动，革命委员会作为党政合一的“一元化”组织，取代了地方人民代表大会及其人民委员会。“文化大革命”结束后，云南省政权组织的领导机构仍然是云南省革命委员会。根据1975年1月四届全国人大一次会议通过的《中华人民共和国宪法》规定，革命委员会既是“地方各级人民代表大会的执行机关”，又是“地方各级国家行政机关”，中共云南省委常委会作出决定，1968年8月成立的云南省革命委员会延续作为省第四届人民代表大会。

1977年10月，中共云南省委根据中共中央通知，决定召开省第五届人民代表大会。同年12月13日至17日，云南省第五届人民代表大会第一次会议在昆明举行。这是粉碎“四人帮”后云南首次召开的人民代表大会，出席这次大会的代表有1016名。

中共云南省委第一书记、省革委会主任安平生代表省革委会向大会作了题为《高举毛主席的伟大红旗，紧跟华主席为首的党中央，为实现党的十一大提出的战斗任务而奋斗》的工作报告。报告总结了云南一年来揭批“四人帮”的伟大成就以及省革委会在政权建设上同林彪、“四人帮”斗争的经验教训，提出今后的主要任务是：深入揭发批判“四人帮”反革命路线的实质及其在各方面的表现，继续搞好清查工作，把揭批斗争进行到底，彻底肃清“四人帮”的流毒和影响；坚持抓革命、促生产、促工作、促战备的方针，加快农业和整个国民经济的发展速度，调动一切积极因素，为把云南建设成为祖国西南边疆的铜墙铁壁，为在20世纪内把我国建设成为伟大的社会主义现代化强国而努力奋斗。会议提出今后两年的主要目标是：到1980年把全省三分之一的县和企业，分别建成大寨县和大庆式企业；从1978年起，全省每个农业人口平均每年增产粮食100斤左右；大干农田基本建设，逐步改变农业生产的基本条件；加快农业机械化步伐，逐步建立起支农工业体系，1979年底建成年产拖拉机1万台、手扶拖拉机2.5万台，化肥300万吨标准量的生产能力；轻工业产品的自给率计划达到70%；电、煤、钢铁、基本化工、交通要迅速发展起来；力争1980年全省工业总产值比历史最高水平的1975年翻一番。

经过民主选举，大会选出云南省革命委员会委员148名，其中主任、副主任11名。安平生当选为省革委会主任，王必成、刘明辉、李启明、张铚秀、张海棠、张冲（彝族）、高治国、张云、段宝珍（女）、刀国栋（傣族）当选为省革委会副主任。会议还选举了云南省出席第五届全国人民代表大会的代表82人。

云南省五届人大一次会议的召开，标志着云南省人民代表大会制度在中断11年之后，重新恢复活动。会议推进了全省的拨乱反正工作，使云南省的政权建设开始走向正轨；对全省经济社会发展作出了部署，明确了今后一个时期全省的工作任务，对加快云南社会主义现代化建设起到了一定的促进作用。但是，在当时的历史条件下，“左”的指导思想还没有完全消除，推动全省各方面的工作仍受到限制和影响。

1978年2月五届全国人大一次会议召开，对加快社会主义现代化建设作了进一步动员，通过了《中华人民共和国宪法》，对国家工作正常秩序的恢复起到了推动作用。会后，中共云南省委、省革委会对会议精神进行了认真传达，使全省各族群众认识了我国社会主义革命和建设新的发展时期的总任务。对新宪法大张旗鼓地进行了一次普遍宣传教育，提高了广大干部和人民群众的政治觉悟，加强了社会主义法制观念。5月，根据中共中央的通知，省委决定恢复成立云南省人民检察院。从此，各级检察机关紧紧围绕全省中心工作，忠实履行宪法和法律赋予的职责，为维护改革发展稳定大局、维护人民群众根本利益、保障改革开放和社会主义现代化建设顺利进行作出了重要贡献。

群众团体的恢复和整顿

粉碎“四人帮”后，中共云南省委根据中共中央开展拨乱反正工作的指示精神，在揭批林彪、“四人帮”及其在云南的帮派体系破坏群众团体工作的罪行的基础上，对各群众团体进行整顿和恢复，调整充实了各群众团体的领导班子。

1976年10月12日至24日，云南省总工会在昆明召开了有343人参加的四届四次全委扩大会议，初步揭批了林彪、“四人帮”在云南的罪行，对在云南工会系统开展“揭批查”运动作了部署。随着“揭批查”运动的开展，1977年11月，中共云南省委调整了省总工会领导班子成员，恢复成立了省总工会党组。与此同时，各地、州、市、县党委也先后调整加强了各级工会领导班子，并对工会组织进行了整顿。

在中共云南省委领导下，团省委开展了“揭批查”运动，清理了与林彪、“四人帮”及其在云南的帮派体系有牵连的人和事，对共青团云南省第五届委员会的主要领导成员陆续作了调整，同时批准成立共青团云南省委党组。

1973年8月15日至21日，根据中共云南省委决定，省第三次妇女代表大会在昆明召开，云南省妇联正式恢复。粉碎“四人帮”后，各级妇联干部分别参加了当地党委举办的“揭批查”学习班。随着“揭批查”运动的开展，省委整顿了省妇联领导班子，任命了新的省妇联主任、党组书记。此后，各级妇联领导班子也先后进行了相应的调整。

在中共云南省委的领导下，陆续恢复建立了全省各级科协、文联、侨联组织系统。1977年12月，省委批准成立省科协筹备领导小组，十一届三中全会以后，云南省正式恢复了省科协。此后，全省科协组织相继恢复成立。1978年5月29日省文学艺术工作者第三次代表大会在昆明召开，会议选举出省文联以及省作协、省剧协、省美协和省音乐舞蹈家协会分会主席、副主席和秘书长，确定了文艺界今后的工作任务。随着省文联的恢复，多数地、州、市先后成立文联组织，各地文学艺术协会也得以恢复和建立。1977年底全国侨务预备会议和1978年底第二次全国归侨代表大会后，云南省侨联也逐步恢复工作。

云南各群众团体在进行组织整顿的同时，从思想上澄清是非，肃清“左”倾错误的影响，发挥群众团体的积极作用，为实现把工作重心转移到以经济建设为中心的轨道上来创造了条件。

第二十三章

国民经济和社会事业在徘徊中前进

在开展揭批林彪、“四人帮”斗争和拨乱反正的同时，中共云南省委从实际出发，采取有效措施，积极恢复被“文化大革命”严重破坏的国民经济和社会事业。在经济领域，开展农业学大寨运动、加强农田基本建设、加快农机和化肥等支农工业的建设、制定农业和农村经济政策，发展蔗糖和烤烟生产，加快农场建设，积极探索农业生产责任制，开展生态环境保护，促进了农业生产的恢复发展。开展工业学大庆运动，整顿工业企业和交通运输业，整顿财经和商贸工作，恢复了工业生产和交通运输；在社会领域，恢复发展教育、科技、文化、卫生、体育事业。经过两年努力，全省国民经济和各项社会事业逐步得到恢复和发展。

一　国民经济的恢复和发展

农业生产的恢复和发展

“文化大革命”对云南的经济建设造成破坏，特别是1976年的“批邓、反击右倾翻案风”的干扰冲击，对经济社会发展造成了更大的破坏，生产大幅度下降。1976年全省完成国民生产总值49.3亿元，比上年下降9.3%；完成工农业总产值66.5亿元，比上年下降14.6%；完成财政收入 5.08 亿元，比上年下降 40.8%。粉碎“四人帮”以后，中共云南省委立即着手抓国民经济的恢复和发展，并且把恢复农业生产当作了全省的重要任务。

从当时云南农业生产情况来看，1976 年云南农业总产值 33.9 亿元，比上年下降 4.2%；粮食总产量 761.3 万吨，比上年下降 4.7%，无法完成国家粮食征购任务，社员人均分配粮食只有 193 公斤，出现了部分地区群众生活困难、个别地区群众外出逃荒、边沿县不断有人到境外购买粮食等情况。为此，中共云南省委号召全党动手，大办农业，争取 1977 年农业大丰收。省委首先从解决缺粮问题着手，妥善安排好群众生活问题。为保证市场供应，1976 年云南从外省调进粮食 3200 万公斤[①]。1977 年 3 月 10 日至 25 日，省委召开全省粮食工作会议，着重研究农村群众生活安排和边疆地区的粮食政策问题，制定了当年小春粮油和早稻征购计划，落实了粮食调拨任务和粮食集运措施。要求各地认真组织力量，深入社队，调查研究，摸清春荒、夏荒的情况，过细地做好群众思想工作，认真负责地把群众生活安排好。随后，各级党委加强对春耕生产的领导，地、州、市、县委组织了两个班子，一个是揭批“四人帮”运动办公室，一个是生产领导班子，分别不同情况，组织农业学大寨工作队，下乡协助基层抓好揭批“四人帮”和发展生产，制定增产措施，全力抓好春耕生产，此后各地逐步掀起了春耕生产的热潮。由于当年遭遇特大干旱，1977 年云南农业总产值只完成 33.47 亿元，比上年减少 1.65%。其中粮食产量为 730.2 万吨，比上年减少 4.1%，油料减少 26.4%。烤烟和甘蔗因扩大了播种面积，产量比上年有所增加。

全省在抓好农业生产的同时，还组织开展了农业学大寨运动。1977 年 1 月 5 日，中共云南省委举行省级机关干部、省直属厂矿职工和大专院校师生共 10 万余人参加的大会，传达第二次全国农业学大寨会议精神，号召全省军民迅速掀起农业学大寨、普及大寨县新高潮。会上宣布组织大批工作队下乡普及大寨县，要求省级机关每年抽三分之一的干部参加工作队，1977 年要建成 11 个大寨县。截至 6 月 15 日，全省

---

① 当代云南编辑委员会主编:《当代云南简史》，当代中国出版社 2004 年版，第 352 页。

10 万余名干部下到农村开展工作。与此同时，中共云南省委决定从省、地、县三级有关部门抽调 126 名干部，组成 20 个农村调查组，到全省对不同民族、不同类型地区和不同主产作物的 20 个大队，进行历时 3 个多月的系统调查，为召开全省农业学大寨会议做准备。9 月 20 日至 30 日，省委在昆明召开有 5000 人参加的云南农业学大寨会议，中共中央政治局委员、国务院副总理陈永贵出席会议，山西省昔阳县大寨大队党支部书记郭凤莲、平定县委书记李锁寿前来介绍经验。会议提出，必须认真贯彻执行中共中央的战略决策，下最大决心，采取最有力的措施，以最快的速度把农业搞上去。要求在 1980 年以前，严格按照大寨县的标准，把云南省三分之一的县建成大寨县。从 1980 年开始，力争实现每人每年平均增产粮食 100 斤左右。云南开展农业学大寨运动对推动农村揭批"四人帮"、抓农田基本建设和农业生产起到了一定作用。但是当时的农业学大寨运动主要是在农村进行两个阶级、两条道路斗争的教育，批判所谓资本主义和资本主义倾向，错误地批斗了一些干部和群众，推行了一些"左"的政策，产生了一些消极影响[①]。

为尽快恢复农业生产，云南开展了大规模的农田基本建设。"文化大革命"结束后，中共云南省委成立了省委农田基本建设指挥部，由省委书记、省革委会副主任刘明辉任总指挥，加强对全省农田基本建设工作的领导。1977 年 7 月 26 日至 8 月 4 日，省委召开地、州、市干部会议，决定从当年起，全省组织 100 万人的常年施工专业队伍，并在秋冬季节组织 500 万人的突击队，大干农田基本建设。9 月，在云南省农业学大寨会议上，省委进一步要求组织占农村劳动力 10% 左右的常年施工队伍和冬春季节占农村劳动力 50%—60% 的突击队伍大干农田基本建设。这年冬季，全省农田基本建设形成高潮，500 多万劳动力战斗在 5 万多项工程的工地上，其中专业队超过 100 万人。全省有 38 个县委机关搬到农田建设第一线指挥，部队也派出大批指战员上阵，各行各业都加强了支农活动[②]。1978 年 4 月，省委、省革委会在全省专业队先进单位

① 当代云南编辑委员会主编：《当代云南简史》，当代中国出版社 2004 年版，第 352 页。

② 云南省地方志编纂委员会编：《云南省志・中共云南省委志》，云南人民出版社 2000 年版，第 617 页。

代表会议上提出，要迅速改变全省农业生产“大灾大减产、小灾小减产，风调雨顺增点产”的落后状况，实现1985年按农业人口达到一人一亩旱涝保收、稳产高产农田的任务，还决定把专业队的人数由10%提高到15%，全省共达到150万人。8月，省委第一书记安平生和副书记薛韬带领全省地、州、市委书记和县委书记160多人，到湖南、江苏、山东等省农田基本建设先进地区参观学习。在9月召开的全省县委书记会议上，省委作出了以县为单位，开展农田基本建设、大办社队企业和生产队多种经营、搞好当年农业生产夺取农业丰收这3条战线同时作战的部署。明确全省农田基本建设问题的主攻方向是水利建设，坝区要向“双纲田”“吨粮田”进军，建成有水利保证、能排能灌、排灌分家的高产稳产田；山区、半山区要下决心在1985年以前把现有的“三跑地”全部改为水、土、肥三配套或两配套的水平梯地。国家增加了对农田水利基本建设的投资，1978年全省投资达1.4亿元。1978年，全省农田基本建设的规模、质量、速度都超过历史最高水平，全年投入劳动力最高时达547万人，完成水利工程4.69万件，增加灌溉面积48万亩，改土390万亩，有一些工程当年就为农业增产发挥了效益。

在加快农田基本建设的同时，中共云南省委把大力发展农业机械化和化肥当作一项发展农业生产的重要工作来抓。1977年1月，中共中央批转了国务院《关于1980年基本实现农业机械化的报告》。当年的4月和8月，省革委会两次召开农业机械会议，要求苦战3年，到1980年基本实现农业机械化。10月24日至11月6日，省委在昆明召开了全省化肥、农机会议，要求全面贯彻“以农业为基础、工业为主导”发展国民经济的总方针，围绕农业办支农工业，围绕支农工业办基础工业，办“五小”和社队企业。要求集中一切力量，以化肥、农机带头，加速建设全省支农工业体系。号召全省立即动员起来，以只争朝夕的精神和决战决胜的姿态投入发展化肥、农机的大会战中去。会议脱离了当时云南农机和化肥生产力的实际情况，制定了过高的指标，要求于1979年底力争建成年产中型拖拉机和履带式拖拉机各5000台、手扶拖拉机2.5万台以及相应的农机具和零配件的生产能力；1980年形成年产化肥500万吨的生产能力。省委动员各方面用一切物力、财力来完成这一任务。1977年同意使用省机动财力9500万元安排基本建设，其中，农机工业安排3120万元，化肥、农药及化工安排3800万元。同时，决定成立省化肥、农机会战领导小组和指挥部，要求各级党委的一把手亲自抓，分管农机化的书记认真管，用革命化统帅农业机械化，确保1980年基本实现农业机械化。在农机方面，成立了会战指挥部，将全省机械厂、农机厂组织起来，开展群众运动，一厂一件，成龙配套，集中安装。当时全省机械行业的大部分企业都参加到这一会战中，建设项目达70多个。化肥方面，除云南天然气化工厂、驻昆解放军化肥厂、沾益化肥厂等大中型企业要提前完成新建和扩建任务外，还采取大搞小氮肥厂建设的方针，对原有的35个小型化肥厂进行挖潜改造，每厂由年产3000吨增至5000吨；另新建扩建年产5000吨的小氮肥厂30套。要求凡是有建小氮肥厂任务的县市必须拿出财政收入的60%用于建设，不足部分由省机动财力补足。经过大会战，到1978年底，全省建成投产的有年产3000台中型拖拉机的昆明拖拉机厂，年产48万吨氮肥的云南天然气化工厂，扩建为年产9万吨合成氨的驻昆解放军化肥厂，以及部分小氮肥厂。农机、化肥业的发展，为农业增产提供了重要物质基础，但由于急于求成，盲目扩产，摊子铺得过大，造成人力、物力、财力极大浪费。在农机方面，开展了许多完全没有必要的工程，以致后来不少改行转产。小氮肥建设方面，不少项目布局不合理，基础设施和配套行业没有跟上，加上资金不足，只得停建缓建；已建成投产的项目，不少由于技术不过关，亏损严重，不得不在以后关停并转①。

中共云南省委还通过落实党的农村经济政策，调动广大农民的生产积极性。省委、省革委会采取优惠政策，对推动农村经济的恢复和发展起到了积极作用。省革委会在1977年6月15日至24日召开的全省畜牧、水产会议上，要求各地坚决执行党在农村的各项方针政策，尽快把以养猪为中心的畜牧、家禽、水产事业搞上去；坚持“积极发展集体养猪，继续鼓励社员养猪”的两条腿走路的方针。强调发展集体养猪是主攻方向，必须以满腔的热忱、有效的方法，使集体养猪较快发展，在整个

① 当代云南编辑委员会主编：《当代云南简史》，当代中国出版社2004年版，第355页。

养猪业中占优势。指出社员养猪是对集体经济的补充，要继续鼓励，不能把社员的正常副业当作资本主义倾向去批判，鼓励社员养猪的政策不能随意变动。1978 年 7 月 31 日，省委发出通知，要求全省党组织认真学习党中央向全党转发湖南省湘乡县委《关于认真落实党的政策，努力减轻农民不合理的负担的报告》，切实采取有效措施落实党在农村的经济政策，解决农民负担过重的问题。同时，省委作出了《关于减轻农民不合理负担的 14 条具体政策》。7 月 29 日，省委又召开了全省有 160 多万人收听的广播大会，作了贯彻落实的具体部署，要求各地积极组织落实 14 条政策。省委采取的这些措施促进了全省农业生产的发展、保护了农民的积极性。但是，在恢复发展农业生产的初期，由于“两个凡是”方针的影响，云南也制定和推行了一些“左”的政策。如 1977 年省委制定了《关于农村经济政策若干问题的规定（试行草案）》《关于贯彻执行省革委会〈关于打击资本主义势力、加强市场管理的布告〉的通知》《关于由人民公社集体兴建农村房屋问题的决定（试行草案）》等文件。在这些文件中，除《关于由人民公社集体兴建农村房屋问题的决定（试行草案）》没有执行外，其他个别的规定在实施过程中作了一些变动，绝大多数政策直到党的十一届三中全会之后才停止执行。这些政策是农村工作中“左”的政策的延续，严重束缚了农民发展商品生产的积极性，制约了农村集体经济优越性的发挥。

加快农场建设。1978 年初，国务院决定云南农垦重新恢复由国家农垦总局和云南省双重领导，以省为主的领导体制，投资、物资由农垦总局直供，加强了中共中央对云南农垦建设的领导和扶持力度。在财务管理上改变过去“吃大锅饭”的统收统支办法，实行国家对农垦独立核算、自负盈亏的“财务包干”。同年 5 月，省革委会召开全省国营农场工作会议，讨论制定发展规划，动员全省农垦战线干部职工树雄心，立壮志，大干快上，高速度把国营农场建成社会主义现代化的农业生产基地。会后，全省农垦系统认真揭批林彪、“四人帮”及其在云南的帮派体系干扰破坏国营农场建设的罪行，开展了清查工作；加强了对国营农场的领导，积极促进农场工作。结合“双打”斗争，认真抓好领导班子、职工队伍和企业的整顿。认真开展工业学大庆、农业学大寨运动，调动了广大职工的积极性，促进了农场的发展。

对农村生产责任制的积极探索

从开展农业合作化运动以来，全国各地的农民群众曾经创造了包产到组、包产到户和包干到户等多种经营形式。但是，由于受“左”倾错误思想和政治运动的干扰，这些深受广大农民欢迎的经营形式被禁止，实行了“一平二调”的做法，推行人民公社统一经营、统一核算、统一分配的生产管理体制。这些措施制约了农村生产力的发展，制约了农民生产积极性的提高。

“文化大革命”结束后，云南部分地区对农村生产责任制进行了积极的探索。中共云南省委1977年7月4日发出的《关于文山州分田到户情况的通报》指出：文山全州约有20%的生产队集体经济解体，分田到户；有的生产队是集体种公粮，社员个人种口粮；有的生产队已经单干了；有的生产队集体种大春作物，小春作物谁种谁收；有的生产队分若干小组，以小组为核算单位；大牲畜下放到户的现象和包产到户的现象更为普遍了。但由于受“两个凡是”错误方针的干扰，中共云南省委对这种探索不但没有肯定，反而认为这是资本主义复辟的严重现象，要求凡是出现资本主义泛滥，集体经济实际上瓦解的地方，必须迅速派工作队去正确解决那里的问题。

随着全省拨乱反正工作的逐步开展，人们开始认识到农村实行生产责任制能够调动广大农民的生产积极性，因此，中共云南省委下发的通知虽然在一些地方阻止了这种探索，但在一些农村仍然还在进行新的探索。1977年底，元谋县大塘子生产队经过县委认可实行了包产到组、联产计酬、超产奖励的生产责任制。生产队建立了“四定一奖”的管理责任制，即定面积、定产量、定措施、定报酬，超产部分奖给作业组30%的产值，组再评定到人。通过这种管理责任制，把土地、农具、产量、成本、劳力搭配到作业组，制定出报酬和奖励定额，各种农作物实现长年包产到组。对作业组实行“六落实一奖励”办法，即落实劳动组织、落实农具的使用保管、落实土地面积、落实产量、落实成本核算、落实工分报酬，对超计划产量的组和对集体贡献大的个人给予奖励。这种包产到组的生产责任制，体现了多劳多得的原则，改变了过去吃“大锅饭”、干多干少一个样的做法。这种生产责任制的推行，有力地调动了社员的积极性。1978 年该队粮食产量从上年的 14 万斤增加至 30 万斤，甘蔗产量从上年的 7 万多斤增加至 40 万斤，全队 48 户实现了钱粮双增收①。

随着全国真理标准问题讨论的开展，1978 年 11 月，中共云南省委第一书记安平生表态支持真理标准问题的讨论，并指出在一切工作中，都要从实际出发，实事求是，凡是实践证明是正确的，就要敢于坚持；凡是实践证明是错误的，就要勇于改正。随着省委领导的表态，一些地方的党委在开展真理标准问题的讨论中，联系农村经营体制等问题进行了广泛的讨论，对农村实行生产责任制的探索进行了肯定。1978 年 11 月 12 日至 14 日，楚雄州召开了全州县委书记理论务虚会议，元谋县实行分组联产承包责任制的做法引起了州委的重视。11 月底，楚雄州召开全州农业学大寨先进代表大会，肯定了大塘子生产队的做法，给予了表彰和物质奖励，并提出要在全州推广包产到组、到劳、到户的各种形式的联产承包责任制。会后，各县县委迅速组织力量，深入第一线，蹲点调查研究，抓农业经济体制改革的典型，指导解决改革中出现的新问题。从 1978 年下半年起，楚雄州有一批生产队恢复农业合作社时期的定额管理、小段包工等经营管理办法；有的生产队开始试验包产到组、包产到劳的办法；还有少数山区分散的生产队对单家独户的社员采取包产到户的办法②。

党的十一届三中全会以后，根据党的十一届三中全会原则通过的《关于加快农业发展若干问题的决定（草案）》的精神，云南决定在农村推行多种形式的生产责任制，楚雄州、红河州、普洱市、昭通市、曲靖市③等地区开始出现包产、包干到户。随后，农村家庭联产承包责任制

① 李国有：《元谋县大塘子村推行联产承包责任制的过程》，中共云南省委党史研究室编：《云南改革开放启示录》，云南民族出版社 2007 年版，第 339 页。

② 中共楚雄州委政策研究室、中共楚雄州委党史征研室主编：《楚雄州农村改革与发展》，德宏民族出版社 1997 版，第 293 页。

③ 当时，普洱市称思茅地区，昭通市称昭通地区，曲靖市称曲靖地区。

在全省逐步推开，农民生产的积极性得到了提高，农村生产力得到了解放。

加快发展社队企业

发展社队企业，对改变单一经营的传统农业，逐步向农、林、牧、副、渔各业和农、工、商综合发展，对繁荣农村经济，改变农村贫困面貌有着重要作用。从云南全省情况来看，云南社队企业发展落后，发展速度慢，数量少，发展不平衡。1976 年全省有社队企业 1.3 万个，从业人员 21 万人，总收入 1.7 亿元①。1976 年全国社队企业总收入占农村总收入的 23%，而云南仅占 6.4%。“文化大革命”结束后，云南逐步重视并加快了社队企业的发展。

随着全省政治局面的稳定和经济社会事业的发展，社队企业逐步复苏。为加强对社队企业的领导，1977 年 5 月云南省成立了社队企业管理局和省社队企业领导小组，统一协调社队企业发展中的有关问题。地县两级相继设置了社队企业管理机构，省建委、省化工局等有关部门也相应设立社队企业处。

中共云南省委把发展社队企业作为一项重要工作，作出安排部署。1978 年 5 月，省委批转省社队企业管理局党组《关于加速发展我省社队企业的报告》，要求各级党委特别是县委和公社党委，要把发展社队企业、大办农业机械化和大搞农田基本建设，都当作社会主义事业来办。地、州、市、县各部门，特别是轻工、手工业、供销社、财政、金融等部门，要主动积极热情地扶持和帮助社队企业发展。7 月 10 日至 19 日，省委在玉溪召开全省社队企业大会，发出《关于大力发展社队企业的倡议书》，号召全省各地要把发展社队企业当作一件大事来办，像过去参加合作社一样，发展一批，巩固一批，再发展一批，形成大办社队企业的热潮。强调要整顿好现有社队企业，各行各业都要当发展社队企业的促进派。8 月 30 日至 9 月 9 日，省委召开全省县委书记会议，强调今后的农村工作必须改变过去就农业抓农业、不抓社队企业，就粮食抓粮食、

① 高治国主编：《当代中国的云南》（上），当代中国出版社 1991 年版，第 402 页。

不抓生产队多种经营的单打一做法，要全面执行“以粮为纲、全面发展”的方针，把发展粮食同大力发展生产队多种经营结合起来，把发展农业同大办社队企业结合起来，把抓长远建设同实现当年增产结合起来，把发展农业和围绕农业发展工业特别是发展支农工业结合起来，以县为单位，统一部署，全面规划。强调在广大干部群众中要进行大动员，使大家认识发展社队企业的重大意义，并要求各有关部、委、办、局都要成立管社队企业的机构，全省要立即组织 110 万到 120 万劳动力大办社队企业。决定在搞好现有社队企业整顿的基础上，今后如安排工业产品，凡是社队能办的就安排给社队办，有计划地把一些工业产品扩散下去给社队办，特别是农产品加工，要逐步设法放在社队企业去加工生产。

由于各级党委和政府加强领导，农村广大干部和群众积极响应，云南社队企业有了新的发展。到 1978 年底，全省社队企业发展到 2.5 万户，从业人员 43 万人，营业收入 3.6 亿元①。社队企业的发展，为改革开放以后乡镇企业的大发展创造了条件。

初步恢复生态环境保护工作

早在 1973 年 8 月，国务院就召开了首次全国环境保护会议，制定了《关于保护和改善环境的若干规定（试行草案）》，这是我国第一部环境保护的综合性法规。从此，环境保护被列入党和国家工作的议事日程。粉碎“四人帮”后，1978 年 1 月 26 日，云南省召开了治理螳螂川污染工作会议和省环境保护座谈会，决定成立治理螳螂川污染领导小组，力争两三年内彻底解决螳螂川污染问题。会议要求各地、州、市及大、中型企业，加强环境保护的组织建设，配备必要的人员。通过抓螳螂川这个典型，推动全省环境保护工作。从此，云南的环境保护工作日益受到重视，并逐步恢复发展起来。

云南森林资源丰富，保护和发展林业对改善生态环境和保护动物、植物资源具有重要的作用。但同时，毁林开荒、刀耕火种的落后生产方式在云南山区普遍存在。长期以来，中共中央、国务院和中共云南

---

① 李国华主编：《中国农业全书》（云南卷），中国农业出版社 2001 年版，第 250 页。

省委、省人民政府对云南的森林保护工作给予了高度重视。早在1958年，云南就在滇南、滇中、滇西北和滇西南建立了24个自然保护区。1959年，由中国科学院云南分院主持，完成对西双版纳勐养、勐仑、勐腊、大勐龙4个自然保护区的勘察划界工作，面积共85.8万亩。1960年先后建立了上述4个自然保护区。1961年4月，周恩来视察西双版纳时指出："这里是富饶美丽之乡，如果破坏了森林，将来也会变成沙漠。我们共产党人就成了历史的罪人，后代就会骂我们。"[①] 1963年2月，周恩来在昆明又询问了西双版纳州森林保护情况，并要求："不要那样烧林开山坡地了。应该固定耕地，开梯田梯地。"[②]对周恩来的指示，当时虽然作了贯彻，但是，由于缺少必要的管理人员和经费，管护工作不落实，当地群众在保护区内毁林开荒、刀耕火种、狩猎逐兽，随意伐木。到20世纪70年代中期，大勐龙自然保护区已不复存在，其余保护区也大多名存实亡[③]。

"文化大革命"结束后，云南采取积极措施，逐步恢复了林业保护工作。1978年3月，云南召开全省林业会议，省革委会转发了会议纪要，并通知各地严格执行国家颁布的《关于加强山林保护管理，制止破坏山林、树木的通知》和《森林保护条例》，要求发动群众，大打植树造林的人民战争；每年要多栽少伐，栽好管好，用八九年的时间绿化全省，消灭宜林的荒山荒地。6月19日，省革委会同意并转发省科委、省林业局、省教育局《关于西双版纳自然保护区情况的紧急报告》。《报告》指出，西双版纳是云南动、植物王国最可宝贵的王冠，失去这个自然宝库，将铸成历史性错误。各级党委要高度重视和加强自然保护区的工作，教育广大干部群众自觉遵守党和国家的方针、政策，并向一切破坏森林和珍贵动物资源的现象作斗争。《报告》强调，本着统筹兼顾、全面安排的原则，从有利于保护自然景观和自然生态环境以及珍贵动、植物资源出发，对现有保护区的个别不合理部分，加以调整。《报告》要求，任何单位和个人，未经主管部门批准，不得擅自进入自然保护区。目前仍居住

① 高治国主编：《当代中国的云南》（上），当代中国出版社1991年版，第320页。
② 高治国主编：《当代中国的云南》（上），当代中国出版社1991年版，第320页。
③ 高治国主编：《当代中国的云南》（上），当代中国出版社1991年版，第324页。

在保护区内进行毁林开荒、耕田种地、狩猎、采药、伐木、采石等活动的村寨,麻风病人扎寨以及盲流人员,要做好思想、安置工作,限期撤离。已进入自然保护区内的国营农场,必须坚决撤出。同时要加强对自然保护区管理工作的领导。

对西双版纳自然保护区的保护工作,中共中央也给予了极大的关心。1978 年 5 月 23 日至 25 日,中共中央政治局委员、国务院副总理方毅到西双版纳考察工作,对严禁毁林开荒、保护森林问题作了重要指示,考察结束后向中共中央提交了考察报告。当年 10 月,国务院西双版纳自然规划组抵达景洪,指导和帮助西双版纳州做好自然资源的保护和开发工作。12 月 1 日,邓小平指示:西双版纳的自然条件好,潜力很大,对这一地区要搞好发展经济的规划。随后,全国人大常委会副委员长李井泉在北京主持召开研究西双版纳地区开发利用规划问题的会议,在此基础上,制定了西双版纳自然资源保护发展和开发利用方案。

此后,在各级党委和政府的重视下,以西双版纳自然保护区为重点的自然资源得到了保护和开发,云南的生态建设逐步得到恢复。

工业、交通运输业的恢复和发展

云南的工业、交通运输业在“文化大革命”期间受到严重干扰和破坏。粉碎“四人帮”以后,中共云南省委开始着手对工业和交通运输业进行整顿,恢复正常的生产秩序。为适应工业、交通事业迅速发展的需要,决定将省革委工业交通办公室改为省经济委员会。

从开展工业学大庆运动人手,整顿全省的工业企业。1977 年 1 月 6 日至 15 日,中共云南省委和省革委会在昆明召开全省工业学大庆会议,讨论和初步制定了云南建设大庆式企业的规划和措施,决定揭批“四人帮”的罪行,进行整党整风,加强各级领导班子的思想和组织建设,深入开展工业学大庆的群众运动,努力普及大庆式企业,迅速发展国民经济,力争在两三年内有三分之一的企业进入学大庆先进行列,有一大批企业成为大庆式企业。全国工业学大庆会议后,省委于 5 月 23 日召开有省、地、州、市、县机关、厂矿企业、财贸单位和各行各业共 100 万人参加的有线广播大会作了传达贯彻。要求全省立即掀起工业学大庆高潮，在年内建成 300 个以上的大庆式企业，到 1980 年全省要有 40% 的企业建成大庆式企业。多数企业的各项技术经济指标在当年内要达到历史最好水平，到 1979 年所有企业都要达到本行业目前国内的先进水平，有的要赶上世界先进水平。随后，在全省工业、交通、基本建设、国防工业系统开展社会主义劳动竞赛，并命名了一批“云南省大庆式企业”的称号。1978 年 5 月 8 日至 20 日，省革委会在昆明召开全省工业学大庆工作会议，传达贯彻 4 月召开的全国工业学大庆会议精神，研究加快云南工业学大庆步伐和加快工业发展速度的措施。会议提出，云南工交战线的任务，是要坚决贯彻中共中央颁发的《关于加快工业发展若干问题的决定（草案）》（简称“工业三十条”），认真搞好整顿，把工业学大庆群众运动推向一个新高潮，全面超额完成 1978 年国家计划，为 3 年大见成效打下良好的基础。

1978 年，省级机关派出近千人的工业学大庆工作队，陆续分赴 52 个省属重点工交企业，认真整顿企业，开展工业学大庆群众运动，发展工业生产。中共云南省委召开了云南省工业学大庆先进代表大会，命名了一批大庆式企业，表彰了一批先进个人。全省开展了工交战线第一个“质量月”活动，组织质量检查团，督促检查“质量月”活动，开展质量评比等工作。在工业学大庆运动中，全省以揭批“四人帮”为中心，同时对企业进行整顿，包括整顿领导班子、企业管理和职工队伍。到 1978 年底，全省 70% 以上的大中型企业的领导班子得到不同程度的调整、充实和加强。企业初步恢复了岗位责任、技术管理、经济核算、安全生产等重要规章制度。根据中共中央的规定，全省所有企业取消了革命委员会，恢复建立了党委领导下的厂长负责制。在一些重点企业中，恢复建立了以总工程师为首的生产指挥系统和政治工作制度。对广大职工普遍进行了劳动纪律教育，恢复了对新工人的技术培训制度。在 700 多个企业中推行了计时加奖励的工资制度。针对企业严重亏损和质量普遍下降的情况，在企业中开展了群众性的反对浪费、厉行节约、提高产品质量和清仓利库等工作[①]。

---

① 当代云南编辑委员会主编：《当代云南简史》，当代中国出版社 2004 年版，第 357 页。

全省工矿企业通过整顿，初步建立和健全了一些规章制度，企业管理混乱的现象有了一定改善，一些企业开始焕发出勃勃生机。如昆明钢铁厂通过认真整顿，从政治思想上拨乱反正，统一了认识，干部更加团结实干，深入生产第一线。建立了正常生产秩序，抓劳动纪律，建立岗位责任制、质量检验、设备维护、经济核算等管理制度。开展了工业学大庆运动，组织厂矿之间、车间、班组、工种之间的劳动竞赛，生产效率大大提高，全厂出现了生产发展的大好形势。

在加强基础工业上，全省重点抓了钢铁、煤炭、电力、水泥等薄弱环节，主要是挖掘企业的生产潜力，着手建设了一些重点项目。

在轻工业方面，着重发展蔗糖、烤烟生产。云南是全国蔗糖、烤烟重点产区之一，糖、烟生产的收入在全省各级财政收入和产区社队总收入中都占相当比重，是积累资金的重要来源。加速发展蔗糖、烤烟生产，对发展轻工业、提高人民生活水平都有重要意义。1977 年，仅食糖、烤烟、卷烟 3 项的税收就占全省财政收入的 42%，社队从出售烤烟、甘蔗得到的收入近 2 亿元。1978 年 1 月 25 日，中共云南省委在昆明召开全省蔗糖、烤烟生产会议，总结交流发展甘蔗、食糖、烤烟、卷烟生产经验，研究落实 1978 年至 1980 年的生产计划、措施及有关政策问题。针对发展速度慢、单产低、质量差、不平衡的问题，要求各地认真贯彻“以粮为纲，全面发展”的方针，认清粮食和多种经营互相依赖、互相促进的辩证关系，发展甘蔗既要努力提高单产，又要适当扩大面积；既要加强现有基地建设，又要有计划地开辟新的基地；既要抓好集中产区，又要抓好分散产区；既要扩大糖厂，又要搞小榨机。在烤烟生产上，要稳定面积，主攻质量，提高单产。由于中共云南省委、省革委会的重视，1978 年云南糖、烟生产继续保持增长，糖增长 5.5%，卷烟增长 16%，瑞丽糖厂等也建成投产。轻工业除发展烟、糖等优势产品外，重点抓了日用工业品和小商品的生产。

经过两年的工作，全省工业生产停滞倒退的局面迅速扭转，并得到了恢复和发展。1978 年，全省工业总产值比 1976 年增长 81.9%，主要工业产品的产量有了大幅增长。

加强对交通运输业的整顿。1975 年在贯彻落实中共云南省委 26

号文件时，全省重点整顿了铁路、公路沿线和边防一线的社会治安。但是，“四人帮”在云南的帮派分子借1976年“批邓、反击右倾翻案风”，把铁路、公安、法院作为他们篡党夺权的突破口，夺了铁路局党委的权，干扰破坏铁路运输工作。1977年1月，中共云南省委召开全省铁路治安工作会议，贯彻公安部、铁道部关于认真抓好铁路治安的通知精神，以铁路为重点，初步整顿了城乡治安秩序，打击了破坏活动，并通过充分发动群众，掀起了一个以整顿铁路治安为重点，带动全省整顿治安的新高潮。2月，省委召开全省铁路工作会议，号召全党动手，下最大决心迅速把云南铁路运输搞上去，做到畅通无阻，安全正点，多拉快跑。要求有领导、有计划地组织运输生产大会战，提前超额完成1977年的运输生产计划。4月28日，省委同意和转发了《关于全省铁路治安工作会议的情况和打击敌人、整顿治安的部署意见》，加强了全省铁路治安工作。经过整顿，从1977年3月起，全省铁路运输开始有较大回升。

加强基本建设工作。1978年，省革委会同意并执行了《云南省基本建设大包干试行办法》。《办法》规定：按国家批准的基本建设计划项目，在保证不降低生产能力或设计规模、不推迟交工日期、不突破投资总额和工业项目、不增加非生产建设比重（民用建筑不增加辅助设施）的条件下，由有关部门和单位，对建设规模、竣工日期、工程质量和投资总额实行包干。视建设项目的具体情况，从委托设计到交付使用实行全部或部分包干。包干形式可以由指挥部包干、施工企业包干、建设单位包干，也可以由县、市、地区实行包干。城市民用建筑统建部分可由统建部门或房产管理部门包干。同时，省革委会还组织开展以降低造价、提高质量、缩短工期为中心的增产节约运动。省革委会要求集中力量打歼灭战，选择一批对全局至关紧要的建设项目，集中使用人力、物力、财力，分期分批打歼灭战；认真清理在建项目，对于国家急需而又条件具备的项目，按计划确保建成，对于不急需或条件不具备的项目，下决心推迟或停建；严格执行国家规定的基建程序，并从组织上、思想上、作风上认真搞好基建队伍的整顿和建设。

财经、商贸工作的整顿

从1974年到1976年，云南省连续3年没有完成财政收入计划。1976年财政收入下降到5亿元，退到了1965年的水平。这3年，全省财政收入比计划少收了7亿元，造成了全省财政极度困难。

1977年4月18日，中共云南省委批转省财办《关于在全省财贸部门深入开展学大寨、学大庆群众运动的报告》，要求各地把财贸部门的“双学”运动与农业学大寨、工业学大庆的群众运动作统筹安排，统一部署，统一检查总结，把财贸工作搞上去。财贸部门“双学”运动主要是批判资本主义经营思想和作风，贯彻执行“发展经济、保障供给”的总方针；更好地为工农业生产服务，参与生产，扶持生产，大力支援农业、工业生产大干快上；为人民生活服务；培养一支“铁人”式的财贸队伍；开展比、学、赶、帮社会主义劳动竞赛。

为了整顿和恢复财经工作，1977年8月7日至13日，经省革委会批准，省财政局在昆明召开各地、州、市财政局长、省人民银行中心（市）支行行长会议，提出当年实现抓纲治国战略决策初见成效的目标。会后形成了会议纪要，于4月11日经省革委会同意并转发各地贯彻执行。省革委会在批语中要求各地区、各部门要狠抓扭转企业亏损、增加盈利工作；要严格财政信贷管理，严肃财经纪律。对于违犯财经纪律，情节严重，屡教不改的要报上级党委严肃处理。

随后，中共云南省委采取措施，组织全省财贸职工开展劳动竞赛，努力做好工作。组织财贸部门千方百计支援农业生产，逐队逐户地妥善安排好社员生活，保证春耕生产顺利进行。切实做好生产资料的供应，用好管好各项支农资金，保证不违农时，不误生产。坚持“以粮为纲，全面发展”的方针，积极帮助社队开展多种经营，统筹安排好各种经济作物的种植，为工业增加原料，为市场、出口增加货源。继续抓好以猪、牛、羊、禽、蛋为重点的农副产品采购，为集体和社员增加收入，支援城市和工矿区的供应。同时，组织财贸部门认真落实财政增收、超收任务，加快资金积累速度，以适应和保证国民经济发展的需要。各地各部门认真抓好企业扭亏增盈工作，认真开展财经纪律和税利上缴情况大检查，积极组织好财政收入，加强对支出管理，深入开展农业学大寨和工业学大庆的“双学”运动，加强财税队伍建设。在整顿财经工作中，根据党的发展经济、保障供给的方针，加强了对工农业生产的扶持和工农业产品特别是农副产品的购、销、调运工作。反对浪费、厉行节约工作也取得一定成效。

开展商贸工作的整顿，有步骤地系统地解决商贸经济政策方面的问题。在农副业生产上，中共云南省委召开常委扩大会议，提出政策允许的农副业生产，要予以保护；要加强计划市场管理，稳定物价，巩固社会主义经济，巩固无产阶级专政。省革委会也召开全省财贸工作会议，要求整顿集市贸易，更好地为生产、生活服务。4 月 18 日，省委批转省财办《关于加强农副产品收购工作的意见》，要求各地加强集贸市场的管理，集体生产的产品不准拿到集市出售，按政策不准上市的产品不准上市。

在物价工作上，继续贯彻“稳定市场、稳定物价”的方针和“基本不动，个别调整”的原则，纠正自由定价，变相涨价，乱定协作价和乱收费用。开展整顿物价的试点工作，做到逐步推开。

在粮油征购工作上，具体落实中共云南省委关于 1978 年至 1982 年对粮食征购任务实行“一定五年”不变，超产超购、加价、奖售的政策。为确保全省征购基数的完成，各专、州、市、县在省分配基数上增加 5% 的机动数下达到生产队；逐级核定粮食产量基数，实行超产超购、加价、奖售政策。

普及农村商业网点。1978 年全省在大队一级没有商业网点的，普遍建立农村商业网点。公社建立基层供销社，大队建立购销店，未设购销店的大队和交通不便的自然村，建立起代购代销店。店由生产队管，人由贫下中农选，资金、商品由供销社拨，执行国家规定的政策和制度，为供销社代购代销。全省逐步形成了比较健全的农村商业网，基本做到群众小买小卖不出村。

由于“左”的指导思想的影响，在恢复整顿商贸工作中，仍然坚持了一些“左”的政策。1977 年，省革委会发出《关于打击资本主义势力、加强市场管理的布告》，规定：国家实行统购统销的品种以及实行派购和统一收购的品种，一律不准上市交易；大牲畜的交易，只能在规定的牲畜市场或指定的地点进行；人民公社社员和城镇居民参加集市贸易，只限于在住地附近的集市进行，不准长途运销，转手倒卖，弃农经商。省革委会还规定全省集市的街期，一般定为 7 天一次，统一在星期日进行。

经过整顿和恢复发展，1978 年全省工农业总产值达到 95.45 亿元，按可比价格，比 1976 年增长 42.76%，其中工业总产值 55.43 亿元，增长 81.9%；农业总产值 40.02 亿元，增长 9.95%。粮食 864.1 万吨，比 1976 年增长 13.5%，烤烟增长 21.4%，甘蔗增长 13.08%，生猪增长 7.23%，都达到历史最好水平。1978 年的原煤、发电量、10 种有色金属、水泥、农用化肥、金属切削机床、拖拉机、棉纱、棉布、糖、卷烟等主要工业产品产量都达到历史最好水平。社会商品零售总额为 33.77 亿元，比 1976 年的 28.58 亿元增长 18.16%。全省工交企业摘掉了吃国家财政的帽子。1978 年全省财政收入 11.76 亿元，比 1976 年增长 1.3 倍，比历史上最高的 1973 年增长 7.8%。但是，这一阶段的工业、农业生产都还属于恢复性的增长。

由于在国民经济建设上仍然坚持追求高指标、高速度的“左”的指导思想，云南同样提出和采取了一些不切实际的要求和措施。1978 年基本建设投资达到 11.77 亿元，比 1977 年增加 3.5 亿元，资金积累率达到 34.6%①，大大高于“一五”时期 23.5% 和三年调整时期 24.7% 的水平，本就已经失调的积累与消费、农业与工业、重工业与轻工业的比例关系，不仅没有得到改善，反而进一步恶化②。

二　社会事业的初步恢复和发展

教育事业的恢复

“文化大革命”从对意识形态领域的批判开始，首先冲击了文化和

① 高治国主编：《当代中国的云南》（上），当代中国出版社 1991 年版，第 198 页。
② 当代云南编辑委员会主编：《当代云南简史》，当代中国出版社 2004 年版，第 358 页。

教育领域。“两个估计”，认为“文化大革命”前17年中无产阶级教育路线基本上没有贯彻执行，教育战线是“资产阶级专了无产阶级的政”，是“黑线专政”；原有教师队伍中的大多数“世界观基本上是资产阶级的”，“是资产阶级知识分子”。基于这种错误判断，对知识分子进行了残酷打击，严重破坏了教育事业的发展。粉碎“四人帮”后，中共中央推翻了对教育战线的“两个估计”，恢复了高考。1978年4月召开了全国教育工作会议，进一步形成了要提高教育质量、提高科学文化水平、提高人民教师的政治地位和社会地位等共识，促进了全国教育事业的恢复发展。根据中共中央和国务院对教育工作制定的方针政策，在中共云南省委的领导下，云南教育系统开展了拨乱反正工作，全省教育事业得到了恢复发展。

高等学校恢复了招生考试制度。1977年10月30日，中共云南省委召开全省高等学校招生工作会议，按照国务院批转教育部《关于1977年高等学校招生工作的意见》，对当年的招生工作作了重大改革，决定采取德、智、体全面平衡，择优录取，自愿报名，统一考试，地、州、市初选，学校录取，省招生委员会批准的方法。会议研究制定了云南省当年招生工作的简章，并对当年高等学校和中等专业学校的招生工作作了具体部署。这是云南高校恢复招生考试制度的一次重要会议。此后，中断了12年的招收研究生制度也在部分高等院校恢复。高等学校招生考试制度的恢复，不仅极大地推动了学校正常教学秩序的恢复，而且在广大学生和社会青年中迅速掀起了学习热潮，促进了社会风气的好转。

批判“两个估计”，推动文化教育事业发展。1977年12月20日，省、市宣传文教系统在昆明召开有2.5万人参加的揭批“两个估计”和“文艺黑线专政”大会，中共云南省委书记、省革委会副主任李启明在会上讲话指出，彻底批判“两个估计”是揭批“四人帮”第三战役的重要组成部分，特别是教育战线要把它作为揭批的主攻方向和主要内容；以批促干，推动教育、文艺等各项工作的迅速发展；抓紧落实党的干部政策和知识分子政策，调动一切因素，使各项事业出现空前繁荣的局面。此后，针对广大青少年受“读书无用论”和无政府主义思潮毒害严重的情况，各类学校开展了对“四人帮”鼓吹的“白卷英雄”“反师道尊严”“闹而优则仕”等谬论的批判，开展了树革命新风活动，并在青少年中进行勤奋学习、遵守纪律、热爱劳动、助人为乐、见义勇为的教育。

制定教育事业恢复发展的基本思路。1978 年 4 月 22 日至 5 月 16 日，全国教育工作会议在北京召开。邓小平在会上讲话强调，要提高教育质量，提高科学文化的教学水平，更好地为社会主义建设服务；学校要大力加强革命秩序和革命纪律，造就具有社会主义觉悟的一代新人，促进整个社会风气的革命化；整个教育事业必须同国民经济的发展要求相适应；要尊重教师劳动，提高教学质量。为贯彻落实全国教育工作会议精神，1978 年 7 月 8 日至 19 日，省革委会召开全省教育工作会议，学习讨论邓小平在全国教育工作会议上的讲话和全国教育工作会议精神。这次会议研究制定了全省教育事业恢复发展的基本思路：抓纲治校，整顿学校；以提高教育质量为中心环节，努力办好一批重点学校；加快发展边疆民族教育和各类教育事业，制定全省教育发展的初步规划，使云南教育事业与国民经济发展的要求相适应。会议经过讨论，认为粉碎“四人帮”以来，云南省教育战线的形势发展很快，工作取得很大成绩，但是林彪、“四人帮”的流毒和影响还没有肃清；当前最主要的任务是要深入揭批林彪、“四人帮”，打好第三战役，让广大干部和师生真正懂得，无产阶级的教育事业也有自己的质量标准，每个学校都必须讲求提高教育质量，学校应当以教学为中心，学生必须以学习文化科学知识为主；揭批中要注意落实知识分子政策，凡是强加在广大师生身上的诬蔑不实之词，都要推翻，冤、假、错案都要平反昭雪；结合“双打”，严惩“文化大革命”中的打砸抢分子，促进教育大治快上。会议还研究了搞好学校整顿、提高教育质量和各级各类学校的发展等问题。

全省教育工作会议后，各高等院校在“文化大革命”前设置的专业基本得到恢复，部分专业根据云南经济社会发展需要进行了调整。1978 年 5 月后，各高等院校取消了党的核心领导小组和革命委员会，恢复了党委领导下的校长分工负责制。1978 年 10 月中共云南省委召开高等院校负责人座谈会，对提高教育质量和加强科研、后勤工作等问题作了研究讨论。此后，全省高校逐步采取措施补充了教师，加强教师业务水平的培训和提高，努力改善设备和资料条件，加强后勤管理，让教师把力量集中在教学和科研上，调动了教师的积极性。

这一期间，还恢复了云南艺术学院。一些搬迁不当的院校重新搬回原址，如“文化大革命”中先由昆明搬至宾川县、后又搬至寻甸县、7年没有招生的昆明农林学院，重新搬回昆明。恢复和新建了邮电、电力等一批中等专业学校。成人教育也逐步发展起来。

为解决基础教育师资严重不足和教学质量低的问题，1977年和1978年先后成立了曲靖、保山、大理、蒙自、昭通、思茅6所师范专科学校，开办了大批教师进修学校和进修班。

对中小学，省教育局于1977年6月29日提出云南省中小学学制和课程设置试行意见。同时，省教育局还组织各地、州、市教研骨干教师，研讨中小学教学大纲和教材。

民族地区一些受群众欢迎的办学形式如双语（汉语、民族语）教学等，也开始恢复。1978年7月12日，德宏州恢复了在“文化大革命”中被停止了的本民族语文的学习，全州民族小学有80%开设了傣文课和景颇文课。中共云南省委批准云南民族学院增设历史系和数学系；批准云南省中学教师进修学校改为云南教育学院。全省9所高校恢复教师职称及评审工作。

向科学技术现代化进军

中共中央对科技和教育领域的拨乱反正是同时进行的。1977年5月12日，邓小平在同中国科学院的两位负责同志谈话时，提出了科技战线拨乱反正的指导方针。5月30日，为了动员全国科技界向科学技术现代化进军，中央政治局会议决定召开一次全国科学大会，对“文化大革命”前17年的科学工作和知识分子工作作一个正确估计，统一思想认识；对人民有贡献的科学家要给予奖励，把大家的积极性调动起来。

根据中共中央对科技战线拨乱反正的指导方针，云南各级党委把恢复和发展科技工作提上议事日程。1977年6月30日，中共云南省委召开向科学技术领域进军广播大会，全省县以上机关和各行各业的干部、工农群众、工程技术人员、科研工作人员、教师、医生、厂矿技术革新小组和农村科技小组成员等100多万人收听了广播。会上传达了中共中央关于科技工作的指示，中共云南省委要求各级党委要加强对科技工作的领导，制定科技事业发展规划，提出奋斗目标，把云南科技事业发展起来。

1977年9月18日，中共中央发出关于在1978年春召开全国科学大会的通知，要求各级党委抓紧落实党的知识分子政策，抓紧搞好各级领导班子的整顿，迅速恢复被撤掉的科研机构，恢复科研人员的技术职称，建立考核制度，实行技术岗位责任制。10月29日，中共云南省委通知全省各地、各部门，学习贯彻《中共中央关于召开全国科学大会的通知》，要求立即着手整顿和充实科研机构的领导班子；落实知识分子政策，保证科研人员每周有六分之五的业务工作时间；普遍建立四级农科网；加强厂矿先进科学技术的交流工作；清理解放以来的重大科研成果，及时推广和普及运用。

1978年3月18日至31日，全国科学大会在北京隆重举行。邓小平代表中共中央在大会上作重要讲话，强调发展科学技术对实现四个现代化的重要意义，他着重阐述了科学技术是生产力这个马克思主义的观点，明确肯定我国知识分子是为社会主义服务的脑力劳动者，是劳动人民的一部分。会后，全国上下掀起了向科学技术现代化进军的热潮。4月13日，云南省、昆明市召开有5000多人参加的向科学技术现代化进军动员大会，号召全省各地认真贯彻全国科学大会精神，打一场向科学技术现代化进军的人民战争，尽快把云南的科学技术搞上去；认真加强党对科学技术工作的领导；农村要大搞科学种田，厂矿企业要围绕生产薄弱环节开展技术革新活动，并抓好企业管理。

1978年11月17日，云南省召开科学技术工作会议，对全省科学技术8年发展规划纲要和1979年的计划进行了认真的讨论。强调要大力加强农业科技工作，包括尽快解决云南水利资源的综合开发和合理利用中的技术问题，尽快研究解决以改造红土壤为主的低产田地的技术措施，广开有机肥源，加强培育农作物的优良品种，在短期内研究出农作物病虫害防治和低温冷害的防御技术，积极进行农业资源的调查研究和建立农业现代化综合科学实验基地等；工业交通方面，要着重抓好轻工、能源、材料和交通运输等重要领域的科学研究工作。会议还强调要抓好科技工作管理的科学化和现代化；抓紧对科研机构的整顿；认真落实知识分子政策，加强科技工作队伍的建设；抓好科技成果的推广应用和加强党对科学技术的领导。

在中共云南省委的重视和支持下，“文化大革命”中被撤销和合并的科研机构逐步恢复。中国科学院昆明分院于1978年恢复建立；云南省科学技术协会和各自然科学专门学会恢复并开展活动；工交战线各厅局的科研机构陆续恢复；云南省历史研究所作为全省重要的社会科学研究机构。在“文化大革命”中由云南大学代管，1978年得到恢复单独建立。

全省各级党委在落实党的知识分子政策方面做了大量工作。“四人帮”及其帮派势力强加在知识分子身上的诬蔑不实之词已被推倒，一些冤假错案得到了平反昭雪。恢复了科技人员职称的评定制度。截至1978年5月底，全省有1337人恢复了研究员、讲师、工程师以上职称，1030人被晋升和授予了助理研究员、讲师、工程师等职称。一些地区、单位的党组织采取措施，保证科研、教育人员钻研业务的时间，改善其工作和生活条件，努力为他们解除后顾之忧。被下放到农村的科研人员，经过落实政策，陆续返回原单位开展工作。

针对科技人员用非所学、浪费人才的问题，1978年5月26日，中共云南省委发出通知，要求抓紧解决科技、教学人员用非所学问题。决定组织力量进行一次普查，边调查，边落实。要求对确有真才实学而用非所学的科技、教学人员，坚决、迅速地把他们调到科技、教学岗位上来；尚能工作而已退休的科技、教学骨干，如果他们提出要求，应准予复职；对于学有专长而未安排工作的科技、教学人员，应采取适当措施予以安排；对于原来一直顶班生产劳动的大学毕业生，应很快调整归队；对大学毕业生的分配，要坚持“学用一致，专业专用”的原则，做到专业对口。通知发出后，全省很快就解决了2000多名科技人员用非所学的问题。11月14日，省委根据各地开展工作情况，又下发了《关于解决科技人员用非所学的意见》，提出了用非所学科技人员的调整原则和具体的调整办法措施。决定省委科技人员用非所学调整领导小组下设办公室，负责处理日常工作。同时，省委要求各级党委都应有一位主管书记挂帅，并设立相应机构或指定专人专管这项工作。

党对科技工作的高度重视和科技工作的恢复发展，激发了科技工作者的工作热情和创新意识。1978 年全省取得了 600 多项科技成果，其中在 1979 年 5 月召开的全省科技成果颁奖大会上得奖的有 270 多项，有的科技成果还达到了国内先进水平。

其他社会事业的恢复和发展

在文化工作方面，通过揭批林彪、“四人帮”的罪行，党的文化政策得到了落实。1977 年底中共云南省委组织批判了“文艺黑线专政”的谬论，并要求全省迅速恢复发展文化艺术工作。在落实知识分子政策中为受迫害的文艺工作者平反昭雪、落实政策。同时，还为被诬蔑为“封、资、修”货色的 26 部电影、30 多部中长篇小说和诗集以及一大批民族民间文艺作品恢复名誉。1978 年 8 月 21 日，云南恢复上演《望夫云》等 4 出滇剧，花灯《十大姐》等 4 出地方传统剧目。1978 年 10 月 1 日，遭受林彪、“四人帮”禁锢 10 年之久的《五朵金花》影片在昆明市各大电影院重映。《五朵金花》是 1959 年长春电影制片厂制作的国庆 10 周年献礼影片，它以喜剧的形式生动反映了云南白族人民在 1958 年生产建设中的风貌，受到各族人民的喜爱，曾先后在 56 个国家上映，荣获第二届亚非电影节“最佳电影奖”。周恩来曾称赞这一影片反映了美好的生活、美好的人民。“文化大革命”期间，这一影片被诬蔑为“恶毒攻击三面红旗”“尽是吃喝谈恋爱”，定为“一株大毒草”，禁止放映，作者和演员都受到迫害和打击，编剧之一的赵季康被揪斗游街示众，另一编剧王公浦被多次批斗，演员杨丽坤精神上受到长期折磨。影片重映后，中国作家协会昆明分会专门召开座谈会，为《五朵金花》影片恢复名誉。1978 年 5 月 29 日省文学艺术工作者第三次代表大会召开后，中共云南省委邀请新当选的省文联和各协会领导人、出席文代会的代表团负责人以及作家、诗人、歌唱家、画家、演员等 50 多人座谈，勉励文艺界继续深入揭批“四人帮”，坚决推倒“文艺黑线专政”论，抓好文艺创作，加强文艺队伍团结，努力培养新生力量，使云南文学艺术出现繁荣局面。

在卫生工作方面，1978年1月，云南省卫生工作会议召开，明确了卫生工作的方向。会后，全省各级党委加强对卫生工作的领导，集中揭发批判林彪、“四人帮”及其在云南的帮派体系破坏卫生战线工作的罪行，基本澄清了被林彪、“四人帮”搅乱的卫生战线的一些大是大非；积极贯彻预防为主的方针，广泛深入持久地开展爱国卫生运动；认真整顿医院，陆续推行党委领导下的院长负责制，逐步恢复医院的正常工作秩序；认真落实党的知识分子政策，加强医学科学研究工作；认真抓好计划生育工作，在1978年11月24日至28日召开的全省计划生育工作会议上，对城镇、工矿、企事业单位、内地农村和人口稀少的边疆民族地区，分别提出人口规划指标。

在体育工作方面，1977年举行云南省各族贫下中农篮球赛，共12个民族、234名运动员参加比赛。召开全省学校体育工作座谈会，成立省体育科学研究所，在昆明举行了全国手枪射击比赛。随着各类体育活动的恢复，1978年6月，举行云南省第五届运动会。云南体育工作逐步得到了恢复发展。

三　实现历史性的伟大转折

粉碎“四人帮”以后，随着拨乱反正的展开，全国局势逐步稳定。提前召开党的第十一次全国代表大会，确定党的工作方针，已经势在必行。1977年3月召开的中央工作会议通过了关于提前召开党的十一大的决定。7月16日至21日，在北京召开的中共十届三中全会，批准了这一决定。

中共云南省委坚决贯彻执行中共中央制定的各项决策，1977年3月召开省委常委扩大会议，传达中央工作会议精神。7月24日，省委和昆明军区党委在昆明召开有50万军民参加的集会，庆祝和拥护中共十届三中全会关于追认华国锋为中共中央主席、中央军委主席的决议；恢复邓小平为中共中央委员，中央政治局委员、常委，中共中央副主席，中共中央军委副主席，国务院副总理，中国人民解放军总参谋长的职务的决议；永远开除王洪文、张春桥、江青、姚文元的党籍、撤销其党内外一切职务的决定和关于召开党的第十一次全国代表大会的决定。会后举行了庆祝游行活动。7月26日至8月4日，省委又召开地、州、市干部会议，昆明军区党委同时也召开师级以上干部会议，传达贯彻中共十届三中全会精神。

1977年8月12日至18日，中国共产党第十一次全国代表大会在北京召开，宣告“文化大革命”结束，强调要调动党内外、国内外一切积极因素，团结一切可以团结的力量，为在20世纪把中国建设成为伟大的社会主义现代化强国而奋斗。8月21日，昆明地区10万军民在昆明市东风广场举行集会，庆祝党的十一大和十一届一中全会召开，会后举行庆祝游行活动。9月20日至30日，中共云南省委召开云南农业学大寨会议，进一步传达学习党的十一大精神。

1978年7月6日至9月9日，国务院召开务虚会，专门研究如何加快我国现代化建设速度的问题。李先念在这次会议上作了总结讲话，他指出：实现四个现代化，这是一场根本改变我国经济和技术落后面貌的伟大革命，这场革命既要大幅度地改变目前落后的生产力，也就必然要多方面地改变生产关系，改变上层建筑①。10月6日，中共云南省委印发了李先念的讲话，要求全省组织学习，并认真贯彻落实。

1978年11月10日至12月15日，中央工作会议在北京召开，决定会后将召开党的十一届三中全会，进一步确定全党工作重点转移后的方针和任务。在这次会议的闭幕会上，邓小平作了《解放思想，实事求是，团结一致向前看》的重要讲话，为即将召开的党的十一届三中全会明确了指导思想，指明了党在今后的主要任务和前进方向。1978年12月18日至22日，中国共产党第十一届中央委员会第三次全体会议在北京召开。这次会议开始全面认真纠正“文化大革命”及其以前的“左”倾错误，坚决批判了“两个凡是”的错误方针，充分肯定了必须完整、准确

① 中共中央党史研究室：《中国共产党历史》第二卷（1949—1978），中共党史出版社2011年版，第1047—1048页。

地掌握毛泽东思想的科学体系，高度评价了关于真理标准问题的讨论，确定了解放思想、开动脑筋、实事求是、团结一致向前看的指导方针，果断停止使用“以阶级斗争为纲”的口号，作出了把党和国家工作中心转移到经济建设上来、实行改革开放的历史性决策。这次全会结束了粉碎“四人帮”之后的两年中党的工作在徘徊中前进的局面，实现了新中国成立以来党的历史性的伟大转折，开启了我国改革开放历史新时期。从此，党领导全国各族人民在新的历史条件下开始了新的伟大革命[①]。

党的十一届三中全会的精神极大地鼓舞了云南各族人民。1978 年 12 月 23 日晚，党的十一届三中全会公报通过电波迅速传遍了云南高原的村村寨寨。24 日，《云南日报》头版全文刊登党的十一届三中全会公报。全省各级党委先后召开各种会议，学习贯彻全会精神。全省各族人民决心响应党中央的号召，把工作重点转移到社会主义现代化建设上来，同心同德，鼓足干劲，全力以赴，为早日把我国建设成为现代化强国而奋斗。1978 年 12 月 26 日至 28 日，中共云南省委召开常委扩大会议，贯彻党的十一届三中全会精神。会后不久，省委召开全省县委书记会议，传达学习党的十一届三中全会和中央工作会议精神，会议认真讨论了云南省如何把党的工作重点转移到社会主义现代化建设上来的问题，以及如何加快发展云南农业的问题。会议提出，要对党的十一届三中全会精神开展一次大的学习和宣传运动；要解放思想，开动机器，打破思想僵化和半僵化状况，继续广泛深入地进行实践是检验真理的唯一标准的讨论和教育；要善始善终地结束揭批林彪、“四人帮”运动；搞好各级领导班子建设；尽快把农业搞上去；加强党的领导，使各级党委的工作适应工作重点的转移。

通过贯彻落实党的十一届三中全会精神，云南肃清长期“左”倾错误的干扰和影响，实现了政治路线、思想路线和组织路线的拨乱反正，工作重点转移到了社会主义现代化建设上来，全省出现了安定团结的政治局面。在政治上，开始全面认真纠正“文化大革命”及其以前的“左”

---

① 中共中央党史研究室：《中国共产党历史》第二卷（1949—1978），中共党史出版社 2011 年版，第 1061 页。

倾错误，开展批判“两个凡是”的错误方针，充分肯定了必须完整、准确掌握毛泽东思想的科学体系，认真开展了关于真理标准问题的讨论，确定了解放思想、开动脑筋、实事求是、团结一致向前看的指导方针，果断停止使用“以阶级斗争为纲”的口号，把党的工作中心转移到经济建设上来，实现了改革开放的历史性转折。在经济上，以“农业学大寨、工业学大庆”运动为抓手，大力加强基础设施建设，探索多种形式的生产责任制，积极发展多种经营的方针，加强对交通运输业的整顿，调动了广大人民群众的生产积极性，农田、水利、化肥、农机基础建设迅猛发展，钢铁、煤炭、电力、水泥基础工业建设产值达到历史最好水平，蔗糖、烤烟等轻工业保持持续增长，以西双版纳为重点的环境保护逐步恢复，财政收入增长很快。在社会事业建设上，肃清了“四人帮”抛出的教育战线“两个估计”的流毒，恢复了高等学校招生考试，极大地推动了学校恢复正常教学秩序，加快了高等教育建设的步伐。推动了科技领域的拨乱反正和科学技术发展纲要的实施，激发了科技工作者的工作热情和创新意识，科技成果层出不穷。批判了文化领域“文艺黑线专政”的谬论，恢复了一大批文艺作品的名誉，繁荣了云南文学艺术创作的局面。卫生战线积极贯彻预防为主的方针，广泛开展深入持久的爱国卫生运动，抓好计划生育工作，逐步恢复了医院正常工作秩序。

中共云南省委从云南实际出发，创造性地贯彻落实党的十一届三中全会精神，深化改革开放，全面推进各项工作，成功地走出了一条具有云南特色的改革开放之路，社会主义现代化建设取得了辉煌成就。

结束语

云南社会主义革命和建设的辉煌成就及基本经验

从1950年2月24日云南解放，到1978年12月党的十一届三中全会开启改革开放的新征程，中共云南省委在中共中央的领导下，带领全省各族人民进行社会主义革命和建设的艰辛探索和实践，历时近29年。这29年，是中共云南省委坚持以马克思列宁主义、毛泽东思想为指导，探索适合云南省情的社会主义革命和建设道路的历史，是全省各族人民为社会主义事业不懈奋斗并取得伟大成就的历史，是全省各级党组织加强自身建设、经受各种考验而不断发展壮大的历史。这是波澜壮阔而又艰难曲折的29年，是各族人民以主人翁的姿态意气风发，发愤图强，取得伟大成就的29年，是云南边疆建立社会主义制度实现历史性跨越的29年。

中国共产党的领导实现了云南边疆巨大的历史跨越

云南解放后，中共云南省委在中共中央的领导下，团结带领全省各族人民，开展了广泛而深刻的社会变革，实现了云南边疆巨大的历史跨越。

第一，建立人民政权，实现了人民当家作主。中共云南省委成立后，领导建立了全省各级人民政权，各族人民开天辟地地实现了当家做主人，开始了建设自己幸福家园的新生活。在29年社会主义革命和建设的历史中，省委不断加强人民政权的建设，巩固人民当家作主的地位，赢得了各族人民群众的拥护和支持，显示出了人民政权的强大生命力。在建立和巩固人民政权的工作中，一大批各民族的优秀共产党员舍生忘死、不懈奋斗，付出了鲜血和生命的代价。他们为人民事业无私奉献的精神永远值得我们怀念，他们视人民利益高于一切的思想品格永远值得我们学习。人民政权的建立，为云南建立社会主义制度奠定了基础。

第二，完成以土地改革为中心的民主改革，从根本上铲除了剥削制度赖以存在的经济根基。“耕者有其田”，这是千百年来中国农民群众的良好愿望，但是，只要剥削制度存在，这个良好的愿望就不可能实现。新中国成立前的云南边疆，存在着原始社会末期、奴隶社会、封建社会等不同的社会形态，各族人民遭受沉重的阶级剥削和压迫。随着云南解放后人民政权的建立，中共云南省委领导各族人民开展了声势浩大的土地改革运动，坚持“慎重稳进”的方针和分类指导的原则，在经济相对发达的平坝地区，以大规模群众阶级斗争的方式进行土地改革；在多民族杂居的内地山区，注重民族团结，谨慎地进行土地改革；在内地与边疆之间的缓冲地区，以比较温和的政策和更利于取得广泛社会支持的方式进行土地改革；在边疆民族地区实行和平协商土地改革和“直接过渡”的民主改革方式，由不同的社会发展形态过渡到社会主义，这是云南社会变革和历史进步的巨大飞跃。以土地改革为中心的民主改革的完成，彻底打碎了剥削制度赖以存在的经济基础，农民群众真正成为土地的主人，极大地调动起广大农民群众的生产积极性，促进了社会生产力的发展和社会进步。土地改革对云南政治、经济、文化和城乡社会都产生了极为广泛而深刻的影响，为云南农村经济社会发展和社会主义建设创造了条件。

第三，建立社会主义基本制度，实现了社会变革的千年跨越。云南解放后，在中共中央的领导下创造性地开展社会主义改造，实现由新民主主义到社会主义的转变，确立社会主义基本制度，使云南边疆各族人民从不同的社会形态，与全国一道走上了社会主义康庄大道，实现了社会变革的千年跨越。在中国共产党领导云南各族人民进行艰辛探索的历程中，逐步建立起人民代表大会制度、共产党领导的多党合作和政治协商制度、民族区域自治制度。社会主义基本政治制度的建立，是当代云南一切发展进步的根本制度保障。

第四，建立社会主义新型民族关系，实现各民族平等团结。中华民族是一个多民族的大家庭，地处祖国西南边疆的云南省，在这个民族大家庭中是最具典型的代表。全省有25个世居少数民族，有15个特有民族，有16个少数民族在4061公里的国境线上跨境居住。云南解放后，中共云南省委创造性地执行“团结第一，工作第二”的方针，坚持民族平等、团结、互助的原则，制定特殊措施，发展民族经济，发展民族文化教育事业，教育和培养了一批又一批少数民族干部，实施民族区域自治制度，促进各民族共同繁荣发展，增强了民族凝聚力，形成了汉族离不开少数民族、少数民族离不开汉族、各少数民族之间也相互离不开的民族团结进步良好局面，建立起社会主义的新型民族关系。这是一个伟大的成就，这是历史上任何朝代都无法做到的事情，这是一个只有在中国共产党的领导下才能实现的伟大跨越。

第五，坚持以马克思列宁主义、毛泽东思想为指导，树立社会主义道德新风尚。中国是一个有着上千年封建统治的国家，封建思想意识渗透中国社会的各个角落和各个阶层。共产党人的历史使命是不仅要善于破坏一个旧世界，更要善于建设一个新世界。以社会主义思想教育党员干部和人民群众，是共产党建设这个新世界的一项重要任务。中共云南省委广泛深入地组织开展了各项学习教育活动，城乡人民群众开展了扫除封建迷信，改革陈规陋习等移风易俗活动，在党员干部中培育和树立了团结奋斗、艰苦创业的思想作风，培育和树立了全心全意为人民服务的思想作风，培育和树立了实事求是、勇于创新的思想作风，培育和树立了爱祖国、爱集体、爱人民的思想作风，热爱劳动、热爱科学、热爱人民、热爱社会主义成为新的社会风尚。培养和树立社会主义思想观念，成为社会发展进步强大的思想动力。

第六，大兴科学文化卫生教育事业，荡涤旧社会遗留下来的污泥浊水。一切落后的根源都是科学文化的落后。中共云南省委重视发展科学文化教育事业，大力兴办各种形式的教育事业，组织动员人民群众学习文化扫除文盲，普及科学知识，破除陈规陋习和社会痼疾，提高全体人民的科学文化素质。在较短的时间内，遏制和消灭了烟毒、赌毒和卖淫嫖娼等社会丑恶现象，改善了社会风气。采取有力措施，大力发展医疗卫生事业，保障人民群众身体健康。曾被称为“瘴疠之地”的云南，长期受到疟疾、天花、霍乱、伤寒、血吸虫病困扰的边疆各族群众，在各级党委政府强有力的领导下，经过广大医务工作人员和人民解放军指战员的辛勤努力，有效控制了疾病的蔓延和流行，建立起遍及村村寨寨的卫生防疫和医疗体系。这是人类战胜疾病灾难的一个奇迹，这个奇迹只有在中国共产党的领导下才能变成现实。

第七，维护国防安全，确保边疆稳定。云南是祖国的西南门户，担负着维护边疆稳定，巩固国防安全，保卫祖国安宁的神圣职责。近代以来，由于国力贫弱，封建王朝腐败无能，千里边防线上有边无防，任人欺凌。云南解放后，边疆各族人民群众和中国人民解放军驻云南部队的指战员团结一心，担当起了保卫祖国西南边疆，加强和巩固边境安全的历史重任，经过数次勘界作战和剿灭土匪战斗，实现了国防安全、边疆管理有序、建设事业稳定发展、民族团结的良好局面。

第八，党的建设得到加强，执政党的地位得到巩固和提高。云南解放后，中共云南省委立足云南边疆民族地区的实际，围绕全党工作中心和工作大局，加强各级党组织建设。注重在生产一线发展党员，注重在少数民族群众中发展党员，党员队伍有了新的发展，党员的结构基本适应了形势和任务的需要。坚持党的领导，大力加强党的思想、组织、作风、制度和廉政建设，充分发挥各级党组织的战斗堡垒作用和广大共产党员在各条战线上的先锋模范作用，使党成为领导社会主义事业的核心力量，不断巩固了党在边疆民族地区的领导地位。

历史表明：中国共产党是伟大的党。中国共产党领导云南边疆实现了巨大的历史跨越，云南各族人民更加热爱中国共产党，更加坚信和坚持党的领导。

社会主义道路开辟了云南发展的光明前景

社会主义制度在中国的确立、巩固和发展，体现了中国近现代社会运动的客观规律。1840 年鸦片战争后，中国逐步沦为半殖民地半封建社会。国家四分五裂，社会动荡不已，人民水深火热。中国人民奋起抗争，救亡图存，奋发图强。在近百年的时间里，中国不同的阶级阶层和政治力量，纷纷登上政治舞台，提出并实践过各式各样的救国方案。然而，从太平天国运动、洋务运动、戊戌变法、义和团运动到辛亥革命，无数仁人志士为了国家独立，民族解放，抛头颅洒热血，前仆后继，英勇牺牲，都未能把中国从积贫积弱、任人宰割的悲惨境况中解救出来。自从有了中国共产党的领导，自从选择了马克思主义的理论指引和社会主义的发展方向，中国革命的面貌就峰回路转，焕然一新。在中国共产党的领导下，中国人民选择了社会主义，社会主义在中国大地显示出了旺盛的生命力和勃勃生机。新中国的成立和社会主义制度的建立，彻底改变了近代以来中华民族的历史命运，饱经苦难的中国人民，从此成为国家、社会和自己命运的主人，中华民族的伟大复兴有了制度保证，中国的现代化有了社会制度的基本条件。只有社会主义才能救中国，这是中国近现代历史发展得出的必然结论。

新中国成立后，在国际国内环境极为复杂的情况下，以毛泽东为主要代表的中国共产党人，从中国实际出发对建设社会主义的道路进行了艰辛探索，取得举世瞩目的巨大成就。云南解放后，云南边疆各族人民群众跟着共产党走上了社会主义道路。在这 29 年的光辉历程中，中共云南省委团结带领各族人民群众建立社会主义制度，实现了云南历史上最深刻最伟大的社会变革。各族人民在社会主义旗帜下，团结友爱，平等和谐，在进行社会主义革命和建设的伟大实践中，进行了不懈的奋斗和努力。为实现经济繁荣富强、社会发展进步、人民共同富裕的历史任务，省委带领全省各族人民艰苦奋斗、发奋图强，取得了社会主义革命和建设的重大成就。

第一，逐步建立了符合云南省情的工业体系。在国家的大力支援下，云南省各族人民发扬自力更生、艰苦奋斗的革命精神，恢复战争创伤，节衣缩食兴建了一大批电站、煤矿、铜矿等工业基础建设项目，扩建改建了钢铁生产企业，建立起了机械制造、矿山设备制造、电子加工、国防工业、化工工业、卷烟制造、制糖工业等一大批基础工业和关系国计民生的轻重工业项目，建立了符合云南实际、具有云南特色的独立的工业体系，初步改变了云南基础工业的落后状况。一大批现代化工业生产企业建成投产，填补了多项生产和技术空白，全省工业总产值不断跃上新的台阶，改变了历史上云南主要工业产品依赖外地调入和“以原料换产品”的被动局面。同时，各族人民群众以大局为重，服从国家建设大局需要，积极努力为国家提供了大量的钢铁、有色金属、稀有金属、木材、橡胶等重要战略物资，为国家的工业化建设作出了重要贡献。

第二，农业生产稳步发展。在各种灾害不断，各种政治运动不停地情况下，各族干部群众以战天斗地的革命精神艰苦奋战在农业战线，开展科学种田，保持了农业生产持续发展的势头，农村经济稳步发展。在“大跃进”和农业学大寨运动中，各族人民群众以改天换地的英雄气概，不畏艰难困苦，不怕流血牺牲，掀起了轰轰烈烈的农业生产高潮，组织开展了声势浩大的农田水利建设。一大批基本农田建设工程项目开工建设，发挥了良好的经济效益和社会效益，一些重大的工程项目，至今还在国民经济和人民生活中发挥着不可替代的重要作用，全省粮食总产量实现稳步增长。其间由于“左”倾错误的干扰和影响，也曾出现过肿病死人的严重恶性事件。但是，在党中央的关怀下，各级党委政府采取特殊措施及时救治，使类似事件得到妥善处理。各族人民群众在党的领导下，齐心协力战胜天灾人祸，农业生产保证了基本的军需民用。

第三，交通建设事业得到全面推进。云南刚解放时，交通发展滞后，没有通往国内其他省区的铁路，有半数以上的县不通公路，不通电话，物资运输全靠人背马驮，严重制约了云南的经济发展和社会进步。经过 20 多年的建设和发展，云南交通建设事业发生了翻天覆地的变化，实现了全省绝大部分县乡通公路，县县乡乡通电话。建成“西南交通大动脉”——成都至昆明、贵阳至昆明两条连接祖国内地的铁路干线，成为云南边疆与祖国内地紧密联系的钢铁纽带。开通了昆明至缅甸仰光国际航空线路，打破了帝国主义的封锁包围，为新中国对外交往事业的发展发挥了重要作用。交通运输事业的快速发展，公路、铁路、水运、航运交通网络的建成，密切了云南边疆与全国各地的沟通联系，大大推动了云南边疆的经济发展和社会进步。

第四，人民生活水平逐步改善和提高。云南解放后，在党的领导下，国家从财力、物力、人力多方面加大对边疆民族地区的支持力度，建立起新的经济秩序，恢复发展国民经济，建立了具有边疆民族特点的工农业生产体系，提高了工农业生产水平，各项生产建设捷报频传。科学技术、文化教育、医疗卫生、社会事业得到发展，人民群众思想道德素质和科学文化素质有了提高，良好的社会风气和健康文明生活方式逐步形成，边疆各族人民的物质文化生活水平得到明显改善，改变了云南经济社会发展的落后面貌。

这些重大成就和社会进步，从根本上改变了云南各族人民的前途命运，为云南的发展进步奠定了坚实的制度基础和物质基础。这是云南解放后党在云南 29 年革命和建设中的本质和主流。但是，由于社会主义运动的历史不长，没有成功的经验可以借鉴，没有现成的模式可以仿效，加之教条式地理解社会主义，对社会主义的发展规律认识不够深刻，在前进的道路上遭遇了挫折，付出了代价。挫折与失误给了我们深刻的教育和警示，中国共产党勇于承认和纠正工作中的缺点和错误。通过总结反思，中国共产党及时纠正了错误，拨正了前进的航向，各族人民在社会主义道路上阔步前进。

历史表明：社会主义是中国的必然选择，社会主义道路开辟了云南发展的光明前景。社会主义革命和建设在云南的辉煌成就充分显示了社会主义制度的优越性。历经磨难，云南各族人民更加坚信只有社会主义才能救中国、富中国、强中国，更加坚定了走社会主义道路的信念。

党领导云南各族人民在探索发展中积累了宝贵经验

在中国共产党的领导下，中共云南省委带领全省各族人民，立足实际，锐意进取，勇于探索，大胆实践，在社会主义革命和建设中积累了宝贵经验。

第一，必须坚持以经济建设为中心。云南的基本省情是集边疆、民族、山区、贫困四位一体，处于社会主义初级阶段的低层次，发展的任务十分艰巨。贫穷不是社会主义。必须坚持党的以经济建设为中心的基本路线，紧扣发展不够快、发展不充分、发展不协调、发展不平衡的实际，排除一切干扰，加快经济建设，加快发展步伐，大力发展社会生产力，努力改善人民群众的物质文化生活，努力实现好、维护好、发展好人民群众的切身利益，增强人民群众的幸福感。

第二，必须坚持改革开放。改革开放是强国之路，改革开放为建设中国特色社会主义提供强大动力。社会主义革命和建设时期高度集中的计划经济体制和封闭半封闭的社会形态严重制约了云南经济社会的发展。加快云南发展必须坚持解放思想，实事求是，与时俱进，高举中国特色社会主义伟大旗帜，改革创新，以更大的决心和勇气，构建全方位、多层次、宽领域的开放格局，把云南沿边地缘优势转化为经济发展优势。

第三，必须大力发展社会主义民主政治。坚持依法治省，充分发挥人民代表大会制度的优越性，努力实现人民当家作主，是社会主义民主政治建设的重要任务。经验和教训告诉我们，民主政治建设关系国家的前途命运，关系经济社会发展的速度和质量。民主政治建设受到干扰和破坏，经济建设和社会发展就会遭受挫折和损失。必须坚持党的领导、人民当家作主、依法治省的有机统一，巩固人民民主专政，加强社会主义民主政治建设，使民主制度化、法律化，积极稳妥推进政治体制改革，不断推动社会主义制度的自我完善和自我发展，坚定不移走中国特色社会主义政治发展道路。

第四，必须努力构建社会主义和谐社会。云南是一个多民族的边疆省份，促进民族团结、实现共同进步，关系全省发展稳定大局。要牢牢把握各民族共同团结奋斗、共同繁荣发展的主题，坚持中国共产党领导的多党合作和政治协商制度，坚持和完善民族区域自治制度，巩固和发展各民族和睦相处、和衷共济、和谐发展的良好局面。必须全面贯彻执行党的民族政策和党的宗教工作基本方针，巩固发展爱国统一战线，巩固发展全省各族人民的大团结，调动一切积极因素建设社会主义和谐社会。

第五，必须大力发展社会主义先进文化。社会主义先进文化具有团结教育人民群众的巨大凝聚力和无限的创造力。中共云南省委坚持以马克思列宁主义、毛泽东思想为指导，结合边疆民族实际培育了许多富有时代特色的民族精神，推进了各项建设事业的发展。历史证明，必须坚持以马克思主义为指导，坚定社会主义理想信念，继承和弘扬优良传统，倡导和树立正确的世界观、人生观和价值观，大力发展社会主义先进文化，建设社会主义核心价值体系，巩固各族人民团结奋斗的共同思想基础，强化各民族团结进步的精神纽带，弘扬民族精神和时代精神，增强云南各族人民团结奋进的精神力量。

第六，必须坚持和改善党的领导。中国革命和建设的历史已经证明：没有共产党就没有新中国，没有共产党就没有中国的现代化，就没有中国的繁荣富强。云南社会主义革命和建设的历史也充分证明了这个真理。为了中华民族的伟大复兴，为了各族人民的幸福生活，必须按照“立党为公、执政为民”的本质要求，牢牢把握加强党的执政能力建设和先进性建设这个重点，围绕党的思想、组织、作风、制度和反腐倡廉建设，全面加强党的建设，提高执政能力和领导水平，密切党和人民群众的血肉联系，以优良的党风政风，保证科学发展观真正落到实处，推动云南经济社会发展不断迈上新的台阶。

第七，必须坚持党的实事求是的思想路线。实事求是是马克思主义的精髓。理论联系实际，尊重客观规律，坚持一切从实际出发，是我们做好一切工作的基本原则。任何时候都要坚持党的实事求是的思想路线，立足云南边疆地区民族众多的实际，摒弃教条主义的思维方式和工作方式，站在人民群众的立场上分析问题，谋求发展。始终坚持党的群众路线，从群众中来，到群众中去，从人民群众的伟大实践中汲取智慧和力量，推动云南社会主义建设事业不断前进、不断发展。

实践证明：中国共产党有着蓬勃的生命力，有着坚持真理、修正错误的磊落胸怀和政治品格。云南各族人民在经历风雨之后，更加坚定地拥护中国共产党的领导，更加坚信社会主义的前途光明。只有共产党的领导，才能实现云南边疆各族人民共同团结进步和共同繁荣发展，只有社会主义才是云南边疆胜利前进的正确道路。党的十一届三中全会开启了改革开放的新征程，在中共中央的正确领导下，中共云南省委带领全省各族人民开始了改革开放新的伟大征程，社会主义现代化建设事业迎来了新的建设高潮，中国特色社会主义建设事业在云南边疆进入了一个全面发展的新时代。

后　记

经过多年辛勤努力,《中国共产党云南历史》第二卷(1950—1978)(以下简称《二卷》)付梓出版,奉献给全省党员干部和广大读者。

研究和编写中国共产党云南历史,是中央党史和文献研究院及中共云南省委的要求,也是云南省委党史研究室承担的一项基本任务。2001年6月,《中共云南地方史第一卷(1926—1950)》出版发行后,省委党史研究室根据省委的要求把工作重点转移到社会主义时期党史资料体系建设和专题研究上来,先后完成了《"大跃进"运动(云南卷)》《云南"文化大革命"运动纪实》等一批专题资料的编纂出版工作,为编写《二卷》打下了扎实基础。2006年,《二卷》编写工作列入全省党史工作"十一五"规划,又相继编纂出版了《云南剿匪斗争》《云南土地改革》《云南"四清"运动》《云南整风运动》《云南知识青年上山下乡运动》等专题资料和宋任穷、刘明辉、普朝柱、梁家、王镜如、刀国栋、祁山等一批老领导的回忆录及工作文集。2011年1月,由中共中央党史研究室编著的《中国共产党历史》第二卷(1949—1978)出版发行,为编纂《二卷》创造了条件。

2011年初,省委党史研究室正式启动了《二卷》编纂工作。由于《二卷》属于党史基本著作,是政治性、理论性、权威性很强的研究专著,在史料建设和编写人员的政治素质、理论水平、党性原则、文字功底等方面都有较高要求。1950年2月至1978年12月这一段历史,既是党结合云南边疆民族地区的实际,艰苦探索社会主义建设道路的历史,也是云南各级党组织经历艰难曲折,克服各种干扰,不断推进经济社会发展的历史,涉及重大事件、政治运动和社会关注的敏感问题较多,编撰工作难度较大。在编写组的艰辛努力下，耗时近3年，数易其稿，于2013年9月形成《二卷》讨论稿。此后，经征求全省党史部门的意见，在政治、史实、体例、文字等方面对初稿进行了认真审改，到2014年4月，形成了征求意见稿，并报经中央党史研究室审定通过。

中共云南省委十分重视《二卷》的编写工作。分别在2006年和2011年，省委办公厅转发的全省党史工作“十一五”“十二五”规划中对编写《二卷》提出了明确要求。2010年11月，省委下发的《贯彻〈中共中央关于加强和改进新形势下党史工作的意见〉的实施意见》，强调把编写出版地方党史基本著作作为着力点，深化党史研究，准确记载和反映党的历史。省委领导加强对编写工作的领导，先后多次听取《二卷》编写的工作汇报，并作出具体指示。于2014年7月成立了以省委主要领导为主任，省委党建工作领导小组为成员单位，由成员单位分管领导组成的《二卷》编委会，编委会办公室设在省委党史研究室。8月，省委召开了编委会第一次审稿会议。根据编委会的要求，省委党史研究室将125份征求意见稿分别报送26位在职省级党员领导干部、4位中直机关在滇省级领导、46位省级离退休党员老领导，省委办公厅、省委各部门、省人大办公厅、省政府办公厅、省政府各部门、省政协办公厅、省高院、省高检、省军区、各人民团体、部分高校等42家单位，以及14名专家学者广泛征求意见，并以编委会名义召开了3次征求意见座谈会。在充分吸纳意见的基础上进行修改，形成送审稿。2015年11月，省委召开了《二卷》编委会第二次审稿会议，进一步提出修改意见。2016年5月，省委常委、省委秘书长李邑飞在全省党史研究室主任会议上进一步要求，加快《二卷》编写审定工作。2016年10月，省委召开了《二卷》编委会第三次会议，专题审定送审稿。省委常委、省委秘书长李邑飞主持会议，经过讨论，编委会原则通过了审定意见。此后，按照省委出精品的要求，省委党史研究室又组织相关人员对送审稿作了进一步的修改完善，最后形成终审稿。2017年4月25日，中共云南省委常委会第十八次会议审定《二卷》，省委书记、省人大常委会主任陈豪主持审定，并作重要讲话，同意《二卷》修改完善后正式出版发行。同时，本书还遵照有关规定，报国家新闻出版署审核。此后，以省委书记、省人大常委会主任陈豪为主任，以省委副书记、省长阮成发，省委副书记李秀领，省委常委、省委秘书长刘慧晏为副主任的《二卷》编委会领导再次对《二卷》的审改及出版发行工作提出指导性意见。至此，历经 8 年，《二卷》终告付梓。

《二卷》从云南解放至党的十一届三中全会召开，历经 29 年的历史，约计 60 万字。全书编写坚持以马克思列宁主义、毛泽东思想、邓小平理论、“三个代表”重要思想、科学发展观、习近平新时代中国特色社会主义思想为指导，以《中共中央关于建国以来党的若干历史问题的决议》《中共中央关于加强和改进新形势下党史工作的意见》《中国共产党历史》第二卷（1949—1978）及党的十一届三中全会以来党的历次重要会议和中央领导同志有关重要论述，特别是习近平总书记关于党史的重要论述为根本遵循，坚持辩证唯物主义和历史唯物主义史观，坚持党的实事求是的思想路线，坚持“两个不能否定”，突出云南特点，力求全面、系统、准确地记述 29 年间党领导云南各族人民进行社会主义革命和建设的历史进程，充分反映光辉成就，认真总结挫折教训，深入探索执政规律，以史鉴今，资政育人，为统筹推进“五位一体”总体布局、协调推进“四个全面”战略布局，深入贯彻落实新发展理念，实现云南高质量跨越式发展服务。

根据党史基本著作的体例，《二卷》以编年体为主，纪事本末体为辅，总体上按年代顺序排列编章，以时间为主线叙述历史，适当兼顾历史事件的完整性，纵向推进，横向展开，以较好地反映历史发展的脉络和概貌。但为了突出特点和重点，部分章节采用了纪事本末体写法，如睦邻友好、民族工作、党的建设等方面的内容。

《二卷》的编写基本遵循以下原则：

第一，坚持党性与科学性相结合的原则。坚持党史姓党，把党性原则作为必须坚持的首要原则。对重大历史问题的评价，坚持以《中共中央关于建国以来党的若干历史问题的决议》为依据；对敏感问题和尚有争议的历史问题，注重核准史实，分清是非，本着严肃、慎重和“宜粗不宜细”的原则来表述；既秉笔直书，又注意有利于维护团结，维护党的形象，维护社会的稳定。

第二，坚持实事求是的原则。《二卷》所涵盖的29年历史，是一个正确与失误、成绩与挫折相互交织、教训与经验相生相伴的历史时段。我们始终把握实事求是、客观记述的原则，对历史资料以科学的态度深入研究，反复考证，舍粗取精，去伪存真。既客观记述党在开拓探索过程中出现的失误，真实反映历史原貌，又结合具体历史背景作具体分析，溯本求源，澄清史实，解疑释惑。

第三，坚持科学把握主流和本质的原则。《二卷》的关键是科学把握这段历史的主流和本质，既要充分肯定党领导云南社会主义革命和建设取得的伟大成就，又要正确看待党在前进道路上出现的失误和曲折。错误与成就相比，成就是主要的。我们在撰写中始终强调这29年历史是党领导云南人民完成了有史以来最为广泛而深刻的社会变革的历史，是为当代云南取得一切发展进步奠定了根本政治前提和制度基础的历史，是为云南富强、人民生活富裕奠定了坚实基础的历史，是使党的理论方针政策与云南实际相结合并取得创新发展的历史，是云南各级党组织加强自身建设、经受各种考验而不断发展壮大的历史。

第四，坚持突出云南特色的原则。云南社会主义革命和建设的历程，既有与全国共性的一面，又有从云南自身实际出发，在边疆民族地区建设社会主义的鲜明特色。在编写过程中我们在全面反映全国社会主义建设主线的前提下，在谋篇布局及文字处理上，突出云南特点，体现云南特色。

参与本书编纂大纲及专题资料征编工作的有：王元辅、梁宗华、赵晓澜、钟世禄、侯兴福、魏先忠、侯明森、杨泽宇、卓人政等同志。参与本书写作的人员有，第一编：何燕、张晖；第二编：马进卫；第三编：杨新旗；第四编和结束语：杨林兴。杨军、应细飞、陈祖英参与部分章节初稿撰写。贺光辉参与照片征集。罗永林、马进卫、何燕、邓启贵参与了书稿的初步统稿。杨林兴对书稿的送审稿和终审稿进行统稿，并负责组织该书的撰写和修改。杨毅统筹书稿前期的编纂和审改，沈向兴主持书稿的审定，苏红军组织了最终的审校出版。省委党史研究室二处承担了主要编写任务和联系协调，研究室其他处室为本书的编写、修改做了大量工作。

在《二卷》的编写过程中，省军区、省民宗委、省档案馆、当代云南编辑部、省地方志办等单位给予了大量的帮助。编写组借鉴了前辈们的许多研究成果，参阅的书籍有：《当代云南大事纪要》《当代云南简史》《当代中国的云南》《云南民族工作四十年》和《云南省志》的《中共云南省委志》《民族志》《教育志》《农垦志》《经济综合志》《军事志》《民政志》等系列志书。

在书稿征求意见过程中，中央党史和文献研究院对书稿提出了宝贵的意见，并积极指导我们开展编纂工作。编委会的省委办公厅、省纪委、省委组织部、省委宣传部、省委政法委、省委政研室、省委省直机关工委、省委党校、省委农办、省教育厅（省委高校工委）、省财政厅、省国资委、省军区等成员单位及有关领导积极参与编纂及审稿工作。省人大常委会办公厅、省政府办公厅、省政协办公厅、省高级人民法院、省人民检察院、省总工会、团省委、省妇联、省发改委、省工信委、省科技厅、省民宗委、省公安厅、省民政厅、省司法厅、省人社厅、省交通厅、省农业厅、省林业厅、省水利厅、省商务厅、省文化厅、省卫生计生委、省外办、省统计局、省地方志办、省社科院、省文史馆、省档案局等省级部门认真审稿并提出了宝贵意见。梁家、李桂英、陈培忠、祁山、朱奎、颜义泉、马文东、保永康、刀国栋、李树基、张宝三、邱创教、吴光范、梁公卿、黄炳生、戴光禄、王义明、李诤友、赵廷光、梁林、陈立英、李明德、王兆民、朗大忠、张学文、孟继尧、和占钧、许克敏、苏正国、李先猷、余佐、赵仕杰、晏友琼、江巴吉才、程映萱、李春林、杨建甲、王学智、管国忠、王镜如、王甸、李文进、陶昌廉、赵坤、荀友明、李杰46位老领导，张钢、王元辅、纳麒、林文勋、林超民、姜子华、石世龙、郑汕、张巨成、莫泰尧、田文祯、杨志高、胡正鹏、范祖琦14位专家学者提出了宝贵的审稿意见和建议。

对于给予本书帮助和支持的单位和个人，在此一并表示衷心的感谢。

由于编写者水平有限，书中难免存在一些不足的地方，期待广大读者提出批评意见，并予以谅解。

中共云南省委党史研究室

2018年8月14日

丛书后记

历史是最好的教科书。党的十八大以来，以习近平同志为核心的党中央高度重视党史和文献工作。全国党史和文献部门深入贯彻落实习近平总书记关于党史和文献工作的一系列重要论述，扎实开展党史研究和编写工作，推出系列党史编研成果，充分发挥了以史鉴今、资政育人的作用。

为庆祝中国共产党成立100周年，中央党史和文献研究院组织各省（自治区、直辖市）党史和文献部门编写和修订本地区新民主主义革命时期的中国共产党历史基本著作，由中共党史出版社推出《中国共产党历史（地方卷）集成·新民主主义革命时期》（简称“一卷集成”），为开展党史学习教育和“四史”宣传教育提供了重要读本，受到社会各界的好评。

为迎接党的二十大胜利召开，深入贯彻落实中共中央办公厅《关于推动党史学习教育常态化长效化的意见》，“推动正确党史观更深入、更广泛地树立起来，让正史成为全党全社会的共识”，中央党史和文献研究院组织《中国共产党历史（地方卷）集成·社会主义革命和建设时期》（简称“二卷集成”）编写出版工作，用党的光辉历程和伟大成就鼓舞斗志、明确方向，用党的光荣传统和优良作风坚定信念、凝聚力量，用党的实践创造和历史经验启迪智慧、砥砺品格，为实现中华民族伟大复兴的中国梦提供不竭精神动力。

“二卷集成”编写出版工作，坚持以习近平新时代中国特色社会主义思想和习近平总书记关于党史、文献工作的重要论述为指导，以党的第二个历史决议、第三个历史决议为遵循，注重吸收最新研究成果。中央党史和文献研究院院务会高度重视此项工作，曲青山院长给予大力指导。各地党史和文献部门积极配合，26个省（自治区、直辖市）完成了“二卷集成”的编写出版任务。“二卷集成”的出版，是全国党史和文献部门向党的二十大献上的一份厚礼！

党有所需，史有所为。编写出版中央和地方党史基本著作，是党中央赋予全国党史和文献部门的重要职责。我们将继续做好后续集成丛书的编写出版工作，全面系统讲好党的历史，修好红色家谱，为广大党员干部群众在新时代新征程深入学习党史、从党史中汲取前进的智慧和力量，不断作出新的贡献。

中央党史和文献研究院第七研究部

2022年9月